2025

DÉCIMA TERCEIRA EDIÇÃO

PAULO ROBERTO DE **FIGUEIREDO DANTAS**

DIREITO PROCESSUAL CONSTITUCIONAL

REVISTA E ATUALIZADA

Dados Internacionais de Catalogação na Publicação (CIP) de acordo com ISBD

D192d   Dantas, Paulo Roberto de Figueiredo
      Direito processual constitucional / Paulo Roberto de Figueiredo Dantas. - 13. ed. - Indaiatuba, SP : Editora Foco, 2025.

      372 p. ; 17cm x 24cm.

      Inclui bibliografia e índice.

      ISBN: 978-65-6120-512-2

        1. Direito. 2. Direito constitucional. 3. Direito processual constitucional. I. Título.

2025-1810   CDD 342   CDU 342

Elaborado por Vagner Rodolfo da Silva - CRB-8/9410

Índices para Catálogo Sistemático:

1. Direito constitucional 342

2. Direito constitucional 342

DÉCIMA TERCEIRA EDIÇÃO

PAULO ROBERTO DE **FIGUEIREDO DANTAS**

DIREITO PROCESSUAL CONSTITUCIONAL

REVISTA E ATUALIZADA

2025 © Editora Foco

Autor: Paulo Roberto de Figueiredo Dantas
Diretor Acadêmico: Leonardo Pereira
Editor: Roberta Densa
Assistente Editorial: Paula Morishita
Revisora Sênior: Georgia Renata Dias
Revisora Júnior: Adriana Souza Lima
Capa Criação: Leonardo Hermano
Diagramação: Ladislau Lima
Impressão miolo e capa: FORMA CERTA

DIREITOS AUTORAIS: É proibida a reprodução parcial ou total desta publicação, por qualquer forma ou meio, sem a prévia autorização da Editora FOCO, com exceção do teor das questões de concursos públicos que, por serem atos oficiais, não são protegidas como Direitos Autorais, na forma do Artigo 8º, IV, da Lei 9.610/1998. Referida vedação se estende às características gráficas da obra e sua editoração. A punição para a violação dos Direitos Autorais é crime previsto no Artigo 184 do Código Penal e as sanções civis às violações dos Direitos Autorais estão previstas nos Artigos 101 a 110 da Lei 9.610/1998. Os comentários das questões são de responsabilidade dos autores.

NOTAS DA EDITORA:

Atualizações e erratas: A presente obra é vendida como está, atualizada até a data do seu fechamento, informação que consta na página II do livro. Havendo a publicação de legislação de suma relevância, a editora, de forma discricionária, se empenhará em disponibilizar atualização futura.

Erratas: A Editora se compromete a disponibilizar no site www.editorafoco.com.br, na seção Atualizações, eventuais erratas por razões de erros técnicos ou de conteúdo. Solicitamos, outrossim, que o leitor faça a gentileza de colaborar com a perfeição da obra, comunicando eventual erro encontrado por meio de mensagem para contato@editorafoco.com.br. O acesso será disponibilizado durante a vigência da edição da obra.

Impresso no Brasil (5.2025) – Data de Fechamento (5.2025)

2025

Todos os direitos reservados à
Editora Foco Jurídico Ltda.
Rua Antonio Brunetti, 593 – Jd. Morada do Sol
CEP 13348-533 – Indaiatuba – SP

E-mail: contato@editorafoco.com.br
www.editorafoco.com.br

Dedico este livro a Cecília Dantas, filha muito amada e que
considero minha verdadeira obra-prima neste mundo.

INTRODUÇÃO

Este livro, como o próprio nome já indica, tem por objeto o estudo do direito processual constitucional. Referido ramo jurídico, em apertada síntese, tem por objeto o estudo sistematizado da chamada *jurisdição constitucional*, que abrange o conjunto de princípios e regras (tanto constitucionais como infraconstitucionais) que tratam do controle de constitucionalidade de leis e atos normativos editados pelo poder público, bem como das normas que visam à chamada tutela jurisdicional das liberdades públicas, ou seja, dos direitos e garantias fundamentais.

Em que pese a autonomia desse ramo jurídico ser posta em xeque por alguns doutrinadores, a verdade é que um número crescente de universidades e de faculdades de direito brasileiras, inclusive algumas de grande renome e expressão, tem instituído em seus cursos a disciplina do direito processual constitucional. Daí a importância inequívoca do estudo que ora se propõe.

No Capítulo 1, como não poderia deixar de ser, trataremos das noções gerais desse ainda novo ramo do saber jurídico, buscando explicitar seu conteúdo programático. Iniciaremos nossa análise, portanto, pelo objeto de estudo do direito processual constitucional. Trataremos também dos quatro institutos básicos da teoria geral do processo – jurisdição, ação, defesa e processo –, cujos fundamentos encontram-se insculpidos na Carta Magna, e cuja apreensão é indispensável ao perfeito entendimento do direito processual constitucional, diante da inequívoca relação com o tema.

Prosseguindo, na seção denominada "Constituição e processo", analisaremos o fenômeno da inclusão, nas constituições dos Estados modernos, de grande número de normas de cunho processual, destinadas a assegurar tanto as liberdades públicas como a própria higidez do ordenamento jurídico, inclusive da própria Carta Magna. Trataremos, na sequência, dos principais princípios relativos ao processo, elencados na Constituição de 1988. Para encerrar, estudaremos a denominada jurisdição constitucional, esclarecendo o sentido e o alcance de seu significado.

No Capítulo 2, iniciaremos nossos estudos sobre os mecanismos de fiscalização destinados a garantir que os diplomas legais sejam efetivamente editados em consonância com as normas constitucionais. E a fiscalização da compatibilidade (adequação) das leis e demais atos normativos produzidos pelo poder público com os princípios e regras consagrados pela Constituição, nós podemos adiantar, dá-se por meio do chamado controle de constitucionalidade das normas.

Trataremos, ainda, das noções gerais sobre o sistema de controle de constitucionalidade adotado no Brasil. Analisaremos, em síntese: os pressupostos e o conceito do controle de constitucionalidade; o seu objeto; o chamado parâmetro de controle; as espécies de inconstitucionalidade; bem como as diversas modalidades de controle, adotadas no direito comparado.

No Capítulo 3 deste livro, por sua vez, estudaremos de maneira mais detalhada as principais características do controle difuso de constitucionalidade brasileiro, tratando das principais normas que disciplinam sua aplicação, inclusive das regras que tratam da necessidade de demonstração da chamada repercussão geral, além de alguns temas específicos sobre essa espécie de controle, como, por exemplo, a transcendência dos motivos determinantes e a denominada *abstrativização* dos efeitos das decisões proferidas pelo Supremo Tribunal Federal em sede de controle difuso de constitucionalidade.

No Capítulo 4, a seu turno, traremos alguns conceitos genéricos sobre o controle concentrado de constitucionalidade, tais como sua definição e efeitos, ultimando o Capítulo com o estudo de algumas das ações constitucionais específicas dessa modalidade de controle, a saber: a ação direta de inconstitucionalidade genérica, a ação declaratória de constitucionalidade e a ação direta de inconstitucionalidade por omissão, regulamentadas pela Lei n. 9.868/99.

Já no Capítulo 5, forneceremos as informações essenciais concernentes à arguição de descumprimento de preceito fundamental e à ação de inconstitucionalidade interventiva. Em seguida, trataremos do controle concentrado de constitucionalidade perante os Tribunais de Justiça dos Estados, bem como analisaremos a possibilidade de instituição de controle concentrado de constitucionalidade de leis distritais em face da Lei Orgânica do Distrito Federal, mesmo diante da ausência de norma constitucional expressa que trate do tema.

Encerraremos o Capítulo 5, e, por consequência, o tema do controle concentrado de constitucionalidade no Brasil, estudando a denominada interpretação conforme a constituição, bem como a declaração parcial de inconstitucionalidade sem redução de texto, tratadas explicitamente pela Lei n. 9.868/99, que regulamenta a ação direta de inconstitucionalidade e a ação declaratória de constitucionalidade.

No Capítulo 6, forneceremos ao caro leitor uma noção geral sobre os direitos e garantias fundamentais, tema visceralmente ligado aos remédios constitucionais, tratando, dentre outros temas, do conceito e características dos direitos e garantias fundamentais, de sua evolução histórica, de seus destinatários, de seu caráter relativo, encerrando o Capítulo com uma indispensável distinção entre direito fundamental, garantia fundamental e remédio constitucional.

No Capítulo 7, estudaremos os remédios constitucionais destinados à tutela de indivíduos – *habeas corpus*, mandado de segurança individual, mandado de injunção e *habeas data* – trazendo, naquela oportunidade, alguns esclarecimentos sobre sua origem, fundamento constitucional e legal, hipóteses de cabimento, legitimação ativa e passiva e as principais regras processuais que os disciplinam, além de outras informações que reputamos importantes.

Para encerrar, no Capítulo 8 desta obra, analisaremos os remédios constitucionais restantes, destinados à tutela de coletividades de pessoas (de direitos coletivos em sentido lato). Estudaremos, portanto, de forma mais detalhada, as principais informações sobre o mandado de segurança coletivo, o mandado de injunção coletivo, a ação popular e a ação civil pública.

Para a realização deste trabalho, valemo-nos de ampla pesquisa doutrinária, bem como jurisprudencial, apontando, sempre que possível, a posição do Supremo Tribunal Federal sobre o tema, trazendo ementas de acórdãos importantes, bem como os enunciados de súmulas. Procuramos também apontar as eventuais divergências doutrinárias sobre os institutos, sem deixar de declinar nossa posição sobre os temas.

Destinado precipuamente aos alunos do curso de graduação, para os quais, aliás, elaboramos diversos quadros esquemáticos, para facilitação do aprendizado e memorização da matéria, este livro também poderá ser útil aos diversos operadores do direito que militam nesta seara e, ainda, aos bravos e valorosos candidatos a concursos públicos, já que trata dos temas costumeiramente exigidos nos certames, da maneira mais atualizada possível.

O Autor.

SUMÁRIO

INTRODUÇÃO VII

1. DIREITO PROCESSUAL CONSTITUCIONAL 1

1.1	Esclarecimentos iniciais..	1
1.2	Direito processual constitucional: objeto de estudo............................	1
1.3	Jurisdição, processo, ação e defesa..	3
1.4	Constituição e processo..	7
1.5	Princípios constitucionais sobre o processo..	10
1.6	Princípio da igualdade..	11
1.7	Princípio da legalidade...	12
1.8	Princípio da irretroatividade da norma...	14
1.9	Princípio da inafastabilidade da jurisdição...	16
1.10	Princípio do juiz natural...	18
1.11	Princípio do devido processo legal..	19
1.12	Princípios do contraditório e da ampla defesa....................................	20
1.13	Princípio da inadmissibilidade das provas obtidas por meios ilícitos....	23
1.14	Princípio da necessidade de motivação das sentenças e demais decisões judiciais..	24
1.15	Princípio da publicidade dos atos processuais....................................	25
1.16	Princípio do duplo grau de jurisdição...	27
1.17	Princípio da celeridade na tramitação dos processos..........................	28
1.18	Jurisdição constitucional...	32

2. CONTROLE DE CONSTITUCIONALIDADE: NOÇÕES GERAIS 35

2.1	Esclarecimentos iniciais..	35
2.2	Controle de constitucionalidade: pressupostos e conceito..................	35
2.3	Objeto do controle de constitucionalidade..	38
2.4	Análise de normas específicas sujeitas ao controle de constitucionalidade...........	40

2.5	Normas não sujeitas ao controle de constitucionalidade	42
2.6	Parâmetro de controle ou paradigma constitucional	44
2.7	As diversas espécies de inconstitucionalidade	46
2.8	Inconstitucionalidade material e inconstitucionalidade formal	47
2.9	Inconstitucionalidade por ação e inconstitucionalidade por omissão	49
2.10	Modalidades de controle quanto ao momento da realização e quanto ao órgão que o realiza	50
2.11	Modalidades de controle quanto à via utilizada: modelo americano e austríaco	52
2.12	Visão geral do controle de constitucionalidade no Brasil	54
2.13	Controle político	54
2.14	Controle judicial	57
2.15	Princípios específicos de interpretação constitucional	60

3. CONTROLE DIFUSO DE CONSTITUCIONALIDADE NO BRASIL ... 67

3.1	Esclarecimentos iniciais	67
3.2	Controle difuso de constitucionalidade	67
3.3	Normais efeitos da declaração de inconstitucionalidade no controle difuso	68
3.4	O Senado e a possibilidade de ampliação dos efeitos da decisão no controle difuso	69
3.5	Cláusula de reserva de plenário	72
3.6	Procedimento fixado pelo Código de Processo Civil para os tribunais de segundo grau	74
3.7	A abstrativização dos efeitos da decisão do Supremo Tribunal Federal em sede de controle difuso de constitucionalidade	75
3.8	O recurso extraordinário	78
3.9	Necessidade de demonstração da repercussão geral perante o Supremo Tribunal Federal	80
3.10	Principais regras procedimentais do recurso extraordinário	82
3.11	A repercussão geral no caso de multiplicidade de recursos extraordinários, fundamentados em idêntica questão de direito	84
3.12	Regimento Interno do Supremo Tribunal Federal e o rito da repercussão geral	87
3.13	As súmulas vinculantes	89
3.14	Controle difuso de constitucionalidade em ação civil pública	96

4. O CONTROLE CONCENTRADO DE CONSTITUCIONALIDADEE AS AÇÕES RE-GULAMENTADAS PELA LEI 9.868/1999 99

4.1   Esclarecimentos iniciais 99

4.2   Controle concentrado de constitucionalidade 99

4.3   Efeitos da decisão no controle concentrado de constitucionalidade 101

4.4   Espécies de controle concentrado de constitucionalidade na Constituição de 1988 103

4.5   Ação direta de inconstitucionalidade genérica (ADI ou ADIn) 104

4.6   Hipóteses específicas em que não cabe ação direta de inconstitucionalidade genérica 105

4.7   Legitimados para a ação direta de inconstitucionalidade genérica 108

4.8   Concessão de medida cautelar em ação direta de inconstitucionalidade genérica   111

4.9   O efeito vinculante da ação direta de inconstitucionalidade e sua exclusão em relação ao Poder Legislativo 112

4.10   Princípio da "parcelaridade" 113

4.11   Inconstitucionalidade por "arrastamento" ou "por atração" 114

4.12   Alteração do parâmetro de controle após a propositura da ação direta de incons-titucionalidade genérica 115

4.13   coisa julgada e a posterior decisão em sede de controle de constitucionalidade ... 117

4.14   O *amicus curiae* na ação direta de inconstitucionalidade genérica 119

4.15   Principais regras procedimentais sobre a ação direta de inconstitucionalidade genérica 121

4.16   Ação declaratória de constitucionalidade (ADC ou ADECON) 123

4.17   Legitimados para a ação declaratória de constitucionalidade 125

4.18   Concessão de medida cautelar em ação declaratória de constitucionalidade 126

4.19   O *amicus curiae* na ação declaratória de constitucionalidade 127

4.20   Principais regras procedimentais sobre a ação declaratória de constituciona-lidade 129

4.21   Ação direta de inconstitucionalidade por omissão 131

4.22   Legitimados para a ação direta de inconstitucionalidade por omissão 132

4.23   O *amicus curiae* na ação direta de inconstitucionalidade por omissão 133

4.24   Concessão de medida cautelar em ação direta de inconstitucionalidade por omissão 135

4.25	Principais regras procedimentais sobre a ação direta de inconstitucionalidade por omissão	136

5. AS DEMAIS AÇÕES DE CONTROLE CONCENTRADO DE CONSTITUCIONALIDADE E ASSUNTOS COMPLEMENTARES 139

5.1	Esclarecimentos iniciais	139
5.2	Arguição de descumprimento de preceito fundamental (ADPF)	139
5.3	Parâmetro de controle da arguição de descumprimento de preceito fundamental	141
5.4	Objeto da arguição de descumprimento de preceito fundamental	144
5.5	Legitimados ativos para a arguição de descumprimento de preceito fundamental	146
5.6	A constitucionalidade da arguição de descumprimento de preceito fundamental por equiparação, segundo a corte suprema	148
5.7	Caráter subsidiário da arguição de descumprimento de preceito fundamental...	150
5.8	O *amicus curiae* na arguição de descumprimento de preceito fundamental	152
5.9	Concessão de medida liminar em arguição de descumprimento de preceito fundamental	154
5.10	Principais regRas procedimentais da arguição de descumprimento de preceito fundamental	154
5.11	Ação direta de inconstitucionalidade interventiva	157
5.12	Único legitimado para a ação direta de inconstitucionalidade interventiva	161
5.13	O *amicus curiae* na ação direta de inconstitucionalidade interventiva	161
5.14	A concessão de medida liminar em ação direta de inconstitucionalidade interventiva	162
5.15	Principais regras procedimentais da ação direta de inconstitucionalidade interventiva	163
5.16	Controle concentrado perante os Tribunais de Justiça	165
5.17	Possibilidade de recurso extraordinário em face de decisões proferidas pelo Tribunal de Justiça	167
5.18	Ação direta de inconstitucionalidade de norma do Distrito Federal em face de sua Lei Orgânica	169
5.19	Da interpretação conforme a Constituição	170
5.20	Declaração parcial de inconstitucionalidade sem redução de texto	172
5.21	A evolução do controle de constitucionalidade brasileiro	173

SUMÁRIO

6. DIREITOS E GARANTIAS FUNDAMENTAIS E OS REMÉDIOS CONSTITU-CIONAIS 177

6.1 Esclarecimentos iniciais 177

6.2 Direitos e garantias fundamentais: conceito e características 177

6.3 Evolução histórica dos direitos e garantias fundamentais 182

6.4 Gerações de direitos fundamentais 185

6.5 Destinatários dos direitos e garantias fundamentais 188

6.6 Eficácia horizontal dos direitos e garantias fundamentais 191

6.7 Caráter relativo dos direitos e garantias fundamentais 193

6.8 Aplicação imediata e caráter não taxativo do rol de direitos e garantias fundamentais 195

6.9 Tratados e convenções internacionais sobre direitos humanos e o artigo 5º, § 3º, da Constituição Federal 197

6.10 Distinção entre direitos, garantias e remédios constitucionais 199

7. REMÉDIOS CONSTITUCIONAIS PARA A TUTELA DE DIREITOS INDIVIDUAIS 203

7.1 Esclarecimentos iniciais 203

7.2 Elenco dos remédios constitucionais 204

7.3 *Habeas corpus* 206

7.4 Hipóteses de cabimento do *habeas corpus* 208

7.5 Hipóteses em que não cabe o *habeas corpus* 211

7.6 Modalidades de *habeas corpus* 212

7.7 Legitimação ativa e passiva do *habeas corpus* 213

7.8 Competência em matéria de *habeas corpus* 215

7.9 Principais regras procedimentais do *habeas corpus* 217

7.10 Principais súmulas do Supremo Tribunal Federal sobre o *habeas corpus* 219

7.11 Mandado de segurança individual 220

7.12 Hipóteses de cabimento do mandado de segurança individual 221

7.13 Hipóteses em que não cabe o mandado de segurança individual 223

7.14 Legitimação ativa e passiva do mandado de segurança individual 225

7.15 Competência em sede de mandado de segurança individual 228

7.16 Da possibilidade de liminar em mandado de segurança individual 230

7.17	Da suspensão da liminar e da suspensão da segurança	233
7.18	O insucesso do mandado de segurança individual e a possibilidade de posterior ação de conhecimento	235
7.19	Principais regras procedimentais sobre o mandado de segurança individual	236
7.20	Principais súmulas do Supremo Tribunal Federal sobre o mandado de segurança individual	240
7.21	Mandado de injunção individual	241
7.22	Hipóteses de cabimento do mandado de injunção individual	242
7.23	Hipóteses em que não cabe o mandado de injunção individual	244
7.24	Legitimação ativa e passiva do mandado de injunção individual	245
7.25	Competência em sede de MANDADO DE injunção individual	247
7.26	Natureza e eficácia da decisão que concede a injunção individual	247
7.27	Renovação de pedido não concedido e revisão de injunção já concedida	252
7.28	A edição superveniente de norma regulamentadora e os efeitos em relação à injunção individual anteriormente concedida	254
7.29	A impossibilidade de concessão de liminar em sede de mandado de injunção individual	255
7.30	Distinção entre mandado de injunção individual e ação direta de inconstitucionalidade por omissão	256
7.31	Principais regras procedimentais sobre o mandado de injunção individual	257
7.32	*Habeas data*	259
7.33	Hipóteses de cabimento do *habeas data*	261
7.34	Legitimação ativa e passiva do *habeas data*	263
7.35	Competência em sede de *habeas data*	265
7.36	Principais regras procedimentais do *habeas data*	265
8. REMÉDIOS CONSTITUCIONAIS PARA TUTELA DE DIREITOS COLETIVOS		271
8.1	Esclarecimentos iniciais	271
8.2	Mandado de segurança coletivo	271
8.3	Hipóteses de cabimento do mandado de segurança coletivo	272
8.4	Hipóteses em que não cabe o mandado de segurança coletivo	274
8.5	Legitimação ativa e passiva do mandado de segurança coletivo	276
8.6	Legitimação ativa do mandado de segurança coletivo e o Ministério Público	279

8.7	Os direitos protegidos pelo mandado de segurança coletivo e quem pode se beneficiar de sua impetração	281
8.8	Competência em sede de mandado de segurança coletivo	282
8.9	Concessão de liminar em mandado de segurança coletivo	283
8.10	Da suspensão da liminar e da suspensão da segurança coletiva	285
8.11	Principais regras procedimentais sobre o mandado de segurança coletivo	286
8.12	Principais súmulas do Supremo Tribunal Federal sobre o mandado de segurança coletivo	290
8.13	Mandado de injunção coletivo	291
8.14	Hipóteses de cabimento do mandado de injunção coletivo	291
8.15	Hipóteses em que não cabe o mandado de injunção coletivo	292
8.16	Legitimação ativa e passiva do mandado de injunção coletivo	294
8.17	As espécies de direitos protegidos pelo mandado de injunção coletivo e os destinatários de sua impetração	298
8.18	Competência em relação ao mandado de injunção coletivo	299
8.19	Natureza e eficácia da decisão que concede a injunção coletiva	300
8.20	Renovação de pedido não concedido e revisão de injunção coletiva já concedida	300
8.21	A edição superveniente de norma regulamentadora e os efeitos em relação à injunção coletiva anteriormente concedida	302
8.22	A impossibilidade de concessão de liminar em sede de mandado de injunção coletivo	303
8.23	Principais regras procedimentais sobre o mandado de injunção coletivo	304
8.24	Ação popular	306
8.25	Hipóteses de cabimento da ação popular	307
8.26	Legitimação ativa e passiva da ação popular	310
8.27	Competências em sede de ação popular	313
8.28	Concessão de liminar, suspensão de liminar e de sentença em ação popular	314
8.29	Principais regras procedimentais da ação popular	315
8.30	Súmula sobre a ação popular	317
8.31	Ação civil pública	318
8.32	Hipóteses de cabimento da ação civil pública	320
8.33	Hipóteses em que não cabe a propositura de ação civil pública	322

DIREITO PROCESSUAL CONSTITUCIONAL • Paulo Roberto de Figueiredo Dantas

8.34   Legitimação ativa e passiva da ação civil pública.. 323

8.35   Competência em sede de ação civil pública.. 329

8.36   A possibilidade de concessão de liminar em ação civil pública............................ 331

8.37   Da suspensão da liminar e da suspensão da sentença em ação civil pública 332

8.38   Inquérito civil.. 334

8.39   Termo de ajustamento de conduta... 337

8.40   Fundo de reparação de danos... 339

8.41   Ação civil pública e coisa julgada segundo a natureza do interesse tutelado 340

8.42   Demais regras procedimentais da ação civil pública.. 343

8.43   Súmula do Supremo Tribunal Federal sobre a ação civil pública 346

REFERÊNCIAS BIBLIOGRÁFICAS 347

1
DIREITO PROCESSUAL CONSTITUCIONAL

1.1 ESCLARECIMENTOS INICIAIS

Este livro, como já mencionado na introdução deste trabalho, tem por objetivo o estudo do direito processual constitucional. Assim, neste primeiro Capítulo, como não poderia deixar de ser, trataremos das noções gerais desse ainda novo ramo do saber jurídico, buscando explicitar seu conteúdo programático. Iniciaremos nossa análise, portanto, pelo objeto de estudo do direito processual constitucional.

Trataremos, em seguida, dos quatro institutos básicos da teoria geral do processo – jurisdição, ação, defesa e processo –, cujos fundamentos encontram-se insculpidos na Constituição de 1988, e cuja apreensão é indispensável ao perfeito entendimento do direito processual constitucional, diante da inequívoca relação com o tema.

Prosseguindo, na seção denominada "Constituição e processo", analisaremos o fenômeno da inclusão, nas constituições dos Estados modernos, de grande número de normas de cunho processual destinadas a assegurar tanto as liberdades públicas como a própria higidez do ordenamento jurídico, inclusive da própria carta magna.

Na sequência, após relacionar algumas das principais normas de conteúdo processual espalhadas por todo o corpo da vigente Constituição Federal, nós encerraremos o Capítulo estudando a denominada jurisdição constitucional, esclarecendo o sentido e o alcance de seu significado.

1.2 DIREITO PROCESSUAL CONSTITUCIONAL: OBJETO DE ESTUDO

O primeiro tema relativo ao estudo do direito processual constitucional – seu objeto de estudo – é, muito provavelmente, o mais complexo e controvertido. Com efeito, como veremos nesta seção, a doutrina não é unívoca sequer em relação à definição do conteúdo desse ramo da ciência jurídica, sendo certo que diversos autores chegam mesmo a fazer uma distinção entre direito constitucional processual e direito processual constitucional.

Aliás, até mesmo a autonomia desse ramo jurídico é posta em xeque por alguns doutrinadores de expressão. É o caso, por exemplo, de Paulo Roberto de Gouvêa Medina[1], que afirma expressamente, em sua conhecida obra sobre o assunto, que o direito processual constitucional "é antes um método de estudo que um ramo autônomo do Direito Processual", que tanto pode incorporar-se à teoria geral do processo como constituir programa específico.

---

1. *Direito processual constitucional.* 5. ed., rev., atual. e ampl. Rio de Janeiro: Forense, 2012, p. 3.

A verdade é que, nos editais dos concursos públicos que pesquisamos, como também dos exames da Ordem dos Advogados do Brasil (OAB) de todo o país, a maioria esmagadora (se não a totalidade) dos assuntos que costumam constar dos poucos livros existentes sobre o estudo do direito processual constitucional costuma ser incluída na relação de temas de direito constitucional.

Por outro lado, um número crescente de universidades e de faculdades de direito brasileiras, inclusive algumas de grande renome e expressão, tem instituído em seus cursos a disciplina do direito processual constitucional, geralmente ministrada nos últimos semestres do curso, quando o aluno já estudou adequadamente os institutos do direito constitucional e do direito processual.

Como mencionado acima, parte da doutrina costuma fazer distinção entre *direito constitucional processual* e *direito processual constitucional*. Para essa corrente doutrinária, o direito constitucional processual teria por objeto o estudo sistematizado do conjunto de princípios e regras de processo contido em uma constituição; já o direito processual constitucional, este teria por objeto *o estudo das normas que disciplinam a chamada jurisdição constitucional*.

Nesse sentido, por exemplo, é a lição de Paulo Hamilton Siqueira Júnior[2], que afirma expressamente que o direito constitucional processual "é um capítulo do direito constitucional e da teoria geral do processo", ao passo que o direito processual constitucional, "este sim, configura-se como ramo autônomo do direito, com método e objeto de estudo próprio".

Para essa corrente, o direito constitucional processual tem por objeto específico o estudo dos princípios e regras, contidos em uma constituição, que disciplinam o processo. Já o direito processual constitucional, estudado neste livro, tem por objeto o estudo da denominada *jurisdição constitucional*, que compreende, como veremos melhor ainda neste Capítulo, as normas relativas ao controle de constitucionalidade de leis e atos normativos, bem como a tutela jurisdicional dos direitos e garantias fundamentais.

Outra parte da doutrina, contudo, *considera não existir razão para referida dicotomia*, preferindo entender que aquelas matérias costumeiramente atribuídas ao chamado direito constitucional processual estariam inseridas no direito processual constitucional, e que, portanto, também pertencem a esse último ramo da ciência jurídica. É o caso, por exemplo, de Paulo Roberto de Gouvêa Medina[3], como se vê no trecho a seguir transcrito:

> *O desmembramento de que assim se cogita, embora abonado por eminentes autores, não se funda em base metodológica segura nem apresenta qualquer interesse prático. A duplicidade de meios para o estudo de assuntos da mesma natureza incide numa superfetação que só viria prejudicar, no caso, o advento de uma disciplina que deles se ocupasse.*

Na mesma toada é a lição do eminente processualista Cândido Rangel Dinamarco[4], para quem o direito processual constitucional é composto pela *tutela constitucional do*

---

2. *Direito processual constitucional*. 7. ed. São Paulo: Saraiva, 2017, p. 84.
3. Op. cit., p. 5.
4. *Instituições de direito processual civil*. 9. ed. rev. e atual, segundo o novo Código de Processo Civil. São Paulo: Saraiva, 2017, v. I, p. 120.

processo, que ele define como "o conjunto de princípios e garantias vindos da constituição", tais como as garantias da tutela jurisdicional, do devido processo legal e do contraditório, além da denominada *jurisdição constitucional das liberdades*, composta, em sua definição, pelo "arsenal de meios predispostos pela constituição para maior efetividade do processo e dos direitos individuais e grupais".

Neste livro, contudo, adotaremos a primeira corrente. O direito constitucional processual é o estudo dos princípios e regras processuais contidos em uma específica constituição. Já o direito processual constitucional tem objeto diverso e específico, a saber: o estudo sistematizado da denominada *jurisdição constitucional*, que abrange, como veremos melhor oportunamente, os princípios e regras (tanto constitucionais como infraconstitucionais) destinados ao controle de constitucionalidade de leis e atos normativos editados pelo Estado, como também os relativos à tutela jurisdicional dos direitos e garantias fundamentais.

DIREITO PROCESSUAL CONSTITUCIONAL: OBJETO DE ESTUDO

– Parte da doutrina costuma fazer distinção entre o direito constitucional processual e o direito processual constitucional. Para esta corrente, o primeiro teria por objeto o estudo do conjunto de princípios e regras de processo contido na constituição; o segundo, o estudo sistematizado das normas que disciplinam a chamada jurisdição constitucional.

– Outra parte da doutrina, contudo, considera não existir razão para referida dicotomia, preferindo entender que aquelas matérias costumeiramente atribuídas ao chamado direito constitucional processual estão inseridas no direito processual constitucional, e que, portanto, também pertencem a este último ramo da ciência jurídica.

– Neste livro será adotada a primeira corrente, no sentido de que o direito processual constitucional tem objeto específico e distinto do direito constitucional processual. Trata-se o direito processual constitucional do estudo sistematizado da chamada jurisdição constitucional, que abrange os princípios e regras destinados ao controle de constitucionalidade de leis e atos normativos editados pelo poder público, como também os relativos à tutela jurisdicional das liberdades públicas.

1.3 JURISDIÇÃO, PROCESSO, AÇÃO E DEFESA

Na seção anterior, vimos que o direito processual constitucional tem por objeto, em apertada síntese, o estudo sistematizado da denominada *jurisdição constitucional*, que abrange os princípios e regras (tanto constitucionais como infraconstitucionais) destinados ao controle de constitucionalidade de leis e atos normativos editados pelo Estado, como também os relativos à tutela jurisdicional dos direitos e garantias fundamentais.

Vê-se, portanto, que o direito processual constitucional está intimamente ligado à ideia de *jurisdição*, de *processo* e de *ação*. Esses três institutos, somados a um quarto – o da *defesa*, que nada mais é que o contraponto do direito de ação –, formam os chamados pilares da teoria geral do processo, os quatro grandes institutos do direito processual, e que encontram fundamento na própria constituição.

Em sendo assim, parece-nos de todo conveniente fornecer, nessa seção, as noções gerais sobre aqueles quatro institutos supramencionados, o que seguramente auxiliará os estimados leitores na continuidade dos estudos a que nos propusemos nesta singela obra, diante de sua inequívoca relação com o conteúdo do direito processual constitucional. Vamos a eles.

Conforme expressa a redação do art. 2º da Constituição Federal, "são Poderes da União, independentes e harmônicos entre si, o Legislativo, o Executivo e o Judiciário". A Carta Magna de 1988 adotou, portanto, a tradicional *tripartição de poderes*, ou seja, a repartição do poder estatal (que, na realidade, é um só) em três funções distintas, todas com independência, prerrogativas e imunidades próprias, indispensáveis ao bom cumprimento de seus misteres.

Em outras palavras, conferiu aos Poderes Legislativo, Executivo e Judiciário parcelas da soberania estatal, garantindo a cada um daqueles considerável independência em relação aos demais, como mecanismo assecuratório do respeito aos direitos e garantias fundamentais da pessoa, e, sobretudo, da garantia da manutenção do Estado democrático de direito.

A função típica do Poder Judiciário é exercer a função jurisdicional, ou, simplesmente, a jurisdição. E, conforme esclarece grande parte dos doutrinadores, jurisdição é uma palavra que vem do latim, composta por *iuris* (direito) e *dictio* (dicção), que significa justamente "dizer o direito", ou, em outras palavras, explicitar a vontade do ordenamento jurídico (ou da lei, como se diz popularmente), para a solução de litígios postos à apreciação do Estado.

Com efeito, desde a criação do Estado moderno, e a consequente repartição do poder estatal em funções distintas, o ente estatal chamou para si a função de pacificação social, solucionando os conflitos de interesses que lhe fossem submetidos a julgamento, e permitindo que os particulares exercessem a justiça privada apenas em casos excepcionais. Institui-se, a partir daí, a denominada jurisdição.

Na lição de Paulo Roberto de Gouvêa Medina, jurisdição "é a expressão do poder estatal consistente na função de julgar atribuída, em geral, aos órgãos do Judiciário, que o exercitam mediante a atuação da vontade concreta da lei, com vistas à solução dos litígios (Jurisdição Contenciosa) ou à prática de atos jurídicos destinados a validar certas manifestações de vontade, de caráter indisponível (Jurisdição Voluntária)"[5].

Misael Montenegro Filho[6], por sua vez, esclarece que a jurisdição consiste "no poder conferido ao Estado de solucionar conflitos de interesses não resolvidos no âmbito extrajudicial, diferenciando-se dos demais poderes do Estado em decorrência da característica da decisão proferida pelo representante do ente estatal em resposta à solicitação de pacificação do conflito, que, se for acobertada pela coisa julgada (...) não mais pode ser revista nem pelo Poder Judiciário, nem por outro poder do Estado, exceto através do ajuizamento de ação rescisória".

Podemos dizer, em termos singelos, que a jurisdição é o poder-dever do Estado, exercido por meio de órgãos jurisdicionais (juízes e tribunais) competentes, conforme critérios fixados tanto pela Constituição Federal, como por normas infraconstitucionais, que tem por função a solução dos litígios (ou lides) que lhe forem submetidos a julgamento, por

---

5. Op. cit., p. 8-9.
6. *Curso de direito processual civil*: de acordo com o novo CPC. 12. ed. reform. e atual. São Paulo: Atlas, 2016, p. 49.

meio da dicção da vontade do ordenamento jurídico (do conjunto de princípios e regras constitucionais e infraconstitucionais vigentes), ao caso concreto.

Para exercer a função ou atividade jurisdicional, como já antecipamos, o Estado cria os chamados órgãos jurisdicionais, ou seja, os diversos juízes e tribunais, que atuam conforme a parcela da jurisdição (competência) que lhes foi conferida pela Carta Magna (é esta, por exemplo, quem fixa as competências do Supremo Tribunal Federal e dos Tribunais Superiores), bem como pelas demais normas infraconstitucionais (notadamente os Códigos de Processo e Leis de Organização Judiciária).

Conforme ensinamento de Cândido Rangel Dinamarco[7], "o exercício da função jurisdicional é distribuído entre os inúmeros juízes existentes no país, mediante as técnicas e critérios inerentes à *competência*". Ainda segundo o insigne doutrinador, "todos os órgãos jurisdicionais são dotados de jurisdição e esta não se divide nem se reparte – o que se reparte são as atividades jurisdicionais atribuídas a cada um deles e a serem exercidas pelo juiz que, segundo a Constituição e a lei, for definido como competente".

Por outro lado, como nos ensina Humberto Theodoro Júnior,[8] "referidos órgãos encarregados de exercer a jurisdição não podem atuar discricionária ou livremente, dada a própria natureza da atividade que lhes compete". Devem subordinar-se a um *método* ou *sistema* de atuação. E referido método ou sistema, aquele autor nos esclarece, vem a ser justamente o *processo*.

Processo, na definição de Paulo Roberto Gouvêa Medina[9], "é o complexo ordenado de atos jurídicos que se praticam na esfera judicial, de forma a possibilitar o exercício da ação e em ordem a alcançar o fim último da jurisdição, que é o de resolver o mérito da pretensão deduzida pela parte ou pelo interessado".

Cândido Rangel Dinamarco[10] nos lembra que "a existência de *processo* numa ordem jurídica é imposição da necessidade do serviço jurisdicional: o processo existe acima de tudo para o exercício da jurisdição e esse é o fator de sua legitimidade social entre as instituições jurídicas do país". Conclui sua lição asseverando que "na medida em que a população necessita de juízes e do serviço que lhe prestam (a pacificação mediante o exercício da jurisdição), é também indispensável um método pelo qual esse serviço é prestado".

O processo, portanto, é o meio ou instrumento instituído pelo Estado para viabilizar o exercício de sua função jurisdicional, por meio de um conjunto de atos jurídicos ordenados, praticados perante o Poder Judiciário, para a solução dos litígios que lhe forem submetidos à apreciação. Em uma breve definição, o processo pode ser definido como o *instrumento necessário para o exercício da jurisdição*.

O processo pode ser encarado sob o *aspecto objetivo*, referindo-se ao conjunto de atos jurídicos encadeados e sucessivos, destinados à solução do litígio, bem como sob o *aspecto subjetivo*, dizendo respeito mais especificamente à relação jurídica processual, que

---

7. Op. cit., p. 441.
8. *Curso de direito processual civil. Teoria geral do direito processual civil. Processo de conhecimento. Procedimento comum.* 58. ed. rev., atual. e ampl. Rio de Janeiro: Forense, 2017, v. 1, p. 130.
9. Op. cit., p. 9.
10. Op. cit., p. 441.

se estabelece entre autor, réu e juiz, e que confere a cada um destes atores diversos direitos, deveres e ônus.

Na lição de Marcus Vinicius Rios Gonçalves[11], "integram o conceito de processo as noções de procedimento e relação jurídica processual". A forma particular como os atos processuais são encadeados constitui o procedimento, que pode ser comum ordinário, comum sumário ou especial. Também segundo o insigne jurista, o processo "ainda abrange a relação jurídica que se estabelece entre as partes, e entre elas e o juiz, na qual sobrelevam poderes, deveres, faculdades e ônus".

Examinados os conceitos de jurisdição e de processo, cabe-nos agora trazer uma breve definição do terceiro pilar do direito processual: a *ação*. Como vimos anteriormente, a jurisdição pode ser definida, de forma bem sintética, como a parcela do poder estatal que tem por escopo a pacificação social, por meio da solução dos litígios ou lides. E a ação, por sua vez, nada mais é do que o *direito de se invocar a tutela jurisdicional*, de se pedir que o Estado solucione uma lide.

Com efeito, como regra, a atividade jurisdicional somente é prestada pelo Estado caso as partes a pleiteiem. Valendo-nos de uma expressão costumeiramente empregada pelos processualistas, a tutela jurisdicional depende de *provocação*. Quer isso dizer, em outras palavras, que o ente estatal somente exerce a jurisdição quando alguém expressamente pede que ele o faça, aplicando a lei ao caso concreto, para solucionar o litígio posto à sua apreciação.

É nesse sentido que Paulo Roberto de Gouvêa Medina[12] afirma que "ação é o direito de invocar o exercício da função jurisdicional, que surge, para o respectivo titular, sempre que a pretensão derivada do seu direito subjetivo encontrar resistência da parte de outrem ou não puder ser pacificamente satisfeita, caracterizando, assim, um litígio".

Encerraremos esse breve estudo dos quatro institutos fundamentais do direito processual analisando a *defesa*, também denominada *exceção*. Trata-se, em termos genéricos, do direito conferido àquele contra quem se propõe a ação, o denominado réu ou demandado, de se contrapor à pretensão formulada pelo autor ou demandante, na ação proposta perante o Poder Judiciário.

Conforme ressalta a grande maioria dos doutrinadores processualistas, a defesa ou exceção é o *contraponto* do direito de ação, referindo-se ao conjunto de poderes e faculdades conferidas ao demandado para resistir à pretensão do autor, pleiteando, por consequência, a rejeição do pedido formulado pelo demandante, na petição inicial. O direito de defesa, considerado em seu sentido mais genérico, refere-se a todos os atos produzidos pelo réu, no transcorrer do processo, para que o órgão jurisdicional não acolha a pretensão do autor, tais como oferecimento de contestação e de exceções rituais, além da produção de provas.

Ainda sobre a semelhança entre a ação e a defesa, e para encerrarmos o tema a que nos propusemos nesta seção, ou seja, um breve estudo sobre os conceitos de jurisdição, pro-

---

11. *Novo curso de direito processual civil*. 6. ed. São Paulo: Saraiva, 2017, v. 1, p. 132.
12. Op. cit., p. 9.

cesso, ação e defesa ou exceção, consideramos oportuno trazer a lição de Cândido Rangel Dinamarco[13]. Eis as suas ponderações, *in verbis*:

"Postas assim, ação e defesa têm muito em comum e são poderes que se situam rigorosamente no mesmo plano, considerada a essencial igualdade das partes no processo. No mesmo nível constitucional em que está a garantia da ação (Const., art. 5º, inc. XXXI), estão também outras garantias que, destinando-se a todos os sujeitos processuais, têm o efeito de dar pesos equivalentes à ação e à defesa (isonomia das partes, contraditório, ampla defesa: v. esp. art. 5º, inc. LV). A ação e a defesa, tanto quanto a jurisdição, exercem-se no processo e a oferta de oportunidades equilibradas para o exercício de ambas constitui exigência do devido processo legal, preordenada à produção da tutela jurisdicional a quem efetivamente tiver razão (processo justo e équo)".

Na próxima seção, como mencionamos nas notas introdutórias deste Capítulo, estudaremos o fenômeno da inclusão, nas constituições dos Estados modernos, inclusive na Constituição brasileira vigente, de um considerável número de normas de cunho processual, destinadas a assegurar tanto as liberdades públicas como também a adequação das normas produzidas pelo Estado aos preceitos constitucionais.

JURISDIÇÃO, PROCESSO, AÇÃO E DEFESA

– **Jurisdição** é o poder-dever do Estado, exercido por meio de órgãos jurisdicionais competentes (juízes e tribunais), conforme critérios fixados tanto pela Constituição Federal, como pelas demais normas infraconstitucionais, que tem por função a solução dos litígios que lhe forem submetidos a julgamento, por meio da dicção da vontade da lei ao caso concreto.

– **Processo** é o meio ou instrumento instituído pelo Estado para viabilizar o exercício de sua função jurisdicional, por meio de um conjunto de atos jurídicos coordenados, praticados perante o Poder Judiciário, para a solução dos litígios que lhe forem submetidos à apreciação. Em uma breve definição, o processo pode ser definido como o *instrumento necessário para o exercício da jurisdição*.

– **Ação** nada mais é do que o direito de se invocar a tutela jurisdicional, de se pedir que o Estado solucione uma lide. Com efeito, como regra, a atividade jurisdicional somente é prestada pelo Estado caso as partes a pleiteiem. Valendo-nos de uma expressão costumeiramente empregada pelos processualistas, a tutela jurisdicional depende de *provocação*.

– **Defesa ou exceção** é o direito conferido àquele contra quem se propõe a ação (réu) de se contrapor à pretensão formulada pelo autor. Considerado em seu sentido mais genérico, refere-se a todos os atos produzidos pelo réu, no transcorrer do processo, para que o órgão jurisdicional não acolha a pretensão do autor.

1.4 CONSTITUIÇÃO E PROCESSO

A constituição pode ser definida, em sua acepção jurídica, como a norma jurídica fundamental, que condiciona a edição, a interpretação e a validade das normais infraconstitucionais, e que tem por conteúdo o conjunto de normas (princípios e regras) que fornecem

---

13. Op. cit., p. 444.

a organização fundamental do Estado, além de fixar os direitos e garantias fundamentais, bem como os direitos sociais e econômicos.

Neste Capítulo, por sua vez, vimos que o processo é o instrumento instituído pelo Estado para viabilizar o exercício da função jurisdicional. Portanto, é por meio do processo, iniciado pelo direito de ação, que o cidadão pode se valer do Poder Judiciário para fiel observância dos direitos e garantias constitucionais que lhe são assegurados pela Carta Magna, caso sejam desrespeitados.

É também por meio do exercício do direito de ação e do processo que o Poder Judiciário poderá exercer sua atividade jurisdicional para realizar o chamado controle de constitucionalidade, que consiste na análise, como veremos melhor mais adiante, da adequação das leis e demais atos normativos produzidos pelo poder público com os ditames constitucionais, seja em um dado caso concreto, seja mesmo em caráter abstrato.

Vê-se, portanto, como já havíamos mencionado na seção anterior, que os grandes institutos da teoria geral do direito processual – jurisdição, processo, ação e defesa – não só estão intimamente ligados ao tema deste livro, como também encontram seu fundamento no próprio texto constitucional. Com efeito, é a Constituição Federal de 1988 quem atribui ao Poder Judiciário o dever de julgar as demandas que lhe são submetidas, que garante o direito de ação e de defesa e que consagra o devido processo legal.

Aliás, a verdade é que todas as constituições brasileiras, acompanhando a tradição que podemos verificar nas cartas magnas da grande maioria das civilizações ocidentais, continham em seu corpo – algumas mais, outras menos – normas de cunho processual, destinadas, sobretudo, a dar efetividade aos direitos e garantias constitucionais. Trata-se, como já mencionamos na introdução deste livro, de uma tendência que surgiu com o fenômeno do constitucionalismo e a criação dos chamados Estados modernos.

Com efeito, a primeira lei maior brasileira – a Constituição do Império, outorgada em 25 de março de 1824, pouco depois da Declaração de Independência – já continha disposições de conteúdo processual. Previa, por exemplo, a possibilidade de as partes instituírem juízos arbitrais, não cabendo recurso dessas decisões (art. 160). Também condicionava a utilização da jurisdição à prévia tentativa de conciliação (art. 161).

A segunda constituição do Brasil (e primeira republicana), promulgada em 24 de fevereiro de 1891, que adotou a tradicional "tripartição de poderes", fortaleceu o Poder Judiciário, dotando-o também de competência para controlar os atos do Poder Executivo e do Poder Legislativo. Foi criada a Justiça Federal. O Poder Judiciário era formado por magistrados, que passaram a contar com as garantias da vitaliciedade e da irredutibilidade de vencimentos. Trouxe, para o seu corpo, o instituto do *habeas corpus*, que era previsto apenas na legislação infraconstitucional.

A terceira Constituição brasileira foi promulgada em 16 de julho de 1934. Nela, o Poder Judiciário continuou podendo fiscalizar os atos do Poder Executivo e do Poder Legislativo. Criou-se a Justiça Eleitoral, como órgão do Poder Judiciário. Instituiu-se também o mandado de segurança, para proteção do indivíduo contra atos arbitrários praticados por agentes do Estado, bem como a ação popular, para evitar ou reparar lesões ao patrimônio público.

A nossa quarta constituição, outorgada em 10 de novembro de 1937, e pejorativamente denominada de *polaca*, em razão da semelhança que guardava com a autoritária Constituição polonesa vigente àquela época, impôs considerável enfraquecimento ao Poder Judiciário, impossibilitando que este julgasse a legalidade de atos praticados pelo Poder Executivo, quando fosse decretado estado de emergência.

O Poder Judiciário também poderia ter suas decisões sobre constitucionalidade de lei ou ato normativo afastadas por decisão do Poder Legislativo. Ademais, por ter sido uma constituição autoritária, os direitos e garantias fundamentais sofreram inequívoco retrocesso. Deixou de prever, por exemplo, como o fazia a constituição de 1934, os institutos do mandado de segurança e da ação popular.

Inequivocamente influenciado pela queda dos regimes autoritários e centralizadores, no fim da Segunda Grande Guerra, o Brasil decidiu repudiar o modelo de Estado autoritário imposto pela Constituição de 1937, retomando os ideais democráticos e federalistas consagrados nas Constituições de 1891 e 1934, com a promulgação de uma nova constituição, em 18 de setembro de 1946.

Com ela, o Poder Judiciário recuperou sua força integral, voltando a exercer todas as suas funções típicas e atípicas, inclusive o controle judicial dos atos do Poder Executivo e do Poder Legislativo. O texto constitucional, aliás, assegurou expressamente a inafastabilidade da tutela jurisdicional a todos que dela necessitassem. O controle de constitucionalidade de leis e atos normativos retomou sua feição tradicional, não mais podendo ser afastado por decisões do Poder Legislativo, como se deu durante a vigência da "polaca".

Uma nova constituição foi outorgada em 24 de janeiro de 1967. De maneira semelhante ao que se deu com a Constituição de 1937, também enfraqueceu o pacto federativo, ao concentrar o poder no governo central (União). Houve, mais uma vez, considerável incremento das funções do Poder Executivo – que passou a legislar por meio de decretos-leis – e redução das competências dos demais Poderes, inclusive do Poder Judiciário.

Devido às crescentes convulsões sociais, bem como às manifestações populares de oposição ao regime, notadamente de estudantes universitários e parlamentares, o então presidente Artur da Costa e Silva editou, em *13 de dezembro de 1968, o grave Ato Institucional 5 (AI-5),* composto por um impressionante conjunto de medidas, recrudescendo ainda mais o regime autoritário até então vigente.

Retirou do Poder Judiciário a competência para julgar atos fundamentados no Ato Institucional 5 (AI-5). Proibiu a concessão de *habeas corpus* em face de crimes políticos contra a segurança nacional. Suspendeu, ainda, as garantias da magistratura (dos membros do Poder Judiciário), bem como a estabilidade dos servidores públicos.

Nossa atual Constituição Federal foi promulgada em 5 de outubro de 1988. Adotou a tradicional "tripartição de poderes", restabelecendo integralmente a independência e a harmonia entre as funções estatais. O Poder Judiciário voltou a exercer, com plenitude, todas as suas funções típicas e atípicas, inclusive podendo controlar, mediante provocação, os atos e omissões do Estado. Referido Poder é composto por juízes, que gozam das garantias da vitaliciedade, da inamovibilidade e da irredutibilidade de subsídios.

Trata-se de uma constituição do tipo rígida, que só permite alterações de seu texto, por meio de emendas constitucionais, se forem observados os limites e condicionamentos fixados em seu art. 60, que são inequivocamente mais rígidos e severos que os impostos às normas infraconstitucionais. E, como veremos oportunamente, justamente em razão de sua rigidez é que se torna possível falar-se em controle de constitucionalidade das leis e demais atos produzidos pelo poder público.

Os direitos fundamentais foram consideravelmente ampliados. Prevê, por exemplo, o voto direto, secreto, universal e periódico como cláusula pétrea. Estende o direito de voto, em caráter facultativo, aos analfabetos e aos maiores de 16 (dezesseis) e menores de 18 (dezoito) anos de idade. Na seara processual, contempla três novas ações constitucionais: *habeas data*, mandado de segurança coletivo e mandado de injunção.

Como já mencionamos supra, a Constituição de 1988 contém um sem-número de normas (princípios e regras) de cunho processual. Em seu art. 5º, por exemplo, quando trata dos direitos e garantias fundamentais, traz uma expressa relação de princípios constitucionais processuais, como, por exemplo, os do devido processo legal, do contraditório e da ampla defesa, e tantos outros, cujos principais, de interesse para essa disciplina, serão estudados nas próximas seções.

Naquele mesmo artigo 5º, traz a regra-matriz constitucional dos chamados remédios constitucionais, a saber: mandado de segurança individual, mandado de segurança coletivo, *habeas corpus*, *habeas data*, mandado de injunção (tanto individual como coletivo) e ação popular. Essas ações constitucionais, devemos adiantar, serão estudadas nos Capítulos 7 e 8 deste livro.

O Poder Judiciário, ademais, tem suas principais regras fixadas pelo próprio texto constitucional. Ali estão relacionados, por exemplo, os órgãos que compõem o Poder Judiciário. Também estão explicitadas as competências de quase todos os órgãos jurisdicionais, com exceção dos tribunais e juízes eleitorais, bem como dos Estados. Estão ali igualmente previstas as regras-matrizes do chamado controle concentrado de constitucionalidade, que também será objeto de estudo nesta obra.

1.5 PRINCÍPIOS CONSTITUCIONAIS SOBRE O PROCESSO

Na seção anterior, vimos que a Carta Magna de 1988, seguindo a tendência de todas as Constituições modernas, contém em seu corpo diversas normas (princípios e regras) de caráter processual. Dentre referidas normas, encontram-se os denominados *princípios constitucionais processuais*. É justamente sobre referidos princípios que trataremos na seção que ora se inicia.

Com efeito, a partir de agora estudaremos, mesmo que de maneira sintética, os princípios constitucionais mais diretamente relacionados com o direito processual constitucional, deixando de fora, portanto, aqueles princípios de cunho processual ligados à seara do direito penal. É nesse diapasão que estudaremos, por exemplo, os princípios da igualdade, da legalidade, bem como irretroatividade da norma.

Estudaremos, ainda, os importantíssimos princípios da inafastabilidade da tutela jurisdicional; do juiz natural; do devido processo legal; do contraditório e da ampla defesa;

da inadmissibilidade das provas obtidas por meios ilícitos; da necessidade de motivação das decisões; da publicidade dos atos processuais; do duplo grau de jurisdição; e da celeridade na tramitação dos processos.

1.6 PRINCÍPIO DA IGUALDADE

A Constituição Federal de 1988 garante expressamente, já no início do *caput* do artigo 5º, o direito à igualdade. O dispositivo constitucional em comento dispõe, de maneira expressa, que "todos são iguais perante a lei, sem distinção de qualquer natureza[14], garantindo-se aos brasileiros e aos estrangeiros residentes no País a inviolabilidade do direito à vida, à liberdade, à igualdade, à segurança e à propriedade".

O *princípio da igualdade* dirige-se, devemos frisar, não só ao legislador, como também ao aplicador do direito e ao particular. Quanto ao legislador – aqui também incluído o Poder Executivo, no exercício de seu poder normativo –, o princípio em análise o compele a editar normas não discriminatórias, que não estabeleçam diferenciações relativas à idade, raça, condição social, sexo, religião e outras do gênero, a não ser que haja permissão constitucional expressa, ou um *fundamento legítimo* para tal diferenciação.

O princípio da igualdade *também deve incidir sobre a edição e aplicação das normas processuais*. E como nos lembra Marcus Vinícius Rios Gonçalves,[15] referida paridade não pode ser apenas formal, uma vez que nem todos têm as mesmas condições econômicas, sociais ou técnicas. Deve-se buscar, na medida do possível, a denominada *igualdade material* entre as partes, através da aplicação da antiga fórmula: "tratar os iguais igualmente, e os desiguais desigualmente, na medida de sua desigualdade".

O princípio da isonomia, dirigido expressamente ao juiz, na seara do direito processual, está explicitado, por exemplo, no artigo 7º, do Código de Processo Civil vigente, o qual assegura às partes, em caráter expresso, a "paridade de tratamento em relação ao exercício de direitos e faculdades processuais, aos meios de defesa, aos ônus, aos deveres e aplicação de sanções processuais". Reforçando essa igualdade, o artigo 139, inciso I, do mesmo diploma processual, impõe ao juiz o dever de dirigir o processo assegurando às partes igualdade de tratamento.

Por força daqueles dispositivos processuais, o juiz deverá exercer sua atividade jurisdicional, durante toda a condução do processo e até a prolação da sentença, de maneira a garantir, tanto quanto possível, a igualdade entre as partes litigantes, conferindo-lhes, por exemplo, as mesmas oportunidades de manifestação, inclusive para falar sobre as alegações e documentos produzidos pela outra parte (o chamado contraditório).

Por outro lado, diversas normas de direito processual buscam, de alguma forma, conceder a uma das partes do processo algum favorecimento ou privilégio, justamente para tentar alcançar a chamada igualdade material entre as partes litigantes. É o caso, por

---

14. Declaração Universal de Direitos Humanos, artigo VII: "Todos são iguais perante a lei e têm direito, sem qualquer distinção, a igual proteção da lei. Todos têm direito a igual proteção contra qualquer discriminação que viole a presente Declaração e contra qualquer incitamento a tal discriminação".

15. *Op. cit.*, p. 27.

exemplo, dos prazos privilegiados conferidos ao Ministério Público[16], à União, aos Estados, ao Distrito Federal, aos Municípios, e suas respectivas autarquias e fundações públicas[17], bem como à Defensoria Pública[18], conforme normas fixadas, respectivamente, pelos artigos 180, 183 e 186, do Código de Processo Civil.

Referidas normas, já existentes na legislação processual anterior (em termos semelhantes, porém até mais favoráveis que as atuais), são perfeitamente constitucionais, mesmo fixando prazos privilegiados às pessoas e aos órgãos mencionados no parágrafo anterior. Isso porque existe um fundamento (um pressuposto lógico) a justificar aquele tratamento não isonômico, qual seja, a existência de grande número de processos em que referidos entes atuam, bem como a necessidade de observância dos princípios da supremacia do interesse público sobre o privado e da indisponibilidade do interesse público.

Na mesma toada, podemos também citar a norma do artigo 496, I e II, do Código de Processo Civil, que determina a observância do *duplo grau de jurisdição*, não produzindo efeito senão depois de confirmada pelo tribunal (o chamado *reexame necessário*) a sentença produzida contra a União, os Estados, o Distrito Federal, os Municípios e suas respectivas autarquias e fundações de direito público, ou que julgar procedentes, no todo ou em parte, os embargos à execução fiscal.

1.7 PRINCÍPIO DA LEGALIDADE

O artigo 5º, inciso II, da Constituição Federal de 1988 é expresso ao determinar que "ninguém será obrigado a fazer ou deixar de fazer alguma coisa, senão em virtude de lei". A expressão "lei", a toda evidência, refere-se não só à lei formal, conforme espécies normativas relacionadas expressamente no artigo 59, da Carta Magna, como também a todo e qualquer ato normativo, ou seja, com força de lei[19].

O *princípio da legalidade* é, sem dúvida alguma, o *fundamento maior do chamado Estado de Direito*. Como vimos no Capítulo 4, o Estado de Direito pode ser conceituado, de maneira sintética, como aquele submetido ao chamado *império das leis*. Só a lei pode validamente criar obrigações ou restringir direitos.

Com efeito, a partir do modelo de Estado liberal (em oposição ao Estado absolutista), os diversos Estados modernos passaram a editar seus diplomas normativos não só para reger as relações entre os particulares, mas, sobretudo, para vincular a própria atuação dos

---

16. Código de Processo Civil, artigo 180: "O Ministério Público gozará de prazo em dobro para manifestar-se nos autos, que terá início a partir de sua intimação pessoal, nos termos do art. 183, § 1º".
17. Código de Processo Civil, artigo 183: "A União, os Estados, o Distrito Federal, os Municípios e suas respectivas autarquias e fundações de direito público gozarão de prazo em dobro para todas as suas manifestações processuais, cuja contagem terá início a partir da intimação pessoal".
18. Código de Processo Civil, artigo 186: "A Defensoria Pública gozará de prazo em dobro para todas as suas manifestações processuais".
19. Em termos semelhantes é a lição, por exemplo, de Ricardo Cunha Chimenti, Marisa Ferreira dos Santos, Márcio Fernando Elias Rosa e Fernando Capez: "O conceito de lei, a que se refere a Constituição, envolve todo ato normativo ordinariamente editado pelo Poder Legislativo, ou excepcionalmente pelo Poder Executivo, como nos casos das leis delegadas (art. 68), das medidas provisórias (art. 62) e dos decretos autônomos (art. 84, VI), no desempenho de suas competências constitucionais". *Op. cit.*, p. 106.

agentes estatais, inclusive com a previsão de mecanismos para evitar lesões aos indivíduos, e de regras de responsabilização dos governantes, caso houvesse, ainda assim, danos aos particulares.

O Estado de Direito, portanto, é aquele em que existe um conjunto de normas que fornecem a organização fundamental do Estado, criando seus órgãos e fixando suas competências, instituindo regras para a divisão funcional do poder e concebendo um rol de direitos e garantias fundamentais, para a proteção do indivíduo contra eventuais arbitrariedades praticadas pelo ente estatal.

O princípio da legalidade encontra fundamento na presunção de que a *lei é a expressão da vontade da maioria*. Exceção a esta regra, contudo, nós a temos na medida provisória (artigo 62, da Constituição Federal)[20], a qual tem força de lei (nem que apenas temporária, caso não seja aprovada pelo Congresso Nacional), mas que não está amparada na decisão da maioria, e sim na vontade do presidente da República, bem como nas chamadas leis delegadas (artigo 68, da Carta Magna[21]), em que o Chefe do Poder Executivo pede autorização do Poder Legislativo correlato para editar uma lei sobre determinado assunto.

Referido princípio dirige-se não só ao Estado, em suas atividades legislativas, administrativas e jurisdicionais, como também ao particular. Contudo, enquanto ao particular, nos termos do supramencionado artigo 5º, inciso II, da Constituição de 1988, é permitido fazer tudo o que não for expressamente proibido por lei, à Administração Pública, ao contrário, exige-se que seus agentes atuem sempre em conformidade com a lei, não se lhes permitindo deixar de atuar quando a lei o determinar (ato administrativo vinculado) e somente lhes autorizando a atuar quando houver previsão legal expressa (ato discricionário).

O princípio da legalidade, a toda evidência, também se aplica à seara do direito processual. De fato, o processo é o meio ou instrumento instituído pelo Estado para viabilizar o exercício de sua função jurisdicional, para a solução dos litígios que lhe forem submetidos a julgamento. E o processo, é importante frisar, deve ter suas regras instituídas por lei, para que validamente possa criar direitos, deveres e ônus processuais, trazendo, assim, segurança jurídica à prestação jurisdicional.

Diversas normas processuais, como já ressaltado, estão consignadas no próprio texto constitucional. É a Carta Magna, por exemplo, quem estabelece as diversas competências do Supremo Tribunal Federal e dos Tribunais Superiores. É na Lei Maior que se encontram, igualmente, diversas normas relativas à jurisdição constitucional, com fixação das regras-matrizes dos chamados remédios constitucionais e das diversas ações do controle concentrado de constitucionalidade.

Nos termos do artigo 22, inciso I, da Constituição Federal, a competência para legislar sobre direito processual é privativa da União. Já no que se refere aos procedimentos – diversas formas pelas quais os processos se desenvolvem – a competência para legislar é

---

20. Constituição Federal, artigo 62: "Em caso de relevância e urgência, o Presidente da República poderá adotar medidas provisórias, com força de lei, devendo submetê-las de imediato ao Congresso Nacional".

21. Constituição Federal, artigo 68, *caput*: "As leis delegadas serão elaboradas pelo Presidente da República, que deverá solicitar a delegação ao Congresso Nacional".

concorrente (artigo 24, inciso XI), cabendo à União estabelecer normas gerais, que podem ser suplementadas por leis editadas pelos Estados e pelo Distrito Federal.

Na seara infraconstitucional, temos importantes diplomas que regulamentam a formação e o desenvolvimento regular do processo. É o caso do Código de Processo Civil, que contém normas, por exemplo, que estabelecem os requisitos da petição inicial, que preveem os diversos tipos de procedimentos, que fixam a forma como o réu deve ser citado (sob pena nulidade), que normatizam a produção de provas, que tratam da sentença e das diversas espécies de recursos.

Já no campo específico do direito penal, como nos lembram Ricardo Cunha Chimenti, Marisa Ferreira dos Santos, Márcio Fernando Elias Rosa e Fernando Capez[22], o princípio da legalidade "protege o indivíduo, evitando que seja surpreendido com qualquer incriminação, uma vez que não há crime sem lei anterior que o defina, nem pena sem prévia cominação legal (art. 5º, XXXIX) e porque a lei penal não retroagirá para prejudicar o acusado (art. 5º, XL)".

Para finalizar este breve estudo sobre o tema, vale mencionar que legalidade e reserva de lei são conceitos que não se confundem. Como vimos, o *princípio da legalidade* é aquele que, amparado pelo artigo 5º, inciso II, da Constituição Federal, dispõe que somente a lei pode, legitimamente, criar obrigações ou restringir direitos. Já o *princípio* da *reserva legal*, também conhecido como *princípio da legalidade específica*, decorre de cláusula constitucional que indica as matérias que, pela sua natureza, só podem ser tratadas por lei formal (ou ato normativo equiparado), e não por um ato infralegal.

A reserva será *absoluta* quando a disciplina da matéria é reservada à lei, com a exclusão de qualquer fonte infralegal (ou seja, vedada a ingerência normativa do Poder Executivo). Citemos como exemplo a norma fixada pelo artigo 7º, inciso XIX, da Carta Magna, que concede o direito à licença paternidade, *nos termos fixados em lei*. Será *relativa*, por outro lado, quando a matéria, muito embora reservada à lei, permite a ingerência normativa do Poder Executivo, na forma e nas condições fixadas pela própria lei. É importante ressaltar que somente caberá reserva relativa quando houver expressa autorização legal.

Esclareçamos, ainda, que a Constituição Federal sempre explicita, de maneira induvidosa, qual a espécie normativa que deve regulamentar a matéria. Quando, por exemplo, for exigida a edição de lei complementar (que exige maioria absoluta dos parlamentares para aprovação), ela o dirá expressamente. Quando, de outro lado, a Lei Magna exige que determinada matéria seja regulamentada por "lei", sem adjetivá-la, devemos entender que se refere à lei ordinária, de caráter federal. Lei específica, por fim, é uma lei ordinária federal que trata *especificamente* de um determinado assunto, e somente deste.

1.8 PRINCÍPIO DA IRRETROATIVIDADE DA NORMA

Estreitamente relacionado ao princípio da legalidade temos o *princípio da irretroatividade da norma*, ambos consistindo em pilares do Estado de Direito. Referido princípio

---

22. *Op. cit.*, p. 107.

traduz-se na impossibilidade de a lei ou ato normativo ser aplicado a fatos ocorridos antes do início de sua vigência. A irretroatividade da norma está amparada na ideia de que a lei é destinada a reger fatos futuros, e não pretéritos, de modo a garantir segurança às relações jurídicas.

A Constituição Federal vigente, ao contrário das Cartas Políticas de 1824 e 1891, não prevê qualquer vedação expressa à retroatividade da lei. Diz apenas, no artigo 5º, inciso XXXVI, que "a lei não prejudicará o direito adquirido, o ato jurídico perfeito e a coisa julgada", fazendo parecer, a princípio, que a irretroatividade somente seria vedada quando ofendesse quaisquer daquelas hipóteses relacionadas no dispositivo constitucional em comento.

É por tal razão, aliás, que alguns poucos doutrinadores defendem que o princípio da irretroatividade da norma não encontra amparo no ordenamento brasileiro, asseverando, inclusive, que o artigo 6º da vigente Lei de Introdução às Normas do Direito Brasileiro, ao determinar expressamente que "a lei em vigor terá efeito imediato e geral, respeitados o ato jurídico perfeito, o direito adquirido e a coisa julgada", afastaria referido princípio. É o caso, por exemplo, do ilustre Sílvio Rodrigues,[23] como se pode verificar do trecho transcrito a seguir:

"Muitos espíritos liberais combatem, genericamente, a possibilidade de a lei retroagir, mas não me parece evidente a sua razão. Colin e Capitant, argumentando na defesa da lei retroativa, sustentam que, como a lei nova se supõe melhor do que a anterior, e por isso mesmo é que se inovou, deve ela aplicar-se desde logo. Tal argumento, a meu ver, é irrespondível. De resto, a nova lei atende, em geral, a um maior interesse social, devendo, por conseguinte, retroagir".[24]

A grande maioria dos autores, contudo, pensa de maneira diversa. Caio Mário da Silva Pereira[25], aliás, afirma que a vedação à retroatividade da norma, mais que princípio destinado apenas aos aplicadores da lei, é uma imposição dirigida ao próprio legislador, que não pode editar qualquer lei que contenha norma com efeitos retroativos, tudo para que não se contrarie a Constituição Federal. Eis os seus ensinamentos sobre o tema:

"Outras vezes, o princípio da não retroatividade é assentado com caráter mais rijo do que uma simples medida de política legislativa, pois assume o sentido de uma norma de natureza constitucional. Com uma tal valência, reflete muito maior extensão e, especialmente, mais profunda intensidade. Não é apenas uma regra imposta ao juiz, a quem é vedado atribuir à lei efeito retro-operante. Mais longe do que isto, é uma norma cogente para o legislador, à sua vez proibido de ditar leis retroativas. Diferentemente daqueles sistemas que admitem possa o legislador manifestar claramente o propósito de impor às disposições legais efeito retroativo, aqui esta liberdade lhe é negada. Assim, a lei que tenha um tal efeito vem maculada da eiva de inconstitucionalidade, cabendo ao Poder Judiciário declará-lo e recusar-lhe aplicação, pela maioria absoluta dos tribunais (Constituição Federal, art. 97). O sistema brasileiro inscreve-se nesta corrente".

---

23. *Direito civil.* Parte geral. Saraiva, v. 1, p. 28-29.
24. Em conclusão, o saudoso jurista afirma que, "entre nós, a lei é retroativa, e a supressão do preceito constitucional que, de maneira ampla, proibia leis retroativas constitui um progresso técnico. A lei retroage, apenas não se permite que ela recaia sobre o ato jurídico perfeito, sobre o direito adquirido e sobre a coisa julgada".
25. *Instituições de direito civil.* 11. ed. Forense, 2004, v. I, p. 144.

A única seara em que o princípio da irretroatividade da norma é expressamente afastado pela Constituição Federal é a do *direito penal*. Com efeito, nos termos do artigo 5º, inciso XL, da Constituição Federal, "a lei penal não retroagirá, salvo para beneficiar o réu". Neste dispositivo, o texto constitucional consagrou o *princípio da irretroatividade da norma penal mais severa ou da retroatividade da norma penal mais benéfica*, que permite que, no âmbito do direito penal, a norma retroaja, mas apenas para beneficiar o réu (ou mesmo o já definitivamente condenado), não podendo, ao contrário, piorar sua situação.

Portanto, no campo do direito penal a própria Carta Magna[26] prevê a possibilidade de a norma penal retroagir, desde que para beneficiar o réu, podendo até mesmo excluir a antijuridicidade do fato anteriormente tipificado como crime, como, aliás, determina expressamente o artigo 2º do Código Penal, o qual dispõe que "ninguém pode ser punido por fato que lei posterior deixa de considerar crime, cessando em virtude dela a execução e os efeitos penais da sentença condenatória".

No caso específico do processo civil e do processo penal, por outro lado, a aplicação do princípio da irretroatividade da norma é incontroversa. Ao contrário do direito penal (direito material), que permite, como vimos, a retroatividade de uma norma para beneficiar o réu, no processo civil e no processo penal vale a máxima *tempus regit actum*, ou seja, os atos processuais devem ser praticados em conformidade com a lei que vigia à época em que começou o prazo para a sua realização.

O vigente Código de Processo Civil, aliás, tornou inequívoca a impossibilidade de retroação da norma processual, ao dispor, em caráter expresso, que "a norma processual não retroagirá e será aplicável imediatamente aos processos em curso, respeitos os atos processuais praticados e as situações jurídicas consolidadas sob a vigência da norma revogada" (artigo 14).

Como consequência disso, caso sobrevenha uma lei, por exemplo, que aumente ou mesmo diminua o prazo para recorrer, após a intimação da parte acerca da sentença, o prazo recursal permanecerá sendo o antigo, que era o que vigia à época da intimação. Contudo, caso a nova lei seja editada antes da intimação para oferecimento de contrarrazões de recurso, e apenas neste caso, a lei não deverá ser aplicada, devendo permanecer o prazo anterior, tudo para que seja garantida a aplicação do princípio da isonomia, estudado anteriormente.

1.9 PRINCÍPIO DA INAFASTABILIDADE DA JURISDIÇÃO

Conforme regra fixada pelo artigo 5º, inciso XXXV, da Constituição de 1988, "a lei não excluirá da apreciação do Poder Judiciário lesão ou ameaça a direito". Temos ali a consagração, pelo texto constitucional, do denominado *princípio da inafastabilidade da jurisdição*, também conhecido como *princípio do controle jurisdicional*, *do livre acesso ao*

---

26. Norma semelhante é encontrada no artigo 9º, do Pacto de San Jose da Costa Rica, nos seguintes termos: "Ninguém poderá ser condenado por atos ou omissões que, no momento em que foram cometidos, não constituam delito, de acordo com o direito aplicável. Tampouco poder-se-á impor pena mais grave do que a aplicável no momento da ocorrência do delito. Se, depois de perpetrado o delito, a lei estipular a imposição de pena mais leve, o delinquente deverá dela beneficiar-se".

Poder Judiciário, da inafastabilidade da tutela jurisdicional, ou, ainda, *princípio da universalidade ou da ubiquidade da jurisdição*.

Referido princípio tem por objetivo assegurar o direito a uma tutela jurisdicional a todos que dela necessitem. Trata-se, portanto, do princípio que garante às pessoas, tanto naturais como jurídicas, quer de direito público quer de direito privado, o acesso à jurisdição, e que é exercido, como já vimos anteriormente, por meio do direito de ação.

Contudo, como nos esclarece Cândido Rangel Dinamarco[27], o princípio da inafastabilidade da tutela jurisdicional, consubstanciado no artigo 5º, inciso XXXV, da Constituição Federal, não se traduz em garantia do mero ingresso em juízo; traduz-se, isto sim, *na garantia da própria tutela jurisdicional a quem tiver razão*, com a obtenção do resultado prático desejado. Eis as palavras do ilustre processualista:

"A garantia da ação, como tal, contenta-se em abrir caminho para que as pretensões sejam deduzidas em juízo e a seu respeito seja depois emitido um pronunciamento judicial, mas em si mesma nada diz quanto à efetividade da tutela jurisdicional. O princípio da inafastabilidade do controle jurisdicional manda que as pretensões sejam aceitas em juízo, sejam processadas e julgadas, que a tutela seja oferecida por ato do juiz àquele que tiver direito a ela – e, sobretudo, que ela seja efetiva como resultado prático do processo".

Ao albergar o princípio da inafastabilidade da tutela jurisdicional, que tem sido expressamente adotado pelo Brasil desde a Constituição de 1946, a Carta Magna de 1988 decidiu que o Brasil adotaria o sistema da chamada *jurisdição una*, entregando a atividade jurisdicional somente ao Poder Judiciário, não permitindo a criação de órgãos de contencioso administrativo, comuns nos países que adotam a *jurisdição dúplice*, como é o caso da França.

Como consequência da adoção do sistema da jurisdição una, mesmo que haja no Brasil, como de fato os há, órgãos administrativos com função de julgamento, como se dá, por exemplo, com os Tribunais de Contas da União e dos Estados, além dos Conselhos de Contribuintes, *as decisões destes órgãos sempre poderão ser revistas pelo Poder Judiciário*.

Ademais, a obtenção de uma tutela jurisdicional, por meio do exercício do direito de ação, sequer depende de anterior utilização da instância administrativa, ou seja, dos órgãos administrativos que tenham função de julgamento. Poderá a pessoa, portanto, *valer-se do Poder Judiciário sem sequer utilizar anteriormente um processo administrativo, para tentar solucionar seu caso*.

Além disso, insista-se, mesmo que a decisão do processo administrativo lhe seja desfavorável, ainda assim a pessoa poderá valer-se do Poder Judiciário, para rever seu caso. Isso porque, no Brasil, somente as decisões dos diversos órgãos jurisdicionais fazem coisa julgada, não existindo, em nosso ordenamento, hipóteses de contencioso administrativo obrigatório que afastem a possibilidade de posterior tutela jurisdicional.

Contudo, não podemos deixar de mencionar, a título de informação, que há uma única hipótese, prevista na própria Constituição Federal, em que a tutela jurisdicional não pode ser invocada imediatamente. *Trata-se do caso de questões relativas à disciplina e às*

---

27. *Op. cit.*, p. 198-199.

competições desportivas, que ficam condicionadas ao anterior esgotamento das instâncias da justiça desportiva, conforme regulado em lei (artigo 217, § 1º, da Carta Magna)[28].

1.10 PRINCÍPIO DO JUIZ NATURAL

O inciso XXXVII, do artigo 5º, da Carta Magna, dispõe que "não haverá juízo ou tribunal de exceção". Já o inciso LII, do mesmo artigo, declara que "ninguém será processado nem sentenciado senão pela autoridade competente". Trata-se da consagração, pela Constituição Federal, do chamado *princípio do juiz natural*.

Por força desse princípio, exteriorizado nos dispositivos constitucionais acima transcritos, todos têm direito de ser julgados por membros regulares do Poder Judiciário, investidos em conformidade com os comandos constitucionais e legais, inclusive relativos à fixação de suas competências. Têm direito, ademais, de não serem julgados por órgãos jurisdicionais criados após a ocorrência de um fato, justamente para julgá-lo, os denominados *juízos ou tribunais de exceção*. Em síntese, *todos têm direito de serem processados e julgados por um órgão jurisdicional com competência prefixada pela lei*.

Na excelente lição de Leo van Holthe[29], "o princípio do juiz natural (também conhecido como princípio da igualdade jurisdicional, ou ainda princípio do juiz legal, na expressão do direito alemão) é consequência do Estado de Direito e do princípio da igualdade, garantindo a todos o direito de ser julgado por um juiz pré-constituído, competente para a causa, na forma da lei, e no gozo de sua garantia de independência e imparcialidade".

Marcus Vinícius Rios Gonçalves[30], por sua vez, lembra-nos de que a garantia do juiz natural "impede que as partes possam escolher, a seu critério, o julgador que irá apreciar a sua pretensão". Se houvesse tal possibilidade, prossegue o ilustre doutrinador, "a parte poderia optar por propor a demanda onde melhor lhe conviesse, procurando encontrar um juiz cujas convicções estivessem em consonância com suas postulações".

Os juízos e tribunais de exceção não se confundem, é importante que se diga, com as denominadas *justiças especializadas* (caso, por exemplo, da Justiça do Trabalho e da Justiça Eleitoral) e tampouco com os chamados *foros privilegiados*, previstos pela própria Constituição, uma vez que estes foram fixados anteriormente à ocorrência dos fatos que irão julgar, e em atenção às especificidades das matérias ou pessoas que serão julgados.

Não se confundem, ainda, com a criação de *varas especializadas*, como se dá, por exemplo, com a hipótese prevista no artigo 126, da Constituição Federal[31], que confere aos Tribunais de Justiça dos Estados e do Distrito Federal competência para propor, por meio de lei, a criação de varas com competência exclusiva para dirimir conflitos fundiários, desde

---

28. Constituição Federal, artigo 217, § 1º: "O Poder Judiciário só admitirá ações relativas à disciplina e às competições desportivas após esgotarem-se as instâncias da justiça desportiva, regulada em lei".
29. *Direito constitucional*. 6. ed. Jus Podivm, 2010, p. 392.
30. *Op. cit.*, p. 34.
31. Constituição Federal, artigo 126: "Para dirimir conflitos fundiários, o Tribunal de Justiça proporá a criação de varas especializadas, com competência exclusiva para questões agrárias".

que referido diploma legal tenha, como é de rigor, inequívoco caráter genérico, sem criar vantagens ou perseguições indevidas para pessoas ou situações[32].

Não se confundem com juízos ou tribunais de exceção, ademais, os denominados *foros de eleição*[33], desde que não tenham sido estipulados com fins abusivos, como, por exemplo, o de prejudicar uma das partes litigantes ao dificultar o acesso ao Poder Judiciário ou a produção de provas em seu favor.

No mesmo diapasão, a *convenção de arbitragem*[34], uma vez que o ordenamento jurídico pátrio permite que as partes, ao invés de se valerem do Poder Judiciário, instituam juízos arbitrais para solucionar seus litígios, desde que sejam pessoas capazes, e que os conflitos sejam relativos a direitos patrimoniais disponíveis[35].

Também não podem ser levados à conta de juízos ou tribunais de exceção, por derradeiro, os chamados *tribunais de ética*, instituídos para o controle ético e disciplinar de algumas carreiras submetidas às ordens profissionais (caso, por exemplo, do Conselho Federal de Medicina), uma vez que suas decisões não têm força jurisdicional, podendo sempre os lesados se valerem do Poder Judiciário, como corolário do *princípio da universalidade da jurisdição*.

1.11 PRINCÍPIO DO DEVIDO PROCESSO LEGAL

Conforme preceitua o artigo 5º, inciso LIV, da Carta de 1988, "ninguém será privado da liberdade ou de seus bens sem o devido processo legal". Trata-se do *princípio do devido processo legal*, agora trazido expressamente para a seara constitucional (é a primeira Constituição brasileira a explicitá-lo), e que tem por escopo a proteção do indivíduo contra eventuais arbitrariedades perpetradas pelo Estado, na condução dos processos contra aquele.

O princípio do devido processo legal, ou *due process of law*, é um dos direitos fundamentais mais antigos conferidos ao homem, e que foi expressamente consagrado, pela primeira vez, na Magna Carta da Inglaterra, em 1215. A primeira Constituição escrita a trazê-lo expresso foi a Constituição dos Estados Unidos da América, por meio da Emenda nº 5, de 1791, a qual dispõe que "ninguém será privado da vida, da liberdade ou da propriedade sem o devido processo legal".

Ao dispor expressamente, no supramencionado artigo 5º, inciso LIV, que "ninguém será privado da liberdade ou de seus bens sem o devido processo legal", a Constituição Federal pretendeu deixar claro que somente por meio da atividade jurisdicional, exercida com exclusividade pelo Estado, é que o indivíduo poderá perder sua liberdade ou seus bens, não sendo possível sofrer tais gravames por meio de atos praticados por outrem, inclusive pela própria Administração, sem a intervenção do Poder Judiciário.

---

32. Na mesma toada são os juizados especiais cíveis e criminais, tanto da Justiça do Estado como da Justiça Federal (comumente conhecidos como "juizados de pequenas causas").
33. Código de Processo Civil, artigo 63: "As partes podem modificar a competência em razão do valor e do território, elegendo foro onde será proposta ação oriunda de direitos e obrigações".
34. Lei 9.307/1996, artigo 1º: "As pessoas capazes de contratar poderão valer-se da arbitragem para dirimir litígios relativos a direitos patrimoniais disponíveis".
35. Código de Processo Civil, artigo 3º, § 1º: "É permitida a arbitragem, na forma da lei".

Como nos ensina Cândido Rangel Dinamarco[36], "a existência de *processo* numa ordem jurídica é imposição da necessidade do serviço jurisdicional: o processo existe acima de tudo para o exercício da jurisdição e esse é o fator de sua legitimidade social entre as instituições jurídicas do país". Conclui sua lição asseverando que, "na medida em que a população necessita de juízes e do serviço que lhe prestam (a pacificação mediante o exercício da jurisdição), é também indispensável um método pelo qual esse serviço é prestado".

O processo pode ser encarado sob o *aspecto objetivo*, referindo-se ao conjunto de atos jurídicos coordenados e sucessivos, destinados à solução do litígio, bem como sob o *aspecto subjetivo*, dizendo respeito mais especificamente à relação jurídica processual, que se estabelece entre autor, réu e juiz, e que confere a cada um desses atores diversos direitos, deveres e ônus.

Na lição de Marcus Vinícius Rios Gonçalves[37], "integram o conceito de processo as noções de procedimento e relação jurídica processual". A forma particular como os atos processuais são encadeados constitui o procedimento, que pode ser comum ordinário, comum sumário ou especial. Ainda segundo o insigne jurista, o processo "ainda abrange a relação jurídica que se estabelece entre as partes, e entre elas e o juiz, na qual sobrelevam poderes, deveres, faculdades e ônus".

Ademais, como nos lembra Cândido Rangel Dinamarco[38], referido dispositivo constitucional também tem por objetivo "proclamar a *autolimitação* do Estado no exercício da própria jurisdição, no sentido de que a *promessa* de exercê-la será cumprida com as limitações contidas nas demais garantias e exigências, sempre segundo os padrões democráticos da República brasileira".

Conforme nos esclarece Paulo Roberto de Gouvêa Medina[39], o princípio do devido processo legal é um "princípio tipicamente processual, na sua origem, que se estendeu mais tarde à esfera administrativa e ao plano do direito constitucional, sob a forma do *substantive due process*, que é, em essência, nova versão do princípio no campo do direito material, atuando como um crivo para o controle da razoabilidade das leis e dos atos administrativos".

Da observância do princípio ora em estudo, como já adiantado, decorrem diversos outros direitos e garantias constitucionais, como, por exemplo, o direito ao contraditório e à ampla defesa (artigo 5°, inciso VL), à inadmissibilidade de provas obtidas por meios ilícitos (artigo 5°, inciso LVI), além de todos aqueles que disciplinam o processo penal, tais como o da presunção de inocência e o do relaxamento da prisão ilegal, além de diversos outros expressamente relacionados nos incisos do artigo 5°, da Constituição Federal.

1.12 PRINCÍPIOS DO CONTRADITÓRIO E DA AMPLA DEFESA

Como mencionamos na seção anterior, decorrência lógica do reconhecimento constitucional do direito ao devido processo legal é a garantia ao contraditório e à ampla

---

36. *Instituições de direito processual civil.* Malheiros, 2001. v. 1, p. 295.
37. *Novo curso de direito processual civil.* 6. ed. Saraiva, 2009, v. 1, p. 104.
38. *Op. cit.,* p. 244.
39. *Op. cit.,* p. 29.

defesa, expressamente consagrada no artigo 5º, inciso LV, da Carta Magna. Nos termos desse dispositivo constitucional, "aos litigantes, em processo judicial ou administrativo, e aos acusados em geral são assegurados o contraditório e ampla defesa, com os meios e recursos a ela inerentes".

O *princípio do contraditório*, também denominado *audiência bilateral*, é aquele que faculta à parte, em um processo judicial ou mesmo administrativo, e aos acusados em geral, a chance de se manifestar sobre todas as alegações e documentos produzidos pela parte contrária. Decorre desse princípio a necessidade de concessão de igualdade de tratamento a ambas as partes de uma relação processual.

O *princípio da ampla defesa*, ao seu turno, é aquele que confere à parte, em um processo, a possibilidade de trazer aos autos todas as suas alegações e provas que considerar úteis à sua plena defesa, à garantia de seus direitos. Em decorrência desse princípio, deverá ser garantido ao réu o direito à citação válida; à nomeação de defensor, quando não puder pagar um advogado em processos criminais; bem como à regular intimação para os atos processuais.

Diferentemente do que se dava com as constituições anteriores, as quais, quando tratavam das garantias do contraditório e da ampla defesa, referiam-se apenas à instrução criminal, a Carta Magna de 1988, em consonância com o sentido mais amplo que a doutrina sempre atribuiu aos princípios ora em estudo, faz menção explícita também à sua aplicação *no âmbito dos processos administrativos*[40].

Referidos princípios, aliás, encontram-se expressamente albergados pelo artigo 2º, da Lei 9.784, de 29 de janeiro de 1999, que regulou o processo administrativo no âmbito da Administração Pública Federal, ao determinar que esta última "obedecerá, dentre outros, aos princípios da legalidade, finalidade, motivação, razoabilidade, proporcionalidade, moralidade, *ampla defesa*, *contraditório*, segurança jurídica, interesse público e eficiência" (destacou-se).

Dessa forma, todo e qualquer processo instaurado no âmbito da Administração Pública para apuração de infração e aplicação de sanção *ao administrado* deverá assegurar a este o contraditório e a ampla defesa. É o que deve ocorrer, por exemplo, nos processos administrativos de infração de trânsito, que só podem culminar com a aplicação de multa após ser conferido ao condutor o pleno direito de defesa.

O mesmo se diga em relação aos processos administrativos para apuração de infração e aplicação de sanção *aos servidores públicos*, no exercício de suas funções. Antes de eventual imposição de qualquer sanção, condicionada à efetiva comprovação da ocorrência dos fatos imputados ao servidor, este último deverá ter assegurado o contraditório e a ampla defesa.

Também estão sujeitos ao contraditório e à ampla defesa os processos que correm perante os chamados Tribunais e Conselhos de Contas, os quais, como veremos melhor em Capítulo específico deste livro, são órgãos auxiliares do Poder Legislativo na fiscalização contábil, financeira, orçamentária, operacional e patrimonial da respectiva pessoa

---

40. É importante ressaltar, contudo, que a Súmula 5, do Supremo Tribunal Federal, dispõe expressamente que "a falta de defesa técnica por advogado no processo administrativo disciplinar não ofende a Constituição".

política. Aliás, no tocante especificamente ao Tribunal de Contas da União, o Supremo Tribunal Federal editou a súmula vinculante 3, assegurando a observância de referidos princípios[41].

Na seara judicial, os princípios do contraditório e da ampla defesa ganham feições diferenciadas, conforme sejam aplicados no processo penal ou no processo civil. No primeiro (processo penal), em que a liberdade da pessoa é colocada em risco, referidos princípios têm a importância sobremaneira potencializada, devendo ser aplicados em caráter real e efetivo.

Como consequência disso, *mesmo que o réu não o queira, o Estado deverá garantir sua defesa*, nomeando um defensor dativo, para realizar tal desiderato. Ademais, *apenas no processo penal é possível ao magistrado considerar o réu indefeso, dando-lhe outro defensor*, caso entenda que o advogado do acusado tenha apresentado uma defesa deficitária.

Já no processo civil, ao contrário, os princípios do contraditório e da ampla defesa revelam menor amplitude, consistindo apenas em *ônus processuais*. Basta que seja dada ciência à parte das alegações e documentos produzidos pela outra, e que lhes seja permitida a ampla produção de alegações e provas. Caso não queiram exercitá-los, não caberá ao magistrado suprir-lhes a inércia, devendo as partes sofrer as consequências de suas omissões.

É por essa razão, por exemplo, que a ausência de defesa, no processo civil, geralmente produz como resultado a presunção de verossimilhança dos fatos afirmados pelo autor, em sua petição inicial, conforme expressamente disposto no artigo 344, do Código de Processo Civil[42]. Na mesma toada, cabe ao réu manifestar-se sobre todos os fatos narrados na inicial, presumindo-se como verdadeiros os não impugnados, com exceção das hipóteses relacionadas no artigo 341 do mesmo diploma legal[43].

De todo modo, mesmo que um pouco mitigados, o contraditório e a ampla defesa têm expressa previsão no Código de Processo Civil, podendo ser mencionadas, a título de exemplo, a norma do artigo 9º, daquela lei processual, a qual dispõe expressamente que não se proferirá decisão contra uma das partes sem que ela seja previamente ouvida, ressalvados os casos de concessão de tutela de urgência ou de evidência, inclusive em sede de ação monitória. No mesmo sentido é a regra do artigo 10, do mesmo diploma legal[44].

---

41. Súmula vinculante 3: "Nos processos perante o Tribunal de Contas da União asseguram-se o contraditório e a ampla defesa quando da decisão puder resultar anulação ou revogação de ato administrativo que beneficie o interessado, excetuada a apreciação da legalidade do ato de concessão inicial de aposentadoria, reforma e pensão".

42. Código de Processo Civil, artigo 344: "Se o réu não contestar a ação, será considerado revel e presumir-se-ão verdadeiras as alegações de fato formuladas pelo autor".

43. Código de Processo Civil, artigo 341: "Incumbe também ao réu manifestar-se precisamente sobre as alegações de fato constantes da petição inicial, presumindo-se verdadeiras as não impugnadas, salvo se: I – não for admissível, a seu respeito, a confissão; II – a petição inicial não estiver acompanhada de instrumento que a lei considerar da substância do ato; III – estiverem em contradição com a defesa, considerada em seu conjunto".

44. Código de Processo Civil, artigo 10: "O juiz não pode decidir, em grau algum de jurisdição, com base em fundamento a respeito do qual não se tenha dado às partes oportunidade de se manifestar, ainda que se trate de matéria sobre a qual deva decidir de ofício".

1.13 PRINCÍPIO DA INADMISSIBILIDADE DAS PROVAS OBTIDAS POR MEIOS ILÍCITOS

Segundo o artigo 5º, inciso LVI, da Constituição Federal, "são inadmissíveis, no processo, as provas obtidas por meios ilícitos". Assim, em consonância com o dispositivo constitucional ora em exame, toda e qualquer prova obtida por meios ilícitos (que não sejam legais ou moralmente ilegítimos) será nula, imprestável à comprovação dos fatos que a parte pretendia demonstrar.

Já o artigo 369, do Código de Processo Civil vigente, é expresso e inequívoco em dispor que as partes têm o direito de empregar todos os meios legais, bem como os moralmente legítimos, ainda que não especificados naquele diploma legal, para provar a verdade dos fatos em que se funda o pedido ou a defesa e influir eficazmente na convicção do juiz. *Prova, portanto, é todo meio legal ou moralmente legítimo para demonstrar a ocorrência dos fatos alegados pelas partes, no transcorrer do processo.*

O *princípio da inadmissibilidade das provas obtidas por meios ilícitos*, que alguns doutrinadores denominam de *princípio da licitude das provas*, decorre, inequivocamente, do já estudado princípio do devido processo legal. Por prova ilícita podemos entender, de maneira sintética, aquela produzida com ofensa aos princípios e regras constitucionais e legais, sobretudo quando ofenderem as liberdades públicas, consagradas pela Constituição Federal.

Exemplo de prova nula, por ter sido produzida por meios ilícitos, é a interceptação telefônica realizada sem o atendimento das regras impostas pelo artigo 5º, inciso XII, da Constituição Federal, em sua parte final. Será ilícita, portanto, se não tiver sido previamente autorizada por autoridade judicial, para fins de investigação criminal ou de instrução processual penal, e na forma estabelecida pela Lei 9.269, de 2 de abril de 1996.

No mesmo diapasão, *são ilícitas as provas obtidas por meio de tortura*, já que desrespeitam o comando fixado pelo artigo 5º, inciso III, da Carta Magna, bem como as provas produzidas com *inobservância do princípio da inviolabilidade do domicílio*, conforme garantia fixada pelo mesmo artigo 5º da Constituição, em seu inciso XI.

Da mesma forma, são consideradas ilícitas as provas obtidas através da chamada "pesca probatória" (*Fishing expedition*), ou seja, da busca especulativa, aleatória, de elementos capazes de atribuir responsabilidade penal a alguém, através da violação da intimidade ou vida privada de alguém, sem que exista a chamada "causa provável" a permitir tal violação pelo Estado.

Devemos esclarecer, ademais, que o Supremo Tribunal Federal também considera ilegais as provas que forem produzidas em decorrência da primeira prova nula, mesmo que tenham sido colhidas de forma regular. Trata-se da adoção, pela Corte Suprema, da teoria dos frutos da árvore envenenada (*fruits of poisonous tree*). É o caso, por exemplo, de provas regulares que somente foram produzidas em razão da ciência de fatos obtidos através de ilegal quebra de sigilo bancário ou fiscal. Nessa hipótese, todas as provas, mesmo que regulares, mas produzidas em decorrência da quebra de sigilo ilegal, são nulas.

1.14 PRINCÍPIO DA NECESSIDADE DE MOTIVAÇÃO DAS SENTENÇAS E DEMAIS DECISÕES JUDICIAIS

Outro princípio que decorre, inequivocamente, do devido processo legal é o *princípio da necessidade de motivação das sentenças e demais decisões proferidas pelo Poder Judiciário*, no exercício da atividade jurisdicional. Referido princípio encontra-se expressamente insculpido no artigo 93, inciso IX, da Constituição Federal vigente.

Nos termos do dispositivo constitucional supramencionado[45], "todos os julgamentos dos órgãos do Poder Judiciário serão públicos, *e fundamentadas todas as decisões, sob pena de nulidade*, podendo a lei limitar a presença, em determinados atos, às próprias partes e a seus advogados, ou somente a estes, em casos nos quais a preservação do direito à intimidade do interessado no sigilo não prejudique o interesse público à informação" (grifou-se).

A exigência de que todas as decisões judiciais sejam devidamente fundamentadas é decorrência lógica do próprio Estado democrático de direito, uma vez que permite o efetivo controle da correção daquelas decisões, impedindo, por consequência, que um determinado magistrado, no julgamento do caso concreto que lhe foi submetido a julgamento, decida de maneira arbitrária.

A despeito de estar inserido no artigo 93, que trata dos princípios que devem ser observados na elaboração do chamado Estatuto da Magistratura, a verdade é que o próprio Pretório Excelso já se pronunciou, expressamente, no sentido de que o princípio da necessidade de motivação das decisões judiciais é *norma de eficácia plena*, ou seja, que não depende da edição da norma infraconstitucional mencionada no artigo, para poder ser imediatamente aplicada. Sua imediata aplicação pode ser inferida, por exemplo, do seguinte acórdão:

> *"É inquestionável que a exigência de fundamentação das decisões judiciais, mais do que expressiva imposição consagrada e positivada pela nova ordem constitucional (art. 93, IX), reflete uma poderosa garantia contra eventuais excessos do Estado-Juiz, pois, ao torná-la elemento imprescindível e essencial dos atos sentenciais, quis o ordenamento jurídico erigi-la como fator de limitação dos poderes deferidos aos magistrados e Tribunais"* (Habeas Corpus 68.202, relator ministro Celso de Mello, j. 6-11-90, *DJ* de 15-3-91).

Assim, caso alguma decisão proferida por órgão do Poder Judiciário não observe a exigência contida no artigo 93, inciso IX, da Constituição Federal vigente, referida decisão judicial será inequivocamente ilegítima, e, consequentemente, irremediavelmente nula, por desrespeitar uma norma constitucional autoaplicável.

O dispositivo constitucional em comento, ao referir-se à necessidade de fundamentação das *decisões*, evidentemente utiliza-se dessa expressão em seu sentido genérico, querendo referir-se não só às chamadas decisões interlocutórias, como também às sentenças prolatadas pelos órgãos jurisdicionais de primeira instância e aos acórdãos proferidos pelos tribunais.

Na seara infraconstitucional, diversas normas também explicitam a necessidade de motivação adequada das decisões proferidas pelo Poder Judiciário. É o caso, por exemplo,

---

45. Em termos muito semelhantes é a norma do Código de Processo Civil, artigo 11: "Todos os julgamentos dos órgãos do Poder Judiciário serão públicos, e fundamentadas todas as decisões, sob pena de nulidade".

do artigo 489, inciso II, do Código de Processo Civil, que inclui entre os elementos essenciais da sentença a necessidade de esta conter os fundamentos em que o juiz analisará as questões de fato e de direito.

Caso a decisão judicial não apresente fundamentação adequada, a parte poderá valer-se de um recurso específico, denominado *embargos de declaração*, previsto tanto no processo civil[46], como no processo penal[47] e no processo do trabalho[48], que tem por um de seus objetivos justamente suprir omissões nas sentenças e acórdãos proferidos pelo Poder Judiciário.

Aliás, como vimos no Capítulo 5, ao tratar do chamado controle difuso de constitucionalidade, a oposição de embargos declaratórios chega mesmo a ser um dos requisitos exigidos pelo Supremo Tribunal Federal, para processar e julgar o recurso extraordinário, na hipótese de omissão do órgão jurisdicional de instância inferior em analisar eventual ofensa, por parte de lei ou ato normativo, à Constituição Federal.

1.15 PRINCÍPIO DA PUBLICIDADE DOS ATOS PROCESSUAIS

O *princípio da publicidade dos atos processuais* encontra-se positivado, na Constituição Federal de 1988, em 2 (dois) artigos distintos. Conforme expressa redação do artigo 5º, inciso LX, da Constituição Federal, "a lei só poderá restringir a publicidade dos atos processuais quando a defesa da intimidade ou o interesse social o exigirem".

Já o artigo 93, inciso IX, da mesma Carta Magna, é expresso em determinar que "todos os julgamentos dos órgãos do Poder Judiciário serão públicos, [...] podendo a lei limitar a presença, em determinados atos, às próprias partes e a seus advogados, ou somente a estes, em casos nos quais a preservação do direito à intimidade do interessado no sigilo não prejudique o interesse público à informação".

Referido princípio determina que, tanto quanto possível, os atos dos juízes e tribunais sejam públicos, de maneira que seja permitido não só aos órgãos jurisdicionais superiores, no julgamento dos recursos, como também aos jurisdicionados e aos diversos órgãos de controle interno e externo do Poder Judiciário, realizar um satisfatório controle dos atos e omissões praticados pelos membros daquele Poder.

No tocante ao conhecimento, pelas partes e seus procuradores, dos atos praticados pelo Poder Judiciário, o princípio da publicidade dos atos processuais nada mais é que um consectário lógico dos princípios do devido processo legal, do contraditório e da ampla defesa, uma vez que as partes somente podem efetivamente lutar por seus direitos caso lhes

---

46. Código de Processo Civil, artigo 1.022: "Cabem embargos de declaração contra qualquer decisão judicial para: I – esclarecer obscuridade ou eliminar contradição; II – suprir omissão de ponto ou questão sobre o qual devia se pronunciar o juiz de ofício ou a requerimento; III – corrigir erro material".

47. Código de Processo Penal, artigo 619: "Aos acórdãos proferidos pelos Tribunais de Apelação, câmaras ou turmas, poderão ser opostos embargos de declaração, no prazo de dois dias contados da sua publicação, quando houver na sentença ambiguidade, obscuridade, contradição ou omissão".

48. Consolidação das Leis do Trabalho, artigo 897-A: "Caberão embargos de declaração da sentença ou acórdão, no prazo de 5 dias, devendo seu julgamento ocorrer na primeira audiência ou sessão subsequente a sua apresentação, registrado na certidão, admitido efeito modificativo da decisão nos casos de omissão, contradição no julgado e manifesto equívoco no exame dos pressupostos extrínsecos do recurso".

seja permitido tomar ciência efetiva dos atos judiciais produzidos no processo, notadamente dos gravosos aos seus interesses.

Justamente por essa razão, o princípio da publicidade dos atos processuais não deve sofrer restrições em relação às partes e aos seus advogados. Essa realidade pode ser constatada, por exemplo, pelo que preconiza o artigo 189, § 1º, do Código de Processo Civil[49], que confere àqueles o direito irrestrito de consultar os autos e de pedir certidões de seus atos, mesmo nos processos que corram em segredo de justiça.

Já em relação à generalidade das pessoas, conforme preconiza a própria Lei Maior, o princípio da publicidade dos atos e decisões judiciais (que nada mais é do que a exteriorização do direito público à informação, só que voltado especificamente para a seara do direito processual) poderá sofrer restrições, caso referida publicidade acabe por ferir a intimidade da pessoa, quando o interesse social o exigir.

Na lição de Marcus Vinícius Rios Gonçalves[50], "a publicidade é necessária para que a sociedade possa fiscalizar seus juízes, preservando-se com isso o direito à informação, garantido constitucionalmente". Por outro lado, como nos lembra o doutrinador, muitas vezes a publicidade pode ser nociva, quando houver interesse público envolvido, ou quando a divulgação puder trazer danos às partes, razão pela qual se justifica "a imposição de restrição para que estranhos, em determinadas circunstâncias, tenham acesso ao que se passa no processo".

Justamente por essa razão, Cândido Rangel Dinamarco[51] afirma que "a publicidade que se tem no Brasil é a chamada *publicidade restrita* e não a *popular*. Por meio dessa espécie de publicidade, esclarece o doutrinador, "protegem-se por inteiro as partes contra os males dos *julgamentos secretos*, permitindo-se sua presença a todas as audiências e acesso aos autos em que litigam, mas impõem-se restrições ao acesso de estranhos aos autos do processo e à divulgação irrestrita dos atos processuais".

Uma norma infraconstitucional que também exterioriza, de maneira clara e inequívoca, a forma de publicidade dos atos processuais adotada pelo Brasil, é aquela consignada no artigo 11, e seu parágrafo único, do Código de Processo Civil, que determina que todos os julgamentos dos órgãos do Poder Judiciário sejam públicos, ressalvando, contudo, que, nos casos de segredo de justiça[52], possa ser autorizada a presença somente das partes, de seus advogados, de defensores públicos ou do Ministério Público. Na mesma toada, o artigo 368, do mesmo diploma legal, o qual determina que a audiência seja pública, ressalvados as exceções legais, relativas aos processos que correm em segredo de justiça, que serão realizadas a portas fechadas.

---

49. Código de Processo Civil, artigo 189, § 1º: "O direito de consultar os autos de processo que tramite em segredo de justiça e de pedir certidões de seus atos é restrito às partes e aos seus procuradores".
50. *Op. cit.*, p. 36.
51. *Op. cit.*, p. 235.
52. Código de Processo Civil, artigo 189, *caput*: "Os atos processuais são públicos, todavia tramitam em segredo de justiça os processos: I – em que o exija o interesse público ou social; II – que versem sobre casamento, separação de corpos, divórcio, separação, união estável, filiação, alimentos e guarda de crianças e adolescentes; III – em que constem dados protegidos pelo direito constitucional à intimidade; IV – que versem sobre arbitragem, inclusive sobre cumprimento de carta arbitral, desde que a confidencialidade estipulada na arbitragem seja comprovada perante o juízo".

1.16 PRINCÍPIO DO DUPLO GRAU DE JURISDIÇÃO

A Constituição Federal de 1988 não explicita, em quaisquer de seus dispositivos, a exigência do duplo grau de jurisdição. Contudo, referido princípio pode ser extraído, sem qualquer dúvida, do sistema jurídico vigente, inclusive de nossa própria Lei Maior, que prevê, em diversos de seus dispositivos, a existência de tribunais para julgar as decisões proferidas pelos órgãos jurisdicionais de instância inferior.

A despeito de o princípio fazer menção expressa a um duplo grau de jurisdição, ou seja, ao exame da questão por 2 (dois) órgãos jurisdicionais distintos, a verdade é que referido princípio não limita a atuação do Poder Judiciário a apenas dois graus de jurisdição, permitindo, na realidade, que uma determinada demanda, atendidos certos pressupostos de admissibilidade, seja examinada por uma pluralidade de instâncias.

Com efeito, a própria Constituição Federal prevê a existência de diversos Tribunais Superiores (bem como do Supremo Tribunal Federal) com competência para julgar recursos interpostos em face de decisões proferidas por órgãos de segundo grau, mesmo quando estes atuaram como instância revisional, e não como originário.

Algumas demandas, portanto, em vez de serem submetidas apenas a um duplo grau de jurisdição, podem ser examinadas por até 4 (quatro) órgãos jurisdicionais diversos. É o caso, por exemplo, de processos julgados pelo Superior Tribunal de Justiça e depois pelo Supremo Tribunal Federal, quando a parte sucumbente tiver interposto, respectivamente, recurso especial e recurso extraordinário.

Dessa forma, de maneira diferente que sua própria denominação parece indicar, o princípio do duplo grau de jurisdição não diz respeito à possibilidade de revisão das decisões judiciais por uma única instância revisora, *mas sim à possibilidade de reexame da matéria por outros órgãos judicantes, que poderão ser múltiplos*, caso estejam presentes os pressupostos autorizadores da interposição dos recursos extraordinários em sentido lato.

Conforme ressaltam os doutrinadores, o princípio do duplo grau de jurisdição tem por principal fundamento a necessidade de controle dos atos jurisdicionais praticados pelo Poder Judiciário, permitindo que os órgãos jurisdicionais das instâncias superiores controlem a correção das decisões proferidas pelos juízes das instâncias inferiores. Nesse sentido, por exemplo, é a lição de Marcus Vinícius Rios Gonçalves[53]:

> *"O principal fundamento para a manutenção do princípio é de natureza política: nenhum ato estatal pode ficar sem controle. A possibilidade de que as decisões judiciais venham a ser analisadas por um outro órgão assegura que as equivocadas sejam revistas. Além disso, imbui o juiz de maior responsabilidade, pois ele sabe que sua decisão será submetida a nova apreciação".*

Cândido Rangel Dinamarco[54], por sua vez, também nos lembra de que o princípio ora em estudo também permite evitar a dispersão de julgados, promovendo "a relativa *uniformização da jurisprudência* quanto à interpretação da Constituição e da lei federal",

---

53. *Op. cit.*, p. 36.
54. *Op. cit.*, p. 237.

que não seria possível caso as decisões dos milhares de juízes de primeiro grau não fossem sujeitas a recurso.

Ressalvadas as hipóteses de reexame necessário, normalmente referentes aos casos em que o poder público sofreu gravame em razão da decisão judicial (caso, por exemplo, das hipóteses do já mencionado artigo 496, do Código de Processo Civil de 2015), o duplo grau de jurisdição *depende de provocação do interessado*, ou seja, de recurso interposto pela parte sucumbente, ou pelo terceiro interessado.

Para encerrar esse nosso breve estudo sobre o princípio do duplo grau de jurisdição, é importante ressaltarmos que referido princípio, a despeito de estar amparado pelo ordenamento jurídico vigente, não pode ser considerado absoluto, de observância obrigatória. Com efeito, a própria Constituição Federal, que acaba por revelá-lo ao prever as competências recursais, também afasta sua aplicação, em alguns casos, *ao fixar as hipóteses em que a jurisdição será exercida em grau único*, como se dá, por exemplo, com as competências originárias do Pretório Excelso e com a quase totalidade[55] das competências originárias dos Tribunais Superiores.

1.17 PRINCÍPIO DA CELERIDADE NA TRAMITAÇÃO DOS PROCESSOS

A Emenda Constitucional 45, promulgada em 8 de dezembro de 2004, acrescentou ao elenco dos direitos e garantias individuais e coletivos, relacionados no artigo 5º da Constituição Federal, aquele que assegura a todos, no âmbito judicial e administrativo, *a razoável duração do processo e dos meios que garantam a celeridade de sua tramitação* (inciso LXXVIII). Um dos objetivos (não o único) daquela Emenda 45/2004, que materializou a denominada "Reforma do Judiciário", foi justamente tentar conferir maior celeridade à tramitação dos processos, notadamente os judiciais, mas também os administrativos.

Com efeito, até o final da década de 1990, era realmente muito comum que processos judiciais durassem 20 (vinte) ou mesmo 30 (trinta) anos, antes de terminarem[56]. Muitas vezes, eram os sucessores da parte vitoriosa do processo que acabavam auferindo as vantagens pecuniárias ou jurídicas advindas do sucesso da lide, já que o titular original falecia no meio do caminho. Essa realidade, aliás, acontecia com grande frequência nas ações de concessão ou revisão de benefício previdenciário, antes da previsão de criação dos juizados especiais federais, pela Reforma do Judiciário.

Apenas para que meus estimados leitores tenham uma ideia da absurda morosidade na tramitação e solução dos processos, era fato público, notório, desanimador e suportado com uma certa resignação estoica pela maioria dos advogados que atuavam perante a Justiça do Estado de São Paulo, que os recursos de apelação, em trâmite perante o Tribunal de

---

55. Como veremos oportunamente, compete ao Supremo Tribunal Federal julgar, em recurso ordinário, "o *habeas corpus*, o mandado de segurança, o *habeas data* e o mandado de injunção decididos em única instância pelos Tribunais Superiores, se denegatória a decisão" (Constituição Federal, artigo 102, inciso II, *a*). Portanto, nesta única hipótese, causas de competência originária dos Tribunais Superiores ainda podem ser objeto de recurso para o Supremo Tribunal Federal.

56. A bem da verdade, ainda existem muitos processos que se encontram em trâmite há mais de 20 (vinte) anos. Mas, felizmente, atualmente eles não são mais a regra, e sim a exceção.

Justiça daquela unidade da Federação, demoravam cerca de 2 (dois) a 3 (três) anos apenas para serem distribuídos ao desembargador relator do recurso...

E os motivos para aquela situação absurda eram muitos. Parte da culpa, sem sombra de dúvida, devia ser creditada (com justiça, perdoem-me o trocadilho) *aos próprios juízes*, que às vezes deixavam que um processo permanecesse em conclusão por anos a fio, sem prolatar a necessária sentença. O mesmo acontecia com os tribunais de segundo grau, com os Tribunais Superiores e com o Supremo Tribunal Federal, que levavam anos para julgar as causas originárias e recursais que lhes competia.

Se é fato que existem muitos processos em tramitação no Brasil, é fato igualmente que os juízes (da mesma forma que as partes) também têm prazos fixados pela legislação[57], e não podem simplesmente alegar excesso de demanda para deixar de cumprir com seu dever. Se as outras partes do processo não podem usar este argumento, o juiz (que é igualmente parte da relação jurídico-processual) também não o pode.

O restante da culpa, indubitavelmente, ficava a cargo da *própria legislação infraconstitucional*, que previa um expressivo número de recursos, sem qualquer imposição de limites à sua utilização, bem como *dos advogados das partes*, que utilizavam referidos recursos sem qualquer constrangimento, muitas vezes com inequívoco propósito protelatório. Era comum, por exemplo, que uma simples ação de despejo durasse anos intermináveis, e que chegasse ao Supremo Tribunal Federal, para julgamento de recurso extraordinário fundamentado em ofensa à Constituição Federal.

A partir da promulgação da Emenda Constitucional 45/2004, contudo, muitas normas constitucionais e infraconstitucionais foram editadas, para conferir maior celeridade na tramitação dos processos. Além da expressa previsão, no supramencionado artigo 5°, inciso LXXVIII, de nossa Lei Maior, da garantia da razoável duração do processo e da previsão de meios que garantam a celeridade de sua tramitação, a Carta Magna também passou a determinar, em caráter expresso, que a atividade jurisdicional deveria ser ininterrupta, proibindo férias coletivas nos juízos e tribunais de segundo grau, além da necessidade de funcionar em regime de plantão, nos dias em que não houvesse expediente forense normal (artigo 93, inciso XII).

Na mesma toada, a Constituição Federal passou a exigir que a distribuição de processos passasse a ser imediata, em todos os graus de jurisdição (artigo 93, inciso XV), justamente para acabar com aquela injustificável demora na simples distribuição dos processos, que noticiamos anteriormente. Digno de nota, ainda, foi a previsão da necessidade de criação de juizados especiais no âmbito da Justiça Federal (artigo 98, § 2°), e que, a partir de sua implementação, acabou com aquele absurdo, relatado acima, de apenas os sucessores do falecido receberem as vantagens advindas do término definitivo das ações de concessão ou de revisão de benefícios previdenciários.

---

57. O Código de Processo Civil, por exemplo, em seu artigo 226, determina que o juiz do feito profira os despachos no prazo de 5 (cinco) dias; as decisões interlocutórias no prazo de 10 (dez) dias; e as sentenças no prazo de 30 (trinta) dias. Apenas havendo motivo justificado é que o juiz poderá exceder aqueles prazos a que está submetido, e, ainda assim, *por igual tempo*, e não indefinidamente (Código de Processo Civil, artigo 227).

Outra importante norma inserida na Carta Magna, pela Reforma do Poder Judiciário, foi aquela do artigo 103-A, que previu a possibilidade de o Supremo Tribunal Federal editar súmulas com efeitos vinculantes em relação aos demais órgãos do Poder Judiciário e à Administração Pública direta e indireta da União, dos Estados, do Distrito Federal e dos Municípios[58]. Referida norma constitucional, a toda evidência, já tem trazido maior celeridade aos processos, sobretudo evitando que o poder público interponha recursos infindáveis, a pretexto de observância do princípio da indisponibilidade do interesse público, mesmo sabendo que referidos recursos são apenas protelatórios.

A mesma reforma do Judiciário passou a exigir, no artigo 102, § 3º, de nossa Lei Maior, que o recorrente demonstrasse, no recurso extraordinário interposto, a existência de *repercussão geral das questões constitucionais discutidas* naquele recurso, como condição para a admissão da peça recursal. Referida norma constitucional, à toda evidência, tem como um de seus principais objetivos reduzir, de maneira substancial, o grande volume de processos que chegam ao Supremo Tribunal Federal, e, por consequência, também acelerar a prestação jurisdicional.

Também tem por escopo, inequivocamente, permitir que o Pretório Excelso, como guardião maior da Constituição Federal, restrinja sua prestação jurisdicional, na seara do controle difuso de constitucionalidade, às questões de maior repercussão e importância, evitando que sejam levadas àquela Corte Suprema, a pretexto de se julgarem eventuais ofensas à Carta Magna, casos concretos singelos, que só interessam às partes litigantes, como aquelas ações de despejo que mencionamos anteriormente.

Na seara infraconstitucional, a Lei 9.784/1999, que regula o processo administrativo no âmbito da Administração Pública Federal, também demonstrou preocupação com a lentidão no andamento dos processos, ao dispor, em seu artigo 49, que a Administração tem o prazo de até 30 (trinta) dias para decidir, após concluída a instrução dos processos, salvo prorrogação por igual período, devidamente motivada. Também exige que os pareceres dos órgãos consultivos sejam emitidos no prazo máximo de 15 (quinze) dias, salvo norma especial ou comprovada necessidade de maior prazo (artigo 42), pondo fim à antiga morosidade que havia nesta seara.

No Código de Processo Civil também há previsão de diversas normas que buscam garantir a celeridade da prestação jurisdicional. Com efeito, nos expressos termos do artigo 4º, daquele diploma legal, "as partes têm o direito de obter em prazo razoável a solução integral do mérito, incluída a atividade satisfativa". No mesmo diapasão, o artigo 6º, da mesma lei processual civil, "todos os sujeitos do processo devem cooperar entre si para que se obtenha, em tempo razoável, decisão de mérito justa e efetiva".

Como se vê, a imposição de celeridade na tramitação do processo é imposta não só ao juiz do feito, como às demais partes da relação jurídica processual (principalmente autor

---

58. Constituição Federal, artigo 103-A: "O Supremo Tribunal Federal poderá, de ofício ou por provocação, mediante decisão de dois terços dos seus membros, após reiteradas decisões sobre matéria constitucional, aprovar súmula que, a partir de sua publicação na imprensa oficial, terá efeito vinculante em relação aos demais órgãos do Poder Judiciário e à administração pública direta e indireta, nas esferas federal, estadual e municipal, bem como proceder à sua revisão ou cancelamento, na forma estabelecida em lei".

1 • DIREITO PROCESSUAL CONSTITUCIONAL **31**

e réu, mas também demais terceiros intervenientes). Tanto isso é certo, aliás, que existe a previsão de condenação por litigância de má-fé[59], por exemplo, para aquele que opuser resistência injustificada ao andamento do processo, que provocar incidente manifestamente infundado ou que interpuser recurso com intuito manifestamente protelatório (artigo 80, do Código de Processo Civil).

Muito embora não apenas com esse objetivo, mas também para garantir a celeridade na tramitação dos processos bem como a rápida e eficiente prestação jurisdicional, o artigo 77, § 2º, do mesmo Código de Processo Civil[60], também prevê a condenação das partes, de seus procuradores e de todos aqueles que, de qualquer forma, participem do processo, quando praticarem ato atentatório à dignidade da justiça, deixando de cumprir, com exatidão, as decisões jurisdicionais, de natureza provisória ou final, *ou quando criarem embaraços à sua efetivação.*

Outra norma digna de nota, do Código de Processo Civil, que tem por objetivo conferir celeridade na tramitação do processo, é a regra de seu artigo 12, a qual determina que os juízes e os tribunais atenderão, *preferencialmente*[61], à ordem cronológica de conclusão para proferir sentença ou acórdãos, ressalvadas as matérias previstas no § 2º, daquele mesmo artigo[62]. Referida norma, a toda evidência, tem por objetivo tentar acabar com uma antiga prática dos magistrados (seres humanos que são), de julgar os processos mais simples, postergando em demasia o julgamento dos mais complexos.

Não podemos deixar de citar, ainda, a regra do artigo 139, do Código de Processo Civil, que impõe ao juiz um sem-número de incumbências destinadas à obtenção de celeridade na tramitação e julgamento dos processos. Dentre elas, podemos destacar as seguintes: indeferir postulações meramente protelatórias; e determinar todas as medidas indutivas, coercitivas, mandamentais ou sub-rogatórias necessárias para assegurar o cumprimento de ordem judicial. O mesmo diploma processual, em seu artigo 143 (inciso II), prevê a possibilidade de o juiz ser responsabilizado, civil e regressivamente, por perdas e danos, quando recusar, omitir ou retardar, sem justo motivo, providência que deva ordenar de ofício ou a requerimento da parte.

---

59. Código de Processo Civil, artigo 81: "De ofício ou a requerimento, o juiz condenará o litigante de má-fé a pagar multa, que deverá ser superior a um por cento e inferior a dez por cento do valor corrigido da causa, a indenizar a parte contrária pelos prejuízos que esta sofreu e a arcar com os honorários advocatícios e com todas as despesas que efetuou".

60. Código de Processo Civil, artigo 77, § 2º: "A violação ao disposto nos incisos IV e VI constitui ato atentatório à dignidade da justiça, devendo o juiz, sem prejuízo das sanções criminais, civis e processuais cabíveis, aplicar, ao responsável, multa de até vinte por cento do valor da causa, de acordo com a gravidade da conduta".

61. Em sua redação original, referido artigo não continha a expressão "preferencialmente", o que dava um caráter inequivocamente obrigatório à necessidade de ser observar a ordem cronológica de conclusão para se proferir sentença ou acórdão. A nova redação do artigo foi dada pela Lei 13.256, de 04 de fevereiro de 2016, que alterou diversos dispositivos do Código de Processo Civil, antes mesmo de este diploma processual entrar em vigor.

62. Código de Processo Civil, artigo 12, § 2º: "Estão excluídos da regra do *caput*: I – as sentenças proferidas em audiência, homologatórias de acordo ou de improcedência liminar do pedido; II – o julgamento de processos em bloco para aplicação de tese jurídica firmada em julgamento de casos repetitivos; III – o julgamento de recursos repetitivos ou de incidente de resolução de demandas repetitivas; IV – as decisões proferidas com base nos artigos 485 e 932; V – o julgamento de embargos de declaração; VI – o julgamento de agravo interno; VII – as preferências legais e as metas estabelecidas pelo Conselho Nacional de Justiça; VIII – os processos criminais, nos órgãos jurisdicionais que tenham competência penal; IX – a causa que exija urgência no julgamento, assim reconhecida por decisão fundamentada".

Ainda na seara infraconstitucional, a Lei 4.717, de 29 de junho de 1965, que regulamenta a ação popular, e que será objeto de estudo específico no Capítulo 9 deste livro, prevê expressamente, em seu artigo 7º, inciso VI, parágrafo único, que, terminada a instrução probatória, na qual se admite todo tipo de prova, o juiz da ação popular deverá prolatar a sentença, no prazo de 15 (quinze) dias, sob pena de ter de justificar o atraso, nos próprios autos, para que não seja excluído da lista de promoção por merecimento, por 2 (dois) anos, e de perda de tantos dias quantos forem os de atraso, para a promoção por antiguidade.

Para encerrarmos esta seção, não podemos deixar de mencionar que o remédio constitucional adequado à garantia da celeridade na tramitação dos processos, tanto na esfera judicial como na administrativa, é o mandado de segurança, tudo conforme mencionado na parte final do inciso LXXVIII, do artigo 5º, da Constituição Federal. Devemos lembrar apenas que, no âmbito judicial, tal impetração está condicionada ao esgotamento dos recursos judiciais aptos a evitar o dano, como determina o artigo 5º, da Lei 12.016, de 7 de agosto de 2009 (que disciplina os mandados de segurança individual e coletivo).

1.18 JURISDIÇÃO CONSTITUCIONAL

Como vimos na seção 1.2, o direito processual constitucional tem por objeto o estudo sistematizado da denominada *jurisdição constitucional*. E o que vem a ser jurisdição constitucional? A jurisdição, nós já a definimos anteriormente, é o poder-dever do Estado, exercido por meio de órgãos jurisdicionais (juízes e tribunais) competentes, conforme critérios fixados tanto pela constituição, como pelas demais normas infraconstitucionais, destinado à solução dos litígios (ou lides) que lhes forem submetidos a julgamento, por meio da dicção da vontade do ordenamento jurídico ao caso concreto.

Conforme lição de Vicente Greco Filho[63], a jurisdição pode ser definida como "o poder, função e atividade de aplicar o direito a um fato concreto, pelos órgãos públicos destinados a tal, obtendo-se a justa composição da lide". De maneira semelhante, Paulo Hamilton Siqueira Júnior[64], em excelente síntese conceitual, a define como "a manifestação do poder estatal, que consiste em julgar, mediante a aplicação da norma abstrata ao caso concreto".

Graças à adoção expressa, como já vimos, do princípio da inafastabilidade da tutela jurisdicional, a Constituição de 1988 decidiu que o Brasil adotaria o sistema da chamada *jurisdição una*, entregando a atividade jurisdicional tão somente ao Poder Judiciário, não permitindo a criação de órgãos de contencioso administrativo, comuns nos países que adotam a *jurisdição dúplice*, como é o caso da França.

Assim, para o exercício exclusivo da função ou atividade jurisdicional, o Estado cria os chamados órgãos jurisdicionais, ou seja, os diversos juízes e tribunais, que atuam conforme a parcela da jurisdição (competência) que lhe foi conferida pela Carta Magna

---

63. *Direito processual civil brasileiro*. 15. ed. São Paulo: Saraiva, 2000, v. 1, p. 167.
64. Op. cit., p. 52.

e demais normas infraconstitucionais, notadamente os Códigos de Processo e Leis de Organização Judiciária.

Aliás, a estrutura básica do Poder Judiciário brasileiro está prevista no próprio texto constitucional, que não só elenca os diversos órgãos que o compõem (art. 92 da Carta Magna), como também fixa as competências de grande parte dos órgãos jurisdicionais pátrios. É por essa razão que podemos afirmar, em conclusão, que a jurisdição decorre da própria Lei Maior, consistindo, portanto, em uma função de índole constitucional.

A denominada jurisdição constitucional não constitui uma modalidade distinta de jurisdição. Trata-se, na realidade, da mesma atividade jurisdicional do Estado, só que realizada tendo em vista o regramento constitucional, e destinada a combater atos e omissões, notadamente os praticados pelo Estado, ou por quem lhe faça as vezes, que contrariem o dever de que as leis e atos normativos editados pelo poder público sejam constitucionais, bem como os que firam direitos e garantias fundamentais de outrem.

Dito em outras palavras, a *jurisdição constitucional* diz respeito tanto à atividade jurisdicional do Estado destinada à tutela das liberdades públicas, consubstanciada sobretudo nos chamados remédios constitucionais, como também ao controle de constitucionalidade das leis e atos normativos editados pelo Estado (ou não editados, na hipótese de inconstitucionalidade por omissão, como estudaremos neste livro), tudo para que sejam observados, de maneira rigorosa, os preceitos constitucionais vigentes.

Os remédios constitucionais, nós veremos com mais detalhes oportunamente, têm por função, em apertada síntese, conferir efetividade aos diversos direitos e garantias fundamentais consagrados pela Constituição Federal, quando, em um dado caso concreto, o Estado ou algum particular, no uso de prerrogativas públicas, os desrespeitar, quer por ação, quer por omissão, ameaçando ou inviabilizando o exercício daqueles direitos e garantias fundamentais.

A Constituição de 1988, também estudaremos melhor mais à frente, possui 6 (seis) remédios constitucionais expressos, a saber: *habeas corpus*, mandado de segurança individual, ação popular, mandado de segurança coletivo, mandado de injunção e *habeas data*, sendo, estes três últimos, novidades trazidas ao direito brasileiro por nossa atual Lei Maior, para aperfeiçoar e ampliar a defesa da pessoa em face das arbitrariedades estatais.

Já o denominado controle de constitucionalidade, em apertada síntese, consiste na fiscalização da adequação (da *compatibilidade vertical*) das leis e demais atos normativos editados pelo poder público com os princípios e regras existentes em uma constituição rígida, para que se garanta que referidos diplomas normativos respeitem, tanto no que se refere ao seu conteúdo, quanto à forma como foram produzidos, os preceitos hierarquicamente superiores ditados pela Carta Magna.

Tem por objeto, em síntese, a verificação da adequação da norma aos princípios (explícitos e implícitos) e regras existentes na constituição, tanto no que se refere ao conteúdo daquela norma, como à forma como foi produzida. E tem por escopo, normalmente, declarar a nulidade do preceito normativo, quer alijando-o em definitivo do ordenamento jurídico, no controle abstrato, quer afastando sua aplicação num dado caso particular, no chamado controle concreto.

JURISDIÇÃO CONSTITUCIONAL

– A denominada jurisdição constitucional não é uma modalidade distinta de jurisdição. Trata-se, na realidade, da mesma atividade jurisdicional do Estado, só que realizada tendo em vista o regramento constitucional, e destinada a combater atos e omissões, notadamente os praticados pelo Estado, que contrariem o dever de que as leis e atos normativos editados pelo Estado sejam constitucionais, bem como os que firam direitos e garantias fundamentais de outrem.

– Dito de outro modo, *jurisdição constitucional* diz respeito tanto à atividade jurisdicional do Estado para a tutela das liberdades públicas, consubstanciada sobretudo nos chamados remédios constitucionais, como também para o controle de constitucionalidade das leis e atos normativos editados pelo Estado, tudo para que sejam observados, de maneira rigorosa, os preceitos constitucionais vigentes.

2
CONTROLE DE CONSTITUCIONALIDADE: NOÇÕES GERAIS

2.1 ESCLARECIMENTOS INICIAIS

Uma constituição rígida – caso da nossa Constituição Federal de 1988 – é considerada a lei das leis, inserida no ápice da pirâmide normativa estatal, compelindo todas as demais normas produzidas pelo Estado a observar os princípios e regras nela albergados. A partir de agora, estudaremos os mecanismos de fiscalização destinados a garantir que os demais diplomas normativos efetivamente sejam editados em consonância com as normas constitucionais.

E a fiscalização da compatibilidade (adequação) das leis e demais atos normativos produzidos pelo poder público com os princípios e regras consagradas em uma constituição rígida, nós demonstraremos aqui, dá-se por meio do chamado controle de constitucionalidade das normas. Assim, o Capítulo que ora se inicia (bem com os próximos) terá por objeto justamente o estudo deste tema.

Trataremos, aqui, das noções gerais sobre o sistema de controle de constitucionalidade adotado no Brasil. Analisaremos, em síntese, os pressupostos e o conceito do controle de constitucionalidade, o seu objeto, o chamado parâmetro de controle, as espécies de inconstitucionalidade, bem como as diversas modalidades de controle, adotados no direito comparado, encerrando o Capítulo com um breve estudo sobre os princípios específicos de interpretação constitucional, costumeiramente utilizados no controle de constitucionalidade.

2.2 CONTROLE DE CONSTITUCIONALIDADE: PRESSUPOSTOS E CONCEITO

Como se sabe, Hans Kelsen[1] nos trouxe a ideia da existência de um escalonamento de leis, de uma verdadeira hierarquia entre as normas que compõem a ordem jurídica de um Estado, na qual as de hierarquia inferior extraem seu fundamento de validade das normas superiores, até chegarmos à constituição jurídico-positiva, que se encontra no ápice da pirâmide normativa estatal. Temos, nessa ideia, a exteriorização do denominado *princípio da compatibilidade vertical das normas*.

Sabe-se, ademais, que a constituição rígida é a modalidade de documento constitucional que, a despeito de permitir alterações de seu texto, somente o faz quando observadas as

---

1. *Teoria pura do direito*. 7. ed. Martins Fontes, 2006.

regras condicionadoras fixadas em seu próprio texto, necessariamente mais rígidas e severas que as impostas às demais normas – infraconstitucionais – que compõem o ordenamento jurídico do Estado.

Sabemos, ainda, que a constituição rígida, em razão da maior dificuldade para modificação de suas normas, que não podem ser alteradas pela simples edição de diplomas infraconstitucionais, é considerada a norma suprema do país, a denominada *lex legum* (a lei das leis), da qual todas as demais espécies normativas necessariamente extraem seu fundamento de validade.

Com efeito, caso fosse possível ao legislador ordinário alterar as normas constitucionais com a simples edição de uma norma infraconstitucional, como se dá com as constituições flexíveis, não haveria sentido falar-se em supremacia jurídica da constituição em face das demais normas estatais, uma vez que, nessa hipótese, todas as normas produzidas pelo Estado estariam no mesmo patamar hierárquico.

Com base nessas assertivas, podemos concluir que o princípio da supremacia da constituição, ao menos do ponto de vista estritamente *jurídico*, decorre inequivocamente da rigidez constitucional, uma vez que somente podem ser consideradas válidas as normas – tanto aquelas produzidas pelo poder constituinte derivado, quanto as infraconstitucionais – que se revelarem compatíveis com os princípios e regras instituídos pelo constituinte originário na lei magna, que não podem, por sua vez, ser revogados pela simples edição de legislação infraconstitucional.

E justamente em razão da supremacia jurídica da constituição, decorrente da necessidade, existente nas constituições rígidas, de que os diplomas normativos sejam compatíveis com os comandos constitucionais, é que se pode pensar em controle de constitucionalidade das normas, já que não haveria sentido falar-se em referido controle caso a constituição pudesse ser alterada pela simples edição de uma lei infraconstitucional, caso não houvesse uma hierarquia entre normas constitucionais e infraconstitucionais.

Logo, é fácil concluir que *o controle de constitucionalidade pressupõe a existência de rigidez constitucional, e, por consequência, de supremacia jurídica da constituição* em face das demais espécies normativas que compõem o ordenamento jurídico estatal. Ademais, o inverso também é verdadeiro. Caso não existam mecanismos de controle da adequação das normas aos ditames fixados pela constituição, não se pode falar em rigidez constitucional e supremacia jurídica da carta magna.

Como nos lembra Manoel Gonçalves Ferreira Filho,[2] *quando um Estado não previr o controle de constitucionalidade das normas, a constituição será necessariamente flexível,* por mais que esta se queira rígida, já que o poder constituinte perdurará ilimitado nas mãos do legislador infraconstitucional, que poderá modificar as normas constitucionais livremente, caso não haja um órgão destinado a resguardar a superioridade destas em face das leis ordinárias.

Alguns doutrinadores, é importante que se diga, também incluem, entre os pressupostos do controle de constitucionalidade, a atribuição de competência a um ou mais

---

2. *Curso de direito constitucional.* 35. ed. Saraiva, 2009, p. 34.

órgãos, variando em conformidade com o sistema de controle adotado pelo Estado em particular, para realizar a análise da constitucionalidade das leis e demais atos normativos em face dos preceitos constitucionais. Com o devido respeito, esse entendimento não nos parece correto, já que a necessidade de se atribuir competência a um ou mais órgãos, para exercer tal mister, é muito mais uma decorrência lógica (uma consequência) da previsão do controle de constitucionalidade, do que propriamente um pressuposto para sua criação.

Com base nas afirmações acima formuladas, podemos concluir, em apertada síntese introdutória, que o controle de constitucionalidade consiste justamente na fiscalização da adequação (da *compatibilidade vertical*) das leis e demais atos normativos editados pelo Estado com os princípios e regras existentes em uma constituição rígida, para que se garanta que referidos diplomas normativos respeitem, tanto no que se refere ao seu conteúdo, quanto à forma como foram produzidos, os preceitos hierarquicamente superiores ditados pela carta magna.

Dito em outras palavras, trata-se o controle de constitucionalidade da verificação da adequação da norma aos princípios (explícitos e implícitos) e regras existentes na constituição, tanto no que se refere ao conteúdo daquela norma, como à forma como foi produzida. Tem por objetivo, normalmente, declarar a nulidade do preceito normativo, quer alijando-o em definitivo do ordenamento jurídico, no controle abstrato, quer afastando sua aplicação num dado caso particular, no chamado controle concreto.

O controle de constitucionalidade, como demonstraremos melhor no transcorrer deste Capítulo, pode ser realizado por um ou mais órgãos distintos, em conformidade com o modelo de controle de constitucionalidade adotado pelo Estado. Pode, ademais, ser prévio à edição da lei ou ato normativo, quando é chamado controle de constitucionalidade preventivo ou *a priori*, ou posterior à sua edição, no que se costuma chamar de controle repressivo ou *a posteriori*.

Referido controle, conforme nos aponta a doutrina, surgiu em um país cuja constituição sequer o previa expressamente: os Estados Unidos da América. De fato, em famosa decisão proferida no caso Marbury *versus* Madison, o então presidente da Suprema Corte Norte-Americana (denominado *Chief of Justice*), o juiz John Marshall, concluiu que as normas infraconstitucionais deveriam adequar-se aos ditames constitucionais, sob pena de serem consideradas nulas. Concluiu, igualmente, que o controle daquela adequação deveria ser feito pelo Poder Judiciário.

De fato, conforme entendimento externado por aquele eminente magistrado, tratando-se a constituição norte-americana da lei suprema daquele país, que não podia (e ainda não pode) ser alterada pela simples edição de legislação ordinária, qualquer diploma infraconstitucional que não observasse os preceitos constitucionais não poderia ser considerado verdadeiramente uma lei, devendo, portanto, ser declarado *nulo*, sem qualquer força cogente.

E como a função de dizer o direito (*jurisdictio*), inclusive para solucionar eventual conflito de normas, é conferida ao Poder Judiciário, Marshall defendeu que a competência para verificar se uma lei ordinária observa ou não os ditames constitucionais, deveria ser exercida por *todos os magistrados*, no exame dos casos concretos que lhes fossem submetidos a julgamento. Nascia, assim, o controle jurisdicional de constitucionalidade, e do tipo difuso, como estudaremos melhor logo mais.

CONTROLE DE CONSTITUCIONALIDADE: PRESSUPOSTOS E CONCEITO

– O controle de constitucionalidade tem por pressupostos a *rigidez constitucional* e a *supremacia jurídica da constituição*, já que não haveria sentido falar-se em referido controle caso a constituição pudesse ser alterada pela simples edição de uma lei infraconstitucional, caso não houvesse uma hierarquia entre normas constitucionais e infraconstitucionais.

– *Controle de constitucionalidade* é a fiscalização da adequação (da *compatibilidade vertical*) das leis e demais atos normativos editados pelo poder público com os princípios e regras existentes em uma constituição rígida, para que se garanta que referidos diplomas normativos respeitem, tanto no que se refere ao seu conteúdo, quanto à forma como foram produzidos, os preceitos hierarquicamente superiores da Carta Magna.

2.3 OBJETO DO CONTROLE DE CONSTITUCIONALIDADE

Examinados os pressupostos e o conceito de controle de constitucionalidade, passemos agora a analisar, um pouco mais detalhadamente, o objeto do controle de constitucionalidade. Com efeito, visto que referido controle consiste na verificação da adequação das leis e demais atos normativos produzidos pelo Estado com os princípios e regras constitucionais, precisamos esclarecer, nesta seção, o que são leis e atos normativos, para fins daquele controle.

Nos termos da própria Constituição Federal, como se pode depreender da simples leitura de seu artigo 102, inciso I, alínea *a*, que trata do controle de constitucionalidade concentrado (por meio da ação direta de inconstitucionalidade e da ação declaratória de constitucionalidade), referido controle tem por objeto a análise da adequação, aos preceitos constitucionais, *de lei ou ato normativo*. Eis os termos do dispositivo constitucional acima citado:

> *"Art. 102. Compete ao Supremo Tribunal Federal, precipuamente, a guarda da Constituição, cabendo-lhe: I – processar e julgar, originariamente: (a) a ação direta de inconstitucionalidade de lei ou ato normativo federal ou estadual e a ação declaratória de constitucionalidade de lei ou ato normativo federal".*

Devemos entender por *lei*, em sentido amplo, todo preceito escrito, emanado do poder competente de cada uma das pessoas políticas (União, Estados, Distrito Federal e Municípios), dotado de imperatividade e coerção estatal, e que, para fins de controle de constitucionalidade, deve ter por características a *abstração*, a *generalidade* e a *autonomia*. Vejamos, mesmo que de maneira breve, cada uma das características citadas nesta definição.

Por *abstração* devemos entender a exigência de que a lei trate de situações hipotéticas, não devendo disciplinar casos concretos. A *generalidade*, ao seu turno, diz respeito à necessidade de que a lei alcance, indistintamente, a todos que se enquadrem na hipótese por ela disciplinada, não se destinando à disciplina de casos individuais, particulares.

Para que seja possível o controle de constitucionalidade, é necessário, ainda, que a lei seja dotada de *autonomia*. Esta última pode ser definida como a ausência de subordinação da lei a qualquer outra lei ou diploma normativo, mas apenas à própria constituição. As

2 • CONTROLE DE CONSTITUCIONALIDADE: NOÇÕES GERAIS

normas autônomas, também denominadas de normas *primárias*, são as que, em síntese, podem inovar a ordem jurídica, com amparo na carta magna[3].

Conforme ressaltam os doutrinados, são leis, para fins de controle de constitucionalidade, as diversas espécies normativas explicitadas no artigo 59, da Carta Magna. São elas: emendas à Constituição, leis complementares, leis ordinárias, leis delegadas, medidas provisórias, decretos legislativos e resoluções. Estão sujeitas ao controle todas as leis e atos normativos federais, estaduais, distritais e municipais.

Atos normativos, por sua vez, são todos os demais atos editados pelo Estado, revestidos de indiscutível conteúdo normativo, e com as mesmas características anteriormente citadas, ou seja, abstração, generalidade e autonomia. Cite-se, a título de exemplo, os regimentos internos dos Tribunais, que têm fundamento no próprio texto constitucional, conforme redação do artigo 96, inciso I, alínea *a*, de nossa Lei Maior.

Outro exemplo de ato normativo, não relacionado expressamente no rol do artigo 59, da Carta Magna de 1988, nós o temos nos tratados internacionais, conforme previsão do artigo 49, inciso I, da Constituição Federal, e que são inseridos no ordenamento jurídico pátrio com força de lei ordinária. Já os tratados sobre direitos humanos, editados nos termos do artigo 5º, § 3º, da Lei Maior, serão equivalentes às emendas constitucionais.

Feitos esses breves esclarecimentos gerais acerca do objeto do controle de constitucionalidade, consideramos oportuno trazer alguns comentários sobre algumas espécies normativas específicas, que estão efetivamente sujeitas àquele controle. Assim, trataremos, em seguida, das emendas constitucionais, dos decretos, dos tratados internacionais e das medidas provisórias.

Logo na sequência, analisaremos algumas outras espécies de normas em que referido controle não é admitido. Dentre estas, trataremos, por exemplo, das normas constitucionais editadas pelo poder constituinte originário, das normas infraconstitucionais anteriores à constituição, dos atos normativos secundários e das súmulas dos tribunais.

OBJETO DO CONTROLE DE CONSTITUCIONALIDADE

– *Lei*, em sentido amplo, é todo preceito escrito, emanado do poder competente de cada uma das pessoas políticas, dotado de imperatividade e coerção estatal, e que, para fins de controle de constitucionalidade, deve ter por características a *abstração*, a *generalidade* e a *autonomia*.

– São leis, para fins de controle de constitucionalidade, *as diversas espécies normativas explicitadas no artigo 59 da Carta Magna* (emendas à Constituição, leis complementares, leis ordinárias, leis delegadas, medidas provisórias, decretos legislativos e resoluções).

– *Atos normativos* são todos os demais atos editados pelo Estado, revestidos de indiscutível conteúdo normativo (dotados de abstração, generalidade e autonomia).

– Exemplos de atos normativos: regimentos internos dos Tribunais, os quais têm fundamento no próprio texto constitucional, conforme redação do artigo 96, inciso I, alínea *a*, da Carta Magna.

---

3. Ao contrário das normas autônomas ou primárias, as *normas secundárias* são aquelas subordinadas a outras normas infraconstitucionais, e que têm por objetivo justamente regulamentar, dar efetividade aos preceitos disciplinados por estas, como é o caso, por exemplo, dos chamados decretos de execução, editados pelo chefe do Poder Executivo.

2.4 ANÁLISE DE NORMAS ESPECÍFICAS SUJEITAS AO CONTROLE DE CONSTITUCIONALIDADE

Como já vimos anteriormente, as *emendas à Constituição*, com previsão no artigo 60, e parágrafos, da Carta Magna, são manifestações do poder constituinte derivado (reformador), que permitem a alteração do texto constitucional vigente, *nos termos e limites fixados pelo próprio constituinte originário.*

Caso desrespeite os limites e condicionamentos impostos pelo artigo 60, e parágrafos, da Constituição Federal, a emenda constitucional estará eivada de manifesta e irreparável inconstitucionalidade, devendo, portanto, sujeitar-se ao controle de constitucionalidade, para a sua indispensável retirada do ordenamento jurídico nacional.

Podemos concluir, portanto, que é possível falar-se em inconstitucionalidade de normas constitucionais. Mas tal inconstitucionalidade só existe, é imperioso que se diga, em relação a *normas inseridas na constituição pelo poder constituinte reformador*, por meio da edição de emendas constitucionais que desrespeitem os limites fixados pelo constituinte originário.

No tocante às normas constitucionais instituídas pelo constituinte originário, estas não poderão ser declaradas inconstitucionais em hipótese alguma. Com efeito, não existe hierarquia entre normas constitucionais originárias, razão pela qual não é possível falar--se em controle de constitucionalidade de umas em face de outras, quando editadas pelo mesmo constituinte originário.

Estudemos, em seguida, os *decretos*. Na lição de Maria Sylvia Zanella Di Pietro[4], "decreto é a forma de que se revestem os atos individuais ou gerais, emanados do chefe do Poder Executivo (presidente da República, governador e prefeito)". Ainda segundo nos ensina aquela eminente jurista, referido ato normativo pode ser *geral* (decreto geral), quando se revestir, de maneira semelhante à lei, de generalidade e abstração, dirigindo-se a todas as pessoas que se encontram na mesma situação prevista pelo decreto; ou *individual* (decreto individual), quando se destinar a pessoa ou pessoas determinadas.

A doutrina costuma fazer distinção, ainda, entre decretos *regulamentares* (ou de *execução*) e decretos *independentes* (ou *autônomos*), sendo os primeiros expedidos para dar fiel execução a uma lei, nos termos do artigo 84, inciso IV, da Constituição Federal, e os segundos, para suprir a omissão legislativa, dispondo sobre matéria ainda não especificada em lei.

Até recentemente, a quase unanimidade dos doutrinadores nacionais defendia o entendimento de que o ordenamento jurídico pátrio não se coadunava com a existência de decretos autônomos. Pensamos, contudo, que aquela opinião tende a se alterar, tendo em vista o que dispõe o artigo 84, inciso VI, da Carta Magna, com a redação que lhe deu a Emenda Constitucional 32/2001, ao conferir ao presidente da República o poder de dispor, mediante decreto, em caráter privativo, sobre organização e funcionamento da Administração Pública Federal, e sobre a extinção de funções ou cargos públicos, quando vagos.

Dessa forma, na hipótese da edição de *decreto independente ou autônomo*, editado com amparo no dispositivo constitucional supramencionado (artigo 84, inciso VI, de nossa Lei

---

4. *Direito administrativo.* 23. ed. Atlas, 2010, p. 233.

Maior), será perfeitamente possível o controle de sua constitucionalidade, diante de seu inequívoco caráter normativo, dotado de abstração, generalidade e autonomia, em tudo semelhante a uma lei, e subordinado diretamente à Constituição Federal.

Tal exame se mostrará viável, da mesma forma, quando for editado um decreto, sem amparo no artigo 84, inciso VI, da Carta Magna, (decreto de execução, portanto), e este, ao invés de apenas regulamentar uma norma infraconstitucional, acabar criando direitos e obrigações, em direto (e não reflexo) confronto com o texto constitucional (Ação Direta de Inconstitucionalidade 1.396, *RT* 689/281 e *RTJ* 142/718, Supremo Tribunal Federal).

Em se tratando, ao contrário, de decreto executivo (ou de regulamentação) que tenha contrariado, ou mesmo apenas excedido, os termos da lei que deveria regulamentar, estaremos diante de um simples caso de ilegalidade – a chamada *crise de ilegalidade* –, e não de inconstitucionalidade, não sendo possível, portanto, qualquer espécie de controle de constitucionalidade (*RT* 683/201).

Ademais, caso um decreto regulamentar (de execução), editado em perfeita consonância com a lei a que está subordinado, desrespeite os ditames constitucionais, também não será o caso de declarar a inconstitucionalidade daquele decreto, mas sim da própria lei, já que aquele foi editado justamente para regulamentar esta última, a única efetivamente dotada de autonomia.

Quanto aos *tratados e acordos internacionais*, quer o Brasil tenha sido um de seus signatários, quer tenha apenas aderido a seus termos, não podemos olvidar que referidos diplomas, geralmente, necessitam de posterior referendo do Congresso Nacional, por meio de decreto legislativo, conforme disposto no artigo 49, inciso I, da Constituição Federal, para poderem ingressar no ordenamento jurídico pátrio.

Assim, prevalece o entendimento, inclusive do próprio Supremo Tribunal Federal (*Habeas Corpus* 72.131, j. 23.11.1995), de que referidos atos normativos, após a edição do decreto legislativo, tornam-se normas infraconstitucionais, com força de lei ordinária. E se assim for, não resta dúvida de que devem ser submetidos a controle de constitucionalidade, como qualquer outra lei ordinária.

É importante insistirmos, contudo, que a Emenda Constitucional 45, promulgada em 8 de dezembro de 2004, criou uma hipótese expressa em que os tratados e as convenções internacionais passam a viger, no ordenamento jurídico pátrio, com força de norma constitucional. Com efeito, o artigo 5º, § 3º, da Constituição de 1988, determina que os tratados e as convenções internacionais *sobre direitos humanos* que forem aprovados em cada Casa do Congresso Nacional, em 2 (dois) turnos, por 3/5 (três quintos) dos votos dos respectivos membros, terão a mesma natureza das emendas à Constituição.

Portanto, desde que tenham por objeto *direitos humanos* e que se submetam ao rito legislativo fixado no artigo 60, da Carta Magna, os tratados e as convenções internacionais serão equivalentes às emendas constitucionais. Nessa hipótese, serão passíveis de controle de constitucionalidade, *da mesma forma que as emendas constitucionais o são*.

Analisemos, por fim, as medidas provisórias. Trata-se de uma espécie normativa editada pelo presidente da República, em caso de *relevância* e *urgência*, que deve ser submetida ao Congresso Nacional, para conversão em lei no prazo de 60 (sessenta) dias, prorrogáveis por mais 60 (sessenta), sob pena de perda de sua eficácia, conforme determina o artigo 62, da Constituição Federal.

Enquanto vigente, a medida provisória tem inequívoca força de lei, estando inclusive relacionada no rol do artigo 59, da Lei Maior. Assim sendo, a medida provisória está sujeita ao controle de constitucionalidade, tanto no que respeita ao seu conteúdo (constitucionalidade material), quanto à iniciativa e ao rito (constitucionalidade formal).

Já no tocante aos requisitos exigidos para a edição da medida provisória (*relevância e urgência*), o posicionamento do Supremo Tribunal Federal é no sentido de que não cabe controle judicial de constitucionalidade destes, uma vez que tal controle implicaria indesejável invasão na competência de outros Poderes, o que é expressamente vedado pelo princípio da separação de poderes, consagrado no artigo 2º, de nossa Lei Maior.

De fato, a análise da relevância e urgência deve ser feita, inicialmente, pelo próprio presidente da República, a quem cabe a edição da medida provisória, e, depois, por cada uma das Casas do Congresso Nacional (Câmara dos Deputados e Senado Federal), separadamente, sob pena de não conversão da medida provisória em lei. Portanto, o controle de constitucionalidade, especificamente no tocante ao requisito da relevância e urgência, é realizado, *a priori*, apenas pelo Congresso Nacional.

Contudo, é imperioso ressaltar que o Supremo Tribunal Federal admite *excepcionalmente* o controle judicial de constitucionalidade das medidas provisórias, no que se refere àqueles requisitos, quando restar configurada a hipótese de *desvio de finalidade ou abuso de poder de legislar*, por manifesta inocorrência de relevância e urgência. Exemplo de abuso de poder de legislar, nós o temos no caso de reedição, na mesma sessão legislativa, de medida provisória de igual teor a outra anteriormente rejeitada ou que tenha exaurido sua eficácia por decurso de prazo.

2.5 NORMAS NÃO SUJEITAS AO CONTROLE DE CONSTITUCIONALIDADE

Vistos alguns casos específicos em que o controle de constitucionalidade pode ser realizado, encerraremos o estudo do objeto do controle de constitucionalidade analisando algumas hipóteses em que referido controle, ao contrário, não é possível. E a primeira delas, adiantou-se na seção anterior, refere-se às *normas constitucionais editadas pelo poder constituinte originário*.

Como se sabe, em decorrência do chamado *princípio da unidade da constituição*, importante princípio de hermenêutica constitucional, as normas da carta magna devem ser interpretadas como um conjunto harmonioso, pertencentes a um mesmo sistema, e não de maneira isolada, tudo para que não ocorram indesejáveis conflitos entre normas constitucionais (a chamada antinomia).

Em respeito àquele princípio, *o Supremo Tribunal Federal não admite, no ordenamento pátrio, a existência de hierarquia entre normas constitucionais produzidas pelo constituinte originário*. E, se não existe hierarquia entre normas constitucionais daquela espécie, é evidente que não se pode declarar a inconstitucionalidade de uma norma em face de outra, quando ambas forem normas constitucionais originárias.

2 • CONTROLE DE CONSTITUCIONALIDADE: NOÇÕES GERAIS

O Pretório Excelso, portanto, afasta a possibilidade de controle de constitucionalidade de normas constitucionais instituídas pelo poder constituinte originário. Repele, assim, a denominada "teoria das normas constitucionais inconstitucionais", da doutrina alemã. Sobre o assunto, vide Ação Direta de Inconstitucionalidade 815-3/DF, Relator Ministro Moreira Alves, julgada em 28.3.1996, *DJ* 10.5.1996, p. 15131.

Também não são submetidas a controle de constitucionalidade as chamadas *normas secundárias*. De fato, para que seja possível tal controle, já estudamos, é preciso que a norma seja dotada de *autonomia*. Esta última, vale repetir, é a ausência de subordinação a qualquer outra lei ou diploma normativo, mas apenas à própria constituição. As *normas autônomas*, também denominadas de *normas primárias*, são as que, em síntese, podem inovar a ordem jurídica, com amparo no próprio texto constitucional.

As leis destituídas de autonomia, também chamadas de normas *secundárias*, são aquelas subordinadas a outras normas infraconstitucionais, e que têm por objetivo justamente regulamentar, dar efetividade aos preceitos disciplinados por estas. É o caso, por exemplo, dos chamados decretos de execução, editados pelo chefe do Poder Executivo exatamente em cumprimento a normas infraconstitucionais (geralmente uma lei ordinária), para dar-lhes adequada aplicabilidade, através da especificação das situações por elas genericamente previstas.

No caso de normas destituídas de autonomia (atos normativos secundários), como se dá com os citados decretos de execução, bem como as portarias ministeriais, mesmo que elas, ao contrariar as normas primárias a que estão subordinadas, ou ao se exceder na função de regulamentá-las, acabem ferindo algum princípio ou norma constitucional, *não o farão de forma direta, mas sim reflexa*.

Com efeito, naquela hipótese, como nos lembram Ricardo Cunha Chimenti, Fernando Capez, Márcio F. Elias Rosa e Marisa F. Santos[5], o que temos não é propriamente um caso de inconstitucionalidade, mas sim de ilegalidade – a chamada *crise de legalidade* –, por insubordinação do ato normativo secundário aos limites que lhe são impostos pela norma primária (autônoma).

Também não estão sujeitas ao controle de constitucionalidade as *súmulas dos tribunais*. Editadas para fins de uniformização de jurisprudência, referidas súmulas não são dotadas de *imperatividade*, já que podem deixar de ser observadas pelos juízes de instâncias inferiores, nos casos que lhe são submetidos a julgamento. Os enunciados de súmulas, portanto, não têm força normativa.

Aliás, conforme nos lembra Pedro Lenza[6], nem mesmo as chamadas *súmulas vinculantes*, editadas pelo Supremo Tribunal Federal, nos termos do artigo 103-A, da Carta Magna de 1988, acrescentado ao texto constitucional pela Emenda à Constituição 45/2004, estão sujeitas ao controle de constitucionalidade. Em relação a estas, o que poderá ocorrer, isto sim, é *a sua revisão ou cancelamento, de ofício ou por provocação dos legitimados*.

---

5. *Curso de direito constitucional.* 7. ed. Saraiva, 2010, p. 424.
6. *Direito constitucional esquematizado.* 14. ed. Saraiva, 2010, p. 239.

Não estão sujeitos a controle de constitucionalidade, ainda, os *atos estatais não revestidos de abstração e generalidade*. É o caso, por exemplo, dos diversos atos normativos de efeitos concretos e individuais. Nessa hipótese, referidos atos devem ser impugnados, conforme o caso, por ação popular ou mandado de segurança. Nesse sentido, vide *RTJ* 119/65 e *RTJ* 154/432.

Não estão sujeitas ao controle de constitucionalidade, ademais, as *leis revogadas*. De fato, se a lei foi revogada, não há qualquer interesse na declaração de sua inconstitucionalidade, já que ela não mais existe no mundo jurídico. O Poder Judiciário, como é sabido, somente exerce a prestação jurisdicional quando houver efetivo interesse jurídico, não podendo funcionar como mero órgão de consulta histórica.

Encerramos esta seção esclarecendo que há outras hipóteses em que não cabe o controle de constitucionalidade. Contudo, por se tratar de casos muito específicos, cuja impossibilidade de controle só se aplica a uma ou poucas modalidades de controle de constitucionalidade, nós somente os estudaremos no momento oportuno. Podemos citar, a título de exemplo, a impossibilidade específica de controle concentrado, por meio de ação declaratória de constitucionalidade (ADC ou ADECON), das leis estaduais. Referida hipótese, portanto, somente será analisada quando estudarmos aquela modalidade de controle.

NORMAS NÃO SUJEITAS AO CONTROLE DE CONSTITUCIONALIDADE

– Normas constitucionais editadas pelo constituinte originário: o STF afasta a possibilidade de controle de constitucionalidade de normas constitucionais instituídas pelo constituinte originário, repelindo, assim, a denominada "teoria das normas constitucionais inconstitucionais".

– Normas secundárias: são subordinadas a outras normas infraconstitucionais, e se ferirem a Constituição Federal, o farão de forma reflexa, e não direta (aqui é caso da chamada crise de ilegalidade, e não de inconstitucionalidade).

– Súmulas dos tribunais: editadas para fins de uniformização de jurisprudência, não são dotadas de *imperatividade*, já que podem deixar de ser observadas pelos juízes de instâncias inferiores, nos casos que lhe são submetidos a julgamento (não têm, portanto, força normativa).

– Atos estatais não revestidos de abstração e generalidade: é o caso, por exemplo, dos diversos atos normativos de efeitos concretos e individuais, que devem ser impugnados, conforme o caso, por ação popular ou mandado de segurança.

– Normas revogadas: o Poder Judiciário somente exerce a prestação jurisdicional quando houver efetivo interesse jurídico, não podendo funcionar como mero órgão de consulta histórica em relação a uma lei que já não esteja mais no ordenamento jurídico vigente.

2.6 PARÂMETRO DE CONTROLE OU PARADIGMA CONSTITUCIONAL

Ultimados os necessários comentários sobre o objeto do controle de constitucionalidade, passemos agora a analisar o chamado *parâmetro de controle*. Este último, também conhecido como *paradigma constitucional*, ou, ainda, *bloco de constitucionalidade*, refere-se à norma ou ao conjunto de normas da constituição que são utilizados como paradigma, como referência, para a análise da adequação de algum diploma normativo ou ato do Estado aos preceitos constitucionais.

Na lição de Leo van Holthe[7], o parâmetro de controle ou paradigma constitucional "consiste na norma ou conjunto de normas da Constituição que se toma como referência para a declaração de inconstitucionalidade de uma lei ou ato normativo do Poder Público". Trata-se, em outras palavras, da norma ou grupo de normas da constituição que se diz possam ter sido violadas.

Com efeito, quando se realiza o controle de constitucionalidade de uma norma editada pelo Estado, ou uma conduta (comissiva ou omissiva) praticada pelo Estado, o que se faz é justamente verificar a sua adequação (a sua compatibilidade vertical) com uma ou mais normas constitucionais (princípios e/ou regras), que poderiam estar sendo contrariados por aquele diploma normativo ou ato do Estado.

Quando, por exemplo, se faz a análise da inconstitucionalidade de uma lei que, hipoteticamente, permitiu a contratação de servidores sem prévia aprovação em concurso público, o parâmetro de controle ou paradigma constitucional será, inequivocamente, a norma fixada pelo artigo 37, inciso II, da Carta Magna, que determina que a investidura em cargo ou emprego público depende de aprovação prévia em concurso público de provas ou de provas e títulos.

E quais são as normas constitucionais que podem ser utilizadas como paradigma constitucional, para fins de controle de constitucionalidade? Uma corrente, que podemos chamar de *ampliativa*, defende a utilização não só das normas (princípios e regras) formalmente constitucionais, como também de valores de caráter suprapositivo, amparados no denominado direito natural.

Naquele sentido, o Ministro Celso de Mello, em conhecido pronunciamento sobre a questão (Informativo 258/STF), asseverou que, para efeitos de controle de constitucionalidade, devem ser levados em conta não só os preceitos de índole positiva, proclamados em um texto formal, como também, "em face de sua transcendência mesma, os valores de caráter suprapositivo, os princípios cujas raízes mergulham no direito natural e o próprio espírito que informa e dá sentido à Lei Fundamental do Estado".

Outra corrente, denominada *restritiva*, e que é *amplamente majoritária na jurisprudência do Supremo Tribunal Federal*, defende que só podem ser utilizados como parâmetro de controle os princípios e regras, ainda que não expressos, extraídos do texto constitucional. Essa corrente, portanto, somente aceita a utilização, como paradigma constitucional ou bloco de constitucionalidade, *de norma ou conjunto de normas inseridas na Constituição Federal* (ou seja, *normas formalmente constitucionais*).

No caso de nossa Lei Maior, portanto, podem ser utilizados como parâmetro de controle todos os princípios e regras inseridos no texto constitucional, mesmo que implícitos, porém inequivocamente extraídos das normas existentes na Carta Magna. Estão nessa categoria, portanto, todas as normas da parte dogmática (artigo 1º ao artigo 250) e das disposições constitucionais transitórias (Ato das Disposições Constitucionais Transitórias – ADCT).

Também poderão ser utilizados como paradigma constitucional, ademais, os tratados e convenções internacionais sobre direitos humanos, desde que editados nos termos do

---

7. *Direito constitucional*. 6. ed. Jus Podivm, 2010, p. 153.

artigo 5º, § 3º, da Lei Maior. Com efeito, como já vimos, desde que aprovados em cada Casa do Congresso Nacional, e 2 (dois) turnos, por 3/5 (três quintos) dos votos dos respectivos membros, aqueles tratados e convenções internacionais serão equivalentes às emendas constitucionais.

É importante ressaltar, por fim, que *o preâmbulo da Constituição de 1988 não poderá ser utilizado como parâmetro de controle* ou *paradigma constitucional*. De fato, como se sabe, a doutrina majoritária entende que o preâmbulo da Constituição Federal, a despeito de se tratar de inequívoca fonte de interpretação e integração das demais normas constitucionais, não possui força normativa.

Demonstramos naquela oportunidade, inclusive, que o próprio Supremo Tribunal Federal já se pronunciou sobre o caso, negando-lhe força normativa, quando julgou a Ação Direta de Inconstitucionalidade 2.076/AC, relatada pelo Ministro Carlos Mário da Silva Velloso. E se não tem força normativa, evidentemente não poderá ser utilizado como parâmetro de controle ou paradigma constitucional.

PARÂMETRO DE CONTROLE OU PARADIGMA CONSTITUCIONAL

> – **Parâmetro de controle**, também conhecido como **paradigma constitucional**, ou, ainda, **bloco de constitucionalidade**, refere-se à norma ou ao conjunto de normas da constituição que são utilizados como referência para a análise da adequação de algum diploma normativo ou ato estatal aos preceitos constitucionais. Trata-se, em outras palavras, da norma ou grupo de normas da constituição que podem ter sido violadas.
>
> – No caso da Constituição Federal brasileira, podem ser utilizados como parâmetro de controle ou paradigma constitucional todos os princípios e regras inseridos no texto constitucional, mesmo que implícitos, porém inequivocamente extraídos das normas existentes na Carta Magna.
>
> – Estão nessa categoria todas as normas da parte dogmática (artigo 1º ao artigo 250) e das disposições transitórias (ADCT). Também poderão ser utilizados como paradigma constitucional os tratados e convenções internacionais sobre direitos humanos, desde que editados nos termos do artigo 5º, § 3º, da Constituição.
>
> – O preâmbulo da Carta Magna não poderá ser utilizado como parâmetro de controle ou paradigma constitucional, uma vez que, a despeito de se tratar de inequívoca fonte de interpretação e de integração das demais normas constitucionais, não tem força normativa.

2.7 AS DIVERSAS ESPÉCIES DE INCONSTITUCIONALIDADE

Uma vez definido o que seja controle de constitucionalidade, qual o seu objeto e quais as normas da Constituição Federal podem ser utilizadas para realizar tal controle, nosso próximo passo será explicitar as diferentes formas pelas quais as normas infraconstitucionais, bem como as normas constitucionais editadas pelo constituinte reformador, podem contrariar os preceitos constitucionais. Em outras palavras, procuraremos analisar, nas seções seguintes, as diversas espécies de inconstitucionalidade.

Iniciaremos nossos breves estudos sobre o tema analisando a distinção entre inconstitucionalidade material e inconstitucionalidade formal. Procuraremos analisar, ali, os

2 • CONTROLE DE CONSTITUCIONALIDADE: NOÇÕES GERAIS

conceitos dessas duas espécies de inconstitucionalidade, inclusive explicitando as diferentes subespécies de inconstitucionalidade formal, conforme ensinamentos da doutrina pátria e estrangeira. Em seguida, cuidaremos de realizar a distinção entre inconstitucionalidade por ação e inconstitucionalidade por omissão, esta última incorporada ao sistema brasileiro de controle de constitucionalidade mais recentemente, por inspiração da Constituição portuguesa.

2.8 INCONSTITUCIONALIDADE MATERIAL E INCONSTITUCIONALIDADE FORMAL

A *inconstitucionalidade material ou vício material* é a incompatibilidade do conteúdo (da matéria) de uma lei ou ato normativo (seja uma norma infraconstitucional, seja uma emenda constitucional), ou de atos (comissivos ou omissivos)[8] praticados pelo Estado, com os preceitos constitucionais. Em outras palavras, trata-se do desrespeito, no tocante ao conteúdo da norma ou do ato do Estado, aos comandos extraídos dos princípios e regras existentes em uma constituição rígida.

Podemos citar, como exemplo de ocorrência de inconstitucionalidade material, a edição de uma lei que instituísse pena de caráter perpétuo para crimes mais graves, mesmo que sob o pretexto de atender ao clamor público, em razão do aumento da violência no Brasil. Mesmo que respeitasse as regras procedimentais de edição de diplomas normativos, o conteúdo (essência, matéria) de referida norma, a toda evidência, desrespeitaria os expressos termos do artigo 5º, inciso XLVII, alínea b, da Constituição Federal, que veda a instituição desse tipo de pena.

Vê-se, portanto, que a inconstitucionalidade material diz respeito tão somente ao *conteúdo* das leis e atos normativos do Estado – que não podem contrariar os comandos constitucionais –, pouco importando o procedimento adotado para sua elaboração. A inobservância das regras fixadas pela constituição, relativas ao procedimento para elaboração de leis e atos normativos editados pelo Estado, esta diz respeito à outra espécie de inconstitucionalidade – a denominada inconstitucionalidade formal.

Com efeito, a *inconstitucionalidade formal ou vício formal* é o desrespeito, na elaboração da lei ou ato normativo, às normas constitucionais relativas ao processo legislativo, ou seja, às regras procedimentais, fixadas pela constituição, para a edição das diversas espécies normativas. Dito em outras palavras, trata-se do desrespeito à forma, estabelecida pela constituição, para a elaboração das demais espécies normativas.

A inconstitucionalidade formal, é importante que se diga, poderá ser de 2 (duas) subespécies: *inconstitucionalidade formal orgânica* e *inconstitucionalidade formal propriamente dita*. A primeira ocorrerá quando o *órgão legislativo* que elaborar a lei ou ato normativo não tiver competência constitucional para fazê-lo.

Seria hipótese de ocorrência de *inconstitucionalidade formal orgânica*, por exemplo, caso uma Assembleia Legislativa de um determinado Estado da Federação editasse uma

---

8. A hipótese de inconstitucionalidade por omissão do Estado será estudada na próxima sessão.

lei para tratar de serviço postal, tema que, nos expressos termos do artigo 22, inciso V, da Constituição Federal vigente, é de competência exclusiva da União (e, portanto, do Congresso Nacional).

A *inconstitucionalidade formal propriamente dita*, por sua vez, refere-se à edição de uma lei ou ato normativo sem observância das normas constitucionais relativas ao processo legislativo, sejam as relativas à *capacidade de iniciativa* (aspecto subjetivo), sejam as relativas ao *rito de tramitação* (aspecto objetivo) dos atos normativos.

Estar-se-ia diante de uma hipótese de *inconstitucionalidade formal subjetiva* ou *por vício de iniciativa* se, por exemplo, um deputado federal ou um senador apresentasse um projeto de lei que fixasse ou modificasse os efetivos das Forças Armadas, o qual, nos expressos termos do artigo 61, § 1º, da Carta Magna, é de iniciativa privativa do presidente da República.

Vale mencionar que, na hipótese de ocorrência de inconstitucionalidade formal subjetiva, ou por vício de iniciativa, a sanção do chefe do Poder Executivo não tem o poder de sanar referido vício, estando a norma, portanto, eivada de irreparável inconstitucionalidade. Não mais subsiste, portanto, a Súmula 5 do Supremo Tribunal Federal[9], como já decidiu o próprio Pretório Excelso, no julgamento da Ação Direta de Inconstitucionalidade 1963/PR.

Por outro lado, estar-se-ia frente a uma hipótese de *inconstitucionalidade formal objetiva* ou *por vício de rito ou procedimento*, por exemplo, caso uma norma, cuja matéria exigisse, nos termos da Constituição Federal, a regulamentação por lei complementar, fosse aprovada por meio de simples lei ordinária, sem a observância do quórum qualificado (maioria absoluta), exigido pelo artigo 69, da Lei Maior.

Ainda no que se refere à inconstitucionalidade formal, é importante mencionar que parte da doutrina, escudada na lição de José Joaquim Gomes Canotilho, cita a existência de uma terceira subespécie dessa categoria: a denominada inconstitucionalidade formal *por violação a pressupostos objetivos do ato*.

Valendo-nos da lição de Clèmerson Merlin Clève,[10] podemos citar, como exemplo da ocorrência dessa modalidade de inconstitucionalidade formal, a edição de medida provisória sem a observância dos pressupostos de *relevância e urgência*, exigidos pelo artigo 62, da Constituição de 1988, para a elaboração daquela espécie normativa. Na mesma toada, a criação de município sem a observância dos pressupostos autorizadores estabelecidos pelo artigo 18, § 4º, de nossa Lei Maior[11].

Cabe mencionar, para encerrarmos esse tema, que uma norma editada pelo poder público, num dado caso concreto, poderá apresentar apenas uma dessas espécies de inconstitucionalidade, ou apresentar as duas espécies ao mesmo tempo. Com efeito, quando seu único vício disser respeito à inadequação de seu conteúdo com os ditames constitucionais, será caso de simples inconstitucionalidade material da norma, conforme demonstrado supra.

---

9. Revogada Súmula 5, do Supremo Tribunal Federal: "A sanção do projeto supre a falta de iniciativa do Poder Executivo".
10. *A fiscalização abstrata da constitucionalidade no direito brasileiro.* 2. ed. Local: Revista dos Tribunais, 2000, p. 41.
11. Constituição Federal, artigo 18, §4: "A criação, a incorporação, a fusão e o desmembramento de Municípios, far-se-ão por lei estadual, dentro do período determinado por Lei Complementar Federal, e dependerão de consulta prévia, mediante plebiscito, às populações dos Municípios envolvidos, após divulgação dos Estudos de Viabilidade Municipal, apresentados e publicados na forma da lei".

2 • CONTROLE DE CONSTITUCIONALIDADE: NOÇÕES GERAIS

A norma poderá, por outro lado, revelar apenas uma inconstitucionalidade formal, quando seu único vício for dessa natureza, ou seja, quando desrespeitar as normas procedimentais, fixadas pela carta magna, para a elaboração das diversas espécies normativas, quer as relativas ao órgão legislativo que deve editá-la, quer as referentes à capacidade de iniciativa, quer, ainda, as relativas ao rito de tramitação.

Poderá, por fim, estar concomitantemente eivada de inconstitucionalidade material e formal, quando, a um só tempo, desrespeitar a essência do texto magno (vício material), bem como as regras procedimentais de elaboração das normas (vício formal). Um exemplo, extraído da realidade, é a edição de leis municipais (editadas por câmaras municipais, portanto) que conferem aos respectivos municípios o direito de conceder outorgas do serviço de radiodifusão comunitária.

Nos termos da Constituição Federal, o serviço de radiodifusão sonora, inclusive o relativo às chamadas rádios comunitárias, é de titularidade exclusiva da União, o que evidencia uma inconstitucionalidade material daquelas leis municipais, já que tal serviço não pode ser delegado a terceiros por Municípios, sendo certo, ademais, que as leis sobre o assunto só podem ser editadas pelo Congresso Nacional, fato que revela um vício formal (inconstitucionalidade formal orgânica) das leis municipais que disciplinarem tal assunto.

INCONSTITUCIONALIDADE MATERIAL E INCONSTITUCIONALIDADE FORMAL

Inconstitucionalidade material	– É a incompatibilidade do conteúdo (da matéria) de uma lei ou ato (comissivo ou omissivo) do Estado com os preceitos constitucionais.
Inconstitucionalidade formal	– É o desrespeito, na elaboração da lei ou ato normativo, às normas constitucionais relativas ao processo legislativo, ou seja, às regras procedimentais, fixadas pela constituição, para a edição das diversas espécies normativas.

2.9 INCONSTITUCIONALIDADE POR AÇÃO E INCONSTITUCIONALIDADE POR OMISSÃO

Na seção anterior, vimos que a inconstitucionalidade da lei ou ato estatal pode ocorrer tanto na hipótese de seu conteúdo contrariar os princípios e regras constitucionais, como também quando a elaboração da norma deixar de observar as regras procedimentais fixadas pela carta magna. Em ambas as hipóteses, estamos diante de um ato positivo praticado pelo Estado que é incompatível com a constituição. E sempre que a inconstitucionalidade surgir em decorrência de um ato comissivo do Estado, estar-se-á frente a um caso de inconstitucionalidade por ação.

Assim, podemos definir a *inconstitucionalidade por ação*, também conhecida por *inconstitucionalidade positiva*, como aquela decorrente da ação do Estado, que pratica algum ato ou edita uma lei ou ato normativo de alguma maneira (material ou formalmente) incompatível com os preceitos albergados pela constituição. Já a *inconstitucionalidade por omissão*, o próprio nome já indica, ocorre quando estivermos diante de uma omissão estatal, quando houver injustificada inércia do Estado em praticar algum ato ou em editar leis ou atos normativos indispensáveis à aplicabilidade de normas constitucionais que dependam de complementação legislativa.

Com efeito, ao estudarmos as normas constitucionais não autoexecutáveis – ou de eficácia limitada, conforme famosa classificação de José Afonso da Silva –, vimos que referidas normas são as que necessitam de alguma conduta do poder público, ou da edição de diplomas infraconstitucionais, para que possam produzir todos os efeitos pretendidos pelo constituinte. E a inconstitucionalidade por omissão decorre justamente da omissão estatal no dever de praticar algum ato ou de editar leis ou atos normativos infraconstitucionais indispensáveis à concessão de aplicabilidade a normas constitucionais não autoexecutáveis, como o são, por exemplo, as chamadas normas constitucionais programáticas.

Exemplo de inconstitucionalidade por omissão, nós o temos na inequívoca omissão estatal, aliás já expressamente reconhecida pelo Supremo Tribunal Federal, no dever de editar lei específica para regulamentar o exercício de direito de greve dos servidores públicos, conforme determinado pelo artigo 37, inciso VII, da Constituição Federal.

Como mencionamos anteriormente, a inconstitucionalidade por omissão, de inspiração no direito constitucional português, foi incorporada ao direito brasileiro ainda recentemente, com a promulgação da Constituição de 1988. Nossa Carta Magna possui, em seu corpo, 2 (dois) mecanismos para sanar essa espécie de inconstitucionalidade, e que serão estudados oportunamente. São eles: mandado de injunção, previsto no artigo 5º, inciso LXXI, e ação direta de inconstitucionalidade por omissão, tipificada em seu artigo 103, § 2º.

INCONSTITUCIONALIDADE POR AÇÃO E INCONSTITUCIONALIDADE POR OMISSÃO

Inconstitucionalidade por ação	– É a decorrente da *ação* do Estado, que pratica algum ato ou edita uma lei ou ato normativo de alguma maneira (material ou formalmente) incompatível com os preceitos albergados pela constituição.
Inconstitucionalidade por omissão	– É a decorrente de *omissão* do Estado, que deixa de praticar algum ato ou de editar leis ou atos normativos indispensáveis à aplicabilidade de normas constitucionais que dependam de complementação legislativa.

2.10 MODALIDADES DE CONTROLE QUANTO AO MOMENTO DA REALIZAÇÃO E QUANTO AO ÓRGÃO QUE O REALIZA

Quanto ao *momento da realização* do controle de constitucionalidade, este poderá ser *preventivo* ou *repressivo*. Será *controle preventivo* quando realizado antes que as propostas de emenda constitucional ou os projetos de lei ou ato normativo sejam editados. Tem por escopo evitar que a norma eivada de inconstitucionalidade ingresse no ordenamento jurídico pátrio.

Será *controle repressivo*, ao contrário, quando for realizado depois da edição da emenda à constituição ou da norma infraconstitucional. Esta última modalidade de controle, também denominada de *controle superveniente*, tem por objetivo, como é lógico e intuitivo, afastar a aplicação de norma inconstitucional já editada.

Conforme entendimento já consolidado, para que seja possível falar-se em controle repressivo de constitucionalidade, *basta que a lei ou ato normativo seja promulgado e publicado, não havendo necessidade, portanto, que entre em vigor*. Nesses termos, aliás, já decidiu o Supremo Tribunal Federal, na Ação Direta de Inconstitucionalidade 466, publicada no *DJU* de 10.5.1991.

Quanto ao *órgão que o realiza*, o controle de constitucionalidade poderá ser *político, jurisdicional (judicial)*, ou, ainda, *misto*. Será *controle político* quando realizado por órgão não integrante do Poder Judiciário. Poderá ser exercido pelo Poder Executivo, pelo Legislativo, ou, ainda, por uma Corte Constitucional, não pertencente a qualquer dos outros Poderes, e dotada de ampla independência[12]. Será *controle jurisdicional* (também denominado *judicial*), quando realizado exclusivamente pelo Poder Judiciário. Será *controle misto*, por fim, quando a constituição atribuir tal controle, concomitantemente, ao Judiciário e a outros Poderes.

É importante mencionar que aqueles modelos de controle de constitucionalidade (controles preventivo e repressivo; controles político, judicial e misto) podem apresentar-se conjugados, em um mesmo Estado. Tal conjugação, que resulta em modelos híbridos, com a existência, a um só tempo, de controles de constitucionalidade do tipo político (tanto preventivo como repressivo) e do tipo jurisdicional (igualmente preventivo e repressivo), tem por objetivo dotar determinado Estado dos meios mais eficazes possíveis à garantia da observância da supremacia jurídica da constituição. É o caso, por exemplo, do Brasil.

MODALIDADES DE CONTROLE QUANTO AO MOMENTO DA REALIZAÇÃO E QUANTO AO ÓRGÃO QUE O REALIZA

Quanto ao momento da realização	**Preventivo**	– Realizado antes de a lei ou o ato normativo ser promulgado e publicado.
	Repressivo	– Realizado após a lei ou o ato normativo ser promulgado e publicado.
Quanto ao órgão que o realiza	**Político**	– Realizado por órgão distinto do Poder Judiciário.
	Jurisdicional (ou Judicial)	– Realizado exclusivamente pelo Poder Judiciário.
	Misto	– Realizado, concomitantemente, pelo Judiciário e outros Poderes.

---

12. Exemplo costumeiramente citado de órgão especial criado para tal finalidade, não pertencente aos demais Poderes, é o Conselho Constitucional francês, composto por membros com mandato fixo, e que realiza um controle preventivo do ato normativo editado pelo Poder Legislativo daquele país.

2.11 MODALIDADES DE CONTROLE QUANTO À VIA UTILIZADA: MODELO AMERICANO E AUSTRÍACO

Particularmente no que respeita ao controle repressivo de constitucionalidade, do tipo judicial ou jurisdicional (ou seja, realizado pelo Poder Judiciário, e após a norma infraconstitucional ter ingressado no ordenamento jurídico), é importante esclarecer que existem 2 (dois) modelos mais conhecidos, que costumam ser usados pelos diversos países: *o controle difuso* (ou aberto) e o *controle concentrado* (ou fechado).

O *controle difuso*, também conhecido como *controle por via de exceção ou defesa*, já o mencionamos anteriormente, foi criado nos Estados Unidos da América (daí também ser denominado de *modelo norte-americano*) e aplicado pela primeira vez no caso *Marbury vs. Madison*, em 1803, decidido pelo então presidente da Suprema Corte dos Estados Unidos da América (cargo denominado *Chief of* Justice), o juiz John Marshall.

Referido modelo de controle permite a *qualquer juiz ou tribunal* realizar – esse o motivo de ser denominado difuso –, no julgamento de um caso concreto, a análise incidental da constitucionalidade de uma lei ou ato normativo. No controle difuso, portanto, a análise da constitucionalidade do dispositivo não é o objeto principal da ação, sendo apreciada apenas em caráter incidental.

Com efeito, o juiz do processo decidirá acerca da eventual inconstitucionalidade da norma em caráter *incidenter tantum* (como uma questão incidente) para, só então, com base naquele entendimento, julgar o mérito propriamente dito da ação. A análise da constitucionalidade da norma, portanto, antecede o exame do mérito da demanda.

Os tipos de ação em que se pode realizar o controle difuso de constitucionalidade são os mais diversos possíveis, como mandados de segurança, ações de rito ordinário, embargos à execução, exceções de pré-executividade etc. Um exemplo comum é a oposição de embargos em sede de execução tributária, em que o embargante alega, incidentalmente, para tentar afastar a cobrança do tributo, a inconstitucionalidade da norma que instituiu a obrigação tributária.

Muito embora a inconstitucionalidade da norma possa ser verificada pelo juiz ou tribunal, independentemente de provocação (de ofício, portanto), tal costuma ser invocada por uma das partes em litígio, como fundamento para viabilizar sua pretensão principal (a procedência do pedido, no caso do autor; a improcedência, no caso do réu). Daí ser conhecido também como controle por via de exceção ou defesa.

É importante ressaltar que, a despeito de ser também denominado de controle por via de exceção ou de defesa, isso não quer dizer que a inconstitucionalidade só possa ser invocada por quem estiver no polo passivo da demanda (pelo réu). Poderá alegá-la, igualmente, o autor da ação. É o caso, já citado, de mandado de segurança impetrado contra ato do Estado que exige pagamento de um determinado imposto, em que o impetrante (autor) invoca como fundamento de sua pretensão (a dispensa daquele pagamento) justamente a inconstitucionalidade da norma que instituiu referido tributo.

Vê-se, portanto, que *a expressão "via de defesa ou exceção" não guarda qualquer relação com a posição que a parte ocupa no processo*. Refere-se, isto sim, à invocação da inconstitucionalidade da norma para se proteger (para se defender) dos efeitos negativos que sua aplicação ocasionaria, caso fosse aplicada, na solução do caso concreto submetido à apreciação jurisdicional. Nesse sentido, por exemplo, é a lição de Luiz Alberto David Araújo e Vidal Serrano Nunes Júnior[13]:

> *"O interessado que pede a prestação jurisdicional não precisa estar no polo passivo da lide, podendo ser o autor da ação. Por tal razão, a expressão 'via de defesa' significa que o interessado está defendendo-se dos efeitos de uma norma inconstitucional e não, obrigatoriamente, ocupando o polo passivo da ação. Defende direito seu (ou de seu grupo), que vem postado em uma norma inconstitucional".*

Nessa espécie de controle de constitucionalidade, como regra geral, a decisão que declara a inconstitucionalidade da norma tem eficácia apenas para o caso em litígio, entre as partes litigantes (*eficácia inter partes*), permanecendo referida norma perfeitamente válida e eficaz em relação ao restante da população.

O *controle concentrado*, por sua vez, foi concebido pela Constituição austríaca de 1920 (por isso costumeiramente chamado de *modelo austríaco*), ao instituir uma corte constitucional para exercer, em caráter de exclusividade, o controle de constitucionalidade das normas. Referido controle, também conhecido como *controle por via de ação direta*, é aquele realizado exclusivamente por um determinado órgão[14], e que tem por objeto a análise da constitucionalidade ou da inconstitucionalidade de lei ou ato normativo, em tese, independentemente da existência de casos concretos em que a constitucionalidade esteja sendo discutida.

Trata-se, portanto, de um *processo de natureza objetiva*, uma vez que nenhum interesse subjetivo de particulares está sendo apreciado na demanda. Aqui, o exame da constitucionalidade da norma é o objeto mesmo da ação, realizado por uma Corte especialmente designada para tal mister, que produz eficácia em relação a todos (eficácia *erga omnes*).

MODALIDADES DE CONTROLE QUANTO À VIA UTILIZADA

– O **controle difuso (ou por via de exceção ou defesa)**, criado pelos norte-americanos, permite a qualquer juiz ou tribunal realizar – este o motivo de ser denominado difuso –, no julgamento de um caso concreto, a análise incidental da constitucionalidade de uma lei ou ato normativo. No controle difuso, portanto, a análise da constitucionalidade do dispositivo não é o objeto principal da ação, sendo apreciada apenas em caráter incidental.

– O **controle concentrado (ou por via de ação direta)**, concebido pela Constituição austríaca de 1920, é aquele realizado exclusivamente por um determinado órgão, e que tem por objeto a obtenção da declaração de inconstitucionalidade de lei ou ato normativo, em tese, independentemente da existência de casos concretos em que a constitucionalidade esteja sendo discutida.

---

13. *Curso de direito constitucional.* 14. ed. Saraiva, 2010, p. 48-49.
14. Num Estado do tipo Federal, como é o caso da República Federativa do Brasil, geralmente se atribui a competência para exercer o controle concentrado de constitucionalidade, relativamente à Constituição Federal, a uma Corte Suprema (no caso do Brasil, denominada Supremo Tribunal Federal), e, no âmbito das Constituições dos Estados-Membros, aos respectivos Tribunais de Justiça, que são as cortes máximas destas unidades da Federação.

2.12 VISÃO GERAL DO CONTROLE DE CONSTITUCIONALIDADE NO BRASIL

O Brasil, como já mencionamos brevemente em outra oportunidade, adota um sistema de controle de constitucionalidade do tipo *híbrido* ou *misto*, prevendo, ao mesmo tempo, tanto o controle político, como o controle judicial (ou jurisdicional). Adota, igualmente, a um só tempo, os controles de constitucionalidade do tipo preventivo e repressivo, tanto pelo Poder Judiciário, como pelos demais Poderes do Estado.

Buscou o constituinte pátrio, com tal medida, dotar o Estado brasileiro de todos os meios possíveis para a garantia plena e eficaz da supremacia tanto da Constituição Federal, como das Constituições dos Estados e da Lei Orgânica do Distrito Federal (no âmbito das respectivas unidades da Federação), em relação ao ordenamento infraconstitucional. Vejamos, em seguida, um pouco mais detidamente, cada uma das modalidades de controle de constitucionalidade existentes no Brasil.

2.13 CONTROLE POLÍTICO

1. *Controle político preventivo pelo Poder Executivo* – Ao presidente da República é dado o poder de realizar o controle político preventivo, por meio do *veto jurídico* (artigo 66, § 1º, da Carta Magna[15]). Este será cabível quando o chefe do Poder Executivo Federal entender que algum dispositivo da lei aprovada pelo Parlamento é inconstitucional.

Em razão do princípio da simetria, que exige semelhante tratamento, no que se mostrar possível, aos diversos entes que compõem a Federação, o mesmo poder de veto poderá também ser conferido aos governadores dos Estados e do Distrito Federal, no que respeita às leis aprovadas pelos Parlamentos daquelas unidades da Federação, em face da Constituição Federal, e das respectivas constituições dos Estados e Lei Orgânica do Distrito Federal.

2. *Controle político repressivo pelo Poder Executivo* – Conforme entendimento já firmado pelo Supremo Tribunal Federal (*RTJ* 151/331), pode o chefe do Poder Executivo (e somente este) realizar também o controle político de constitucionalidade, do tipo repressivo, quando se deparar com uma norma manifestamente inconstitucional, até que a Corte Suprema se manifeste sobre a questão.

Fundamenta-se tal possibilidade no dever que cabe à Administração Pública de observar, de maneira rigorosa, os princípios da supremacia da constituição, bem como o da legalidade. Assim, tem o Poder Executivo, exclusivamente na figura de seu chefe (presidente da República, governadores dos Estados, do Distrito Federal e prefeitos), o dever de não observar o cumprimento de uma lei manifestamente inconstitucional.

Portanto, ao se deparar com uma lei ou ato normativo manifestamente inconstitucional, deverá o presidente da República, o governador do Estado, o governador do Distrito Federal, ou o prefeito, editar um ato administrativo (ato normativo) determinando que

---

15. Constituição Federal, artigo 66, § 1º: "Se o presidente da República considerar o projeto, no todo ou em parte, inconstitucional ou contrário ao interesse público, vetá-lo-á total ou parcialmente, no prazo de quinze dias úteis, contados da data do recebimento, e comunicará, dentro de quarenta e oito horas, ao presidente do Senado Federal os motivos do veto".

2 • CONTROLE DE CONSTITUCIONALIDADE: NOÇÕES GERAIS

referida norma não seja observada por seus subordinados, até que o caso seja decidido pelo Poder Judiciário (vide *RTJ* 151/331).

É importante ressaltar, contudo, que esse entendimento não está completamente pacificado, a despeito de ser francamente majoritário. Com efeito, há quem defenda que o controle repressivo de constitucionalidade, realizado pelo chefe do Poder Executivo, não poderia ser realizado, para se evitar a ocorrência de indesejável insegurança jurídica, tendo em vista o *princípio da presunção de constitucionalidade das leis e atos normativos* editados pelo Estado.

Como nos lembra Luís Roberto Barroso[16], após o advento da Constituição de 1988, muitos também passaram a questionar a manutenção de tal faculdade, em razão da expressa concessão, pela Carta Magna, ao presidente da República, governadores e prefeitos, de legitimidade ativa para a propositura de ação direta de inconstitucionalidade. Contudo, como ressaltado no parágrafo anterior, a doutrina e a jurisprudência francamente predominantes acolhem tal possibilidade.

3. *Controle político preventivo pelo Poder Legislativo* – O Poder Legislativo, de maneira semelhante ao Poder Executivo, também pode realizar controle político de constitucionalidade, tanto preventivo como repressivo. O controle preventivo é o realizado pela *Comissão de Constituição, Justiça e de Cidadania (CCJ)*, pertencente à Câmara dos Deputados, bem como pela *Comissão de Constituição, Justiça e Cidadania (CCJ)*, esta última do Senado Federal, antes de o projeto de lei ser votado pelas Casas do Congresso Nacional.

No caso específico de um projeto ser considerado inconstitucional pela Comissão de Constituição, Justiça e de Cidadania da Câmara dos Deputados, o artigo 54, inciso I, do Regimento Interno dessa Casa Legislativa afirma que referido parecer é terminativo. Contudo, é possível a interposição de recurso em face daquela decisão, para o plenário da Câmara dos Deputados, nos termos dos artigos 132, § 2º, 137, § 2º, e 164, § 2º, todos de seu Regimento Interno.

Algo semelhante ocorre no Senado Federal. O artigo 101, § 1º, do Regimento Interno desta Casa é expresso e inequívoco em determinar que o parecer pela inconstitucionalidade, emitido pela denominada Comissão de Constituição, Justiça e Cidadania implicará a rejeição e o arquivamento definitivo da proposição, por despacho do presidente do Senado Federal.

Contudo, há igualmente previsão de recurso para o plenário da Casa, nos termos do artigo 254, do Regimento Interno do Senado Federal, desde que o parecer pela inconstitucionalidade ou injuridicidade não tenha sido unânime, e que o recurso manifestando opinião favorável ao projeto tenha sido subscrito por 1/10 (um décimo) dos senadores da República.

Além da análise prévia da constitucionalidade da lei ou ato normativo, pelas respectivas Comissões de Constituição e Justiça da Câmara dos Deputados e do Senado Federal, o controle preventivo também poderá ser realizado pelo *plenário* de ambas as Casas, quando os projetos de lei e demais atos normativos forem submetidos à votação propriamente dita, e os respectivos parlamentares o considerarem inconstitucional, deixando, por consequência, de aprová-lo.

---

16. *Interpretação e aplicabilidade das normas constitucionais*, p. 184.

4. *Controle político repressivo pelo Poder Legislativo* – O controle repressivo, a seu turno, deve ser realizado em 2 (duas) situações: no caso dos atos do Poder Executivo que exorbitem de seu poder regulamentar ou extrapolem os limites de delegação legislativa (artigo 49, inciso V, da Constituição Federal); e na análise das medidas provisórias, as quais, uma vez editadas, já são atos normativos com força de lei, independentemente de seu caráter de temporariedade.

Com efeito, é de competência exclusiva do presidente da República, nos termos do artigo 84, inciso IV, da Carta Magna, "expedir decretos e regulamentos para sua fiel execução". Temos, nesse dispositivo constitucional, a explicitação do chamado poder normativo ou regulamentar do Poder Executivo, que edita seus decretos e demais regulamentos para proporcionar aplicabilidade plena às leis.

Caso o presidente da República, ao editar um decreto, ao invés de apenas dar fiel execução à lei, como preconiza a Constituição Federal, acabe extrapolando aquele limite, imiscuindo-se na função legislativa, inovando a ordem jurídica, pode e deve sofrer controle, pelo Poder Legislativo, por meio de decreto legislativo.

Hipótese semelhante dá-se no caso de o chefe do Poder Executivo Federal exorbitar dos limites da delegação legislativa. Com efeito, o artigo 68, da Constituição Federal vigente[17], confere ao presidente da República a competência para editar as chamadas leis delegadas, através de delegação concedida pelo Congresso Nacional, por meio de resolução.

Dessa forma, caso a lei delegada, editada pelo presidente da República, exorbite os termos da delegação conferida pelo Congresso Nacional, e explicitadas na resolução para tal fim editada, poderá o Poder Legislativo, por meio de decreto legislativo, efetuar o controle político repressivo de constitucionalidade daquela lei, sustando referido diploma normativo.

Por fim, como vimos anteriormente, a medida provisória tem inequívoca natureza de lei, estando inclusive relacionada no rol do artigo 59, da Carta Magna. Assim sendo, a medida provisória estará sujeita ao controle político de constitucionalidade, a cargo do Congresso Nacional, inclusive no tocante à observância dos requisitos da *relevância e urgência*, exigidos pelo artigo 62, de nossa Lei Maior.

Ainda sobre o controle político repressivo de constitucionalidade, Ricardo Cunha Chimenti, Fernando Capez, Márcio F. Elias Rosa e Marisa F. Santos[18], em sua obra, nos lembram que os Tribunais de Contas (da União e dos Estados), órgãos auxiliares do Poder Legislativo, podem, em casos concretos, deixar de aplicar leis e atos normativos que reputem inconstitucionais[19], conforme preceitua a Súmula 347, do Supremo Tribunal Federal, que dispõe que "o Tribunal de Contas, no exercício de suas atribuições, pode apreciar a constitucionalidade das leis e dos atos do poder público".

---

17. Constituição Federal, artigo 68: "As leis delegadas serão elaboradas pelo presidente da República, que deverá solicitar a delegação ao Congresso Nacional".

18. *Op. cit.*, p. 428.

19. Apenas a título de curiosidade, vale mencionar que o mesmo pode ser dito em relação ao Conselho Nacional de Justiça (CNJ) e ao Conselho Nacional do Ministério Público (CNMP). Com efeito, por expressa previsão constitucional, referidos órgãos, que têm entre suas funções a de controlar a validade de atos administrativos praticados por seus órgãos subordinados, poderão deixar de aplicar lei ou ato normativo que considerem que viola a Constituição Federal.

CONTROLE DE CONSTITUCIONALIDADE POLÍTICO NO BRASIL

Controle Político pelo Poder Executivo	**Preventivo**	– Através do veto jurídico (artigo 66, § 1º, da Constituição Federal).
	Repressivo	– Somente o chefe do Poder Executivo, quando se deparar com lei manifestamente inconstitucional.
Controle Político pelo Poder Legislativo	**Preventivo**	– Através das Comissões de Constituição, Justiça e Cidadania da Câmara dos Deputados e do Senado Federal, ou do Plenário de ambas as Casas, antes de o projeto ser votado.
	Repressivo	– Atos do Poder Executivo que exorbitem seu poder normativo ou delegação legislativa. – Análise de medidas provisórias.

2.14 CONTROLE JUDICIAL

1. *A única hipótese de controle judicial preventivo* – O controle de constitucionalidade do tipo judicial ou jurisdicional, como já mencionado, é aquele conferido ao Poder Judiciário. Nos termos da Constituição brasileira vigente, referido Poder tem a atribuição de realizar tanto o controle repressivo de constitucionalidade, como o controle preventivo, *este em uma única hipótese*: no caso de *impetração de mandado de segurança, por parlamentar, perante o Supremo Tribunal Federal, contra ato que tenha importado em ofensa às normas constitucionais do processo legislativo.*

Com efeito, os parlamentares têm o poder-dever de participar de um processo legislativo correto, o denominado *devido processo legislativo*, no qual sejam rigorosamente observadas as normas constitucionais relativas à edição das diversas espécies normativas relacionadas no artigo 59, da Carta Magna. Na hipótese de um projeto de lei ou proposta de emenda constitucional não respeitar as normas constitucionais, surge, para o deputado federal ou senador, o direito de se valer de mandado de segurança, para garantir a higidez do processo legislativo.

Trata-se, aqui, de hipótese de *controle concreto de constitucionalidade*, em que a inconstitucionalidade formal da norma é apreciada incidentalmente, já que o pedido do parlamentar, dirigido ao Supremo Tribunal Federal (artigo 102, inciso I, da Constituição Federal), por meio do mandado de segurança, é o de que lhe seja garantido o direito líquido e certo ao devido processo legislativo.

O Pretório Excelso já consolidou também seu entendimento no sentido de que *somente os parlamentares podem manejar mandado de segurança para garantia do devido processo legislativo*, não sendo possível a terceiros, que não ostentem a condição de membro do Congresso Nacional, valer-se daquela ação constitucional, mesmo que invoquem a condição de futuro destinatário da norma ou da emenda constitucional. Sobre o tema, vide Mandado de Segurança 21.747-DF, Mandado de Segurança 23.087-SP e Mandado de Segurança 23.328-DF.

Caso o parlamentar perca ou renuncie ao mandato no transcurso do julgamento da ação, o mandado de segurança deverá ser julgado extinto, sem resolução do mérito, por perda superveniente de legitimidade ativa *ad causam*. Como vimos, o remédio constitucional é utilizado, nesta hipótese, como mecanismo de controle concreto de constitucionalidade, para garantir ao parlamentar o devido processo legislativo, não podendo ser transmutado, portanto, em um instrumento para impugnação em tese de uma norma jurídica. Sobre o tema, sugerimos a leitura do Mandado de Segurança 27.971.

No que respeita a essa espécie de controle de constitucionalidade, prevalece no Supremo Tribunal Federal o entendimento de que ele somente poderá ter por objeto infração às *normas constitucionais* do processo legislativo. Entende-se que as normas regimentais, por tratarem de assuntos internos das Casas Legislativas, não podem ser objeto dessa modalidade de controle de constitucionalidade.

É certo, ademais, que a Corte Suprema também já decidiu expressamente que, se houver a aprovação do projeto de lei ou da proposta de emenda à Constituição, após a impetração do mandado de segurança pelo parlamentar, dar-se-á a perda de legitimidade ativa dos membros do Congresso Nacional para o prosseguimento da ação mandamental, *que não pode ser utilizada como sucedâneo da ação direta de inconstitucionalidade* (Mandado de Segurança 22.487-DF, Relator Ministro Celso de Mello, 14.8.2001).

Para finalizar o tema do controle de constitucionalidade judicial, do tipo preventivo, é importante mencionar que, com fundamento no *princípio da simetria*, os parlamentares dos Estados-membros, do Distrito Federal e dos Municípios tem inequívoca competência para impetrar *mandado de segurança, perante o respectivo tribunal de segundo grau, para que lhe seja garantido o devido processo legislativo*.

2. Controle judicial de constitucionalidade do tipo repressivo – No tocante ao controle judicial de constitucionalidade, do tipo repressivo, a Constituição Federal de 1988 conferiu ao Poder Judiciário a competência para realizar tanto o *controle difuso de constitucionalidade* (também conhecido como controle por via de exceção ou defesa, como também o *controle concentrado* (ou por via de ação direta).

O controle de constitucionalidade judicial do tipo difuso encontra amparo constitucional no artigo 102, inciso III, alíneas *a, b, c* e *d*, que trata do recurso extraordinário, bem como no artigo 97, da Carta Magna, que faz menção expressa ao *princípio da reserva de plenário* (no âmbito de todos os Tribunais), para análise de constitucionalidade de uma norma, num caso concreto.

O controle judicial repressivo de constitucionalidade do tipo concentrado, por sua vez, está previsto em diversos dispositivos da Constituição Federal. Com efeito, o artigo 102, inciso I, alínea *a*, parte inicial, de nossa Lei Maior, trata da *ação direta de inconstitucionalidade genérica*. O artigo 103, § 2º, por sua vez, refere-se à *ação direta de inconstitucionalidade por omissão*. Já o artigo 36, inciso III, trata da *ação direta de inconstitucionalidade interventiva*.

O artigo 102, inciso I, alínea *a*, parte final, de nossa Carta Magna, dispõe sobre a *ação declaratória de constitucionalidade*, inovação trazida ao texto constitucional pela Emenda

Constitucional 3/1993. E o artigo 102, § 1º, por fim, trata da arguição de descumprimento de preceito fundamental, também trazida para o corpo da Constituição pela Emenda Constitucional 3/1993.

Relativamente ao controle de constitucionalidade concentrado, no âmbito dos Estados-membros, a Constituição Federal, em seu artigo 125, § 2º, dispõe expressamente que "cabe aos Estados a instituição de representação de inconstitucionalidade de leis ou atos normativos estaduais ou municipais em face da Constituição Estadual, vedada a atribuição da legitimação para agir a um único órgão".

A Carta Magna de 1988, portanto, prevê expressamente a possibilidade de os Estados-membros instituírem o controle concentrado de constitucionalidade de lei ou ato normativo estadual ou municipal, em face de suas respectivas constituições. O dispositivo constitucional, entretanto, não entra em minúcias acerca do processamento daquela espécie de controle, que poderá variar de Estado para Estado, em conformidade com o que dispuser a respectiva constituição estadual.

Algumas regras, contudo, foram explicitadas pela Constituição Federal, e devem ser aqui mencionadas, mesmo que de maneira breve. A primeira delas é de que *a competência para julgamento desses processos é do Tribunal de Justiça do Estado*, conforme se pode depreender do artigo 35, inciso IV, da Lei Maior, quando trata da ação direta de inconstitucionalidade interventiva para assegurar a observância dos princípios indicados na Constituição Estadual.

O objeto do controle concentrado de constitucionalidade em face das constituições estaduais também restou perfeitamente delimitado pelo artigo 125, § 2º, da Constituição de 1988: *apenas as leis e os atos normativos estaduais e municipais*. Não poderão ser objeto de controle de constitucionalidade, portanto, as normas federais, que somente poderão ser submetidas a controle concentrado de constitucionalidade em face da Constituição Federal.

No tocante à legitimidade para a propositura da ação no controle concentrado de constitucionalidade de normas estaduais e municipais em face da constituição do Estado, a Constituição Federal não explicitou quem seriam os legitimados, apenas ressaltando que não poderia ser conferida a apenas um único órgão. Dessa forma, *cabe à respectiva constituição estadual fornecer o rol de legitimados*.

No caso específico da ação direta de inconstitucionalidade interventiva estadual, contudo, conforme previsto no artigo 35, inciso IV, da Constituição Federal, *a legitimidade para a propositura da ação em questão será necessariamente do chefe do Ministério Público estadual*, tudo em conformidade com o que preconiza o artigo 129, inciso IV, da Carta Magna de 1988.

CONTROLE DE CONSTITUCIONALIDADE JUDICIAL NO BRASIL

Controle judicial preventivo	**– Em uma única hipótese**: caso de impetração de mandado de segurança, por parlamentar, perante o Supremo Tribunal Federal, contra ato que tenha importado em ofensa às normas constitucionais do processo legislativo.

Controle judicial repressivo	**– Controle difuso (ou por via de exceção ou defesa)**: permite a qualquer juiz ou tribunal realizar, no julgamento de um caso concreto, a análise incidental da constitucionalidade de uma lei ou ato normativo. **– Controle concentrado (ou por via de ação direta)**: realizado por um único tribunal, em caráter exclusivo, e que tem por objeto a análise da constitucionalidade ou da inconstitucionalidade de lei ou ato normativo, em tese, independentemente da existência de casos concretos em que a constitucionalidade esteja sendo discutida.

2.15 PRINCÍPIOS ESPECÍFICOS DE INTERPRETAÇÃO CONSTITUCIONAL

Examinadas as noções gerais do controle de constitucionalidade, encerraremos o Capítulo com um breve estudo dos chamados *princípios específicos de interpretação da Constituição*. Referidos princípios, é importante esclarecer, são costumeiramente utilizados pelos diversos órgãos que realizam o controle de constitucionalidade (sobretudo pelo Poder Judiciário), para realizar a análise da adequação das leis e demais atos praticados pelo Estado com as normas constitucionais.

1. Princípio da supremacia da constituição, como o próprio nome já indica, refere-se à superioridade hierárquica das normas (princípios e regras) inseridas no texto de uma constituição rígida em relação às demais normas que compõem o ordenamento jurídico estatal, fazendo com que as normas constitucionais estejam no ápice da pirâmide normativa do Estado.

Como nos ensina Luís Roberto Barroso[20], "toda interpretação constitucional se assenta no pressuposto da superioridade jurídica da Constituição sobre os demais atos normativos no âmbito do Estado. Por força da supremacia constitucional, nenhum ato jurídico, nenhuma manifestação de vontade pode subsistir validamente se incompatível com a Lei Fundamental".

Em decorrência desse princípio, torna-se inequívoca a impossibilidade de interpretação da constituição com fundamento em normais infraconstitucionais. Com efeito, por força do princípio da supremacia da constituição, *o correto é interpretar-se um diploma infraconstitucional à luz da constituição, e não o contrário*.

2. Princípio da unidade da constituição, por sua vez, determina que as normas constitucionais, da mesma forma que se dá com todas as demais normas que compõem o ordenamento jurídico vigente de um determinado Estado, sejam consideradas como integrantes de um único e harmonioso sistema, e não como um conjunto de normas isoladas. Trata-se, como se pode perceber, de uma manifestação da clássica interpretação lógico-sistemática, trazida para o campo específico da interpretação das normas constitucionais.

Com efeito, como se sabe, a despeito de poder ser dividida em vários ramos, notadamente para fins didáticos, a ordem jurídica é uma só. E a constituição, como fundamento de validade de todo o ordenamento, é que lhe imprime unidade e caráter sistemático. E,

---

20. Op. cit., p. 161.

em sendo assim, *deverá também ser interpretada como um único e harmonioso sistema, notadamente para conciliar a pluralidade de valores, muitas vezes aparentemente antagônicos, que ela mesma consagra.* Tratando do tema, Jorge Miranda[21] nos ensina que:

"A Constituição deve ser tomada, a qualquer instante, como um todo, na busca de uma unidade e harmonia de sentido. O apelo ao elemento sistemático consiste aqui em procurar recíprocas implicações de preceitos e princípios em que aqueles fins se traduzem em situá-los e defini-los na sua interrelacionação e em tentar, assim, chegar a uma idônea síntese globalizante, credível e dotada de energia normativa".

Busca-se, por meio do princípio da unidade da constituição, *evitar a existência de antinomias, de conflitos de normas constitucionais.* Em outras palavras, referido princípio exige que a constituição seja interpretada harmonicamente, encarada como um todo unitário, de maneira que, da interpretação de suas normas, não resulte comandos antagônicos, inconciliáveis entre si.

A própria Constituição Federal de 1988 contém em seu corpo diversas normas aparentemente contraditórias, e que exigem uma interpretação unitária, de modo a harmonizar sua interpretação. É o caso, por exemplo, das já citadas normas que consagram, respectivamente, o direito à propriedade privada (artigo 5º, XXII) e a que determina que esta última atenda à sua função social (artigo 5º, XXIII).

É por força do princípio da unidade da constituição que o direito constitucional pátrio não admite, no Brasil, a denominada *teoria das normas constitucionais inconstitucionais*[22], vedando, de maneira peremptória, a possibilidade de declaração de inconstitucionalidade de normas constitucionais, quando estas tiverem sido editadas pelo poder constituinte originário.

De fato, as normas editadas pelo poder constituinte originário, cuja titularidade é do próprio povo, são elaboradas por um poder que tem por uma de suas características justamente ser *ilimitado*, não encontrando limites no ordenamento estatal anterior (na constituição até então vigente), podendo dispor sobre qualquer tema, qualquer *matéria* que repute necessária.

E se assim é, todas as decisões tomadas pelo poder constituinte originário, todas as normas por ele editadas devem ser consideradas constitucionais, não havendo que se falar em qualquer relação hierárquica entre elas, as quais deverão ser interpretadas como um todo harmônico, em consonância com o que preconiza o princípio da unidade da constituição. Somente as normas editadas pelo poder constituinte reformador (emendas à Constituição) é que podem eventualmente ser julgadas inconstitucionais, como veremos melhor no Capítulo 5 desta obra.

3. *Princípio da força normativa da constituição*, ao seu turno, determina que, na interpretação da constituição, deve-se buscar a promoção de uma constante atualização de suas

---

21. *Manual de direito constitucional*, t. 2, p. 228.
22. Como nos lembra Leo van Holthe, o direito alemão, inspirado nos ideais jusnaturalistas, admite que uma norma constitucional originária seja declarada inconstitucional com base em outra norma da mesma constituição que se coloque mais próxima dos chamados "direitos naturais do homem". *Op. cit.*, p. 74.

normas, levando-se em conta não só os aspectos históricos de sua edição, mas também a realidade social atual, tudo para que se alcance a maior otimização possível dos preceitos constitucionais.

Referido princípio, como vimos anteriormente, exterioriza-se através da denominada *mutação constitucional* (Capítulo 2, seção 2.15), um *processo de alteração na interpretação de normas da constituição* sem que haja uma efetiva modificação material (reforma) de seu texto.

Contudo, é importante repetir, nesta oportunidade, a mesma advertência feita anteriormente: não é possível aos membros do Poder Judiciário em geral, e à Corte Suprema em particular, ao aplicar este princípio, dar à norma constitucional reinterpretada um sentido manifestamente contrário ao que está escrito, sob pena de o Judiciário tornar-se um legislador positivo, ferindo os princípios da separação de poderes, da soberania popular e o da conformidade funcional, que será estudado logo em seguida.

4. *Princípio da máxima efetividade*, inequivocamente ligado ao supramencionado princípio da força normativa da constituição, determina que as normas constitucionais sejam interpretadas de maneira a lhes conferir a maior eficácia, a maior aplicabilidade possível. Também denominado de *princípio da eficiência*, é muito utilizado na aplicação dos direitos e garantias fundamentais, sobretudo quando em colisão com outros valores da Constituição Federal.

Na lição de Luiz Alberto David Araújo e Vidal Serrano Nunes Júnior[23], referido princípio específico de interpretação constitucional também ganha especial importância quando aplicado às denominadas normas constitucionais programáticas. Com efeito, como nos lembram os ilustres doutrinadores, muito embora não tenham aplicação integral no momento de sua edição, por ausência de norma infraconstitucional que as regulamente, é indispensável que o intérprete lhe extraia a maior eficácia possível.

5. *Princípio da justeza, correção ou conformidade funcional* determina que as normas constitucionais sejam interpretadas de modo a não alterar a repartição de competências estabelecida pela própria constituição, inclusive no que se refere à separação funcional dos Poderes constituídos – Legislativo, Executivo e Judiciário.

É por força desse princípio específico de interpretação constitucional, por exemplo, que o Poder Judiciário é impedido, no controle de constitucionalidade de leis e atos normativos editados pelo poder público, de proferir decisões flagrantemente contrárias ao sentido da lei, que acabem por torná-lo um legislador positivo, invadindo a função típica do Poder Legislativo.

Isso vale também para as normas constitucionais propriamente ditas. Com efeito, é vedado ao Supremo Tribunal Federal, o chamado "Guardião da Constituição Federal", conferir às regras constitucionais, no julgamento dos casos que lhe forem submetidos a julgamento, sentido manifestamente contrário ao expressamente previsto na norma, sob pena de a Corte Suprema tomar para si a função legislativa, tarefa que a Carta Magna de 1988 conferiu ao Congresso Nacional, composto de representantes eleitos por meio de voto popular.

---

23. *Op. cit.*, p. 107-108.

6. *Princípio da presunção de constitucionalidade das leis e demais atos normativos do poder público*, por sua vez, determina que as leis e demais atos normativos editados pelo Estado sejam considerados constitucionais, e, por consequência, devidamente cumpridos, ao menos até que sobrevenha decisão judicial declarando sua inconstitucionalidade.

Trata-se referido princípio de um corolário do princípio da separação de poderes, que exige, tanto quanto possível, que um Poder (no caso, o Judiciário) não invada a esfera de competência de outros Poderes – do Legislativo, no caso de edição das leis e demais atos normativos; e do Executivo, nos atos de governo – *declarando a nulidade de atos do Estado apenas quando for inequívoca a sua inconstitucionalidade*[24].

É importante ressaltar que a presunção de constitucionalidade dos atos normativos, a toda evidência, não é absoluta. Trata-se, ao contrário, de uma presunção *iuris tantum* (relativa), que poderá ser infirmada, contrariada, por declaração em sentido contrário do Poder Judiciário, no controle de constitucionalidade judicial, e até mesmo pelos outros Poderes, no exercício excepcional desse controle, como veremos melhor oportunamente.

Por força da aplicação desse princípio, duas imposições são dirigidas ao intérprete das leis e demais atos editados pelo Estado: em primeiro lugar, surge o dever de se abster de declarar a inconstitucionalidade do ato normativo quando não for evidente a inconstitucionalidade, ou seja, quando houver a possibilidade de uma interpretação razoável considerar a norma como válida.

Em segundo lugar, havendo alguma interpretação razoável da norma, que possa garantir a sua subsistência como uma norma válida, constitucional, quando houver uma ou mais interpretações outras que a inquinem de manifesta e insanável inconstitucionalidade, deverá o intérprete e o aplicador da lei optar pela interpretação que garanta sua constitucionalidade.

7. *Princípio da interpretação conforme a constituição*, inequivocamente relacionado com o princípio da presunção de constitucionalidade das leis e atos do poder público, determina que o aplicador do direito opte pela interpretação que garanta a constitucionalidade da norma, mesmo que não seja a mais evidente, sempre que houver outra interpretação – ou outras – considerada inconstitucional, e que deve ser expressamente afastada.

É imperioso esclarecer, nesta oportunidade, que a interpretação conforme a constituição não se trata de simples escolha de uma interpretação que se coadune com o texto constitucional. Caso fosse assim, não haveria qualquer diferença do princípio da interpretação conforme a constituição com o já estudado princípio da presunção de constitucionalidade das leis e demais atos do Estado.

Mais que isso, como ressalta a doutrina, o princípio da interpretação em conformidade com a constituição exige: (a) a necessidade de se buscar uma interpretação que não seja a que decorre da leitura mais óbvia do dispositivo; e (b) que sejam expressamente excluídas a interpretação ou as interpretações que contrariem as normas – princípios e regras – consagradas pelo texto constitucional.

---

24. Em termos semelhantes, Luís Roberto Barroso afirma que "o princípio da presunção de constitucionalidade dos atos do Estado, notadamente das leis, é uma decorrência do princípio geral da separação dos Poderes e funciona como fator de autolimitação da atividade do Judiciário, que, em reverência à atuação dos demais Poderes, somente deve invadir-lhes os atos diante de caso de inconstitucionalidade flagrante e incontestável". *Op. cit.*, p. 188.

Portanto, mais que uma interpretação das normas em consonância com a constituição – corolário da presunção de constitucionalidade das normas –, o princípio da interpretação conforme a constituição exige que tenhamos: uma norma com mais de um significado (norma polissêmica); que a interpretação não seja a que decorra da leitura mais óbvia; e que sejam expressamente excluídas interpretações que contrariem a carta magna.

Justamente em razão de se prestar à exclusão expressa de interpretações inquinadas de inconstitucionalidade, a interpretação conforme a constituição *não é encarada como mero princípio de interpretação constitucional, mas também como autêntico mecanismo de controle de constitucionalidade*, largamente utilizado, aliás, pelo Supremo Tribunal Federal.

No controle de constitucionalidade da lei ou ato normativo, ao se valer da interpretação conforme a constituição, o órgão judicial, ao se deparar com uma norma que apresenta mais de uma interpretação possível, algumas delas contrárias ao texto constitucional, escolhe aquela que se revele compatível com a vontade da lei maior, inclusive mantendo o texto íntegro, apesar de restringir sua aplicação àquela declarada pelo órgão julgador, afastando expressamente as interpretações consideradas inconstitucionais. Trata-se da denominada *interpretação conforme a constituição sem redução de texto*[25].

Cabe ressaltar, uma vez mais, que o julgador, ao proferir decisão com base na interpretação conforme a constituição, não poderá dar ao dispositivo legal uma exegese que, de maneira clara e induvidosa, contrarie frontalmente o fim pretendido pelo legislador, *sob pena de o tribunal tornar-se um legislador positivo, o que é vedado*. Caso não seja possível conciliar a norma com a vontade do legislador, não há como deixar de declarar-se a inconstitucionalidade da norma.

8. *Princípio da concordância prática ou da harmonização* determina que, na ocorrência de conflito, em um dado caso concreto, entre bens jurídicos estabelecidos por normas constitucionais diversas, deve-se buscar uma interpretação que melhor os harmonize, de maneira a conceder a cada um dos direitos a maior amplitude possível, sem que um deles imponha a supressão do outro.

Por força desse princípio, muito utilizado em eventual confronto, eu um caso concreto específico, entre direitos e garantias fundamentais, busca-se encontrar um ponto de coexistência entre referidos direitos, de forma que ambos cedam reciprocamente, para que possam conviver harmoniosamente. É por esse motivo, aliás, que referido princípio também é conhecido como *princípio da cedência recíproca*.

Exemplo de aplicação desse princípio, nós o temos na necessidade de conciliar, em um dado caso concreto, a liberdade de expressão da atividade de comunicação, independentemente de censura ou licença (artigo 5º, inciso IX, da Lei Maior), e a inviolabilidade da intimidade, da vida privada, da honra e da imagem das pessoas (artigo 5º, inciso X, da Carta Magna), quando algum órgão de imprensa resolve publicar uma notícia que, a despeito de apresentar inequívoco interesse público, também ofende a privacidade ou a honra subjetiva de alguém.

---

25. A título de informação, vale mencionar que o Supremo Tribunal Federal, na ação direta de inconstitucionalidade, ao se utilizar da interpretação conforme a constituição, julga referida ação procedente em parte, e não improcedente.

2 • CONTROLE DE CONSTITUCIONALIDADE: NOÇÕES GERAIS

9. *Princípios da razoabilidade e da proporcionalidade* determinam que as normas constitucionais sejam interpretadas de maneira razoável e proporcional, de modo que os meios utilizados sejam adequados aos fins perseguidos pela norma, devendo o intérprete buscar conceder aos bens jurídicos por elas tutelados a aplicação mais justa e equânime possível.

É graças à aplicação desses princípios que o Poder Judiciário poderá, num dado caso concreto, invalidar leis ou atos normativos, bem como atos de governo e administrativos, quando houver inadequação entre o fim perseguido pela norma ou ato e os meios empregados para atingir tal fim, ou quando houver meio alternativo menos gravoso para se chegar ao mesmo resultado.

Também em decorrência da aplicação dos princípios da razoabilidade-proporcionalidade é que *os direitos e garantias fundamentais não são considerados absolutos*. Com efeito, justamente por força daqueles princípios específicos de interpretação constitucional, não é possível a alguém invocar um direito ou garantia fundamental para se eximir, por exemplo, de ter seu sigilo bancário quebrado, para fins de aplicação da lei penal.

PRINCÍPIOS ESPECÍFICOS DE INTERPRETAÇÃO CONSTITUCIONAL

– ***Princípio da supremacia da constituição:*** refere-se à superioridade hierárquica das normas (princípios e regras) inseridas no texto de uma constituição rígida em relação às demais normas que compõem o ordenamento jurídico. Como consequência disso, o certo é interpretar as leis à luz da constituição, e não o contrário.

– ***Princípio da unidade da constituição:*** determina que as normas constitucionais sejam consideradas como integrantes de um único e harmonioso sistema, e não como um conjunto de normas isoladas. Busca-se, por meio do princípio da unidade da constituição, evitar a existência de antinomias, de conflitos de normas constitucionais.

– ***Princípio da força normativa da constituição:*** determina que, na interpretação da constituição, busque-se a promoção de uma constante atualização de suas normas, levando-se em conta não só os aspectos históricos de sua edição, mas também a realidade social atual, tudo para que se alcance a maior otimização possível dos preceitos constitucionais. *É o fundamento para a denominada mutação constitucional.*

– ***Princípio da máxima efetividade:*** ligado ao princípio da força normativa da constituição, determina que as normas constitucionais sejam interpretadas de maneira a lhes conferir a maior eficácia, a maior aplicabilidade possível.

– ***Princípio da justeza, correção ou conformidade funcional:*** determina que as normas constitucionais sejam interpretadas de modo a não alterar a repartição de competências estabelecida pela própria constituição, inclusive no que se refere à separação funcional dos Poderes constituídos – Legislativo, Executivo e Judiciário.

– ***Princípio da presunção de constitucionalidade das leis e atos do poder público:*** determina que as leis e demais atos editados pelo Estado sejam considerados constitucionais, e devidamente cumpridos, ao menos até que sobrevenha decisão judicial declarando sua inconstitucionalidade.

– Princípio da interpretação conforme a constituição: determina que o aplicador do direito opte pela interpretação que garanta a constitucionalidade da norma, mesmo que não seja a mais evidente, sempre que houver outras interpretações consideradas inconstitucionais, e que devem ser expressamente declaradas como tais.

– Princípio da concordância prática ou da harmonização: determina que, na ocorrência de conflito, num dado caso concreto, entre bens jurídicos estabelecidos por normas constitucionais diversas, deve-se buscar uma interpretação que melhor os harmonize, de maneira a conceder a cada um dos direitos a maior amplitude possível, sem que um deles imponha a supressão do outro.

– Princípios da razoabilidade e da proporcionalidade: determinam que as normas constitucionais sejam interpretadas da maneira razoável e proporcional, de modo que os meios utilizados sejam adequados aos fins perseguidos pela norma, devendo o intérprete buscar conceder aos bens jurídicos por elas tutelados a aplicação mais justa e equânime possível.

3
CONTROLE DIFUSO DE CONSTITUCIONALIDADE NO BRASIL

3.1 ESCLARECIMENTOS INICIAIS

No Capítulo 2, mostramos ao caro leitor os contornos do controle de constitucionalidade brasileiro, procurando demonstrar que o poder constituinte – tanto o originário como, posteriormente, o derivado – dotou o Estado brasileiro do maior número possível de mecanismos de controle de constitucionalidade, com vistas à garantia da observância da supremacia constitucional.

Fornecida aquela visão genérica de nosso modelo de controle de constitucionalidade, passaremos a analisar, de maneira um pouco mais detida, as diversas modalidades de controle de constitucionalidade judicial (do tipo repressivo), utilizadas pelo Brasil, iniciando nossos estudos, neste Capítulo, pelo chamado controle difuso de constitucionalidade.

Estudaremos aqui, de maneira mais detalhada, as principais características dessa espécie de controle, tratando das principais normas que disciplinam sua aplicação, inclusive das ainda recentes regras que disciplinam a necessidade de demonstração da chamada repercussão geral para o julgamento de recursos extraordinários perante a Corte Suprema.

Estudaremos, ademais, alguns temas específicos sobre o controle difuso de constitucionalidade, como, por exemplo, a análise da possibilidade de sua utilização em ação civil pública, bem como do ainda incipiente princípio da transcendência dos motivos determinantes e a denominada *abstrativização* dos efeitos da decisão proferida pelo Supremo Tribunal Federal em sede de controle difuso de constitucionalidade.

3.2 CONTROLE DIFUSO DE CONSTITUCIONALIDADE

O *controle difuso*, também conhecido como *controle por via de exceção ou defesa*, que existe em nosso país desde a primeira constituição republicana, e inequivocamente inspirado no modelo norte-americano (Estados Unidos da América), permite *a qualquer juiz ou tribunal* realizar, no julgamento de um caso concreto, de ofício ou mediante provocação de alguma das partes do processo, a análise incidental da constitucionalidade de uma lei ou ato normativo federal, estadual, distrital ou municipal.

Como já mencionado, referido controle surgiu em um país cuja constituição sequer o previa expressamente: os Estados Unidos da América. De fato, em famosa decisão proferida no caso Marbury *versus* Madison, o então presidente da Suprema Corte Norte-Americana (denominado *Chief of Justice*), John Marshall, concluiu que as normas infraconstitucionais deveriam adequar-se aos ditames constitucionais, sob pena de serem consideradas nulas, e que o controle daquela adequação deveria ser feito pelo Poder Judiciário.

Com efeito, conforme entendimento manifestado por aquele magistrado, tratando-se a Constituição dos Estados Unidos da América da lei suprema daquele país, que não pode ser alterada pela simples edição de legislação ordinária, qualquer diploma infraconstitucional que não observasse os preceitos constitucionais não poderia ser considerado verdadeiramente uma lei, devendo, portanto, ser tido por nulo, sem qualquer força cogente.

E como a função de dizer o direito, inclusive para solucionar eventual conflito de normas, é conferida ao Poder Judiciário, Marshall defendeu que a competência para verificar se uma lei ordinária observa os ditames constitucionais deveria ser exercida por todos os magistrados, no exame dos casos concretos que lhe fossem submetidos a julgamento. Nascia, assim, o controle judicial de constitucionalidade, do tipo difuso, ou por via de exceção.

Referido modelo de controle de constitucionalidade, deve-se insistir, permite a qualquer juiz ou tribunal realizar – esse o motivo de ser denominado difuso –, no julgamento de um caso concreto, a análise incidental da constitucionalidade de uma lei ou ato normativo. No controle difuso, portanto, *a análise da constitucionalidade do dispositivo não é o objeto principal da ação, sendo apreciada apenas em caráter incidental*. Dito de outo modo, o juiz do processo decidirá acerca da eventual inconstitucionalidade da norma em caráter *incidenter tantum* para, só então, com base naquele entendimento, julgar o mérito propriamente dito da ação.

A análise da constitucionalidade da norma, portanto, antecede o exame do mérito da demanda. Muito embora o juiz do feito possa, ou, mais que isso, deva realizar de ofício tal controle, é mais comum que as partes em litígio invoquem tal inconstitucionalidade, de forma incidental, como forma de garantir o sucesso de seu pleito principal (daí também ser denominado de controle por via de exceção ou defesa).

No caso brasileiro, além da previsão constitucional (artigo 102, inciso III, de nossa Lei Magna de 1988) que trata do julgamento, pelo Supremo Tribunal Federal, da questão da inconstitucionalidade invocada num dado caso concreto, através de recurso extraordinário, o Código de Processo Civil também cuida do tema em 2 (duas) oportunidades.

A primeira, quando disciplina o chamado *incidente de arguição de inconstitucionalidade*, perante os tribunais de segundo grau (Tribunais de Justiça dos Estados, Tribunal de Justiça do Distrito Federal e Territórios e Tribunais Regionais Federais), a partir de seu artigo 948. A segunda, quando trata das regras de interposição e admissão do recurso extraordinário, a partir do artigo 1.029.

3.3 NORMAIS EFEITOS DA DECLARAÇÃO DE INCONSTITUCIONALIDADE NO CONTROLE DIFUSO

Como regra geral, a declaração de inconstitucionalidade de lei ou ato normativo, proferida num caso de controle difuso de constitucionalidade, *produz eficácia apenas entre as partes litigantes*, fazendo com que a lei deixe de ser aplicada tão somente em relação àqueles que figuraram no processo, permanecendo válida, contudo, em relação às demais pessoas.

3 • CONTROLE DIFUSO DE CONSTITUCIONALIDADE NO BRASIL — 69

Quer isso dizer, em outras palavras, que a decisão que declarou a inconstitucionalidade da lei ou ato normativo, em princípio, somente tem *eficácia inter partes*. A norma, portanto, não é retirada do ordenamento jurídico, permanecendo válida e eficaz em relação a todas as demais pessoas, que não foram partes do processo.

Ademais, tendo em vista que, em relação às partes litigantes (e somente em relação a estas, insista-se), a lei é considerada nula de pleno direito, por ter sido declarada inconstitucional, *os efeitos da sentença são "ex tunc", ou seja, retroativos à data da edição do diploma normativo, fulminando de nulidade todos os atos praticados pelas partes litigantes, sob a égide daquela norma tida por inconstitucional.*

Dessa forma, em apertada síntese, a decisão que declara a inconstitucionalidade da lei ou ato normativo (essa decisão tem, como regra geral, *natureza declaratória*), proferida por um juiz ou tribunal, em um caso de controle difuso de constitucionalidade ou por via de defesa, como regra geral produz eficácia apenas entre as partes litigantes (*inter partes*), com efeitos *ex tunc*, ou seja, retroativos à data da edição do diploma normativo. Para o restante da população, a norma continua plenamente eficaz, posto que referida decisão, nunca é demais insistir, tem eficácia apenas *inter partes*.

Contudo, no caso específico das decisões proferidas pelo Pretório Excelso, em sede de controle difuso de constitucionalidade (ao julgar os recursos extraordinários), é importante ressaltar que a vigente legislação (infraconstitucional), editada com base em jurisprudência que vinha se firmando na própria Corte Suprema, passou a determinar *que referidas decisões (proferidas em sede de recurso extraordinário) tenham eficácia erga omnes, o que acaba imprimindo características objetivas ao controle difuso*, fenômeno que tem recebido o nome de *"abstrativização das decisões do Supremo Tribunal Federal em sede de controle difuso de constitucionalidade"*. Este assunto será tratado, de forma mais detalhada, um pouco mais abaixo.

NORMAIS EFEITOS DA DECLARAÇÃO DE INCONSTITUCIONALIDADE NO CONTROLE DIFUSO

> – Como regra geral, a decisão que declara a inconstitucionalidade da lei ou ato normativo, proferida em sede de controle difuso de constitucionalidade, produz eficácia apenas entre as partes litigantes (*inter partes*), com efeitos *ex tunc*, ou seja, retroativos à data da edição do diploma normativo.
>
> – Já em decisões proferidas pelo Supremo Tribunal Federal, em sede de controle difuso de constitucionalidade (ao julgar um recurso extraordinário), a vigente legislação, editada com base em jurisprudência que vinha se firmando na própria Corte Suprema, passou a determinar *que referidas decisões (proferidas em sede de recurso extraordinário) tenham eficácia erga omnes.*

3.4 O SENADO E A POSSIBILIDADE DE AMPLIAÇÃO DOS EFEITOS DA DECISÃO NO CONTROLE DIFUSO

Como vimos na seção anterior, a decisão que declara a inconstitucionalidade da lei ou ato normativo federal, estadual, distrital ou municipal, no controle difuso de constitucionalidade, produz, como regra, eficácia somente entre as partes em litígio (*inter partes*), e, geralmente, com efeitos retroativos à data da edição da norma (*ex tunc*).

O Senado Federal, contudo, poderá suspender a execução daquele diploma normativo, com eficácia *erga omnes* (em face de todos) e efeitos *ex nunc* (a partir da suspensão), através de resolução senatorial, nos termos do artigo 52, inciso X, da Constituição Federal[1]. Quer isso dizer que o Senado, na hipótese de aplicação do dispositivo constitucional em comento, poderá ampliar os efeitos da declaração de inconstitucionalidade, obtida em decisão definitiva do Supremo Tribunal Federal, no julgamento de recurso extraordinário, fazendo com que a norma propriamente dita deixe de ser aplicada *em face de todos, e a partir daquela suspensão*.

Deve-se frisar, nesta oportunidade, que o artigo 52, inciso X, da Constituição Federal somente se aplica às declarações de inconstitucionalidade proferidas pelo Supremo Tribunal Federal no controle difuso de constitucionalidade, uma vez que, como veremos melhor oportunamente, no controle concentrado as decisões de inconstitucionalidade já produzem, automaticamente, eficácia em face de todos (*erga omnes*).

Conforme doutrina amplamente majoritária, a suspensão dos efeitos da norma é *ato discricionário do Senado Federal*, que não está obrigado a assim proceder. Tal faculdade, ademais, pode ser aplicada a qualquer lei ou ato normativo, que tenha sido julgado inconstitucional por meio de decisão definitiva do Supremo Tribunal Federal, no controle difuso de constitucionalidade[2].

É importante ressaltar, contudo, que há quem entenda que o Senado Federal não tem discricionariedade no tocante à suspensão da lei ou ato normativo, ficando compelido a assim proceder. Preferem considerar, portanto, que se trata de ato vinculado daquela Casa Legislativa. É o caso, por exemplo, de Manoel Gonçalves Ferreira Filho,[3] como se pode depreender da lição a seguir exposta:

> *"Note-se que essa suspensão não é posta ao critério do Senado, mas lhe é imposta como obrigatória. Quer dizer, o Senado, à vista da decisão do Supremo Tribunal Federal, tem de efetuar a suspensão da execução do ato inconstitucional. Do contrário, o Senado teria o poder de convalidar ato inconstitucional, mantendo-o eficaz, o que repugna ao nosso sistema jurídico".*

Também não há unanimidade entre os doutrinadores acerca do significado da expressão "no todo ou em parte", constante do supramencionado artigo 52, inciso X, da Carta Magna. Com efeito, alguns doutrinadores defendem que a extensão da suspensão da eficácia da lei pelo Senado Federal estará estreitamente vinculada à extensão da decisão do Supremo Tribunal Federal.

---

1. Constituição Federal, artigo 52: "Compete privativamente ao Senado Federal: X – suspender a execução, no todo ou em parte, de lei declarada inconstitucional por decisão definitiva do Supremo Tribunal Federal".
2. É o que afirmam, exemplificativamente, Luiz Alberto David Araújo e Vidal Serrano Nunes Júnior, como se pode verificar do trecho a seguir transcrito: "Não há mais dúvida de que o Senado exerce poder discricionário, podendo ou não suspender a execução da norma declarada inconstitucional por decisão definitiva do Supremo Tribunal Federal. O momento do exercício da competência do artigo 52, X, é ato de política legislativa, ficando, portanto, ao crivo exclusivo do Senado. Não se trata de dar cumprimento à sentença do Supremo Tribunal Federal, que decidiu pela via de exceção. Na verdade, a decisão do Senado Federal é no sentido de estender a sentença do Supremo, pertinente à inconstitucionalidade (não à prestação de fundo do pleito – caso concreto), para todos. Os efeitos da resolução, portanto, são sempre a partir de sua edição, ou seja, *ex nunc*". *Curso de direito constitucional*. 14. ed. 2010, p. 49-50.
3. *Curso de direito constitucional*. 35. ed. Saraiva, 2009, p. 43.

Em outras palavras, se o Pretório Excelso julgar a norma totalmente inconstitucional, o Senado Federal a suspenderá na mesma proporção, não lhe sendo facultado restringir o alcance da decisão do Supremo Tribunal Federal. Se a Corte Suprema, por outro lado, julgá-la apenas parcialmente inconstitucional, não poderá o Senado Federal ampliar o alcance da decisão, para suspender integralmente os efeitos da norma. Nesse sentido, por exemplo, é a lição de Pedro Lenza[4], conforme se pode verificar do texto a seguir transcrito:

> *"A expressão 'no todo ou em parte' deve ser interpretada como sendo impossível o Senado Federal ampliar, interpretar ou restringir a extensão da decisão do STF.*
>
> *Se toda a lei foi declarada inconstitucional pelo STF, em controle difuso, de modo incidental, se entender o Senado Federal pela conveniência da suspensão da lei, deverá fazê-lo 'no todo', vale dizer, em relação a toda lei que já havia sido declarada inconstitucional, não podendo suspender menos do que decidido pela excelsa corte.*
>
> *Em igual sentido, se, por outro lado, o STF, no controle difuso, declarou inconstitucional apenas parte da lei, entendendo o SF a conveniência para a suspensão, deverá fazê-lo exatamente em relação à 'parte' que foi declarada inválida, não podendo suspender além da decisão do STF".*

Outros autores, contudo, asseveram que o Senado Federal não está obrigado a suspender a execução da lei ou ato normativo na exata extensão da declaração de inconstitucionalidade proferida pelo Supremo Tribunal Federal. Consideram, portanto, que também no tocante a esse tema, está presente a discricionariedade daquela Casa, devendo ser-lhe garantida a independência funcional. Nesse sentido, por exemplo, é o entendimento de Michel Temer[5], bem como o do autor desta obra.

Vale mencionar, por outro lado, que a comunicação do Supremo Tribunal Federal, sobre a decisão definitiva realizada no controle difuso de constitucionalidade (por meio de recurso extraordinário), para fins do artigo 52, inciso X, da Constituição Federal, é *indubitavelmente obrigatória*. Com efeito, o artigo 178 do Regimento Interno do Supremo Tribunal Federal é expresso e inequívoco em determinar que, uma vez declarada incidentalmente a inconstitucionalidade da lei ou ato normativo, o Pretório Excelso *deverá* comunicar referida decisão ao Senado Federal, para fins daquele dispositivo constitucional.

A decisão do Senado Federal, que suspende a eficácia da lei ou ato normativo, é *irreversível*, impedindo, a partir daí, que o Supremo Tribunal Federal realize o controle de constitucionalidade daquela norma, e eventualmente modifique seu entendimento, uma vez que a lei já estará suspensa, restando prejudicados quaisquer julgamentos que tenham por objeto o controle de sua constitucionalidade.

Por fim, vale mencionar que, por força do *princípio da simetria*, também conhecido como *princípio do paralelismo*, é perfeitamente possível falar-se na possibilidade de suspensão de lei ou ato normativo estadual ou municipal, confrontado em face de Constituição estadual, a ser realizada no todo ou em parte pela Assembleia Legislativa do Estado, quando houver previsão nesse sentido, na respectiva constituição do Estado. Esse entendimento é defendido, por exemplo, por Michel Temer[6].

---

4. *Direito constitucional esquematizado*. 25. ed. Saraiva, 2021, p. 291-292.
5. *Elementos de direito constitucional*. Malheiros, 2004, p. 48.
6. *Op. cit.*, p. 44.

O SENADO E A AMPLIAÇÃO DOS EFEITOS DA SENTENÇA NO CONTROLE DIFUSO

– A sentença que declara a inconstitucionalidade da lei ou ato normativo, no controle difuso de constitucionalidade, produz como regra eficácia somente entre as partes em litígio (*inter partes*), e, geralmente, com efeitos retroativos à data da edição da norma (*ex tunc*).

– O Senado Federal, contudo, poderá suspender a execução daquele ato normativo, com eficácia *erga omnes* (em face de todos) e efeitos *ex nunc* (a partir da suspensão), através de resolução senatorial, nos termos do artigo 52, inciso X, da Constituição Federal.

– Conforme doutrina amplamente majoritária, a suspensão dos efeitos da norma é *ato discricionário* do Senado, que não está obrigado a assim proceder. Tal faculdade, ademais, pode ser aplicada a qualquer lei ou ato normativo que tenha sido julgado inconstitucional por meio de decisão definitiva pelo Pretório Excelso, no controle difuso de constitucionalidade.

– A decisão do Senado Federal, que suspende a eficácia da lei ou ato normativo, é *irreversível*, impedindo, a partir daí, que o Supremo Tribunal Federal realize o controle de constitucionalidade daquela norma, e eventualmente modifique seu entendimento, uma vez que a lei já estará suspensa, restando prejudicados quaisquer julgamentos que tenham por objeto o controle de sua constitucionalidade.

– Por força do *princípio da simetria*, é perfeitamente possível falar-se na possibilidade de suspensão de lei ou ato normativo estadual ou municipal, confrontado em face de Constituição estadual, a ser realizada no todo ou em parte pela Assembleia Legislativa do Estado, quando houver previsão nesse sentido, na respectiva constituição do Estado.

3.5 CLÁUSULA DE RESERVA DE PLENÁRIO

O controle difuso, como vimos anteriormente, permite a qualquer juiz ou tribunal realizar, no julgamento de um caso concreto, a análise incidental da constitucionalidade de uma lei ou ato normativo federal, estadual, distrital ou municipal. A análise da inconstitucionalidade da norma, portanto, poderá ser feita tanto pelo juiz singular, como pelos tribunais, inclusive pelo Supremo Tribunal Federal, este último no julgamento dos recursos extraordinários.

No tocante aos órgãos jurisdicionais colegiados (tribunais), há uma regra constitucional, fixada pelo artigo 97, da Carta Magna[7], que determina que os tribunais, inclusive o Pretório Excelso, só poderão declarar a inconstitucionalidade de lei ou ato normativo pela maioria absoluta de seus membros ou dos membros de órgão especial[8] para tal fim instituído. Temos, aqui, a chamada *cláusula de reserva de plenário*.

Dessa forma, quando a inconstitucionalidade da lei ou ato normativo for arguida perante um tribunal, como questão incidente (no controle difuso de constitucionalidade, portanto), os juízes da turma ou câmara recursal, a quem competir o julgamento do processo,

---

7. Constituição Federal, artigo 97: "Somente pelo voto da maioria absoluta de seus membros ou dos membros do respectivo órgão especial poderão os tribunais declarar a inconstitucionalidade de lei ou ato normativo do poder público".
8. Constituição Federal, artigo 93, XI: "Nos tribunais com número superior a vinte e cinco julgadores, poderá ser constituído órgão especial, com o mínimo de onze e o máximo de vinte e cinco membros, para exercício das atribuições administrativas e jurisdicionais delegadas da competência do tribunal pleno, provendo-se metade das vagas por antiguidade e a outra metade por eleição pelo tribunal pleno".

3 • CONTROLE DIFUSO DE CONSTITUCIONALIDADE NO BRASIL

caso decidam-se pela inconstitucionalidade da norma, deverão submeter referida questão ao plenário ou ao órgão especial, para julgamento definitivo da questão.

É importante esclarecer, por outro lado, que a cláusula de reserva de plenário não diz respeito apenas ao controle difuso de constitucionalidade, tratando-se, na realidade, de uma regra geral, aplicável também às diversas modalidades de controle concentrado de constitucionalidade, julgados perante o Supremo Tribunal Federal e perante os Tribunais de Justiça dos Estados e do Distrito Federal e Territórios. Nesses termos, por exemplo, é a lição de Luiz Alberto David Araujo e Vidal Serrano Nunes Júnior[9]:

> *"Convém destacar, a propósito, que o art. 97 da Constituição da República consolida regra geral, válida tanto para a via difusa como para a concentrada, pela qual os tribunais só podem declarar a inconstitucionalidade de uma lei ou de outro ato normativo pelo voto da maioria absoluta de seus membros ou do respectivo órgão especial. É o chamado princípio da reserva de plenário".*

É imperioso esclarecer, ademais, que a submissão ao plenário ou ao órgão especial, no caso do controle difuso perante os tribunais de segundo grau[10] somente ocorrerá caso o órgão fracionário do tribunal (turma ou câmara recursal) julgue a lei ou ato normativo inconstitucional. Caso decida-se por sua constitucionalidade, prosseguirá no julgamento da matéria principal, conforme determina o artigo 949, do Código de Processo Civil.

Assim, em síntese, percebe-se facilmente que a cláusula de reserva de plenário, *no controle difuso, só deverá ser aplicada caso o órgão fracionário do tribunal efetivamente declare a inconstitucionalidade da norma*, não havendo que se falar em julgamento pelo pleno ou órgão especial quando a turma ou câmara decidir-se, incidentalmente, pela constitucionalidade da lei ou ato normativo.

Conforme lição de Ricardo Cunha Chimenti, Fernando Capez, Márcio F. Elias Rosa e Marisa F. Santos[11], "os órgãos recursais de 2º grau dos juizados especiais (denominadas turmas recursais) não estão equiparados aos tribunais nem sujeitos à cláusula de reserva de plenário para o reconhecimento da inconstitucionalidade de uma lei pelo sistema difuso".

Por outro lado, será caso de violação da cláusula de reserva de plenário, nos termos fixados pelo artigo 97, da Constituição Federal, quando estivermos diante de uma decisão de órgão fracionário (turma ou câmara) de tribunal que, *a despeito de não declarar expressamente a inconstitucionalidade da lei ou ato normativo, afaste sua incidência, no todo ou em parte*. Isso foi o que determinou a súmula vinculante 10, editada pelo Pretório Excelso.

Com efeito, um expediente que vinha se mostrando comum em alguns tribunais, nos julgamentos submetidos a seus órgãos fracionários – tanto que resultou na edição daquela súmula vinculante, para combater tal conduta –, era a edição de acórdãos que, na prática, afastavam a incidência de algum dispositivo legal ou normativo, mas sem declará-lo expressamente inconstitucional. Esse estratagema "maroto" acabava por permitir que a turma ou câmara deixasse de submeter o julgamento da inconstitucionalidade ao plenário ou órgão especial instituído para tal finalidade.

---

9. *Op. cit.*, p. 48.
10. No caso do Supremo Tribunal Federal, o recurso extraordinário será sempre julgado pelo Plenário da Corte.
11. *Curso de direito constitucional.* 7. ed. Saraiva, 2010, p. 435.

74 DIREITO PROCESSUAL CONSTITUCIONAL • Paulo Roberto de Figueiredo Dantas

Para encerrar esta seção, é importante mencionar que tem sido admitida a mitigação da cláusula de reserva de plenário quando, nos termos do artigo 949, parágrafo único, do Código de Processo Civil, já houver pronunciamento, do plenário ou órgão especial do tribunal, ou mesmo do plenário do Supremo Tribunal Federal, acerca da alegada inconstitucionalidade.

Trata-se, inequivocamente, de norma que tem por objetivo a obtenção de economia processual, evitando-se gastos desnecessários de tempo e recursos públicos, com uma questão que já foi definitivamente decidida, seja pelo plenário ou órgão especial do próprio tribunal que está julgando o caso, seja, mais importante ainda, pelo plenário do Supremo Tribunal Federal.

CLÁUSULA DE RESERVA DE PLENÁRIO

– No tocante aos órgãos jurisdicionais colegiados (tribunais), há uma regra constitucional, fixada pelo artigo 97 da Carta Magna, que determina que os tribunais, inclusive o Pretório Excelso, só poderão declarar a inconstitucionalidade de lei ou ato normativo pela maioria absoluta de seus membros ou dos membros de órgão especial para tal fim instituído. Temos, aqui, a chamada *cláusula de reserva de plenário*.

– Contudo, a submissão ao plenário ou ao órgão especial somente ocorrerá caso o órgão fracionário do tribunal (turma ou câmara recursal) julgue a norma inconstitucional. Caso decida-se por sua constitucionalidade, prosseguirá no julgamento da matéria principal, conforme determina o artigo 949, *caput*, do Código de Processo Civil.

– Tem sido admitida a mitigação da cláusula de reserva de plenário quando, nos termos do artigo 949, parágrafo único, do Código de Processo Civil, já houver pronunciamento, do plenário ou órgão especial do Tribunal, ou mesmo do plenário do Supremo Tribunal Federal, acerca da alegada inconstitucionalidade. Trata-se da chamada *mitigação da cláusula de reserva de plenário*.

3.6 PROCEDIMENTO FIXADO PELO CÓDIGO DE PROCESSO CIVIL PARA OS TRIBUNAIS DE SEGUNDO GRAU

O Código de Processo Civil também trata, a partir de seu artigo 948, do controle de constitucionalidade judicial, do tipo difuso, particularmente no que se refere aos tribunais de segundo grau, ou seja, Tribunais de Justiça dos Estados, Tribunal de Justiça do Distrito Federal e Territórios e Tribunais Regionais Federais.

Nos termos do artigo 948, do Código de Processo Civil (CPC), "arguida, em controle difuso, a inconstitucionalidade de lei ou de ato normativo do poder público, o relator, após ouvir o Ministério Público e as partes, submeterá a questão à turma ou à câmara à qual competir o conhecimento do processo". Caso a turma não acolha a alegação de inconstitucionalidade, a questão não será remetida ao pleno ou órgão especial (artigo 949, inciso I), devendo a parte, assim, interpor recurso extraordinário em face da decisão da turma ou órgão fracionário.

Por sua vez, o artigo 949, inciso II, daquele diploma processual, determina que, acolhida a arguição de inconstitucionalidade pela turma (ou outro órgão fracionário) do tribunal, ela será submetida ao plenário do tribunal ou ao seu órgão especial, onde houver. O parágrafo único daquele mesmo artigo, ao seu turno, dispõe que os órgãos fracionários dos tribunais não submeterão a questão ao plenário ou ao órgão especial se houver pronunciamento, do plenário ou órgão especial do tribunal, ou mesmo do plenário do Supremo Tribunal Federal, acerca da alegada inconstitucionalidade.

No julgamento pelo plenário ou órgão especial, poderão manifestar-se as pessoas jurídicas de direito público responsáveis pela edição do ato normativo questionado, se assim o requererem, observados os prazos e as condições previstos no regimento interno do tribunal (artigo 950, § 1º). Poderão manifestar-se, igualmente, acerca da constitucionalidade da norma, inclusive com o direito de apresentação de memoriais e de juntada de documentos, os legitimados ativos da ação direta de inconstitucionalidade, fixados pelo artigo 103, da Constituição Federal[12].

Ademais, nos termos do artigo 950, § 3º, do Código de Processo Civil em vigor, o relator poderá admitir, por despacho irrecorrível, a manifestação de outros órgãos ou entidades, de acordo com a relevância da matéria, e a representatividade dos postulantes. Após o julgamento relativo à constitucionalidade da norma, realizado pelo plenário ou órgão especial do tribunal, os autos são novamente encaminhados à turma ou órgão fracionário de origem, para julgamento do objeto principal da ação.

3.7 A ABSTRATIVIZAÇÃO DOS EFEITOS DA DECISÃO DO SUPREMO TRIBUNAL FEDERAL EM SEDE DE CONTROLE DIFUSO DE CONSTITUCIONALIDADE

Como vimos anteriormente, a declaração de inconstitucionalidade de lei ou ato normativo federal, estadual, distrital ou municipal, proferida em um caso de controle difuso de constitucionalidade, produz, como regra, eficácia apenas entre as partes litigantes (*inter partes*), fazendo com que a lei deixe de ser aplicada em relação àqueles que figuraram no processo, permanecendo válida, entretanto, em relação às demais pessoas.

Vimos igualmente que, em se tratando de controle difuso, *a análise da constitucionalidade do dispositivo legal não é o objeto principal da ação, sendo apreciada apenas em caráter incidental.* O juiz do processo decidirá acerca da eventual inconstitucionalidade da norma em caráter *incidenter tantum* para, só então, com base naquele entendimento, julgar o mérito (o pedido) propriamente dito da ação. A análise da constitucionalidade da norma, portanto, antecede o exame do mérito da demanda.

Trata-se de um corolário da doutrina processual clássica que determina que, salvo disposição de lei em contrário, a sentença somente faz coisa julgada entre as partes litigantes[13] (limites subjetivos da coisa julgada), sendo certo que os motivos (os fundamentos), ainda

---

12. Constituição Federal, artigo 103: "Podem propor a ação direta de inconstitucionalidade e a ação declaratória de constitucionalidade: I – o presidente da República; II – a Mesa do Senado Federal; III – a Mesa da Câmara dos Deputados; IV – a Mesa de Assembleia Legislativa ou da Câmara Legislativa do Distrito Federal; V – o governador de Estado ou do Distrito Federal; VI – o procurador-geral da República; VII – o Conselho Federal da Ordem dos Advogados do Brasil; VIII – partido político com representação no Congresso Nacional; IX – confederação sindical ou entidade de classe de âmbito nacional".

13. Nesse sentido é o artigo 506, do Código de Processo Civil: "A sentença faz coisa julgada às partes entre as quais é dada, não prejudicando terceiros".

que importantes para determinar o alcance da parte dispositiva da sentença, bem como a apreciação de questão prejudicial, decidida incidentalmente no processo, não fazem coisa julgada[14] (limites objetivos da coisa julgada).

Assim, devemos insistir, no controle difuso de constitucionalidade, não há dúvida de que a decisão acerca da inconstitucionalidade da norma, ao menos como regra geral, não fará coisa julgada material, uma vez que não constou da parte dispositiva da sentença (ou do acórdão de segundo grau), tendo sido apreciada apenas em caráter incidental, como questão prejudicial ao exame do mérito propriamente dito.

Como consequência disso, a questão acerca da alegada inconstitucionalidade da lei ou ato normativo poderá ser novamente apreciada em outro processo, até mesmo entre as mesmas partes (desde que o mérito não coincida com o anteriormente julgado), estando sujeita, ademais, a controle concentrado de constitucionalidade, para aí, sim, fazer coisa julgada material em relação a todos (eficácia *erga omnes*).

Ocorre que, mais recentemente, parte da doutrina e até mesmo os julgados mais recentes do Pretório Excelso, vinham defendendo a possibilidade de que também os motivos determinantes da decisão (a *ratio decidendi*) proferida pelo Supremo Tribunal Federal, em sede de controle difuso de constitucionalidade (no julgamento dos recursos extraordinários, portanto), passassem a produzir eficácia *erga omnes*. Trata-se da chamada *teoria da transcendência dos motivos determinantes*.

Busca-se, com essa nova interpretação dos efeitos da declaração de inconstitucionalidade, *especificamente no julgamento de recursos extraordinários*, dar-se características objetivas ao controle difuso, ampliando os efeitos da declaração de inconstitucionalidade de modo a torná-los semelhantes aos efeitos obtidos no controle concentrado de constitucionalidade. É o que já está convencionando chamar de *abstrativização dos efeitos da decisão do Supremo Tribunal Federal em sede de controle difuso de constitucionalidade.*

O primeiro caso em que se viu essa nova tendência foi o julgamento do Recurso Extraordinário 197.917-SP, em que o plenário do Supremo Tribunal Federal declarou a inconstitucionalidade do artigo 6º da Lei Orgânica do Município de Mira Estrela, no Estado de São Paulo, reduzindo o número de parlamentares, daquela municipalidade, de 11 (onze) para 9 (nove) vereadores.

Com efeito, além de determinar que referida decisão só produziria efeitos *pro futuro* (para os novos casos que pudessem surgir depois daquela decisão), restou estabelecido, pelo Supremo Tribunal Federal, naquela oportunidade, *que os motivos determinantes daquela decisão também se prestavam a vincular o Tribunal Superior Eleitoral, que deveria respeitar os termos da decisão proferida naquele recurso extraordinário, em casos análogos.*

Isso significa, em outras palavras, que os fundamentos daquela decisão (motivos determinantes), proferida pelo Supremo Tribunal Federal, ao julgar um recurso extraordinário, deveriam gerar eficácia *erga omnes* e vinculantes, de maneira semelhante ao que se dá no

---

14. É o que preconiza, por exemplo, o artigo 504, do Código de Processo Civil vigente: "Não fazem coisa julgada: I – os motivos, ainda que importantes para determinar o alcance da parte dispositiva da sentença; II – a verdade dos fatos, estabelecida como fundamento da sentença".

3 • CONTROLE DIFUSO DE CONSTITUCIONALIDADE NO BRASIL

controle concentrado de constitucionalidade, uma vez que o Pretório Excelso determinou que aquela interpretação fosse aplicada, pelo Tribunal Superior Eleitoral, para todos os casos semelhantes.

Outro caso importante em que nossa Corte Suprema determinou, em caráter expresso, a aplicação da teoria da transcendência dos motivos determinantes, e a consequente abstrativização dos efeitos da decisão por ela proferida, em sede de controle difuso de constitucionalidade, deu-se em 2006, no julgamento do *Habeas Corpus* 82.959/SP, em que o paciente invocava a inconstitucionalidade do artigo 2º, § 1º, da Lei 8.072, de 25 de julho de 1990, o qual, em sua antiga redação[15], previa o cumprimento da pena, no caso de crimes hediondos, em regime integralmente fechado, sem direito à progressão de regime.

O próprio Supremo Tribunal Federal, em decisões anteriores, já havia se manifestado pela constitucionalidade daquele dispositivo legal. A partir do julgamento daquele *habeas corpus*, contudo, o entendimento da Corte modificou-se radicalmente. Com efeito, com fundamento em ofensa aos princípios da dignidade da pessoa humana e da individualização da pena, aquela Corte permitiu a todos os juízes de execução penal (com eficácia *erga omnes*, portanto) afastar a proibição, em abstrato, da impossibilidade de progressão de regime de cumprimento de pena em caso de prática de crimes hediondos.

Como é fácil perceber, a teoria da transcendência dos motivos determinantes da decisão, e a consequente abstrativização dos efeitos da decisão proferida pelo Supremo Tribunal Federal, em sede de controle difuso de constitucionalidade, implica verdadeira alteração na interpretação do artigo 52, inciso X, da Constituição Federal[16], de maneira que a suspensão da norma não mais necessite passar pelo crivo do Senado Federal.

Aliás, há julgados em que a Corte Suprema afirma expressamente que o papel do Senado Federal, com a revisão de sua jurisprudência, seria apenas o de dar publicidade à decisão que declarou a inconstitucionalidade da norma, incidentalmente, no controle difuso de constitucionalidade (no julgamento dos recursos extraordinários). O Supremo Tribunal Federal, ao que parece, quer tornar-se um *legislador positivo*, transformando o Senado em um subordinado seu, em uma espécie de servidor do Diário Oficial da União, para dar publicidade às suas decisões...

Contudo, no entendimento deste autor, nossa Lei Maior, ao menos nos termos atuais, não permite a aplicação da teoria da transcendência dos motivos determinantes, e a consequente *abstrativização dos efeitos da decisão do Supremo Tribunal Federal em sede de controle difuso de constitucionalidade (no julgamento dos recursos extraordinários)*. Para que isso fosse possível, seria necessário uma verdadeira alteração do texto constitucional (reforma constitucional), notadamente no tocante ao artigo 102, § 2º, bem como ao artigo 52, inciso X.

---

15. Em sua atual redação, conferida pela Lei 11.464/2007, o artigo 2º, da Lei 8.072/1990 não mais prevê a impossibilidade de progressão de regime para os chamados crimes hediondos, uma vez que referido artigo agora dispõe expressamente que a pena será cumprida inicialmente em regime fechado (§ 1º), e que a progressão dar-se-á após o cumprimento de 2/5 (dois quintos) da pena, se o apenado for primário, e de 3/5 (três quintos), se reincidente (§ 2º).

16. Constituição Federal, artigo 52: "Compete privativamente ao Senado Federal: X – suspender a execução, no todo ou em parte, de lei declarada inconstitucional por decisão definitiva do Supremo Tribunal Federal".

Com efeito, nos termos do artigo 102, § 2º, da Carta Magna vigente, as decisões proferidas em sede de ação direta de inconstitucionalidade e nas declaratórias de constitucionalidade produzirão eficácia contra todos e efeito vinculante. *A eficácia erga omnes e efeitos vinculantes, portanto, somente se aplicam ao controle concentrado de constitucionalidade, e não ao controle difuso*, como é o caso dos julgamentos dos recursos extraordinários, pelo Supremo Tribunal Federal.

Além disso, segundo artigo 52, inciso X, da Constituição Federal, a declaração de inconstitucionalidade da lei ou ato normativo, em sede de recurso extraordinário, deve ser encaminhada pelo Supremo Tribunal Federal ao Senado Federal, que suspende a norma apenas se considerar conveniente assim proceder, posto que se trata de ato discricionário daquela Casa Legislativa. A norma constitucional confere uma *competência* privativa ao Senado, ou seja, uma *prerrogativa* que lhe é exclusiva, e não um *dever*...

De todo modo, o fato é que a atual *legislação infraconstitucional* relativa ao julgamento do recurso extraordinário, sem levar em consideração as normas constitucionais supramencionadas, passou a determinar, de forma expressa, que as decisões proferidas pela Corte Suprema, naqueles recursos, produzam eficácia *erga omnes* (às vezes até mesmo com modulação temporal dos efeitos), a partir do reconhecimento da repercussão geral do tema submetido à Corte, o que mostra que o fenômeno da abstrativização dos efeitos de suas decisões, proferidas em sede de controle difuso de constitucionalidade, parece ser algo já consumado, mesmo sem a indispensável reforma do texto constitucional.

ABSTRATIVIZAÇÃO DOS EFEITOS DA DECISÃO DO STF EM SEDE DE CONTROLE DIFUSO DE CONSTITUCIONALIDADE

– Para a doutrina processual clássica, salvo disposição de lei em contrário, a sentença somente faz coisa julgada para as partes litigantes, sendo certo que os motivos, ainda que importantes para determinar o alcance da parte dispositiva da sentença, e a apreciação de questão prejudicial, decidida incidentalmente no processo, não fazem coisa julgada.

– Ocorre que, mais recentemente, parte da doutrina e até mesmo julgados mais recentes do Pretório Excelso, vêm defendendo a possibilidade de que também os *motivos determinantes* da decisão proferida pelo STF, em sede de controle difuso de constitucionalidade (no julgamento dos recursos extraordinários), passem a produzir efeitos *erga omnes*.

– Essa novidade, que busca conferir características objetivas ao controle difuso de constitucionalidade perante a Corte Suprema, *vem sendo chamada de teoria da transcendência dos motivos determinantes, que resulta na abstrativização dos efeitos da decisão da Corte Suprema em sede de controle difuso de constitucionalidade*

3.8 O RECURSO EXTRAORDINÁRIO

O controle difuso de constitucionalidade, nós já vimos, pode chegar ao Supremo Tribunal Federal, por meio de julgamento de recurso extraordinário[17]. O artigo 102, inciso III,

---

17. A rigor, o Supremo Tribunal Federal também poderá exercer o controle difuso de constitucionalidade, incidentalmente à análise da questão principal em ação de sua competência originária, ou mesmo recursal ordinária, quando esta não tiver por objeto específico a declaração abstrata de inconstitucionalidade de lei ou ato normativo. Contudo, a forma mais usual é por meio de análise de recurso extraordinário, conforme afirmado supra.

da Constituição Federal, enumera as hipóteses em que nossa Corte Suprema julga aquele recurso. Nos termos desse dispositivo, compete ao Supremo Tribunal Federal julgar, mediante recurso extraordinário, as causas decididas em única ou última instância, quando a decisão recorrida:

(a) contrariar dispositivo da Constituição Federal;

(b) declarar a inconstitucionalidade de tratado ou lei federal;

(c) julgar válida lei ou ato de governo local contestado em face da Carta Magna; e

(d) julgar válida lei local contestada em face de lei federal (alínea acrescentada pela Emenda Constitucional 45/2004).

Referido recurso, como se pode perceber, tem por objetivo a garantia da supremacia da Constituição Federal sobre as demais normas que compõem o ordenamento jurídico estatal, bem como do respeito ao princípio federativo. Conforme expressa redação do supramencionado artigo 102, inciso III, ao dispor que o recurso extraordinário será cabível em face das *causas decididas em única ou última instância*, sem exigir que se trate de decisões de mérito, a Constituição Federal acabou por permitir a interposição desse recurso até mesmo contra *decisões interlocutórias*, desde que atendidas as demais exigências constitucionais.

Ademais, por não exigir que a decisão recorrida tenha sido proferida por algum tribunal (como o faz, por exemplo, para a interposição de recurso especial, perante o Superior Tribunal de Justiça), nossa Lei Maior permitiu que também haja interposição desse recurso em face de decisões de juízes de primeira instância, na hipótese de recurso contra decisão das turmas recursais, perante os juizados especiais (estaduais e federais).

Antes da edição do vigente Código de Processo Civil, o recurso extraordinário era regulado pela Lei 8.038, de 28 de maio de 1990, que traz as normas procedimentais para algumas ações que tramitam perante o Superior Tribunal de Justiça e o Supremo Tribunal Federal, como é o caso, por exemplo, do rito da ação penal para os crimes julgados originariamente por aquelas cortes. Era regulado, ademais, pelos artigos 543-A e 543-B, do revogado Código de Processo Civil de 1973. No atual diploma processual civil, o recurso encontra-se disciplinado nos artigos 1.029 e seguintes.

Para encerrar esta seção, não podemos deixar de mencionar que o Supremo Tribunal Federal instituiu, por meio da edição de súmulas, diversas hipóteses em que o recurso extraordinário não se mostra cabível. Referidas súmulas foram editadas, é importante esclarecer, para se tentar conter o excessivo número de recursos extraordinários que eram submetidos a julgamento perante a Suprema Corte. Eis as principais:

Súmula 279: *"Para simples reexame de prova não cabe recurso extraordinário".*

Súmula 280: *"Por ofensa a direito local não cabe recurso extraordinário".*

Súmula 281: *"É inadmissível o recurso extraordinário, quando couber na justiça de origem, recurso ordinário da decisão impugnada".*

Súmula 282: *"É inadmissível o recurso extraordinário, quando não ventilada, na decisão recorrida, a questão federal suscitada".*

Súmula 283: *"É inadmissível o recurso extraordinário, quando a decisão recorrida assenta em mais de um fundamento suficiente e o recurso não abrange todos eles".*

Súmula 284: *"É inadmissível o recurso extraordinário, quando a deficiência na sua fundamentação não permitir a exata compreensão da controvérsia".*

Súmula 286: *"Não se conhece do recurso extraordinário fundado em divergência jurisprudencial, quando a orientação do plenário do Supremo Tribunal Federal já se firmou no mesmo sentido da decisão recorrida".*

Súmula 356: *"O ponto omisso da decisão, sobre o qual não foram opostos embargos declaratórios, não pode ser objeto de recurso extraordinário, por faltar o requisito do prequestionamento".*

HIPÓTESES DE CABIMENTO DO RECURSO EXTRAORDINÁRIO

– Cabe recurso extraordinário, para o Supremo Tribunal Federal, em relação às causas decididas em única ou última instância, quando a decisão recorrida:

(a) contrariar dispositivo da Constituição Federal;

(b) declarar a inconstitucionalidade de tratado ou lei federal;

(c) julgar válida lei ou ato de governo local contestado em face da Carta Magna; e

(d) julgar válida lei local contestada em face de lei federal (alínea acrescentada pela Emenda Constitucional 45/2004).

3.9 NECESSIDADE DE DEMONSTRAÇÃO DA REPERCUSSÃO GERAL PERANTE O SUPREMO TRIBUNAL FEDERAL

A Emenda Constitucional 45/2004 acrescentou um § 3º ao artigo 102, da Carta Magna, passando a exigir que o recorrente demonstre, no recurso extraordinário interposto, a existência de *repercussão geral das questões constitucionais discutidas* naquele recurso, como condição para a admissão da peça recursal. Eis os termos do dispositivo constitucional em comento:

"No recurso extraordinário o recorrente deverá demonstrar a repercussão geral das questões constitucionais discutidas no caso, nos termos da lei, a fim de que o Tribunal examine a admissão do recurso, somente podendo recusá-lo pela manifestação de dois terços de seus membros".

Juntamente com o artigo 103-A, da Constituição Federal, acrescentado pela Emenda Constitucional 45/2004, que instituiu a possibilidade de edição das *chamadas súmulas vinculantes*, o dispositivo constitucional ora em análise tem como um de seus principais objetivos reduzir, de maneira substancial, o grande volume de processos que chegam ao Supremo Tribunal Federal, e, por consequência, também acelerar a prestação jurisdicional.

3 • CONTROLE DIFUSO DE CONSTITUCIONALIDADE NO BRASIL

Também tem por escopo, inequivocamente, permitir que o Pretório Excelso, como guardião maior da Carta Magna, restrinja sua prestação jurisdicional, nessa área, às questões de maior repercussão e importância, evitando que sejam levadas àquela Corte Suprema, a pretexto de se julgarem eventuais ofensas à Constituição Federal, casos concretos singelos, que só interessam às partes litigantes. Pretende, ademais, conferir segurança jurídica na seara constitucional.

Com efeito, como é amplamente conhecido, a Carta Magna de 1988 é uma constituição do tipo *analítica ou prolixa*, ou seja, que não contém apenas normas gerais de regência do Estado e de fixação dos direitos e garantias fundamentais, mas que também disciplina, em seu corpo, diversos outros assuntos que, muito embora sem natureza materialmente constitucional, o constituinte julgou que deveriam figurar no texto da Constituição Federal.

Nossa Carta Magna vigente, com seus mais de 250 artigos, muito provavelmente trata de todas as espécies de relações jurídicas, inclusive aquelas de interesse restrito a particulares. Por essa razão, era comum chegarem ao Pretório Excelso, por meio de recurso extraordinário, questões de interesse restrito, como de locação de imóveis, por exemplo. A repercussão geral veio para corrigir essa anomalia.

O artigo 102, § 3º, da Lei Maior, foi regulamentado inicialmente pela Lei 11.418, de 19 de dezembro de 2006, acrescentando ao revogado Código de Processo Civil de 1973, na parte em que este tratava dos recursos extraordinários, os artigos 543-A e 543-B. No diploma processual civil atualmente em vigor (Código de Processo Civil de 2015), o instituto encontra-se disciplinado nos artigos 1.035 e seguintes.

Conforme expressamente fixado pelo § 3º do artigo 1.035, do vigente Código de Processo Civil, por repercussão geral devemos entender *as questões relevantes do ponto de vista econômico, político, social ou jurídico, que ultrapassem os interesses subjetivos da causa.* Ainda segundo aquele artigo 1.035 (§ 4º), a repercussão geral também estará caracterizada quando o recurso extraordinário impugnar acórdão que:

(a) contrarie súmula ou jurisprudência dominante do Supremo Tribunal Federal;

(b) tenha sido proferido em julgamento de casos repetitivos; ou

(c) tenha reconhecido a inconstitucionalidade de tratado ou de lei federal, nos termos do artigo 97, da Constituição Federal.

Como se vê, foi a própria lei quem definiu as hipóteses de ocorrência da repercussão geral. Conforme leciona André Ramos Tavares[18], "parece que foi intenção da Reforma não deixar com o próprio STF a definição e esclarecimento do que deva entender por 'repercussão geral', retirando-lhe essa competência para abrigá-la na *liberdade de conformação do legislador*".

Nos termos do dispositivo constitucional supramencionado (artigo 102, § 3º, da Constituição Federal), para a admissão do recurso extraordinário, o recorrente deverá demonstrar a repercussão geral das questões constitucionais discutidas no caso. O artigo 1.035, § 2º,

---

18. *Reforma do judiciário, analisada e comentada*. Método, 2005, p. 215-217.

do Código de Processo Civil, por sua vez, esclarece que *tal demonstração deverá constar expressamente do recurso*[19], *e que sua apreciação será exclusiva do Supremo Tribunal Federal*.

REPERCUSSÃO GERAL

– A Emenda Constitucional 45/2004 acrescentou um § 3º ao artigo 102, da Carta Magna, passando a exigir que o recorrente demonstre a existência de *repercussão geral das questões constitucionais discutidas* no recurso extraordinário, como condição para a admissão da peça recursal.

– O dispositivo constitucional tem por principal objetivo restringir sua prestação jurisdicional, nessa área, às questões de maior repercussão e importância, e consequentemente reduzir, de maneira substancial, o grande volume de processos que chegam ao Supremo Tribunal Federal, acelerando a prestação jurisdicional.

– Por *repercussão geral*, devemos entender as questões relevantes do ponto de vista econômico, político, social ou jurídico, e que ultrapassem os interesses subjetivos da causa. Segundo a lei, estará também caracterizada a repercussão geral quando o recurso extraordinário impugnar acórdão que: (a) contrarie súmula ou jurisprudência dominante do STF; (b) tenha sido proferido em julgamento de casos repetitivos; (c) tenha reconhecido a inconstitucionalidade de tratado ou de lei federal, nos termos do artigo 97, da Constituição Federal.

3.10 PRINCIPAIS REGRAS PROCEDIMENTAIS DO RECURSO EXTRAORDINÁRIO

Nos expressos termos do artigo 1.029, do novo Código de Processo Civil, o recurso extraordinário deverá ser interposto perante o presidente ou o vice-presidente do tribunal recorrido, e conterá: a exposição do fato e do direito; a demonstração do cabimento do recurso interposto; e as razões do pedido de reforma ou de invalidação da decisão recorrida. Mesmo que haja algum vício formal, o Supremo Tribunal Federal poderá desconsiderá-lo, ou determinar sua correção, desde que referido vício não seja grave, e que o recurso seja tempestivo (§ 3º).

O vigente Código de Processo Civil prevê, em caráter expresso, a possibilidade de pedido de concessão de efeito suspensivo ao recurso extraordinário (artigo 1.029, § 5º). O pedido deverá ser formulado por requerimento, devendo ser dirigido:

(a) ao ministro relator do recurso extraordinário, quando já tiver sido distribuído o recurso perante o Supremo Tribunal Federal;

(b) ao tribunal superior respectivo, no período compreendido entre a publicação da decisão de admissão do recurso e sua distribuição, ficando o relator designado para seu exame prevento para julgá-lo; e

(c) ao presidente ou ao vice-presidente do tribunal recorrido, no período compreendido entre a interposição do recurso e a publicação da decisão de admissão do recurso, assim como no caso de o recurso ter sido sobrestado.

---

19. A redação do artigo 543-A, § 2º, do revogado Código de Processo Civil de 1973, exigia que a existência da repercussão geral fosse demonstrada *em preliminar do recurso*, o que não foi repetido no Código de Processo Civil de 2015. Contudo, tal exigência ainda consta do artigo 327, do Regimento Interno do Supremo Tribunal Federal, razão pela qual ainda prevalece a necessidade de que a existência da repercussão geral seja demonstrada em preliminar do recurso.

Recebida a petição do recurso extraordinário, pela secretaria do tribunal *a quo* (tribunal de segundo grau ou mesmo tribunal superior), o recorrido será intimado para apresentar contrarrazões, no prazo de 15 (quinze) dias. Encerrado aquele prazo, os autos serão conclusos ao presidente ou ao vice-presidente do tribunal recorrido, que deverá *negar seguimento*

(a) a recurso extraordinário que discuta questão constitucional à qual a Corte Suprema não tenha reconhecido a existência de repercussão geral ou a recurso extraordinário interposto contra acórdão que esteja em conformidade com entendimento do Supremo Tribunal Federal exarado no regime de repercussão geral; ou

(b) a recurso extraordinário contra acórdão que esteja em conformidade com entendimento do Supremo Tribunal Federal, exarado no regime de julgamento de recursos repetitivos.

O presidente ou vice-presidente do tribunal recorrido poderá, por outro lado, *encaminhar o processo ao órgão julgador (do tribunal recorrido), para realização de juízo de retratação*, se o acórdão recorrido divergir do entendimento do Supremo Tribunal Federal exarado sobre o tema, nos regimes de repercussão geral ou de recursos repetitivos. Poderá, ainda, *sobrestar o recurso que versar sobre controvérsia de caráter repetitivo*, exarado no chamado *regime de repercussão geral*.

Caso o juízo de admissibilidade feito pelo tribunal recorrido (tribunal de segundo grau ou tribunal superior) seja positivo, o recurso extraordinário deverá ser encaminhado ao Supremo Tribunal Federal, desde que: (a) o recurso ainda não tenha sido submetido ao regime de repercussão geral ou de julgamento de recursos repetitivos; (b) o recurso tenha sido selecionado como representativo da controvérsia; ou (c) o tribunal recorrido tenha refutado o juízo de retratação.

Admitido o recurso extraordinário, agora perante o Supremo Tribunal Federal, ele será julgado, *desde que admitida a existência de repercussão geral*. Reconhecida a repercussão geral, o ministro relator poderá admitir, nos termos do Regimento Interno da Corte Suprema, a manifestação de terceiros, subscrita por procurador habilitado (artigo 1.035, § 4º, do Código de Processo Civil). Para tanto, referido ministro relator deverá levar em conta a efetiva representatividade do terceiro (órgão ou entidade) que pretende se manifestar, como o faz, por exemplo, no procedimento da ação direta de inconstitucionalidade (artigo 7º, § 2º, da Lei 9.868/1999)[20].

Temos, nessa norma do Código de Processo Civil, a previsão expressa da possibilidade de oitiva do denominado *amicus curiae*, ou *amigo da corte*, figura também existente na ação direta de inconstitucionalidade e na ação declaratória de constitucionalidade, o que só reforça a atual tendência à *chamada abstrativização dos efeitos das decisões do Supremo Tribunal Federal, proferidas em sede de controle difuso de constitucionalidade.*

Conforme expressa redação do novo Código de Processo Civil (§ 5º do artigo 1.035), *reconhecida a repercussão geral, o ministro relator determinará a suspensão do processamento de todos os processos pendentes, individuais ou coletivos, que versem sobre a questão, e que*

---

20. Lei 9.868/1999, artigo 7º, § 2º: "O relator, considerando a relevância da matéria e a representatividade dos postulantes, poderá, por despacho irrecorrível, admitir, observado o prazo fixado no parágrafo anterior, a manifestação de outros órgãos ou entidades".

tramitem no território nacional. O recurso que tiver a repercussão geral reconhecida deverá ser julgado no prazo de 1 (um) ano e terá preferência sobre os demais feitos, ressalvados os que envolvam réu preso e os pedidos de habeas corpus[21].

Por outro lado, o interessado (recorrido) poderá requerer, ao presidente ou ao vice-presidente do tribunal de origem, que inadmita o recurso extraordinário que tenha sido interposto intempestivamente (afastando, portanto, o sobrestamento determinado pelo Pretório Excelso), tendo o recorrente o prazo de 5 (cinco) dias para manifestar-se sobre esse requerimento (artigo 1.035, § 6º). Da decisão que indeferir aquele requerimento do recorrido caberá agravo interno (artigo 1.035, § 7º).

Segundo norma expressa constante do artigo 1.035, § 8º, do Código de Processo Civil, negada a repercussão geral, o presidente ou o vice-presidente do tribunal de origem (tribunal de segundo grau ou tribunal superior) negará seguimento aos recursos extraordinários sobrestados na origem que versem sobre matéria idêntica. Por fim, o § 9º do mesmo artigo determina que o recurso que tiver a repercussão geral reconhecida deverá ser julgado no prazo de 1 (um) ano, e terá preferência sobre os demais feitos, ressalvados os que envolvam réu preso e os pedidos de *habeas corpus.*

3.11 A REPERCUSSÃO GERAL NO CASO DE MULTIPLICIDADE DE RECURSOS EXTRAORDINÁRIOS, FUNDAMENTADOS EM IDÊNTICA QUESTÃO DE DIREITO

O Código de Processo Civil trata da análise da repercussão geral, pelo Supremo Tribunal Federal, *quando houver multiplicidade de recursos extraordinários, fundamentados em idêntica questão de direito,* a partir de seu artigo 1.036. Conforme disposto no § 1º deste artigo, o presidente ou o vice-presidente do tribunal de segundo grau selecionará 2 (dois) ou mais recursos representativos da controvérsia, que serão encaminhados ao Pretório Excelso, *para fins de afetação,* determinando a suspensão do trâmite de todos os processos pendentes, individuais ou coletivos, que tramitem no Estado ou na região, conforme o caso. Somente podem ser selecionados recursos admissíveis que contenham abrangente argumentação e discussão a respeito da questão a ser decidida.

Aqui também o interessado (recorrido) poderá requerer, ao presidente ou ao vice-presidente do tribunal de origem (tribunal de justiça ou tribunal regional federal), que inadmita o recurso extraordinário que tenha sido interposto intempestivamente (afastando, portanto, o sobrestamento determinado pelo Pretório Excelso), tendo o recorrente o prazo de 5 (cinco) dias para manifestar-se sobre esse requerimento. Da decisão que indeferir aquele requerimento do recorrido caberá agravo interno.

É importante ressaltar que a escolha feita pelo presidente ou vice-presidente do tribunal de segundo grau não vinculará o ministro relator, na Corte Suprema, que poderá selecionar outros recursos representativos da controvérsia. É importante ressaltar, ademais, que o ministro relator no Supremo Tribunal Federal também poderá selecionar 2 (dois)

---

21. Temos, aqui, mais uma vez, norma infraconstitucional que confere inequívoca força à denominada abstrativização dos efeitos das decisões do Supremo Tribunal Federal, proferidas em sede de controle difuso de constitucionalidade.

3 • CONTROLE DIFUSO DE CONSTITUCIONALIDADE NO BRASIL

ou mais recursos representativos da controvérsia para julgamento da questão de direito, independentemente da iniciativa do presidente ou do vice-presidente do tribunal de origem.

Selecionados os recursos, pelo ministro relator junto ao Supremo Tribunal Federal, e constatado que efetivamente existe multiplicidade de recursos extraordinários, fundamentados em idêntica questão de direito, referido ministro relator proferirá *decisão de afetação*, na qual:

(a) identificará com precisão a questão a ser submetida a julgamento;

(b) determinará a suspensão do processamento de todos os processos pendentes, individuais ou coletivos, que versem sobre a questão e tramitem no território nacional;

(c) poderá requisitar aos presidentes ou aos vice-presidentes dos Tribunais de Justiça ou dos Tribunais Regionais Federais a remessa de um recurso representativo da controvérsia.

Conforme artigo 1.038, do Código de Processo Civil, o ministro relator poderá solicitar ou admitir manifestação de pessoas, órgãos ou entidades com interesse na controvérsia (*amicus curiae*), considerando a relevância da matéria e consoante dispuser o regimento interno. Poderá, ainda, fixar data para, em audiência pública, ouvir depoimentos de pessoas com experiência e conhecimento na matéria, com a finalidade de instruir o procedimento. Poderá, ademais, requisitar informações aos tribunais inferiores a respeito da controvérsia, no prazo de 15 (quinze) dias, e, cumprida a diligência, deverá intimar o Ministério Público para se manifestar, no mesmo prazo[22].

Transcorrido o prazo para o Ministério Público (procurador-geral da República) e remetida cópia do relatório aos demais ministros do Supremo Tribunal Federal, haverá inclusão em pauta, devendo ocorrer o julgamento com preferência sobre os demais feitos, ressalvados os que envolvam réu preso e os pedidos de *habeas corpus*. O conteúdo do acórdão abrangerá a análise de todos os fundamentos da tese jurídica discutida, favoráveis ou contrários.

Decididos os recursos afetados, os órgãos colegiados declararão prejudicados os demais recursos versando sobre idêntica controvérsia ou os decidirão aplicando a tese firmada. Negada a existência de repercussão geral no recurso extraordinário afetado, serão considerados automaticamente inadmitidos os recursos extraordinários cujo processamento tenha sido sobrestado.

Julgado o mérito do recurso extraordinário paradigma, pelo Supremo Tribunal Federal, e publicado o acórdão, o presidente ou o vice-presidente do tribunal de origem negará seguimento aos recursos extraordinários sobrestados na origem, se o acórdão recorrido coincidir com a orientação do Supremo Tribunal Federal. Na mesma toada, o órgão que proferiu o acórdão recorrido, na origem, reexaminará o processo de competência originária, a remessa necessária ou o recurso anteriormente julgado, se o acórdão recorrido contrariar a orientação do Supremo Tribunal Federal.

---

22. Não há que se falar aqui no benefício da contagem em dobro do prazo para o Ministério Público (artigo 180, do Código de Processo Civil), uma vez que a lei estipulou prazo próprio ao *Parquet*, devendo incidir, no caso, a exceção prevista no § 2º, daquele mesmo artigo 180, do Código de Processo Civil.

Também após a publicação do acórdão paradigma, os processos suspensos em primeiro e segundo graus de jurisdição retomarão o curso para julgamento e aplicação da tese firmada pelo Supremo Tribunal Federal. Ademais, se os recursos versarem sobre questão relativa à prestação de serviço público objeto de concessão, permissão ou autorização, o resultado do julgamento será comunicado ao órgão, ao ente ou à agência reguladora competente para fiscalização da efetiva aplicação, por parte dos entes sujeitos à regulação, da tese adotada.

Como se vê, as normas infraconstitucionais que tratam da repercussão geral, tanto no caso um único recurso extraordinário como também no caso de multiplicidade de recursos desta espécie, conferem inequívoca eficácia *erga omnes* e efeitos vinculantes às decisões do Supremo Tribunal Federal, em sede de controle *difuso* de constitucionalidade. E como referidas normas vêm sendo aplicadas cotidianamente, parece-nos que a chamada *abstrativização* dos efeitos daquelas decisões é fato consumado.

Muito embora este autor compreenda os justificáveis fins para se conceder caráter abstrato ao controle difuso de constitucionalidade, *quando exercido pela Corte Suprema* (notadamente redução substancial de julgamento de recursos, celeridade processual e segurança jurídica), não se pode deixar de ressaltar, uma vez mais, que as normas infraconstitucionais que estabeleceram essa sistemática desrespeitam, de maneira expressa e inequívoca, o quanto estabelecido pela Constituição Federal, em seus artigos 52, inciso X e 102, § 2º.

De fato, como já mencionado anteriormente, nos expressos termos do artigo 102, § 2º, da Carta Magna, as decisões proferidas em sede de ação direta de inconstitucionalidade e nas declaratórias de constitucionalidade produzirão eficácia contra todos e efeito vinculante. A eficácia *erga omnes* e efeitos vinculantes, portanto, *somente se aplicam ao controle concentrado de constitucionalidade, e não ao controle difuso*, como é o caso dos julgamentos dos recursos extraordinários, pelo Supremo Tribunal Federal.

Além disso, segundo artigo 52, inciso X, da Constituição Federal, a declaração de inconstitucionalidade da lei ou ato normativo, em sede de recurso extraordinário, deve ser encaminhada pelo Supremo Tribunal Federal ao Senado Federal, que suspenderá a norma apenas se considerar conveniente assim proceder, posto que se trata de ato discricionário daquela Casa Legislativa (uma sua competência privativa), que não pode ser transformado em simples órgão que dá publicidade às decisões da Corte Suprema, como esta pretende, sem que haja uma efetiva reforma (e não mutação) constitucional.

É imperioso ressaltar que sequer a norma constitucional que trata da chamada repercussão geral (artigo 102, § 3º)[23] pode ser invocada como justificativa para se conceder eficácia *erga omnes* às decisões proferidas pelo Supremo Tribunal Federal, em sede de controle difuso de constitucionalidade (no julgamento do recurso extraordinário). É que referida norma constitucional exige a repercussão geral *como condição para a admissão da peça recursal*, para limitar o número de recursos em tramitação na Corte Suprema, de modo que sua atuação, nesta seara, restrinja-se às questões de maior repercussão e importância, nada dispondo sobre a ampliação dos efeitos naquela espécie de recurso.

---

23. Constituição Federal, artigo 102, § 3º: *"No recurso extraordinário o recorrente deverá demonstrar a repercussão geral das questões constitucionais discutidas no caso, nos termos da lei, a fim de que o Tribunal examine a admissão do recurso, somente podendo recusá-lo pela manifestação de dois terços de seus membros".*

3 • CONTROLE DIFUSO DE CONSTITUCIONALIDADE NO BRASIL

De todo modo, nunca é demais insistir, as normas infraconstitucionais (do Código de Processo Civil em vigor) que tratam da repercussão geral e seus efeitos vêm sendo aplicadas com habitualidade, tanto pela Corte Suprema como pelas tribunais de segundo grau, o que implica dizer que, *para efeitos práticos, a eficácia erga omnes e efeitos vinculantes, relativamente às decisões proferidas pelo Supremo Tribunal Federal, em sede de controle difuso de constitucionalidade (no julgamento dos recursos extraordinários), é mesmo fato consumado,* subsistente sem que tenha havido uma reforma constitucional que efetivamente permitisse tal realidade.

3.12 REGIMENTO INTERNO DO SUPREMO TRIBUNAL FEDERAL E O RITO DA REPERCUSSÃO GERAL

Como vimos na seção anterior, a Emenda Constitucional 45/2004 acrescentou um § 3º ao art. 102 da Carta Magna, passando a exigir que o recorrente demonstre, no recurso extraordinário interposto, a existência de *repercussão geral das questões constitucionais discutidas* naquele recurso, como condição para a admissão da peça recursal. Além do Código de Processo Civil, também trata do procedimento da repercussão geral o Regimento Interno do Supremo Tribunal Federal. É justamente sobre as normas contidas neste último ato normativo que cuidaremos aqui.

Repetindo, nesta parte, o art. 1.035, § 1º, do Código de Processo Civil, o Regimento Interno do Pretório Excelso esclarece, em seu art. 322, parágrafo único, que, para efeito da repercussão geral, será considerada a existência, ou não, de questões que, relevantes do ponto de vista econômico, político, social ou jurídico, ultrapassem os interesses subjetivos das partes.

O art. 323, daquele Regimento Interno, por sua vez, dispõe que, se não houver qualquer outro motivo para a inadmissão do recurso extraordinário[24], o ministro relator submeterá, por meio eletrônico, aos demais Ministros do Supremo Tribunal Federal, cópia de sua manifestação sobre a existência, ou não, de repercussão geral. Nos termos do § 1º daquele artigo, sendo reconhecida a existência de repercussão geral nos processos em que o presidente da Corte atuar como ministro relator, seguir-se-á livre distribuição para o julgamento de mérito.

O § 2º daquele mesmo art. 323, por sua vez, dispõe que referido procedimento (remessa de cópia da manifestação do ministro relator sobre a existência ou não da repercussão geral) não terá lugar quando o recurso versar sobre questão cuja repercussão já houver sido reconhecida pelo Supremo Tribunal Federal, ou quando impugnar decisão contrária à súmula ou à jurisprudência dominante, casos em que se presume a existência de repercussão geral.

Em termos semelhantes ao art. 1.035, § 4º, do Código de Processo Civil de 2015, o art. 323, § 2º, do Regimento Interno do Supremo Tribunal Federal dispõe que o ministro relator poderá admitir, de ofício ou a requerimento, em prazo que fixar, a manifestação

---

24. Conforme art. 21, § 1º, do Regimento Interno do Supremo Tribunal Federal, o Ministro relator poderá negar seguimento a pedido ou recurso manifestamente inadmissível, improcedente ou contrário à jurisprudência dominante ou à súmula do Tribunal, deles não conhecer em caso de incompetência manifesta, encaminhando os autos ao órgão que repute competente, bem como cassar ou reformar, liminarmente, acórdão contrário à orientação firmada nos termos do art. 543-B do Código de Processo Civil.

de terceiros, subscrita por procurador habilitado, sobre a questão da repercussão geral. *A única diferença é que o Regimento Interno do Pretório Excelso explicita que aquela decisão do ministro relator é irrecorrível.*

Conforme o art. 324 do Regimento Interno do Supremo Tribunal Federal, recebida a manifestação do ministro relator, os demais Ministros encaminhar-lhe-ão, também por meio eletrônico, no prazo comum de 20 dias, manifestação sobre a questão da repercussão geral. Se transcorrer aquele prazo sem manifestações suficientes para recusa do recurso, reputar-se-á existente a repercussão geral.

Caso, contudo, o ministro relator tenha declarado que a matéria é infraconstitucional, a ausência de pronunciamento naquele prazo comum será considerada como manifestação de inexistência de repercussão geral, autorizando que o presidente ou vice-presidente do tribunal de origem negue seguimento aos recursos extraordinários sobrestados na origem, que versem sobre matéria idêntica, caso assim o decidam pelo menos 2/3 dos Ministros do Supremo Tribunal Federal.

O ministro relator do recurso extraordinário juntará cópia das manifestações aos autos, quando não se tratar de processo informatizado, e, uma vez definida a existência da repercussão geral, julgará o recurso extraordinário, ou pedirá dia para seu julgamento, após vista ao procurador-geral da República, se necessária. Negada a existência da repercussão geral, formalizará e subscreverá decisão de recusa do recurso extraordinário.

Conforme o Regime Interno do Supremo Tribunal Federal (art. 327), o presidente daquela Corte recusará recursos que não apresentem preliminar formal e fundamentada de repercussão geral, bem como aqueles cuja matéria carecer de repercussão, segundo precedente do Pretório Excelso, salvo se a tese tiver sido revista ou estiver em procedimento de revisão.

Ainda segundo aquele diploma normativo (art. 327, § 1º), igual competência para recusar os recursos que não apresentem preliminar formal e fundamentada de repercussão geral será exercida pelo ministro relator sorteado, quando o recurso não tiver sido liminarmente recusado pelo presidente do Supremo Tribunal Federal. Da decisão que recusar recurso extraordinário, caberá agravo (art. 327, § 2º).

Nos termos do art. 328 do Regimento Interno, protocolado ou distribuído recurso cuja questão for suscetível de reproduzir-se em múltiplos feitos, o presidente da Corte ou o ministro relator, de ofício ou a requerimento da parte interessada, comunicará o fato aos tribunais de origem, a fim de que observem o disposto no art. 1.036 do Código de Processo Civil[25], podendo pedir-lhes informações, que deverão ser prestadas em cinco dias, e sobrestar todas as demais causas com questão idêntica.

Quando se verificar subida ou distribuição de múltiplos recursos com fundamento em idêntica controvérsia, o presidente do Supremo Tribunal Federal ou o ministro relator selecionará um ou mais representativos da questão e determinará a devolução dos demais aos tribunais de origem, para aplicação dos parágrafos do art. 1.036 do Código de Processo Civil.

---

25. Código de Processo Civil, art. 1.036: "Sempre que houver multiplicidade de recursos extraordinários ou especiais com fundamento em idêntica questão de direito, haverá afetação para julgamento de acordo com as disposições desta Subseção, observado o disposto no Regimento Interno do Supremo Tribunal Federal e no do Superior Tribunal de Justiça".

O art. 328-A daquele Regimento Interno, por sua vez, dispõe que, nos casos previstos no art. 1.036, *caput*, do Código de Processo Civil, o tribunal de origem não emitirá juízo de admissibilidade sobre os recursos extraordinários já sobrestados, nem sobre os que venham a ser interpostos, até que o Supremo Tribunal Federal decida os que tenham sido selecionados, nos termos do § 1º daquele art. 1.036 do Código de Processo Civil.

Ainda nos termos do Regimento Interno do Corte Suprema (art. 326), toda decisão de inexistência de repercussão geral é irrecorrível e, valendo para todos os recursos sobre questão idêntica, deve ser comunicada, pelo ministro relator, ao presidente do Supremo Tribunal Federal. Este último, ademais, promoverá ampla e específica divulgação do teor das decisões sobre repercussão geral, bem como formação e atualização de banco eletrônico de dados a respeito (art. 329).

3.13 AS SÚMULAS VINCULANTES

Nos termos do art. 103-A da Carta Magna, "o Supremo Tribunal Federal poderá, de ofício ou por provocação, mediante decisão de dois terços dos seus membros, após reiteradas decisões sobre matéria constitucional, aprovar súmula que, a partir de sua publicação na imprensa oficial, terá efeito vinculante em relação aos demais órgãos do Poder Judiciário e à Administração Pública direta e indireta, nas esferas federal, estadual e municipal, bem como proceder à sua revisão ou cancelamento, na forma estabelecida em lei".

Ao se referir expressamente a "reiteradas decisões sobre matéria constitucional", o dispositivo constitucional em comento deixa claro que *a edição de súmulas vinculantes está estreitamente relacionada a anteriores decisões, proferidas no controle difuso de constitucionalidade*, uma vez que referidas súmulas são editadas sempre que o Supremo Tribunal Federal se depara com decisões repetitivas sobre determinada matéria constitucional, o que não ocorreria no caso de controle concentrado de constitucionalidade.

Os enunciados das súmulas vinculantes terão por objeto, conforme especificado no art. 103-A, § 1º, da Constituição Federal, a validade, a interpretação e a eficácia de normas acerca das quais haja controvérsia atual entre órgãos judiciários ou entre estes e a Administração Pública que acarrete grave insegurança jurídica e relevante multiplicação de processos sobre questão idêntica.

Vê-se, portanto, que a edição das chamadas súmulas vinculantes está condicionada à presença simultânea dos seguintes requisitos: (I) existência de controvérsia atual entre órgãos judiciários ou entre estes e a Administração Pública acerca da validade, interpretação e a eficácia de normas determinadas; (II) que referida controvérsia acarrete grave insegurança jurídica e (III) relevante multiplicação de processos sobre idêntica questão.

As súmulas com efeitos vinculantes podem ser editadas pelo Supremo Tribunal Federal, *de ofício, ou por provocação de terceiros*. Particularmente no que se refere a esta última hipótese, o art. 103-A, § 2º, da Constituição, nos esclarece que a aprovação, revisão ou cancelamento dessas súmulas poderão ser provocados pelos legitimados da ação direta de inconstitucionalidade, *sem prejuízo do que vier a ser estabelecido na lei.*

Com fundamento naquele permissivo constitucional, a Lei 11.417, de 19 de dezembro de 2006, que regulamentou o instituto da súmula vinculante, em seu art. 3º, conferiu legitimidade para propor a edição, a revisão ou o cancelamento de enunciado de súmula vinculante *não só aos legitimados da ação direta de inconstitucionalidade* (e, consequentemente, da ação declaratória de constitucionalidade), como também a alguns outros, ali relacionados.

Com efeito, além dos legitimados do art. 103 da Constituição (caso, por exemplo, do presidente da República e das Mesas do Senado Federal, da Câmara dos Deputados, de Assembleia Legislativa ou da Câmara Legislativa do Distrito Federal), o dispositivo legal em comento também conferiu legitimidade ao *defensor público-geral da União, bem como aos Tribunais Superiores, Tribunais de Justiça, Tribunais Regionais Federais, do Trabalho, Eleitorais e Militares.*

Mas não é só: nos termos do § 1º do mesmo art. 3º, o *Município também poderá propor a edição, a revisão ou o cancelamento de súmula vinculante.* Mas sua legitimidade, em comparação com os demais, é inequivocamente limitada, já que somente poderá fazê-lo incidentalmente, no curso de processo em que seja parte, sendo certo, ademais, que seu pleito não autorizará a suspensão do processo.

Conforme previsão constante do § 2º do mesmo artigo, o Ministro relator poderá admitir, nos termos do Regimento Interno do Supremo Tribunal Federal, e por decisão irrecorrível, a manifestação de terceiros acerca do pedido de edição, revisão ou cancelamento de enunciado de súmula vinculante. Temos aqui, uma vez mais, a possibilidade de oitiva do denominado *amicus curiae*, ou amigo da corte, figura também existente na ação direta de inconstitucionalidade e na ação declaratória de constitucionalidade. O procurador-geral da República deverá manifestar-se previamente à edição, revisão ou cancelamento do enunciado de súmula vinculante, sempre que não tiver sido o autor da proposta (art. 2º, § 2º, da Lei 11.417/2006).

A edição, a revisão e o cancelamento de enunciado de súmula com efeito vinculante somente poderão ocorrer em *sessão plenária*, e por meio de decisão de, pelo menos, 2/3 (dois terços) dos ministros do Supremo Tribunal Federal, ou seja, *oito magistrados.* É o que determina o art. 2º, § 3º, da Lei 11.417/2006. A Corte Suprema fará publicar, no prazo de dez dias após a sessão em que editar, rever ou cancelar a súmula com efeito vinculante, em seção especial do *Diário da Justiça* e do *Diário Oficial da União*, o respectivo enunciado (art. 2º, § 4º).

Nos termos do art. 4º da Lei 11.417/2006, a súmula vinculante tem eficácia imediata. Contudo, por decisão de, no mínimo, 2/3 dos membros do Supremo Tribunal Federal (oito ministros), poderá ter seus efeitos restringidos, ou ter sua eficácia a partir de outro momento, tendo em vista razões de segurança jurídica ou de excepcional interesse público.

Referida norma, vale ressaltar, assemelha-se muito com a fixada pelo art. 27 da Lei 9.868/99, que regulamenta o processo e julgamento das ações diretas de inconstitucionalidade e das ações declaratórias de constitucionalidade, e que permite que a Corte Suprema, também por maioria de 2/3, restrinja os efeitos da declaração de inconstitucionalidade (afastando a eficácia *erga omnes*), ou fixe outro momento para início de sua eficácia, por razões de segurança jurídica ou excepcional interesse social (*ex nunc* ou mesmo *pro futuro*).

Trata-se da denominada *modulação dos efeitos* da decisão proferida em sede de controle de constitucionalidade.

Revogada ou modificada a lei em que se fundou a edição do enunciado de súmula com efeito vinculante, o Supremo Tribunal Federal procederá à sua revisão ou cancelamento, conforme o caso, de ofício ou mediante provocação de um dos legitimados supramencionados (art. 5º da Lei 11.417/2006).

No caso de decisão judicial ou ato administrativo contrariar enunciado de súmula vinculante, negar-lhe vigência ou aplicá-lo indevidamente, caberá *reclamação* ao Supremo Tribunal Federal, sem prejuízo dos recursos ou outros meios admissíveis de impugnação. Especificamente contra omissão ou ato da Administração Pública, entretanto, a Lei 11.417/2006 (art. 7º, § 1º) condiciona o uso da reclamação ao esgotamento das vias administrativas. Ao julgar procedente a reclamação, o Tribunal Excelso anulará o ato administrativo ou cassará a decisão judicial impugnada, determinando que outra seja proferida com ou sem aplicação da súmula, conforme o caso (art. 7º, § 2º, da Lei 11.417/2006).

Vale mencionar, nesta oportunidade, que as atuais súmulas do Supremo Tribunal Federal somente produzirão efeito vinculante, nos termos acima explicitados, caso a Corte Suprema assim o decida, por voto de 2/3 de seus membros, e após publicação na imprensa oficial (art. 9º da Emenda Constitucional 45/2004).

Ademais, é importante mencionar que, ao que tudo indica, em razão da vigência da atual *legislação infraconstitucional* que trata da repercussão geral e de seus efeitos no julgamento dos recursos extraordinários, e que, em termos práticos, atribui eficácia *erga omnes* e efeitos vinculantes (inclusive com possiblidade de modulação de seus efeitos) também em relação às decisões proferidas pela Corte Suprema em sede de controle difuso de constitucionalidade, as súmulas vinculantes perderam grande parte da utilidade prática concebida pelo poder constituinte reformador.

Com efeito, se até mesmo as decisões proferidas pelo Supremo Tribunal Federal, no julgamento dos recursos extraordinários, são aptas a produzir efeitos semelhantes aos das decisões proferidas em sede de controle concentrado de constitucionalidade[26], fica fácil perceber que a norma constitucional que prevê a edição de súmulas vinculantes, com a observância de um sem-número de requisitos para a sua edição, deixou de ostentar efetiva utilidade prática, já que uma tese fixada no julgamento de um recurso extraordinário já produz tais efeitos. Tanto isto é verdade que as poucas súmulas vinculantes editadas após vigência do Código de Processo Civil fazem menção expressa a uma tese definida no julgamento de algum recurso extraordinário.

Encerramos esta seção fornecendo ao leitor a transcrição das súmulas vinculantes já editadas pelo Supremo Tribunal Federal, até o fechamento desta edição do livro. Lembramos, ademais, que a Súmula Vinculante 30 ainda se encontra pendente de publicação pelo Pretório Excelso. Eis os seus enunciados:

---

26. É o que preconiza, como vimos, o Código de Processo Civil, em normas de discutível constitucionalidade, porém largamente aplicadas pelo Pretório Excelso.

Súmula Vinculante 1: *"Ofende a garantia constitucional do ato jurídico perfeito a decisão que, sem ponderar as circunstâncias do caso concreto, desconsidera a validez e a eficácia de acordo constante de termo de adesão instituído pela Lei Complementar 110/2001".*

Súmula Vinculante 2: *"É inconstitucional a lei ou ato normativo estadual ou distrital que disponha sobre sistemas de consórcios e sorteios, inclusive bingos e loterias".*

Súmula Vinculante 3: *"Nos processos perante o Tribunal de Contas da União asseguram-se o contraditório e a ampla defesa quando da decisão puder resultar anulação ou revogação de ato administrativo que beneficie o interessado, excetuada a apreciação da legalidade do ato de concessão inicial de aposentadoria, reforma e pensão".*

Súmula Vinculante 4: *"Salvo nos casos previstos na Constituição, o salário mínimo não pode ser usado como indexador de base de cálculo de vantagem de servidor público ou de empregado, nem ser substituído por decisão judicial".*

Súmula Vinculante 5: *"A falta de defesa técnica por advogado no processo administrativo disciplinar não ofende a Constituição".*

Súmula Vinculante 6: *"Não viola a Constituição o estabelecimento de remuneração inferior ao salário-mínimo para as praças prestadoras de serviço militar inicial".*

Súmula Vinculante 7: *"A norma do § 3º do art. 192 da Constituição, revogada pela Emenda Constitucional 40/2003, que limitava a taxa de juros reais a 12% ao ano, tinha sua aplicação condicionada à edição de lei complementar".*

Súmula Vinculante 8: *"São inconstitucionais o parágrafo único do art. 5º do Decreto-lei 1.569/1977 e os artigos 45 e 46 da Lei 8.212/1991, que tratam de prescrição e decadência de crédito tributário".*

Súmula Vinculante 9: *"O disposto no art. 127 da Lei 7.210/1984 (Lei de Execução Penal) foi recebido pela ordem constitucional vigente, e não se lhe aplica o limite temporal previsto no caput do art. 58".*

Súmula Vinculante 10: *"Viola a cláusula de reserva de plenário (CF, art. 97) a decisão de órgão fracionário de tribunal que, embora não declare expressamente a inconstitucionalidade de lei ou ato normativo do poder público, afasta sua incidência, no todo ou em parte".*

Súmula Vinculante 11: *"Só é lícito o uso de algemas em casos de resistência e de fundado receio de fuga ou de perigo à integridade física própria ou alheia, por parte do preso ou de terceiros, justificada a excepcionalidade por escrito, sob pena de responsabilidade disciplinar, civil e penal do agente ou da autoridade e de nulidade da prisão ou do ato processual a que se refere, sem prejuízo da responsabilidade civil do Estado".*

Súmula Vinculante 12: *"A cobrança de taxa de matrícula nas universidades públicas viola o disposto no art. 206, IV, da Constituição Federal".*

Súmula Vinculante 13: *"A nomeação de cônjuge, companheiro ou parente em linha reta, colateral ou por afinidade, até o terceiro grau, inclusive, da autoridade nomeante ou de servidor da mesma pessoa jurídica investido em cargo de direção, chefia ou assessoramento, para o exercício de cargo em comissão ou de confiança ou, ainda, de função gratificada na administração pública direta e indireta em qualquer dos Poderes da União, dos Estados, do Distrito Federal e dos Municípios, compreendido o ajuste mediante designações recíprocas, viola a Constituição Federal".*

Súmula Vinculante 14: *"É direito do defensor, no interesse do representado, ter acesso amplo aos elementos de prova que, já documentados em procedimento investigatório realizado por órgão com competência de polícia judiciária, digam respeito ao exercício do direito de defesa".*

3 • CONTROLE DIFUSO DE CONSTITUCIONALIDADE NO BRASIL

93

Súmula Vinculante 15: *"O cálculo de gratificações e outras vantagens do servidor público não incide sobre o abono utilizado para se atingir o salário-mínimo".*

Súmula Vinculante 16: *"Os artigos 7º, IV, e 39, § 3º (redação da EC 19/98), da Constituição, referem-se ao total da remuneração percebida pelo servidor público".*

Sumula Vinculante 17: *"Durante o período previsto no parágrafo primeiro do art. 100 da Constituição, não incidem juros de mora sobre os precatórios que nele sejam pagos".*

Súmula Vinculante 18: *"A dissolução da sociedade ou do vínculo conjugal, no curso do mandato, não afasta a inelegibilidade prevista no § 7º do art. 14 da Constituição Federal".*

Súmula Vinculante 19: *"A taxa cobrada exclusivamente em razão dos serviços públicos de coleta, remoção e tratamento ou destinação de lixo ou resíduos provenientes de imóveis não viola o art. 145, II, da CF".*

Súmula Vinculante 20: *"A Gratificação de Desempenho de Atividade Técnico-Administrativa – GDATA, instituída pela Lei 10.404/2002, deve ser deferida aos inativos nos valores correspondentes a 37,5 (trinta e sete vírgula cinco) pontos no período de fevereiro a maio de 2002 e, nos termos do art. 5º, parágrafo único, da Lei 10.404/2002, no período de junho de 2002 até a conclusão dos efeitos do último ciclo de avaliação a que se refere o art. 1º da Medida Provisória 198/2004, a partir da qual para a ser de 60 (sessenta) pontos".*

Súmula Vinculante 21: *"É inconstitucional a exigência de depósito ou arrolamento prévios de dinheiro ou bens para admissibilidade de recurso administrativo".*

Súmula Vinculante 22: *"A Justiça do Trabalho é competente para processar e julgar as ações de indenização por danos morais e patrimoniais decorrentes de acidente de trabalho propostos por empregado contra empregador, inclusive aquelas que ainda não possuíam sentença de mérito em primeiro grau quando da promulgação da Emenda Constitucional 45/04".*

Súmula Vinculante 23: *"A Justiça do Trabalho é competente para processar e julgar ação possessória ajuizada em decorrência do exercício do direito de greve pelos trabalhadores da iniciativa privada".*

Súmula Vinculante 24: *"Não se tipifica crime material contra a ordem tributária, prevista no art. 1º, incisos I a IV, da Lei 8.137/90, antes do lançamento definitivo do tributo".*

Súmula Vinculante 25: *"É ilícita a prisão civil de depositário infiel, qualquer que seja a modalidade do depósito".*

Súmula Vinculante 26: *"Para efeito de progressão de regime no cumprimento de pena por crime hediondo, ou equiparado, o juízo da execução observará a inconstitucionalidade do art. 2º da Lei 8.072, de 25 de julho de 1990, sem prejuízo de avaliar se o condenado preenche, ou não, os requisitos objetivos e subjetivos do benefício, podendo determinar, para tal fim, de modo fundamentado, a realização de exame criminológico".*

Súmula Vinculante 27: *"Compete à justiça estadual julgar causas entre consumidor e concessionária de serviço público de telefonia, quando a ANATEL não seja litisconsorte passiva necessária, assistente nem opoente".*

Súmula Vinculante 28: *"É inconstitucional a exigência de depósito prévio como requisito de admissibilidade de ação judicial na qual se pretenda discutir a exigibilidade de crédito tributário".*

Súmula Vinculante 29: *"É constitucional a adoção, no cálculo do valor de taxa, de um ou mais elementos da base de cálculo própria de determinado imposto, desde que não haja integral identidade entre uma base e outra."*

Súmula Vinculante 30: pendente de publicação pelo Supremo Tribunal Federal".

Súmula Vinculante 31: "É inconstitucional a incidência do imposto sobre serviços de qualquer natureza – ISS sobre operações de locação de bens móveis".

Súmula Vinculante 32: "O ICMS não incide sobre alienação de salvados de sinistro pelas seguradoras".

Súmula Vinculante 33: "Aplicam-se ao servidor público, no que couber, as regras do regime geral da previdência social sobre aposentadoria especial de que trata o art. 40, § 4º, inciso III da Constituição Federal, até a edição de lei complementar específica".

Súmula Vinculante 34: "A Gratificação de Desempenho de Atividade de Seguridade Social e do Trabalho – GDASST, instituída pela Lei 10.483/2002, deve ser estendida aos inativos no valor correspondente a 60 (sessenta) pontos, desde o advento da Medida Provisória 198/2004, convertida na Lei 10.971/2004, quando tais inativos façam jus à paridade constitucional (EC 20/1998, 41/2003 e 47/2005)".

Súmula Vinculante 35: "A homologação da transação penal prevista no art. 76 da Lei 9.099/1995 não faz coisa julgada material e, descumpridas suas cláusulas, retoma-se a situação anterior, possibilitando-se ao Ministério Público a continuidade da persecução penal mediante oferecimento de denúncia ou requisição de inquérito policial".

Súmula Vinculante 36: "Compete à Justiça Federal comum processar e julgar civil denunciado pelos crimes de falsificação e de uso de documento falso quando se tratar de falsificação da Caderneta de Inscrição e Registro (CIR) ou de Carteira de Habilitação de Amador (CHA), ainda que expedidas pela Marinha do Brasil".

Súmula Vinculante 37: "Não cabe ao Poder Judiciário, que não tem função legislativa, aumentar vencimentos de servidores públicos sob o fundamento de isonomia".

Súmula Vinculante 38: "É competente o Município para fixar o horário de funcionamento de estabelecimento comercial".

Súmula Vinculante 39: "Compete privativamente à União legislar sobre vencimentos dos membros das polícias civil e militar e do corpo de bombeiros militar do Distrito Federal".

Súmula Vinculante 40: "A contribuição confederativa de que trata o art. 8º, IV, da Constituição Federal, só é exigível dos filiados ao sindicato respectivo".

Súmula Vinculante 41: "O serviço de iluminação pública não pode ser remunerado mediante taxa".

Súmula Vinculante 42: "É inconstitucional a vinculação do reajuste de vencimentos de servidores estaduais ou municipais a índices federais de correção monetária".

Súmula Vinculante 43: "É inconstitucional toda modalidade de provimento que propicie ao servidor investir-se, sem prévia aprovação em concurso público destinado ao seu provimento, em cargo que não integra a carreira na qual anteriormente investido".

Súmula Vinculante 44: "Só por lei se pode sujeitar a exame psicotécnico a habilitação de candidato a cargo público".

Súmula Vinculante 45: "A competência constitucional do Tribunal do Júri prevalece sobre o foro por prerrogativa de função estabelecido exclusivamente pela Constituição estadual".

Súmula Vinculante 46: "A definição dos crimes de responsabilidade e o estabelecimento das respectivas normas de processo e julgamento são da competência legislativa privativa da União".

3 • CONTROLE DIFUSO DE CONSTITUCIONALIDADE NO BRASIL

Súmula Vinculante 47: "Os honorários advocatícios incluídos na condenação ou destacados do montante principal devido ao credor consubstanciam verba de natureza alimentar cuja satisfação ocorrerá com a expedição de precatório ou requisição de pequeno valor, observada ordem especial restrita aos créditos dessa natureza".

Súmula Vinculante 48: "Na entrada de mercadoria importada do exterior, é legítima a cobrança do ICMS por ocasião do desembaraço aduaneiro".

Súmula Vinculante 49: "Ofende o princípio da livre concorrência lei municipal que impede a instalação de estabelecimentos comerciais do mesmo ramo em determinada área".

Súmula Vinculante 50: "Norma legal que altera o prazo de recolhimento de obrigação tributária não se sujeita ao princípio da anterioridade".

Súmula Vinculante 51: "O reajuste de 28,86%, concedido aos servidores militares pelas Leis 8.622/1993 e 8.627/1993, estende-se aos servidores civis do poder executivo, observadas as eventuais compensações decorrentes dos reajustes diferenciados concedidos pelos mesmos diplomas legais".

Súmula Vinculante 52: "Ainda quando alugado a terceiros, permanece imune ao IPTU o imóvel pertencente a qualquer das entidades referidas pelo art. 150, VI, 'c', da Constituição Federal, desde que o valor dos aluguéis seja aplicado nas atividades para as quais tais entidades foram constituídas".

Súmula Vinculante 53: "A competência da Justiça do Trabalho prevista no art. 114, VIII, da Constituição Federal alcança a execução de ofício das contribuições previdenciárias relativas ao objeto da condenação constante das sentenças que proferir e acordos por ela homologados".

Súmula Vinculante 54: "A medida provisória não apreciada pelo Congresso Nacional podia, até a Emenda Constitucional 32/2001, ser reeditada dentro do seu prazo de eficácia de trinta dias, mantidos os efeitos de lei desde a primeira edição".

Súmula Vinculante 55: "O direito ao auxílio-alimentação não se estende aos servidores inativos".

Súmula Vinculante 56: "A falta de estabelecimento penal adequado não autoriza a manutenção do condenado em regime prisional mais gravoso, devendo-se observar, nessa hipótese, os parâmetros fixados no RE 641.320/RS".

Súmula Vinculante 57: "A imunidade tributária constante do art. 150, VI, d, da CF/88 aplica-se à importação e comercialização, no mercado interno, do livro eletrônico (e-book) e dos suportes exclusivamente utilizados para fixá-los, como leitores de livros eletrônicos (e-readers), ainda que possuam funcionalidades acessórias".

Súmula Vinculante 58: "Inexiste direito a crédito presumido de IPI relativamente à entrada de insumos isentos, sujeitos à alíquota zero ou não tributáveis, o que não contraria o princípio da não cumulatividade".

Súmula Vinculante 59: "É impositiva a fixação do regime aberto e a substituição da pena privativa de liberdade por restritiva de direitos quando reconhecida a figura do tráfico privilegiado (art. 33, § 4º, da Lei 11.343/06) e ausentes vetores negativos na primeira fase da dosimetria (art. 59 do CP), observados os requisitos do art. 33, § 2º, alínea c, e do art. 44, ambos do Código Penal".

Súmula Vinculante 60: "O pedido e a análise administrativos de fármacos na rede pública de saúde, a judicialização do caso, bem ainda seus desdobramentos (administrativos e jurisdicionais), devem observar os termos dos 3 (três) acordos interfederativos (e seus fluxos) homologados pelo Supremo Tribunal Federal, em governança judicial colaborativa, no tema 1.234 da sistemática da repercussão geral RE 1.366.243 ".

Súmula Vinculante 61: *"A concessão judicial de medicamento registrado na ANVISA, mas não incorporado às listas de dispensação do Sistema Único de Saúde, deve observar as teses firmadas no julgamento do Tema 6 da Repercussão Geral (RE 566.471)".*

SÚMULAS VINCULANTES

> – "O Supremo Tribunal Federal poderá, de ofício ou por provocação, mediante decisão de dois terços dos seus membros, após reiteradas decisões sobre matéria constitucional, aprovar súmula que, a partir de sua publicação na imprensa oficial, terá efeito vinculante em relação aos demais órgãos do Poder Judiciário e à Administração Pública direta e indireta, nas esferas federal, estadual e municipal, bem como proceder à sua revisão ou cancelamento, na forma estabelecida em lei" (artigo 103-A, da Carta Magna).
>
> – A edição das súmulas vinculantes está condicionada à presença simultânea dos seguintes requisitos: (I) existência de controvérsia atual entre órgãos judiciários ou entre estes e a Administração Pública acerca da validade, interpretação e a eficácia de normas determinadas; (II) que referida controvérsia acarrete grave insegurança jurídica e (III) relevante multiplicação de processos sobre idêntica questão.

3.14 CONTROLE DIFUSO DE CONSTITUCIONALIDADE EM AÇÃO CIVIL PÚBLICA

O controle difuso de constitucionalidade, nunca é demais repetir, permite a qualquer juiz ou tribunal realizar, no julgamento de um caso concreto, a análise incidental da constitucionalidade de lei ou ato normativo, ou de ato do poder público. No controle difuso, portanto, a análise da constitucionalidade do dispositivo não é o objeto principal da ação, sendo apreciada apenas em caráter incidental.

Com efeito, nessa modalidade de controle, o juiz do feito decidirá acerca da eventual inconstitucionalidade da norma em caráter *incidenter tantum* (incidental) para, só então, com base naquele entendimento, julgar o mérito propriamente dito da ação. A análise da constitucionalidade da norma, portanto, antecede o exame do mérito (do pedido) propriamente dito.

A declaração de inconstitucionalidade de lei ou ato normativo federal, estadual, distrital ou municipal, proferida num caso de controle difuso de constitucionalidade, ao menos nas instâncias ordinárias[27], produz eficácia apenas entre as partes litigantes, fazendo com que a lei deixe de ser aplicada somente em relação àquelas partes que figuraram no processo, permanecendo válida, contudo, em relação às demais pessoas. Quer isso dizer, em outras palavras, que a sentença que declarou a inconstitucionalidade da lei ou ato normativo, a princípio, somente tem *eficácia inter partes*.

A ação civil pública, por sua vez, não se destina à tutela de direitos de um indivíduo em particular, devendo ser utilizada tão somente para a tutela dos direitos coletivos em sentido lato, ou seja, daqueles interesses e direitos que, a despeito de também serem individuais, não se limitam ao indivíduo, afetando uma coletividade determinada ou indeterminada de pessoas.

E justamente em razão das particularidades tanto do controle difuso de constitucionalidade quanto da ação civil pública, há quem afirme não ser possível aquela modalidade de

---

27. Disse "ao menos nas instâncias ordinárias, nunca é demais lembrar, porque, nos termos das normas infraconstitucionais que disciplinam o processamento dos recursos extraordinários (artigos 1.029 e seguintes, do Código de Processo Civil), o Pretório Excelso confere eficácia *erga omnes* às decisões por ele proferidas, em sede de controle difuso de constitucionalidade (no julgamento dos recursos extraordinários, portanto), com fundamento na chamada teoria da transcendência dos motivos determinantes.

3 • CONTROLE DIFUSO DE CONSTITUCIONALIDADE NO BRASIL

controle de constitucionalidade em sede desta espécie de ação constitucional, uma vez que a decisão do juiz ou tribunal de segundo grau acabaria por gerar efeitos *erga omnes*, típico do controle concentrado, usurpando, assim, a competência do Supremo Tribunal Federal.

Para a Corte Suprema, contudo, é possível sim haver tal controle, *desde que a análise da inconstitucionalidade seja julgada incidentalmente* (que não seja o objeto principal da ação) *e que a eficácia da decisão não seja erga omnes*, tudo para que a ação civil pública não seja utilizada como substituto da ação direta de inconstitucionalidade, com a consequente e indevida usurpação de competência do Supremo Tribunal Federal. Nesses termos, por exemplo, é a lição de Pedro Lenza[28], como podemos verificar de suas conclusões sobre o tema, a seguir transcritas:

> *"No entanto, sendo os efeitos da declaração reduzidos somente às partes (sem amplitude erga omnes), ou seja, tratando-se de "... ação ajuizada, entre partes contratantes, na persecução de bem jurídico concreto, individual e perfeitamente definido, de ordem patrimonial, objeto que jamais poderia ser alcançado pelo reclamado em sede de controle in abstracto de ato normativo' (STF, Rcl 602-6/SP), aí sim seria possível o controle difuso em sede de ação civil pública, verificando-se a declaração de inconstitucionalidade de modo incidental e restringindo-se os efeitos inter partes. O pedido de declaração de inconstitucionalidade incidental terá, enfatize-se, de constituir verdadeira causa de pedir (cf. RE 424.993, Rel. Min. Joaquim Barbosa, j. 12.09.2007, Dj de 19.10.2007).*

Dessa forma, devemos insistir, é perfeitamente possível o controle de constitucionalidade difuso em sede de ação civil pública, mas desde que a análise da inconstitucionalidade não seja o objeto principal da ação, e que a eficácia da decisão não seja *erga omnes*, tudo para que não se assemelhe a um controle concentrado de constitucionalidade, em indevida substituição à ação direta de inconstitucionalidade, e com indesejável usurpação de competência do Pretório Excelso.

CONTROLE DIFUSO DE CONSTITUCIONALIDADE EM AÇÃO CIVIL PÚBLICA

– A declaração de inconstitucionalidade de lei ou ato normativo federal, estadual, distrital ou municipal, proferida num caso de controle difuso de constitucionalidade, ao menos nas instâncias ordinárias, tem eficácia apenas entre as partes litigantes, fazendo com que a lei deixe de ser aplicada somente em relação àquelas partes que figuraram no processo, permanecendo válida, contudo, em relação às demais pessoas.

– Justamente em razão das particularidades dessa modalidade de controle de constitucionalidade, há quem afirme não ser possível o controle difuso de constitucionalidade de lei ou ato normativo em sede de ação civil pública, uma vez que a decisão do juiz ou tribunal acabaria por gerar efeito *erga omnes*, típico do controle concentrado, usurpando, assim, a competência do Supremo Tribunal Federal.

– Para a Corte Suprema, contudo, é possível sim haver tal controle, desde que a análise da inconstitucionalidade seja julgada incidentalmente (que não seja o objeto principal da ação), e que a eficácia da decisão não seja *erga omnes*, tudo para que a ação civil pública não seja utilizada como substituto da ação direta de inconstitucionalidade, com a consequente e indevida usurpação de competência do Supremo Tribunal Federal.

---

28. *Op. cit.*, p. 316.

4
O CONTROLE CONCENTRADO DE CONSTITUCIONALIDADE E AS AÇÕES REGULAMENTADAS PELA LEI 9.868/1999

4.1 ESCLARECIMENTOS INICIAIS

Analisadas, no Capítulo 3, as principais informações sobre o controle difuso de constitucionalidade brasileiro, passaremos a estudar neste Capítulo, bem como no Capítulo seguinte, as diversas espécies de controle concentrado de constitucionalidade adotadas pelo Brasil. Trataremos, na oportunidade, não só das modalidades criadas pelo constituinte originário, como também das novas, instituídas por meio de emendas à Constituição.

Veremos, aqui, mais alguns esclarecimentos genéricos sobre o controle concentrado de constitucionalidade, tais como sua definição e efeitos, ultimando o Capítulo com o estudo de 3 (três) ações constitucionais específicas dessa modalidade de controle, todas regulamentadas pela Lei 9.868/1999, a saber: ação direta de inconstitucionalidade genérica, ação declaratória de constitucionalidade e ação direta de inconstitucionalidade por omissão.

4.2 CONTROLE CONCENTRADO DE CONSTITUCIONALIDADE

O *controle concentrado*, como já mencionado, foi usado pela primeira vez na Constituição austríaca de 1920 (por isso costumeiramente denominado *modelo austríaco*), ao instituir uma corte constitucional para exercer, em caráter de exclusividade, o controle de constitucionalidade das normas.

Também conhecido como *controle por via de ação direta*, referido controle é aquele realizado em caráter exclusivo por um determinado tribunal, e que tem por objeto a obtenção da declaração de inconstitucionalidade (ou de constitucionalidade) de lei ou ato normativo, *em tese*, independentemente da existência de casos concretos em que a constitucionalidade da norma esteja sendo discutida.

Trata-se, portanto, de um *processo de natureza objetiva*, uma vez que nenhum interesse subjetivo de particulares está sendo apreciado na demanda. Aqui, o exame da constitucionalidade da norma é o objeto mesmo da ação, realizado por uma corte especialmente designada para tal fim, que produz eficácia em relação a todos (eficácia *erga omnes*).

Na lição de Luiz Alberto David Araujo e Vidal Serrano Nunes Júnior[1], o caráter objetivo dessa ação decorre de sua própria razão de ser, que não cumpre a finalidade de analisar relações jurídicas concretas, mas sim o conflito abstrato entre a lei ou o ato normativo e a Constituição. Concluem, com base em tais assertivas, que o objeto dessa ação "é resguardar a harmonia do ordenamento jurídico, motivo pelo qual se pode afirmar que o controle concentrado tem por finalidade declarar a nulidade da lei violadora da Constituição".

No Brasil, o controle concentrado, também conhecido como controle por via de ação direta, é aquele realizado exclusivamente pelo Supremo Tribunal Federal, quando tiver por objeto a análise, em tese, da inconstitucionalidade de lei ou ato normativo federal ou estadual, confrontado em face da Constituição Federal e pelos Tribunais de Justiça dos Estados e do Distrito Federal, quando a inconstitucionalidade disser respeito a lei estadual, municipal ou distrital em face da constituição do respectivo Estado ou da Lei Orgânica do Distrito Federal.

O controle concentrado de constitucionalidade, no âmbito do Supremo Tribunal Federal, está previsto em diversos dispositivos constitucionais. Com efeito, o artigo 102, inciso I, alínea *a*, de nossa Lei Maior, em sua primeira parte, trata da ação direta de inconstitucionalidade genérica. O artigo 103, § 2º, da CF por sua vez, refere-se à ação direta de inconstitucionalidade por omissão. Já o artigo 36, inciso III, trata da ação direta de inconstitucionalidade interventiva.

O artigo 102, inciso I, alínea *a*, parte final, dispõe sobre a ação declaratória de constitucionalidade, inovação trazida ao texto da Constituição Federal pela Emenda Constitucional 3/1993. E o artigo 102, § 1º, por fim, trata da arguição de descumprimento de preceito fundamental, também trazida para o corpo da Carta Magna de 1988 pela Emenda Constitucional 3/1993.

No âmbito dos Tribunais de Justiça dos Estados, o artigo 125, § 2º, da Constituição Federal, dispõe expressamente que "cabe aos Estados a instituição de representação de inconstitucionalidade de leis ou atos normativos estaduais ou municipais em face da Constituição Estadual, vedada a atribuição da legitimação para agir a um único órgão".

A Carta Magna de 1988, portanto, prevê expressamente a possibilidade de os Estados-membros instituírem o controle concentrado de constitucionalidade de lei ou ato normativo estadual ou municipal, em face de suas respectivas constituições. O dispositivo constitucional, entretanto, não entra em minúcias acerca do processamento daquela espécie de controle, que poderá variar de Estado para Estado, em conformidade com o que dispuser a respectiva constituição estadual.

Algumas regras, contudo, foram explicitadas pela Constituição Federal, e devem ser aqui destacadas, mesmo que de maneira breve (já que o assunto será tratado com mais vagar em seção específica deste Capítulo). A primeira delas é de que *a competência para julgamento desses processos é do Tribunal de Justiça do Estado*, conforme se pode depreender do artigo 35, inciso IV, da Lei Maior, quando trata da ação direta de inconstitucionalidade interventiva para assegurar a observância dos princípios indicados na constituição estadual.

---

1. *Curso de direito constitucional.* 14. ed. Saraiva, 2010, p. 58.

O objeto do controle concentrado de constitucionalidade em face das constituições estaduais também restou perfeitamente delimitado pelo artigo 125, § 2º, da Constituição de 1988: *apenas as leis e os atos normativos estaduais e municipais*. Não poderão ser objeto de controle de constitucionalidade, portanto, as normas federais, que somente poderão ser submetidas a controle concentrado de constitucionalidade em face da Constituição Federal.

No tocante à legitimidade para a propositura do controle concentrado perante os Tribunais de Justiça dos Estados, a Lei Maior, em seu artigo 125, § 2º, *veda expressamente a atribuição de legitimidade a um único órgão*. No caso específico da ação direta de inconstitucionalidade interventiva estadual, contudo, conforme previsto no artigo 35, inciso IV, da Constituição Federal, *a legitimidade para a propositura da ação em questão será necessariamente do procurador-geral de Justiça*, o chefe do Ministério Público estadual, tudo em conformidade com o que preconiza o artigo 129, inciso IV, do texto constitucional.

Na seara infraconstitucional, a ação direta de inconstitucionalidade e a ação declaratória de constitucionalidade foram regulamentadas pela Lei 9.868, de 10 de novembro de 1999. A ação direta de inconstitucionalidade por omissão, por sua vez, foi regulamentada pela Lei 12.063, de 27 de outubro de 2009, que acrescentou um Capítulo (Capítulo II-A) à supramencionada Lei 9.868/1999.

Já a ação direta de inconstitucionalidade interventiva, conforme previsão expressa do artigo 36, inciso III, da Constituição Federal de 1988, esta foi regulamentada pela Lei 12.562, de 23 de dezembro de 2011. A arguição de descumprimento de preceito fundamental, por fim, foi regulamentada pela Lei 9.882, de 3 de dezembro de 1999.

4.3 EFEITOS DA DECISÃO NO CONTROLE CONCENTRADO DE CONSTITUCIONALIDADE

Como já vimos anteriormente, no *controle difuso* a declaração de inconstitucionalidade da lei ou ato normativo, ao menos nas instâncias ordinárias, *produz eficácia apenas entre as partes litigantes*, fazendo com que a lei deixe de ser aplicada tão somente em relação àqueles que figuraram no processo, permanecendo válida, contudo, em relação às demais pessoas.

Em outras palavras, a decisão que declarou a inconstitucionalidade da lei ou ato normativo, no controle difuso, produz *eficácia inter partes* e efeitos *ex tunc*, ou seja, retroativos à edição do diploma normativo, fulminando de nulidade todos os atos praticados pelas partes litigantes, sob a aparência de vigência daquela norma tida por inconstitucional. A norma, contudo, não é retirada do ordenamento jurídico, permanecendo válida e eficaz em relação a todas as demais pessoas, que não foram partes do processo.

Já no controle concentrado de constitucionalidade, a decisão que reconhece a inconstitucionalidade (ou a constitucionalidade) de uma lei ou ato normativo, como regra geral, terá *eficácia erga omnes* (em face de todos) e *efeitos ex tunc* (retroativos à data da edição do diploma normativo). Inexiste aqui a necessidade de o Senado Federal suspender a eficácia da norma, nos termos daquele artigo 52, inciso X, da Constituição Federal.

Por essa razão, levando-se em conta aqueles normais efeitos da sentença que declara a inconstitucionalidade da norma no controle concentrado de constitucionalidade – eficácia *erga omnes* e efeitos *ex tunc* –, referida norma é considerada *nula*, como se nunca tivesse existido no ordenamento jurídico. Ademais, geralmente ocorre a *repristinação da norma que havia sido revogada* pela lei ou ato normativo editado posteriormente, eivado de inconstitucionalidade.

Contudo, o Supremo Tribunal Federal poderá, tendo em vista razões de segurança jurídica ou excepcional interesse social, e por maioria de 2/3 (dois terços) de seus membros, restringir os efeitos daquela decisão, ou decidir que ela só tenha eficácia a partir de seu trânsito em julgado ou em algum outro momento que venha a ser fixado. É o que preconizam o já citado artigo 27, da Lei 9.868/1999, que trata da ação direta de inconstitucionalidade e da ação declaratória de constitucionalidade, bem como o artigo 11, da Lei 9.882/1999, que regulamenta a arguição de descumprimento de preceito fundamental.

Quer isso dizer que, por voto de pelo menos 2/3 (dois terços) de seus membros (oito ministros), poderá o Pretório Excelso restringir os efeitos da decisão que declarou a inconstitucionalidade da norma, proferida no controle concentrado de constitucionalidade, seja afastando sua eficácia *erga omnes*, seja concedendo-lhe efeitos *ex nunc* ou mesmo *pro futuro*. Temos aqui, como vimos anteriormente, a chamada *modulação dos efeitos no controle de constitucionalidade*.

Trata-se, contudo, de medida excepcional, que somente poderá ser tomada para *garantia da segurança jurídica* ou por *razões de excepcional interesse público*, conforme expressamente exigido pelos dispositivos legais suprarreferidos. Como regra geral, entretanto, as decisões, no controle concentrado de constitucionalidade, produzem eficácia *erga omnes* (em face de todos) e efeitos *ex tunc* (retroativos).

Na hipótese de o Supremo Tribunal Federal restringir os efeitos da decisão, ou decidir que ela só tenha eficácia a partir de determinado momento (sem efeitos retroativos, portanto), não resta dúvida de que a lei ou ato normativo *não poderá ser considerado nulo, conforme doutrina tradicional*, uma vez que produziu efeitos, para garantia da segurança jurídica ou por razões de excepcional interesse público.

Segundo jurisprudência predominante no Supremo Tribunal Federal, a decisão que julga a constitucionalidade (ou a inconstitucionalidade) da norma, em sede de controle concentrado de constitucionalidade, *passa a valer já a partir da publicação da ata da sessão de julgamento no Diário da Justiça,* não havendo que se falar em necessidade de se aguardar a publicação do acórdão do julgado e, muito menos, em trânsito em julgado da ação, para que referida decisão seja cumprida por todos. Nesses termos é a lição de Pedro Lenza:

> *"O efeito da decisão passa a valer, inclusive para eventual interposição de reclamação, a partir da publicação da ata de julgamento no DJE. Publicado o acórdão, em momento seguinte, inicia-se o prazo para interposição de eventual recurso, no caso dos processos objetos em análise, dos embargos declaratórios. Só então, julgados os embargos, é que haverá a certificação do trânsito em julgado da decisão, sem que isso impeça, como visto, desde a publicação da ata, a produção dos efeitos da decisão".*

Por fim, vale mencionar que, no caso de concessão de medida cautelar, em sede de controle concentrado de constitucionalidade, referida decisão terá eficácia contra todos (*erga omnes*), só que com produção de efeitos *ex nunc* – e não retroativos, como se dá com a decisão definitiva –, salvo se o Supremo Tribunal Federal entender que deva conceder-lhe eficácia *ex tunc*. É o que preconiza, de forma expressa e inequívoca, o artigo 11, § 1º, da Lei 9.868/1999.

EFEITOS DA SENTENÇA NO CONTROLE CONCENTRADO DE CONSTITUCIONALIDADE

– No controle concentrado, a decisão que reconhece a inconstitucionalidade de uma lei ou ato normativo, como regra geral, terá **eficácia erga omnes** (em face de todos) e **efeitos ex tunc** (retroativos à data da edição do diploma normativo). Inexiste aqui, a necessidade de o Senado Federal suspender a eficácia da norma, nos termos do artigo 52, inciso X, da Constituição Federal.

– Por tal razão, levando-se em conta aqueles normais efeitos da sentença que declara a inconstitucionalidade da norma no controle concentrado de constitucionalidade – eficácia *erga omnes* e efeitos *ex tunc* –, geralmente ocorre a **repristinação da norma que havia sido revogada** pela lei ou ato normativo eivado de inconstitucionalidade.

– Contudo, o Supremo Tribunal Federal poderá, tendo em vista razões de segurança jurídica ou excepcional interesse público, e por maioria de dois terços de seus membros, restringir os efeitos daquela decisão, ou decidir que ela só tenha eficácia a partir de seu trânsito em julgado ou em algum outro momento que venha a ser fixado **(modulação dos efeitos)**.

– No caso de concessão de medida cautelar, esta terá eficácia contra todos **(erga omnes)**, só que produzirá efeitos **ex nunc** (e não *ex tunc*, como se dá com a decisão definitiva), salvo se o Supremo Tribunal Federal entender que deva conceder-lhe eficácia retroativa (*ex tunc*), tudo como preconiza o artigo 11, § 1º, da Lei 9.868/1999.

4.4 ESPÉCIES DE CONTROLE CONCENTRADO DE CONSTITUCIONALIDADE NA CONSTITUIÇÃO DE 1988

Conforme mencionamos anteriormente, o poder constituinte instituiu, em nosso país, diversas espécies de controle judicial de constitucionalidade do tipo concentrado, buscando obter, com tal medida, a maior efetividade possível na importante missão de extirpar do ordenamento jurídico pátrio as normas – tanto as infraconstitucionais, como até mesmo as normas constitucionais editadas pelo constituinte reformador – em desarmonia com o texto constitucional.

Foi assim que a Carta Magna previu a *ação direta de inconstitucionalidade genérica* (artigo 102, I, *a*, parte inicial), a *ação declaratória de constitucionalidade* (artigo 102, I, *a*, parte final), a *ação direta de inconstitucionalidade por omissão* (artigo 103, § 2º), a *ação direta de inconstitucionalidade interventiva* (artigo 36, inciso III) e a *arguição de descumprimento de preceito fundamental* (artigo 102, § 1º).

No âmbito dos Estados-membros, como vimos, nossa Constituição Federal também previu, no artigo 125, § 2º, a *ação direta de inconstitucionalidade genérica* de leis ou atos normativos estaduais e municipais em face da constituição estadual, vedada a atribuição de legitimação para agir a um único órgão.

Previu, igualmente, no artigo 35, inciso IV, a possibilidade de ação direta de inconstitucionalidade interventiva estadual, ao dispor expressamente que será cabível a intervenção de Estado em Município quando o Tribunal de Justiça der provimento à representação para assegurar a observância de princípios indicados na constituição do respectivo Estado – os chamados princípios constitucionais sensíveis.

Vejamos agora, de maneira um pouco mais detida, cada uma daquelas espécies de controle concentrado, trazendo ao leitor, sobretudo, as hipóteses de cabimento de cada uma delas, os respectivos legitimados e as demais regras processuais que lhe forem correlatas. Passemos então, sem mais delongas, ao estudo das diversas espécies de controle concentrado de constitucionalidade, previstas no texto da Constituição Federal.

4.5 AÇÃO DIRETA DE INCONSTITUCIONALIDADE GENÉRICA (ADI OU ADIN)

A *ação direta de inconstitucionalidade genérica*, ou, simplesmente, *ação direta de inconstitucionalidade* (ADI ou ADIn), prevista no artigo 102, inciso I, alínea *a*, primeira parte, da Constituição Federal, foi regulamentada pela Lei 9.868, de 10 de novembro de 1999. Nos termos daquele dispositivo constitucional, a ação direta de inconstitucionalidade genérica, processada perante o Supremo Tribunal Federal, tem por objeto o julgamento de *lei ou ato normativo federal ou estadual*.

Como vimos, trata-se de um *processo de natureza objetiva*, já que nenhum interesse subjetivo de particulares está sendo apreciado na demanda. Aqui, o exame da constitucionalidade da norma é o objeto mesmo da ação, realizado por uma Corte especialmente designada para tal fim, e que produz eficácia em relação a todos (eficácia *erga omnes*).

Devemos entender por *lei*, no caso específico da ação direta de inconstitucionalidade genérica, os preceitos escritos, emanados do poder competente da União, dos Estados, e, em alguns casos, do Distrito Federal, dotados de imperatividade e coerção estatal, e que, para fins de controle de constitucionalidade, devem ter por características a *abstração*, a *generalidade* e a *autonomia*.

Atos normativos, por sua vez, são todos os demais atos editados por aquelas pessoas políticas, revestidos de indiscutível conteúdo normativo, e com as mesmas características anteriormente citadas, ou seja, abstração, generalidade e autonomia. Citem-se, a título de exemplo, os regimentos internos dos Tribunais, que têm fundamento no próprio texto constitucional, conforme redação do artigo 96, inciso I, alínea *a*, da Carta Magna.

Como mencionamos acima, a ação direta de inconstitucionalidade genérica tem por objeto o julgamento de lei ou ato normativo *federal ou estadual*. E por julgar normas estaduais, o Supremo Tribunal Federal considera cabível a utilização desta ação constitucional para examinar alegada inconstitucionalidade de *lei distrital* em face da Constituição Federal, desde que se trate de uma norma, editada pela Câmara Legislativa do Distrito Federal, decorrente do exercício de sua competência estadual (Súmula 642, do Supremo Tribunal Federal).

É igualmente possível o controle concentrado de constitucionalidade, por meio de ação direta de inconstitucionalidade genérica, de tratados e convenções internacionais. Com efeito, referidos atos normativos, após a edição do decreto legislativo, tornam-se normas infraconstitucionais, com força de lei ordinária. E se assim é, não resta dúvida de

4 • CONTROLE CONCENTRADO E AS AÇÕES REGULAMENTADAS PELA LEI 9.868/1999 | **105**

que devem ser submetidos a controle de constitucionalidade, podendo ser utilizada a ação constitucional ora em estudo para tal finalidade.

E mesmo que sejam tratados e convenções internacionais *sobre direitos humanos, aprovados* em cada Casa do Congresso Nacional, em 2 (dois) turnos, por 3/5 (três quintos) dos votos dos respectivos membros, serão semelhantes, portanto, às emendas à Constituição, e, portanto, também passíveis de controle de constitucionalidade, por via de ação direta de inconstitucionalidade, da mesma forma que as emendas constitucionais o são.

Se estiverem tramitando, ao mesmo tempo, 2 (duas) ações diretas de inconstitucionalidade contra lei ou ato normativo estadual, uma perante o Tribunal de Justiça (controle de constitucionalidade em face da Constituição Estadual) e outra perante o Supremo Tribunal Federal (controle em face da Constituição Federal), aquela ficará suspensa até o julgamento final desta.

4.6 HIPÓTESES ESPECÍFICAS EM QUE NÃO CABE AÇÃO DIRETA DE INCONSTITUCIONALIDADE GENÉRICA

Estudadas a definição e as hipóteses de cabimento da ação direta de inconstitucionalidade genérica, explicitaremos, nesta seção, os casos em que referido controle, ao contrário, não se mostra possível. Algumas das hipóteses aqui explicitadas são comuns a todas as modalidades de controle de constitucionalidade. Outras, contudo, são específicas da ação direta de inconstitucionalidade genérica.

A primeira delas refere-se às *normas constitucionais editadas pelo constituinte originário*. Com efeito, como já vimos em outra oportunidade, em decorrência do chamado *princípio da unidade da constituição*, as normas da carta magna devem ser interpretadas como um conjunto harmonioso, e não de maneira isolada, tudo para que não ocorram indesejáveis conflitos entre normas inseridas no mesmo texto constitucional (a chamada antinomia).

Em respeito àquele princípio, o Supremo Tribunal Federal não admite, no ordenamento pátrio, a existência de hierarquia entre normas constitucionais produzidas pelo constituinte *originário*. E, se não existe hierarquia entre normas constitucionais daquela espécie, é evidente que não se pode declarar a inconstitucionalidade de uma norma em face de outra, quando ambas forem normas constitucionais originárias.

O Pretório Excelso, portanto, afasta a possibilidade de controle de constitucionalidade, por meio de ação direta de inconstitucionalidade genérica, de normas constitucionais instituídas pelo constituinte originário. *Repele, assim, a denominada "teoria das normas constitucionais inconstitucionais", da doutrina alemã.*

Também não há que se falar em ação direta de inconstitucionalidade genérica em relação às *normas infraconstitucionais anteriores à Constituição*. Com efeito, neste caso, a única ação constitucional possível é chamada arguição de descumprimento de preceito fundamental por equiparação (artigo 1º, parágrafo único, da Lei 9.882/1999), cuja constitucionalidade já foi expressamente declarada pelo Supremo Tribuna Federal, na Ação Direta de Inconstitucionalidade 2231/DF, e que será estudada um pouco à frente.

Do mesmo modo não são submetidas à ação direta de inconstitucionalidade genérica as chamadas *normas secundárias*. De fato, para que seja possível tal controle, já mencionamos, é preciso que a norma seja dotada de autonomia, que se trate de uma norma primária. Esta última, nós a definimos como aquela que não está subordinada a qualquer outra lei ou diploma normativo, mas apenas à própria constituição.

As leis destituídas de autonomia, também chamadas de normas secundárias, são aquelas subordinadas a outras normas infraconstitucionais, e que têm por escopo justamente regulamentar, dar efetividade aos preceitos disciplinados por estas. É o caso, por exemplo, dos chamados decretos de execução, editados pelo chefe do Poder Executivo justamente em cumprimento a normas infraconstitucionais (geralmente uma lei ordinária).

No caso de normas destituídas de autonomia (atos normativos secundários), como se dá com os citados decretos de execução, bem como com as portarias ministeriais, mesmo que elas, ao contrariar as normas primárias a que estão subordinadas, ou ao se exceder na função de regulamentá-las, ofendam algum princípio ou norma constitucional, não o farão de forma direta, mas sim reflexa[2].

Não estão sujeitas ao controle de constitucionalidade, por meio de ação direta de inconstitucionalidade genérica, ainda, as *súmulas dos tribunais*. Editadas para fins de uniformização de jurisprudência, referidas súmulas não são dotadas de *imperatividade*, já que podem deixar de ser observadas pelos juízes de instâncias inferiores, nos casos em que lhes são submetidos a julgamento. Os enunciados de súmulas, portanto, não têm força normativa, e, assim, não podem ser objeto de ação direta de inconstitucionalidade.

Como já vimos, nem mesmo as chamadas *súmulas vinculantes*, editadas pelo Supremo Tribunal Federal, nos termos do artigo 103-A, da Carta Magna de 1988, estão sujeitas ao controle de constitucionalidade, via ação direta de inconstitucionalidade genérica. Em relação a estas, o que poderá ocorrer, isto sim, é *a sua revisão ou cancelamento, de ofício ou por provocação dos legitimados fixados no artigo 3º, da Lei 11.417/2006*.

Não estão submetidos à ação direta de inconstitucionalidade, ainda, os *atos estatais não revestidos de abstração e generalidade*. É o caso, por exemplo, dos diversos atos normativos de efeitos concretos e individuais. Nessa hipótese, já o mencionamos, referidos atos devem ser impugnados, conforme o caso, por ação popular ou mandado de segurança, e jamais por controle concentrado de constitucionalidade.

A ação direta de inconstitucionalidade também não se aplica às *leis já revogadas*, mesmo que haja relações jurídicas celebradas à época de sua vigência. Nesses termos, já decidiu o Pretório Excelso que, "revogada a lei arguida de inconstitucional, a ação direta a ela relativa perde o seu objeto, independentemente da ocorrência de efeitos concretos que dela hajam decorrido" (Ação Direta de Inconstitucionalidade 221, Relator Ministro Moreira Alves, j. 29.3.1990).

---

2. "Regulamentos subordinados ou de execução supõe, para efeito de sua edição, pelo poder público, a existência de lei a que se achem vinculados. Falece-lhes, desse modo, a necessária autonomia jurídica para se qualificarem como atos normativos suscetíveis de controle abstrato da constitucionalidade" (Ação Direta de Inconstitucionalidade 129, relator ministro Celso de Mello, j. 28.8.1992).

4 • CONTROLE CONCENTRADO E AS AÇÕES REGULAMENTADAS PELA LEI 9.868/1999 — 107

Com efeito, se a lei foi revogada, não há qualquer interesse na declaração de sua inconstitucionalidade, já que ela não mais existe no mundo jurídico, não podendo o Poder Judiciário ser transformado em mero órgão de consulta histórica ou mesmo acadêmica, somente devendo exercer a prestação jurisdicional quando houver efetivo interesse jurídico a justificar a sua atuação.

A ação direta de inconstitucionalidade, como mencionado na seção anterior, somente tem por objeto o exame da constitucionalidade de lei ou ato normativo federal ou estadual. Não é possível, portanto, a propositura de ação direta de inconstitucionalidade genérica para combater *lei ou ato normativo municipal em face da Constituição Federal*, seja perante o Supremo Tribunal Federal, seja perante o Tribunal de Justiça, somente sendo possível falar-se em controle de constitucionalidade de lei municipal em face da Constituição Federal *por via de exceção* (*controle difuso*), no julgamento de um caso concreto em que aquela inconstitucionalidade seja invocada incidentalmente.

Nos termos da Súmula 642 do Supremo Tribunal Federal, *também não cabe ação direta de inconstitucionalidade genérica de lei do Distrito Federal derivada da sua competência legislativa municipal*, em face da Constituição Federal. Somente caberá tal ação quando se tratar de lei derivada de sua competência estadual.

Na hipótese, contudo, de lei ou ato normativo municipal contrariar, ao mesmo tempo, dispositivos da Constituição Federal e da constituição estadual, de repetição obrigatória e redação idêntica, será possível o controle de constitucionalidade de lei municipal em face da constituição estadual, nos termos do artigo 125, § 2º, da Constituição Federal.

HIPÓTESES ESPECÍFICAS EM QUE NÃO CABE AÇÃO DIRETA DE INCONSTITUCIONALIDADE GENÉRICA

– **Normas constitucionais editadas pelo constituinte originário**: o STF afasta a possibilidade de controle de constitucionalidade de normas constitucionais instituídas pelo constituinte originário, repelindo, assim, a denominada "teoria das normas constitucionais inconstitucionais".

– **Normas infraconstitucionais anteriores à Constituição:** neste caso, a única ação constitucional possível é chamada arguição de descumprimento de preceito fundamental por equiparação (artigo 1º, parágrafo único, da Lei 9.882/1999).

– **Normas secundárias:** são subordinadas a outras normas infraconstitucionais, e se ferirem a Constituição Federal, o farão de forma reflexa, e não direta (aqui é caso da chamada crise de ilegalidade, e não de inconstitucionalidade).

– **Súmulas dos tribunais:** editadas para fins de uniformização de jurisprudência, não são dotadas de *imperatividade*, já que podem deixar de ser observadas pelos juízes de instâncias inferiores, nos casos que lhe são submetidos a julgamento (não têm, portanto, força normativa).

– **Atos estatais não revestidos de abstração e generalidade**: é o caso, por exemplo, dos diversos atos normativos de efeitos concretos e individuais, que devem ser impugnados, conforme o caso, por ação popular ou mandado de segurança.

> **– Normas revogadas:** o Poder Judiciário somente exerce a prestação jurisdicional quando houver efetivo interesse jurídico, não podendo funcionar como mero órgão de consulta histórica em relação a uma lei que já não esteja mais no ordenamento jurídico vigente.
>
> **– Normas municipais:** Não é possível o controle de constitucionalidade concentrado de lei ou ato normativo municipal em face da Constituição Federal, somente sendo possível falar-se em tal controle por via de exceção (controle difuso), no julgamento de um caso concreto em que aquela inconstitucionalidade seja invocada incidentalmente.
>
> **– Leis do DF derivadas de sua competência municipal:** somente é cabível tal ação quando se tratar de lei derivada de sua competência estadual (Súmula 642, do Supremo Tribunal Federal).

4.7 LEGITIMADOS PARA A AÇÃO DIRETA DE INCONSTITUCIONALIDADE GENÉRICA

Os legitimados para a propositura da ação direta de inconstitucionalidade estão relacionados no artigo 103, da Constituição Federal. Alguns deles têm a chamada *legitimidade ou legitimação universal. São eles: (a)* presidência da República; (b) Mesas da Câmara dos Deputados e do Senado Federal; (c) procurador-geral da República; (d) Conselho Federal da Ordem dos Advogados do Brasil (OAB); e (e) partidos políticos com representação no Congresso Nacional. Referidos legitimados, é importante esclarecer, têm *interesse de agir presumido*, uma vez que possuem, dentre suas atribuições, o dever de defesa da ordem constitucional. Podem, portanto, propor ação direta de inconstitucionalidade genérica sobre qualquer matéria.

Os demais legitimados, previstos no artigo 103, de nossa Lei Maior, têm apenas a denominada *legitimidade ou legitimação especial. São eles: (a)* Mesa de Assembleia Legislativa de algum Estado da Federação ou da Câmara Legislativa do Distrito Federal; (b) governador de Estado ou do Distrito Federal; e (d) confederação sindical ou entidade de classe de âmbito nacional. Estes legitimados especiais, devemos também explicar, necessitam demonstrar *pertinência temática*, também denominada *representatividade adequada*, para poderem propor a ação constitucional ora em estudo.

Por pertinência temática ou representatividade adequada devemos entender a necessidade de demonstração, por parte dos legitimados especiais, também denominados *legitimados temáticos*, de que o tema por eles deduzido em juízo guarda direta relação com os seus objetivos institucionais. É o caso, por exemplo, de entidade de classe de âmbito nacional, que somente poderá propor ação direta para impugnar matéria que diga respeito aos interesses de seus associados.

Lei ordinária não pode ampliar nem restringir o rol dos legitimados para a ação direta de inconstitucionalidade genérica. *Trata-se, portanto, de um rol taxativo.* Entretanto, acompanhando o entendimento que o próprio Supremo Tribunal Federal tinha a respeito do caso, o artigo 3º da Lei 9.868/1999 acrescentou 2 (dois) outros legitimados para a propositura da ação direta de inconstitucionalidade. São eles: o governador do Distrito Federal e a Mesa da Câmara Legislativa do Distrito Federal.

Agora, contudo, esses legitimados passaram também a figurar expressamente no rol do artigo 103, da Carta Magna. É que a Emenda Constitucional 45/2004 acrescentou ao

4 • CONTROLE CONCENTRADO E AS AÇÕES REGULAMENTADAS PELA LEI 9.868/1999

dispositivo constitucional em comento os incisos IV e V, conferindo legitimidade para a ação "à Mesa de Assembleia Legislativa ou à Câmara Legislativa do Distrito Federal" e "ao governador de Estado ou do Distrito Federal".

Por se tratar, como vimos, de um rol taxativo de legitimados, é importante ressaltar que somente o governador do Estado ou do Distrito Federal poderá propor a ação direta de inconstitucionalidade genérica e interpor recursos necessários (no caso, embargos de declaração). Não será possível ao próprio Estado ou ao Distrito Federal fazer-se substituir ao chefe do Poder Executivo daqueles entes da Federação e propor, ele mesmo (por meio de seus procuradores) a ação. Dito em outras palavras, a legitimidade é exclusiva do chefe do Poder Executivo do Estado ou do Distrito Federal e nunca do respectivo ente federativo.

Quanto aos partidos políticos, basta que haja *um único parlamentar no Congresso Nacional, seja na Câmara dos Deputados, seja no Senado Federal,* para que referidas agremiações tenham legitimidade universal para a propositura da ação direta de inconstitucionalidade. *Se o partido deixar de possuir tal representação, durante a tramitação da ação direta de inconstitucionalidade, a ação prosseguirá*[3].

As *entidades de classe são as que representam as categorias profissionais ou econômicas.* Referidas entidades têm que ser de âmbito nacional e homogêneas, representando um único segmento social. Confederação sindical, ao seu turno, é entidade sindical de terceiro grau. Precisa reunir pelo menos 3 (três) Federações, cada uma destas compostas de, no mínimo, 5 (cinco) sindicatos. As Federações, por si sós, não têm legitimidade para a propositura da ação, mesmo que de âmbito nacional.

Particularmente no que se refere às chamadas centrais sindicais ou de trabalhadores (caso, por exemplo, da Central Única dos Trabalhadores – CUT, da Força Sindical, da Central Geral dos Trabalhadores – CGT e da União Geral dos Trabalhadores – UGT), o Supremo Tribunal Federal já decidiu, por meio da Ação Direta de Inconstitucionalidade (ADI) 928, que referidas entidades *não têm legitimidade* ativa para a ação direta de inconstitucionalidade, uma vez que não congregam federações sindicais.

Mudando anterior posicionamento sobre o tema, o Pretório Excelso atualmente reconhece legitimidade ativa *ad causam* às chamadas *"associações de associações"*, ou seja, às entidades de âmbito nacional que possuam pessoas jurídicas dentro de seus quadros sociais. Exige, contudo, que referidas entidades sejam representativas de toda uma categoria profissional ou econômica. Sobre o tema, vide Ação Direta de Inconstitucionalidade 3.153, Relator Ministro Sepúlveda Pertence, j. 12.8.2004.

Segundo Ricardo Cunha Chimenti, Fernando Capez, Márcio Fernando Elias Rosa e Marisa F. Santos[4], os chamados Conselhos Profissionais (caso, por exemplo, do Conselho Federal de Medicina) seriam espécies do gênero autarquia, não tendo, portanto, legitimidade para propor ação direta de inconstitucionalidade, mesmo que guardassem relação com os seus objetivos institucionais, já que não considerados entidades de classe de âmbito nacional.

---

3. Com efeito, o Supremo Tribunal Federal não mais entende, como se dava antigamente, que ocorria a perda superveniente de legitimidade. Sobre o tema, sugerimos a leitura da Ação Direta de Inconstitucionalidade 2159/DF, relator ministro Gilmar Ferreira Mendes, j. 12.8.2004 – *Informativo* 356 do STF.
4. *Curso de direito constitucional.* 7. ed. Saraiva, 2010, p. 436.

Também entendemos que as Ordens e Conselhos Profissionais não têm legitimidade para propor ação direta de inconstitucionalidade genérica *porque efetivamente não são entidades de classe de âmbito nacional*. Mas, com o devido respeito, não concordamos que referidas Ordens e Conselhos, também conhecidos como "autarquias corporativas", sejam de fato espécie do gênero autarquia. Em nosso entender, tais entidades são, na verdade, uma modalidade de entidade paraestatal (pertencente ao chamado "terceiro setor"), ou seja, uma pessoa jurídica de direito privado que atua ao lado do Estado, na consecução de interesses públicos, sem, contudo, fazer parte deste.

Com efeito, as autarquias são pessoas jurídicas criadas por lei, com personalidade jurídica de direito público (submetida ao regime jurídico administrativo, portanto), com patrimônio próprio e poder de autoadministração (autonomia financeira e administrativa), destinadas à prestação de serviços públicos, e dotadas de especialização funcional, sendo-lhes vedado exercer fins ou atividades diversas daquelas para as quais foram instituídas.

Já as ordens e conselhos profissionais, a despeito de prestam atividades típicas de Estado, exercendo poder de polícia e disciplinar sobre as categorias profissionais que regulam, inclusive com capacidade tributária ativa (podendo cobrar tributos para sua manutenção), e submetidas à fiscalização dos Tribunais de Contas, são pessoas jurídicas de direito privado, não sujeitas a qualquer vinculação hierárquica com os órgãos estatais.

São denominadas *autarquias corporativas*, é importante que se esclareça, porque têm criação autorizada por lei, com autonomia administrativa e financeira, desempenhando atividade tipicamente pública. Mas usam o qualificativo de "em situação especial", o que ressalta o fato de que não fazem parte da estrutura da Administração Pública (do chamado "primeiro setor"). Exemplos de ordens e conselhos profissionais: Conselho Federal de Medicina e Conselho Federal de Engenharia, Arquitetura e Agronomia.

Devemos mencionar, por fim, que a *Mesa do Congresso Nacional não tem legitimidade para a propositura da ação direta de inconstitucionalidade genérica*. Somente possuem tal legitimidade, nos expressos termos do artigo 103, incisos II e III, da Constituição Federal, as Mesas do Senado Federal e da Câmara dos Deputados, respectivamente.

LEGITIMADOS PARA A AÇÃO DIRETA DE INCONSTITUCIONALIDADE

– **Legitimados universais**: presidente da República, Mesa da Câmara dos Deputados, Mesa do Senado Federal, procurador-geral da República, Conselho Federal da OAB e partidos políticos com representação no Congresso Nacional.

– **Legitimados especiais ou temáticos**: Mesas das Assembleias Legislativas dos Estados, Mesa da Câmara Legislativa do Distrito Federal, governadores dos Estados, governador do Distrito Federal e confederação sindical ou entidades de classe de âmbito nacional.

– Os legitimados universais têm interesse de agir presumido, uma vez que possuem, dentre suas atribuições, o dever de defesa da ordem constitucional. Já os legitimados especiais necessitam demonstrar pertinência temática, também denominada representatividade adequada.

4.8 CONCESSÃO DE MEDIDA CAUTELAR EM AÇÃO DIRETA DE INCONSTITUCIONALIDADE GENÉRICA

Como se sabe, o princípio da presunção de constitucionalidade das leis e atos do Estado determina que as leis e demais atos editados pelo Estado sejam considerados constitucionais, ao menos até que sobrevenha decisão judicial declarando sua inconstitucionalidade.

Contudo, a despeito da presunção de constitucionalidade das leis e atos normativos, é perfeitamente possível a concessão de cautelar (liminar) em ação direta de inconstitucionalidade genérica, salvo em período de recesso, por decisão da *maioria absoluta dos membros do Tribunal* (6 *ou mais ministros, portanto*), e após a oitiva dos órgãos ou autoridades dos quais emanou a lei ou ato normativo impugnado, no prazo de 5 (cinco) dias, tudo conforme disposto no artigo 10, *caput*, da Lei 9.868/1999.

Ademais, nos expressos termos do § 3º daquele artigo, é possível ao Pretório Excelso deferir medida cautelar, *sem a audiência dos responsáveis pela edição da lei ou ato normativo impugnado*, desde que em caso de *excepcional urgência*, reconhecida pelo órgão jurisdicional. Ainda segundo aquele artigo 10 (§ 1º), o ministro relator poderá ouvir o advogado-geral da União e o procurador-geral da República, no prazo de 3 (três) dias, caso julgue indispensável tal medida[5]. Poderá, igualmente, facultar a sustentação oral aos representantes judiciais do requerente e das autoridades ou órgãos responsáveis pela expedição do ato, na forma estabelecida no Regimento do Tribunal (§ 2º).

O artigo 11, § 1º, da supramencionada Lei 9.868/1999, por sua vez, nos esclarece que a medida cautelar que declarar a inconstitucionalidade da norma terá eficácia *erga omnes (em face de todos)* e *efeitos ex nunc (não retroativos, ou seja, a partir da decisão)*, salvo se o Supremo Tribunal Federal entender que deva conceder-lhe efeitos *ex tunc (retroativa)*.

Dessa forma, ao contrário da decisão definitiva proferida em sede de ação direta de inconstitucionalidade genérica, cujos efeitos, em regra, são retroativos (*ex tunc*), na decisão da medida cautelar, a regra é que os efeitos sejam *ex nunc* (a partir da decisão), a não ser que o Supremo Tribunal Federal decida conceder-lhe efeitos retroativos, por relevantes razões jurídicas.

O § 2º, do mesmo artigo 11, dispõe que a concessão da medida cautelar torna aplicável a legislação anterior eventualmente existente, salvo expressa manifestação, em sentido contrário, do Supremo Tribunal Federal. Trata-se de expresso reconhecimento, pelo dispositivo normativo, do efeito repristinatório da decisão proferida em sede de cautelar.

Por fim, mencione-se que, no caso de concessão de medida cautelar em ação direta de inconstitucionalidade genérica, o Supremo Tribunal Federal fará publicar a parte dispositiva da decisão, no prazo de 10 (dez) dias, devendo solicitar as informações às autoridades das quais tiver emanado o ato.

---

5. Referido prazo, a toda evidência, é singelo. Não se aplica o benefício da contagem em dobro para o Ministério Público e para os membros da Advocacia Pública quando a lei estabelecer, de forma expressa, prazo próprio para a realização do ato. É o que dispõe, em caráter expresso e inequívoco, o Código de Processo Civil, respectivamente, nos artigos 180, § 2º e 183, § 2º.

CONCESSÃO DE MEDIDA CAUTELAR EM AÇÃO DIRETA DE INCONSTITUCIONALIDADE GENÉRICA

– É perfeitamente possível a concessão de cautelar (liminar) em ação direta de inconstitucionalidade genérica, salvo em período de recesso, por decisão da maioria absoluta dos membros do Tribunal, e após a oitiva dos órgãos ou autoridades dos quais emanou a lei ou ato normativo impugnado, no prazo de 5 (cinco) dias.

– A medida cautelar que declarar a inconstitucionalidade da norma terá **eficácia erga omnes** (em face de todos) e **efeitos ex nunc** (a partir da decisão), salvo se o Supremo Tribunal Federal entender que deva conceder-lhe eficácia retroativa (artigo 11, § 1º, da Lei 9.868/1999).

– Dessa forma, ao contrário da decisão definitiva proferida em sede de ação direta de inconstitucionalidade genérica, cujos efeitos, em regra, são retroativos (ex tunc), na decisão da medida cautelar, a regra é que os efeitos são ex nunc (a partir da decisão).

4.9 O EFEITO VINCULANTE DA AÇÃO DIRETA DE INCONSTITUCIONALIDADE E SUA EXCLUSÃO EM RELAÇÃO AO PODER LEGISLATIVO

A Emenda Constitucional 45, de 8 de dezembro de 2004, conferiu nova redação ao artigo 102, § 2º, da Constituição de 1988. Agora, o texto constitucional deixa claro que também as decisões definitivas de mérito, proferidas pelo Supremo Tribunal Federal, nas *ações diretas de inconstitucionalidade*, produzirão eficácia contra todos e *efeito vinculante*, relativamente aos demais órgãos do Poder Judiciário e à Administração Pública direta e indireta[6].

Como consequência do expresso efeito vinculante da decisão proferida em ação direta de inconstitucionalidade, qualquer interessado poderá oferecer *reclamação* perante o Supremo Tribunal Federal, nos termos do artigo 102, inciso I, alínea *l*, da Carta Magna, para garantia da autoridade das decisões da Corte Suprema, quando órgãos do Judiciário ou da Administração Pública não observarem o quanto restou decidido naquela ação.

O efeito vinculante atinge todos os órgãos do Poder Judiciário, bem como a Administração Pública direta e indireta da União, dos Estados, do Distrito Federal e dos Municípios. *Não vincula, entretanto, o Poder Legislativo*. Com efeito, é pacífico que este Poder não está impedido de elaborar nova lei, em conformidade com as regras do processo legislativo, ainda que contrariamente à decisão proferida em sede de controle concentrado de constitucionalidade. Esta prática do Poder Legislativo é conhecida como *backlash* ou retaliação.

Conforme ressaltou o ministro Cezar Peluso, ao tratar do tema, a possibilidade de vinculação do Poder Legislativo às decisões proferidas no controle concentrado de constitucionalidade acabaria por comprometer "a relação de equilíbrio entre o tribunal constitucional e o legislador, reduzindo este a papel subalterno perante o poder incontrolável

---

6. Antes da promulgação daquela emenda constitucional, o dispositivo constitucional em comento (artigo 102, § 2º) somente fazia menção expressa à *ação declaratória de constitucionalidade*, no que respeita ao efeito vinculante em relação aos demais órgãos do Poder Judiciário e da Administração Pública.

4 • CONTROLE CONCENTRADO E AS AÇÕES REGULAMENTADAS PELA LEI 9.868/1999 **113**

daquele, com evidente prejuízo do espaço democrático-representativo da legitimidade política do órgão legislativo" (Reclamação 2.167, *Informativo* 386/STF).

Dessa forma, devemos insistir, o Poder Legislativo poderá editar leis ou atos normativos em sentido contrário à decisão do Supremo Tribunal Federal, proferida no controle concentrado de constitucionalidade. Pensar de modo diverso, contrariando, aliás, os termos da própria Carta Magna, que somente fala em efeito vinculante para o Poder Judiciário e para o Poder Executivo, acabaria por implicar "inconcebível fenômeno da fossilização da Constituição", como ressalta o ministro César Peluso.

O EFEITO VINCULANTE DA ADI E SUA EXCLUSÃO EM RELAÇÃO AO PODER LEGISLATIVO

> – As decisões proferidas em sede de ação direta de inconstitucionalidade genérica não vinculam o Poder Legislativo, mas apenas o Poder Judiciário e o Poder Executivo, conforme artigo 102, § 2º, da Constituição de 1988.
> – Dito de outro modo, o Poder Legislativo não está impedido de elaborar nova lei, em conformidade com as regras do processo legislativo, ainda que contrariamente ao que restou decidido em controle concentrado de constitucionalidade.

4.10 PRINCÍPIO DA "PARCELARIDADE"

O veto, que tem previsão constitucional no art. 66, § 1º, da Carta Magna de 1988[7], pode ser definido como a recusa à sanção realizada pelo presidente da República, ou seja, a expressa discordância, manifestada pelo chefe do Poder Executivo federal, ao projeto de lei aprovado pelo Poder Legislativo. Ele busca evitar, portanto, que o projeto se transforme em lei.

Uma das características do veto, portanto, é tentar inviabilizar, *total ou parcialmente*, o projeto de lei. É o que se pode depreender facilmente da leitura do supramencionado art. 66, § 1º, da Carta Magna, que dispõe que o presidente da República poderá vetar o projeto, total ou parcialmente.

Quanto ao veto parcial, existem limites ao seu uso. Com efeito, nos termos do § 2º, do mesmo artigo 66, da Constituição de 1988, o veto parcial somente poderá abranger texto integral de artigo, de parágrafo, de inciso ou de alínea. Portanto, o item (que subdivide a alínea) não poderá ser objeto de veto. *Não poderá, igualmente, haver veto de apenas expressões ou palavras constantes da norma.*

Já em relação ao controle concentrado de constitucionalidade, referida limitação não ocorre. Com efeito, por força do chamado *princípio da parcelaridade*, o Supremo Tribunal Federal, ao julgar inconstitucional uma lei ou ato normativo, não necessitará fazê-lo em relação ao texto *integral* de artigo, parágrafo, inciso ou alínea.

---

7. Constituição Federal, art. 66, § 1º: "Se o presidente da República considerar o projeto, no todo ou em parte, inconstitucional ou contrário ao interesse público, vetá-lo-á total ou parcialmente, no prazo de quinze dias úteis, contados da data do recebimento, e comunicará, dentro de quarenta e oito horas, ao presidente do Senado Federal os motivos do veto".

DIREITO PROCESSUAL CONSTITUCIONAL • Paulo Roberto de Figueiredo Dantas

Diferentemente do que se dá com o veto presidencial, o Pretório Excelso, no julgamento do controle concentrado de constitucionalidade (caso, por exemplo, da ação direta de inconstitucionalidade genérica), ao julgar uma norma inconstitucional, poderá anular a norma apenas *parcialmente*, extirpando de seu texto somente uma expressão ou mesmo uma única palavra.

Um caso emblemático, que explica perfeitamente essa realidade, deu-se no julgamento da Ação Direta de Inconstitucionalidade (ADI) 1.227-8, que tinha por objeto a análise de alegada inconstitucionalidade do artigo 7º, § 2º, da Lei 8.906, de 4 de julho de 1994 (o denominado Estatuto da Advocacia), que buscava afastar a caracterização de injúria, difamação ou desacato em relação a qualquer manifestação de advogado no exercício de sua atividade. Naquele julgamento, declarou-se a inconstitucionalidade apenas da expressão "ou desacato", constante da norma.

É imperioso esclarecer, para encerrarmos esse tema, que o Supremo Tribunal Federal, ao se valer do princípio da parcelaridade, não poderá alterar completamente o sentido da lei ou ato normativo editado pelo Estado, a ponto de se tornar, ele próprio, uma espécie de legislador positivo, usurpando, com essa prática, uma das funções típicas do Poder Legislativo.

Com efeito, conforme ressalta a unanimidade dos doutrinadores, bem como a própria jurisprudência do Pretório Excelso, o Poder Judiciário somente pode atuar, no controle de constitucionalidade, como um legislador negativo, sendo-lhe vedado criar normas jurídicas, no exercício de sua atividade jurisdicional. Em outras palavras, *não pode o Poder Judiciário transformar-se em um legislador positivo, o que é vedado pela ordem constitucional vigente, por afronta ao princípio da separação de Poderes*.

PRINCÍPIO DA PARCELARIDADE

– Diferentemente do que se dá com o veto presidencial, o Pretório Excelso, no julgamento do controle concentrado de constitucionalidade, ao julgar uma norma inconstitucional, poderá anular a norma apenas parcialmente, extirpando de seu texto somente uma expressão ou mesmo uma única palavra.

– Contudo, ao se valer do princípio da parcelaridade, o Supremo Tribunal Federal não poderá alterar completamente o sentido da lei ou ato normativo editado pelo Estado, a ponto de se tornar, ele próprio, um *legislador positivo*, o que é vedado pelo ordenamento jurídico pátrio.

4.11 INCONSTITUCIONALIDADE POR "ARRASTAMENTO" OU "POR ATRAÇÃO"

Em respeito aos limites objetivos da coisa julgada, o órgão jurisdicional, ao fornecer sua prestação jurisdicional, deverá ater-se estritamente ao pedido formulado na petição inicial, não podendo proferir decisão de natureza diversa da pedida, nem condenar o réu em quantidade superior ou em objeto diverso do que lhe foi demandado. Essa regra, explicitada no artigo 492, do Código de Processo Civil[8], exterioriza o chamado *princípio da congruência* ou da *adstrição ao pedido,* ou simplesmente *princípio do pedido*.

---

8. Código de Processo Civil, artigo 492: "É vedado ao juiz proferir decisão de natureza diversa da pedida, bem como condenar a parte em quantidade superior ou em objeto diverso do que lhe foi demandado".

Dessa forma, *como regra*, ao proferir julgamento no controle concentrado de constitucionalidade, o Supremo Tribunal Federal também deverá limitar-se a apreciar os dispositivos da lei ou ato normativo que foram apontados como inconstitucionais, não devendo, em observância ao princípio do pedido, julgar a constitucionalidade de outros dispositivos, por mais que lhe pareçam igualmente incompatíveis com os princípios e regras constitucionais.

Contudo, *em caráter excepcional*, o Pretório Excelso tem admitido a declaração de inconstitucionalidade de outros dispositivos, que não foram expressamente citados na petição inicial da ação direta de inconstitucionalidade, quando reconhecer que existe uma inequívoca *conexão ou dependência entre eles*, de maneira que uns não possam ser mantidos no ordenamento jurídico, quando for declarada a inconstitucionalidade dos outros.

Vê-se, portanto, que não é a simples constatação de que outros dispositivos da lei ou ato normativo são inconstitucionais que permite ao Supremo Tribunal Federal também declará-los como tais, *"por arrastamento"* ou *"por atração"*. Para que isso possa ocorrer, é preciso que referidas normas não possam subsistir, no corpo da lei ou ato normativo, após a declaração de inconstitucionalidade do dispositivo normativo que foi efetivamente objeto da ação direta de inconstitucionalidade. Sobre o tema, sugerimos a leitura da Ação Direta de Inconstitucionalidade 2.895/AL, Relator Ministro Carlos Velloso, j. 2.2.2005, *DJ* 20.5.2005, p. 5.

INCONSTITUCIONALIDADE "POR ARRASTAMENTO" OU "POR ATRAÇÃO"

> – Como regra, ao proferir julgamento no controle concentrado de constitucionalidade, o Supremo Tribunal Federal deverá limitar-se a apreciar os dispositivos da lei ou ato normativo que foram apontados como inconstitucionais, não devendo, em observância ao princípio da adstrição ao pedido, julgar a constitucionalidade de outros dispositivos, por mais que lhe pareçam igualmente incompatíveis com os princípios e regras constitucionais.
>
> – Contudo, em caráter excepcional, o Pretório Excelso tem admitido a declaração de inconstitucionalidade de outros dispositivos, que não foram expressamente citados na petição inicial da ação direta de inconstitucionalidade, quando reconhecer que existe uma inequívoca *conexão ou dependência entre eles*, de maneira que uns não possam ser mantidos no ordenamento jurídico, quando for declarada a inconstitucionalidade dos outros. Trata-se da inconstitucionalidade *"por arrastamento"* ou *"por atração"*.

4.12 ALTERAÇÃO DO PARÂMETRO DE CONTROLE APÓS A PROPOSITURA DA AÇÃO DIRETA DE INCONSTITUCIONALIDADE GENÉRICA

Em seção precedente deste Capítulo, estudamos o chamado parâmetro de controle de constitucionalidade, também denominado paradigma constitucional. Vimos, naquela oportunidade, que ele se refere à norma ou ao conjunto de normas constitucionais que são utilizados como paradigma, como referência, para a análise da adequação de algum diploma normativo aos preceitos constitucionais. Refere-se, em outras palavras, à norma constitucional que se diz que foi violada.

Por outro lado, como é de amplo conhecimento público, nossa Constituição Federal tem sido constantemente emendada, já possuindo, em pouco mais de 30 (trinta) anos de existência (foi promulgada em 5 de outubro de 1988), a impressionante marca de mais de uma centena de emendas constitucionais, que alteraram substancialmente diversas de suas normas.

E, diante dessa nossa realidade peculiar, não há dúvidas de que é perfeitamente possível, e até mesmo previsível que, em alguns casos, após a propositura de uma ação direta de inconstitucionalidade, o parâmetro de controle invocado como paradigma para controle de constitucionalidade de uma lei ou ato normativo acabe sendo modificado, ou mesmo revogado, por meio da edição de uma emenda constitucional.

Nessas hipóteses, o Supremo Tribunal Federal tem entendido que, com a alteração do parâmetro de controle ou paradigma constitucional, após a propositura da ação direta de inconstitucionalidade, *esta deverá ser julgada extinta, sem resolução de mérito, por perda superveniente de seu objeto.*

Pedimos vênia para transcrever, em razão de seu caráter inequivocamente didático, a ementa de uma ação direta de inconstitucionalidade que foi julgada prejudicada, em razão de substancial alteração, por meio da Emenda Constitucional 41/2003, da primitiva redação do artigo 40, *caput*, da Constituição Federal, permitindo agora a taxação dos inativos. Eis os seus termos:

> *"Ação direta de inconstitucionalidade. Lei Estadual 3.310/99. Cobrança de contribuição previdenciária de inativos e pensionistas. EC 41/2003. Alteração substancial do Sistema Público de Previdência. Prejudicialidade. 1. Contribuição previdenciária incidente sobre os proventos dos servidores inativos e dos pensionistas do Estado do Rio de Janeiro. Norma editada em data posterior ao advento da EC 20/98. Inconstitucionalidade de lei estadual em face da norma constitucional vigente à época da propositura da ação. 2. Superveniência da Emenda Constitucional 41/2003, que alterou o sistema previdenciário. Prejudicialidade da ação direta quando se verifica inovação substancial no parâmetro constitucional de aferição da regra legal impugnada. Precedentes. Ação direta de inconstitucionalidade julgada prejudicada"* (Ação Direta de Inconstitucionalidade 2.197/RJ, Relator Ministro Maurício Corrêa, *DJ* 2.4.2004, p. 8).

Portanto, devemos insistir, na hipótese de modificação do parâmetro de controle invocado como paradigma para controle de constitucionalidade de uma lei ou ato normativo, por força da edição de uma emenda constitucional, após a propositura de uma ação direta de inconstitucionalidade, esta última deverá ser extinta, sem resolução de mérito, por perda superveniente de seu objeto, conforme entendimento pacificado no Pretório Excelso.

ALTERAÇÃO DO PARÂMETRO DE CONTROLE
APÓS A PROPOSITURA DA ADI

– É perfeitamente possível que, em alguns casos, após a propositura de uma ação direta de inconstitucionalidade, o parâmetro de controle invocado como paradigma para controle de constitucionalidade de uma lei ou ato normativo acabe sendo modificado, ou mesmo revogado, por meio da edição de uma emenda constitucional.

– O Supremo Tribunal Federal tem entendido que, com a alteração do paradigma constitucional, após a propositura da ação direta de inconstitucionalidade, esta deverá ser extinta, sem resolução de mérito, por perda superveniente de seu objeto.

4.13 COISA JULGADA E A POSTERIOR DECISÃO EM SEDE DE CONTROLE DE CONSTITUCIONALIDADE

A Constituição da República, em seu artigo 5º, inciso XXXVI, declara que "a lei não prejudicará o direito adquirido, o ato jurídico perfeito e a coisa julgada". Temos, neste dispositivo constitucional, o *princípio da segurança jurídica*, consubstanciado na proteção, conferida pela Carta Magna, ao direito adquirido, ao ato jurídico perfeito e à coisa julgada. Como nos lembra Leo van Holthe[9], o princípio da segurança jurídica "representa uma garantia para o cidadão ao limitar a retroatividade das leis, impedindo que uma lei nova prejudique situações já consolidadas sob a vigência de uma lei anterior".

Os conceitos de direito adquirido, ato jurídico perfeito e coisa julgada não estão na Constituição. Quem os traz é a já citada Lei de Introdução às Normas do Direito Brasileir[10], nos parágrafos de seu artigo 6º. Nos termos daquele diploma legal, *coisa julgada* é a decisão judicial de que já não caiba recurso. Em outras palavras, é a decisão judicial (sentença ou acórdão) que se tornou imutável por não mais estar sujeita a qualquer recurso.

É importante esclarecer, por outro lado, que a coisa julgada pode se referir tanto à imutabilidade da decisão no âmbito exclusivo do processo em que foi produzida, como também à impossibilidade de que o mesmo pedido seja novamente apreciado pelo Poder Judiciário, em qualquer outro processo. No primeiro caso, temos a denominada *coisa julgada formal*; no segundo, a *coisa julgada material*.

Como nos ensina Marcus Vinícius Rios Gonçalves[11], "não há propriamente duas espécies de coisa julgada, como preconizam alguns". Trata-se, na realidade, de "um fenômeno único ao qual correspondem dois aspectos, um de cunho meramente processual, que se opera no mesmo processo no qual a sentença é proferida, e outro que se projeta para fora, tornando definitivos os efeitos da decisão", e impedindo "que a mesma pretensão seja rediscutida em juízo, em qualquer outro processo".

No Código de Processo Civil vigente, a coisa julgada foi tratada a partir de seu artigo 502. Nos expressos termos deste dispositivo legal, "denomina-se coisa julgada material a autoridade que torna imutável e indiscutível a decisão de mérito não mais sujeita a recurso". Já o artigo 508, do mesmo diploma legal, dispõe expressamente que, "transitada em julgado a decisão de mérito, considerar-se-ão deduzidas e repelidas todas as alegações e as defesas que a parte poderia opor tanto ao acolhimento quanto à rejeição do pedido".

Entendida a coisa julgada, a qual, como vimos, garante à parte que a decisão judicial que lhe foi favorável não será mais revertida, cabe uma indagação que interessa mais especificamente ao estudo que estamos realizando agora: e se existir uma decisão

---

9. *Op. cit.*, p. 444.
10. Decreto-lei 4.757/1942: "Art. 6º A lei em vigor terá efeito imediato e geral, respeitados o ato jurídico perfeito, direito adquirido e a coisa julgada. § 1º Reputa-se ato jurídico perfeito o já consumado segundo a lei vigente ao tempo em que se efetuou. § 2º Consideram-se adquiridos assim os direitos que o seu titular, ou alguém por ele, possa exercer, como aqueles cujo começo do exercício tenha termo prefixo, ou condição preestabelecida inalterável, a arbítrio de outrem. § 3º Chama-se coisa julgada ou caso julgado a decisão judicial de que já não caiba recurso".
11. *Novo curso de direito processual civil.* v. 2, 5. ed. Saraiva, 2009, p. 23.

proferida em sede de controle de constitucionalidade que contrarie aquela coisa julgada, por ter julgado inconstitucional a norma que fundamentou a decisão judicial transitada em julgado?

Decisões em sede de controle concentrado de constitucionalidade, como já sabemos, produzem eficácia *erga omnes* e efeitos *ex tunc* (retroativos). Neste caso, uma decisão desta espécie poderia ser invocada, em tese, por uma das partes do processo já transitado em julgado (no caso, o executado), para fazer prevalecer a eficácia *erga omnes* e afastar a coisa julgada, uma garantia com expressa previsão constitucional? A resposta é: depende dos momentos da produção da coisa julgada e da decisão proferida pelo Supremo Tribunal Federal, em sede de controle de constitucionalidade.

Com efeito, aquele contra quem foi produzida a coisa julgada (o título executivo judicial) poderá, com fundamento no artigo 525, § 1º, inciso III, do Código de Processo Civil, invocar *a inexequibilidade do título ou a inexigibilidade da obrigação*, sendo que o § 12, do mesmo artigo, dispõe que *"também se considera inexigível a obrigação reconhecida em título executivo judicial fundado em lei ou ato normativo considerado inconstitucional pelo Supremo Tribunal Federal, ou fundado em aplicação ou interpretação da lei ou do ato normativo tido pelo Supremo Tribunal Federal como incompatível com a Constituição Federal, em controle de constitucionalidade concentrado ou difuso*[12]*"*.

Como se vê, se o título executivo judicial (estabelecido pela coisa julgada material) estiver amparado em lei ou ato normativo declarado inconstitucional pelo Supremo Tribunal Federal, ou fundado em aplicação ou interpretação da lei ou do ato normativo tido, pela Corte Suprema, como incompatível com a Constituição Federal, em controle concentrado ou difuso de constitucionalidade, o executado poderá efetivamente valer-se da impugnação ao cumprimento de sentença (artigo 525, do Código de Processo Civil), para tentar afastar a coisa julgada que lhe foi desfavorável.

Mas atenção: ainda segundo o Código de Processo Civil (artigo 525, § 15), se a decisão proferida pelo Supremo Tribunal Federal, em sede de controle de constitucionalidade, for proferida *após o trânsito em julgado da decisão exequenda*, nesta hipótese não será possível valer-se da impugnação ao cumprimento de sentença para tentar afastar a incidência da coisa julgada. O executado deverá, neste caso, *propor ação rescisória para desconstituição do título executivo judicial*, ação cujo prazo será contado do trânsito em julgado da decisão proferida pela Corte Suprema, e não do trânsito em julgado do título executivo produzido pela coisa julgada.

---

12. A despeito de o § 12 falar também em controle difuso de constitucionalidade, defendemos que apenas as decisões proferidas em sede de controle concentrado de constitucionalidade é que podem ser usadas para afastar a coisa julgada, uma vez que são apenas estas que produzem eficácia *erga omnes* e efeitos vinculantes (artigo 102, § 2º, da Lei Maior). Defendemos que somente seria possível falar-se na utilização de decisões proferidas pelo Pretório Excelso, em controle difuso, caso o Senado Federal suspendesse a execução da norma, conforme previsão do artigo 52, inciso X, da Carta Magna. Contudo, como já visto, as normas infraconstitucionais que tratam do recurso extraordinário efetivamente preveem a produção de eficácia *erga omnes* nesta modalidade de controle, e, em termos práticos, a jurisprudência vem observando as normas infraconstitucionais, mesmo sem a necessária reforma do texto constitucional.

4.14 O *AMICUS CURIAE* NA AÇÃO DIRETA DE INCONSTITUCIONALIDADE GENÉRICA

O artigo 7º, da Lei 9.868/1999, proíbe expressamente a intervenção de terceiros na ação direta de inconstitucionalidade. Com efeito, em se tratando de um processo do tipo objetivo, em que não há discussão de interesses particulares, não há sentido em qualquer participação de terceiros, invocando eventual violação de direitos subjetivos de que seriam titulares.

O § 2º do mesmo artigo, contudo, permite que o ministro relator, considerando a relevância da matéria e a representatividade dos postulantes, admita, por despacho irrecorrível, a manifestação de outros órgãos ou entidades, no prazo de 30 (trinta) dias. Temos, nessa hipótese, a figura do denominado *amicus curiae*, ou *"amigo da corte"*.

Como nos lembra Leo van Holthe,[13] o *amicus curiae* não representa propriamente um terceiro interveniente que ingressa na ação direta de inconstitucionalidade para pleitear interesses específicos seus, mas sim um *auxiliar do juízo*, que pode fornecer aos ministros do Supremo Tribunal Federal conhecimentos necessários para o adequado julgamento da causa, notadamente nos processos que envolvam matérias técnicas específicas ou de alta relevância política.

A figura do *amicus curiae* agora também se encontra expressamente prevista no Código de Processo Civil, em seu artigo 138. Nos termos deste dispositivo legal, "o juiz ou o relator, considerando a relevância da matéria, a especificidade do tema objeto da demanda ou a repercussão social da controvérsia, poderá, por decisão irrecorrível, de ofício ou a requerimento das partes ou de quem pretenda manifestar-se, solicitar ou admitir a participação de pessoa natural ou jurídica, órgão ou entidade especializada, com representatividade adequada, no prazo de 15 (quinze) dias de sua intimação".

Em termos semelhantes ao disposto no Código de Processo Civil, o artigo 7º, § 2º, da Lei 9.868/1999, dispõe que a admissão do *amicus curiae, na ação direta de inconstitucionalidade genérica,* depende de aquiescência do ministro relator, que examinará a relevância da matéria e a representatividade dos postulantes. É imperioso ressaltar, contudo, que essa decisão do relator deverá ser referendada pelo Tribunal, que poderá afastar a intervenção do amigo da corte. Sobre o tema, leiam o acórdão da Ação Direta de Inconstitucionalidade 2.238-DF, Relator Ministro Ilmar Galvão, publicada no *DJ* de 9 de maio de 2002.

Como consequência disso, percebe-se facilmente que não há um direito subjetivo a ser admitido como *amicus curiae*, devendo o postulante demonstrar, de maneira induvidosa, não só sua representatividade adequada, como também a relevância da matéria a ser discutida, além, naturalmente, de que ingressará no feito *para auxiliar o juízo na perfeita compreensão da matéria submetida a julgamento, e não para defender interesses subjetivos próprios*[14]. Segundo a Corte Suprema, pessoas físicas não podem atuar como *amicus curiae* em ações de controle concentrado de constitucionalidade. Sobre o tema, vide Agravo Regimental em Ação Direta de Inconstitucionalidade 3396, relator ministro Celso de Mello, julgado em 6.8.2020).

---

13. *Direito constitucional*. 6. ed. Jus Podivm, 2010, p. 190.
14. Costuma-se dizer que, para atuar como *amicus curiae*, ao invés de possuir o costumeiro **interesse processual**, o requerente deverá demonstrar que possui *"**interesse institucional**"*.

Ainda graças à leitura daquele artigo 7º, § 2º, da Lei 9.868/1999, percebe-se que *a decisão interlocutória que permitir ou recusar o ingresso de amicus curiae é irrecorrível*, não sendo possível, portanto, a interposição de agravo. Busca-se, com tal medida, evitar que um instituto que visa justamente a auxiliar no julgamento do feito acabe por resultar no efeito contrário, qual seja, o tumulto processual. Segundo o entendimento da Corte, a intervenção do *amicus curiae* somente pode ser solicitada até a data em que o ministro relator liberar o processo para pauta de julgamento. Sobre o assunto, sugere-se a leitura do Agravo Regimental em Ação Direta de Inconstitucionalidade por Omissão 70, relator ministro Dias Toffoli, j. 04.07.2022, processo eletrônico DJe-155, pub. 05.8.2022).

Segundo o entendimento da Corte, a intervenção do *amicus curiae* somente pode ser solicitada até a data em que o ministro relator liberar o processo para pauta de julgamento[15]. Ademais, a atuação do amigo da corte (*amicus curiae*) não se restringe à prestação de informações ou oferecimento de memoriais, podendo atuar no feito de maneira plena, inclusive com a oportunidade de sustentação oral, na sessão de julgamento. Como regra, o amigo da corte tem 15 (quinze) minutos para sua sustentação oral. Caso haja pluralidade de *amici curiae*, o prazo deverá ser contado em dobro (trinta minutos) e então dividido entre eles[16].

Para encerrar essa breve exposição sobre a figura do *amicus curiae* na ação direta de inconstitucionalidade genérica, gostaríamos de lembrar ao leitor que, por força da constante e crescente aproximação que se nota, atualmente, entre as modalidades de controle concentrado e difuso de constitucionalidade, o Código de Processo Civil também prevê a possibilidade de participação do amigo da corte no controle difuso de constitucionalidade perante os tribunais de segundo grau, conforme expressa previsão do artigo 949, § 3º, daquele diploma legal[17].

AMICUS CURIAE NA AÇÃO DIRETA DE INCONSTITUCIONALIDADE

– O *amicus curiae* não é um terceiro interveniente que ingressa na ação para pleitear interesses específicos seus, mas sim um *auxiliar do juízo*, que pode fornecer aos ministros conhecimentos necessários para o adequado julgamento da causa, notadamente nos processos que envolvam matérias técnicas específicas ou de alta relevância política.

– A admissão do *amicus curiae*, na ação direta de inconstitucionalidade genérica, depende de aquiescência do ministro relator, que examinará a relevância da matéria e a representatividade dos postulantes. Referida decisão é irrecorrível.

– A atuação do amigo da corte não se restringe à prestação de informações ou oferecimento de memoriais, podendo atuar no feito de maneira plena, inclusive com a oportunidade de sustentação oral, na sessão de julgamento.

---

15. Vide Medida Cautelar em Ação Direta de Inconstitucionalidade 5104 MC/DF, relator ministro Roberto Barroso, julgado em 21.5.2014.
16. Vide Recurso Extraordinário 612043, relator ministro Marco Aurélio, julgado em 10.05.2017, processo eletrônico DJe-229, publicado em 06.10.2017.
17. Código de Processo Civil, artigo 949, § 3º: "Considerando a relevância da matéria e a representatividade dos postulantes, o relator poderá admitir, por despacho irrecorrível, a manifestação de outros órgãos ou entidades".

4 • CONTROLE CONCENTRADO E AS AÇÕES REGULAMENTADAS PELA LEI 9.868/1999 | 121

4.15 PRINCIPAIS REGRAS PROCEDIMENTAIS SOBRE A AÇÃO DIRETA DE INCONSTITUCIONALIDADE GENÉRICA

Nos termos do artigo 3º, da Lei 9.868, de 10 de novembro de 1999, a petição inicial indicará: o dispositivo da lei ou do ato normativo impugnado e os fundamentos jurídicos do pedido em relação a cada uma das impugnações; e o pedido, com suas especificações. Por se tratar de uma ação de natureza objetiva, em que não há interesses subjetivos em jogo, *não há pedido de citação de réus nessa ação*.

A petição inicial, acompanhada de instrumento de mandato (procuração), quando subscrita por advogado, será apresentada em 2 (duas) vias, devendo conter cópia da lei ou do ato normativo impugnado e dos documentos necessários para comprovar a impugnação (artigo 3º, parágrafo único, da Lei). Particularmente no que se refere à assinatura da petição inicial por advogado, é imperioso esclarecer que somente as petições formuladas por partidos políticos com representação no Congresso Nacional, bem como por confederações sindicais ou entidades de classe de âmbito nacional, é que necessitam de patrocínio por causídico.

Os demais legitimados da ação direta de inconstitucionalidade genérica, constantes do artigo 103, da Carta Magna (presidente da República, Mesa do Senado Federal, Mesa da Câmara dos Deputados, Mesa de Assembleia Legislativa ou da Câmara Legislativa do Distrito Federal, governador de Estado ou do Distrito Federal, procurador-geral da República e Conselho Federal da Ordem dos Advogados do Brasil), podem propor referida ação, além de praticar todos os demais atos que exigem capacidade postulatória, *independentemente do patrocínio de advogado*. Sobre esse tema, sugerimos a leitura do acórdão prolatado na Ação Direta de Inconstitucionalidade 127-2/AL, Relator Ministro Celso de Mello, j. 20.11.1989, DJ 04.12.1992.

O artigo 4º da Lei 9.868/1999, ao seu turno, determina que a petição inicial inepta, não fundamentada, bem como a que for manifestamente improcedente, seja liminarmente indeferida pelo ministro relator da ação direta de inconstitucionalidade. Nos termos do parágrafo único do dispositivo legal em comento, *da decisão que indeferir a petição inicial caberá agravo interno*[18]. Vale aqui a regra geral do Código de Processo Civil, cujo prazo de interposição é de 15 (quinze) dias[19].

Nos termos do artigo 5º da lei, *não é possível a desistência da ação direta de inconstitucionalidade, após a sua propositura*. O artigo 6º e seu parágrafo único, por sua vez, dispõe que o relator pedirá informações aos órgãos ou às autoridades das quais emanou a lei ou o ato normativo impugnado, as quais serão prestadas no prazo de 30 (trinta) dias, contados do recebimento do pedido.

Conforme artigo 8º, da Lei 9.868/1999, o advogado-geral da União deverá manifestar-se, no prazo de 15 (quinze) dias[20], logo após o prazo concedido para prestação de

---

18. Código de Processo Civil, artigo 1.021: "Contra decisão proferida pelo relator caberá agravo interno para o respectivo órgão colegiado, observadas, quanto ao processamento, as regras do regimento interno do tribunal".
19. Código de Processo Civil, artigo 1.003, § 5º: "Excetuados os embargos de declaração, o prazo para interpor os recursos e para responder-lhes é de 15 (quinze) dias".
20. Não se aplica o benefício da contagem em dobro para os membros da Advocacia Pública quando a lei estabelecer, de forma expressa, prazo próprio para a realização do ato (Código de Processo Civil, artigo 183, § 2º).

informações, pelos órgãos ou autoridades que editaram a lei ou ato normativo impugnado. O advogado-geral da União não poderá manifestar-se contra a constitucionalidade da lei, uma vez que *a Constituição apenas lhe permite defender o ato impugnado*, conforme disposição expressa do artigo 103, § 3º, da Carta Magna.

De acordo com a norma inserida no artigo 103, § 1º, da Constituição Federal de 1988, o procurador-geral da República deverá ser previamente ouvido nas ações de inconstitucionalidade e em todos os processos de competência do Supremo Tribunal Federal. E, no caso da ação direta de inconstitucionalidade, deverá ser ouvido logo após o advogado-geral da União, também no prazo (sucessivo) de 15 (quinze) dias[21], conforme regra expressa do supramencionado artigo 8º, da Lei 9.868/1999.

Tendo em vista que o Supremo Tribunal Federal não está adstrito aos fundamentos invocados na ação direta de inconstitucionalidade genérica, não ficando, portanto, limitado pela causa de pedir, *não poderá haver a propositura de nova ação direta de inconstitucionalidade, com o mesmo objeto e novos fundamentos.*

Ademais, conforme norma expressa constante do artigo 26, da Lei 9.868/1999, a decisão que declara a constitucionalidade ou a inconstitucionalidade da lei ou do ato normativo em ação direta ou em ação declaratória *é irrecorrível, ressalvada a interposição de embargos declaratórios, não podendo, igualmente, ser objeto de ação rescisória.*

É possível a utilização de reclamação, junto ao Supremo Tribunal Federal, para garantia do cumprimento das decisões da Corte Suprema, proferidas em sede de controle concentrado de constitucionalidade, o que inclui, naturalmente, a ação direta de inconstitucionalidade. O instituto da reclamação, é importante ressaltar, encontra-se atualmente regulamentado pelo Código de Processo Civil[22], a partir de seu artigo 988.

Nos expressos termos do artigo 988, § 2º, daquela lei processual civil, a reclamação deverá ser instruída com prova documental da alegada ofensa à decisão do Pretório Excelso, proferida em sede de ação direta de inconstitucionalidade genérica, e dirigida ao presidente do Supremo Tribunal Federal, que a distribuirá ao ministro relator do processo principal, sempre que possível.

Ao despachar a reclamação, o ministro relator: (a) requisitará informações da autoridade a quem for imputada a prática do ato impugnado (que desrespeitou a decisão proferida pelo Pretório Excelso, em sede de controle concentrado de constitucionalidade), que as prestará no prazo de 10 (dez) dias; (b) se necessário, ordenará a suspensão do processo ou do ato impugnado para evitar dano irreparável; e (c) determinará a citação do beneficiário da decisão impugnada, que terá prazo de 15 (quinze) dias para apresentar a sua contestação.

Qualquer interessado poderá impugnar o pedido do reclamante. Na reclamação que não houver formulado, o Ministério Público terá vista do processo por 5 (cinco) dias, após

---

21. Não se aplica o benefício da contagem em dobro para o Ministério Público quando a lei estabelecer, de forma expressa, prazo próprio para a realização do ato (Código de Processo Civil, artigo 180, § 2º).

22. Código de Processo Civil, artigo 988: "Caberá reclamação da parte interessada ou do Ministério Público para: I – preservar a competência do tribunal; II – garantir a autoridade das decisões do tribunal; III – *garantir a observância de decisão do Supremo Tribunal Federal em controle concentrado de constitucionalidade*; IV – garantir a observância de enunciado de súmula vinculante e de precedente proferido em julgamento de casos repetitivos ou em incidente de assunção de competência". (grifou-se).

4 • CONTROLE CONCENTRADO E AS AÇÕES REGULAMENTADAS PELA LEI 9.868/1999

o decurso do prazo para informações e para o oferecimento da contestação pelo beneficiário do ato impugnado. Julgando procedente a reclamação, o Supremo Tribunal Federal cassará a decisão exorbitante de seu julgado ou determinará medida adequada à solução da controvérsia.

É importante esclarecer, para encerrarmos o tema da reclamação, que o Código de Processo Civil torna expresso o que antes era apenas uma construção jurisprudencial[23]. Com efeito, referido diploma legal agora torna clara e inequívoca a inadmissibilidade de propositura de reclamação após o trânsito em julgada da decisão que contrariou a decisão do Pretório Excelso, proferida em sede de controle concentrado de constitucionalidade (artigo 988, § 5º). Neste caso, deverá propor ação rescisória do julgado em que houve o desrespeito à decisão do Pretório Excelso.

4.16 AÇÃO DECLARATÓRIA DE CONSTITUCIONALIDADE (ADC OU ADECON)

A *ação declaratória de constitucionalidade* (ADC) não foi instituída pelo constituinte originário, mas sim pelo derivado, por meio da Emenda Constitucional 3/1993, a qual, modificando a redação original do artigo 102, inciso I, alínea *a*, da Carta Magna, acrescentou a esse dispositivo, em sua parte final, a competência originária do Supremo Tribunal Federal para processar e julgar "a ação declaratória de constitucionalidade de lei ou ato normativo federal".

Como já mencionamos, a ação declaratória de constitucionalidade, da mesma forma que a ação direta de inconstitucionalidade genérica, foi regulamentada pela Lei 9.868, de 10 de novembro de 1999. Nos termos do já mencionado artigo 102, inciso I, alínea *a*, parte final, da Constituição Federal, a ação declaratória de constitucionalidade *será cabível apenas para análise da constitucionalidade de lei ou ato normativo federal, e nunca de normas estaduais ou municipais.*

Contudo, é importante ressaltar que, mesmo em se tratando de norma federal, caso tenha sido *editada anteriormente à Carta Magna*, não será cabível a propositura de ação declaratória de constitucionalidade. Neste caso, como já mencionamos anteriormente, somente poderá ser utilizada a chamada *arguição de descumprimento de preceito fundamental por equiparação.*

Do mesmo modo não são submetidas à ação declaratória de constitucionalidade as chamadas *normas secundárias*. De fato, para que seja possível tal controle, já mencionamos, é preciso que a norma seja dotada de autonomia, que se trate de uma *norma primária*. Portanto, mesmo que federais, as normas subordinadas a outras normas infraconstitucionais não podem ser submetidas a controle por meio desta ação constitucional.

Conforme artigo 102, § 2º, da Lei Maior, as decisões definitivas de mérito, proferidas pelo Supremo Tribunal Federal, nas ações declaratórias de constitucionalidade (e agora também nas ações diretas de inconstitucionalidade), produzirão *eficácia contra todos (erga*

---

23. Súmula 734, do Supremo Tribunal Federal: "Não cabe reclamação quando já houver transitado em julgado o ato judicial que se alega tenha desrespeitado decisão do Supremo Tribunal Federal".

omnes) e efeito vinculante, relativamente aos demais órgãos do Poder Judiciário e à Administração Pública direta e indireta, nas esferas federal, estadual e municipal.

Como se vê, referida ação (já reconhecida sua constitucionalidade pelo próprio Supremo Tribunal Federal) tem por finalidade trazer maior segurança jurídica, evitando que os órgãos do Poder Judiciário e do Poder Executivo deixem de conceder efetividade a uma norma expressamente declarada constitucional, pela Corte Suprema, graças ao denominado *efeito vinculante*, que é peculiar à decisão proferida naquela ação[24].

No início, muitos consideravam que a ação declaratória de constitucionalidade era potencialmente inconstitucional, não só porque supostamente tornava o Supremo Tribunal Federal um mero órgão de consulta, como também porque não permitia o contraditório, além de instituir uma hierarquia no âmbito do Poder Judiciário (em razão de seu efeito vinculante).

Outros, contudo, defendiam-na com veemência, por considerarem a ação declaratória de constitucionalidade um inequívoco mecanismo de aperfeiçoamento do controle de constitucionalidade brasileiro. Esta, aliás, foi a conclusão a que chegou o próprio Supremo Tribunal Federal, ao examinar a constitucionalidade dessa nova modalidade de controle concentrado, instituída por emenda constitucional.

Com efeito, segundo a Corte Suprema do Brasil, a ação declaratória de constitucionalidade não transforma o Supremo Tribunal Federal, como diziam alguns, em simples órgão de consulta, ante a necessidade de demonstração, para admissão da ação, de *controvérsia judicial relevante*, ou seja, de diversas ações nas quais a constitucionalidade da norma seja objeto de julgamento, por meio de controle incidental, pelo Poder Judiciário.

Asseverou o Supremo Tribunal Federal, ademais, que não haveria quebra do princípio do contraditório, uma vez que o autor é obrigado a juntar, com a petição inicial da ação declaratória de constitucionalidade, cópias de diversas outras demandas, em que são apresentados fundamentos contrários àqueles defendidos na ação declaratória, ou seja, que propugnem pela inconstitucionalidade da norma.

Por fim, ponderou que tal ação não implicaria criação de hierarquia no Poder Judiciário, porque haveria cisão de competência, passando o Supremo Tribunal Federal a ser o órgão competente para apreciar a questão da constitucionalidade da lei, e apenas esta, relativamente a todos os processos em andamento em que referida questão necessitava ser enfrentada.

É por essa razão, aliás, que Ricardo Cunha Chimenti, Fernando Capez, Márcio F. Elias Rosa e Marisa F. Santos[25] nos lembram que, muitas vezes, a ação declaratória de constitucionalidade é comparada a uma *avocatória parcial*, uma vez que, "ao decidir o pedido o C. Supremo Tribunal Federal chama para si o julgamento da matéria constitucional (e não de todo o processo), em debate perante qualquer juiz ou tribunal, e profere decisão vinculante quanto ao tema constitucional".

---

24. Na excelente lição de Pedro Lenza, a ação declaratória de constitucionalidade tem por função "transformar uma presunção **relativa** de constitucionalidade em **absoluta** (*jure et de jure*), não mais se admitindo prova em contrário. *In Direito constitucional esquematizado*. Saraiva, 25ª edição, pág. 416

25. *Op. cit.*, p. 446.

4 • CONTROLE CONCENTRADO E AS AÇÕES REGULAMENTADAS PELA LEI 9.868/1999 | 125

Deve-se mencionar, contudo, que a decisão do Supremo Tribunal Federal, relativa a uma ação declaratória de constitucionalidade, *não pode, de maneira alguma, modificar decisão de outro processo, já transitado em julgado, e no qual a constitucionalidade da norma também foi discutida*. Nesse caso, para afastar a decisão que julgou a norma inconstitucional, deverá ser proposta ação rescisória, em razão da soberania da coisa julgada material.

AÇÃO DECLARATÓRIA DE CONSTITUCIONALIDADE (ADC)

– Foi instituída pelo constituinte derivado, através da edição da Emenda Constitucional 3/1993, e posteriormente regulamentada pela Lei 9.868, de 10 de novembro de 1999.

– Será cabível apenas para análise da constitucionalidade de *lei ou ato normativo federal*, e nunca de normas estaduais ou municipais.

– Produz eficácia contra todos e efeito vinculante, relativamente aos demais órgãos do Poder Judiciário e à Administração Pública direta e indireta, nas esferas federal, estadual e municipal.

4.17 LEGITIMADOS PARA A AÇÃO DECLARATÓRIA DE CONSTITUCIONALIDADE

Antes do advento da Emenda Constitucional 45/2004, eram apenas 4 (quatro) os legitimados da ação declaratória de constitucionalidade: o presidente da República, as Mesas da Câmara dos Deputados e do Senado Federal e, por fim, o procurador-geral da República, conforme dispunha o revogado § 4º da Carta Magna de 1988. Agora, com a nova redação do artigo 103, *caput*, da Constituição Federal, os legitimados para referida ação passaram a ser *os mesmos da ação direta de inconstitucionalidade genérica*.

São legitimados para a ação declaratória de constitucionalidade, portanto, o presidente da República, as Mesas da Câmara dos Deputados e do Senado Federal, as Mesas das Assembleias Legislativas dos Estados ou da Câmara Legislativa do Distrito Federal, o governador de Estado ou do Distrito Federal, o procurador-geral da República, o Conselho Federal da Ordem dos Advogados do Brasil, partido político com representação no Congresso Nacional e confederação sindical ou entidade de classe de âmbito nacional.

Valem, em relação aos legitimados para a ação declaratória de constitucionalidade, as mesmas ponderações formuladas, quando estudamos a ação direta de inconstitucionalidade genérica. Alguns deles têm *legitimidade ou legitimação universal*, e outros apenas a chamada *legitimidade ou legitimação especial*. Dentre os primeiros, temos o presidente da República, as Mesas da Câmara dos Deputados e do Senado Federal, o procurador-geral da República, o Conselho Federal da Ordem dos Advogados do Brasil (OAB) e os partidos políticos com representação no Congresso Nacional.

Por sua vez, têm legitimidade especial, também chamada de *legitimação temática*, as demais entidades previstas no artigo 103, da Constituição Federal, a saber: Mesas das Assembleias Legislativas dos Estados ou da Câmara Legislativa do Distrito Federal, governador de Estado ou do Distrito Federal e confederação sindical ou entidades de classe de âmbito nacional.

126 DIREITO PROCESSUAL CONSTITUCIONAL • Paulo Roberto de Figueiredo Dantas

Como mencionamos, os legitimados universais têm *interesse de agir presumido*, uma vez que possuem, dentre suas atribuições, o dever de defesa da ordem constitucional. Podem, portanto, propor ação declaratória de constitucionalidade sobre qualquer matéria. Já os legitimados especiais necessitam demonstrar *pertinência temática*, também denominada *representatividade adequada*.

Por pertinência temática ou representatividade adequada, nunca é demais repetir, devemos entender a necessidade de demonstração, por parte dos legitimados especiais, de que o tema por eles deduzido em juízo guarda direta relação com os seus objetivos institucionais. É o caso, por exemplo, do governador de Estado, que somente poderá propor ação declaratória de constitucionalidade quando pretender ver declarada, pelo Pretório Excelso, a constitucionalidade de norma federal que produza efeitos relativamente ao seu próprio Estado.

Para maiores informações sobre cada um dos legitimados da ação declaratória de constitucionalidade, remetemos o estimado leitor à seção 5.33, quando tratamos mais detidamente sobre o tema, ao estudarmos a ação direta de inconstitucionalidade genérica.

LEGITIMIDADOS PARA A AÇÃO DECLARATÓRIA DE CONSTITUCIONALIDADE

– **Legitimados universais**: presidente da República, Mesa da Câmara, Mesa do Senado Federal, procurador-geral da República, Conselho Federal da OAB e partidos políticos com representação no Congresso Nacional.

– **Legitimados especiais ou temáticos**: Mesa de Assembleia Legislativa ou da Câmara Legislativa do Distrito Federal, governador de Estado ou do Distrito Federal e confederação sindical ou entidade de classe de âmbito nacional.

4.18 CONCESSÃO DE MEDIDA CAUTELAR EM AÇÃO DECLARATÓRIA DE CONSTITUCIONALIDADE

Nos termos do artigo 21, da Lei 9.868/1999, é possível a concessão de medida cautelar, pela *maioria absoluta dos membros do Supremo Tribunal Federal* (pelo menos seis ministros), consistente na determinação de que os juízes e os tribunais suspendam o julgamento (e apenas este) dos processos que envolvam a aplicação da lei ou do ato normativo, até julgamento definitivo da ação declaratória de constitucionalidade.

O parágrafo único do supracitado artigo 21, da Lei 9.868/1999, por sua vez, dispõe que a suspensão do julgamento dos processos que envolvam a aplicação da norma federal, em decorrência da concessão da medida cautelar, perdurará por apenas 180 (cento e oitenta) dias, prazo que o Supremo Tribunal Federal tem para julgamento da ação declaratória de constitucionalidade, *sob pena de perda da eficácia da liminar*.

Muito embora não explicitado pela lei, como se dá com a ação direta de inconstitucionalidade (artigo 11, § 1º), a jurisprudência do Supremo Tribunal Federal já decidiu que a concessão de medida cautelar em ação declaratória de constitucionalidade, de maneira semelhante ao que ocorre na ação direta de inconstitucionalidade, *tem eficácia erga omnes e efeitos vinculantes, além de efeitos ex nunc (não retroativos).*

Esse entendimento, aliás, restou pacificado no julgamento da Ação Declaratória de Constitucionalidade 4, que fundamentou a possibilidade de concessão de eficácia *erga omnes* e efeitos vinculantes no poder geral de cautela do Poder Judiciário, asseverando, inclusive, sobre a possibilidade de utilização de reclamação, nos termos do artigo 102, inciso I, alínea *l*, da Carta Magna, para garantia da autoridade das decisões do Pretório Excelso.

MEDIDA CAUTELAR EM AÇÃO DECLARATÓRIA DE CONSTITUCIONALIDADE

– É possível a concessão de medida cautelar, pela maioria absoluta dos membros do Supremo Tribunal Federal, consistente na determinação de que os juízes e os tribunais suspendam o julgamento (e apenas este) dos processos que envolvam a aplicação da lei ou do ato normativo, até julgamento definitivo da ação.

– A suspensão do julgamento dos processos que envolvam a aplicação da norma federal, em decorrência da concessão da medida cautelar, perdurará por apenas 180 dias, prazo que a Corte Suprema tem para julgamento da Ação Declaratória de Constitucionalidade (ADC), sob pena de perda da eficácia da liminar.

– A jurisprudência do Pretório Excelso já decidiu que a concessão de medida cautelar em ADC, de maneira semelhante ao que ocorre na ação direta de inconstitucionalidade, tem eficácia *erga omnes* e efeitos vinculantes, além de efeitos *ex nunc* (não retroativos).

4.19 O *AMICUS CURIAE* NA AÇÃO DECLARATÓRIA DE CONSTITUCIONALIDADE

Ao estudarmos a ação direta de inconstitucionalidade genérica, vimos que o artigo 7º, § 2º, da Lei 9.868/1999, prevê a possibilidade de o Supremo Tribunal Federal, através do ministro relator, admitir, por meio de despacho irrecorrível, a manifestação do chamado *amicus curiae*, levando em conta a relevância da matéria e a representatividade do postulante.

Vimos, naquela oportunidade, que o *amicus curiae*, ou "amigo da corte", é um *auxiliar do juízo*, um *colaborador informal* que pode fornecer aos ministros do Pretório Excelso os conhecimentos necessários para o adequado julgamento da causa, notadamente nos processos que envolvam matérias técnicas específicas ou de alta relevância política.

No caso específico da ação declaratória de constitucionalidade, entretanto, não há regra semelhante, sendo certo, aliás, que o dispositivo legal que o previa expressamente (artigo 18, § 2º) *foi objeto de veto presidencial.* Daí ser inevitável a indagação: é possível a figura do *amicus curiae* na ação declaratória de constitucionalidade, através da aplicação analógica do artigo 7º, § 2º, da Lei 9.868/1999?

Nos termos do artigo 24 da Lei 9.868/1999, "proclamada a constitucionalidade, julgar--se-á improcedente a ação direta ou procedente eventual ação declaratória; e, proclamada a inconstitucionalidade, julgar-se-á procedente a ação direta ou improcedente eventual ação declaratória".

Referido dispositivo legal explicita, de maneira induvidosa, o chamado *caráter dúplice ou ambivalente* da ação declaratória de constitucionalidade e da ação direta de inconstitucionalidade, que seriam ações com fins semelhantes, apenas com sinais trocados: a improcedência da ação direta de inconstitucionalidade corresponde à procedência da ação declaratória de constitucionalidade; a improcedência desta, à procedência daquela.

Dessa forma, parece-nos perfeitamente possível falar-se em utilização da figura do *amicus curiae* na ação declaratória de constitucionalidade, mesmo que não haja dispositivo expresso a esse respeito, utilizando-se, para tanto, por analogia, do artigo 7º, § 2º, da Lei 9.868/1999, que confere tal possibilidade na ação direta de inconstitucionalidade.

Esse entendimento, aliás, ficou evidenciado nas próprias razões de veto do artigo 18, § 2º, da lei em comento (Mensagem 1.674/1999), quando ficou consignado que "resta assegurada, todavia, a possibilidade de o Supremo Tribunal Federal, por meio de interpretação sistemática, admitir no processo da ação declaratória a abertura processual prevista para a ação direta no § 2º do art. 7º".

Demais disso, como vimos ao estudar a ação direta de inconstitucionalidade genérica, a figura do *amicus curiae* agora também se encontra expressamente prevista no artigo 138, do Código de Processo Civil[26]. Portanto, seja pela aplicação analógica do supramencionado artigo 7º, § 2º, da Lei 9.868/1999, seja pela aplicação direta do Código de Processo Civil ao caso, parece-nos induvidosa a possibilidade de o ministro relator permitir a participação de auxiliares do juízo na ação declaratória de constitucionalidade.

Assim, também na ação declaratória de constitucionalidade, a admissão do *amicus curiae* depende de aquiescência do ministro relator, que examinará a *relevância da matéria* e a *representatividade dos postulantes*. Não há um direito subjetivo a ser admitido como *amicus curiae*, devendo o postulante demonstrar, de maneira induvidosa, não só sua representatividade adequada, como também a relevância da matéria a ser discutida, além, naturalmente, de que ingressará no feito *para auxiliar o juízo na perfeita compreensão da matéria submetida a julgamento, e não para defender interesses subjetivos próprios*. Pessoas físicas não são admitidas a atuar como *amicus curiae*.

Ainda graças à aplicação analógica daquele artigo 7º, § 2º, da Lei 9.868/1999, percebe-se que, igualmente nesta ação, *a decisão que permitir ou recusar o ingresso de* amicus curiae *é irrecorrível*, não sendo possível, portanto, a interposição de agravo interno ou regimental. Busca-se, aqui também, evitar que um instituto que visa justamente a auxiliar no julgamento do feito acabe por resultar no efeito contrário, qual seja, o tumulto processual.

Segundo o entendimento da Corte, a intervenção do *amicus curiae* somente pode ser solicitada até a data em que o ministro relator liberar o processo para pauta de julgamento. Ademais, a atuação do amigo da corte (*amicus curiae*) não se restringe à prestação de informações ou oferecimento de memoriais, podendo atuar no feito de maneira plena, inclusive com a oportunidade de sustentação oral, na sessão de julgamento.

---

26. Código de Processo Civil, artigo 138: "O juiz ou o relator, considerando a relevância da matéria, a especificidade do tema objeto da demanda ou a repercussão social da controvérsia, poderá, por decisão irrecorrível, de ofício ou a requerimento das partes ou de quem pretenda manifestar-se, solicitar ou admitir a participação de pessoa natural ou jurídica, órgão ou entidade especializada, com representatividade adequada, no prazo de 15 (quinze) dias de sua intimação".

4 • CONTROLE CONCENTRADO E AS AÇÕES REGULAMENTADAS PELA LEI 9.868/1999 | 129

4.20 PRINCIPAIS REGRAS PROCEDIMENTAIS SOBRE A AÇÃO DECLARATÓRIA DE CONSTITUCIONALIDADE

Nos termos do artigo 14, da Lei 9.868/1999, a petição inicial da ação declaratória de constitucionalidade deverá indicar: o dispositivo da lei ou do ato normativo questionado e os fundamentos jurídicos do pedido; o pedido, com suas especificações; e a existência de controvérsia judicial relevante sobre a aplicação da disposição objeto da ação declaratória. Da mesma forma que se dá com a ação direta de inconstitucionalidade genérica, por se tratar de uma ação de natureza objetiva, em que não há interesses subjetivos em jogo, *não há pedido de citação de réus nesta ação.*

A petição inicial, acompanhada de instrumento de mandato (procuração), quando subscrita por advogado, será apresentada em 2 (duas) vias, devendo conter cópia da lei ou do ato normativo impugnado e dos documentos necessários para comprovar a impugnação (artigo 14, parágrafo único, da Lei 9.868/1999).

Particularmente no que se refere à assinatura da petição inicial por advogado, valem as mesmas ponderações formuladas quando do estudo da ação direta de inconstitucionalidade genérica (ADI): somente as petições iniciais elaboradas *por partidos políticos com representação no Congresso Nacional e pelas confederações sindicais ou entidades de classe de âmbito nacional é que necessitam de patrocínio por advogado.*

Os demais legitimados da ação direta de inconstitucionalidade genérica, constantes do artigo 103, da Carta Magna (presidente da República, Mesa do Senado Federal, Mesa da Câmara dos Deputados, Mesa de Assembleia Legislativa ou da Câmara Legislativa do Distrito Federal, governador de Estado ou do Distrito Federal, procurador-geral da República e Conselho Federal da Ordem dos Advogados do Brasil), podem propor referida ação, bem como praticar todos os demais atos que exigem capacidade postulatória, independentemente do patrocínio por advogado.

O artigo 15 da Lei 9.868/1999 determina que a petição inicial inepta, não fundamentada, bem como a que for manifestamente improcedente, seja liminarmente indeferida pelo ministro relator da ação declaratória de constitucionalidade. Nos termos do parágrafo único do dispositivo legal em comento, da decisão que indeferir a petição inicial caberá *agravo interno*[27].

Da mesma forma que se dá com a ação direta de inconstitucionalidade genérica, após a propositura da ação declaratória de constitucionalidade, não será mais possível sua desistência (artigo 16 da Lei 9.868/1999), nem qualquer espécie de intervenção de terceiros (artigo 18, do mesmo diploma legal). Vale lembrar, nesta oportunidade, que o *amicus curiae* não é um terceiro interessado, mas sim um auxiliar do juízo, um colaborador informal, não se tratando, portanto, de hipótese de intervenção de terceiros.

O procurador-geral da República será sempre ouvido, mesmo naquelas ações que não propôs, tudo em consonância com o que determina o artigo 103, § 1º, da Constituição Federal de 1988, bem como o artigo 19 da Lei 9.868/1999, que confere àquele um prazo

---

27. Código de Processo Civil, artigo 1.021: "Contra decisão proferida pelo relator caberá agravo interno para o respectivo órgão colegiado, observadas, quanto ao processamento, as regras do regimento interno do tribunal".

de 15 (quinze) dias para se manifestar. Referido prazo, a toda evidência, não poderá ser contado em dobro, como prevê o artigo 180, do Código de Processo Civil, por se tratar de prazo próprio[28].

Nessa espécie de ação, *o advogado-geral da União não precisa ser ouvido*, uma vez que, nos termos do artigo 103, § 5°, da Carta Magna, àquele somente foi conferida a função de curador da norma atacada, o que não ocorre na ação declaratória de constitucionalidade, que tem por objeto justamente obter uma declaração expressa, por parte do Pretório Excelso, de que a lei ou ato normativo está em consonância com a Lei Maior.

De forma semelhante ao que ocorre com a ação direta de inconstitucionalidade genérica, *não poderá haver a propositura de nova ação declaratória de constitucionalidade sobre o tema, com novos fundamentos*. Com efeito, não estando a Corte Suprema limitada aos fundamentos invocados na ação, podendo valer-se até mesmo de outros, não invocados pelo autor da ação, não há razão para o Supremo ser novamente provocado sobre o mesmo tema, cujo exame da matéria foi esgotado no julgamento do caso.

A decisão que declara a constitucionalidade da lei ou do ato normativo ação declaratória de constitucionalidade *é irrecorrível, ressalvada a interposição de embargos declaratórios, não podendo, igualmente, ser objeto de ação rescisória* (Lei 9.868/1999, artigo 26).

Também de forma semelhante ao que vimos ao estudar a ação direta de inconstitucionalidade genérica, é possível a utilização de reclamação, junto ao Supremo Tribunal Federal, para garantia do cumprimento das decisões da Corte Suprema, proferidas em sede de ação declaratória de constitucionalidade, tudo conforme previsto no Código de Processo Civil, a partir de seu artigo 988.

Ao despachar a reclamação, o ministro relator: (a) requisitará informações da autoridade a quem for imputada a prática do ato impugnado (que desrespeitou a decisão proferida pelo Pretório Excelso, em sede de controle concentrado de constitucionalidade), que as prestará no prazo de 10 (dez) dias; (b) se necessário, ordenará a suspensão do processo ou do ato impugnado para evitar dano irreparável; e (c) determinará a citação do beneficiário da decisão impugnada, que terá prazo de 15 (quinze) dias para apresentar a sua contestação.

Qualquer interessado poderá impugnar o pedido do reclamante. Na reclamação que não houver formulado, o Ministério Público terá vista do processo por 5 (cinco) dias, após o decurso do prazo para informações e para o oferecimento da contestação pelo beneficiário do ato impugnado. Julgando procedente a reclamação, o Supremo Tribunal Federal cassará a decisão exorbitante de seu julgado ou determinará medida adequada à solução da controvérsia.

Não podemos olvidar, por fim, que o Código de Processo Civil agora torna inequívoca *a inadmissibilidade de propositura de reclamação após o trânsito em julgada da decisão que contrariou a decisão do Pretório Excelso*, proferida em sede de controle concentrado de constitucionalidade (artigo 988, § 5°). Neste caso, deverá propor ação rescisória do julgado em que houve o desrespeito à decisão do Pretório Excelso.

---

28. Código de Processo Civil, artigo 180, § 2°: "Não se aplica o benefício da contagem em dobro quando a lei estabelecer, de forma expressa, prazo próprio para o Ministério Público".

4.21 AÇÃO DIRETA DE INCONSTITUCIONALIDADE POR OMISSÃO

A *ação direta de inconstitucionalidade por omissão* é uma novidade instituída pela Constituição de 1988, com franca inspiração no artigo 283º, da Constituição portuguesa vigente[29]. Como ressalta a generalidade dos doutrinadores, referida ação tem por escopo combater a chamada *síndrome de inefetividade das normas constitucionais*.

Referida ação está expressamente prevista no artigo 103, § 2º, da Constituição Federal, nos seguintes termos: "Declarada a inconstitucionalidade por omissão de medida para tornar efetiva norma constitucional, será dada ciência ao Poder competente para a adoção das providências necessárias e, em se tratando de órgão administrativo, para fazê-lo em trinta dias".

Como se sabe, algumas normas constitucionais não têm aplicabilidade imediata, dependendo da edição de normas infraconstitucionais, ou da atuação do Estado, para que possam produzir todos os efeitos nelas preconizados, e desejados pelo legislador constituinte. São as normas constitucionais a que a doutrina tradicional chama de *normas constitucionais não autoexecutáveis*, e que, no direito pátrio, são amplamente conhecidas como *normas constitucionais de eficácia limitada*, conforme lição de José Afonso da Silva.

A ação direta de inconstitucionalidade por omissão tem por objeto, portanto, *conceder plena eficácia às normas constitucionais que dependam de complementação legislativa ou de atuação do Estado*. Caberá referida ação, em outras palavras, quando houver omissão do poder público em relação às normas constitucionais de eficácia limitada (não autoexecutáveis), que dependam de edição de normas regulamentadoras (infraconstitucionais), ou de atuação do Estado, para garantia de sua aplicabilidade.

Por norma regulamentadora devemos entender não só as normas legais, como também as demais normas regulamentares (que regulamentam os diplomas infraconstitucionais, conferindo-lhes aplicabilidade), que deveriam ter sido editadas, mas não o foram, por órgãos e pessoas jurídicas pertencentes à União, aos Estados, ao Distrito Federal e aos Municípios, inclusive suas respectivas entidades da Administração Pública indireta.

A sentença que reconhece a existência de omissão, *de natureza declaratória*, tem por único objetivo dar ciência ao Poder competente da existência daquela omissão, exortando-o a supri-la. Quer isso dizer que tanto o Poder Legislativo quanto o Poder Executivo não são obrigados a suprir referida omissão, através da imediata edição da norma regulamentadora ou de atuação estatal.

O Poder competente, portanto, mantém sua independência para decidir o momento conveniente e oportuno para sanar a omissão relativamente à edição da norma. Sobre o tema, sugerimos a leitura dos acórdãos das Ações Diretas de Inconstitucionalidade 529 e 2.061. *Apenas quando se tratar de órgão administrativo, é que o Supremo Tribunal Federal*

---

29. Constituição portuguesa, artigo 283º: "1. A requerimento do presidente da República, do Provedor de Justiça ou, com fundamento em violação de direitos das regiões autónomas, dos presidentes das Assembleias Legislativas das regiões autónomas, o Tribunal Constitucional aprecia e verifica o não cumprimento da Constituição por omissão das medidas legislativas necessárias para tornar exequíveis as normas constitucionais. 2. Quando o Tribunal Constitucional verificar a existência de inconstitucionalidade por omissão, dará disso conhecimento ao órgão legislativo competente.

poderá determinar que a omissão seja suprida no prazo de 30 (trinta) dias, sob pena de responsabilidade.

Para encerrarmos esta seção, vale esclarecer que as regras procedimentais desta ação constitucional estão agora expressamente consignadas no Capítulo II-A, da Lei 9.868/1999, acrescentado ao texto deste diploma legal graças à edição da Lei 12.063, de 27 de outubro de 2009, que teve por objeto justamente estabelecer a disciplina processual da ação direta de inconstitucionalidade por omissão.

Antes da edição da supramencionada Lei 12.063/2009, o Pretório Excelso aplicava à ação direta de inconstitucionalidade por omissão, tanto quanto possível, as regras procedimentais estabelecidas para a ação direta de inconstitucionalidade genérica. *Agora, aquela ação constitucional passou a ter regras procedimentais próprias*, em que são estabelecidos, por exemplo, os legitimados ativos para a propositura da ação e os requisitos da petição inicial.

Contudo, é importante ressaltar que, por força do que determina o novo artigo 12-E, da Lei 9.868/1999, as normas procedimentais da ação direta de inconstitucionalidade genérica devem ser aplicadas, no que couber, ao rito da ação direta de inconstitucionalidade por omissão. É o caso, por exemplo, da regra do artigo 6º, da Lei 9.868/1999, que, adaptada ao objeto da ação ora em estudo, exige que o ministro relator conceda prazo para informações aos órgãos ou às autoridades a que se imputa a omissão legislativa ou governamental.

AÇÃO DIRETA DE INCONSTITUCIONALIDADE POR OMISSÃO

– É uma novidade instituída pela Constituição de 1988, com franca inspiração no artigo 283, da Constituição portuguesa. Busca combater a chamada *síndrome de inefetividade das normas constitucionais*, tendo por objeto conceder plena eficácia às normas constitucionais que dependam de complementação legislativa ou de atuação do Estado.

– A sentença que reconhece a existência de omissão, de *natureza declaratória*, tem por único objetivo dar ciência ao Poder competente da existência daquela omissão, exortando-o a supri-la. Apenas quando se tratar de órgão administrativo, é que o Supremo Tribunal Federal poderá determinar que a omissão seja suprida no prazo de 30 (trinta) dias, sob pena de responsabilidade.

4.22 LEGITIMADOS PARA A AÇÃO DIRETA DE INCONSTITUCIONALIDADE POR OMISSÃO

Os legitimados para a ação direta de inconstitucionalidade por omissão são os mesmos da ação direta de inconstitucionalidade genérica, bem como da ação declaratória de constitucionalidade, conforme rol fixado pelo artigo 103, *caput*, da Constituição Federal igualmente relacionados no artigo 2º da Lei 9.868/1999. Essa realidade é agora também explicitada pelo novo artigo 12-A, da Lei 9.868/1999, o qual dispõe que "podem propor a ação direta de inconstitucionalidade por omissão os legitimados à propositura da ação direta de inconstitucionalidade e da ação declaratória de constitucionalidade".

São estes os legitimados: presidente da República; Mesa do Senado Federal; Mesa da Câmara dos Deputados; Mesas das Assembleias Legislativas dos Estados ou da Câmara Legislativa do Distrito Federal; governador do Estado ou do Distrito Federal; procurador-geral da República; Conselho Federal da Ordem dos Advogados do Brasil; partido político

4 • CONTROLE CONCENTRADO E AS AÇÕES REGULAMENTADAS PELA LEI 9.868/1999 · 133

com representação no Congresso Nacional; e confederação sindical ou entidade de classe de âmbito nacional.

Em relação aos legitimados para a ação direta de inconstitucionalidade por omissão, valem as mesmas afirmações que formulamos, quando estudamos a ação direta de inconstitucionalidade genérica e a ação declaratória de constitucionalidade. Com efeito, alguns daqueles legitimados possuem a denominada *legitimidade ou legitimação universal* (com interesse de agir presumido), podendo propor ação direta de inconstitucionalidade por omissão sobre qualquer tema, já que detêm, entre suas atribuições, o dever de defesa da ordem constitucional.

São estes os legitimados universais: presidente da República, Mesas da Câmara dos Deputados e do Senado Federal, procurador-geral da República, Conselho Federal da Ordem dos Advogados do Brasil (OAB) e partidos políticos com representação no Congresso Nacional.

Outros, contudo, têm apenas a denominada *legitimidade ou legitimação especial*, necessitando demonstrar que o tema por eles deduzido em juízo guarda direta relação com os seus objetivos institucionais, a denominada *pertinência temática* (daí também ser chamada de *legitimação temática*), igualmente conhecida por *representatividade adequada*. São eles: Mesas das Assembleias Legislativas dos Estados ou da Câmara Legislativa do Distrito Federal, governador de Estado ou do Distrito Federal e confederação sindical ou entidade de classe de âmbito nacional.

LEGITIMADOS DA AÇÃO DIRETA DE INCONSTITUCIONALIDADE POR OMISSÃO

> **– Legitimados universais:** presidente da República, Mesa da Câmara dos Deputados, Mesa do Senado Federal, procurador-geral da República, Conselho Federal da OAB e partidos políticos com representação no Congresso Nacional.
>
> **– Legitimados especiais ou temáticos:** Mesa de Assembleia Legislativa ou da Câmara Legislativa do Distrito Federal, governador de Estado ou do Distrito Federal e confederação sindical ou entidade de classe de âmbito nacional.

4.23 O *AMICUS CURIAE* NA AÇÃO DIRETA DE INCONSTITUCIONALIDADE POR OMISSÃO

Quando estudamos a ação direta de inconstitucionalidade genérica, vimos que o *amicus curiae*, ou "amigo da corte", é um *auxiliar do Pretório Excelso*, um *colaborador informal* que pode fornecer aos ministros daquele Tribunal os conhecimentos necessários para o adequado julgamento da causa, notadamente nos processos que envolvam matérias técnicas específicas ou de alta relevância política, social, econômica ou jurídica.

No caso da ação direta de inconstitucionalidade genérica, referida figura encontra-se explicitada no artigo 7º, § 2º, da Lei 9.868/1999, que prevê a possibilidade de o ministro relator admitir, por meio de *despacho irrecorrível*, a manifestação de terceiros, levando em conta a *relevância da matéria* e a *representatividade do postulante*, no mesmo prazo conferido ao órgão ou autoridade da qual emanou a lei ou ato normativo impugnado.

Graças à edição da Lei 12.063/2009, que acrescentou um novo Capítulo à Lei 9.868/1999 (Capítulo II-A), destinado especificamente, como vimos, a estabelecer a disciplina processual da ação direta de inconstitucionalidade por omissão, referida ação constitucional também passou a admitir, de maneira expressa, a figura do *amicus curiae* para auxiliar o Pretório Excelso no julgamento das ações diretas de inconstitucionalidade por omissão.

Com efeito, nos termos do novo artigo 12-E, § 1º, da Lei 9.868/1999, os demais titulares da ação direta de inconstitucionalidade por omissão poderão manifestar-se, por escrito, sobre o objeto da ação e pedir a juntada de documentos reputados úteis para o exame da matéria, no prazo para informações, além de apresentar memoriais, antes do julgamento.

Comparando a redação daquele artigo 12-E, § 1º, da Lei 9.868/1999, com a do artigo 7º, § 2º, da mesma lei (que trata do *amicus curiae* na ação direta de inconstitucionalidade genérica), podemos perceber que o novo dispositivo fala somente dos demais legitimados da ação, e não de "outros órgãos ou entidades", como faz o dispositivo legal que trata do amigo da corte na ação direta de inconstitucionalidade genérica.

Podemos perceber, ainda, que a participação dos demais legitimados da ação direta de inconstitucionalidade por omissão, conforme disposto no supramencionado artigo 12-E, § 1º, não está expressamente condicionada à admissão do ministro relator, como se dá com a ação direta de inconstitucionalidade genérica, conforme redação do artigo 7º, § 2º, da Lei 9.868/1999.

Contudo, mesmo não havendo exigência expressa, acreditamos que *o ingresso dos demais legitimados estará condicionado à admissão do ministro relator*, que deverá examinar não só a representatividade dos postulantes, como também o verdadeiro intuito destes de auxiliar o juízo, ao invés de tentar apenas defender interesses subjetivos próprios. Forçosa, neste caso, a aplicação conjunta dos artigos 7º, § 2º e 12-E, § 1º, como determina o artigo 12-E, *caput*, do mesmo diploma legal[30].

Acreditamos, ademais, com fundamento na mesma interpretação mencionada no parágrafo anterior, *que outros órgãos ou entidades (que não sejam os legitimados da ação) também poderão participar da ação direta de inconstitucionalidade por omissão, como amicus curiae,* mesmo não havendo previsão expressa no supramencionado § 1º, do artigo 12-E, da Lei 9.868/1999, desde que o ministro relator se convença de que estão presentes a representatividade adequada e o efetivo interesse em auxiliar o juízo.

Com efeito, muito embora as normas não possuam redação idêntica, fazendo parecer que a norma relativa especificamente à possibilidade de atuação do *amicus curiae*, na ação direta de inconstitucionalidade por omissão, seria mais restritiva do que não ação direta de inconstitucionalidade genérica, não se pode olvidar que o *caput* do artigo 12-E, da Lei 9.868/1999 é expresso e inequívoco em determinar a aplicação das normas relativas ao procedimento da ação direta de inconstitucionalidade genérica ao procedimento da ação direta de inconstitucionalidade por omissão.

---

30. Lei 9.868/1999, artigo 12-E: "Aplicam-se ao procedimento da ação direta de inconstitucionalidade por omissão, no que couber, as disposições constantes da Seção I do Capítulo II desta Lei".

4 • CONTROLE CONCENTRADO E AS AÇÕES REGULAMENTADAS PELA LEI 9.868/1999 **135**

Ademais, é preciso lembrar que a ação direta de inconstitucionalidade por omissão é uma das espécies de ações pertencentes ao controle (judicial) concentrado de constitucionalidade brasileiro, juntamente com a ação direta de inconstitucionalidade genérica e com a ação declaratória de constitucionalidade, todas regulamentadas pela Lei 9.868/1999. Assim, valendo-nos de *interpretação sistemática*, e, sobretudo, *teleológica* da lei, não restam dúvidas de que as mesmas regras relativas à participação do *amicus curiae*, que valem para as duas primeiras ações, também devem valer para a ação direta de inconstitucionalidade por omissão.

Portanto, da mesma forma que se dá com as outras ações constitucionais já estudadas, na ação direta de inconstitucionalidade por omissão também não existe um direito subjetivo a ser admitido como *amicus curiae*, devendo o postulante demonstrar, de maneira induvidosa, não só sua representatividade adequada, como também a relevância da matéria a ser discutida, além, naturalmente, de que ingressará no feito *para auxiliar o juízo na perfeita compreensão da matéria submetida a julgamento, e não para defender interesses subjetivos próprios*. Aqui, pessoas físicas também não podem atuar como *amici curiae*.

A *decisão que permitir ou recusar o ingresso de amicus curiae é irrecorrível*, não sendo possível a interposição de agravo interno. Procura-se, aqui também, evitar que um instituto que visa justamente a auxiliar no julgamento do feito acabe por resultar no efeito contrário, qual seja, o de tumultuar o processo. Segundo o entendimento da Corte, a intervenção do *amicus curiae* somente pode ser solicitada até a data em que o ministro relator liberar o processo para pauta de julgamento.

4.24 CONCESSÃO DE MEDIDA CAUTELAR EM AÇÃO DIRETA DE INCONSTITUCIONALIDADE POR OMISSÃO

Conforme prevê o artigo 12-F, acrescentado ao texto da Lei 9.868/1999 pela Lei 12.063, de 27 de outubro de 2009, o Supremo Tribunal Federal poderá conceder medida cautelar, em sede de ação direta de inconstitucionalidade por omissão, desde que atendidas as exigências ali fixadas.

Com efeito, nos termos do dispositivo legal em comento, a medida cautelar será concedida apenas em casos de excepcional urgência, e quando a matéria for relevante. Ademais, referida decisão só poderá ser tomada pela *maioria absoluta dos membros do Tribunal* (no mínimo 6 ministros), caso estejam presentes pelo menos 8 (oito) deles à seção, e após a oitiva dos órgãos ou autoridades responsáveis pela alegada omissão inconstitucional, que deverão se pronunciar no prazo de 5 (cinco) dias.

O § 1º, do artigo 12-F, por sua vez, esclarece que a medida cautelar poderá consistir na suspensão da aplicação da lei ou do ato normativo questionado, no caso de omissão parcial, bem como na suspensão de processos judiciais ou de procedimentos administrativos, ou ainda em outra providência a ser fixada pelo Supremo Tribunal Federal.

Nos termos do § 2º, do mesmo artigo, caso julgue indispensável, o ministro relator da ação direta de inconstitucionalidade por omissão poderá ouvir previamente o chefe do Ministério Público da União, o procurador-geral da República, no prazo de 3 (três) dias. *Não será o caso de oitiva, em sede de cautelar, do advogado-geral da União*, conforme expressamente previsto no artigo 10, § 1º, da Lei 9.868/1999, por não haver previsão, no rito da ação ora em estudo, de aplicação subsidiária do procedimento cautelar fixado para ação direta de inconstitucionalidade genérica.

No julgamento do pedido da medida cautelar, será facultada sustentação oral aos representantes judiciais do requerente e das autoridades ou órgãos responsáveis pela alegada omissão inconstitucional, na forma estabelecida no Regimento do Supremo Tribunal Federal, tudo consoante expressa permissão do § 3º, do supramencionado artigo 12-F, da lei de regência.

Conforme dispõe o artigo 12-G, da Lei 9.868/1999, caso seja concedida a medida cautelar, o Pretório Excelso fará publicar, em seção especial do *Diário Oficial da União* e do *Diário da Justiça da União*, a parte dispositiva da decisão, no prazo de 10 (dez) dias, devendo solicitar as informações à autoridade ou ao órgão responsável pela omissão inconstitucional, observando-se, no que couber, o procedimento estabelecido na Seção I, do Capítulo II, da Lei 12.063/2009.

A referência expressa à aplicação da seção que trata da admissibilidade e do procedimento da ação direta de inconstitucionalidade por omissão esclarece que, a partir daí, devem ser seguidas, no que couber, as regras procedimentais desta ação, como, por exemplo, a que prevê a concessão de prazo para que os órgãos ou autoridades apontados como omissos apresentem informações, e as que conferem prazo para que o advogado-geral da União e o procurador-geral da República se manifestem, antes do julgamento da ação.

4.25 PRINCIPAIS REGRAS PROCEDIMENTAIS SOBRE A AÇÃO DIRETA DE INCONSTITUCIONALIDADE POR OMISSÃO

Como já mencionado, antes da edição da Lei 12.063/2009, eram aplicadas à ação direta de inconstitucionalidade por omissão, com adaptações, as regras procedimentais estabelecidas para a ação direta de inconstitucionalidade genérica. Atualmente, contudo, o Capítulo II-A da Lei 9.868/1999 contém um conjunto de regras próprias para a ação constitucional ora em estudo, explicitando, entretanto, em seu artigo 12-E, que as normas procedimentais da ação direta de inconstitucionalidade genérica serão aplicadas, no que couber.

Nos termos do artigo 12-B, da Lei 9.868/1999, a petição inicial da ação direta de inconstitucionalidade por omissão indicará: a omissão constitucional total ou parcial quanto ao cumprimento do dever constitucional de legislar ou quanto à adoção da providência de índole administrativa; e o pedido, com suas especificações.

Ademais, a peça inaugural, acompanhada de instrumento de mandato (procuração), quando subscrita por advogado, será apresentada em 2 (duas) vias, devendo conter cópias dos documentos necessários para comprovar a alegação de omissão. É o que determina expressamente o artigo 12-B, parágrafo único, da Lei 9.868/1999.

Cabe aqui a mesma afirmação que fizemos, quando estudamos a ação direta de inconstitucionalidade genérica e a ação declaratória de constitucionalidade: por se tratar de

4 • CONTROLE CONCENTRADO E AS AÇÕES REGULAMENTADAS PELA LEI 9.868/1999

uma ação de natureza objetiva, em que não há interesses subjetivos em jogo, *não há pedido de citação de réus na ação direta de inconstitucionalidade por omissão.*

Particularmente no que se refere à assinatura da petição inicial por advogado, somente as peças inaugurais formuladas por partidos políticos com representação no Congresso Nacional, bem como por confederações sindicais ou entidades de classe de âmbito nacional, é que necessitam de patrocínio por causídico.

Os demais legitimados da ação direta de inconstitucionalidade por omissão, constantes do artigo 103, da Carta Magna (presidente da República, Mesa do Senado Federal, Mesa da Câmara dos Deputados, Mesa de Assembleia Legislativa ou da Câmara Legislativa do Distrito Federal, governador de Estado ou do Distrito Federal, procurador-geral da República e Conselho Federal da Ordem dos Advogados do Brasil), podem propor referida ação, bem como praticar todos os demais atos que exigem capacidade postulatória, *independentemente do patrocínio de advogado.* Sobre esse tema, mais uma vez sugerimos a leitura da Ação Direta de Inconstitucionalidade 127-2/AL, Relator Ministro Celso de Mello, j. 20.11.1989, p. 04.12.1992.

O artigo 12-C, da Lei 9.868/1999, ao seu turno, dispõe que a petição inicial inepta, não fundamentada, bem como a que for manifestamente improcedente, será liminarmente indeferida pelo ministro relator da ação. Nos termos do parágrafo único do dispositivo legal em comento, da decisão que indeferir a petição inicial caberá agravo (agora determino *agravo interno*, pelo Código de Processo Civil)[31]. Vale aqui, naturalmente, a regra geral do Código de Processo Civil, de que o prazo deste recurso é de 15 (quinze) dias[32].

Da mesma forma que se dá com a ação direta de inconstitucionalidade genérica, após a propositura da ação direta de inconstitucionalidade por omissão, não será mais possível sua desistência. Tal proibição, que antes se dava pela aplicação do artigo 5º, da Lei 9.868/1999, dirigido especificamente à ação direta de inconstitucionalidade genérica, agora está expressamente consignada no artigo 12-D, do mesmo diploma legal.

Muito embora não seja possível a intervenção de terceiros, nos termos do artigo 7º, da Lei 9.868/1999 (que se aplica à ação em comento em razão do que determina o artigo 12-E, da mesma lei), os demais titulares da ação direta de inconstitucionalidade por omissão, como vimos, poderão manifestar-se, por escrito, sobre o objeto da ação e pedir a juntada de documentos reputados úteis para o exame da matéria, além de apresentar memoriais, tudo conforme disposto no § 1º daquele mesmo artigo 12-E.

O procurador-geral da República também será ouvido nessa ação, mesmo que não a tenha proposto, em conformidade com o que determina o artigo 103, § 1º, da Carta Magna, bem como em cumprimento à regra agora expressa, no mesmo sentido, constante do artigo 12-E, § 2º, da Lei 9.868/1999, que confere ao chefe do Ministério Público da

---

31. Código de Processo Civil, artigo 1.021: "Contra decisão proferida pelo relator caberá agravo interno para o respectivo órgão colegiado, observadas, quanto ao processamento, as regras do regimento interno do tribunal".
32. Código de Processo Civil, artigo 1.003, § 5º: "Excetuados os embargos de declaração, o prazo para interpor os recursos e para responder-lhes é de 15 (quinze) dias".

União um prazo de 15 (quinze) dias, para se manifestar, após o decurso do prazo para informações[33].

Diferentemente do que determina o artigo 8°, da Lei 9.868/1999, que prevê, para o rito da ação direta de inconstitucionalidade genérica, a oitiva obrigatória do advogado-geral da União, o artigo 12-E, § 2°, da mesma lei, ao tratar especificamente da ação direta de inconstitucionalidade por omissão, não faz igual exigência, dispondo que o ministro relator *poderá* solicitar a manifestação daquele, no prazo de 15 (quinze) dias[34].

A inexistência da obrigatoriedade daquela oitiva é perfeitamente justificável. Com efeito, nos expressos termos do artigo 103, § 3°, da Carta Magna, o advogado-geral da União deve ser citado especificamente para *defender* o ato ou texto impugnado. E, no caso específico de ação fundamentada em omissão legislativa, inexiste lei ou ato normativo a ser defendido, não havendo motivo, portanto, para a atuação daquele, a não ser que se trate de omissão imputada ao Estado.

A atuação do chefe da Advocacia-Geral da União, em nosso entender, somente se justifica na hipótese de ação fundamentada em alegada omissão, por parte de órgãos e pessoas jurídicas ligadas aos Três Poderes, em adotar providências de índole administrativa, para fiel cumprimento de lei ou ato normativo. Ele atuará, nesta hipótese, na defesa da Administração Pública, acusada de omissão injustificada.

Nos termos do artigo 12-H, da Lei 9.868/1999, deverão estar presentes, na sessão de julgamento da ação direta de inconstitucionalidade por omissão, ao menos 8 (oito) ministros. Referido dispositivo legal também determina que, declarada a inconstitucionalidade por omissão, será dada ciência ao Poder competente para a adoção das providências necessárias.

No caso de a omissão ser imputável a órgão administrativo, as providências deverão ser adotadas no prazo de 30 (trinta) dias, ou em prazo razoável a ser estipulado excepcionalmente pelo Supremo Tribunal Federal, tendo em vista as circunstâncias específicas do caso e o interesse público envolvido. É o que dispõe o § 1°, do mesmo artigo 12-H, da lei de regência.

A decisão que declara a existência de omissão inconstitucional, proferida pelo Pretório Excelso, *é irrecorrível* (com exceção de embargos de declaração), *não podendo, igualmente, ser objeto de ação rescisória.* Aplica-se, à espécie, a regra do artigo 26, da Lei 9.868/1999, conforme permissivo legal constante do artigo 12-H, § 2°, do mesmo diploma legal[35].

---

33. Não se aplica o benefício da contagem em dobro para o Ministério Público quando a lei estabelecer, de forma expressa, prazo próprio para a realização do ato (Código de Processo Civil, artigos 180, § 2°).

34. Aquele prazo, a toda evidência, é singelo, não havendo em que se falar em prazo em dobro, tudo conforme dispõe o artigo 183, § 2°, do Código de Processo Civil: "Não se aplica o benefício da contagem em dobro quando a lei estabelecer, de forma expressa, prazo próprio para o ente público".

35. Lei 9.868/1999, artigo 12-H, § 2°: "Aplica-se à decisão da ação direta de inconstitucionalidade por omissão, no que couber, o disposto no Capítulo IV desta Lei".

5
AS DEMAIS AÇÕES DE CONTROLE CONCENTRADO DE CONSTITUCIONALIDADE E ASSUNTOS COMPLEMENTARES

5.1 ESCLARECIMENTOS INICIAIS

No Capítulo anterior, iniciamos a análise do controle concentrado de constitucionalidade no Brasil. Vimos, ali, alguns esclarecimentos gerais sobre aquela modalidade de controle de constitucionalidade, como também tratamos de três ações constitucionais específicas dessa modalidade de controle: a ação direta de inconstitucionalidade genérica, a ação declaratória de constitucionalidade e a ação direta de inconstitucionalidade por omissão, todas reguladas pela Lei n. 9.868/99.

Neste Capítulo, concluiremos nossos estudos sobre o controle concentrado de constitucionalidade brasileiro. Forneceremos, inicialmente, as informações essenciais concernentes à arguição de descumprimento de preceito fundamental e à ação de inconstitucionalidade interventiva.

Em seguida, trataremos do controle concentrado de constitucionalidade perante os Tribunais de Justiça dos Estados, bem como analisaremos a possibilidade de instituição de controle concentrado de constitucionalidade de leis distritais em face da Lei Orgânica do Distrito Federal, mesmo diante da ausência de norma constitucional expressa que trate do tema.

Encerraremos o Capítulo, e, por consequência, o tema do controle concentrado de constitucionalidade no Brasil, estudando a denominada interpretação conforme a Constituição, bem como a declaração parcial de inconstitucionalidade sem redução de texto, tratadas explicitamente pela Lei n. 9.868/1999, a qual, como vimos no Capítulo anterior, regulamenta a ação direta de inconstitucionalidade, a ação declaratória de constitucionalidade e a ação direta de inconstitucionalidade por omissão.

5.2 ARGUIÇÃO DE DESCUMPRIMENTO DE PRECEITO FUNDAMENTAL (ADPF)

A arguição de descumprimento de preceito fundamental, inicialmente prevista no artigo 102, parágrafo único, da Constituição Federal de 1988, passou a figurar no § 1º do mesmo artigo, por força da edição da Emenda Constitucional 3/1993, mantendo, contudo, a sua redação original. Eis os termos da norma constitucional em comento: "a arguição de descumprimento de preceito fundamental decorrente desta Constituição será apreciada pelo Supremo Tribunal Federal, na forma da lei".

Conforme já se manifestou expressamente o Supremo Tribunal Federal, em mais de uma oportunidade, referido dispositivo constitucional é uma norma de eficácia limitada (ou norma constitucional não autoaplicável), ou seja, que dependia da edição de norma infraconstitucional, que fixasse a forma pela qual seria apreciada a arguição de descumprimento de preceito fundamental, para que o Pretório Excelso pudesse efetivamente utilizar este instrumento de controle de constitucionalidade.

A lei em questão já foi editada pelo Poder Legislativo. Trata-se da Lei 9.882, de 3 de dezembro de 1999, a qual, em seu artigo 1º, *caput*[1], dispõe que a arguição de descumprimento de preceito fundamental será proposta perante o Supremo Tribunal Federal e *terá por objeto evitar ou reparar lesão a preceito fundamental, resultante de ato do Estado*.

O mesmo artigo 1º, em seu parágrafo único, inciso I, por sua vez, esclarece que também caberá arguição de descumprimento de preceito fundamental "quando for relevante o fundamento da controvérsia constitucional sobre lei ou ato normativo federal, estadual ou municipal, incluídos os anteriores à Constituição".

Vê-se, portanto, que a arguição de descumprimento de preceito fundamental, nos termos da lei que regulamentou o instituto, é cabível em 3 (três) hipóteses: (a) para evitar lesão a preceito fundamental por ato do poder público; (b) para reparar lesão a preceito fundamental resultante de ato do Estado; e (c) quando houver relevante controvérsia constitucional sobre lei ou ato normativo federal, estadual ou municipal, incluídos os anteriores à Constituição Federal.

Temos, na hipótese do *caput* do artigo 1º da lei, a denominada *arguição de descumprimento de preceito fundamental autônoma*, que poderá ser *preventiva* ou *repressiva*, conforme se destine, respectivamente, a *evitar* ou *reparar* lesão a preceito fundamental, resultante de ato do Estado. Na segunda hipótese, temos a denominada *arguição de descumprimento de preceito fundamental por equiparação*, também denominada *incidental*.

A despeito de a Carta Magna ter-se utilizado da expressão *arguição*, para se referir ao instituto ora em estudo, trata-se a arguição de descumprimento de preceito fundamental, inequivocamente, de uma *ação constitucional*[2] integrante do sistema brasileiro de *controle concentrado de constitucionalidade*, do qual também fazem parte a ação direta de inconstitucionalidade genérica, a ação declaratória de constitucionalidade, a ação direta de inconstitucionalidade por omissão e a ação direta de inconstitucionalidade interventiva.

Como nos ensina Paulo Hamilton Siqueira Júnior[3], a arguição de descumprimento de preceito fundamental tem por finalidade "a defesa da integridade e preservação da Cons-

---

1. "Art. 1º A arguição prevista no § 1º do art. 102 da Constituição Federal será proposta perante o Supremo Tribunal Federal, e terá por objeto evitar ou reparar lesão a preceito fundamental, resultante de ato do Poder Público".

2. Nesses termos, por exemplo, é a lição de Roberto Mendes Mandelli Junior: "Já no art. 102, § 1º, da mesma Constituição, o vocábulo polissêmico arguição foi utilizado como verdadeira ação, ou seja, meio, instrumento colocado à disposição para o exercício do controle concentrado de constitucionalidade, para denunciar uma violação a um preceito fundamental da Constituição". *Arguição de descumprimento de preceito fundamental*. Revista dos Tribunais, 2003, p. 102.

3. *Direito processual constitucional*. Saraiva, 2006, p. 262.

5 • AS DEMAIS AÇÕES DE CONTROLE CONCENTRADO DE CONSTITUCIONALIDADE **141**

tituição, no que se refere aos preceitos fundamentais, evitando ou reparando lesões a princípios, direitos e garantias fundamentais previstos e consagrados no texto constitucional".

Referida ação constitucional, portanto, não se destina à proteção de toda e qualquer norma constitucional, *mas apenas daquelas que podem ser consideradas como preceitos fundamentais*. O estudo do que vem a ser um preceito fundamental – ou seja, o parâmetro de controle, para fins de utilização da arguição de descumprimento de preceito fundamental – nós o faremos na próxima seção.

AÇÃO DE DESCUMPRIMENTO DE PRECEITO FUNDAMENTAL (ADPF)

> – A arguição de descumprimento de preceito fundamental, nos termos da Lei 9.882/1999, é cabível em 3 (três) hipóteses: (a) para evitar lesão a preceito fundamental por ato do poder público; (b) para reparar lesão a preceito fundamental resultante de ato do Estado; e (c) quando houver relevante controvérsia constitucional sobre lei ou ato normativo federal, estadual ou municipal, incluídos os anteriores à Constituição.
>
> – Temos, na hipótese do *caput* do artigo 1º da lei, a denominada ***arguição de descumprimento de preceito fundamental autônoma***, que poderá ser preventiva ou repressiva, conforme se destine, respectivamente, a evitar ou reparar lesão a preceito fundamental, resultante de ato do Estado. Na segunda hipótese, temos a denominada ***arguição de descumprimento de preceito fundamental por equiparação***, também denominada ***incidental***.
>
> – Trata-se a arguição de descumprimento de preceito fundamental de uma ação constitucional integrante do sistema brasileiro de controle concentrado de constitucionalidade. Não se destina, contudo, à proteção de toda e qualquer norma constitucional, mas apenas daquelas que podem ser consideradas como preceitos fundamentais.

5.3 PARÂMETRO DE CONTROLE DA ARGUIÇÃO DE DESCUMPRIMENTO DE PRECEITO FUNDAMENTAL

Parâmetro de controle ou paradigma constitucional refere-se, como já vimos anteriormente, à norma ou ao conjunto de normas constitucionais que são utilizados como referência para a análise da adequação de algum diploma normativo, ou ato do poder público, aos preceitos constitucionais. Refere-se, em síntese, à norma da constituição que se diz que foi violada. No caso específico da arguição de descumprimento de preceito fundamental, o próprio nome da ação constitucional já nos revela, *o parâmetro de controle é algum preceito fundamental alegadamente não observado, descumprido*.

Contudo, como é fácil verificarmos, tanto a Constituição Federal, como a citada Lei 9.882/1999, que dispõe sobre o processo e o julgamento da ação em análise, não definiram o que vem a ser, afinal de contas, preceito fundamental. Referida tarefa, portanto, foi transferida à doutrina, e, sobretudo, ao próprio Supremo Tribunal Federal, no julgamento dos casos que lhe forem submetidos a julgamento.

Ocorre que, no julgamento das arguições de descumprimento de preceito fundamental já propostas, o Pretório Excelso jamais se preocupou em fornecer uma definição de preceito fundamental. Limitou-se a analisar, *caso a caso, se havia ou não ofensa a um preceito constitucional daquela natureza.* Esse, ao que parece, será o comportamento do Supremo Tribunal Federal, relativamente a todos os processos dessa natureza que tiver de julgar.

Até o presente momento, são os doutrinadores, estes sim, que vêm procurando definir o sentido e alcance do que se pode entender por preceito fundamental da Constituição. Uadi Lammêgo Bulos[4], por exemplo, ensina que se qualificam de *fundamentais* "os grandes preceitos que informam o sistema constitucional, que estabelecem comandos basilares e imprescindíveis à defesa dos pilares da manifestação constituinte originária". Ricardo Cunha Chimenti, Fernando Capez, Márcio F. Elias Rosa e Marisa F. Santos[5], ao seu turno, afirmam que devem ser entendidos por preceito fundamental

> *"os princípios constitucionais (inclusive os princípios constitucionais sensíveis arrolados no inciso VII do art. 34 da CF), os objetivos, direitos e garantias fundamentais previstos nos arts. 1° e 5° da CF, as cláusulas pétreas, os princípios da Administração Pública e outras disposições constitucionais que se mostrem fundamentais para a preservação dos valores mais relevantes protegidos pela Constituição Federal".*

Leo van Holthe[6], com fundamento nas decisões já produzidas pelo Supremo Tribunal Federal, considera como preceitos fundamentais da Constituição de 1988: "os direitos e garantias fundamentais, as cláusulas pétreas, os princípios constitucionais sensíveis, os princípios fundamentais do Estado brasileiro, além das normas fundamentais de organização e estruturação do Estado e da sociedade (federalismo, separação de poderes, princípios norteadores do Estado e da ordem econômica e social etc.)".

Da análise das definições trazidas supra, podemos concluir, sem grande dificuldade, que preceitos fundamentais são *normas constitucionais,* as quais, consoante moderna doutrina, constituem gênero do qual são espécies os princípios e as regras[7]. Contudo, no caso específico da arguição de descumprimento de preceito fundamental, não é qualquer norma constitucional que pode ser utilizada como paradigma de controle, mas apenas aquelas que podem ser consideradas como *fundamentais.*

E quais são as normas que podem ser consideradas fundamentais? Na opinião deste autor, são os princípios e regras da Constituição Federal que tratam da *organização fundamental do Estado e dos direitos e garantias fundamentais.* Conforme já estudamos anteriormente, referidas normas são aquelas que podem ser denominadas de *normas materialmente constitucionais,* que disciplinam temas essencialmente constitucionais.

Assim sendo, podemos definir como *preceitos fundamentais* os princípios e regras da Constituição indispensáveis à caracterização e existência do Estado, notadamente os relativos aos seus princípios fundamentais, à sua estrutura, forma de Estado e de governo, regime político, modo de aquisição e exercício do poder, estabelecimento de seus órgãos e fixação de suas competências, cláusulas pétreas, além dos direitos e garantias fundamentais.

---

4. *Curso de direito constitucional.* 5. ed. Saraiva, 2010, p. 324.
5. *Curso de direito constitucional.* 7. ed. Saraiva, 2010, p. 453.
6. *Direito constitucional.* 6. ed. Jus Podivm, 2010, p. 202.
7. Esse entendimento é explicitado, por exemplo, por Paulo Hamilton Siqueira Júnior: "O vocábulo *preceito* pode ser tomado como sinônimo de norma, visto que se verificam duas espécies de normas: regras e princípios". *Op. cit.,* p. 260.

5 • AS DEMAIS AÇÕES DE CONTROLE CONCENTRADO DE CONSTITUCIONALIDADE — 143

Compartilham do nosso entendimento, por exemplo, Luiz Alberto David Araujo e Vidal Serrano Júnior[8], que definem os preceitos fundamentais como aqueles preceitos considerados "indispensáveis à configuração de uma Constituição enquanto tal, ou seja, as normais materialmente constitucionais". Enumera-os, em seguida: (a) as que identificam a forma e estrutura do Estado; o sistema de governo; a divisão e funcionamento dos poderes; os princípios fundamentais; os direitos fundamentais; a ordem econômica; e a ordem social.

Como se vê, o parâmetro de controle da arguição de descumprimento de preceito fundamental é menos amplo que o da ação direta de inconstitucionalidade genérica e o da ação declaratória de constitucionalidade. Com efeito, enquanto nestas ações podem ser utilizadas como paradigma quaisquer normas constitucionais alegadamente violadas, na arguição de descumprimento de preceito fundamental só pode ser analisado eventual descumprimento de normas especiais, denominadas preceitos fundamentais.

É mais amplo, porém, que o parâmetro de controle (ou paradigma constitucional) da ação direta de inconstitucionalidade por omissão, bem como da ação direta de inconstitucionalidade interventiva, uma vez que essas ações têm por paradigma de controle, respectivamente, apenas as normas constitucionais não autoaplicáveis (normas constitucionais de eficácia limitada) e os princípios constitucionais sensíveis.

Feita essa breve análise sobre o parâmetro ou paradigma de controle da arguição de descumprimento de preceito fundamental, cabe-nos analisar, na próxima seção, qual o objeto dessa ação constitucional. Estudaremos, em outras palavras, quais as espécies de normas ou atos do Estado que podem, em tese, descumprir um preceito fundamental, estando sujeitas, portanto, a essa espécie de controle concentrado de constitucionalidade.

PARÂMETRO DE CONTROLE DA ADPF

– Parâmetro de controle refere-se à norma da constituição que se diz que foi violada. No caso específico da Arguição de Descumprimento de Preceito Fundamental, o parâmetro de controle é algum preceito fundamental alegadamente não observado, descumprido. Contudo, tanto a Constituição Federal, como a Lei 9.882/1999, não definiram o que vem a ser preceito fundamental. Referida tarefa foi transferida à doutrina, e ao próprio Supremo Tribunal Federal, no julgamento dos casos que lhe forem submetidos a julgamento.

– **Preceitos fundamentais** são os princípios e regras da Constituição que tratam da organização fundamental do Estado, e que podem ser denominadas de normas materialmente constitucionais, que disciplinam temas essencialmente constitucionais.

– Podem ser definidos, portanto, como os princípios e regras da Constituição Federal indispensáveis à caracterização e existência do Estado, notadamente as relativas aos seus princípios fundamentais, à sua estrutura, forma de Estado e de governo, regime político, modo de aquisição e exercício do poder, estabelecimento de seus órgãos e fixação de suas competências, cláusulas pétreas, além dos direitos e garantias fundamentais.

---

8. *Curso de direito constitucional.* 14. ed. Saraiva, 2010, p. 77.

5.4 OBJETO DA ARGUIÇÃO DE DESCUMPRIMENTO DE PRECEITO FUNDAMENTAL

Como já vimos anteriormente, a arguição de descumprimento de preceito fundamental autônoma, proposta perante o Supremo Tribunal Federal, é cabível, nos termos do artigo 1º, *caput*, da Lei 9.882/1999, para evitar ou reparar lesão a preceito fundamental da Constituição Federal, resultante de *ato do poder público*.

Um dos objetos dessa ação constitucional, portanto, é o combate aos atos do Estado, quando potencialmente lesivos aos preceitos fundamentais da Carta Magna. Mas o que devemos entender por atos daquela natureza? Serão apenas as leis e atos normativos, como se dá com a generalidade das ações de controle de constitucionalidade? Ou também abrangerá outras espécies de comportamentos estatais?

No caso específico da arguição de descumprimento fundamental, a segunda hipótese é a correta. Com efeito, referida ação tem por escopo combater não só as diversas espécies normativas, *como também todos os demais atos praticados pelo Estado*, ou por quem lhe faça as vezes, no exercício de prerrogativas públicas, que tenham a potencialidade de violar preceitos fundamentais da Lei Maior.

Portanto, podem ser considerados atos do Estado, para fins de cabimento da arguição de descumprimento de preceito fundamental autônoma, *todos os atos da Administração Pública em que esta se valha de seu poder de império*, atuando sob o pretexto de observância do princípio da supremacia do interesse público sobre o privado. Estão nessa categoria, por exemplo, os atos administrativos, as licitações públicas e os contratos administrativos, bem como as decisões proferidas pelos diversos tribunais de contas.

Também podem ser considerados atos do poder público, e, portanto, suscetíveis de controle por meio de arguição de descumprimento de preceito fundamental, *os atos de terceiros que agem por delegação do Estado* (pessoas que atuam em nome do Estado), como se dá, por exemplo, com os diversos delegatários (concessionários e permissionários) de serviços públicos, bem como diretores de instituições de ensino.

Igualmente são considerados atos do Estado, viabilizando a propositura da ação constitucional ora em estudo, *as decisões judiciais que não observarem preceitos fundamentais da Constituição Federal, quando não houver outro meio processual adequado para combatê-las*. Nesse sentido, por exemplo, é a lição de Uadi Lammêgo Bulos,[9] *in verbis*:

> *"O mesmo se diga quanto à lesão de preceito decorrente de mera interpretação judicial ou sentença proferida com base em preceito revogado. Nesses casos excepcionalíssimos, nos quais os mecanismos processuais clássicos não funcionam, torna-se viável a ADPF, porquanto todos eles caracterizam-se como atos do Poder Público, nos termos da Lei 9.882/99 (art. 1º)".*

Também será cabível a arguição de descumprimento de preceito fundamental quando estivermos diante dos denominados *atos normativos secundários* (como já vimos, atos não dotados do atributo da autonomia, já que editados para dar perfeito cumprimento a outra norma infraconstitucional). Por não ser possível a propositura de ação direta de inconsti-

---

9. *Op. cit.*, p. 320.

5 • AS DEMAIS AÇÕES DE CONTROLE CONCENTRADO DE CONSTITUCIONALIDADE — 145

tucionalidade nessa hipótese, o Supremo Tribunal Federal tem considerado subsidiariamente cabível a arguição de descumprimento de preceito fundamental. Vide Arguição de
Descumprimento de Preceito Fundamental 41-6, relator ministro Gilmar Ferreira Mendes,
decisão de 24.4.2003.

Conforme estudamos, a Lei 9.882/1999 também instituiu, em seu artigo 1º, parágrafo
único, inciso I, a denominada arguição de descumprimento de preceito fundamental
por equiparação, ou arguição *incidental*, a qual será cabível "quando for relevante o fundamento da controvérsia constitucional sobre lei ou ato normativo federal, estadual ou
municipal, incluídos os anteriores à Constituição". Dessa forma, essa ação constitucional
terá por objeto *não só o combate a atos normativos federais e estaduais, como também a leis
e atos normativos municipais, além das normas (de todos os entes federativos) anteriores
à Constituição vigente.*

Trata-se, como se pode perceber, de uma exceção à regra já explicitada anteriormente, no sentido de que não cabe o controle concentrado de constitucionalidade, em
face da Constituição Federal, de leis e atos normativos municipais (que, como regra geral,
só podem submeter-se a controle difuso de constitucionalidade), bem como de normas
infraconstitucionais anteriores à promulgação da Constituição (as quais, como regra, são
recepcionadas ou não recepcionadas pela nova Carta Magna).

Aliás, como veremos um pouco mais abaixo, essa particularidade da arguição de
descumprimento de preceito fundamental por equiparação, que ampliou as hipóteses de
cabimento do controle concentrado de constitucionalidade, não por expressa vontade da
Constituição Federal, mas sim da lei infraconstitucional que a regulamentou, gerou (e ainda
gera) calorosa discussão acerca da constitucionalidade do artigo 1º, parágrafo único, inciso
I, da Lei 9.882/1999.

Por outro lado, não podem ser objeto de arguição de descumprimento de preceito
fundamental os chamados *negócios jurídicos*, ou seja, as declarações unilaterais e bilaterais de
vontade, emitidas por particulares, com o fim de criar, manter, alterar ou extinguir direitos
de ordem patrimonial, uma vez que não se trata, a toda evidência, de atos do Estado em que
está presente a supremacia do interesse público sobre o privado. Nesse sentido, vide a Ação
Direta de Inconstitucionalidade 2.231-MC/DF, relator ministro Néri da Silveira, decisão
de 5.12.2001 (Informativo STF 253, de 3 a 7 de dezembro de 2001).

Também não podem ser objeto de arguição de descumprimento de preceito fundamental os *atos políticos*. Com efeito, como nos lembra Uadi Lammêgo Bulos[10], "não é toda e
qualquer conduta pública, contrária a preceitos fundamentais, que enseja o uso da arguição",
citando, como exemplo de ato que não comporta a propositura dessa ação constitucional,
por se tratar de ato daquela natureza, o veto político a projeto de lei aprovado pelo Poder
Legislativo, mesmo que imotivado. A admissão de arguição de descumprimento de preceito
fundamental, na hipótese de ato político propriamente dito, resultaria em invasão de um
Poder na esfera de competência de outro Poder, o que é vedado pelo princípio da separação
de poderes.

---

10. *Op. cit.*, p. 321.

OBJETO DA ADPF

– Referida ação tem por escopo combater não só as diversas espécies normativas, como também todos os demais *atos praticados pelo Estado*, ou por quem lhe faça as vezes, que tenham a potencialidade de violar preceitos fundamentais da Lei Maior.

– Podem ser considerados atos do Estado, para fins de cabimento dessa ação, todos *os atos da Administração Pública* em que esta se valha de seu poder de império, atuando com fundamento no princípio da supremacia do interesse público sobre o privado.

– Também podem ser considerados atos do Estado todos os *atos de terceiros que agem por delegação do Estado* (pessoas que atuam em nome do Estado), como se dá, por exemplo, com os diversos concessionários de serviços públicos, bem como diretores de instituições de ensino.

– Igualmente são considerados atos do Estado as decisões judiciais que não observem preceitos fundamentais da Constituição Federal, quando não houver outro meio processual adequado para combatê-las.

– A ADPF por equiparação terá por objeto não só o combate a atos normativos federais e estaduais, como *também as leis e atos normativos municipais, além das norma*s (*de todos os entes federativos*) *anteriores à Constituição vigente*, quando houver controvérsia constitucional relevante.

– Por outro lado, não podem ser objeto de arguição de descumprimento de preceito fundamental os chamados *negócios jurídicos*, uma vez que não se trata de atos do Estado, em que está presente a supremacia do interesse público sobre o privado, bem como os *atos políticos*.

5.5 LEGITIMADOS ATIVOS PARA A ARGUIÇÃO DE DESCUMPRIMENTO DE PRECEITO FUNDAMENTAL

Nos termos do artigo 2º, inciso I, da Lei 9.882/1999, podem se valer da arguição de descumprimento de preceito fundamental todos os legitimados para propor a ação direta de inconstitucionalidade genérica. Logo, têm legitimidade ativa *ad causam* para propor a ação constitucional ora em estudo os mesmos legitimados fixados pelo artigo 103, *caput*, da Constituição Federal.

São eles: presidente da República; Mesa do Senado Federal; Mesa da Câmara dos Deputados; Mesas das Assembleias Legislativas dos Estados ou da Câmara Legislativa do Distrito Federal; governador de Estado ou do Distrito Federal; procurador-geral da República; Conselho Federal da Ordem dos Advogados do Brasil; partido político com representação no Congresso Nacional; e confederação sindical ou entidade de classe de âmbito nacional.

Evidentemente, em relação aos legitimados ativos *ad causam* da arguição de descumprimento de preceito fundamental, valem as mesmas ponderações que formulamos, quando estudamos a ação direta de inconstitucionalidade genérica, no tocante às diferentes espécies de legitimidade.

Com efeito, também aqui, alguns daqueles legitimados possuem a denominada *legitimidade ou legitimação universal* (com interesse de agir presumido), podendo propor a ação em comento para combater o descumprimento de qualquer preceito fundamental,

5 • AS DEMAIS AÇÕES DE CONTROLE CONCENTRADO DE CONSTITUCIONALIDADE — 147

já que detém, entre suas atribuições, o dever de defesa da ordem constitucional. São eles: presidente da República, Mesas da Câmara e do Senado, procurador-geral da República, Conselho Federal da Ordem dos Advogados do Brasil (OAB) e partidos políticos com representação no Congresso Nacional.

Outros legitimados, contudo, têm apenas a denominada *legitimidade ou legitimação especial*, necessitando demonstrar que o preceito fundamental descumprido ou ameaçado de descumprimento guarda direta relação com os seus objetivos institucionais. Devem, portanto, demonstrar a denominada *pertinência temática*. São eles: Mesas das Assembleias Legislativas dos Estados ou da Câmara Legislativa do Distrito Federal, governador de Estado ou do Distrito Federal e confederação sindical ou entidade de classe de âmbito nacional.

Vale ressaltar, ademais, que o mesmo artigo 2º da Lei 9.882/1999, só que em seu inciso II, conferia legitimidade para a propositura da arguição de descumprimento de preceito fundamental, perante o Supremo Tribunal Federal, *a qualquer pessoa lesada*. Referido dispositivo legal, contudo, foi vetado pelo presidente da República, por considerá-lo incompatível com um mecanismo de controle de constitucionalidade concentrado, como é o caso da ação constitucional ora em estudo.

Muitos autores argumentam que, com o veto à possibilidade de propositura da arguição de descumprimento de preceito fundamental por qualquer pessoa lesada, tornou-se completamente esvaziado o instituto da arguição de descumprimento de preceito fundamental por equiparação ou incidental, já que retira das partes, quando não se tratar de um daqueles legitimados elencados no inciso I do mesmo artigo, a possibilidade de levarem diretamente ao Supremo Tribunal Federal a solução de uma controvérsia constitucional relevante. É o que leciona, por exemplo, Leo van Holthe[11]:

> *"Com o veto presidencial, o Pretório Excelso tem entendido de forma reiterada que apenas os legitimados do art. 103 da CF/88 podem propor a ADPF (tanto a autônoma, quanto a incidental). Considerando-se que a ADPF autônoma não exige a comprovação da 'relevância' da controvérsia constitucional suscitada, concluiu-se que os legitimados do art. 103 certamente preferirão ingressar com esta modalidade de ADPF, restando à modalidade incidental o papel quase que de 'figura decorativa'".*

Contudo, é imperioso ressaltar que, a despeito de aquele inciso II ter sido vetado, o § 1º do mesmo artigo 2º da Lei 9.882/1999 autoriza que qualquer interessado (logo, qualquer lesado) solicite, mediante representação dirigida especificamente ao procurador-geral da República, a propositura da arguição de descumprimento de preceito fundamental. Caso este último decida-se pelo acolhimento da representação, proporá referida ação constitucional.

---

11. *Op. cit.*, p. 202.

LEGITIMADOS PARA A ADPF

– Podem se valer da Arguição de Descumprimento de Preceito Fundamental (ADPF) todos os legitimados da ação direta de inconstitucionalidade genérica. Logo, têm legitimidade ativa *ad causam* para propor essa ação constitucional os mesmos legitimados fixados pelo artigo 103, *caput*, da Constituição Federal.

– São eles: presidência da República; Mesa do Senado Federal; Mesa da Câmara dos Deputados; Mesa de Assembleia Legislativa ou da Câmara Legislativa do Distrito Federal; governador de Estado ou do Distrito Federal; procurador-geral da República; Conselho Federal da Ordem dos Advogados do Brasil; partido político com representação no Congresso Nacional; e confederação sindical ou entidade de classe de âmbito nacional.

– O artigo 2º, inciso II, da Lei 9.882/1999, também conferia legitimidade para a propositura da arguição de descumprimento de preceito fundamental *a qualquer pessoa lesada*. Referido dispositivo legal, contudo, foi vetado pelo presidente da República. Entretanto, a despeito do veto àquele dispositivo legal, o § 1º do mesmo artigo 2º da Lei 9.882/1999 autoriza que qualquer interessado solicite a propositura de ADPF, *mediante representação dirigida ao procurador-geral da República*.

5.6 A CONSTITUCIONALIDADE DA ARGUIÇÃO DE DESCUMPRIMENTO DE PRECEITO FUNDAMENTAL POR EQUIPARAÇÃO, SEGUNDO A CORTE SUPREMA

Como vimos nas notas introdutórias acerca da arguição de descumprimento de preceito fundamental, a Lei 9.882/1999 instituiu, em seu artigo 1º, parágrafo único, inciso I, a arguição de descumprimento de preceito fundamental incidental ou por equiparação, prevendo a possibilidade de sua propositura quando houver "controvérsia constitucional relevante sobre lei ou ato federal, estadual ou municipal, mesmo que anteriores à Constituição".

Trata-se aqui de hipótese de ampliação, por meio de lei infraconstitucional, da competência do Supremo Tribunal Federal, fato que, em nosso entender, importa em manifesta inconstitucionalidade dessa hipótese, ao menos até que sobrevenha alteração do texto constitucional, que confira ao Pretório Excelso competência para julgar a inconstitucionalidade de leis ou atos normativos municipais ou anteriores à Constituição Federal.

Com efeito, a Carta Magna, em seu artigo 102, § 1º, apenas previu que a arguição de descumprimento de preceito fundamental da Constituição seria apreciada pelo Supremo Tribunal Federal, na forma da lei. O dispositivo constitucional, portanto, apenas previu que a lei fixaria *a forma* pela qual seria apreciada a arguição de descumprimento de preceito fundamental, não permitindo, de maneira alguma, que o diploma infraconstitucional ampliasse as competências do Pretório Excelso.

E, conforme expressamente determinado pelo artigo 102, inciso I, alínea *a*, da Carta de 1988, o Supremo Tribunal Federal somente tem competência originária para julgar ações diretas de inconstitucionalidade de lei ou ato normativo federal ou estadual e a ação declaratória de constitucionalidade de lei ou ato normativo federal, não havendo qualquer permissão para que o Pretório julgue também a inconstitucionalidade de leis ou atos normativos municipais ou anteriores à Constituição vigente.

5 • AS DEMAIS AÇÕES DE CONTROLE CONCENTRADO DE CONSTITUCIONALIDADE

Assim, devemos insistir, ao menos até que seja promulgada uma emenda à Constituição que amplie a competência do Supremo Tribunal Federal, conferindo ao Pretório Excelso a competência para julgar, em sede de controle concentrado, também a inconstitucionalidade de leis ou atos normativos municipais ou anteriores à Constituição Federal, o supramencionado artigo 1º, parágrafo único, inciso I, da Lei 9.882/1999, é, na melhor das hipóteses, de duvidosa constitucionalidade. Nesses termos, por exemplo, também é a lição de Pedro Lenza[12]:

*"Portanto, ao que se percebe, a lei utilizou-se de manobra para levar ao STF matéria que o Constituinte Originário não estabeleceu. Entendemos, então, que deveria haver alteração, por emenda, ao art. 102, I, a, da CF, para se permitir a chamada **arguição por equiparação**. Não se discute a sua utilidade, mas entendemos que deveria haver uma correção do texto, sob pena de o legislador infraconstitucional estar atribuindo competência ao STF, não prevista na CF/88".*

É importante ressaltar, contudo, que diversos outros doutrinadores pátrios sempre pensaram de maneira diferente, relativamente à questão ora em estudo. É o caso, por exemplo, de Ricardo Cunha Chimenti, Fernando Capez, Márcio F. Elias Rosa e Marisa F. Santos[13], que assim lecionam:

"Em nosso entendimento, ao regulamentar que a ADPF pode ter por finalidade dirimir relevante controvérsia constitucional sobre lei ou ato normativo federal, estadual ou municipal, incluídos os anteriores à Constituição vigente à época de sua propositura, o inciso I do parágrafo único do art. 1º da Lei 9.882/1999 apenas explicita hipótese de proteção ao preceito fundamental da segurança previsto no caput do art. 5º da CF, disposição genérica que inclui a segurança das relações jurídicas. Com absoluto respeito às posições em sentido contrário, não vemos no dispositivo qualquer ampliação da competência do C. STF por lei ordinária".

No mesmo sentido, Leo van Holthe[14] sempre afirmou não haver qualquer inconstitucionalidade na instituição da arguição de descumprimento de preceito fundamental incidental ou por equiparação, ponderando que a "ampliação da competência do STF em sede de controle abstrato de constitucionalidade, promovida pela Lei 9.882/99, deveu-se à redação do art. 102, § 1º, da CF, de 1988 que previu de maneira ampla a Arguição de Descumprimento de Preceito Fundamental, delegando a tarefa de delimitar a sua abrangência à legislação ordinária".

De todo modo, ao menos na seara jurisprudencial, a questão já está resolvida em definitivo, uma vez que o Supremo Tribunal Federal já declarou, em caráter expresso, *a constitucionalidade da arguição de descumprimento de preceito fundamental por equiparação.* Com efeito, em recente decisão, proferida na Ação Direta de Inconstitucionalidade (ADI) 2.231/DF, o Pretório Excelso declarou a constitucionalidade do artigo 1º, parágrafo único, inciso I, da Lei 9.882/1999. Portanto, *para efeitos práticos,* referida hipótese de ampliação das competências da Corte Suprema, por lei infraconstitucional, *deve ser considerada constitucional.*

---

12. *Direito constitucional esquematizado.* 14. ed. Saraiva, 2010, p. 303.
13. *Op. cit.,* p. 454.
14. *Op. cit.,* p. 201.

5.7 CARÁTER SUBSIDIÁRIO DA ARGUIÇÃO DE DESCUMPRIMENTO DE PRECEITO FUNDAMENTAL

Nos termos do artigo 4º, § 1º, da Lei 9.882/1999, "não se admitirá arguição de descumprimento de preceito fundamental quando houver outro meio eficaz de sanar a lesividade". A norma em questão nos revela, de maneira inequívoca, o *caráter subsidiário* dessa ação constitucional, que somente será cabível, nos expressos termos da norma, quando não houver outro meio eficaz de sanar a potencial ou a efetiva lesão ao preceito fundamental.

E o que devemos entender por outro meio eficaz de sanar a lesividade? Particularmente no que se refere a esse tema, podemos notar alguma divergência na doutrina. Com efeito, para alguns doutrinadores, não será cabível a arguição de descumprimento de preceito fundamental quando houver *qualquer outro meio jurídico idôneo* para evitar ou reparar a lesão ao preceito fundamental. É o caso, por exemplo, de Uadi Lammêgo Bulos[15], que assim afirma:

> *"Resultado: a ADPF não substitui o agravo regimental, a reclamação, os recursos ordinários e extraordinários, o habeas corpus, o mandado de segurança individual e coletivo, o mandado de injunção, a ação popular e a ação civil pública. Também não pode ser ajuizada no lugar da ação direta de inconstitucionalidade por ação ou omissão, da ação interventiva ou da ação declaratória de constitucionalidade".*

Esse entendimento, é importante que se diga, encontra perfeito amparo em decisões do Supremo Tribunal Federal, a despeito de mais antigas, como se pode notar da ementa a seguir transcrita:

> *"O ajuizamento da ação constitucional de arguição de descumprimento de preceito fundamental rege-se pelo princípio da subsidiariedade (Lei 9.882/99, art. 4º, § 1º), a significar que não será ela admitida, sempre que houver qualquer outro meio juridicamente idôneo apto a sanar, com efetividade real, o estado de lesividade emergente do ato impugnado. Precedentes: ADPF 3/CE, ADPF 12/DF e ADPF 13/SP"* (Supremo Tribunal Federal, Pleno, Arguição de Descumprimento de Preceito Fundamental 17-AgRg/AP, relator ministro Celso de Mello, v.u., j. 5.6.2002, *DJ* de 14.2.2003, p. 48).

Entretanto, outra parte da doutrina, esta última já embasada na jurisprudência mais recente do Pretório Excelso, assevera que o caráter subsidiário da arguição de descumprimento de preceito fundamental deve levar em conta *apenas os demais processos de natureza objetiva*, ou seja, as ações que compõem o sistema de controle concentrado de constitucionalidade brasileiro, do qual também faz parte a ação constitucional ora em estudo.

Assim, para essa corrente doutrinária, somente será cabível a utilização da arguição de descumprimento de preceito fundamental quando não houver, nos termos do artigo 4º, § 1º, da lei de regência, outro meio eficaz de combater a lesão, dentre as ações constitucionais que compõem o controle concentrado, a saber: ação direta de inconstitucionalidade genérica, ação declaratória de constitucionalidade, ação direta de inconstitucionalidade interventiva e ação direta de inconstitucionalidade por omissão.

---

15. *Op. cit.*, p. 322.

5 • AS DEMAIS AÇÕES DE CONTROLE CONCENTRADO DE CONSTITUCIONALIDADE 151

Após transcrever trecho de ementa de acórdão proferido pelo Supremo Tribunal Federal (Arguição de Descumprimento de Preceito Fundamental 33/MC/PA, relator ministro Gilmar Mendes, j. 29.10.2003, *DJ* 6.8.2004, p. 20), Leo van Holthe[16], no sentido ora exposto, expõe seu próprio entendimento, em excelente síntese sobre o tema, nos seguintes termos:

> *"Assim, o Pretório Excelso atenuou o princípio da subsidiariedade, apenas deixando de conhecer uma ADPF quando houver outro meio eficaz capaz de sanar a lesão,* **dentre os processos objetivos de controle de constitucionalidade**. *A mera possibilidade de ajuizamento de processos subjetivos de controle (mandado de segurança, habeas corpus, ação ordinária etc.) não impede a utilização da ADPF, até porque, se o princípio da subsidiariedade fosse entendido dessa forma ampliada, nenhuma ADPF sequer chegaria a ser conhecida (considerando que sempre é cabível o ajuizamento de um MS ou de uma ação ordinária)".*

Quer isso dizer, em termos exemplificativos, que a simples possibilidade de impetração, por qualquer pessoa, de mandado de segurança para proteger um direito líquido e certo seu, em razão de um ato do poder público que também ofenda a um preceito fundamental da Carta Magna, não inviabiliza a propositura da arguição de descumprimento de preceito fundamental, por um dos legitimados do artigo 103, da Carta Magna, para submeter a alegada lesão ao preceito fundamental ao controle concentrado de constitucionalidade.

Caso, contudo, seja possível a propositura de quaisquer das outras ações constitucionais que compõem o controle concentrado de constitucionalidade (ação direta de inconstitucionalidade, ação declaratória de constitucionalidade, ação direta de inconstitucionalidade por omissão ou ação direta de inconstitucionalidade interventiva), de maneira eficaz a sanar a lesão ao preceito fundamental da Constituição, a arguição de descumprimento de preceito fundamental não será cabível, diante do seu caráter subsidiário.

Aliás, justamente em razão do princípio da subsidiariedade a que está submetida a ação constitucional ora em estudo, o Supremo Tribunal Federal já admitiu, em importante julgamento que tratou do tema, que uma arguição de descumprimento de preceito fundamental fosse conhecida como ação direta de inconstitucionalidade genérica, por ser este o meio eficaz para impugnação da norma, e por também terem sido observados os demais requisitos necessários à propositura da ação direta. Eis a ementa do acórdão:

> *"Tendo em conta o caráter subsidiário da arguição de descumprimento de preceito fundamental – ADPF, consubstanciado no § 1º do art. 4º da Lei 9.882/1999, o Tribunal resolveu questão de ordem no sentido de conhecer, como ação direta de inconstitucionalidade – ADI, a ADPF ajuizada pelo governador do Estado do Maranhão, em que se impugna a Portaria 156/2005, editada pela Secretaria Executiva de Estado da Fazenda do Pará, que estabeleceu, para fins de arrecadação do ICMS, novo boletim de preços mínimos de mercado para os produtos que elenca em seu anexo único. Entendeu-se demonstrada a impossibilidade de se conhecer da ação como ADPF, em razão da existência de outro meio eficaz para impugnação da norma, qual seja a ADI, porquanto o objeto do pedido principal é a declaração de inconstitucionalidade de preceito autônomo por ofensa a dispositivos constitucionais, restando observados os demais requisitos necessários à propositura da ação direta. Precedente citado: ADI 349 MC/DF (DJU de 24.9.1990)".* (Supremo Tribunal Federal,

---

16. *Op. cit.*, p. 203-204.

Pleno, Arguição de Descumprimento de Preceito Fundamental 72, relatora ministra Ellen Gracie, j. 1º.6.2005, *DJ* 2.12.2005, p. 2).

Por outro lado, caso não haja nenhum outro processo de natureza objetiva apto a sanar a lesividade ao preceito fundamental da Constituição Federal, certamente os legitimados ativos da arguição de descumprimento de preceito fundamental, fixados pelo artigo 103, *caput*, da Constituição Federal e artigo 2º, inciso I, da Lei 9.882/1999, poderão valer-se dessa ação constitucional para submeter o caso ao Supremo Tribunal Federal.

Seria hipótese de inequívoco cabimento de uma arguição de descumprimento de preceito fundamental proposta por quaisquer dos legitimados do artigo 103, *caput*, da Lei Maior, de ação que tivesse por objeto específico a impugnação de *uma lei municipal ou de uma norma anterior à promulgação da Carta Magna de 1988*, supostamente violadora de algum preceito fundamental da Constituição, já que, nessa hipótese, não seria cabível qualquer outra das modalidades de controle concentrado de constitucionalidade.

CARÁTER SUBSIDIÁRIO DA ADPF

– Não se admitirá ADPF quando houver outro meio eficaz de sanar a lesividade (artigo 4º, § 1º). A norma em questão nos revela o *caráter subsidiário* dessa ação constitucional. E o que devemos entender por outro meio eficaz de sanar a lesividade?

– Para alguns doutrinadores, não será cabível a Arguição de Descumprimento de Preceito Fundamental (ADPF) quando houver **qualquer outro meio jurídico idôneo** para evitar ou reparar a lesão ao preceito fundamental, tais como *habeas corpus, habeas data*; mandado de segurança individual e coletivo; mandado de injunção; ação popular; e ações do controle concentrado de constitucionalidade.

– Outra parte da doutrina, esta última já embasada na jurisprudência mais recente do Pretório Excelso, assevera que o caráter subsidiário da ADPF deve levar em conta *apenas os demais processos de natureza objetiva*, ou seja, as ações que compõem o sistema de controle concentrado de constitucionalidade brasileiro.

5.8 O *AMICUS CURIAE* NA ARGUIÇÃO DE DESCUMPRIMENTO DE PRECEITO FUNDAMENTAL

Ao estudarmos a ação direta de inconstitucionalidade genérica, vimos que o artigo 7º, § 2º, da Lei 9.868/1999, prevê expressamente a possibilidade de o Supremo Tribunal Federal, através do ministro relator, admitir a manifestação do chamado *amicus curiae*, levando em conta a relevância da matéria e a representatividade do postulante. Muito embora não havendo norma semelhante, naquele diploma legal, em relação à ação declaratória de constitucionalidade, vimos que a atuação do chamado *amigo da corte*, nesta última ação, também é perfeitamente possível, graças ao caráter dúplice ou ambivalente dessas duas ações constitucionais.

Vimos, igualmente, ser admissível a manifestação do *amicus curiae* na ação direta de inconstitucionalidade por omissão, em razão de expressa previsão legal (artigo 12-E, *caput*, e § 1º, da Lei 9.868/1999). Vimos, ademais que o Código de Processo Civil também prevê a possibilidade de participação do amigo da corte no controle difuso de constitucionalidade perante os tribunais de segundo grau (artigo 949, § 3º), e que o mesmo Código de Processo Civil, em seu artigo 138, também trata da atuação do *amicus curiae*, para a generalidade das ações, levando em conta a relevância da matéria, a especificidade do tema objeto da demanda ou a repercussão social da controvérsia[17].

No caso específico da arguição de descumprimento de preceito fundamental, o artigo 6º, da Lei 9.882/1999 dispõe que o relator poderá, se entender necessário, "ouvir as partes nos processos que ensejaram a arguição, requisitar informações adicionais, designar perito ou comissão de peritos para que emita parecer sobre a questão, ou ainda, fixar data para declarações, em audiência pública, de pessoas com experiência e autoridade na matéria (§ 1º), bem como que "poderão ser autorizadas, a critério do relator, sustentação oral e juntada de memoriais, por requerimento dos interessados no processo".

Como se pode notar facilmente, a Lei 9.882/1999 não possui regra exatamente igual às dos já estudados artigos 7º, § 2º, e 12-G, *caput*, e § 1º, todos da Lei 9.868/1999, relativa à atuação do amigo da corte na ação direta de inconstitucionalidade genérica e na ação direta de inconstitucionalidade por omissão. Para alguns, as normas relativas à arguição de descumprimento de preceito fundamental, relativas ao tema, seriam mais flexíveis que as regras referentes às demais ações de controle concentrado, uma vez que não falam em *relevância da matéria* e *representatividade dos postulantes*, como requisitos a permitir a atuação daquele auxiliar do juízo.

Contudo, valem aqui argumentos semelhantes aos que foram usados quando estudamos a atuação do amigo da corte na *ação direta de inconstitucionalidade por omissão*. Uma simples interpretação gramatical não é suficiente para solucionar o caso. É preciso lembrar que a ação arguição de descumprimento de preceito fundamental é também uma ação do controle concentrado de constitucionalidade brasileiro, juntamente com aquelas regulamentadas pela Lei 9.868/1999. Portanto, valendo-nos da analogia, além de uma interpretação *teleológica* da lei de regência, não restam dúvidas de que as mesmas regras relativas à participação do *amicus curiae*, fixadas para as outras ações constitucionais já estudadas, devem valer para a ação ora em estudo.

Portanto, também na arguição de descumprimento de preceito fundamental, a admissão do *amicus curiae* depende de aquiescência do ministro relator, que examinará a relevância da matéria e a representatividade do postulante. Não há um direito subjetivo a ser admitido como *amicus curiae*, devendo o postulante demonstrar, de maneira induvidosa, não só sua representatividade adequada, como também a relevância da matéria a ser discutida, além, naturalmente, de que ingressará no feito *para auxiliar o juízo na perfeita compreensão da matéria submetida a julgamento, e não para defender interesses subjetivos próprios*.

Na arguição de descumprimento de preceito fundamental, *a decisão que permitir ou recusar o ingresso de amicus curiae* também *é irrecorrível*, não sendo possível, portanto, a

---

17. Código de Processo Civil, artigo 138, caput: "Art. 138. O juiz ou o relator, considerando a relevância da matéria, a especificidade do tema objeto da demanda ou a repercussão social da controvérsia, poderá, por decisão irrecorrível, de ofício ou a requerimento das partes ou de quem pretenda manifestar-se, solicitar ou admitir a participação de pessoa natural ou jurídica, órgão ou entidade especializada, com representatividade adequada, no prazo de 15 (quinze) dias de sua intimação".

interposição de agravo interno. Busca-se, mais uma vez, evitar que um instituto que busca auxiliar no julgamento do feito acabe por resultar no efeito contrário, qual seja, o tumulto processual.

A intervenção do *amicus curiae*, nesta ação, também somente pode ser solicitada até a data em que o ministro relator liberar o processo para pauta de julgamento. Aqui também, a atuação do amigo da corte não se restringe à prestação de informações ou oferecimento de memoriais, podendo atuar no feito de maneira plena, inclusive com a oportunidade de sustentação oral, na sessão de julgamento.

5.9 CONCESSÃO DE MEDIDA LIMINAR EM ARGUIÇÃO DE DESCUMPRIMENTO DE PRECEITO FUNDAMENTAL

Nesta modalidade de ação de controle concentrado, o Supremo Tribunal Federal também poderá deferir pedido de medida liminar, desde que por maioria absoluta de seus membros (artigo 5º, *caput*, da Lei 9.882/1999). Ademais, nos termos do § 1º do mesmo artigo 5º, referida liminar poderá ser deferida pelo próprio ministro relator (sem necessidade de maioria absoluta), em caso de extrema urgência ou perigo de lesão grave ou em período de recesso. Nesse caso, contudo, a liminar deverá ser referendada, posteriormente, pelo Tribunal Pleno.

Antes de decidir-se pela concessão ou não da liminar, o ministro relator poderá ouvir os órgãos ou autoridades responsáveis pelo ato questionado, bem como o advogado-geral da União ou o procurador-geral da República, no prazo comum de 5 (cinco) dias[18]. Essa é a norma fixada pelo § 2º do artigo 5º da lei que regulamenta a arguição de descumprimento de preceito fundamental.

Como esclarece o mesmo artigo 5º, em seu § 3º, a liminar poderá consistir na determinação de que juízes e tribunais suspendam o andamento de processos ou os efeitos de decisões judiciais, ou de qualquer outra medida que apresente relação com a matéria objeto da arguição de descumprimento de preceito fundamental, salvo se decorrentes de coisa julgada.

5.10 PRINCIPAIS REGRAS PROCEDIMENTAIS DA ARGUIÇÃO DE DESCUMPRIMENTO DE PRECEITO FUNDAMENTAL

Nos termos do artigo 3º, da Lei 9.882/1999, a petição inicial da arguição de descumprimento de preceito fundamental deverá indicar: a indicação do preceito fundamental que se considera violado; a indicação do ato questionado; a prova da violação do preceito fundamental; o pedido, com suas especificações; e, se for o caso, a comprovação da existência de controvérsia judicial relevante sobre a aplicação do preceito fundamental que se considera violado.

---

18. Referido prazo, a toda evidência, é singelo. Não se aplica o benefício da contagem em dobro para o Ministério Público e para os membros da Advocacia Pública quando a lei estabelecer, de forma expressa, prazo próprio para a realização do ato. É o que dispõe, em caráter expresso e inequívoco, o Código de Processo Civil, respectivamente, nos artigos 180, § 2 º e 183, § 2º.

5 • AS DEMAIS AÇÕES DE CONTROLE CONCENTRADO DE CONSTITUCIONALIDADE

Da mesma forma que se dá com a ação direta de inconstitucionalidade genérica, com a ação declaratória de constitucionalidade e com a ação direta de inconstitucionalidade por omissão, por se tratar de uma ação de natureza objetiva, em que não há interesses subjetivos em jogo, não há pedido de citação de réus na arguição de descumprimento de preceito fundamental.

A petição inicial, acompanhada de instrumento de mandato (procuração), quando subscrita por advogado, será apresentada em 2 (duas) vias, devendo conter cópias do ato questionado e dos documentos necessários para comprovar a impugnação (artigo 3º, parágrafo único, da Lei 9.882/1999).

Particularmente no que toca à assinatura da petição inicial por advogado, valem as mesmas ponderações formuladas quando do estudo das outras ações de controle concentrado de constitucionalidade: *somente as petições formuladas por partidos políticos com representação no Congresso Nacional e por confederações sindicais ou entidades de classe de âmbito nacional é que necessitam de patrocínio por advogado*. Os demais legitimados da arguição de descumprimento de preceito fundamental podem propor referida ação, bem como praticar todos os demais atos que exigem capacidade postulatória, independentemente do patrocínio de advogado.

O artigo 4º, da Lei 9.882/1999 dispõe que a petição inicial será indeferida liminarmente, pelo ministro relator, quando não for o caso de arguição de descumprimento de preceito fundamental, quando faltar algum dos requisitos prescritos na lei que regulamenta esta ação, ou quando referida peça exordial for inepta.

Como vimos anteriormente, *não será admitida a arguição de descumprimento de preceito fundamental quando houver qualquer outro meio eficaz de sanar a lesividade*. Não poderá ser proposta esta ação constitucional, portanto, quando for cabível, na espécie, a propositura de ação direta de inconstitucionalidade genérica, ação declaratória de constitucionalidade, ação direta de inconstitucionalidade por omissão e ação direta de inconstitucionalidade interventiva. É o que preconiza o artigo 4º, § 1º, da Lei 9.882/1999.

O artigo 4º, § 2º, por sua vez, dispõe que, da decisão que indeferir a petição inicial, caberá agravo, no prazo de 5 (cinco) dias. Com a vigência do novo Código de Processo Civil, referido recurso passa a ser chamar *agravo interno*[19], e seu prazo aumenta para 15 (quinze) dias, conforme regra geral do artigo 219, do mesmo Código de Processo Civil.

Após a apreciação de eventual pedido de liminar, o ministro relator solicitará as informações às autoridades responsáveis pela prática do ato questionado, no prazo de 10 (dez) dias (artigo 6º da lei). O ministro relator também poderá, caso entenda necessário, ouvir as partes nos processos que ensejaram a arguição, requisitar informações adicionais, designar perito ou comissão de peritos para que emita parecer sobre a questão, ou, ainda, fixar data para declarações, em audiência pública, de pessoas com experiência e autoridade na matéria.

Como vimos ao estudar a possibilidade de atuação do *amicus curiae* na arguição de descumprimento de preceito fundamental, o artigo 6º, § 2º, da Lei 9.882/1999, dispõe ex-

---

19. Código de Processo Civil, artigo 1.021: "Contra decisão proferida pelo relator caberá agravo interno para o respectivo órgão colegiado, observadas, quanto ao processamento, as regras do regimento interno do tribunal".

pressamente que poderão ser autorizadas, a critério do relator, sustentação oral e juntada de memoriais, por requerimento dos interessados no processo.

Nos termos do artigo 7º, *caput*, da Lei 9.882/1999, "decorrido o prazo das informações, o relator lançará o relatório, com cópia a todos os ministros, e pedirá dia para julgamento". O parágrafo único do mesmo artigo, a seu turno, esclarece que o Ministério Público (no caso, o procurador-geral da República), desde que não tenha proposto a ação, será ouvido, no prazo de 5 (cinco) dias[20], após o decurso de prazo para informações pela autoridade responsável pelo ato impugnado.

De maneira semelhante ao que preconiza o artigo 22 da lei que disciplina o processo e julgamento da ação direta de inconstitucionalidade e da ação declaratória de constitucionalidade, a Lei 9.882/1999, em seu artigo 8º, determina que a decisão sobre a arguição de descumprimento de preceito fundamental somente seja tomada se presentes na sessão no mínimo 2/3 (dois terços) dos ministros, ou seja, pelo menos 8 (oito) magistrados.

Conforme o artigo 10 da Lei 9.882/1999, julgada a ação, far-se-á comunicação às autoridades ou órgãos responsáveis pela prática dos atos questionados, fixando-se as condições e o modo de interpretação e aplicação do preceito fundamental. O presidente do Supremo Tribunal Federal determinará o imediato cumprimento da decisão, lavrando-se o acórdão posteriormente (§ 1º). E, dentro do prazo de 10 (dez) dias contado a partir do trânsito em julgado da decisão, sua parte dispositiva será publicada no *Diário Oficial* (§ 2º).

De maneira semelhante ao que determina a Carta Magna, no artigo 102, § 2º, relativamente à ação declaratória de constitucionalidade e à ação direta de inconstitucionalidade, o artigo 10, § 3º, da Lei 9.882/1999 prevê expressamente que a sentença que julga a arguição de descumprimento de preceito fundamental terá eficácia contra todos (*erga omnes*) e efeito vinculante, relativamente aos demais órgãos do Estado.

O artigo 11, da Lei 9.882/1999, por sua vez, dispõe que o Supremo Tribunal Federal poderá, por maioria de 2/3 (dois terços) de seus membros, restringir os efeitos daquela decisão, ou decidir que ela só tenha eficácia a partir de seu trânsito em julgado, ou em outro momento que entender oportuno. Portanto, de maneira semelhante ao que ocorre na ação direta de inconstitucionalidade genérica e na ação declaratória de constitucionalidade, é possível ocorrer a denominada *modulação de efeitos* na arguição de descumprimento de preceito fundamental.

Como determina expressamente o artigo 12, da lei de regência, *a decisão que julgar procedente ou improcedente o pedido em arguição de descumprimento de preceito fundamental é irrecorrível, não podendo ser objeto de ação rescisória.* Trata-se de regra de todo semelhante àquela fixada pela lei para a ação direta de inconstitucionalidade e para a ação declaratória de constitucionalidade, razão pela qual, a toda evidência, também serão cabíveis *embargos de declaração*, quando houver omissão, contradição ou obscuridade na decisão.

Por fim, o artigo 13, da Lei 9.882/1999, dispõe que caberá reclamação contra o descumprimento da decisão proferida pelo Supremo Tribunal Federal, no julgamento da arguição

---

20. Não se aplica o benefício da contagem em dobro para o Ministério Público quando a lei estabelecer, de forma expressa, prazo próprio para a realização do ato (Código de Processo Civil, artigo 180, § 2º).

5 • AS DEMAIS AÇÕES DE CONTROLE CONCENTRADO DE CONSTITUCIONALIDADE | **157**

de descumprimento de preceito fundamental, na forma do Regimento Interno daquela Corte Suprema. Também neste caso, a semelhança com o que dispõe a Lei 9.868/1999, que regulamenta a ação direta de inconstitucionalidade (genérica e por omissão) e a ação declaratória de constitucionalidade, é inequívoca.

A reclamação, como já mencionamos anteriormente, encontra-se atualmente regulamentada pelo Código de Processo Civil, a partir de seu artigo 988. Nos expressos termos do § 2º, daquele artigo 988, a reclamação deverá ser instruída com prova documental da alegada ofensa à decisão do Pretório Excelso, e dirigida ao presidente do Supremo Tribunal Federal, que a distribuirá ao ministro relator do processo principal, sempre que possível.

Ao despachar a reclamação, o ministro relator: (a) requisitará informações da autoridade a quem for imputada a prática do ato impugnado (que desrespeitou a decisão proferida pela Corte Suprema, em sede de controle concentrado de constitucionalidade), que as prestará no prazo de 10 (dez) dias; (b) se necessário, ordenará a suspensão do processo ou do ato impugnado para evitar dano irreparável; e (c) determinará a citação do beneficiário da decisão impugnada, que terá prazo de 15 (quinze) dias para apresentar a sua contestação.

Qualquer interessado poderá impugnar o pedido do reclamante. Na reclamação que não houver formulado, o Ministério Público terá vista do processo por 5 (cinco) dias, após o decurso do prazo para informações e para o oferecimento da contestação pelo beneficiário do ato impugnado. Julgando procedente a reclamação, o Supremo Tribunal Federal cassará a decisão exorbitante de seu julgado ou determinará medida adequada à solução da controvérsia.

É importante esclarecer, para encerrarmos o tema da reclamação, que o Código de Processo Civil agora torna expresso o que antes era apenas uma construção jurisprudencial[21]. Com efeito, referido diploma legal agora torna clara a inadmissibilidade de propositura de reclamação após o trânsito em julgada da decisão que contrariou a decisão do Pretório Excelso, proferida em sede de controle concentrado de constitucionalidade (artigo 988, § 5º). Neste caso, deverá propor ação rescisória do julgado em que houve o desrespeito à decisão do Pretório Excelso.

5.11 AÇÃO DIRETA DE INCONSTITUCIONALIDADE INTERVENTIVA

A Constituição Federal de 1988, já em seu artigo 1º, *caput*, deixa claro que o Brasil é um Estado do tipo Federal, ao esclarecer que a República Federativa do Brasil (o nome oficial de nosso país) é formada pela união indissolúvel dos Estados, Municípios e do Distrito Federal.

E ao tratar da organização político-administrativa, a Carta Magna mais uma vez ressalta que o Brasil é um Estado do tipo Federal, ao dispor que "a organização político-administrativa da República Federativa do Brasil compreende a União, os Estados, o Distrito Federal e os Municípios, todos autônomos, nos termos desta Constituição".

---

21. Súmula 734, do Supremo Tribunal Federal: "Não cabe reclamação quando já houver transitado em julgado o ato judicial que se alega tenha desrespeitado decisão do Supremo Tribunal Federal".

Os supramencionados artigos 1º e 18, da Constituição de 1988, explicitam, de maneira clara e induvidosa, 2 (duas) das características comuns a toda e qualquer Federação, a saber: *a indissolubilidade do vínculo* que une os entes que a compõem, como também a *autonomia* que lhes é conferida.

O caráter *autônomo* dos Estados, Distrito Federal e Municípios, conforme mencionado no artigo 18, *caput*, de nossa Lei Magna, é evidenciado pelo conjunto de prerrogativas, fixadas pela própria Constituição Federal, que confere àquelas pessoas políticas a capacidade de instituírem e manterem a organização, o governo e a administração deles próprios, além da possibilidade de arrecadarem receitas próprias, para a própria subsistência como entidades autônomas.

Justamente em razão dessa autonomia, expressamente conferida aos Estados, ao Distrito Federal e aos Municípios, não será possível a qualquer daquelas entidades intervir nas demais, sob pena de quebra da garantia da autonomia, conferida pela Carta Magna, em decorrência do modelo de Estado federal adotado pelo Brasil. Contudo, em *hipóteses excepcionais*, fixadas nos artigos 34 e 35 da Carta Magna, a própria Constituição permite a intervenção da União nos Estados e no Distrito Federal, bem como a intervenção dos Estados nos Municípios neles localizados.

Tratando especificamente da intervenção federal, o *rol (taxativo)* de hipóteses em que referida intervenção se mostra possível encontra-se tipificado no artigo 34 da Constituição de 1988. E dentre referidas hipóteses, a constante do inciso VII prevê a intervenção da União nos Estados e no Distrito Federal, para que seja assegurada a observância dos chamados *princípios constitucionais sensíveis*.

Referidos princípios, relacionados nas alíneas do artigo 34, inciso VII, da Carta Magna, são os seguintes: (a) forma republicana, sistema representativo e regime democrático; (b) direitos da pessoa humana; (c) autonomia municipal; (d) prestação de contas da administração pública, direta e indireta; (e) aplicação do mínimo exigido da receita resultante de impostos estaduais, compreendida a proveniente de transferências, na manutenção e desenvolvimento do ensino e nas ações e serviços públicos de saúde.

Contudo, é importante esclarecer que, para que seja possível a intervenção federal em determinado Estado-membro ou no Distrito Federal, quando estes editarem uma lei ou ato normativo, ou mesmo ato de governo que acabe por ferir alguns daqueles denominados princípios constitucionais sensíveis, mostra-se indispensável que, primeiramente, haja o prévio ajuizamento e procedência da denominada *ação direta de inconstitucionalidade interventiva*, também conhecida por *representação interventiva*.

A primeira constituição brasileira a tratar da ação direta de inconstitucionalidade interventiva foi a Constituição de 1934, que, de maneira semelhante à Carta Magna de 1988, previu a competência originária do Supremo Tribunal Federal para julgar a representação do procurador-geral da República, nos casos de violação aos chamados "princípios constitucionais sensíveis".

Como já mencionado em outras oportunidades, na Constituição de 1988 a ação direta de inconstitucionalidade interventiva tem previsão em seu artigo 36, inciso III, o qual dispõe que a decretação da intervenção federal, tanto para assegurar a observância dos princípios

5 • AS DEMAIS AÇÕES DE CONTROLE CONCENTRADO DE CONSTITUCIONALIDADE

constitucionais sensíveis (artigo 34, inciso VII), como também no caso de recusa à execução de lei federal[22], dependerá de provimento, pelo Supremo Tribunal Federal, de representação do procurador-geral da República.

Há alguns anos, foi editada a Lei 12.562, de 23 de dezembro de 2011, tendo por objetivo justamente regulamentar a ação direta de inconstitucionalidade interventiva. Nos expressos termos do artigo 2º daquele diploma legal, "a representação será proposta pelo procurador-geral da República, em caso de violação aos princípios referidos no inciso VII do artigo 34 da Constituição Federal, ou de recusa, por parte de Estado-Membro, à execução de lei federal".

A ação direta de inconstitucionalidade interventiva, ou, simplesmente, representação interventiva, é uma modalidade de controle concentrado de constitucionalidade, em que se busca a obtenção de um provimento jurisdicional que declare, *incidentalmente*, ou a inconstitucionalidade de ato (normativo ou mesmo administrativo) estadual ou distrital que contrarie aqueles princípios constitucionais sensíveis, ou a recusa de cumprimento a uma lei federal, para que, em seguida, possa ser efetivada a intervenção federal no Estado-membro ou no Distrito Federal.

Trata-se de uma modalidade de controle concentrado de constitucionalidade porque referida ação – a despeito de ser denominada pelo artigo 36, inciso III, da Carta Magna, de simples "representação" do chefe do Ministério Público da União – *é julgada exclusivamente pelo Supremo Tribunal Federal*, o qual, julgando-a procedente, *requisita* (determina) ao presidente da República a decretação da intervenção federal.

Por outro lado, a despeito de ser uma ação julgada exclusivamente pelo Pretório Excelso – e por esse motivo ser apontada como uma modalidade de controle concentrado de constitucionalidade –, realiza um *controle concreto* de eventuais violações aos princípios constitucionais sensíveis, ou de recusa à execução de lei federal, perpetradas por Estados-membros ou pelo Distrito Federal. É por essa razão que costumeiramente se diz que a ação interventiva é um *mecanismo de controle abstrato, para fins concretos*[23].

A ação direta de inconstitucionalidade interventiva, portanto, possui uma *dupla finalidade*: a primeira, de *ordem jurídica*, é a declaração incidental de inconstitucionalidade de ato estadual ou distrital (no exercício de sua competência estadual) que fira algum dos princípios constitucionais sensíveis, ou da recusa, por aqueles entes, à execução de lei federal; a segunda, de *ordem política*, a decretação da intervenção no Estado-membro ou no Distrito Federal.

Quer isso dizer, em outras palavras, que o objeto principal da ação direta de inconstitucionalidade interventiva, também denominada, como vimos, de "representação interventiva", não é a simples declaração de inconstitucionalidade de ato estadual ou distrital que desrespeite os princípios constitucionais sensíveis, ou da recusa de cumprimento de uma lei federal, mas sim a solução de um caso concreto, através da requisição (determinação) de que o presidente da República intervenha naquele ente da Federação.

---

22. Esta hipótese foi acrescentada ao dispositivo constitucional em comento pela Emenda Constitucional 45, de 2004.
23. Clèmerson Merlin Cléve. *A fiscalização abstrata de constitucionalidade no direito brasileiro*. 2. ed. Revista dos Tribunais, 2000, p. 125.

DIREITO PROCESSUAL CONSTITUCIONAL • Paulo Roberto de Figueiredo Dantas

É importante esclarecer que a decisão do Supremo Tribunal Federal *não declara a nulidade da lei ou ato normativo estadual ou distrital*, como se dá nas demais modalidades de controle concentrado de constitucionalidade, já que se limita a julgar procedente ou improcedente a representação de inconstitucionalidade, como etapa prévia para a futura intervenção federal[24]. *É o decreto do presidente da República, este sim, que o anula.*

Essa conclusão pode ser confirmada pela simples leitura do artigo 36, § 3º, da Constituição Federal vigente, o qual, de maneira clara e induvidosa, dispõe que "o decreto limitar-se-á a suspender a execução do ato impugnado, se essa medida bastar ao restabelecimento da normalidade". Ora, se a decisão do Pretório Excelso declarasse a nulidade do ato estadual ou distrital que ofendeu ao princípio constitucional sensível, ou que recusou cumprimento à execução de lei federal, não haveria necessidade do decreto do presidente da República para tal desiderato.

AÇÃO DIRETA DE INCONSTITUCIONALIDADE INTERVENTIVA

– A *ação direta de inconstitucionalidade interventiva* tem previsão no artigo 36, inciso III, da Constituição Federal, o qual dispõe que a decretação da intervenção federal, tanto para assegurar a observância dos princípios constitucionais sensíveis (artigo 34, inciso VII), como também no caso de recusa à execução de lei federal, dependerá de provimento, pelo Supremo Tribunal Federal, de representação do procurador-geral da República.

– Trata-se de uma modalidade de controle concentrado de constitucionalidade, em que se busca a obtenção de um provimento jurisdicional que declare, incidentalmente, a inconstitucionalidade de ato estadual ou distrital ou a recusa, por aqueles entes políticos, de cumprimento a uma lei federal, que contrarie aqueles princípios constitucionais sensíveis, para que, em seguida, possa ser efetivada a intervenção federal no Estado-membro ou no Distrito Federal.

– É uma modalidade de controle concentrado de constitucionalidade porque referida ação – a despeito de ser denominada pelo artigo 36, inciso III, da Carta Magna, de simples "representação" do chefe do Ministério Público da União – é julgada exclusivamente pelo Supremo Tribunal Federal, o qual, julgando-a procedente, *requisita* (determina) ao presidente da República a decretação da intervenção federal.

– Por outro lado, a despeito de ser uma ação julgada exclusivamente pelo Pretório Excelso, realiza um controle concreto de eventuais violações aos princípios constitucionais sensíveis, perpetradas por Estados-membros ou pelo Distrito Federal, ou de recusa, pelos mesmos entes, à execução de uma lei federal. É por essa razão que costumeiramente se diz que a ação interventiva é um *mecanismo de controle abstrato, para fins concretos*.

– A ação direta de inconstitucionalidade interventiva, portanto, possui uma *dupla finalidade*: a primeira, de *ordem jurídica*, é a declaração incidental de inconstitucionalidade de ato estadual ou distrital (no exercício de sua competência estadual) ou de recusa à execução de lei federal; a segunda, de *ordem política*, a decretação da intervenção no Estado-membro ou no Distrito Federal.

---

24. Nesse sentido, por exemplo, é a lição de Uadi Lammêgo Bulos: "A sentença final não nulifica a lei, como ocorre no controle abstrato de normas, e o Supremo apenas decide o conflito confederativo, provendo, ou não, a representação". *Curso de direito constitucional.* 5. ed. Saraiva, 2010, p. 236.

5.12 ÚNICO LEGITIMADO PARA A AÇÃO DIRETA DE INCONSTITUCIONALIDADE INTERVENTIVA

A ação direta de inconstitucionalidade interventiva, nos expressos termos do artigo 36, inciso III, da Carta Magna, *somente poderá ser proposta pelo chefe do Ministério Público da União*, ou seja, pelo procurador-geral da República, no caso de ofensa àqueles princípios constitucionais sensíveis, ou de recusa ao cumprimento de lei federal. Trata-se, portanto, de hipótese de *legitimação exclusiva*.

É imperioso esclarecermos, por outro lado, que o procurador-geral da República não está obrigado a propor referida ação, tratando-se de ato discricionário de sua parte. Com efeito, graças ao princípio da independência funcional, que rege a atividade do Ministério Público, o chefe da instituição não poderá ser compelido a ajuizar, perante o Supremo Tribunal Federal, a ação direta de inconstitucionalidade interventiva.

Com efeito, o *princípio da independência funcional* ressalta que os membros daquele órgão não se subordinam a convicções jurídicas de outrem, podendo atuar da maneira que considerar mais adequada, desde que fundamentada na lei e, sobretudo, na Constituição Federal.

Assim, ao receber uma representação solicitando que tome providências relativamente a algum conflito federativo entre a União e um Estado-membro ou Distrito Federal, por suposta ofensa a algum dos denominados princípios constitucionais sensíveis, ou recusa de cumprimento à lei federal, poderá determinar o procurador-geral da República o arquivamento daquela representação, caso considere que não houve, no caso concreto, efetiva ofensa a um daqueles princípios, ou recusa de cumprimento a uma lei federal. Sobre o tema, sugerimos a leitura das *RTJ* 98/3, 48/156 e 100/954.

ÚNICO LEGITIMADO PARA A REPRESENTAÇÃO INTERVENTIVA

> – A ação direta de inconstitucionalidade interventiva, nos termos do artigo 36, inciso III, da Carta Magna, somente poderá ser proposta pelo chefe do Ministério Público da União, ou seja, pelo procurador-geral da República, na hipótese de ofensa àqueles princípios constitucionais sensíveis ou de recusa de cumprimento à lei federal. Trata-se, portanto, de hipótese de legitimação exclusiva.

5.13 O *AMICUS CURIAE* NA AÇÃO DIRETA DE INCONSTITUCIONALIDADE INTERVENTIVA

Nos expressos termos do artigo 7º, da Lei 12.562/2011, o ministro relator poderá, se entender necessário, requisitar informações adicionais, designar perito ou comissão de peritos para que elabore laudo sobre a questão ou, ainda, fixar data para declarações, em audiência pública, de pessoas com experiência e autoridade na matéria. Poderá, ademais, segundo parágrafo único daquele mesmo artigo, autorizar, a seu critério, *a manifestação e a juntada de documentos por parte de interessados no processo*. Temos, nesta última norma, a previsão da possibilidade de atuação do *amicus curiae*.

Valem aqui os mesmos argumentos utilizados quando estudamos a arguição de descumprimento de preceito fundamental. É preciso lembrar que a ação direta de inconstitucionalidade interventiva é também uma ação do controle concentrado de constitucionalidade brasileiro, juntamente com aquelas regulamentadas pela Lei 9.868/1999. Portanto, valendo-nos da analogia, além de uma interpretação *teleológica* da lei de regência, não restam dúvidas de que as mesmas regras relativas à participação do *amicus curiae*, fixadas para as outras ações constitucionais já estudadas, devem valer para a ação ora em estudo.

Portanto, também na ação direta de inconstitucionalidade interventiva, a admissão do *amicus curiae* depende de aquiescência do ministro relator, que examinará a relevância da matéria e a representatividade do postulante. Não há um direito subjetivo a ser admitido como *amicus curiae*, devendo o postulante demonstrar, de maneira induvidosa, não só sua representatividade adequada, como também a relevância da matéria a ser discutida, além, naturalmente, de que ingressará no feito *para auxiliar o juízo na perfeita compreensão da matéria submetida a julgamento, e não para defender interesses subjetivos próprios*.

Na ação direta de inconstitucionalidade interventiva, da mesma forma que ocorre nas demais ações de controle concentrado de constitucionalidade, *a decisão que permitir ou recusar o ingresso de amicus curiae é irrecorrível*, não sendo possível, portanto, a interposição de agravo interno. Busca-se, mais uma vez, evitar que um instituto que busca auxiliar no julgamento do feito acabe por resultar no efeito contrário, qual seja, o tumulto processual.

A intervenção do *amicus curiae*, nesta ação, também somente pode ser solicitada até a data em que o ministro relator liberar o processo para pauta de julgamento. Aqui também, a atuação do amigo da corte não se restringe à prestação de informações ou oferecimento de memoriais, podendo atuar no feito de maneira plena, inclusive com a oportunidade de sustentação oral, na sessão de julgamento.

5.14 A CONCESSÃO DE MEDIDA LIMINAR EM AÇÃO DIRETA DE INCONSTITUCIONALIDADE INTERVENTIVA

O Pretório Excelso, por decisão da *maioria absoluta de seus membros* (pelo menos seis ministros), poderá deferir pedido de *medida liminar* na representação interventiva. É o que prevê expressamente o artigo 5º, *caput*, da lei que regulamenta a representação interventiva. Antes de conceder a liminar, o ministro relator poderá ouvir os órgãos ou autoridades responsáveis pelo ato questionado, bem como o advogado-geral da União ou o procurador-geral da República, no prazo comum de 5 (cinco) dias[25].

Como nos esclarece o § 2º do supramencionado artigo 5º, da Lei 12.562/2011, a liminar poderá consistir na determinação de que se suspenda o andamento do processo ou os efeitos de decisões judiciais ou administrativas ou de qualquer outra medida que apresente relação com a matéria objeto da representação interventiva.

---

25. Referido prazo é singelo. Não se aplica o benefício da contagem em dobro para o Ministério Público e para os membros da Advocacia Pública quando a lei estabelecer, de forma expressa, prazo próprio para a realização do ato. É o que dispõe, em caráter expresso e inequívoco, o Código de Processo Civil, respectivamente, nos artigos 180, § 2 º e 183, § 2º.

5 • AS DEMAIS AÇÕES DE CONTROLE CONCENTRADO DE CONSTITUCIONALIDADE · 163

5.15 PRINCIPAIS REGRAS PROCEDIMENTAIS DA AÇÃO DIRETA DE INCONSTITUCIONALIDADE INTERVENTIVA

Como vimos supra, no caso de ofensa, por parte de um Estado-membro ou do Distrito Federal, a um ou mais princípios constitucionais sensíveis, relacionados no artigo 34, inciso VII, da Constituição, ou de recusa, por aqueles mesmos entes políticos, à execução de lei federal, poderá o procurador-geral da República propor ação direta de inconstitucionalidade interventiva, também denominada de "representação interventiva", perante o Supremo Tribunal Federal, como ato preparatório da intervenção federal.

Segundo determina o artigo 36, inciso III, da Carta Magna vigente, a intervenção federal, nesses casos, dependerá de provimento, pela Corte Suprema, da representação do chefe do Ministério Público da União. Quer isso dizer que, como condição prévia para a grave sanção política da intervenção federal, nas hipóteses aqui analisadas (ofensa a princípios constitucionais sensíveis ou ofensa à lei federal), é preciso que seja proposta uma ação direta de inconstitucionalidade interventiva seja julgada procedente pelo Pretório Excelso.

Nos termos do artigo 3º, da Lei 12.562/2011, a petição inicial da ação direta de inconstitucionalidade interventiva deverá conter: a indicação do princípio constitucional que se considera violado ou, se for o caso de recusa à aplicação de lei federal, das disposições questionadas; a indicação do ato normativo, do ato administrativo, do ato concreto ou da omissão questionados; a prova da violação do princípio constitucional ou da recusa de execução de lei federal; e o pedido, com suas especificações.

Conforme expressa determinação constante do parágrafo único daquele mesmo artigo 3º, a petição inicial deverá ser apresentada em 2 (duas) vias, devendo conter, se for o caso, cópia do ato questionado e dos documentos necessários para comprovar a impugnação. O artigo 4º da Lei 12.562/2011, por sua vez, esclarece que a petição inicial será indeferida liminarmente pelo ministro relator quando não for o caso de representação interventiva, faltar algum dos requisitos estabelecidos naquele diploma legal ou quando for inepta. Dessa decisão de indeferimento da petição inicial caberá agravo interno[26], agora no prazo de 15 (quinze) dias, conforme regra geral do artigo 1.070, do Código de Processo Civil.

Apreciado pedido de liminar, ou logo após recebida a petição inicial, se não houver pedido de liminar, o relator solicitará informações às autoridades responsáveis pela prática do ato questionado, que as prestarão em até 10 (dez) dias. Decorrido o prazo para prestação das informações, serão ouvidos, sucessivamente, o advogado-geral da União e o procurador-geral da República, que deverão manifestar-se, cada qual, também no prazo de 10 (dez) dias[27].

Como vimos anteriormente, se entender necessário, o ministro relator poderá requisitar informações adicionais, designar perito ou comissão de peritos para que elabore laudo sobre a questão ou, ainda, fixar data para declarações, em audiência pública, de pessoas

---

26. Código de Processo Civil, artigo 1.021: "Contra decisão proferida pelo relator caberá agravo interno para o respectivo órgão colegiado, observadas, quanto ao processamento, as regras do regimento interno do tribunal".
27. Segundo expressa disposição do artigo 6º, § 2º, da lei que regulamenta a representação interventiva, recebida a inicial, o ministro relator deverá tentar dirimir o conflito que dá causa ao pedido, utilizando-se dos meios que julgar necessários, na forma do regimento interno.

com experiência e autoridade na matéria (artigo 7º). Também poderão ser autorizadas, a critério do ministro relator, a manifestação e a juntada de documentos por parte de interessados no processo.

Vencidos os prazos previstos no artigo 6º da Lei 12.562/2011, ou, se for o caso, realizadas as diligências de que trata o artigo 7º, do mesmo diploma legal, o ministro relator lançará o relatório, com cópia para todos os magistrados, e pedirá dia para julgamento. A decisão sobre a representação interventiva somente será tomada se presentes na sessão pelo menos 8 (oito) ministros.

Realizado o julgamento, proclamar-se-á a procedência ou a improcedência do pedido formulado na representação interventiva, se num ou noutro sentido se tiverem manifestado pelo menos 6 (seis) ministros. Estando ausentes magistrados em número que possa influir na decisão sobre a representação interventiva, o julgamento será suspenso, a fim de se aguardar o comparecimento dos juízes ausentes, até que se atinja o número necessário para a prolação da decisão.

Conforme disposto no artigo 11 da lei que regulamenta a representação interventiva, julgada a ação, far-se-á a comunicação às autoridades ou aos órgãos responsáveis pela prática dos atos questionados, e, se a decisão final for pela procedência do pedido formulado na representação interventiva, o presidente do Supremo Tribunal Federal, publicado o acórdão, levá-lo-á ao conhecimento do presidente da República para, no prazo improrrogável de até 15 (quinze) dias, para dar cumprimento aos §§ 1º e 3º do artigo 36, da Constituição Federal.

Ainda sobre a regulamentação da ação direta de inconstitucionalidade interventiva, é importante mencionar que o artigo 12, da Lei 12.562/2011, dispõe expressamente que a decisão que julgar procedente ou improcedente o pedido da representação interventiva é *irrecorrível*, salvo a oposição de embargos de declaração, sendo insuscetível de impugnação *por ação rescisória*.

Conforme preceitua o artigo 84, inciso X, da Constituição de 1988, compete privativamente ao presidente da República "decretar e executar a intervenção federal". No caso específico da intervenção para assegurar a observância dos princípios constitucionais sensíveis ou a execução de lei federal, contudo, dependerá de prévia *requisição* do Supremo Tribunal Federal.

Entenda-se por *requisição* uma ordem proferida pelo Pretório Excelso, *não cabendo ao chefe do Poder Executivo decidir se editará ou não o decreto*. Trata-se, portanto, de ato vinculado. É importante ressaltar, entretanto, que referido decreto poderá limitar-se a suspender a execução do ato impugnado, caso essa medida se mostre suficiente para restabelecimento da normalidade (artigo 36, § 3º, da Constituição Federal).

Conforme também prevê o mesmo artigo 36, § 3º, da Lei Maior, o decreto de intervenção, na hipótese de ofensa a princípios constitucionais sensíveis ou de recusa à execução de lei federal, não será submetido a controle político, pelo Congresso Nacional. O controle político, vale esclarecer, só é previsto para as hipóteses em que a intervenção federal é de iniciativa do próprio presidente da República, o que não ocorre nesse caso, já que decorre de requisição da Corte Suprema.

5 • AS DEMAIS AÇÕES DE CONTROLE CONCENTRADO DE CONSTITUCIONALIDADE

Vale mencionar, por fim, que a duração e os limites da intervenção federal, na hipótese do artigo 34, inciso VII, da Carta Magna, serão fixados pelo decreto de presidente da República, até que seja restabelecida a normalidade do pacto federativo. Cessados os motivos da intervenção, as autoridades eventualmente afastadas de seus cargos a estes retornarão, salvo impedimento legal (artigo 36, § 4º).

5.16 CONTROLE CONCENTRADO PERANTE OS TRIBUNAIS DE JUSTIÇA

Nos termos do artigo 125, § 2º, da Constituição Federal, "cabe aos Estados a instituição de representação de inconstitucionalidade de leis ou atos normativos estaduais ou municipais em face da Constituição Estadual, vedada a atribuição da legitimação para agir a um único órgão". A Carta Magna de 1988, portanto, prevê expressamente a possibilidade de os Estados-membros instituírem o *controle concentrado de constitucionalidade de lei ou ato normativo estadual ou municipal, em face de suas respectivas constituições.*

O dispositivo constitucional, entretanto, não entra em minúcias acerca do processamento daquela espécie de controle, que poderá variar de Estado-Membro para Estado--Membro, em conformidade com o que dispuser a respectiva constituição estadual. Algumas regras, contudo, foram explicitadas pela Constituição Federal, e devem ser aqui destacadas.

A primeira delas é de que *a competência para julgamento desses processos é do Tribunal de Justiça do Estado*, conforme se pode depreender do artigo 35, inciso IV, da Lei Maior, quando trata da ação direta de inconstitucionalidade interventiva para assegurar a observância dos princípios indicados na constituição estadual.

O Tribunal de Justiça, aliás, é a mais alta corte da Justiça estadual, sendo, portanto, o juízo natural para processar e julgar o controle concentrado de constitucionalidade de normas municipais e estaduais em face da constituição do respectivo Estado, da mesma maneira que o Supremo Tribunal Federal o é em relação à Constituição Federal. *Trata-se, portanto, de um corolário do princípio da simetria ou do paralelismo.*

Ademais, não resta dúvida de que, também no controle concentrado de constitucionalidade de leis e atos normativos estaduais e municipais em face da constituição do Estado-membro, o respectivo Tribunal de Justiça deverá observar a regra cogente do artigo 97 da Constituição de 1988, que prevê a *cláusula de reserva de plenário*, para julgamento da inconstitucionalidade de leis e atos normativos editados pelo Estado[28].

O objeto do controle concentrado de constitucionalidade em face das constituições estaduais também restou perfeitamente delimitado pelo artigo 125, § 2º, da Constituição de 1988: *apenas as leis e os atos normativos estaduais e municipais*. Não poderão ser objeto de controle concentrado de constitucionalidade, portanto, as normas federais, que somente poderão ser submetidas a esta modalidade de controle de constitucionalidade em face da Constituição Federal.

---

28. Constituição Federal, artigo 97: "Somente pelo voto da maioria absoluta de seus membros ou dos membros do respectivo órgão especial poderão os tribunais declarar a inconstitucionalidade de lei ou ato normativo do Poder P".

O parâmetro de controle de constitucionalidade também é evidente: *apenas as normas (princípios e regras) formais, tanto as explícitas como as implícitas, inseridas no texto da constituição do Estado-membro*, é que poderão ser utilizadas como paradigmas constitucionais para a análise das leis e dos atos normativos estaduais e municipais supostamente inquinados de inconstitucionalidade em face da constituição do Estado.

Aliás, o próprio Supremo Tribunal Federal já se manifestou expressamente, em mais de uma oportunidade, ser inadmissível que as constituições estaduais instituam, perante o respectivo Tribunal de Justiça, o controle concentrado de lei municipal em face da Constituição Federal, por considerar que a função de guardião desta última é de competência exclusiva do Pretório Excelso.

No tocante à legitimidade para a propositura da ação no controle concentrado de constitucionalidade de normas estaduais e municipais em face da constituição do Estado, a Constituição Federal não explicitou quem seriam os legitimados, apenas ressaltando que *não poderia ser conferida a apenas um único órgão*. Dessa forma, *cabe à respectiva constituição estadual fornecer o rol de legitimados*.

E, nessa seara, valendo-se do já mencionado princípio da simetria, é perfeitamente possível que a constituição do Estado-membro, com base no artigo 103, da Carta Magna, fixe como legitimados, para controle de leis estaduais, por exemplo, o governador do Estado, a Mesa da Assembleia Legislativa, o procurador-geral de Justiça, o Conselho Seccional (Estadual) da Ordem dos Advogados do Brasil (OAB), partido político com representação na respectiva Assembleia Legislativa, federação sindical e entidade de classe de âmbito regional (estadual).

Para controle de leis municipais, por sua vez, também levando em conta o princípio da simetria, a constituição estadual poderá conferir legitimidade para o prefeito, para a Mesa da Câmara Municipal, ao procurador-geral do Município, a partido político com representação na Câmara Municipal, a sindicato ou a entidade de classe de âmbito local (municipal).

Ademais, devemos ressaltar que, ao menos em tese, é perfeitamente possível que a constituição do Estado confira tal legitimidade não só aos legitimados citados nos parágrafos anteriores, mas também a outros que repute que devam exercer tal função, como, por exemplo, aos deputados estaduais, e até mesmo ao cidadão.

O que a Constituição Federal, em seu artigo 125, § 2º, *veda expressamente é a atribuição de legitimidade a um único órgão*, não havendo qualquer proibição de que o Estado-membro, em decorrência do poder constituinte decorrente que lhe é garantido, fixe, em sua respectiva constituição estadual, alguns outros legitimados que não guardem simetria com aqueles fixados pelo artigo 103, da Carta Magna de 1988.

Nesse sentido, aliás, já se decidiu expressamente o Pretório Excelso, ao julgar o artigo 162 da Constituição do Estado do Rio de Janeiro, que conferiu legitimidade a diversos legitimados, que não guardavam simetria com os do artigo 103, da Constituição Federal, inclusive a deputados estaduais, ao procurador-geral do Estado e ao defensor-geral do Estado. Sobre o tema, vide Ação Direta de Inconstitucionalidade 558-9 MC, relator ministro Sepúlveda Pertence, *DJ* 26.3.93, e Recurso Extraordinário 261.677, relator ministro Sepúlveda Pertence, j. 6.4.2006, *DJ* 15.9.2006.

5 • AS DEMAIS AÇÕES DE CONTROLE CONCENTRADO DE CONSTITUCIONALIDADE | 167

No caso específico da ação direta de inconstitucionalidade interventiva estadual, contudo, conforme previsto no artigo 35, inciso IV, da Constituição Federal, *a legitimidade para a propositura da ação em questão será necessariamente do procurador-geral de Justiça*, o chefe do Ministério Público estadual, tudo em conformidade com o que preconiza o artigo 129, inciso IV, da Carta Magna de 1988[29].

Ainda com fundamento no princípio da simetria ou do paralelismo, é perfeitamente possível que a constituição de um Estado-membro institua, a despeito de não estar explicitado no artigo 125, § 2º, da Constituição Federal, a ação direta de inconstitucionalidade por omissão, a ação declaratória de constitucionalidade, bem como a arguição de descumprimento de preceito fundamental da constituição do Estado-membro, tudo para perfeito controle das leis e atos normativos estaduais e municipais em face da respectiva constituição estadual.

CONTROLE CONCENTRADO PERANTE OS TRIBUNAIS DE JUSTIÇA

– A Carta Magna de 1988 prevê a possibilidade de os Estados-membros instituírem o controle concentrado de constitucionalidade de lei ou ato normativo estadual ou municipal, em face da respectiva constituição estadual (art. 125, § 2º, da Constituição Federal).

– A competência para julgamento desses processos é do Tribunal de Justiça, que é a mais alta corte da Justiça estadual, sendo, portanto, o juízo natural para processar e julgar o controle concentrado de constitucionalidade de normas municipais e estaduais em face da constituição do respectivo Estado.

– O objeto do controle concentrado de constitucionalidade em face das constituições estaduais é *apenas leis e atos normativos estaduais e municipais*. O parâmetro do controle são as normas (princípios e regras) formais, tanto as explícitas como as implícitas, inseridas no texto da constituição do Estado-membro.

– No tocante à legitimidade para a propositura da ação no controle concentrado de constitucionalidade de normas estaduais e municipais em face da constituição do Estado, a Carta Magna não explicitou quem seriam os legitimados, apenas ressaltando que não poderia ser conferida a apenas um único legitimado. Dessa forma, cabe à respectiva constituição estadual fornecer o rol de legitimados.

5.17 POSSIBILIDADE DE RECURSO EXTRAORDINÁRIO EM FACE DE DECISÕES PROFERIDAS PELO TRIBUNAL DE JUSTIÇA

Como vimos anteriormente, as decisões proferidas no controle concentrado de constitucionalidade de leis e atos normativos em face da Constituição Federal são dotadas de *definitividade*, uma vez que são irrecorríveis, cabendo, no máximo, embargos declaratórios para o próprio Pretório Excelso, na hipótese de omissão, contradição ou obscuridade no julgado.

Assim, como regra geral, também no controle concentrado de constitucionalidade de lei ou ato normativo estadual ou municipal em face de uma constituição estadual, a decisão do Tribunal de Justiça, que é o órgão com competência originária para tal julgamento, terá

---

29. Constituição Federal, artigo 129: "São funções institucionais do Ministério Público: IV – promover a ação de inconstitucionalidade ou representação para fins de intervenção da União e dos Estados, nos casos previstos nesta Constituição".

caráter definitivo, não comportando recurso para qualquer outro tribunal, mas apenas embargos de declaração para a própria Corte Estadual.

Essa regra geral, contudo, comporta uma única exceção. Conforme jurisprudência do Supremo Tribunal Federal, na hipótese de lei estadual ou municipal impugnada em face de *norma da constituição estadual que reproduza dispositivo da Constituição Federal de observância obrigatória pelos Estados-membros* (a chamada *norma de reprodução obrigatória*), torna-se possível a interposição de recurso extraordinário para o Pretório Excelso.

Com efeito, naquela hipótese específica, a violação da constituição do Estado também pode representar, inequivocamente, uma violação à própria Constituição Federal. E como o Tribunal de Justiça não tem competência para o julgamento de inconstitucionalidade de normas em face da Constituição Federal, abre-se a possibilidade de interposição de recurso extraordinário ao Supremo Tribunal Federal, para que este realize tal controle.

Busca-se, com isso, evitar que o Tribunal de Justiça, que só tem competência para o julgamento da inconstitucionalidade de lei ou ato normativo estadual ou municipal em face da constituição do Estado, acabe usurpando competência do Pretório Excelso, que é o intérprete máximo da Carta Magna. O fundamento para essa possibilidade, portanto, é a preservação da competência do Supremo Tribunal Federal para julgar *a constitucionalidade de normas em face da Constituição Federal*.

Dessa forma, a lei ou ato normativo estadual ou municipal potencialmente violador de norma da Constituição estadual de reprodução obrigatória poderá ter sua constitucionalidade examinada e julgada pelo Supremo Tribunal Federal, o guardião maior da Constituição Federal, por meio de recurso extraordinário. O primeiro caso em que se decidiu dessa forma foi na Reclamação 383-3/SP, cujo relator foi o ministro Moreira Alves, julgada em 11 de junho de 1992, publicada no *DJU* de 21 de maio de 1993, p. 9765, conforme ementa a seguir transcrita:

> *"Reclamação com fundamento na preservação da competência do Supremo Tribunal Federal. Ação direta de inconstitucionalidade proposta perante o Tribunal de Justiça na qual se impugna Lei Municipal sob alegação de ofensa a dispositivos constitucionais estaduais que reproduzem dispositivos constitucionais federais de observância obrigatória pelos Estados. Eficácia jurídica desses dispositivos constitucionais estaduais. Jurisdição constitucional dos Estados-membros. Admissão da propositura da ação direta de inconstitucionalidade perante o Tribunal de Justiça local, com possibilidade de recurso extraordinário se a interpretação da norma constitucional estadual, que reproduz a norma constitucional federal de observância obrigatória pelos Estados, contrariar o sentido e alcance desta. Reclamação conhecida, mas julgada improcedente".*

É imperioso ressaltar que, nessa hipótese específica de recurso extraordinário, *a decisão do Supremo Tribunal Federal terá a natureza de uma autêntica decisão proferida em controle concentrado de constitucionalidade*, já que prolatada em decorrência da inicial interposição de uma ação direta de inconstitucionalidade de lei estadual ou municipal em face da constituição estadual.

O recurso extraordinário, portanto, *terá eficácia em face de todos (erga omnes) e efeitos retroativos (ex tunc)*, a não ser que o Supremo Tribunal Federal, nos termos do artigo 27, da Lei 9.868/1999, por voto de 2/3 (dois terços) de seus ministros, restrinja os efeitos da decisão,

5 • AS DEMAIS AÇÕES DE CONTROLE CONCENTRADO DE CONSTITUCIONALIDADE | 169

seja afastando sua eficácia *erga omnes*, seja concedendo-lhe efeitos *ex nunc* ou mesmo *pro futuro*. Inaplicável, portanto, o artigo 52, inciso X, da Constituição Federal[30].

POSSIBILIDADE DE RECURSO EXTRAORDINÁRIO EM FACE DE DECISÕES PROFERIDAS PELO TRIBUNAL DE JUSTIÇA

– Como regra geral, no controle concentrado de constitucionalidade de lei ou ato normativo estadual ou municipal em face de constituição estadual, a decisão do Tribunal de Justiça, que é o órgão com competência originária para tal julgamento, terá **caráter definitivo**, não comportando recurso para qualquer outro tribunal.

– Por **exceção**, conforme jurisprudência do Supremo Tribunal Federal, na hipótese de norma estadual ou municipal impugnada em face de norma da constituição estadual que reproduza dispositivo da Constituição Federal de observância obrigatória pelos Estados-membros (**norma de reprodução obrigatória**), torna-se possível a interposição de recurso extraordinário para o Pretório Excelso.

– Nessa hipótese, o recurso extraordinário terá eficácia em face de todos (*erga omnes*) e efeitos retroativos (*ex tunc*), a não ser que o Supremo Tribunal Federal, nos termos do artigo 27, da Lei 9.868/1999, restrinja os efeitos da decisão, seja afastando sua eficácia *erga omnes*, seja concedendo-lhe efeitos *ex nunc* ou mesmo *pro futuro*. Inaplicável, portanto, o artigo 52, inciso X, da Carta Magna.

5.18 AÇÃO DIRETA DE INCONSTITUCIONALIDADE DE NORMA DO DISTRITO FEDERAL EM FACE DE SUA LEI ORGÂNICA

O artigo 125, § 2º, da Constituição Federal, já o mencionamos, prevê a possibilidade de os Estados instituírem representação de inconstitucionalidade de leis ou atos normativos estaduais e municipais em face da respectiva constituição estadual, vedada a atribuição da legitimação para agir a um único órgão.

Não há qualquer menção, na Carta Magna, à possibilidade de representação de inconstitucionalidade de leis ou atos normativos distritais em face de sua Lei Orgânica.[31] Daí ser inevitável indagarmos se é possível instituir-se o controle concentrado de constitucionalidade de leis distritais em face da Lei Orgânica do Distrito Federal, *mesmo diante da ausência de norma constitucional expressa que trate do tema*.

Nossa resposta é no sentido de que tal controle é efetivamente possível. Com efeito, a já conhecida Lei 9.868/1999, em seu artigo 30, alterou a Lei 8.185/1991 (a Lei de Organização Judiciária do Distrito Federal), passando expressamente a atribuir competência ao Tribunal de Justiça do Distrito Federal e Territórios para processar e julgar, originariamente, a ação direta de inconstitucionalidade de lei ou ato normativo do Distrito Federal em face de sua Lei Orgânica.

---

30. Constituição Federal, artigo 52, inciso X: "Compete privativamente ao Senado Federal suspender a execução, no todo ou em parte, de lei declarada inconstitucional por decisão definitiva do Supremo Tribunal Federal".

31. Como já vimos oportunamente, nos termos do artigo 32 da Constituição, o Distrito Federal não é regido por uma Constituição estadual, mas sim por uma Lei Orgânica. Eis os termos do dispositivo constitucional em comento: "O Distrito Federal, vedada sua divisão em Municípios, reger-se-á por lei orgânica, votada em dois turnos com interstício mínimo de dez dias, e aprovada por dois terços da Câmara Legislativa, que a promulgará, atendidos os princípios estabelecidos nesta Constituição".

Fixou como legitimados para a propositura de referida ação o governador do Distrito Federal, a Mesa da Câmara Legislativa do Distrito Federal, o procurador-geral de Justiça, a Ordem dos Advogados do Brasil – Seção do Distrito Federal, as entidades sindicais ou de classe de atuação no Distrito Federal (desde que demonstrada pertinência temática) e os partidos políticos com representação na Câmara Legislativa do Distrito Federal.

Previu, ainda, a possibilidade de interposição de ação direta de inconstitucionalidade por omissão de medida para tornar efetiva norma da Lei Orgânica do Distrito Federal (norma não autoexecutável, também conhecida como norma de eficácia limitada), compelindo o Poder Competente a adotar as providências necessárias, e, em se tratando de órgão administrativo, para que o faça no prazo de 30 (trinta) dias.

Estabeleceu a necessidade de o procurador-geral de Justiça ser ouvido em todas as ações diretas de inconstitucionalidade, bem como garantiu a observância da cláusula de reserva de plenário, ao dispor que somente pelo voto da maioria absoluta de seus membros ou de seu órgão especial poderá o Tribunal de Justiça do Distrito Federal e dos Territórios declarar a inconstitucionalidade de lei ou de ato normativo do Distrito Federal, ou suspender a sua vigência, por meio de medida cautelar.

AÇÃO DIRETA DE INCONSTITUCIONALIDADE DE NORMA DO DISTRITO FEDERAL EM FACE DE SUA LEI ORGÂNICA

– Não há qualquer menção, na Carta Magna de 1988, à possibilidade de representação de inconstitucionalidade de leis ou atos normativos distritais em face da Lei Orgânica do Distrito Federal. Contudo, a Lei 9.868/1999, em seu artigo 30, alterou a Lei de Organização Judiciária do Distrito Federal, passando a atribuir competência ao Tribunal de Justiça do DF e Territórios para processar e julgar, originariamente, a ação direta de inconstitucionalidade de lei ou ato normativo do Distrito Federal em face de sua Lei Orgânica.

– Previu, ainda, a possibilidade de interposição de ação direta de inconstitucionalidade por omissão de medida para tornar efetiva norma da Lei Orgânica do Distrito Federal, compelindo o Poder Competente a adotar as providências necessárias, e, em se tratando de órgão administrativo, para que o faça no prazo de 30 (trinta) dias.

5.19 DA INTERPRETAÇÃO CONFORME A CONSTITUIÇÃO

Como se sabe, o *princípio da supremacia da Constituição* diante das demais normas que compõem o ordenamento jurídico pátrio exige que normas tidas por inconstitucionais sejam submetidas ao controle de constitucionalidade, e que tenham sua aplicabilidade afastada.

Devemos asseverar, contudo, que referido controle de constitucionalidade também deve observar outro princípio, igualmente importante. Trata-se da *presunção de constitucionalidade das leis e atos normativos produzidos pelo poder público*, que determina que as leis e demais atos editados pelo Estado sejam considerados constitucionais, e, por consequência, devidamente cumpridos, ao menos até que sobrevenha decisão judicial declarando sua inconstitucionalidade.

Fortemente relacionado com o princípio da presunção de constitucionalidade das leis e atos do Estado, temos o denominado *princípio da interpretação conforme a constituição*,

5 • AS DEMAIS AÇÕES DE CONTROLE CONCENTRADO DE CONSTITUCIONALIDADE

que determina que o aplicador do direito opte pela interpretação que garanta a constitucionalidade da norma (mesmo que não a mais evidente), sempre que esta tiver uma ou mais interpretações que possam ser consideradas inconstitucionais.

É importante apontar, como já mencionamos ao tratar dos princípios de interpretação constitucional, que *a interpretação conforme a constituição não se trata de simples escolha de uma interpretação que se coaduna com a carta magna*. Caso fosse assim, não haveria qualquer diferença com o já estudado princípio da presunção de constitucionalidade das leis e demais atos do Estado.

Mais que isso, o princípio da interpretação em conformidade com a constituição exige: (a) a necessidade de buscar uma interpretação que não seja a que decorre da leitura mais óbvia do dispositivo; e (b) que sejam expressamente excluídas a interpretação ou as interpretações que contrariem as normas consagradas pelo texto constitucional.

Portanto, mais que uma interpretação das normas em consonância com a constituição – corolário da presunção de constitucionalidade das normas –, *o princípio da interpretação conforme a constituição exige que tenhamos uma norma com mais de um significado (norma polissêmica)*, em que a interpretação obtida não seja a que decorra da leitura mais óbvia, e que sejam expressamente excluídas interpretações que contrariem o texto constitucional.

Justamente em razão de se prestar à exclusão expressa de interpretações consideradas inconstitucionais, *a interpretação conforme a constituição não é encarada como mero princípio de interpretação constitucional, mas também como autêntico mecanismo de controle de constitucionalidade*, largamente utilizado, aliás, pelo Supremo Tribunal Federal.

A interpretação conforme a constituição, como disposto expressamente no artigo 28, parágrafo único, da Lei 9.868, de 10 de novembro de 1999, tem eficácia contra todos e efeito vinculante em relação aos órgãos do Poder Judiciário e à Administração Pública direta e indireta da União, dos Estados, do Distrito Federal e dos Municípios.

No controle de constitucionalidade da lei ou ato normativo, ao se valer da interpretação conforme a constituição, o órgão judicial, deparando-se com uma norma que apresenta mais de uma interpretação possível, algumas delas contrárias ao texto constitucional, escolhe aquela que se revele compatível com a vontade da lei maior, inclusive mantendo íntegro o texto da norma, apesar de restringir sua aplicação àquela interpretação considerada constitucional pelo órgão julgador – a chamada *interpretação conforme a constituição, sem redução de texto*.

Contudo, nunca é demais ressaltar que o Supremo Tribunal Federal, ao proferir decisão com base na interpretação conforme a constituição, *não poderá conferir ao dispositivo legal uma exegese que, de maneira clara e induvidosa, contrarie frontalmente o fim pretendido pelo legislador*[32], sob pena de o tribunal tornar-se um legislador positivo, o que lhe é vedado. Caso não seja possível conciliar a norma com a vontade do legislador, não há como deixar de declarar-se a inconstitucionalidade da lei ou ato normativo.

---

32. Sob pena de ofensa ao princípio da separação de poderes (artigo 2º de nossa Lei Maior), posto que editar leis é função típica do Poder Legislativo, e não do Judiciário.

INTERPRETAÇÃO CONFORME A CONSTITUIÇÃO

– **Princípio da interpretação conforme a constituição**: determina que o aplicador do direito opte pela interpretação que garanta a constitucionalidade da norma, sempre que esta tiver uma ou mais interpretações que possam ser consideradas inconstitucionais.

– O princípio da interpretação conforme a constituição exige: (a) a necessidade de buscar uma interpretação que não seja a que decorre da leitura mais óbvia do dispositivo; e (b) que sejam expressamente excluídas a interpretação ou as interpretações que contrariem as normas consagradas pelo texto constitucional.

– A interpretação conforme a constituição não é encarada como mero princípio de interpretação constitucional, mas também como autêntico mecanismo de controle de constitucionalidade, largamente utilizado pelo Supremo Tribunal Federal.

– A interpretação conforme a constituição não poderá conferir ao dispositivo legal uma exegese que, de maneira clara e induvidosa, contrarie frontalmente o fim pretendido pelo legislador, *sob pena de o tribunal tornar-se um legislador positivo, o que lhe é vedado*.

5.20 DECLARAÇÃO PARCIAL DE INCONSTITUCIONALIDADE SEM REDUÇÃO DE TEXTO

A *declaração parcial de inconstitucionalidade sem redução de texto*, também denominada *declaração de nulidade sem redução de texto*, está prevista no artigo 28, parágrafo único, da Lei 9.868/1999, com eficácia contra todos e efeito vinculante em relação aos demais órgãos do Poder Judiciário e à Administração Pública direta e indireta da União, Estados, Distrito Federal e Municípios.

Trata-se de uma decisão proferida pelo Supremo Tribunal Federal, no controle concentrado de constitucionalidade, da mesma forma que se dá com a interpretação conforme a constituição. Entretanto, diferente desta última, não é propriamente uma técnica de interpretação, mas sim uma autêntica forma de decisão judicial.

Ao julgar a ação, o Pretório Excelso, diferentemente do que faz na interpretação conforme a constituição, *efetivamente declara a norma parcialmente inconstitucional*. Contudo, não reduz o seu texto, mantendo-o intacto; apenas assevera a sua inconstitucionalidade em determinadas hipóteses de aplicação. Consegue-se, com isso, a manutenção da norma no ordenamento jurídico.

Sobre a diferença entre a interpretação conforme a constituição e a declaração parcial de inconstitucionalidade sem redução de texto, consideramos oportuno transcrever a lição de Gilmar Ferreira Mendes[33], que consegue, de maneira clara e sintética, realçar a distinção entre os dois institutos. Eis as suas palavras:

> *"Ainda que não se possa negar a semelhança dessas categorias e a proximidade do resultado prático de sua utilização, é certo que, enquanto na interpretação conforme à Constituição se tem, dogmaticamente, a declaração de que uma lei é constitucional com a interpretação que lhe é con-*

---

33. *Jurisdição constitucional: o controle abstrato de normas no Brasil e na Alemanha.* 4. ed. Saraiva, 2004, p. 234.

5 • AS DEMAIS AÇÕES DE CONTROLE CONCENTRADO DE CONSTITUCIONALIDADE | **173**

ferida pelo órgão judicial, constata-se, na declaração de nulidade sem redução de texto, a expressa exclusão, por inconstitucionalidade, de determinadas hipóteses de aplicação (Anwendungsfälle) do programa normativo sem que se produza alteração expressa do texto legal".

Por fim, para encerrar esta seção, não podemos deixar de mencionar que, para uma parcela da doutrina pátria, escudada inclusive em decisões jurisprudenciais da Corte Suprema, a distinção entre a declaração de nulidade sem redução de texto e a interpretação conforme a constituição não é tão pronunciada, preferindo entender que, na realidade, *a primeira seria gênero da qual a segunda seria uma de suas espécies*[34].

Essa parcela da doutrina considera que, tanto na declaração de inconstitucionalidade sem redução de texto como na interpretação conforme a constituição, o Supremo Tribunal Federal, ao realizar o controle concentrado de constitucionalidade da norma, *declara a nulidade parcial da lei*, mantendo intacto o seu texto original. A distinção entre os dois institutos, para essa corrente, estaria apenas no fato de que, na declaração de nulidade sem redução de texto, dar-se-ia a redução na aplicação da norma, ao passo que, na interpretação conforme a constituição, a redução seria apenas na interpretação do dispositivo normativo.

DECLARAÇÃO PARCIAL DE INCONSTITUCIONALIDADE SEM REDUÇÃO DE TEXTO

– Na declaração de inconstitucionalidade sem redução de texto, ao julgar a ação, o Pretório Excelso, diferentemente do que faz na interpretação conforme a constituição, efetivamente declara a norma parcialmente inconstitucional. Contudo, não reduz o seu texto, mantendo-o intacto; apenas assevera a sua inconstitucionalidade em determinadas hipóteses de aplicação.

– Contudo, para uma parcela da doutrina pátria, a distinção entre a declaração de nulidade sem redução de texto e a interpretação conforme a constituição não é tão pronunciada, preferindo entender que, na realidade, a primeira seria gênero da qual a segunda seria uma de suas espécies.

5.21 A EVOLUÇÃO DO CONTROLE DE CONSTITUCIONALIDADE BRASILEIRO

Vistos os contornos do controle de constitucionalidade no direito brasileiro atual, consideramos oportuno encerrar este Capítulo fornecendo ao estimado leitor um breve resumo da *evolução do controle de constitucionalidade brasileiro*, desde a edição de nossa primeira carta magna – a Constituição imperial –, até a Constituição de 1988.

Mais do que uma simples curiosidade, referido tema permitirá evidenciar que o sistema de controle de constitucionalidade em nosso País efetivamente evoluiu, desde a Constituição do Império, que não admitia tal controle, até a Constituição brasileira atual, com todos os instrumentos que foram conferidos, tanto ao Estado como ao particular, para afastar a aplicação de uma lei ou ato normativo eivado de indesejável inconstitucionalidade.

Nossa primeira constituição, a *Carta imperial de 1824*, não previu nenhum mecanismo de controle de constitucionalidade. Com efeito, com fundamento na chamada *soberania*

---

34. É o que afirma, de maneira explícita, Leo van Holthe: "Nessa linha de raciocínio, podemos afirmar que a 'declaração parcial de nulidade sem redução de texto' é o gênero, sendo a 'interpretação conforme a Constituição' uma de suas espécies". *Op. cit.*, p. 206.

do Parlamento, considerou-se, àquela época, que somente o Poder Legislativo poderia dizer qual a vontade da constituição, não sendo possível ao Judiciário, portanto, qualquer controle sobre a constitucionalidade das normas.

Além do dogma da soberania do Parlamento, a doutrina também ressalta a existência do chamado Poder Moderador como outro dos fatores que afastou a existência do controle de constitucionalidade, durante o Brasil Império, uma vez que, nos termos da Constituição de 1824, em seu art. 98, a solução dos conflitos envolvendo os demais Poderes cabia ao Imperador, e não ao Poder Judiciário.

O controle de constitucionalidade somente começou a existir no País a partir da primeira Constituição republicana (1891). De fato, sob inequívoca influência do direito norte-americano, o Brasil passou a adotar o sistema difuso de controle de constitucionalidade, permitindo a qualquer juiz ou tribunal, nos casos que lhe fossem submetidos a julgamento, apreciar incidentalmente a inconstitucionalidade de norma tida por inconstitucional.

A *Carta Magna de 1934*, mantendo o controle difuso de constitucionalidade, iniciado com a primeira Constituição republicana, trouxe algumas inovações, para aperfeiçoamento do modelo de controle de constitucionalidade do nosso país. Nos tribunais, por exemplo, instituiu a necessidade de que a inconstitucionalidade fosse declarada apenas por maioria absoluta, em decisão plenária. *Instituiu-se no Brasil, a partir daquele momento, o princípio da reserva de plenário.*

Como no lembra Leo van Holthe[35], referida regra, inspirada na jurisprudência dos Estados Unidos da América, "busca homenagear o princípio da constitucionalidade das leis, ao estabelecer um procedimento especial e solene para as declarações de inconstitucionalidade dos tribunais – apreciação do Plenário e votação por maioria absoluta".

A Constituição de 1934 também previa *a competência do Senado Federal para suspender a execução, no todo ou em parte, da lei ou ato normativo declarado inconstitucional*, no controle difuso de constitucionalidade, para que os efeitos da sentença, restritos às partes em que foi proferida a inconstitucionalidade, pudessem passar a ter eficácia *erga omnes*.

A Constituição de 1934, por fim, previu a primeira forma de controle concentrado de constitucionalidade em nosso país, *instituindo a ação direta de inconstitucionalidade interventiva*, de competência originária do Supremo Tribunal Federal, e proposta pelo procurador-geral da República, nos casos de violação aos chamados "princípios constitucionais sensíveis".

A *Constituição de 1937* manteve, em linhas gerais, o modelo de controle de constitucionalidade instituído pela Constituição de 1891, e aperfeiçoado pela Constituição de 1934. Contudo, em se tratando de uma carta política de feições inequivocamente autoritárias, acabou por emplacar, em seu art. 96, parágrafo único, uma nefasta medida de limitação da autoridade das decisões do Poder Judiciário, reforçando o poder do presidente da República.

Com efeito, nos termos do dispositivo constitucional supramencionado, no caso de ser declarada a inconstitucionalidade de uma lei que, a juízo do presidente da República, seja necessária ao bem-estar do povo, à promoção ou à defesa de interesse nacional de alta

---

35. *Op. cit.*, p. 159.

5 • AS DEMAIS AÇÕES DE CONTROLE CONCENTRADO DE CONSTITUCIONALIDADE

monta, poderia o chefe do Poder executivo submetê-la novamente ao exame do Parlamento; se este a confirmasse por 2/3 dos votos de cada uma das Casas Legislativas, ficaria sem efeito a decisão do Tribunal.

A *Constituição de 1946*, de feição democrática, restabeleceu o modelo de controle de constitucionalidade adotado pela Carta Magna de 1934, afastando aquela possibilidade de o presidente da República mitigar a decisão do Poder Judiciário sobre a inconstitucionalidade da lei ou ato normativo, submetendo novamente a norma ao Parlamento.

Com a promulgação da Emenda à Constituição n. 16, de 26 de novembro de 1965, *foi instituída a ação direta de inconstitucionalidade no país*, de competência originária do Supremo Tribunal Federal, e proposta exclusivamente pelo procurador-geral da República, para processar e julgar a representação de inconstitucionalidade de lei ou ato normativo federal ou estadual.

Referida emenda constitucional, ademais, previu a possibilidade de os Estados-membros instituírem, por meio de previsão nas respectivas constituições estaduais, o controle de constitucionalidade de leis ou atos normativos estaduais ou municipais, em face da constituição do Estado. *Surgia, assim, o controle concentrado de constitucionalidade de normas estaduais e municipais em face da constituição estadual.*

A *Carta de 1967* manteve, em linhas gerais, o modelo de controle de constitucionalidade adotado pela Constituição de 1946. Previa, portanto, o controle de constitucionalidade difuso, a necessidade de observância do princípio da reserva de plenário, a possibilidade de o Senado conceder efeito *erga omnes* às decisões definitivas do Supremo Tribunal Federal, a ação direta de inconstitucionalidade interventiva e a ação direta de inconstitucionalidade genérica.

Afastou, contudo, como se dava na Constituição de 1946, a previsão do controle de constitucionalidade de leis e atos normativos estaduais e municipais em face da constituição do Estado. A Constituição de 1969 (Emenda Constitucional n. 1/69), contudo, instituiu o controle de constitucionalidade de lei municipal, em face da constituição estadual, para fins de intervenção em município.

A *Constituição de 1988*, por fim, trouxe importantes acréscimos ao controle de constitucionalidade de leis e atos normativos. Com efeito, como vimos, nossa Carta Magna vigente prevê a possibilidade de controle difuso de constitucionalidade, permitindo que qualquer juiz ou tribunal julgue, em caráter incidental, a inconstitucionalidade de uma norma apontada como inconstitucional.

No âmbito do controle difuso, consagra o princípio ou cláusula da reserva de plenário, exigindo que as decisões sobre a inconstitucionalidade da norma sejam tomadas, no âmbito dos tribunais, pela maioria absoluta de seus membros ou dos membros do respectivo órgão especial. Com base em legislação infraconstitucional, também prevê que, após o reconhecimento da ocorrência de repercussão geral pela Corte Suprema, as decisões proferidas em sede de recurso extraordinário tenham eficácia *erga omnes*.

Na seara do controle concentrado de constitucionalidade, trouxe importantes e relevantes novidades, que aperfeiçoaram sobremaneira o controle de constitucionalidade no País. A primeira delas foi a que ampliou consideravelmente o rol dos legitimados para a propositura das ações relativas a essa modalidade de controle.

De fato, além do procurador-geral da República, que antes da Constituição de 1988 era o único legitimado para o controle concentrado de constitucionalidade, agora também podem propor a ação direta de inconstitucionalidade (tanto a genérica como a por omissão), a ação declaratória de constitucionalidade, bem como a arguição de descumprimento de preceito fundamental um sem-número de legitimados.

Podem propor referidas ações o presidente da República, a Mesa do Senado Federal, a Mesa da Câmara dos Deputados, as Mesas das Assembleias Legislativas dos Estados ou da Câmara Legislativa do Distrito Federal, governador de Estado ou do Distrito Federal, o Conselho Federal da Ordem dos Advogados do Brasil, partido político com representação no Congresso Nacional e confederação sindical ou entidade de classe de âmbito nacional.

Somente no caso específico da ação direta de inconstitucionalidade interventiva, também conhecida como representação interventiva, é que a legitimidade permanece com o procurador-geral da República, em caráter de exclusividade, não podendo ser proposta pelos legitimados das demais ações suprarreferidas.

Passou a exigir a citação do advogado-geral da União, para defender a lei ou o ato normativo que se aponta como inconstitucional, na ação direta de inconstitucionalidade genérica, bem como a manifestação do procurador-geral da República em todos os processos de competência do Supremo Tribunal Federal, e, por consequência, nas ações de controle concentrado de constitucionalidade.

Outra novidade trazida pela Constituição de 1988 foi a criação da ação declaratória de constitucionalidade (art. 102, inciso I, alínea "a", parte final), agora regulamentada pela Lei 9.868/99, como também a previsão da arguição de descumprimento de preceito fundamental, esta última regulamentada pela Lei n. 9.882/1999.

Não podemos deixar de mencionar, por fim, a previsão da ação direta de inconstitucionalidade por omissão, inspirada no direito constitucional português, destinada a corrigir a omissão do Estado em relação às normas constitucionais não autoexecutáveis, também largamente conhecidas como normas constitucionais de eficácia limitada, conforme famosa classificação concebida por José Afonso da Silva.

6
DIREITOS E GARANTIAS FUNDAMENTAIS E OS REMÉDIOS CONSTITUCIONAIS

6.1 ESCLARECIMENTOS INICIAIS

Encerrado nosso estudo sobre o controle de constitucionalidade brasileiro, passaremos a estudar os chamados remédios constitucionais, que alguns doutrinadores também denominam de *garantias instrumentais* ou *formais*, e que, como vimos ao estudar a definição de jurisdição constitucional, também são espécies do gênero ações constitucionais.

Como veremos juntos, no transcorrer deste nosso estudo, os remédios constitucionais têm por função, em apertada síntese, conferir efetividade aos diversos direitos e garantias fundamentais consagrados pela Constituição Federal, quando, em um dado caso concreto, o Estado ou algum particular, no uso de prerrogativas públicas, os desrespeitar, quer por ação, quer por omissão, ameaçando ou inviabilizando o exercício daqueles direitos e garantias fundamentais.

Por estarem visceralmente ligados aos direitos e garantias fundamentais, consideramos oportuno fornecer ao caro leitor, antes de iniciarmos nosso estudo sobre os remédios constitucionais propriamente ditos, uma noção geral sobre aqueles, tratando, dentre outros temas, do conceito e características dos direitos e garantias fundamentais, de sua evolução histórica, de seus destinatários, de seu caráter relativo, encerrando o Capítulo com uma indispensável distinção entre direito fundamental, garantia fundamental e remédio constitucional.

Nos Capítulos seguintes, por sua vez, estudaremos os diversos remédios constitucionais, primeiro os destinados à tutela do indivíduo, depois os destinados às coletividades de pessoas. Procuraremos trazer informações, naquela oportunidade, sobre a gênese, o fundamento constitucional e legal, as hipóteses de cabimento, a legitimação ativa e passiva, as principais regras processuais que os disciplinam, explicitando, ainda, as súmulas do Supremo Tribunal Federal que tratam de cada um deles.

6.2 DIREITOS E GARANTIAS FUNDAMENTAIS: CONCEITO E CARACTERÍSTICAS

Os *direitos e garantias fundamentais*[1] surgiram da necessidade de proteger o homem do poder estatal, a partir dos ideais advindos do Iluminismo, no século XVIII, mais particu-

---

1. Na seara do direito privado, os direitos fundamentais são costumeiramente denominados de *direitos civis*, ou, ainda, direitos da personalidade.

larmente com o surgimento das constituições escritas. É imperioso ressaltar, contudo, que os direitos e garantias fundamentais não se restringem àquela função de limitar a atuação estatal, de modo a proteger o homem de possíveis arbitrariedades cometidas pelo poder público, hipótese em que são conhecidos como *liberdades negativas*[2].

Com efeito, a verdade é que os direitos e garantias fundamentais também têm por função permitir que o indivíduo possa participar, de maneira efetiva, do processo político do Estado a que esteja vinculado, não só por meio do exercício do voto e dos demais mecanismos de participação popular, como também se candidatando a ser um representante do povo na condução daquele mesmo Estado. Temos aí os chamados *direitos políticos*, também conhecidos como *liberdades-participação*.

Por outro lado, nós também já vimos, em outras oportunidades, que os Estados têm ampliado consideravelmente o conteúdo de suas constituições, buscando trazer para o corpo delas alguns temas que, à época do liberalismo clássico, não figuravam naqueles diplomas normativos. Esse fenômeno coincidiu com o surgimento do denominado Estado social (*Welfare State*), iniciado com a Constituição Mexicana de 1917, porém notabilizado com a Constituição de Weimar (atual Alemanha) de 1919.

Portanto, as cartas magnas de muitos Estados internacionais passaram a prever, de maneira cada vez mais intensa, diversas hipóteses de intervenção estatal na vida privada. Ao invés de conter apenas regras de regência do Estado e de proteção dos indivíduos contra o poder estatal, passaram também a conter um conjunto de normas de ordem social, cultural e econômica, tanto para a redução das desigualdades sociais, como também para incentivar o desenvolvimento nacional.

Assim, somadas às chamadas *liberdades negativas*, ou seja, ao conjunto de direitos conferidos aos indivíduos que os protegiam contra eventuais arbitrariedades do poder estatal, passaram também a integrar as diversas constituições, as denominadas *liberdades positivas*, o conjunto de direitos que, amparados no princípio da dignidade humana, impõe ao Estado a prática de diversas *ações*, visando à obtenção da igualdade substancial (não mais apenas formal) entre as pessoas.

Como veremos melhor daqui a pouco, com o passar do tempo, outros direitos e garantias fundamentais foram sendo somados àqueles mencionados nos parágrafos anteriores, podendo ser citados, a título de exemplo, os chamados direitos e garantias fundamentais de terceira geração, baseados no princípio da solidariedade, e que têm no direito a um meio ambiente ecologicamente equilibrado um de seus exemplos mais citados pela doutrina e pela jurisprudência.

Conforme lição de George Marmelstein[3], direitos fundamentais "são normas jurídicas, intimamente ligadas à ideia de dignidade da pessoa humana e de limitação do poder, positivadas no plano constitucional de determinado Estado Democrático de Direito, que, por sua importância axiológica, fundamentam e legitimam todo o ordenamento jurídico".

---

2. São chamadas de liberdades **negativas**, deve-se adiantar, porque elas impõem ao Estado um conjunto de prestações negativas, o dever de **não atuar** de modo a ferir direitos e garantais fundamentais da pessoa encarada como indivíduo, tais como o direito à vida, à liberdade e à propriedade.

3. *Curso de direitos fundamentais*, Atlas, 2008, p. 20.

Luiz Alberto David Araújo e Vidal Serrano Nunes Júnior[4], ao seu turno, nos ensinam que os direitos fundamentais "constituem uma categoria jurídica, constitucionalmente erigida e vocacionada à proteção da dignidade humana em todas as dimensões". Esclarecem, ademais, que eles "possuem natureza poliédrica, prestando-se ao resguardo do ser humano na sua liberdade (direitos e garantias individuais), nas suas necessidades (direitos econômicos, sociais e culturais) e na sua preservação (direitos à fraternidade e à solidariedade)".

Da leitura das definições acima transcritas, podemos perceber que *os direitos e garantias fundamentais devem necessariamente figurar no corpo de uma constituição, ou, ao menos, serem considerados normas materialmente constitucionais.*[5] Não podem ser criados, portanto, por simples normas infraconstitucionais. Estas últimas podem, no máximo, regulamentar os direitos fundamentais editados pela Carta Magna, conferindo-lhes plena aplicabilidade.

Podemos perceber, ainda, que os direitos e garantias fundamentais *estão diretamente relacionados com o denominado Estado democrático de direito,* ou seja, com aquele modelo de ente estatal não só submetido ao império da lei, como também à denominada soberania popular, que permite ao povo participar das decisões políticas do Estado, seja por meio de representantes eleitos, seja por meio de mecanismos de democracia direta, e no qual se garanta o efetivo exercício daqueles direitos e garantias por toda a população, inclusive pelas chamadas minorias.

Podemos constatar, ademais, que os direitos e garantias fundamentais, em razão de sua importância, *devem todos estar fundamentados (ou, ao menos, deveriam)*[6] *no chamado princípio da dignidade humana,* apontado pela doutrina como a fonte primordial de todo o ordenamento jurídico, e, sobretudo, dos direitos e garantias fundamentais. Referido princípio, em apertada síntese, exige que o indivíduo seja tratado como um fim em si mesmo, que seja encarado como a razão de ser do próprio ordenamento, impondo não só ao Estado, como também aos particulares, que o respeitem integralmente, evitando qualquer conduta que degrade sua condição humana.

Podemos notar, por fim, que os direitos e garantias fundamentais abrangem diversas esferas (os doutrinadores costumam chamá-las de *dimensões*) de interesses essenciais ao gênero humano, destinando-se à tutela não só dos direitos individuais (para a proteção do homem contra as arbitrariedades estatais), como também dos direitos políticos (para a participação do indivíduo na ordem democrática), dos direitos sociais, culturais e econômicos

---

4. *Curso de direito constitucional,* 14. ed., Saraiva, 2010, p. 132-133.
5. Como já estudamos em outras oportunidades, o § 3º do artigo 5º da Constituição de 1988, acrescentado pela emenda constitucional 45/2004, prevê a possibilidade de aprovação, pelo Congresso Nacional, de tratados e convenções internacionais sobre direitos humanos, com a observância dos requisitos exigidos para a aprovação das emendas constitucionais. Nesta hipótese, tais diplomas terão inequívoca força de normas materialmente constitucionais, mesmo não estando inseridas no corpo da Constituição, podendo, assim, ampliar o rol de direitos e garantias fundamentais.
6. George Marmelstein nos lembra, contudo, que nem todos os direitos e garantias fundamentais existentes na Constituição de 1988, em razão do extenso rol ali fixado, possuem uma ligação tão forte com a dignidade da pessoa humana, ou mesmo com a limitação do poder estatal. Eis a excelente lição do autor sobre esta realidade de nossa Carta Magna: "Nesse extenso rol, há direitos que não possuem uma ligação tão forte com a dignidade da pessoa humana nem com a limitação do poder. Pode-se mencionar, por exemplo, o direito de marca, o direito ao lazer (art. 6º) ou mesmo o direito dos trabalhadores à participação nos lucros das empresas, entre outros semelhantes. São direitos importantes, mas talvez não tão essenciais. Poderiam perfeitamente estar fora do Título II ou até mesmo fora da Constituição". *Op. cit.,* p. 22.

(para a garantia da igualdade material), além dos direitos à fraternidade e à solidariedade (destinados à própria sobrevivência da espécie humana).

Baseando-nos nessas ponderações, podemos afirmar, em apertada síntese, que os direitos e garantias fundamentais são aqueles que, consagrados por normais materialmente constitucionais, fundamentados no princípio da dignidade humana e diretamente relacionados com o Estado democrático de direito, dizem respeito às esferas de interesses essenciais ao gênero humano, destinando-se não só à tutela dos direitos individuais, como também dos direitos políticos, dos direitos sociais, culturais e econômicos, além dos direitos de fraternidade e de solidariedade.

Com algumas pequenas diferenças entre os doutrinadores, costuma-se conceder aos direitos fundamentais as seguintes características: historicidade, universalidade, relatividade, cumulatividade, extrapatrimonialidade, irrenunciabilidade, intransmissibilidade, imprescritibilidade e indisponibilidade.

Os direitos fundamentais são considerados *históricos* por decorrerem de um longo processo evolutivo, surgindo (bem como se modificando) em conformidade com o momento histórico vivido pela humanidade, e com as necessidades daí advindas[7]. São *universais* (ou *genéricos*) por serem garantidos a todos os homens e mulheres, sem possibilidade de exclusão injustificada de parcelas da sociedade.

A *relatividade* dos direitos fundamentais, por sua vez, decorre do fato de que eles, como regra geral, não podem ser considerados absolutos, ilimitados. Com efeito, como veremos melhor pouco mais à frente, os direitos e garantias fundamentais podem sofrer limitações, por exemplo, para a garantia da aplicação da lei penal, bem como quando colidirem com outros direitos e garantias fundamentais.

Já o caráter *cumulativo* (ou concorrente) decorre do fato de que seu titular pode exercitar, ao mesmo tempo, mais de um direito ou garantia fundamental. Dito em outras palavras, os direitos fundamentais podem ser exercitados ao mesmo tempo, de maneira cumulativa. Um bom exemplo desta característica, nós o temos no exercício concorrente, por parte dos jornalistas, do direito de informar[8] e de opinar[9] sobre os fatos que noticia.

Os direitos e garantias fundamentais são *extrapatrimoniais* por não terem natureza econômica imediata[10]. São *irrenunciáveis*, o próprio nome já indica, em razão de seu titular não poder renunciá-los de maneira alguma, mesmo que, eventualmente, deixe de exercê-los. São, ainda, *intransmissíveis*, por não se transmitirem com a morte do titular. São tidos, ademais, por *imprescritíveis*, em razão de não haver prazo para o seu exercício (não há que

---

7. Nas palavras de Luiz Alberto David Araujo e Vidal Serrano Nunes Júnior, o caráter histórico dos direitos fundamentais decorre do fato de que eles "não surgiram do nada, mas foram resultado de um processo de conquistas de alforrias humanitárias, em que a proteção da dignidade humana prosseguia ganhando, a cada momento, tintas mais fortes". *Op. cit.*, p. 142.

8. Constituição Federal, artigo 5º, IX: "é livre a expressão da atividade intelectual, artística, científica e de comunicação, independentemente de censura ou licença".

9. Constituição Federal, artigo 5º, IV: "é livre a manifestação do pensamento, sendo vedado o anonimato".

10. Em alguns casos, contudo, eles podem ter conteúdo econômico reflexo. É o caso, por exemplo, do direito de autor, expressamente previsto no artigo 5º, inciso XXVII, da Carta Magna. Como se sabe, o autor de uma obra literária pode ceder a terceiros (geralmente uma editora) o direito de publicar e, consequentemente, explorar economicamente o texto que concebeu.

6 • DIREITOS E GARANTIAS FUNDAMENTAIS E OS REMÉDIOS CONSTITUCIONAIS

se falar em perda de tais direitos pelo não uso). São, por fim, *indisponíveis*, uma vez que, em regra, não podem ser alienados.

Não podemos encerrar esta seção sem mencionar que a doutrina ainda não é pacífica no tocante à própria denominação dos direitos fundamentais. Com efeito, muitos são os nomes utilizados, pelos diferentes autores que tratam do tema, para definir esses direitos: direitos fundamentais, liberdades públicas, direitos humanos, direitos do homem, ou, ainda, a combinação daquelas denominações, tais como direitos fundamentais do homem, direitos humanos fundamentais e liberdades fundamentais.

Preferimos denominá-los simplesmente de *direitos e garantias fundamentais*. E tal preferência decorre de uma questão eminentemente prática, de puro respeito ao direito positivado em nosso País: é que a própria Constituição Federal de 1988 assim os denominou, em seu Título II, dividindo-os em cinco categorias específicas: direitos individuais e coletivos (Capítulo I), direitos sociais (Capítulo II), direitos da nacionalidade (Capítulo III), direitos políticos (Capítulo IV), e direitos relacionados aos partidos políticos (Capítulo V).

Mas também consideramos perfeitamente aceitável a denominação sugerida por Uadi Lammêgo Bulos[11]: *liberdades públicas em sentido amplo*. Com efeito, como vimos no início desta seção, os direitos fundamentais abrangem: *liberdades negativas*, relativas ao conjunto de limitações impostas ao Estado, para que este não viole direitos dos indivíduos; *liberdades-participação*, referentes ao conjunto de prerrogativas conferidas ao povo para participar das decisões políticas da entidade estatal; e *liberdades positivas*, ou seja, o conjunto de prestações devidas pelo Estado para garantir a igualdade material dos indivíduos.

Não consideramos correto, por outro lado, denominá-los de *direitos humanos*, por entendermos que esta tem um sentido específico, não coincidente com o de direitos e garantias fundamentais. Em nosso entender, estes últimos são os existentes na constituição de um determinado Estado, dizendo respeito, portanto, ao direito interno de um país; os *direitos humanos*, por sua vez, são apenas os positivados no âmbito do direito internacional. Neste sentido também é a excelente lição de George Marmelstein,[12] *in verbis*:

> *"Quando se estiver diante de um tratado ou pacto internacional, deve-se preferir a utilização da expressão direitos humanos ao invés de direitos fundamentais. Falar em tratado internacional de direitos fundamentais não soa bem aos ouvidos. Do mesmo modo, à luz dessa classificação, não é tecnicamente correto falar em direitos humanos positivados na Constituição".*

Essa distinção de conceitos, aliás, é encontrada na própria Constituição de 1988, a qual *utiliza especificamente a expressão "direitos humanos" sempre que se refere à seara do direito internacional*, como podemos verificar da simples leitura do seu artigo 4º, inciso II[13], artigo

---

11. *Curso de direito constitucional*. 10. ed. Saraiva, 2017, p. 527.
12. *Op. cit.*, p. 26.
13. Constituição Federal, artigo 4º: "A República Federativa do Brasil rege-se *nas suas relações internacionais* pelos seguintes princípios: II – prevalência dos direitos humanos". (grifou-se).

5º, § 3º[14], ou mesmo de seu artigo 109, § 5º[15]. Já o termo *direitos e garantias fundamentais*, este é utilizado para tratar daqueles direitos por ela própria consagrados, notadamente aqueles inseridos em seu Título II.

Também não consideramos acertada, por fim, a utilização da expressão *direitos do homem* para se referir aos direitos e garantias fundamentais. É que estes, como vimos, dizem respeito àqueles direitos expressamente positivados em uma constituição. Já os direitos do homem, estes são direitos ainda não positivados, que funcionam como fundamento para a futura positivação dos direitos fundamentais[16].

DIREITOS FUNDAMENTAIS: CONCEITO E CARACTERÍSTICAS

– Os *direitos e garantias fundamentais* devem necessariamente figurar no corpo de uma constituição, ou, ao menos, serem considerados normas materialmente constitucionais. Não podem ser criados, portanto, por simples normas infraconstitucionais.

– Eles estão diretamente relacionados com o denominado Estado democrático de direito, ou seja, com aquele modelo de ente estatal não só submetido ao império da lei, como também à denominada soberania popular, que permite ao povo participar das decisões políticas do Estado, seja por meio de representantes eleitos, seja por meio de mecanismos de democracia direta, além de garantir o efetivo exercício daqueles direitos e garantias por toda a população, inclusive pelas minorias.

– Os direitos e garantias fundamentais, em razão de sua importância, devem todos estar fundamentados (ou ao menos deveriam) no chamado princípio da dignidade humana, apontado pela doutrina como a fonte primordial de todo o ordenamento jurídico, e, sobretudo, dos direitos e garantias fundamentais.

– Eles abrangem diversas esferas de interesses essenciais ao gênero humano, destinando-se não só à tutela dos direitos individuais, como também dos direitos políticos, dos direitos sociais, culturais e econômicos, além dos direitos de fraternidade e de solidariedade.

6.3 EVOLUÇÃO HISTÓRICA DOS DIREITOS E GARANTIAS FUNDAMENTAIS

Como vimos na seção anterior, os direitos e garantias fundamentais, também conhecidos como *liberdades públicas*, surgiram com a necessidade de proteger o homem do poder estatal, a partir dos ideais advindos do Iluminismo, mais particularmente com a concepção das constituições escritas. Contudo, a verdade é que muito antes do surgimento das constituições escritas já havia documentos que se preocupavam com este tema.

---

14. Constituição Federal, artigo 5º, § 3º: "*Os tratados e convenções internacionais sobre direitos humanos* que forem aprovados, em cada Casa do Congresso Nacional, em dois turnos, por três quintos dos votos dos respectivos membros, serão equivalentes às emendas constitucionais" (destaques inexistentes no original).

15. Constituição Federal, artigo 109, § 5º: "Nas hipóteses de grave violação de direitos humanos, o procurador-geral da República, com a finalidade de assegurar o cumprimento de obrigações decorrentes de *tratados internacionais de direitos humanos* dos quais o Brasil seja parte, poderá suscitar, perante o Superior Tribunal de Justiça, em qualquer fase do inquérito ou processo, incidente de deslocamento de competência para a Justiça Federal" (destacou-se).

16. Neste sentido é a excelente lição de George Marmelstein: "Para ser mais claro, os direitos do homem possuem um conteúdo bastante semelhante ao direito natural. Não seriam propriamente **direitos**, mas algo que surge antes deles e como fundamento deles. Eles (os direitos do homem) são a matéria-prima dos direitos fundamentais, ou melhor, os direitos fundamentais são os direitos do homem positivados". *Op. cit.*, p. 26.

6 • DIREITOS E GARANTIAS FUNDAMENTAIS E OS REMÉDIOS CONSTITUCIONAIS

Com efeito, muitos afirmam que o primeiro diploma legal que conferiu um extenso rol de direitos à generalidade dos homens foi o famoso *Código de Hammurabi*, editado em 1690 antes de Cristo. Naquela codificação já estavam disciplinados, por exemplo, direitos relativos à vida, à honra, à família e à propriedade. Consagrava, inclusive, o princípio da legalidade, graças à previsão expressa da supremacia da lei em face dos governantes.

A Grécia antiga, lar das grandes escolas de filosofia clássica, foi um grande celeiro para o surgimento e difusão de ideias e valores relativos aos direitos e garantias fundamentais. Foi àquela época e naquele local, por exemplo, que o mundo conheceu a ideia (ainda incipiente) de democracia, de governo da *polis* pelos (e para) os cidadãos. Muitos afirmam que também foi àquela época que surgiu a concepção do direito natural, de normas não escritas e imutáveis, anteriores ao direito escrito, e que são o fundamento deste último.

O direito romano também é considerado como preciosa fonte desse tema. A famosa *Lei das Doze Tábuas*, por exemplo, é tida por muitos como um importante conjunto de leis que consagravam, de maneira expressa, o direito de propriedade e o de proteção do cidadão contra as possíveis arbitrariedades praticadas pelo Estado romano.

Também vem do direito romano, por exemplo, a consagração da ideia de que as dívidas de uma pessoa só podem ser pagas com o seu patrimônio, e não com o seu próprio corpo. Com efeito, na Antiguidade, era comum que a pessoa se tornasse escrava de seu credor, caso não pagasse uma dívida. Foi somente com a edição da *Lex Poetelia Papiria*, em Roma, no ano de 428 a.C., que a lei passou a consagrar a impossibilidade da execução direta de uma dívida na pessoa de seu devedor, devendo o débito projetar-se apenas sobre o seu patrimônio.

Como se sabe, os chamados *antecedentes da constituição* já continham normas, em maior ou menor extensão, que tinham por objetivo justamente conferir maior proteção ao indivíduo em face do poder estatal, não só estabelecendo regras de limitação do exercício do poder, por parte do soberano, como também expressamente conferindo a seus súditos um rol de direitos para proteção em relação àquele monarca. É o caso, por exemplo, da famosa *Magna Charta Libertatum* (de 1215), da *Petition of Rights* (de 1628), e, ainda, do *Bill of Rights* (de 1689).

A Revolução Norte-Americana também contribuiu, de maneira decisiva, para o desenvolvimento dos direitos fundamentais. A famosa *Declaração de Independência dos Estados Unidos da América*, assinada em 4 de julho de 1776 e atribuída a Thomas Jefferson, por exemplo, é um documento que já previa, de maneira ostensiva e preponderante, a limitação do poder do Estado.

Ademais, a importantíssima Constituição daquele país, promulgada em 1787 e ainda vigente, já previa, desde a sua edição, a chamada separação de poderes, bem como albergava, de maneira expressa, diversos direitos e garantias fundamentais, tais como o do devido processo legal, da ampla defesa, do julgamento pelo Tribunal do Júri, da impossibilidade de aplicação de penas cruéis, da inviolabilidade do domicílio, e da ampla liberdade religiosa, como corolário de um Estado concebido para ser laico, ou seja, sem qualquer vinculação entre religião e Estado.

Não podemos deixar de mencionar, ainda, a consagrada *Revolução Francesa*, a qual, para muitos, representou o marco para a normatização dos direitos fundamentais, com a promulgação, pela Assembleia Nacional daquele país, em 26 de agosto de 1789, da famosíssima *Declaração dos Direitos do Homem e do Cidadão*. Referido documento, com 17 (dezessete) artigos, relacionava diversos dos direitos e garantias fundamentais que são encontrados nas constituições atuais.

Dentre os direitos e garantias fundamentais expressamente consagrados naquele emblemático documento, podemos citar, a título de exemplo, o direito de liberdade (inclusive religiosa), de igualdade, de propriedade, de associação política e de livre manifestação do pensamento. Podemos citar, ainda, a expressa previsão dos princípios da legalidade, da presunção de inocência, da reserva legal e da anterioridade em matéria penal. A Constituição francesa de 1791, e depois a de 1793, também consagravam, em caráter ostensivo, a limitação do poder estatal e a previsão de direitos e garantias fundamentais.

A partir do século XX, notadamente após as duas Grandes Guerras, os direitos e garantias fundamentais foram consideravelmente incrementados, passando os diversos Estados internacionais a também prever, em suas constituições, um conjunto de normas de ordem social, econômica e cultural, tanto para a redução das desigualdades sociais, como igualmente para incentivar o desenvolvimento nacional. Surgia o denominado Estado social (*Welfare State*), iniciado com a Constituição Mexicana, promulgada em 31 de janeiro de 1917, porém notabilizado com a Constituição de Weimar[17], de 11 de agosto de 1919.

Como nos ensina Manoel Gonçalves Ferreira Filho, essa evolução se inicia com a crítica feita pelos socializantes ou socialistas ao caráter formal das liberdades consagradas nos direitos individuais. Segue explicando o renomado professor:

> *"Essas liberdades seriam iguais para todos, é certo; para a maioria, porém, seriam sem sentido porque a ela faltariam os meios de exercê-las. De que adianta a liberdade de imprensa para todos aqueles que não têm os meios para fundar, imprimir e distribuir um jornal? – perguntavam esses críticos. Assim, esses direitos seriam negados pela organização social ao mesmo tempo que, proforma, seriam consagrados nas declarações"[18].*

A Constituição mexicana tratou, por exemplo, do direito à educação, em seu artigo 3º, prevendo não só a obrigatoriedade da educação primária, como também a gratuidade daquela prestada pelo Estado. Também continha regra sobre direitos trabalhistas, em seu artigo 5º, nos seguintes termos:

> *"O contrato de trabalho obrigará somente a prestar o serviço convencionado pelo tempo fixado por lei, sem poder exceder um ano em prejuízo do trabalhador, e não poderá compreender, em caso algum, a renúncia, perda ou diminuição dos direitos políticos ou civis. A falta de cumprimento do contrato, pelo trabalhador, só o obrigará à correspondente responsabilidade civil, sem que, em nenhum caso, se possa exercer coação sobre sua pessoa".*

A Constituição de Weimar (atual Alemanha), em uma seção destinada à disciplina dos direitos relativos à vida econômica (Seção v, da Parte II, relativa aos direitos e deveres

---

17. A primeira constituição brasileira a conter em seu texto, de maneira expressa, direitos fundamentais dessa nova espécie, foi a Carta Magna de 1934, sendo certo que, a partir daí todas as constituições nacionais que lhe sucederam também passaram a albergar direitos fundamentais de segunda geração.

18. *Curso de direito constitucional.* 35. ed. Saraiva, 2009, p. 291.

fundamentais do povo alemão), previa, por exemplo, a especial proteção do indivíduo em relação ao trabalho (artigo 157), a liberdade de associação para defesa e melhoria das condições de trabalho e de vida (artigo 159), bem como um sistema de seguridade social para a conservação da saúde e da capacidade de trabalho, proteção da maternidade e prevenção dos riscos da idade, da invalidez e das vicissitudes da vida (artigo 161).

Portanto, a partir de então, somadas às denominadas *liberdades negativas* (conjunto de direitos conferidos aos cidadãos que os protegiam contra eventuais arbitrariedades do poder estatal) e às *liberdades-participação* (conjunto de direitos políticos), passaram também a integrar as diversas constituições as denominadas *liberdades positivas*, o conjunto de direitos que impunham ao Estado a prática de diversas ações, visando à obtenção da igualdade substancial (não mais apenas formal) entre os indivíduos.

Atualmente, nós veremos melhor na próxima seção, já se tem por consolidada a ideia da existência de uma nova geração de direitos fundamentais, destinada à proteção do homem não mais como indivíduo, ou mesmo como categoria social a ser amparada pelo Estado, por meio de um conjunto de ações. Esses novos direitos fundamentais buscam proteger *todo o gênero humano*, como é o caso dos direitos ao meio ambiente equilibrado, ao patrimônio histórico e cultural da humanidade e à paz.

6.4 GERAÇÕES DE DIREITOS FUNDAMENTAIS

A doutrina mais tradicional costuma dividir os direitos fundamentais em 3 (três) categorias: direitos fundamentais de primeira, segunda e terceira gerações. Referida classificação, como ressalta boa parte dos doutrinadores pátrios, tem em conta a ordem histórico-cronológica em que tais direitos fundamentais passaram a receber expresso amparo das constituições.

Os *direitos fundamentais de primeira geração* são os direitos individuais e os direitos políticos. Os *direitos individuais*, também denominados de *liberdades clássicas*, ou, ainda, *liberdades negativas*, surgiram com a necessidade de proteger o homem do poder estatal. Fundamentados precipuamente no princípio da *liberdade*, impõem ao Estado[19] um conjunto de *prestações negativas*, o dever de se abster de atuar de modo a desrespeitar direitos fundamentais da pessoa encarada como indivíduo, tais como o direito à vida, à liberdade, à propriedade e a outros do gênero.

Como vimos supra, além das liberdades negativas, os direitos fundamentais de primeira geração também abrangem os *direitos políticos*. Estes últimos, também denominados de *liberdades-participação*, têm por missão justamente permitir que o indivíduo participe, efetivamente, do processo político do Estado a que esteja vinculado, não só por meio do exercício do voto e dos demais mecanismos de participação popular, como também se candidatando a ser um representante do povo na condução daquele mesmo Estado.

---

19. Na realidade, como veremos melhor logo em seguida, os direitos fundamentais devem ser observados não só pelo Estado, como também, em alguns casos, pelos próprios particulares, no trato com os demais indivíduos.

Os *direitos fundamentais de segunda geração*, também denominados de *liberdades concretas, positivas* ou *reais*, são os direitos sociais, econômicos e culturais. Referidos direitos, fundamentados no princípio da *igualdade*, impõem ao Estado um dever de agir, visando à obtenção da igualdade substancial, e não apenas formal, entre os indivíduos, através da redução das desigualdades socioeconômicas. Por se tratar de ações (prestações positivas) que devem ser prestadas pelo Estado, esses direitos são também chamados de *direitos de promoção* ou *direitos prestacionais*.

Com efeito, o simples reconhecimento de direitos fundamentais nem sempre se mostra suficiente para que os indivíduos possam efetivamente gozá-los, tamanha a desigualdade que ainda existe no meio social. O direito de propriedade nada significa, por exemplo, para quem ainda sequer consegue alimentar-se ou se vestir adequadamente. É indispensável, portanto, que o Estado consagre um conjunto de direitos fundamentais destinados justamente à obtenção, tanto quanto possível, da desejada igualdade material entre as pessoas. Estão incluídos nessa categoria de direitos fundamentais, por exemplo, os direitos relacionados ao trabalho, à saúde, à previdência social e à proteção à velhice.

Sobre essa nova etapa na proteção dos direitos fundamentais, Luiz Alberto David Araujo e Vidal Serrano Nunes Júnior[20] nos ensinam, com a costumeira clareza, que "o homem, liberto do jugo do poder público, reclama agora uma nova forma de proteção da sua dignidade, como seja, a satisfação das necessidades mínimas para que se tenha dignidade e sentido na vida humana".

Os *direitos fundamentais de terceira geração* são os direitos ou interesses *transindividuais* ou *metaindividuais*, também conhecidos como *direitos coletivos em sentido amplo*. Fundamentados no princípio da *fraternidade* (ou da *solidariedade*), referidos direitos impõem o dever de respeito aos direitos fundamentais da pessoa encarada como espécie, e não mais como indivíduo ou categoria social a ser amparada. Em outras palavras, *são direitos cuja titularidade é difusa*, de toda a sociedade humana ou de uma parcela expressiva desta. Nesta categoria estão, por exemplo, o direito a um meio ambiente ecologicamente equilibrado e a proteção às relações de consumo[21].

Como vimos supra, os direitos fundamentais de primeira geração encontram fundamento na *liberdade*. Os de segunda geração, por sua vez, estão fundamentados na *igualdade*. Já os direitos fundamentais de terceira geração, estes estão embasados na *fraternidade*. É por essa razão que já se tornou célebre a relação que Manoel Gonçalves Ferreira Filho fez entre aquelas três gerações de direitos e garantias fundamentais e o lema da Revolução Francesa. Segundo esse renomado autor, os de primeira geração seriam os relativos à *liberdade*; os de segunda, os relacionados à *igualdade*; e os de terceira, à *fraternidade*.

---

20. *Op. cit.*, p. 139.
21. Em termos semelhantes é a lição de Luiz Alberto David Araujo e Vidal Serrano Nunes Júnior: "Depois de preocupações em torno da liberdade e das necessidades humanas, surge uma nova convergência de direitos, volvida à essência do ser humano, sua razão de existir, ao destino da humanidade, pensando o ser humano enquanto gênero e não adstrito ao indivíduo ou mesmo a uma coletividade determinada. A essência desses direitos se encontra em sentimentos como a solidariedade e a fraternidade, constituindo mais uma conquista da humanidade no sentido de ampliar os horizontes de proteção e emancipação dos cidadãos". *Op. cit.*, p. 139.

6 • DIREITOS E GARANTIAS FUNDAMENTAIS E OS REMÉDIOS CONSTITUCIONAIS

Ainda sobre esse tema, consideramos oportuno fornecer ao caro leitor a transcrição de excelente ementa de acórdão da lavra do ministro Celso de Mello, do Supremo Tribunal Federal, em sede de mandado de segurança, que consegue sintetizar, com grande maestria, não só os conceitos como os principais traços distintivos dessas 3 (três) diferentes gerações de direitos fundamentais. Eis a ementa, *in verbis*:

> *"Enquanto os direitos de primeira geração (direitos civis e políticos) – que compreendem as liberdades clássicas, negativas ou formais – realçam o princípio da liberdade e os direitos de segunda geração (direitos econômicos, sociais e culturais) – que se identifica com as liberdades positivas, reais ou concretas – acentuam o princípio da igualdade, os direitos de terceira geração, que materializam poderes de titularidade coletiva atribuídos genericamente a todas as formações sociais, consagram o princípio da solidariedade e constituem um momento importante no processo de desenvolvimento, expansão e reconhecimento dos direitos humanos, caracterizados, enquanto valores fundamentais indisponíveis, nota de uma essencial inexauribilidade"* (Supremo Tribunal Federal, Tribunal Pleno, Mandado de Segurança 22.164/SP, relator ministro Celso de Mello, julgamento em 30.10.95, *DJ* de 17.11.95, p. 39206).

Não podemos deixar de mencionar, contudo, que alguns autores fazem menção à existência de novas gerações de direitos fundamentais[22]. Paulo Bonavides[23], por exemplo, fala na existência de *direitos fundamentais de quarta geração*, que seriam aqueles relativos à democracia, à informação e ao pluralismo. Segundo o autor, "deles depende a concretização da sociedade aberta do futuro, em sua dimensão de máxima universalidade, para a qual parece o mundo inclinar-se no plano de todas as relações de convivência.

Não devemos deixar de mencionar, ainda, que alguns doutrinadores também criticam a utilização do termo *geração*, para definir as diversas categorias de direitos fundamentais. De fato, parte deles prefere utilizar o termo *dimensões*, asseverando que um só direito fundamental pode alcançar diversas esferas de incidência, mesmo que, originariamente, tenha surgido em um determinado período. Seria o caso, por exemplo, do direito de propriedade, que surgiu como um direito individual, mas que, atualmente, repercute inclusive na seara do direito ambiental.

De nossa parte, a despeito de não vermos grandes problemas na utilização do termo *dimensões* de direitos fundamentais, preferimos manter a tradicional expressão *geração de direitos fundamentais*, uma vez que esta denominação apenas revela a ordem histórico-cronológica em que referidos direitos e garantias fundamentais passaram a receber expresso amparo das constituições, sem afastar, de maneira alguma, o reconhecimento de que os direitos fundamentais podem efetivamente alcançar diversas dimensões, diversos âmbitos de incidência.

De todo modo, para encerrar esta seção, devemos enfatizar que a Constituição de 1988, ao tratar dos direitos e garantias fundamentais em seu Título II, ao invés de dividi-los

---

22. Uadi Lammêgo Bulos, por exemplo, fala na existência de direitos fundamentais de *quarta geração*, relativos a saúde, informática, *softwares*, biociências, eutanásia, alimentos transgênicos, sucessão de filhos gerados por inseminação artificial, clonagens, dentre outros acontecimentos ligados à engenharia genética; de *quinta geração*, referentes ao direito à paz; e de *sexta geração*, referentes à democracia, à liberdade de informação, ao direito de informação e ao pluralismo. *Op. cit.*, p. 516-517.

23. *Curso de direito constitucional*. 18. ed. Malheiros, 2006, p. 571.

em 3 (três) gerações (ou mesmo dimensões), preferiu dividi-los em 5 (cinco) categorias distintas, a saber: direitos e deveres individuais e coletivos (Capítulo I), direitos sociais (Capítulo II), direitos da nacionalidade (Capítulo III), direitos políticos (Capítulo IV), e direitos relacionados aos partidos políticos (Capítulo V).

GERAÇÕES DE DIREITOS FUNDAMENTAIS

Primeira geração	– São os *direitos individuais* e *políticos*. – Os direitos individuais são também denominados, pela doutrina, *liberdades clássicas, negativas* ou *formais*. – Os direitos políticos, por sua vez, são também conhecidos como *liberdades-participação*.
Segunda geração	– São os *direitos sociais, econômicos* e *culturais*. Parte da doutrina também os denomina *liberdades concretas, positivas* ou *reais*. – Consistem em prestações positivas, por parte do Estado, tendo por escopo diminuir as desigualdades socioeconômicas, notadamente proporcionando proteção aos mais fracos. – Estão incluídos nessa categoria, por exemplo, os direitos relacionados ao trabalho, à saúde, à previdência social e à proteção à velhice.
Terceira geração	– São os *direitos ou interesses transindividuais* ou *metaindividuais*, também conhecidos como *direitos coletivos em sentido amplo*. – Fundamentados no princípio da *fraternidade*, impõem o dever de respeito aos direitos fundamentais da pessoa encarada não mais como indivíduo ou categoria social a ser amparada, mas sim como gênero humano. – Em outras palavras, são direitos cuja titularidade é difusa, de toda a sociedade humana. Nesta categoria está, por exemplo, o direito a um meio ambiente ecologicamente equilibrado.

Obs.: É possível que estejam conjugados, em um único dispositivo constitucional, um direito e uma garantia fundamental. É o caso, por exemplo, do artigo 5º, inciso X, da Constituição Federal. A primeira parte ("são invioláveis a intimidade, a vida privada, a honra e a imagem das pessoas") enuncia alguns direitos; a segunda ("assegurado o direito a indenização pelo dano material ou moral decorrente de sua violação") garante o exercício daqueles direitos, ao prever uma indenização, caso sejam violados.

6.5 DESTINATÁRIOS DOS DIREITOS E GARANTIAS FUNDAMENTAIS

O *caput* do artigo 5º, da Constituição Federal, que inicia o Título II da Carta Magna, relativo aos direitos e garantias fundamentais, dispõe expressamente que todos são iguais perante a lei, sem distinção de qualquer natureza, *garantindo-se aos brasileiros e aos estrangeiros residentes no País* a inviolabilidade do direito à vida, à liberdade, à igualdade, à segurança e à propriedade, nos termos especificados nos incisos daquele mesmo artigo.

6 • DIREITOS E GARANTIAS FUNDAMENTAIS E OS REMÉDIOS CONSTITUCIONAIS

Uma leitura apressada daquele dispositivo constitucional pode nos conduzir a uma interpretação de que somente os brasileiros e os estrangeiros residentes no Brasil é que são destinatários dos direitos e garantias fundamentais consagrados no texto constitucional. Por essa interpretação, de natureza inequivocamente literal, tanto as pessoas jurídicas, como também os estrangeiros que não residam no Brasil, além dos apátridas, todos estes estariam fora da proteção conferida pela Constituição Federal.

Tal interpretação, a toda evidência, mostra-se equivocada, não tendo sido essa a vontade do legislador constituinte. *Os direitos e garantias fundamentais, como já vimos, destinam-se à proteção de toda a espécie humana.* Dessa forma, valendo-nos de uma interpretação lógico-sistemática, e, sobretudo, teleológica (finalística) do texto constitucional, não há dúvidas de que referidos direitos e garantias fundamentais têm por destinatários (beneficiários ou titulares) não só os brasileiros como também os estrangeiros, e até mesmo os apátridas (aqueles que não tenham uma nacionalidade definida), que se encontrem em território nacional.

O próprio artigo 5º, da Carta Magna, em sua parte inicial, é expresso e inequívoco em declarar que "todos são iguais perante a lei, *sem distinção de qualquer natureza*", o que evidencia que os direitos e garantias fundamentais devem ser conferidos a todos que estejam no território nacional, sem que se possa fazer qualquer distinção entre brasileiros natos ou naturalizados, estrangeiros residentes ou não no país, em situação regular ou irregular, ou mesmo apátridas[24].

Esse, aliás, também é o entendimento do próprio Supremo Tribunal Federal, que reconhece como beneficiários dos direitos e garantias fundamentais albergados por nossa Constituição Federal não só os brasileiros e os estrangeiros residentes no país, como também os estrangeiros de passagem pelo Brasil (caso, por exemplo, dos turistas), os apátridas (os que, por algum motivo, não tenham uma nacionalidade), e até mesmo as pessoas jurídicas. Sobre o tema, sugerimos a leitura do *Habeas Corpus* 74.051-3, Supremo Tribunal Federal, relator ministro Marco Aurélio de Mello, *DJ* de 20.9.1996.

Nada mais justo, sobretudo tendo em vista o caráter universal dos direitos e garantias fundamentais. Seria um absurdo, por exemplo, se um turista estrangeiro não pudesse impetrar um *habeas corpus*, no Brasil, para fazer cessar eventual coação ilegal no seu direito de locomoção, ou um mandado de segurança, caso alguma autoridade brasileira lhe negasse uma certidão indispensável ao exercício de um seu direito. Também seria um absurdo, exemplificativamente, se não lhe fosse reconhecido o direito de propriedade relativamente aos bens lícitos que lhe pertencem, ou que não lhe fosse garantido o devido processo legal, com irrestrita observância dos princípios do contraditório e da ampla defesa, caso fosse processado no país.

A mesma coisa se diga em relação às pessoas jurídicas. Como se sabe, o ordenamento jurídico brasileiro lhes confere personalidade jurídica. Portanto, são titulares de direitos e

---

24. Em termos semelhantes são os ensinamentos de Luiz Alberto David Araujo e Vidal Serrano Nunes Júnior: "Os direitos fundamentais têm um forte sentido de proteção do ser humano, e mesmo o próprio *caput* do art. 5º faz advertência de que essa proteção realiza-se 'sem distinção de qualquer natureza'. Logo, a interpretação sistemática e finalística do texto constitucional não deixa dúvidas de que os direitos fundamentais destinam-se a todos os indivíduos independentemente de sua nacionalidade ou situação no Brasil". *Op. cit.*, p. 150.

deveres, de maneira semelhante às pessoas naturais. Como consequência disso, revela-se induvidoso que as pessoas jurídicas também podem ser destinatárias de direitos fundamentais, desde que compatíveis com sua natureza, como é o caso, por exemplo, do direito de propriedade (em relação a seus bens, às suas marcas e patentes) e até mesmo o direito à imagem, importantíssimo para os fornecedores no mercado de consumo.

Até mesmo as pessoas jurídicas estrangeiras, desde que constituídas em conformidade com as leis brasileiras, com sede e administração no Brasil, podem ser destinatárias dos direitos e garantias fundamentais previstos em nossa Carta Magna[25], tais como, por exemplo, o direito de propriedade, o direito de imagem e a garantia do direito de indenização pelo dano material ou moral decorrente de sua violação, o direito de peticionar ao Estado e de obter certidões necessárias ao exercício de direitos, e até mesmo de alguns remédios constitucionais, tais como o mandado de segurança, o mandado de injunção e o *habeas data*.

Ademais, também são titulares (beneficiários) dos direitos e garantias fundamentais previstos em nossa Constituição Federal alguns órgãos públicos (como, por exemplo, o Ministério Público da União e os Ministérios Públicos dos Estados e do Distrito Federal e Territórios), além de outros entes despersonalizados com capacidade processual, como é o caso do espólio e da massa falida. São os entes a que a doutrina costuma denominar de *quase pessoas* jurídicas.

Particularmente no que toca aos órgãos públicos, como se sabe, estes não têm personalidade jurídica. Quem a possui é a pessoa jurídica de direito público a que estão vinculados. Contudo, a doutrina e a jurisprudência nacionais já se encontram pacificadas no sentido de que referidos órgãos públicos, quando dotados de capacidade processual, poderão impetrar o mandado de segurança. É o caso, por exemplo, das Mesas da Câmara dos Deputados e do Senado Federal.

Por outro lado, é importante ressaltar que, em razão de especificidades que os caracterizam, alguns direitos fundamentais previstos em nossa Carta Magna não se estendem aos estrangeiros. É o caso, por exemplo, da ação popular, que só pode ser proposta pelo nacional eleitor (cidadão), conforme determina expressamente o artigo 5º, LXXIII, da Constituição Federal[26].

Da mesma forma, não goza o estrangeiro do direito conferido aos brasileiros natos, de não serem extraditados de maneira alguma, e aos brasileiros naturalizados, de somente o serem em caso de crime comum, praticado antes da naturalização, ou de comprovado envolvimento em tráfico ilícito de entorpecentes e drogas afins, conforme expressa previsão do artigo 5º, inciso LI, de nossa Lei Maior.

Algo parecido se dá com às pessoas jurídicas. Com efeito, também nessa hipótese, alguns dos direitos e garantias fundamentais previstos na Constituição Federal brasileira,

---

25. Nesses termos também a lição de Uadi Lammêgo Bulos. *Op. cit.*, p. 538.
26. Constituição Federal, artigo 5º, LXXIII: "qualquer cidadão é parte legítima para propor ação popular que vise a anular ato lesivo ao patrimônio público ou de entidade de que o Estado participe, à moralidade administrativa, ao meio ambiente e ao patrimônio histórico e cultural, ficando o autor, salvo comprovada má-fé, isento de custas judiciais e do ônus da sucumbência".

em razão de suas especificidades, não podem beneficiar as pessoas jurídicas. O exemplo mais citado pela doutrina, por ser emblemático, é o *habeas corpus*, que só pode ter por paciente o ser humano, o único que pode ter o seu direito de ir e vir ameaçado.

DESTINATÁRIOS DOS DIREITOS E GARANTIAS FUNDAMENTAIS

> – Uma leitura apressada da Constituição Federal pode nos conduzir a uma interpretação de que somente os brasileiros e os estrangeiros residentes no Brasil é que são destinatários dos direitos e garantias fundamentais.
>
> – Todavia, a verdade é que os direitos e garantias fundamentais *têm por destinatários não só os brasileiros, como também os estrangeiros, e até mesmo os apátridas, caso se encontrem no território nacional*.
>
> – A mesma coisa se diga em relação às pessoas jurídicas, já que o ordenamento lhes confere a titularidade de direitos e deveres, inclusive direitos fundamentais, de maneira semelhante às pessoas naturais.
>
> – Até mesmo pessoas jurídicas estrangeiras, desde que constituídas em conformidade com as leis brasileiras, com sede e administração no Brasil, podem ser titulares de direitos e garantias fundamentais.
>
> – Também são destinatários dos direitos e garantias fundamentais alguns *órgãos públicos*, além de outros *entes despersonalizados com capacidade processual*, como é o caso do espólio e da massa falida.

6.6 EFICÁCIA HORIZONTAL DOS DIREITOS E GARANTIAS FUNDAMENTAIS

Como já vimos anteriormente, a doutrina mais tradicional costuma dividir os direitos e garantias fundamentais em 3 (três) categorias: direitos de primeira, de segunda e de terceira gerações. Referida divisão, também o vimos naquela oportunidade, leva em conta a ordem histórico-cronológica em que tais direitos e garantias fundamentais passaram a receber expresso amparo das constituições.

Os direitos fundamentais de primeira geração são os direitos individuais e os direitos políticos. Os direitos individuais impõem ao Estado (ou ao particular que atua em nome deste) o dever de se abster de desrespeitar direitos fundamentais da pessoa encarada como indivíduo. Já os direitos políticos, estes têm por missão permitir que o indivíduo participe, efetivamente, do processo político do Estado a que esteja vinculado.

Por sua vez, os direitos fundamentais de segunda geração, também denominados de liberdades positivas, são os direitos sociais, econômicos e culturais, os quais impõem ao Estado (ou a quem lhe faça as vezes) um dever de agir, visando à diminuição das desigualdades socioeconômicas, sobretudo com a instituição de mecanismos de proteção mínima aos mais fracos.

Por fim, os *direitos fundamentais de terceira geração*, também chamados de *direitos ou interesses coletivos em sentido amplo* são aqueles que impõem o dever de respeito, pelo Estado ou por quem atue em nome ou por conta deste, aos direitos da pessoa encarada como espécie ou ao menos como uma coletividade definida ou indefinida de pessoas, e não mais como indivíduo a ser amparado.

Como é fácil perceber, o traço que une todas aquelas categorias de direitos fundamentais é o fato de que são *relações jurídicas verticais*, em que uma das partes é o Estado, ou seja, o ente que tem o dever de observar os preceitos, expressa ou implicitamente fixados pela Constituição, e a outra parte é o particular, seja uma pessoa natural encarada como indivíduo ou como membro de uma coletiva, seja uma pessoa jurídica, que figure como o beneficiário daqueles direitos.

Atualmente, contudo, fundamentados no *princípio da máxima efetividade*[27], parte expressiva da doutrina e da jurisprudência, tanto pátria como estrangeira, vem defendendo que a observância dos direitos e garantias fundamentais não deve ser imposta apenas ao Estado, devendo sua aplicabilidade ser estendida às *relações horizontais* (entre particulares), de maneira que também as pessoas naturais e jurídicas sejam compelidas a respeitar os direitos e garantias fundamentais de outrem.

Alguns doutrinadores, aliás, com fundamento na norma explicitada no artigo 5º, § 1º, de nossa Carta Magna, a qual dispõe que "as normas definidoras dos direitos e garantias fundamentais têm aplicação imediata", chegam mesmo a afirmar *que a generalidade dos direitos e garantias fundamentais consagrados no texto constitucional deve ser direta e imediatamente aplicada às relações horizontais entre particulares, independentemente da edição de diplomas infraconstitucionais*, para regulamentação daquelas relações jurídicas. Os defensores deste entendimento são costumeiramente denominados de *corrente imediata ou direta*.

Outra parcela expressiva da doutrina, entretanto, defende que a aplicabilidade dos direitos e garantias fundamentais às relações horizontais, ou seja, celebradas entre particulares, *depende necessariamente ou da edição de normas infraconstitucionais, ou da utilização das chamadas cláusulas gerais (tais como boa-fé objetiva, função social do contrato, justiça contratual, ordem pública etc.), inseridas em normas de direito privado*. Referida corrente doutrinária, vale mencionar, é costumeiramente denominada de *corrente mediata ou indireta*.

É bem verdade que alguns dos direitos e garantias fundamentais, expressamente consagrados pela Constituição de 1988, são exigíveis apenas do Estado, não podendo, portanto, ser aplicados às relações entre particulares. É o caso, por exemplo, do direito de receber dos *órgãos públicos* informações de interesse particular, ou de interesse coletivo ou geral, ressalvadas aquelas cujo sigilo seja imprescindível à segurança da sociedade e do Estado (artigo 5º, XXIII)[28].

Contudo, em relação a uma parcela expressiva dos direitos e garantias fundamentais, não há dúvida de que referidos direitos podem (e devem) ser aplicados direta e imediatamente às relações jurídicas horizontais. É o caso, por exemplo, da liberdade de manifestação do pensamento, que deverá ser exercitada, por toda e qualquer pessoa, de modo a não violar outros direitos fundamentais, tais como, por exemplo, os direitos à

---

27. O princípio da máxima efetividade é aquele que, em apertada síntese, determina que as normas constitucionais sejam interpretadas de maneira a lhes conferir a maior eficácia possível.

28. Na mesma toada, o direito de petição *aos poderes públicos* em defesa de direitos ou contra ilegalidade ou abuso de poder (artigo 5º, XXXIV, *a*), além do direito de obtenção de certidões em *repartições públicas*, para defesa de direitos e esclarecimento de situações de interesse pessoal (artigo 5º, XXXIV, *b*).

6 • DIREITOS E GARANTIAS FUNDAMENTAIS E OS REMÉDIOS CONSTITUCIONAIS **193**

intimidade, à vida privada, à honra e à imagem das pessoas, previstos no artigo 5º, inciso X, de nossa Lei Maior.

O próprio Supremo Tribunal Federal, em mais de uma oportunidade, já reconheceu a possibilidade de aplicação direta e imediata dos direitos e garantias fundamentais às relações horizontais. Com efeito, ao julgar um recurso extraordinário, o Pretório Excelso considerou que a expulsão de associados de uma cooperativa, sem a observância das regras estatutárias, consistiu em violação à garantia constitucional da ampla defesa (Recurso Extraordinário 158.215/RS, relator ministro Marco Aurélio, j. 30.4.1996).

Em outro julgamento, que envolvia a exclusão de um sócio dos quadros de uma sociedade civil – a União Brasileira dos Compositores –, a mesma Corte Suprema determinou a reintegração do associado excluído, sob o fundamento de que os direitos fundamentais assegurados pela Constituição Federal vinculam diretamente não só os poderes públicos, como também os particulares (Recurso Extraordinário 201.819/RJ, relator ministro Gilmar Mendes, j. 11.10.2005).

EFICÁCIA HORIZONTAL DOS DIREITOS E GARANTIAS FUNDAMENTAIS

> – O traço que une todas as categorias de direitos fundamentais é o fato de que são *relações jurídicas verticais*, em que uma das partes é o Estado (ou quem lhe faça as vezes), que tem o dever de observar os preceitos fixados pela Constituição, e a outra é o particular, que figura como o beneficiário daqueles direitos.
>
> – Atualmente, contudo, fundamentados no *princípio da máxima efetividade*, parte expressiva da doutrina e da jurisprudência vem defendendo que a observância dos direitos e garantias fundamentais deve ter sua aplicabilidade estendida às *relações horizontais*, entre particulares.
>
> – Alguns chegam a afirmar que os direitos e garantias fundamentais consagrados no texto constitucional devem ser *direta e imediatamente* aplicados às relações horizontais entre particulares, independentemente da edição de diplomas infraconstitucionais (*corrente imediata ou direta*).
>
> – Outra parcela defende que a aplicabilidade dos direitos e garantias fundamentais às relações horizontais depende necessariamente ou da edição de normas infraconstitucionais, ou da utilização das chamadas cláusulas gerais inseridas em normas de direito privado (*corrente mediata ou indireta*).

6.7 CARÁTER RELATIVO DOS DIREITOS E GARANTIAS FUNDAMENTAIS

Como se sabe, com fundamento nos princípios da *razoabilidade e da proporcionalidade*, as normas da nossa Constituição devem ser interpretadas de modo que os meios utilizados sejam adequados aos fins perseguidos por elas, devendo o intérprete buscar conceder aos bens jurídicos por elas tutelados a aplicação mais justa e equânime possível.

Justamente em decorrência da aplicação daqueles princípios, *os direitos e garantias fundamentais não são considerados absolutos*, não sendo possível a alguém invocar um direito ou garantia constitucional para acobertar um comportamento ilícito, tentando afastar, com tal argumento, a indispensável aplicação da lei penal. É por força destes princípios que o indivíduo poderá, por exemplo, ter seu sigilo bancário quebrado, para fins de aplicação da lei penal.

Nesse sentido, por exemplo, é o acórdão proferido pelo Supremo Tribunal Federal, em memorável julgamento realizado no Mandado de Segurança 23.542, relatado pelo ministro Celso de Mello, e julgado em 16 de setembro de 1999 (publicado no *DJ* do dia 12.5.2000), *in verbis:*

> *"Os direitos e garantias individuais não têm caráter absoluto. Não há, no sistema constitucional brasileiro, direitos ou garantias que se revistam de caráter absoluto, mesmo porque razões de relevante interesse público ou exigências derivadas do princípio de convivência das liberdades legitimam, ainda que excepcionalmente, a adoção, por parte dos órgãos estatais, de medidas restritivas das prerrogativas individuais ou coletivas, desde que respeitados os termos estabelecidos pela própria Constituição. O estatuto constitucional das liberdades públicas, ao delinear o regime jurídico a que estas estão sujeitas – e considerado o substrato ético que as informa – permite que sobre elas incidam limitações de ordem jurídica, destinadas, de um lado, a proteger a integridade do interesse social e, de outro, a assegurar a coexistência harmoniosa das liberdades, pois nenhum direito ou garantia pode ser exercido em detrimento da ordem pública ou com desrespeito aos direitos e garantias de terceiros".*

Por outro lado, por força do que determina o denominado *princípio da concordância prática ou da harmonização*, outro importantíssimo princípio específico de interpretação constitucional, sabemos que, na ocorrência de conflito entre bens jurídicos garantidos por normas constitucionais diversas, deve-se buscar uma interpretação que melhor os harmonize, de maneira a conceder a cada um dos direitos a maior amplitude possível, sem que um deles imponha a supressão do outro.

Dessa forma, referido princípio (também denominado de *princípio da cedência recíproca*) também revela, de maneira clara e induvidosa, o caráter não absoluto dos direitos e garantias fundamentais, uma vez que, sempre que houver algum confronto entre direitos desta categoria, num dado caso particular, dever-se-á alcançar um ponto de coexistência entre eles, de forma que ambos cedam reciprocamente, para que possam conviver harmoniosamente.

Assim, sempre que houver alguma possível colisão entre dois ou mais direitos e/ou garantias fundamentais, de titulares diferentes, não será possível conceder plena aplicação a ambos, havendo necessidade de *mitigação de um deles, ou mesmo dos dois*, para que prevaleça, no caso concreto, a solução que melhor se harmonize com o sistema constitucional.

Colisão de direitos fundamentais, nós a temos, por exemplo, no conflito que pode surgir, em um determinado episódio, entre a liberdade de expressão da atividade de comunicação, independentemente de censura ou licença (artigo 5º, inciso IX, da Carta Magna), e a inviolabilidade da intimidade, da vida privada, da honra e da imagem das pessoas (artigo 5º, inciso X, de nossa Lei Maior), quando a imprensa publica notícias que, a despeito de serem de interesse público, acabem invadindo a esfera privada de alguém.

Aliás, particularmente no que se refere à colisão entre o direito de a imprensa informar e o direito da pessoa à intimidade e à vida privada, muitas vezes o Poder Judiciário é chamado a solucionar tal conflito. Nesses casos, o magistrado deverá avaliar qual o interesse deve prevalecer naquele caso, ou seja, se é o interesse público na divulgação da informação, ou se é o direito da pessoa à preservação de sua intimidade, vida privada, honra ou imagem.

CARÁTER RELATIVO DOS DIREITOS E GARANTIAS FUNDAMENTAIS

– Graças ao princípio da *razoabilidade/proporcionalidade*, os direitos e garantias fundamentais **não são considerados absolutos**, não sendo possível a alguém invocá-los para acobertar um comportamento ilícito. É por força desse princípio que o indivíduo poderá, por exemplo, ter seu sigilo bancário quebrado, para fins de aplicação da lei penal.

– Em razão do *princípio da concordância prática ou da harmonização*, sempre que houver algum confronto entre direitos fundamentais, num caso concreto, dever-se-á alcançar um ponto de coexistência entre eles, de forma que ambos cedam reciprocamente, para que possam conviver harmoniosamente.

– É o caso, por exemplo, do conflito entre a liberdade de expressão da atividade de comunicação, independentemente de censura ou licença (artigo 5º, IX, da Carta Magna), e a inviolabilidade da intimidade, da vida privada, da honra e da imagem das pessoas (artigo 5º, X, da Lei Maior).

6.8 APLICAÇÃO IMEDIATA E CARÁTER NÃO TAXATIVO DO ROL DE DIREITOS E GARANTIAS FUNDAMENTAIS

Nos termos do artigo 5º, § 1º, de nossa Carta Magna, "as normas definidoras dos direitos e garantias fundamentais têm aplicação imediata". Este comando constitucional pontifica que as normas constitucionais que imprimam existência a direitos fundamentais, ou que garantam sua aplicação, são normas autoexecutáveis, ou de eficácia plena, não dependendo da edição de qualquer lei infraconstitucional, ou de atuação do Estado, para serem autoaplicáveis.

É imperioso ressaltar, contudo, que a regra da aplicabilidade imediata dos direitos e garantias fundamentais comporta exceções, quando o próprio texto constitucional assim o determinar. Com efeito, há casos em que nossa própria Carta Magna condiciona a produção de seus efeitos à edição de norma regulamentadora.

No caso específico dos direitos e garantias fundamentais, podemos citar, por exemplo, a regra do artigo 5º, inciso XXVII, de nossa Lei Maior, que concede ao autor o direito exclusivo de utilização, publicação ou reprodução de suas obras, o qual será transmissível aos seus herdeiros, *pelo tempo que a lei* fixar.

É por essa razão, aliás, que Uadi Lammêgo Bulos[29] nos ensina, com a costumeira percuciência, que o supramencionado § 1º do artigo 5º de nossa Lei Maior, que prevê a aplicabilidade imediata dos direitos e garantias fundamentais, "deve ser interpretado *cum granun salis*, porque as liberdades têm aplicação imediata se, e somente se, a Constituição Federal não exigir a feitura de leis para implementá-las".

Assim, podemos afirmar, em conclusão, que as normas definidoras dos direitos e garantias fundamentais são dotadas, *regra geral, de aplicabilidade imediata*, como, aliás, determina expressamente o artigo 5º, § 1º, de nossa Lei Maior. Contudo, será possível, *por exceção*, a existência de direitos e garantias fundamentais que dependam da edição de lei

---

29. *Op. cit.*, p. 540.

regulamentadora (infraconstitucional) para que possam ser efetivamente aplicados, desde que o próprio texto constitucional assim o determine.

O caráter não taxativo do rol dos direitos e garantias fundamentais, por sua vez, está explicitado no artigo 5º, § 2º, da Constituição Federal. Com efeito, nos termos do dispositivo constitucional em questão, "os direitos e garantias expressos nesta Constituição não excluem outros decorrentes do regime e dos princípios por ela adotados, ou dos tratados internacionais em que a República Federativa do Brasil seja parte".

Vê-se, portanto, que nossa Carta Magna não reconhece e confere legitimidade apenas a direitos e garantias inseridos em seu corpo, mas também a outros, fora de seu texto, desde que guardem conformidade com os princípios por ela adotados, ou com os tratados internacionais de que o Brasil seja signatário.

Aliás, no tocante especificamente aos tratados e convenções internacionais, a Emenda Constitucional 45/2004 acrescentou ao artigo 5º, da Constituição Federal, o § 3º, determinando expressamente que aqueles diplomas normativos, quando tiverem por objeto direitos humanos, quando forem aprovados, em cada Casa do Congresso Nacional, em 2 (dois) turnos, por 3/5 (três quintos) dos votos dos respectivos membros, serão equivalentes às emendas constitucionais".

Portanto, desde que tenham por objeto *direitos humanos* e que se submetam ao rito legislativo fixado por aquela norma constitucional, os tratados e convenções internacionais serão considerados autênticas normas materialmente constitucionais. É o caso, por exemplo, da Convenção sobre os Direitos das Pessoas com Deficiência e seu Protocolo Facultativo, ratificados pelo Congresso Nacional por meio do Decreto Legislativo 186, de 9 de julho de 2008, e promulgados pelo Decreto 6.949, de 25 de agosto de 2009, data de início de sua vigência no plano interno.

O supramencionado artigo 5º, § 2º, de nossa Lei Maior, também nos permite perceber que, além dos direitos e garantias fundamentais *expressos*, a ordem constitucional vigente confere existência a outros, *implícitos*, desde que consentâneos com o sistema constitucional. Como nos lembra Manoel Gonçalves Ferreira Filho[30], a Carta Magna vigente é minuciosa ao enunciar direitos fundamentais, o que torna difícil apontar exemplos de direitos fundamentais implícitos. O renomado constitucionalista cita, como um possível exemplo de direito fundamental implícito, o direito ao sigilo, que estaria subjacente ao artigo 5º inciso X (proteção à intimidade) e inciso XII (comunicações telegráficas etc.).

Também podemos citar, como exemplos de direitos fundamentais implícitos, a efetiva existência do mandado de injunção coletivo (cuja existência já foi expressamente reconhecida pela Lei 13.300/2016, que regulamenta o processo e o julgamento deste remédio constitucional), o princípio do *non bis in idem* (que proíbe duplo gravame, dupla punição em razão de um mesmo fato) e o princípio do *nemo tenetur se detegere* (privilégio contra a autoincriminação, ou direito ao silêncio do acusado).

Podemos mencionar, ademais, o *princípio da individualização da conduta*, uma decorrência lógica do Estado democrático de direito, e corolário dos princípios do devido

---

30. *Op. cit.*, p. 296.

6 • DIREITOS E GARANTIAS FUNDAMENTAIS E OS REMÉDIOS CONSTITUCIONAIS 197

processo legal e da ampla defesa, que exige que o titular da ação penal individualize, de forma adequada, as condutas imputadas a cada réu da ação penal, para que eles possam saber exatamente do que estão sendo acusados e possam, assim, defender-se de forma plena e eficaz.

Não podemos deixar de mencionar, por fim, que o rol dos direitos e garantias fundamentais inseridos no próprio texto constitucional não se esgota na enumeração contida em seu Título II, relativo aos direitos e garantias fundamentais. É o caso dos direitos que limitam o poder de tributar do Estado, contidos nos artigos 150 e seguintes, da Constituição Federal. Dentre estes, temos, por exemplo, a vedação à União, Estados, Distrito Federal e Municípios de exigir ou aumentar tributo sem lei que o estabeleça (princípio da legalidade tributária) e de cobrar tributos em relação a fatos geradores ocorridos antes do início da vigência da lei que os houver instituído ou aumentado (princípio da irretroatividade tributária).

APLICAÇÃO IMEDIATA E CARÁTER NÃO TAXATIVO DO ROL DE DIREITOS FUNDAMENTAIS

– As normas definidoras dos direitos e garantias fundamentais são dotadas, como **regra geral**, de aplicabilidade imediata, como determina expressamente o artigo 5º, § 1º, de nossa Lei Maior.

– Será possível, *por exceção*, a existência de direitos e garantias fundamentais que dependam da edição de lei regulamentadora, desde que a própria Constituição Federal assim o determine.

– A Carta Magna também reconhece legitimidade a direitos e garantias fundamentais fora de seu texto, desde que guardem conformidade com os princípios por ela adotados, ou com os tratados internacionais de que o Brasil seja signatário.

– Além dos direitos e garantias fundamentais *expressos*, a ordem constitucional vigente confere existência a outros, *implícitos*, desde que consentâneos com o sistema constitucional.

– O rol dos direitos e garantias fundamentais inseridos em nossa Lei Maior não se esgota na enumeração contida em seu Título II, relativo aos direitos e garantias fundamentais. Ex.: direitos que limitam o poder de tributar do Estado.

6.9 TRATADOS E CONVENÇÕES INTERNACIONAIS SOBRE DIREITOS HUMANOS E O ARTIGO 5º, § 3º, DA CONSTITUIÇÃO FEDERAL

Como vimos anteriormente, a Emenda Constitucional 45, de 8 de dezembro de 2004, acrescentou ao artigo 5º da Constituição Federal o § 3º, determinando expressamente que "os tratados e convenções internacionais sobre direitos humanos que forem aprovados, em cada Casa do Congresso Nacional, em 2 (dois) turnos, por 3/5 (três quintos) dos votos dos respectivos membros, serão equivalentes às emendas constitucionais".

Portanto, desde que tenham por objeto *direitos humanos* e que se submetam ao rito legislativo fixado por aquela norma constitucional, os tratados e convenções internacionais serão considerados autênticas normas (materialmente) constitucionais. É o caso, como já mencionamos em outras oportunidades, da Convenção sobre os Direitos das Pessoas com Deficiência e seu Protocolo Facultativo, ratificados pelo Congresso Nacional por meio do Decreto Legislativo 186, de 9 de julho de 2008.

E se não seguirem o procedimento legislativo fixado naquele § 3º do artigo 5º, da Constituição Federal? Em decisões mais antigas do Pretório Excelso, mesmo que fossem relativos a direitos humanos, considerava-se que os tratados internacionais ingressavam no ordenamento jurídico nacional como *simples leis ordinárias*. Sob a égide da Constituição de 1988, esse entendimento foi externado, pela primeira vez, quando o Pretório Excelso foi chamado a analisar a constitucionalidade da possibilidade de prisão civil do depositário infiel, em razão da vedação a esse tipo de prisão, existente na Convenção Americana sobre Direitos Humanos, da qual o Brasil é um dos signatários.

Com efeito, o denominado *Pacto de San José da Costa Rica*, em seu artigo 7º, item 7, somente autoriza a prisão civil por inadimplemento de obrigação alimentícia, afastando, portanto, a possibilidade de prisão civil por dívida do depositário infiel. O Supremo Tribunal Federal, a princípio, preferia entender que tratados internacionais, ainda que versassem sobre direitos humanos, como é o caso da Convenção Americana sobre Direitos Humanos, eram incorporados ao direito pátrio com força de simples lei ordinária.

Atualmente, contudo, o entendimento do Supremo Tribunal Federal sobre o assunto mudou. Em julgamentos mais recentes, aquela Corte Excelsa passou a entender que tratados internacionais, quando dispuserem especificamente sobre direitos humanos, *e caso não sejam incorporados ao ordenamento nacional na forma prevista no supramencionado artigo 5º, § 3º, da Lei Maior*, serão considerados *normas supralegais*, paralisando a eficácia de toda a legislação infraconstitucional com ele conflitante.

De fato, ao julgar 2 (dois) recursos extraordinários (Recurso Extraordinário 466.343 e Recurso Extraordinário 349.703), que tinham por objeto a análise da constitucionalidade da prisão civil do devedor em contratos de alienação fiduciária em garantia[31], o Pretório Excelso, por maioria de votos, passou a adotar a tese de que os tratados internacionais sobre direitos humanos não editados na forma fixada pelo artigo 5º, § 3º, da Constituição Federal, a despeito de continuarem se tratando de normas infraconstitucionais, *estariam em um patamar hierárquico superior ao da legislação ordinária, devendo portanto prevalecer sobre esta última.*

Assim, a partir daqueles julgamentos citados no parágrafo anterior, o Supremo Tribunal Federal passou a considerar que os tratados internacionais sobre direitos humanos, quando não aprovados no rito legislativo mais rigoroso, fixado pelo supramencionado artigo 5º, § 3º, de nossa Lei Maior, apesar de estarem hierarquicamente abaixo das normas constitucionais (não podendo, portanto, revogar normas da Constituição Federal), têm o condão de paralisar a eficácia da legislação ordinária com eles conflitante.

Como consequência disso, nossa Corte Suprema passou a entender que o artigo 5º, inciso LXVII, da Carta Magna, que prevê a possibilidade de prisão civil do depositário infiel, em que pese não ter sido revogado pelo artigo 7º, item 7, da Convenção Americana sobre Direitos Humanos (Pacto de San José da Costa Rica), deixou de ter aplicabilidade diante do efeito paralisante que referido tratado impôs à legislação ordinária com ele conflitante.

---

31. Decreto-lei 911/1969, artigo 4º: "Se o bem alienado fiduciariamente não for encontrado ou não se achar na posse do devedor, o credor poderá requerer a conversão do pedido de busca e apreensão, nos mesmos autos, em ação de depósito, na forma prevista no Capítulo II, do Título I, do Livro IV, do Código de Processo Civil".

6 • DIREITOS E GARANTIAS FUNDAMENTAIS E OS REMÉDIOS CONSTITUCIONAIS **199**

Tanto assim, que editou a súmula vinculante 25/2009, a qual dispõe expressamente que "é ilícita a prisão civil do depositário infiel, qualquer que seja a modalidade de depósito".

Com o devido respeito, tal entendimento, que foge completamente à tradição da doutrina e da jurisprudência nacionais, acabará gerando, como se dá no caso específico da prisão civil do depositário infiel, alguma perplexidade aos estudiosos e profissionais do Direito. Com efeito, como é possível falar-se em paralisação da eficácia de uma norma infraconstitucional que prevê a possibilidade daquela modalidade de prisão civil, quando tal norma está em consonância com o próprio texto constitucional?

De todo modo, para efeitos práticos, de acordo com o atual entendimento do Pretório Excelso, os tratados internacionais poderão ingressar no ordenamento jurídico pátrio em 3 (três) categorias distintas. Caso tenham por objeto *direitos humanos*, e se submetam ao rito legislativo fixado pelo artigo 5º, § 3º, da Carta Magna, *serão equivalentes às emendas constitucionais*, e, portanto, terão caráter de *norma constitucional* (norma materialmente constitucional, mesmo que fora do corpo da Constituição Federal).

Caso tenham por objeto *direitos humanos*, mas não sejam aprovados com observância do rito estabelecido pelo supramencionado § 3º do artigo 5º da Constituição Federal, ingressarão no ordenamento pátrio com a força de *norma supralegal*, paralisando a eficácia de quaisquer normas infraconstitucionais que sejam incompatíveis com os seus termos. Por fim, se não tiverem por objeto a tutela de direitos humanos, ingressarão no ordenamento pátrio com força de simples *lei ordinária*.

TRATADOS E CONVENÇÕES INTERNACIONAIS SOBRE DIREITOS HUMANOS

> – Para efeitos práticos, de acordo com o atual entendimento do Pretório Excelso, os tratados internacionais poderão ingressar no ordenamento jurídico pátrio em 3 (três) categorias distintas.
>
> – Caso tenham por objeto *direitos humanos, e se submetam ao rito legislativo fixado pelo artigo 5º, § 3º, da Carta Magna*, serão equivalentes às emendas constitucionais, e, portanto, terão caráter de *norma constitucional*.
>
> – Caso tenham por objeto *direitos humanos, mas não sejam aprovados em conformidade com o rito estabelecido pelo § 3º do artigo 5º de nossa Lei Maior*, ingressarão no ordenamento pátrio com a força de *norma supralegal*.
>
> – Por fim, caso *não tenham por objeto a tutela de direitos humanos*, os tratados internacionais ingressarão no ordenamento pátrio com força de simples *lei ordinária*.

6.10 DISTINÇÃO ENTRE DIREITOS, GARANTIAS E REMÉDIOS CONSTITUCIONAIS

Vimos, anteriormente, que os direitos e garantias fundamentais são aqueles que, fundamentados no princípio da dignidade humana e diretamente relacionados com o Estado Democrático de Direito, dizem respeito às esferas de interesses essenciais ao gênero humano, destinando-se não só à tutela dos direitos individuais, como também dos direitos políticos, dos direitos sociais, culturais e econômicos, além dos direitos de fraternidade e de solidariedade. Nesta seção, por sua vez, cabe-nos fazer uma breve distinção entre direitos e garantias fundamentais e remédios constitucionais.

Como nos lembram Ricardo Cunha Chimenti, Marisa Ferreira dos Santos, Márcio Fernando Elias Rosa e Fernando Capez[32], "em Direito Constitucional, 'direitos' são dispositivos declaratórios que imprimem existência ao direito reconhecido". Já as garantias, segundo aqueles mesmos autores, "podem ser compreendidas como elementos assecuratórios, ou seja, são os dispositivos que asseguram o exercício dos direitos, e, ao mesmo tempo, limitam os poderes do Estado".

Conforme se pode depreender daquela lição, a qual, aliás, vem sendo repetida, em termos semelhantes, por todos os doutrinadores pátrios desde Rui Barbosa, a distinção entre direito e garantia fundamental consiste no fato de que o primeiro tem caráter *declaratório*, que imprime existência; e o segundo, ao seu turno, traz disposições *assecuratórias*. Vejamos um exemplo de cada instituto, extraído do próprio texto constitucional, para que a distinção fique mais clara.

Exemplo de direito fundamental nós o temos no artigo 5º, inciso IV, da Constituição Federal, que *declara* que "*é livre a manifestação do pensamento, sendo vedado o anonimato*". Percebemos, no dispositivo constitucional em comento, seu inequívoco caráter declaratório, imprimindo existência a determinado direito, no caso o direito constitucional à livre manifestação do pensamento.

Como exemplo de garantia constitucional, podemos mencionar aquela existente no mesmo artigo 5º, inciso V, da Carta Magna, que *assegura* "o direito de resposta, proporcional ao agravo, além da indenização por dano material, moral ou à imagem". Como se pode perceber, referida norma garante (assegura) uma prerrogativa a quem sofreu, indevidamente, algum dano patrimonial ou mesmo extrapatrimonial, em decorrência da manifestação do pensamento.

Não podemos deixar de mencionar, contudo, que é perfeitamente possível que, em um único dispositivo constitucional, estejam conjugados, a um só tempo, um direito e uma garantia fundamental. É o caso, por exemplo, do artigo 5º, inciso X, da Lei Maior. Com efeito, a primeira parte do dispositivo constitucional em comento ("são invioláveis a intimidade, a vida privada, a honra e a imagem das pessoas") enuncia alguns direitos fundamentais, ao passo que a segunda ("assegurado o direito a indenização pelo dano material ou moral decorrente de sua violação") garante o exercício daqueles direitos, ao prever uma indenização, caso sejam violados.

Por outro lado, se a garantia não se mostrar capaz de assegurar o direito, em dado caso concreto, o cidadão tem à sua disposição um meio processual próprio para torná-lo efetivo, o chamado *remédio constitucional*, que alguns doutrinadores denominam *garantia instrumental* ou *formal*. É por essa razão, aliás, que Manoel Gonçalves Ferreira Filho[33] afirma que os remédios constitucionais são "a garantia das garantias".

---

32. *Curso de direito constitucional*. 7. ed., 2010, p. 94.
33. *Op. cit.*, p. 292.

Na lição de Maria Sylvia Zanella Di Pietro[34], os remédios constitucionais são assim denominados porque "têm a natureza de garantias dos direitos fundamentais", e têm por objetivo "provocar a intervenção de autoridades, em geral a judiciária, para corrigir os atos da Administração lesivos de direitos individuais e coletivos". Pedro Lenza[35], por sua vez, lembra-nos de que os remédios constitucionais "são espécie do gênero garantia".

Portanto, os remédios constitucionais, também conhecidos como *garantias instrumentais ou formais*, ou, ainda, *ações constitucionais*, têm por função conferir *efetividade* aos direitos e garantias fundamentais, em um determinado caso concreto, quando o Estado ou algum particular, no exercício de atribuições do Estado (no uso de prerrogativas públicas, portanto) os desrespeitar, ameaçando ou inviabilizando o exercício daqueles direitos e garantias fundamentais.

DISTINÇÃO ENTRE DIREITO, GARANTIA E REMÉDIO CONSTITUCIONAL

Direito Fundamental	– Tem caráter declaratório; imprime existência. – Exemplo: artigo 5º, IV, da Constituição Federal: "é livre a manifestação do pensamento, sendo vedado o anonimato".
Garantia fundamental	– Traz disposições *assecuratórias*. – Exemplo: artigo 5º, V, da Carta Magna: "é assegurado o direito de resposta, proporcional ao agravo, além da indenização por dano material, moral ou à imagem".
Remédio constitucional	– Tem por função conferir efetividade aos direitos e garantias fundamentais, em determinado caso concreto, quando o Estado ou algum particular (no exercício de atribuições do Estado) os desrespeitar. – Exemplo: mandado de injunção (artigo 5º, LXXI, da Lei Maior).

Obs.: É possível que estejam conjugados, em um único dispositivo constitucional, um direito e uma garantia fundamental. É o caso, por exemplo, do artigo 5º, inciso X, da Constituição Federal. A primeira parte ("são invioláveis a intimidade, a vida privada, a honra e a imagem das pessoas") enuncia alguns direitos; a segunda ("assegurado o direito a indenização pelo dano material ou moral decorrente de sua violação") garante o exercício daqueles direitos, ao prever uma indenização, caso sejam violados.

---

34. *Direito administrativo*. 19. ed. Saraiva, 2006, p. 720.
35. *Direito constitucional* esquematizado. 14. ed. Saraiva, 2010, p. 741.

7
REMÉDIOS CONSTITUCIONAIS PARA A TUTELA DE DIREITOS INDIVIDUAIS

7.1 ESCLARECIMENTOS INICIAIS

No Capítulo 6, vimos a diferença entre direito e garantia fundamental: o primeiro, com caráter *declaratório*, imprime existência; a segunda, por sua vez, traz disposições *assecuratórias*. Como exemplo de direito fundamental, citamos aquele previsto no art. 5º, inciso IV, da Constituição Federal, que *declara* que "é livre a manifestação do pensamento, sendo vedado o anonimato". Já como exemplo de garantia fundamental, citamos aquela prevista também no art. 5º, de nossa Lei Magna, só que constante de seu inciso V, que *assegura* "o direito de resposta, proporcional ao agravo, além da indenização por dano material, moral ou à imagem".

Também vimos naquela oportunidade que, se a garantia não se mostrar capaz de assegurar o exercício dos direitos constitucionais, num dado caso concreto, o cidadão teria à sua disposição um meio processual próprio para torná-lo efetivo, o chamado *remédio constitucional*, espécie do gênero ação constitucional, e que alguns doutrinadores denominam *garantia instrumental* ou *formal*.

Os *remédios constitucionais*, em apertada síntese, têm por função *conferir efetividade* aos direitos e garantias fundamentais, em um determinado caso concreto, quando o Estado ou algum particular, no exercício de atribuições do Estado (no uso de prerrogativas públicas, portanto) os desrespeitar, ameaçando ou inviabilizando o exercício daqueles direitos e garantias fundamentais.

Este Capítulo tem por objetivo justamente iniciar nossos estudos sobre aqueles remédios constitucionais. Estudaremos, aqui, as garantias instrumentais destinadas à tutela de indivíduos – *habeas corpus*, mandado de segurança individual, mandado de injunção e *habeas data* – trazendo esclarecimentos sobre sua origem, fundamento constitucional e legal, hipóteses de cabimento, legitimação ativa e passiva e as principais regras processuais que os disciplinam, além de outras informações que reputamos importantes.

No Capítulo seguinte, já podemos adiantar, analisaremos os remédios constitucionais restantes, destinados à tutela de coletividades de pessoas (de direitos coletivos em sentido amplo). Naquela oportunidade estudaremos, portanto, de forma mais detalhada, as principais informações sobre o mandado de segurança coletivo, o mandado de injunção coletivo (recentemente regulamentado por lei), a ação popular e a ação civil pública.

7.2 ELENCO DOS REMÉDIOS CONSTITUCIONAIS

A *Constituição* de 1988 possui, em seu corpo, 6 (seis) remédios constitucionais expressos, a saber: *habeas corpus*, mandado de segurança individual, ação popular, mandado de segurança coletivo, mandado de injunção e *habeas data*, sendo, estes 3 (três) últimos, novidades trazidas ao direito pátrio pela atual Carta Magna, com vistas ao aperfeiçoamento e ampliação do pleno exercício de seus direitos e garantias fundamentais.

O *habeas corpus* tem previsão constitucional no artigo 5º, inciso LXVIII, da Constituição Federal. Segundo referido dispositivo, "conceder-se-á *habeas corpus* sempre que alguém sofrer ou se achar ameaçado de sofrer violência ou coação em sua liberdade de locomoção, por ilegalidade ou abuso de poder".

O *mandado de segurança individual*, por sua vez, tem previsão expressa no artigo 5º, inciso LXIX, de nossa Lei Maior. Eis os seus termos: "conceder-se-á mandado de segurança para proteger direito líquido e certo, não amparado por *habeas corpus* ou *habeas data*, quando o responsável pela ilegalidade ou abuso de poder for autoridade pública ou agente de pessoa jurídica no exercício de atribuições do Poder Público".

O *mandado de segurança coletivo* está previsto expressamente no artigo 5º, inciso LXX, da Lei Magna de 1988, que confere sua impetração a: (a) partido político com representação no Congresso Nacional; (b) organização sindical, entidade de classe ou associação legalmente constituída e em funcionamento há pelo menos um ano, em defesa dos interesses de seus membros ou associados.

O mandado de injunção encontra-se previsto no artigo 5º, inciso LXXI, da Constituição Federal, o qual determina que "conceder-se-á mandado de injunção sempre que a falta de norma regulamentadora torne inviável o exercício dos direitos e liberdades constitucionais e das prerrogativas inerentes à nacionalidade, à soberania e à cidadania".

Já o *habeas data* tem previsão constitucional no artigo 5º, inciso LXXII, da Carta Magna, que dispõe ser cabível referido remédio constitucional: "a) para assegurar o conhecimento de informações relativas à pessoa do impetrante, constantes de registros ou bancos de dados de entidades governamentais ou de caráter público; b) para a retificação de dados, quando não se prefira fazê-lo por processo sigiloso, judicial ou administrativo".

Por fim, a *ação popular*, com previsão no artigo 5º, inciso LXXIII, de nossa Lei Maior, dispõe que "qualquer cidadão é parte legítima para propor ação popular que vise anular ato lesivo ao patrimônio público ou de entidade de que o Estado participe, à moralidade administrativa, ao meio ambiente e ao patrimônio histórico e cultural, ficando o autor, salvo comprovada má-fé, isento de custas judiciais e do ônus da sucumbência".

Contudo, é imperioso ressaltar, a título de esclarecimento, que *o rol dos remédios constitucionais não se restringe àqueles supramencionados*, expressamente elencados no Título II, artigo 5º, da Constituição de 1988, uma vez que, conforme disposto no artigo 5º, § 2º, da Constituição Federal, além dos expressos, há também outros implícitos, decorrentes do próprio sistema constitucional.

Podemos citar, a título de exemplo, o *mandado de injunção coletivo*. Com efeito, diversos julgados, inclusive do Pretório Excelso, já vinham admitindo a admissibilidade de mandado

7 • REMÉDIOS CONSTITUCIONAIS PARA A TUTELA DE DIREITOS INDIVIDUAIS

de injunção coletivo[1]. E agora, essa realidade encontra-se consolidada com a edição da Lei 13.300, de 23 de junho de 2016, que regulamentou não só o mandado de injunção individual, conforme disposto na Constituição Federal, como também o mandado de injunção coletivo, que não está expressamente previsto no texto constitucional.

Outro remédio constitucional que não está expressamente relacionado no artigo 5º, da Constituição Federal, mas que se trata, inequivocamente, de uma ação constitucional desta espécie, já que também tem por objeto garantir efetividade a direitos e garantias fundamentais, é a *ação civil pública*, com previsão expressa no texto constitucional, no artigo 129, inciso III, da Carta Magna vigente[2]. Compartilha deste entendimento, por exemplo, Manoel Gonçalves Ferreira Filho[3].

Da relação dos remédios constitucionais, ou garantias instrumentais, o *habeas corpus*, o mandado de segurança individual, o mandado de injunção individual e o *habeas data* destinam-se à tutela de direitos e garantias individuais, ao passo que o mandado de segurança coletivo, a ação popular, o mandado de injunção coletivo, e a ação civil pública, têm por escopo a tutela dos chamados interesses transindividuais ou metaindividuais.

Feitos esses breves esclarecimentos preliminares, em que explicitamos cada uma das espécies de remédios constitucionais, passaremos a estudar a seguir, de maneira um pouco mais detida, cada uma daquelas ações constitucionais, trazendo informações sobre suas origens, fundamentos constitucionais e legais, hipóteses de cabimento, legitimações ativas e passivas, principais regras processuais que os disciplinam e outras informações que reputemos importantes.

ELENCO DOS REMÉDIOS CONSTITUCIONAIS

– **Habeas corpus**: "Conceder-se-á *habeas corpus* sempre que alguém sofrer ou se achar ameaçado de sofrer violência ou coação em sua liberdade de locomoção, por ilegalidade ou abuso de poder" (artigo 5º, inciso LXVIII, da Constituição Federal).

– **Mandado de segurança individual**: "Conceder-se-á mandado de segurança para proteger direito líquido e certo, não amparado por *habeas corpus* ou *habeas data*, quando o responsável pela ilegalidade ou abuso de poder for autoridade pública ou agente de pessoa jurídica no exercício de atribuições do Poder Público" (artigo 5º, inciso LXIX, da Carta Magna).

---

1. É o caso do que restou explicitado no Mandado de Injunção 20 (*RTJ*-166/751), no Mandado de Injunção 73 (*RTJ*-160/743) e também no Mandado de Injunção 363 (*RTJ*-140/1036). No mesmo sentido, vide a ementa do Mandado de Injunção 102/PE, impetrado pelo Sindicato dos Trabalhadores Rurais de Pombos, relatado pelo Ministro Marco Aurélio de Mello, julgado em 12.2.1998, publicado no *Diário da Justiça* do dia 25 de outubro de 2002, cuja redação vale ser transcrita, nesta oportunidade: "Constitucional. Mandado de Injunção Coletivo. Sindicato: Legitimidade Ativa. Participação nos Lucros: CF, art. 7º, XI. I. – *A jurisprudência do Supremo Tribunal Federal admite legitimidade ativa ad causam aos sindicatos para a instauração, em favor de seus membros ou associados, do mandado de injunção coletivo*. II. – Precedentes: MMII 20, 73, 342, 361 e 363. III. – Participação nos lucros da empresa: CF, art. 7º, XI: mandado de injunção prejudicado em face da superveniência de medida provisória disciplinando o art. 7º, XI, da CF" (grifou-se).
2. Constituição Federal, artigo 129: "São funções institucionais do Ministério Público: III – promover o inquérito civil e a ação civil pública, para a proteção do patrimônio público e social, do meio ambiente e de outros interesses difusos e coletivos".
3. *Op. cit.*, p. 325.

– **Mandado de segurança coletivo**: "O mandado de segurança coletivo pode ser impetrado por: a) partido político com representação no Congresso Nacional; b) organização sindical, entidade de classe ou associação legalmente constituída e em funcionamento há pelo menos um ano, em defesa dos interesses de seus membros ou associados" (artigo 5º, inciso LXX, da Lei Maior).

– **Mandado de injunção**: "Conceder-se-á mandado de injunção sempre que a falta de norma regulamentadora torne inviável o exercício dos direitos e liberdades constitucionais e das prerrogativas inerentes à nacionalidade, à soberania e à cidadania" (artigo 5º, inciso LXXI, da Carta Magna).

– **Habeas data**: "Conceder-se-á habeas data: a) para assegurar o conhecimento de informações relativas à pessoa do impetrante, constantes de registros ou bancos de dados de entidades governamentais ou de caráter público"; e "b) para a retificação de dados, quando não se prefira fazê-lo por processo sigiloso, judicial ou administrativo" (artigo 5º, inciso LXXII, da Lei Fundamental).

– **Ação popular**: "Qualquer cidadão é parte legítima para propor ação popular que vise a anular ato lesivo ao patrimônio público ou de entidade de que o Estado participe, à moralidade administrativa, ao meio ambiente e ao patrimônio histórico e cultural, ficando o autor, salvo comprovada má-fé, isento de custas judiciais e do ônus da sucumbência" (artigo 5º, inciso LXXIII, da Constituição Federal).

– **Ação civil pública**: "São funções institucionais do Ministério Público: III – promover o inquérito civil e a ação civil pública, para a proteção do patrimônio público e social, do meio ambiente e de outros interesses difusos e coletivos" (artigo 129, da Lei Maior).

7.3 *HABEAS CORPUS*

A origem do *habeas corpus* é do direito inglês, tendo surgido na Idade Média, com a edição da famosa *Magna Charta Libertatum*, ou simplesmente Magna Carta, em 1.215. Como já mencionado anteriormente, a Magna Carta tratou-se de um pacto (de um daqueles famosos antecedentes das constituições escritas), celebrado entre o Rei João-Sem-Terra e seus súditos rebelados, tendo por objeto a fixação de limites à atuação do monarca, sobretudo concedendo ao povo um conjunto de direitos individuais, para protegê-los de eventuais arbitrariedades estatais.

No direito inglês[4], o *habeas corpus* somente foi formalizado expressamente, com a expressão latina que o consagrou, através do *Habeas corpus act*, de 1679. Do direito britânico, o *habeas corpus* foi transmitido ao direito das Colônias Norte-Americanas, que não o abandonaram com a Proclamação da Independência, tendo sido incorporado à Constituição Federal dos Estados Unidos da América, no artigo 1º, Seção 9ª.

Segundo Pedro Lenza[5], o instituto surgiu pela primeira vez, no direito pátrio, em 1821, por meio de um alvará editado por Dom Pedro I, que garantia aos súditos a liberdade de locomoção (Decreto 114, de 23 de maio de 1821). Muito embora não o previsse expressamente, com o nome que o consagrou, a Constituição imperial de 1824 continha normas que asseguravam a proteção contra a prisão ilegal, em seu artigo 179, §§ 8º a 10.

---

4. A despeito de sua origem britânica, o instituto tornou-se largamente conhecido por meio da expressão latina *habeas corpus*, extraída da seguinte frase, já vertida para o português: "tomes o corpo do detido e venhas submeter ao tribunal o homem e o caso".

5. *Op. cit.*, p. 805.

O primeiro texto legal brasileiro que se utilizou da expressão *habeas corpus*, contudo, foi o Código Criminal de 1830, em seus artigos 183 a 188. Apareceu, em seguida, no Código de Processo Criminal do Império, de 1832, no artigo 340, que assim dispunha: "todo cidadão que entender que ele, ou outrem, sofre uma prisão ilegal ou constrangimento ilegal em sua liberdade tem direito de pedir uma ordem de *habeas corpus* em seu favor". O instituto, àquela época, somente beneficiava os brasileiros. Somente a partir de 1871, por força da Lei 2.003, é que passou a beneficiar também os estrangeiros que estivessem em território nacional.

A primeira constituição brasileira a albergar o *habeas corpus*, de maneira expressa e inequívoca, foi a Constituição republicana de 1891, que o consagrou em seu artigo 72, § 22, com a seguinte redação: "Dar-se-á o *habeas corpus* sempre que o indivíduo sofrer ou se achar em iminente perigo de sofrer violência ou coação, por ilegalidade ou abuso de poder".

Da simples leitura do dispositivo constitucional acima transcrito, percebe-se que ele não fazia qualquer menção expressa ao direito de locomoção, o que acabou por permitir que o *habeas corpus* pudesse ser utilizado para a proteção de outros direitos e garantias constitucionais, que sofressem ou se achassem na iminência de sofrer violência ou coação. Essa particularidade fez surgir a denominada *doutrina brasileira do habeas corpus*.

Portanto, a *doutrina brasileira do habeas corpus*, surgida graças à redação do instituto na primeira Constituição republicana (1891), destinava-se à proteção não só do direito de locomoção, como também de quaisquer outros direitos e garantias fundamentais, desde que certos e incontestáveis,[6] que tivessem por pressuposto o direito de locomoção, como, aliás, decidiu o Supremo Tribunal Federal, em famoso julgado de 1909.

Somente com a reforma constitucional de 1926 (Emenda Constitucional 1, de 3 de setembro de 1926), que trouxe nova redação ao artigo 72, § 22, da Constituição de 1891, é que o instituto do *habeas corpus* passou a tutelar apenas a liberdade de locomoção[7]. Cessou, a partir de então, a chamada doutrina brasileira do *habeas corpus*, passando o instituto a ter feições semelhantes às atuais.

Todas as constituições brasileiras posteriores tutelaram expressamente o *habeas corpus*. Na Constituição de 1988, como já mencionamos, o instituto tem previsão expressa no artigo 5º, inciso LXVIII. Segundo referido dispositivo, "conceder-se-á *habeas corpus* sempre que alguém sofrer ou se achar ameaçado de sofrer violência ou coação em sua liberdade de locomoção, por ilegalidade ou abuso de poder".

O artigo 5º, inciso LXXVII, da Constituição Federal, por sua vez, fixa a *gratuidade* dessa ação constitucional, juntamente com o *habeas data*, para que tais remédios sejam acessíveis a todos. Já o artigo 142, § 2º, da Carta Magna vigente, é expresso e inequívoco em determinar o não cabimento do *habeas corpus* em relação a punições disciplinares militares.

O *habeas corpus* está regulamentado pelo Código de Processo Penal vigente, a partir do artigo 647. A despeito de estar inserido no Título II, relativo aos recursos em geral, a verdade é que esse instituto ***não é um recurso***, mas uma ação constitucional, de natureza penal, que tem por objeto a tutela da liberdade de locomoção da pessoa.

---

6. Essa expressão – *direito certo e incontestável* – foi posteriormente substituída pela atual – *direito líquido e certo*.
7. Eis os seus termos: "Dar-se-á *habeas corpus* sempre que alguém sofrer ou se achar em iminente perigo de sofrer violência por meio de prisão ou constrangimento ilegal em sua liberdade de locomoção".

7.4 HIPÓTESES DE CABIMENTO DO *HABEAS CORPUS*

Esse remédio constitucional tem por objetivo, conforme se pode verificar da leitura do dispositivo constitucional que o prevê (artigo 5º, inciso LXVIII, de nossa Lei Maior), *a tutela do direito de locomoção*, quando alguém sofrer ou se achar ameaçado de sofrer violência ou coação em sua liberdade de locomoção, por ilegalidade ou abuso de poder.

Em termos semelhantes, o artigo 647, do Código de Processo Penal, dispõe que caberá *habeas corpus* "sempre que alguém sofrer ou se achar na iminência de sofrer violência ou coação ilegal na sua liberdade de ir e vir, salvo nos casos de punição disciplinar". Referida tutela é obtida através de uma ordem, expedida por um juiz ou tribunal, que faz cessar a ameaça ou a efetiva coação à liberdade de locomoção.

Na definição de Adolfo Mamoru Nishiyama[8], o *habeas corpus* é definido como "a tutela jurisdicional específica dos direitos e garantias fundamentais, mormente o direito de ir, vir e ficar, sempre que alguém sofrer ou se achar ameaçado de sofrer violência ou coação, em sua liberdade de locomoção *lato sensu*, por ilegalidade ou abuso de poder".

A liberdade de locomoção deve ser compreendida em seu sentido amplo, referindo-se não só à hipótese de efetiva prisão (ou ameaça de prisão) ilegal, como também à hipótese de instauração e desenvolvimento de processo penal irregular, como se dá, por exemplo, com o processo presidido por autoridade incompetente, e que pode acabar resultando, por consequência, em prisão ilegal.

Por *ilegalidade ou abuso de poder* devemos entender não só os atos manifestamente contrários ao ordenamento jurídico (ilegais), como se daria, por exemplo, na realização de uma prisão fora das hipóteses previstas em lei, como também os atos praticados com *excesso de poder*, em que a autoridade pratica um ato arbitrário, extrapolando de sua competência, além dos praticados com *desvio de finalidade*, ou seja, com finalidade diversa daquela para a qual o ato foi criado.

A propositura do *habeas corpus* não exige qualquer formalidade especial. Poderá ser materializado até mesmo em uma folha de caderno, escrito à mão, e sem observância dos requisitos de uma petição inicial. Pode ser impetrado por qualquer pessoa nacional ou estrangeira, em benefício próprio ou alheio, independentemente de sua capacidade civil e de sua capacidade postulatória.

As hipóteses de cabimento estão previstas no artigo 648, do Código de Processo Penal. Segundo referido dispositivo legal, a coação será ilegal quando: não houver justa causa (I); alguém estiver preso por mais tempo do que determina a lei (II); quem ordenar a coação não tiver competência para fazê-lo (III); houver cessado o motivo que autorizou a coação (IV); não for alguém admitido a prestar fiança, nos casos em que a lei a autoriza (V); o processo for manifestamente nulo (VI); e quando estiver extinta a punibilidade (VII).

No tocante à *falta de justa causa*, esta pode estar presente tanto no tocante à prisão do acusado, como também à instauração do inquérito policial e à propositura e andamento da ação penal propriamente dita. Particularmente no que se refere à prisão, o artigo 5º, inciso LXI, da Constituição de 1988, é expresso em dispor que "ninguém será preso senão em

---

8. *Remédios constitucionais*. Manole, 2004, p. 74.

7 • REMÉDIOS CONSTITUCIONAIS PARA A TUTELA DE DIREITOS INDIVIDUAIS

flagrante delito ou por ordem escrita e fundamentada de autoridade judiciária competente, salvo nos casos de transgressão militar ou crime propriamente militar, definidos em lei". Caso não estejam presentes quaisquer dessas hipóteses, a prisão será manifestamente ilegal, por ausência de justa causa, sendo cabível, portanto, o *habeas corpus*.

Já em relação à instauração do inquérito penal, estará ausente a justa causa, a ensejar a impetração de *habeas corpus*, para o trancamento daquele, quando os fatos imputados a alguém não forem fatos típicos (ilícitos penais), ou quando não houver sequer provas da existência do delito, ou indícios de que o paciente tenha sido o seu autor.

Por fim, a ausência de justa causa para a ação penal propriamente dita poderá se referir tanto ao processo, quando não estiver presente, por exemplo, a prova de materialidade do crime e indícios de sua autoria, como a própria pretensão punitiva do Estado, como nas hipóteses de fato atípico (que não constitui delito), bem como prova de que o réu não foi o autor do fato.

Igualmente será cabível o *habeas corpus* quando *alguém estiver preso por mais tempo do que determina a lei*. Portanto, será caso de constrangimento ilegal, sanável por este remédio constitucional, o condenado que permanecer preso após o cumprimento da pena[9]. Também poderá valer-se de *habeas corpus* o réu, quando houver excesso no prazo de cumprimento das chamadas prisões cautelares, como, por exemplo, a prisão temporária.

Como vimos supra, também estará configurado o constrangimento ilegal quando *a coação tiver sido determinada por quem não tiver competência para fazê-lo*. A prisão, conforme ressaltam a doutrina e a jurisprudência pátrias, só poderá ser determinada pela autoridade judicial competente, a não ser que se trate de prisão disciplinar militar ou prisão em flagrante delito.

Será caso de constrangimento ilegal, ainda, quando *houver cessado o motivo que autorizou a coação*. Caberá *habeas corpus*, por exemplo, quando tiver sido revogada a prisão temporária ou a prisão preventiva anteriormente decretada contra o paciente, ou quando o réu em crime de competência do Tribunal do Júri não for pronunciado pelo magistrado.

Será hipótese de constrangimento ilegal, ademais, quando *não for alguém admitido a prestar fiança*, nos casos em que a lei a autoriza. Trata-se, a toda evidência, de uma consequência lógica da norma prevista no artigo 5º, inciso LXVI, da Carta Magna, que determina que "ninguém será levado à prisão ou nela mantido, quando a lei admitir a liberdade provisória, com ou sem fiança".

Conforme dispõe o artigo 660, § 3º, do Código de Processo Penal, se a ilegalidade decorrer do fato de não ter sido o paciente admitido a prestar fiança, o juiz arbitrará o valor desta, que poderá ser prestada perante ele, remetendo, neste caso, à autoridade os respectivos autos, para serem anexados aos do inquérito policial ou aos do processo judicial.

Também será caso de constrangimento ilegal, combatível por meio do remédio constitucional ora em estudo, quando *o processo for manifestamente nulo*. As hipóteses de nulidade do processo são muitas, podendo ser citadas, a título de exemplo, a ausência de representação

---

9. Além de ter direito à concessão de *habeas corpus*, o condenado que ficar preso além do tempo fixado na sentença terá direito à indenização do Estado, conforme determina expressamente o artigo 5º, inciso LXXV, da Constituição Federal.

do ofendido nos crimes iniciados por ação penal pública condicionada, a falta de regular citação do réu e a não indicação de defensor para o réu que não puder pagar um advogado.

Outro caso típico de nulidade do processo, nós o temos na hipótese de provas obtidas por meios ilícitos, em flagrante e inequívoca ofensa, portanto, ao que determina o artigo 5º, inciso LVI, da Constituição Federal[10]. É o caso, por exemplo, da interceptação telefônica que descumprir as condições fixadas pelo artigo 5º, inciso XII, da Carta Magna.[11]

Nos termos do artigo 652, do Código de Processo Penal, caso o *habeas corpus* seja concedido em virtude de nulidade do processo, este último deverá ser renovado. As nulidades processuais são tratadas com maior profundidade a partir do artigo 563, do mesmo Código de Processo Penal.

Também caberá a impetração de *habeas corpus*, nos termos do artigo 648, do Código de Processo Penal, quando *estiver extinta a punibilidade*. As hipóteses de extinção da punibilidade estão relacionadas no artigo 107, do Código Penal brasileiro[12], podendo ser citadas, a título de exemplo, a morte do acusado e a prescrição da pretensão punitiva do Estado.

A despeito de não constar daquele rol do artigo 648 do Código de Processo Penal, a doutrina costuma relacionar também, como hipótese de cabimento do *habeas corpus, o excesso de prazo na formação da culpa*. Essa hipótese é extraída do disposto no artigo 8º da Convenção Americana Sobre Direitos Humanos (Pacto de São José da Costa Rica), o qual preconiza que "todo acusado tem direito a ser julgado em prazo razoável".

Levando em conta os prazos fixados para a realização dos atos processuais, nas diversas espécies de ritos (procedimentos) penais, chegou-se ao entendimento de que são considerados razoáveis, para a formação da culpa, o prazo de 81 (oitenta e um) dias para os crimes punidos com reclusão e de 56 (cinquenta e seis) dias para os apenados com detenção.

HIPÓTESES DE CABIMENTO DO *HABEAS CORPUS*

– O *habeas corpus* caberá quando alguém sofrer ou se achar ameaçado de sofrer violência ou coação em sua liberdade de locomoção, por ilegalidade ou abuso de poder.

– A *liberdade de locomoção deve ser compreendida em seu sentido amplo*, referindo-se não só à hipótese de *efetiva prisão (ou ameaça de prisão) ilegal*, como também à hipótese de *instauração e desenvolvimento de processo penal irregular*, e que pode resultar, por consequência, em prisão ilegal.

– Será caso de ilegalidade quando: não houver justa causa; alguém estiver preso por mais tempo do que determina a lei; quem ordenar a coação não tiver competência para fazê-lo; houver cessado o motivo que autorizou a coação; não for alguém admitido a prestar fiança, nos casos em que a lei a autoriza; o processo for manifestamente nulo; e quando estiver extinta a punibilidade.

---

10. Constituição Federal, artigo 5º, LVI: "São inadmissíveis, no processo, as provas obtidas por meios ilícitos".
11. Constituição Federal, artigo 5º, XII: "É inviolável o sigilo da correspondência e das comunicações telegráficas, de dados e das comunicações telefônicas, salvo, no último caso, por ordem judicial, nas hipóteses e na forma que a lei estabelecer para fins de investigação criminal ou instrução processual penal".
12. Código Penal, artigo 107: "Extingue-se a punibilidade: pela morte do agente; pela anistia, graça ou indulto; pela retroatividade de lei que não mais considera o fato como criminoso; pela prescrição, decadência ou peremção; pela renúncia do direito de queixa ou pelo perdão aceito, nos crimes de ação privada; pela retratação do agente, nos casos em que a lei a admite; e pelo perdão judicial, nos casos previstos em lei".

7.5 HIPÓTESES EM QUE NÃO CABE O *HABEAS CORPUS*

O *habeas corpus* só pode ser utilizado para garantia da liberdade de locomoção de *pessoas naturais (também chamadas de pessoas físicas)*. *Não será possível valer-se desse remédio constitucional, portanto, para a liberação de animais, de veículos apreendidos, ou, ainda, em favor de pessoas jurídicas,* mesmo em se tratando de crimes ambientais. Nessas hipóteses, poder-se-á pensar na utilização do mandado de segurança, caso presentes seus pressupostos de admissibilidade.

Tendo em vista que o *habeas corpus* tutela o direito de locomoção, não caberá a utilização desse remédio constitucional quando o paciente não sofrer efetiva coação ou risco de coação em sua liberdade de deambulação. É por tal razão que o Supremo Tribunal Federal afasta o cabimento dessa ação *quando se tratar de pena de multa, ou quando já estiver extinta a pena privativa de liberdade*.

Com efeito, nos termos da Súmula 693, do Supremo Tribunal Federal, "não cabe *habeas corpus* contra decisão condenatória à pena de multa, ou relativo a processo em curso por infração penal a que a pena pecuniária seja a única cominada". A Súmula 695 do Pretório Excelso, ao seu turno, determina que "não cabe *habeas corpus* quando já extinta a pena privativa de liberdade".

Não caberá *habeas corpus*, ainda, conforme expressa redação do artigo 142, § 2º, da Constituição de 1988, em relação às *punições disciplinares militares*. O dispositivo constitucional em comento proíbe, em síntese, a análise do *mérito* de referidas punições. É por essa razão, por exemplo, que não cabe *habeas corpus* contra a imposição da pena de exclusão de militar ou de perda de patente ou de função pública, conforme determina a Súmula 694, do Pretório Excelso.

É importante ressaltar, contudo, que aquela proibição não abrange, conforme já decidiu o Supremo Tribunal Federal, os chamados *pressupostos de legalidade da sanção disciplinar* – hierarquia, poder disciplinar, ato ligado à função e pena suscetível de ser aplicada (*Habeas Corpus* 70.648, relator ministro Moreira Alves, e Recurso Extraordinário 338.840/RS, relatora ministra Ellen Gracie, 19.8.2003).

Como vimos na seção anterior, o *habeas corpus* será cabível se houver *excesso de prazo na formação da culpa*. Portanto, após a formação desta, não haverá mais que se falar em constrangimento ilegal. Como consequência disso, *não constitui constrangimento ilegal o excesso de prazo na instrução, provocada pela defesa* (Súmula 65, do Superior Tribunal de Justiça). Ademais, *encerrada a instrução criminal*, fica superada a alegação de constrangimento por excesso de prazo (Súmula 52, do Superior Tribunal de Justiça).

Além disso, no tocante aos crimes dolosos contra a vida, cuja competência é do Tribunal do Júri, conforme preconiza o artigo 5º, inciso XXXVIII, alínea "d", da Carta Magna de 1988, *após o pronunciamento do réu*, fica superada qualquer alegação de constrangimento ilegal por excesso de prazo na instrução (Súmula 21, do Superior Tribunal de Justiça). Após a pronúncia, portanto, não mais será cabível o *habeas corpus*, ao menos por este fundamento (excesso de prazo na formação da culpa).

Também não será cabível o *habeas corpus*, conforme jurisprudência dominante, inclusive do próprio Pretório Excelso, *para o exame das provas da ação penal* (*JSTF-Lex*,

151:340); *para verificar a justiça ou não da sentença condenatória* (*JSTF-Lex*, 147:336); ou quando o remédio constitucional estiver fundamentado em meros boatos, *sem que haja a demonstração de efetivo constrangimento ilegal iminente que coloque o impetrante em perigo* (*RT*, 788:594).

HIPÓTESES EM QUE NÃO CABE O *HABEAS CORPUS*

– Para a liberação de animais, de veículos apreendidos, ou, ainda, em favor de pessoas jurídicas, mesmo em se tratando de crimes ambientais.

– Quando se tratar de pena de multa, ou quando já estiver extinta a pena privativa de liberdade.

– A análise do mérito das punições disciplinares militares.

– Quando o excesso na formação da culpa for imputável à defesa ou quando já estiver encerrada a instrução criminal.

– Após a pronúncia, nos crimes de competência do Tribunal do Júri.

– Para o exame das provas, para a verificação da justiça ou não da sentença, ou quando fundado em meros boatos.

7.6 MODALIDADES DE *HABEAS CORPUS*

A doutrina costuma fazer menção à existência de 3 (três) modalidades desse remédio constitucional: *habeas corpus preventivo, liberatório ou repressivo e suspensivo*. Será hipótese de cabimento de *habeas corpus preventivo* quando existir apenas uma séria ameaça de constrangimento ilegal, que ainda não se concretizou. Para que seja possível a impetração do remédio constitucional, deverá haver a demonstração de efetivo constrangimento ilegal iminente. Nessa hipótese, o juiz manda expedir um *salvo-conduto* (artigo 660, § 4º, do Código de Processo Penal).

Por outro lado, será hipótese de *habeas corpus liberatório*, também denominado *habeas corpus repressivo*, quando já existir, no caso concreto, efetivo constrangimento ilegal do paciente, como se dá, por exemplo, na prisão ilegal. Nesse caso, ao deferir o *habeas corpus,* o juiz determina a expedição de *alvará de soltura*. Será, por fim, hipótese de *habeas corpus suspensivo*, quando já houver prisão ilegal decretada, porém ainda não cumprida. Aqui, o juiz determina a expedição do conhecido *contramandado de prisão*.

MODALIDADES DE *HABEAS CORPUS*

– *Habeas corpus preventivo*: quando existe apenas uma séria ameaça de constrangimento ilegal, que ainda não se concretizou (expede-se salvo-conduto).

– *Habeas corpus liberatório ou repressivo*: quando já existir, no caso concreto, efetivo constrangimento ilegal do paciente (expede-se alvará de soltura).

– *Habeas corpus suspensivo*: quando já houver prisão ilegal decretada, porém ainda não cumprida (expede-se contramandado de prisão).

7 • REMÉDIOS CONSTITUCIONAIS PARA A TUTELA DE DIREITOS INDIVIDUAIS — 213

7.7 LEGITIMAÇÃO ATIVA E PASSIVA DO *HABEAS CORPUS*

A legitimidade para ajuizamento do *habeas corpus* é um atributo da personalidade, não se exigindo a capacidade de estar em juízo, nem a capacidade postulatória. É por tal razão que esse remédio constitucional *pode ser impetrado por qualquer pessoa nacional ou estrangeira, em benefício próprio ou alheio, independentemente de sua capacidade civil*[13]. Tal regra aplica-se inclusive aos menores de idade e aos enfermos mentais, independentemente de estarem representados ou assistidos em juízo[14].

Quando o *habeas corpus* for impetrado em favor de terceiro, estaremos inequivocamente diante de um caso de *legitimação extraordinária*, também conhecida como *substituição processual*. Essa possibilidade, aliás, é expressamente reconhecida pelo artigo 654, do Código de Processo Penal[15], que dispõe que referido remédio poderá ser impetrado por qualquer pessoa, em seu favor ou de outrem.

Conforme mencionado, a impetração do *habeas corpus independe da existência de capacidade postulatória*, por parte do impetrante. Contudo, é importante mencionarmos que o patrocínio de advogado se faz necessário, por exceção, quando o *impetrante* (esse é o nome que se dá ao autor do *habeas corpus*) pretender sustentá-lo oralmente.

O *analfabeto* também poderá impetrar *habeas corpus*. Contudo, para que possa ser processado e julgado pelo Poder Judiciário, a petição inicial deverá ser assinada por outrem. É o que se pode concluir da simples leitura do artigo 654, § 1º, alínea *c*, do Código de Processo Civil, que determina que a petição do *habeas corpus* contenha a assinatura do impetrante, *ou de alguém a seu rogo, quando não souber* ou não puder escrever.

Tendo em vista que o *habeas corpus* pode ser impetrado por qualquer pessoa, não há dúvida de que os *estrangeiros* também poderão utilizar referido remédio constitucional, quer sejam residentes no Brasil, quer estejam apenas de passagem, e que sofram qualquer violação ao seu direito de ir, de vir ou de permanecer. A petição do *habeas corpus*, contudo, *deverá ser redigida em português*.

A despeito de alguma divergência doutrinária e jurisprudencial, sobretudo em razão de não haver previsão constitucional expressa, prevalece o entendimento de que *as pessoas jurídicas também podem impetrar habeas corpus, desde que em favor de pessoas naturais.* Sobre esse tema, sugerimos a leitura do *Habeas Corpus* 79.535/MS, Supremo Tribunal Federal, 2ª Turma, relator ministro Maurício Corrêa, *DJU* 10.12.1999, p. 3.

É pacífico, de outro lado, o entendimento no sentido de que *membros do Ministério Público podem impetrar o remédio constitucional em comento*, conforme expressa disposição do artigo 654 do Código de Processo Penal. Reforça tal faculdade o disposto

---

13. Tendo em vista que a legislação brasileira não impõe nenhuma qualificação especial para que alguém seja impetrante do *habeas corpus*, costuma-se dizer que sua legitimação é *ampla e irrestrita*.

14. Adolfo Mamoru Nishiyama afirma, em sua obra, que considera inconstitucional qualquer medida legislativa infraconstitucional que venha a criar óbices à impetração deste remédio constitucional em relação aos incapazes, por ser o mesmo a mais destacada das medidas que garantem a liberdade individual. *Op. cit.*, p. 79.

15. Código de Processo Penal, artigo 654: "O *habeas corpus* poderá ser impetrado por qualquer pessoa, em seu favor ou de outrem, bem como pelo Ministério Público".

no artigo 32, inciso I, da Lei 8.625/1993, a denominada Lei Orgânica do Ministério Público[16].

Parte da doutrina afirma que o membro do Ministério Público que atua no primeiro grau poderá impetrar o *habeas corpus* em qualquer juízo ou tribunal, como o pode, aliás, qualquer um do povo. Outros, contudo, entendem que o ordenamento jurídico em vigor não permite que promotores de justiça e procuradores da República atuem perante órgãos jurisdicionais de segundo grau, Tribunais Superiores e Supremo Tribunal Federal.

O juiz, por sua vez, jamais poderá impetrar habeas corpus, *quando estiver atuando na qualidade de juiz do feito*. Poderá concedê-lo de ofício[17], porém nunca contra ato próprio. Poderá impetrar o remédio, de outro lado, quando o fizer na condição de mero cidadão, em benefício próprio ou de terceiro.

O indivíduo (pessoa natural) em favor de quem se impetra o *habeas corpus* chama-se *paciente*, o qual, aliás, poderá ser o próprio impetrante do remédio constitucional. Com efeito, é perfeitamente possível que o próprio paciente, mesmo que não seja advogado, impetre o *habeas corpus* em seu favor, quando sofrer ou se achar ameaçado de sofrer constrangimento em sua liberdade de locomoção, por ilegalidade ou abuso de poder.

Será sujeito passivo (chamado *impetrado* ou *autoridade coatora*) do *habeas corpus* aquele que pratica a coação ao direito de locomoção do paciente, normalmente uma *autoridade*, como um delegado, juiz, tribunal ou membro do Ministério Público. O próprio Código de Processo Penal, em mais de uma oportunidade, fala expressamente em *autoridade*, quando se refere ao sujeito passivo do *habeas corpus*.

Todavia, é imperioso ressaltar que, por exceção, o *habeas corpus* também poderá ser impetrado *contra atos de particulares*, notadamente quando for difícil, ou mesmo inviável, a intervenção policial, para fazer cessar o constrangimento ilegal. É o caso, por exemplo, do dono de estabelecimento hospitalar (particular) que impeça a saída de um paciente, enquanto este não pagar a conta.

LEGITIMAÇÃO ATIVA E PASSIVA EM *HABEAS CORPUS*

– Legitimação ativa: qualquer pessoa nacional ou estrangeira, em benefício próprio ou alheio, independentemente de sua capacidade civil. Também poderá ser impetrado por analfabeto, desde que assinado por outrem, a seu rogo.

– Legitimação passiva: aquele que pratica a coação ao direito de locomoção do paciente (normalmente uma autoridade, como um delegado ou magistrado, mas podendo, por exceção, ser um particular).

---

16. Lei 8.625/1993, artigo 32, inciso I: "Além de outras funções cometidas nas Constituições Federal e Estadual, na Lei Orgânica e demais leis, compete aos Promotores de Justiça, dentro de suas esferas de atribuições: I – impetrar *habeas corpus* e mandado de segurança e requerer correição parcial, inclusive perante os tribunais locais competente".

17. Nesses termos é o artigo 654, § 2º, do Código de Processo Penal: "Os juízes e os tribunais têm competência para expedir de ofício ordem de *habeas corpus*, quando no curso de processo verificarem que alguém sofre ou está na iminência de sofrer coação ilegal".

7 • REMÉDIOS CONSTITUCIONAIS PARA A TUTELA DE DIREITOS INDIVIDUAIS

7.8 COMPETÊNCIA EM MATÉRIA DE *HABEAS CORPUS*

Trazidas as hipóteses de cabimento, as diversas modalidades, bem como a legitimação ativa e passiva do *habeas corpus*, cabe-nos enumerar, nesta seção, algumas importantes informações sobre as diversas competências jurisdicionais para o julgamento do *writ*, inclusive as explicitadas na Constituição de 1988. Referidas competências, deve-se adiantar, são fixadas em conformidade ou com o paciente ou com a autoridade apontada como coatora. Senão vejamos:

No caso de o paciente ser o presidente da República, o vice-presidente da República, os membros do Congresso Nacional, os ministros do Supremo Tribunal Federal, o procurador-geral da República, os ministros de Estado, os comandantes da Marinha, do Exército ou da Aeronáutica, os membros dos Tribunais Superiores e do Tribunal de Contas da União e os chefes de missão diplomática de caráter permanente, a competência originária para julgamento será do Supremo Tribunal Federal (artigo 102, inciso I, alínea *d*, da Carta Magna).

Na hipótese de ser apontado como coator algum dos Tribunais Superiores, ou quando o impetrado ou o paciente for autoridade ou funcionário cujos atos estejam sujeitos diretamente à jurisdição do Supremo Tribunal Federal, ou se trate de crime sujeito à mesma jurisdição em única instância, a competência também será do Pretório Excelso (artigo 102, inciso I, alínea *j*, da Constituição Federal).

O mesmo Supremo Tribunal Federal será competente para julgar, em *recurso ordinário*, os *habeas corpus* decididos em única instância pelos Tribunais Superiores (Superior Tribunal de Justiça, Tribunal Superior do Trabalho, Tribunal Superior Eleitoral e Superior Tribunal Militar), quando denegatória a decisão (artigo 102, inciso II, alínea *a*, de nossa Lei Maior).

Como nos lembra Adolfo Mamoru Nishiyama[18], o Supremo Tribunal Federal considera não ser cabível a impetração de *habeas corpus* contra decisões proferidas por quaisquer de suas Turmas, tendo em vista que elas representam o próprio Pretório Excelso. Nestes termos, aliás, é a Súmula 606, da Corte Suprema, nos seguintes termos: "Não cabe *habeas corpus* originário para o Tribunal Pleno de decisão de Turma, ou do Plenário, proferida em *habeas corpus* ou no respectivo recurso".

No caso de ser coator ou paciente governador de Estado ou do Distrito Federal, desembargador dos Tribunais de Justiça dos Estados e do Distrito Federal, membros dos Tribunais de Contas dos Estados e do Distrito Federal, dos Tribunais Regionais Federais, Tribunais Regionais Eleitorais e do Trabalho, membros dos Conselhos ou Tribunais de Contas dos Municípios e os do Ministério Público da União que oficiem perante tribunais, a competência originária será do Superior Tribunal de Justiça (artigo 105, inciso I, alínea *c*, da Carta Magna).

Será da competência do Superior Tribunal de Justiça, ademais, a competência para processar e julgar os *habeas corpus* quando o coator for tribunal sujeito à sua jurisdição, ministro de Estado ou Comandante da Marinha, do Exército ou da Aeronáutica, ressalvada a competência da Justiça Eleitoral.

---

18. *Op. cit.*, p. 98.

O mesmo Superior Tribunal de Justiça será competente para julgar, em *recurso ordinário*, os *habeas corpus* decididos em única ou última instância pelos Tribunais Regionais Federais, Tribunais de Justiça dos Estados e Tribunal de Justiça do Distrito Federal e Territórios, quando for denegatória a decisão (artigo 105, inciso II, alínea *a*, da Constituição Federal).

Quando a autoridade apontada como coatora for juiz federal, a competência será dos Tribunais Regionais Federais (artigo 108, inciso I, alínea *d*, da Constituição). Também será dos Tribunais Regionais Federais a competência para julgar, em grau de recurso, os *habeas corpus* decididos pelos juízes federais (artigo 108, inciso II, de nossa Lei Maior).

Caberá aos juízes federais processar e julgar os *habeas corpus* em matéria criminal de sua competência ou quando o constrangimento provier de autoridade cujos atos não estejam diretamente sujeitos a outra jurisdição (artigo 109, inciso VII, da Carta Magna). Caberá, por fim, à Justiça Eleitoral, julgar os *habeas corpus* em matéria de sua competência (artigo 121, § 4º, da Constituição Federal).

Se a coação ilegal ao direito de locomoção do paciente for atribuída a delegado de polícia civil ou da polícia federal, como, por exemplo, na abertura indevida de inquérito policial ou na prisão em flagrante irregular, a competência para processamento e julgamento do *habeas corpus* será, respectivamente, do juiz de direito criminal e do juiz federal.

Caso o constrangimento ilegal seja imputado a promotor de justiça ou a procurador da República, a competência para análise e julgamento do remédio constitucional ora em estudo será, respectivamente, do Tribunal de Justiça do Estado, do Tribunal de Justiça do Distrito Federal e Territórios, ou do Tribunal Regional Federal a que estiver vinculado o membro do Ministério Público.

Na hipótese de o constrangimento ilegal à liberdade de locomoção ser imputado a juiz de primeiro grau, o juízo competente para o processamento e julgamento do *habeas corpus* será o respectivo órgão jurisdicional de segunda instância[19]. Caso a autoridade apontada como coatora seja um juiz federal, a competência será do Tribunal Regional Federal a que estiver vinculado. Caso seja um juiz de direito, a competência será do respectivo Tribunal de Justiça.

Será, por exemplo, caso de coação ilegal praticada por magistrado de primeiro grau, e que, portanto, resulta na necessidade de impetração do *habeas corpus* perante o órgão jurisdicional de segundo grau, a abertura de inquérito policial não por iniciativa do delegado de polícia, mas sim por requisição do juiz, o que vincula a atuação daquele. A mesma coisa se dá quando a instauração do inquérito policial se der por deferimento do magistrado a requerimento formulado pelo membro do Ministério Público.

Por fim, em se tratando de *habeas corpus* contra decisão de turma recursal de juizados especiais criminais, a Súmula 690, do Pretório Excelso, dispunha que, neste caso, a competência *originária* era do Supremo Tribunal Federal. Contudo, em decisões mais recentes, a Corte Suprema tem decidido que, nesta hipótese, a competência originária é dos tribunais de segundo grau. *A Súmula 690, do Supremo Tribunal Federal, portanto, está superada.* Sobre o tema, sugerimos a leitura do HC 86.834/SP, Supremo Tribunal Federal, relator ministro Marco Aurélio, j. 23.08.2006, *Informativo* 437/STF.

---

19. Essa realidade pode ser extraída, aliás, do que dispõe o artigo 650, § 1º, do Código de Processo Penal: "A competência do juiz cessará sempre que a violência ou coação provier de autoridade judiciária de igual ou superior jurisdição".

7.9 PRINCIPAIS REGRAS PROCEDIMENTAIS DO *HABEAS CORPUS*

Nos termos do artigo 655, § 1º, do Código de Processo Penal, a petição inicial do *habeas corpus* deverá conter: (a) o nome da pessoa que sofre ou está ameaçada de sofrer violência ou coação (paciente) e o de quem exercer a violência, coação ou ameaça (impetrado); (b) a declaração da espécie de constrangimento ou, em caso de simples ameaça de coação, as razões em que funda o seu temor; e (c) a assinatura do impetrante, ou de alguém a seu rogo, quando não souber ou não puder escrever, e a designação das respectivas residências.

Ao exigir que o impetrante, ou alguém a seu rogo, assine a petição do *habeas corpus*, a legislação de regência deixa claro que não é possível a impetração desse remédio constitucional quando não se possa identificar, de maneira clara e induvidosa, a pessoa do requerente, vedando, assim, a solicitação anônima do *writ*. Sobre o tema, sugerimos a leitura do *Habeas Corpus* 73.748/MG, Supremo Tribunal Federal, 1ª Turma, relator ministro Sydney Sanches, v.u., *DJU* 17.05.1996, p. 16329.

Já mencionamos anteriormente que o impetrante não precisa ter capacidade postulatória. *Poderá, aliás, ser até mesmo um incapaz ou um analfabeto*, desde que, neste último caso, alguém assine a petição, a pedido daquele. Poderá também ser estrangeiro, desde que a petição do *habeas corpus* esteja redigida na língua portuguesa. É claro que o *writ* também poderá ser redigido e assinado por advogado, não necessitando, contudo, de instrumento de mandato (procuração) do paciente.

Muito embora sejam meios obsoletos de comunicação, vale mencionar, a título de curiosidade, que a jurisprudência pátria admite a impetração do *habeas corpus* por meio de telex, de telegrama e de fac-símile. Sobre esta última hipótese, aliás, ela encontra-se expressamente prevista no artigo 1º, da Lei 9.800, de 26 de maio de 1999, que permite às partes a utilização daquele meio para a prática de atos processuais que dependam de petição escrita. Trata-se, portanto, de lei que se aplica a qualquer tipo de processo.

A concessão de medida liminar em habeas corpus não tem previsão na Constituição Federal ou no Código de Processo Penal. Trata-se de construção jurisprudencial, que teve por escopo garantir, da maneira mais efetiva possível, o direito à liberdade de locomoção do paciente que sofrer ou se achar na iminência de sofrer violência ou coação ilegal naquela liberdade, por ato de outrem.

Para a concessão da liminar, devem estar presentes 2 (dois) requisitos: o *fumus boni iuris*, ou seja, a plausibilidade do direito invocado, através da demonstração de elementos suficientes que apontem a ilegalidade ou o abuso de poder contra o direito de locomoção da vítima; e o *periculum in mora*, que quer dizer a possibilidade de dano irreparável ou de difícil reparação ao paciente, caso haja demora na concessão do remédio constitucional.

É importante ressaltar que, atualmente, o Regimento Interno do Supremo Tribunal Federal prevê expressamente a possibilidade de concessão de medida liminar, pelo ministro relator da ação de *habeas corpus*, conforme disposto no artigo 191, daquele regimento, combinado com o artigo 21, incisos IV e V, do mesmo diploma normativo.

Conforme ressalta a jurisprudência, inclusive do próprio Pretório Excelso, o juiz ou tribunal competente para processar e julgar o *habeas corpus* não está vinculado nem à causa de pedir nem ao pedido formulado pelo impetrante. Essa realidade, a toda evidência, é uma decorrência lógica da regra fixada pelo artigo 654, § 2º, do Código de Processo Penal, que permite ao órgão jurisdicional conceder o *writ até mesmo de ofício*, quando no curso do processo verificar que alguém sofre ou está na iminência de sofrer coação ilegal em sua liberdade de locomoção.

Nos termos do artigo 656, do Código de Processo Penal, recebida a petição inicial de *habeas corpus*, o juiz, se julgar necessário, e estiver preso o paciente, mandará que este lhe seja imediatamente apresentado em dia e hora que designar. Em caso de desobediência, será expedido mandado de prisão contra o detentor, que será processado na forma da lei, e o juiz providenciará para que o paciente seja tirado da prisão e apresentado em juízo (artigo 656, parágrafo único, do Código de Processo Penal).

Interrogado o paciente preso, o juiz decidirá, fundamentadamente, em 24 (vinte e quatro) horas (artigo 660, *caput*, do Código de Processo Penal). Se a decisão for favorável ao paciente, será logo posto em liberdade, salvo se por outro motivo deva ser mantido na prisão (artigo 660, § 1º). Por outro lado, se os documentos que instruírem a petição evidenciarem a ilegalidade da coação, o juízo ou tribunal ordenará que cesse imediatamente o constrangimento (artigo 660, § 2º).

Júlio Fabbrini Mirabete[20] nos lembra que, *na prática, o magistrado não costuma expedir ordem de apresentação do preso, nem interrogar o paciente*. Por outro lado, a despeito de falta de previsão legal expressa (que só existe para os casos de impetração perante o tribunal), o juiz costuma requisitar informações da autoridade apontada como coatora, que serão prestadas no prazo fixado pelo magistrado, sob pena de multa.

Em caso de habeas corpus impetrado perante juiz de primeiro grau, não haverá necessidade de intervenção do Ministério Público, como fiscal da ordem jurídica. Somente se manifestará caso seja o impetrante ou a autoridade apontada como coatora, ou caso o juiz do feito considere importante ouvi-lo.

Da decisão que conceder ou negar a ordem de *habeas corpus* julgado perante o juiz de primeiro grau, caberá o recurso em sentido estrito, conforme determina o artigo 581, inciso X, do Código de Processo Penal. Ademais, mesmo que não haja recurso voluntário, *deverá ser interposto recurso de ofício, pelo juiz, da sentença que conceder o habeas corpus* (artigo 574, inciso I, do Código de Processo Penal).

Em se tratando de competência originária de tribunal de segundo grau (Tribunal de Justiça ou Tribunal Regional Federal), e caso a petição inicial contenha todos os requisitos exigidos pelo Código de Processo Penal, o relator requisitará, caso necessário, informações por escrito, da autoridade apontada como coatora. Caso falte algum daqueles requisitos, mandará preenchê-los, logo que for apresentada a petição (artigo 662).

As diligências mencionadas no parágrafo anterior não serão ordenadas, contudo, caso o desembargador relator entenda que o *habeas corpus* deva ser indeferido liminarmente.

---

20. *Código de processo penal anotado*. 11. ed. Atlas, 2003, p. 1765-1766.

7 • REMÉDIOS CONSTITUCIONAIS PARA A TUTELA DE DIREITOS INDIVIDUAIS

Nesse caso, levará a petição ao tribunal (câmara ou turma), para que delibere a respeito, tudo conforme determina o artigo 663, do Código de Processo Penal vigente.

Decorrido o prazo para que as informações sejam prestadas pela autoridade coatora (quer sejam prestadas ou não), salvo se o relator entender desnecessário solicitá-las, será concedida vista dos autos do processo de *habeas corpus* ao Ministério Público, pelo prazo de 2 (dois) dias. Isso é o que determina o Decreto-lei 552/1979, que dispõe sobre a concessão de vista ao órgão ministerial, nos processos de *habeas corpus*.

Em seguida, o *habeas corpus* será julgado na primeira sessão, podendo, entretanto, adiar-se o julgamento para a sessão seguinte (artigo 664, do Código de Processo Penal). A decisão, conforme determina o parágrafo único do mesmo artigo 664, será tomada por maioria de votos. *Havendo empate, se o presidente não tiver tomado parte na votação, proferirá voto de desempate; em caso contrário, prevalecerá a decisão mais favorável ao paciente.*

No tocante especificamente ao Superior Tribunal de Justiça (STJ), o artigo 41-A, parágrafo único, da Lei 8.038/1990, é expresso em determinar que, havendo empate em *habeas corpus* originário ou recursal, perante aquele tribunal, prevalecerá a decisão mais favorável ao paciente. Regra semelhante é encontrada no Regimento Interno do Supremo Tribunal Federal, em seu artigo 146, parágrafo único[21].

7.10 PRINCIPAIS SÚMULAS DO SUPREMO TRIBUNAL FEDERAL SOBRE O *HABEAS CORPUS*

695: "Não cabe *habeas corpus* quando já extinta a pena privativa de liberdade".

694: "Não cabe *habeas corpus* contra a imposição da pena de exclusão de militar ou de perda de patente ou de função pública".

693: "Não cabe *habeas corpus* contra decisão condenatória a pena de multa, ou relativo a processo em curso por infração penal a que a pena pecuniária seja a única cominada".

691: "Não compete ao Supremo Tribunal Federal conhecer de *habeas corpus* impetrado contra decisão do Relator que, em *habeas corpus* requerido a tribunal superior, indefere a liminar".

606: "Não cabe *habeas corpus* originário para o Tribunal Pleno de decisão de Turma, ou do Plenário, proferida em *habeas corpus* ou no respectivo recurso".

395: "Não se conhece do recurso de *habeas corpus* cujo objeto seja resolver sobre o ônus das custas, por não estar mais em causa a liberdade de locomoção".

344: "Sentença de primeira instância concessiva de *habeas corpus*, em caso de crime praticado em detrimento de bens, serviços ou interesses da União, está sujeita a recurso *ex officio*".

---

21. Regimento Interno do Supremo Tribunal Federal, artigo 146, parágrafo único: "No julgamento de habeas corpus e de recursos de habeas corpus proclamar-se-á, na hipótese de empate, a decisão mais favorável ao paciente". (Redação dada pela Emenda Regimental 35, de 2 de dezembro de 2009).

7.11 MANDADO DE SEGURANÇA INDIVIDUAL

O *mandado de segurança, apontado por doutrinadores como uma criação genuinamente brasileira*, surgiu pela primeira vez na Constituição de 1934, em seu artigo 113. Conforme nos lembra Manoel Gonçalves Ferreira Filho[22], entre suas fontes, podem ser citados os vários *writs* do direito anglo-americano, e o juízo de amparo mexicano, ressaltando, contudo, que a principal fonte de nosso mandado de segurança foi a doutrina brasileira do *habeas corpus*.

Com efeito, como vimos anteriormente, a doutrina brasileira do *habeas corpus*, surgida graças à redação do instituto na primeira Constituição republicana (1891), destinava-se à proteção não só do direito de locomoção, como também de quaisquer outros direitos e garantias fundamentais, desde que certos e incontestáveis, que tivessem por pressuposto o direito de locomoção.

Ademais, vimos que somente com a reforma constitucional de 1926 (Emenda Constitucional 1, de 3 de setembro de 1926), que trouxe nova redação ao artigo 72, § 22, da Constituição de 1891, é que o instituto do *habeas corpus* passou a tutelar apenas a liberdade de locomoção. Cessou, a partir de então, a chamada doutrina brasileira do *habeas corpus*, passando o instituto a ter as feições atuais.

A primeira constituição brasileira a tratar expressamente do mandado de segurança foi a de 1934, em seu artigo 113, alínea 33, nos seguintes termos: "Dar-se-á mandado de segurança para a defesa de direito, certo e incontestável, ameaçado ou violado por ato manifestamente inconstitucional ou ilegal de qualquer autoridade. O processo será o mesmo do *habeas corpus*, devendo ser sempre ouvida a pessoa de direito público interessada. O mandado não prejudica as ações petitórias competentes".

Suprimido na Constituição de 1937, o mandado de segurança foi albergado por todas as demais constituições brasileiras. Na Constituição de 1988, encontra-se expressamente fixado no artigo 5º, inciso LXIX, da Constituição Federal, com a seguinte redação: "conceder-se-á mandado de segurança para proteger direito líquido e certo, não amparado por *habeas corpus* ou *habeas data*, quando o responsável pela ilegalidade ou abuso de poder for autoridade pública ou agente de pessoa jurídica no exercício de atribuições do Poder Público".

A regulamentação do mandado de segurança individual, até pouco tempo atrás, era feita por diversas leis ordinárias, algumas delas muito anteriores à Carta Magna vigente, porém recepcionadas por esta. Destacavam-se, dentre aqueles diplomas infraconstitucionais, a Lei 1.533/1951 e a Lei 4.348/1964. Agora, contudo, referido remédio constitucional passou a ser disciplinado pela Lei 12.016, de 7 de agosto de 2009, que entrou em vigor na data de sua publicação.

Trata-se o mandado de segurança individual de uma ação constitucional de natureza civil[23], com rito próprio e célere, estabelecido pela legislação de regência, destinado à proteção de direito líquido e certo do impetrante, sempre que houver lesão ou ameaça de lesão àquele direito, por parte de autoridade pública ou de pessoa jurídica de direito privado no exercício delegado de funções do Estado.

---

22. *Op. cit.*, p. 321.
23. Conforme ressalta a doutrina, a natureza civil deste remédio constitucional não é descaracterizada nem mesmo quando a impetração do *mandamus* se der para combater ato ilegal ou abusivo praticado por juiz criminal, no transcurso de ação penal, que não diga respeito especificamente à liberdade de locomoção.

7 • REMÉDIOS CONSTITUCIONAIS PARA A TUTELA DE DIREITOS INDIVIDUAIS

7.12 HIPÓTESES DE CABIMENTO DO MANDADO DE SEGURANÇA INDIVIDUAL

Da simples leitura do texto constitucional, percebe-se facilmente que o mandado de segurança é um *remédio jurídico residual*, uma vez que a parte somente poderá impetrá-lo quando não for cabível, no caso concreto, a utilização do *habeas corpus* ou do *habeas data*. Será cabível, portanto, para amparar qualquer direito líquido e certo que não trate do direito de locomoção (*habeas corpus*) e do direito ao acesso e/ou retificação de informações pessoais constantes de registros ou banco de dados governamentais ou de caráter público (*habeas data*).

Da mesma forma que se dá com o *habeas corpus*, a redação do dispositivo constitucional relativo ao mandado de segurança faz menção expressa à ilegalidade ou abuso de poder. Refere-se, portanto, à *ilegalidade em sentido amplo*, que abrange a *ilegalidade propriamente dita*, bem como os atos praticados com *excesso de poder*, bem como os praticados com *desvio de finalidade*.

Contudo, na lição de Michel Temer[24], quando o dispositivo constitucional faz menção à ilegalidade, quer referir-se aos atos vinculados, ao passo que, ao fazer menção ao abuso de poder, diz respeito aos chamados atos discricionários. Eis as suas palavras sobre o tema:

> *"O mandado de segurança é conferido aos indivíduos para que eles se defendam de atos ilegais ou praticados com abuso de poder. Portanto, tanto os atos vinculados quanto os atos discricionários são atacáveis por mandado de segurança, porque a Constituição Federal e a lei ordinária, ao aludirem a ilegalidade, estão se reportando ao ato vinculado, e ao se referirem a abuso de poder estão se reportando ao ato discricionário".*

O artigo 1º da Lei 12.016/2009, por sua vez, prevê o cabimento de mandado de segurança individual no caso de violação de direito ou de *justo receio de sofrê-la*. Percebe-se, portanto, que referido dispositivo legal permite a utilização do mandado de segurança não só para reparar ato lesivo, como também para *evitar ameaça de lesão* a direito. Daí costumeiramente dizer-se que o mandado de segurança possui 2 (duas) espécies: *mandado de segurança repressivo*, quando o remédio constitucional for utilizado para se combater ato ou omissão ilegal ou abusiva já praticados; e *mandado de segurança preventivo*, quando, ao contrário, referida conduta ilegal ou abusiva ainda não houver se consumado.

Lesão ou ameaça de lesão a direito significa que o mandado de segurança só é admitido em situações em que existe *risco concreto de lesão a direito*. Esse é o motivo pelo qual não se admite mandado de segurança contra lei em tese, pela simples existência de norma que violaria direito. Será cabível o mandado de segurança, contudo, caso seja impetrado para combater *leis de efeitos concretos* (ou seja, *leis em sentido formal*, mas *verdadeiros atos administrativos em sentido material*), uma vez que, neste caso, destinam-se a reger relações de pessoas determinadas.

Direito líquido e certo, é importante esclarecer, é uma *expressão de natureza processual* (e não de direito material), que significa que a parte tem o ônus de demonstrar a existência do direito em que se funda sua pretensão já com os documentos que acompanham a petição

---

24. *Elementos de direito constitucional*. 19. ed. Malheiros, 2004, p. 181.

inicial do mandado de segurança, não podendo valer-se de ulterior dilação probatória. Nesse sentido, por exemplo, é a lição de Luiz Alberto David Araujo e Vidal Serrano Nunes Júnior[25]:

"Destarte, direito líquido e certo indica exclusivamente a necessidade de a ação estar amparada em provas documentais. Constatando-se a necessidade de produção probatória de natureza diversa, a ação torna-se inviável, devendo o julgador declarar seu autor carecedor da ação, por falta de interesse de agir, na modalidade inadequação da via processual".

Na mesma toada, Maria Sylvia Zanella Di Pietro[26] afirma que direito líquido e certo "é o direito comprovado de plano, ou seja, o direito comprovado juntamente com a petição inicial", esclarecendo, ainda, que, no mandado de segurança, "não existe a fase de instrução, de modo que, havendo dúvidas quanto às provas produzidas na inicial, o juiz extinguirá o processo sem julgamento do mérito, por falta de um pressuposto básico, ou seja, a certeza e liquidez do direito".

Portanto, insista-se, direito líquido e certo é uma expressão de direito processual, que diz respeito à prova, que deve ser apresentada já com a petição inicial do mandado de segurança. *Não se refere à necessidade de que o direito seja induvidoso*, de que a questão de direito, invocada como fundamento para acolhimento da pretensão do impetrante, não possa ser controvertida, como, aliás, ressalta a Súmula 625, do Supremo Tribunal Federal[27].

No caso, contudo, de os documentos indispensáveis à comprovação dos fatos alegados na inicial do mandado de segurança estarem em repartição ou estabelecimento público, ou em poder de autoridade que se recuse a fornecê-los por certidão, ou, ainda, de terceiro, o juiz determinará, preliminarmente, por ofício, a exibição do documento, em original ou por cópia, no prazo de 10 (dez) dias.

Se a autoridade que se recusar a fornecer os documentos necessários à prova do alegado no mandado de segurança for a própria autoridade apontada como coatora, a ordem judicial para exibição dos documentos constará do próprio instrumento de notificação (artigo 6º, § 2º, da Lei 12.016/2009).

HIPÓTESES DE CABIMENTO DO MANDADO DE SEGURANÇA INDIVIDUAL

> **– O mandado de segurança é um remédio jurídico residual**, uma vez que a parte somente poderá impetrá-lo quando não for cabível, no caso concreto, a utilização do *habeas corpus* ou do *habeas data*.
>
> – A ilegalidade deverá ser compreendida em sentido amplo, abrangendo a *ilegalidade propriamente dita*, bem como os atos praticados com *excesso de poder*, além dos praticados com *desvio de finalidade*.
>
> – *Direito líquido e certo é uma expressão de natureza processual* que significa que a parte tem o ônus de demonstrar a existência do direito em que se funda sua pretensão já com os documentos que acompanham a petição inicial do mandado de segurança, não podendo valer-se de ulterior instrução probatória.

---

25. *Op. cit.*, p. 214-215.
26. *Direito administrativo*. 23. ed. Atlas, 2010, p. 781.
27. Súmula 625, do Supremo Tribunal Federal: "Controvérsia sobre matéria de direito não impede concessão de mandado de segurança".

7.13 HIPÓTESES EM QUE NÃO CABE O MANDADO DE SEGURANÇA INDIVIDUAL

Como vimos supra, por expressa determinação da Constituição de 1988, o mandado de segurança é um remédio residual, não sendo cabível quando for o caso de impetração de *habeas corpus* ou de *habeas data*. Dessa forma, o *mandamus* não deverá ser utilizado para assegurar a liberdade de locomoção, bem como o direito ao acesso e/ou retificação de informações pessoais, constantes de registros ou bancos de dados governamentais ou de caráter público, hipóteses em que se devem utilizar, respectivamente, o *habeas corpus* e o *habeas data*.

Ademais, nos termos da Súmula 266, do Supremo Tribunal Federal, *"não cabe mandado de segurança contra lei em tese"*. O enunciado dessa Súmula justifica-se perfeitamente, uma vez que *o mandado de segurança não é o meio idôneo para impugnar lei abstrata e genérica*, mas apenas atos da Administração Pública (ou de quem lhe faça as vezes) que causem lesão ou ameaça de lesão a direito de um ou mais administrados em particular.

Como já mencionamos na seção anterior, a jurisprudência tem permitido, todavia, o cabimento de mandado de segurança para combater *leis de efeitos concretos*, ou seja, *leis em sentido formal*, já que editadas pelo Poder Legislativo, mas *verdadeiros atos administrativos em sentido material* (no tocante ao conteúdo), sem o caráter de abstração e generalidade, uma vez que destinadas a reger relações de pessoas determinadas.

Conforme jurisprudência do Supremo Tribunal Federal, também não cabe mandado de segurança contra atos *"interna corporis" do Congresso Nacional*. Com efeito, segundo entendimento daquela Corte, a interpretação e aplicação de normas regimentais de ambas as Casas do Parlamento Federal é matéria que não pode ser apreciada pelo Poder Judiciário, devendo ficar circunscrita à seara parlamentar.

Esse mesmo entendimento, aliás, é adotado pelo Pretório Excelso no tocante ao processo e julgamento de mandados de segurança impetrados por parlamentares, para garantia do devido processo legislativo. De fato, como vimos ao estudar as noções gerais do controle de constitucionalidade, o controle do tipo jurisdicional preventivo somente poderá ter por objeto a infração às *normas constitucionais* do processo legislativo, não podendo ser objeto desta modalidade de controle as normas regimentais, por tratarem de assuntos internos das Casas Legislativas.

Por sua vez, a atual lei que disciplina o mandado de segurança (Lei 12.016, de 07 de agosto de 2009), de maneira semelhante (porém não idêntica) ao que previa a legislação infraconstitucional revogada sobre a matéria, também fixou 3 (três) outras hipóteses em que não cabe mandado de segurança.

Na primeira delas, prevista no artigo 5º, inciso I, está disposto que o mandado de segurança não é cabível para combater *ato administrativo sujeito a recurso com efeito suspensivo*, independentemente de caução. Faz-se mister esclarecer, contudo, que a parte não é obrigada a interpor o recurso administrativo, podendo deixar esgotar-se o prazo recursal, para então impetrar, diretamente, o mandado de segurança. Da mesma forma, poderá impetrá-lo caso o recurso administrativo seja recebido apenas em seu efeito devolutivo.

Ressalte-se, entretanto, que a existência de recurso administrativo com efeito suspensivo não impede o uso do mandado de segurança, caso seja hipótese de *omissão da autoridade coatora* (Súmula 429, do Supremo Tribunal Federal). Ressalte-se, ademais, que mero pedido de reconsideração na via administrativa não interrompe o prazo para o mandado de segurança (Súmula 430, do Pretório Excelso).

O supramencionado artigo 5º, da Lei 12.016/2009, em seu inciso II, por sua vez, impede a impetração de mandado de segurança para impugnar *decisão judicial da qual caiba recurso com efeito suspensivo*. Referida regra, também explicitada na Súmula 267, do Supremo Tribunal Federal, tem por escopo evitar que o mandado de segurança seja utilizado como um mero substitutivo de recursos judiciais.

Com efeito, caso exista um recurso judicial que possa efetivamente evitar o dano ou risco de dano ao direito da parte, não poderá esta última valer-se do mandado de segurança. Da mesma forma, *se a parte deixar de utilizar o recurso judicial cabível, operar-se-á a preclusão*, não podendo depois impetrar mandado de segurança.

A última hipótese, prevista no inciso III daquele artigo e que não constava da revogada Lei 1.533/1951, dispõe que também não será concedido mandado de segurança quando se tratar de *decisão judicial transitada em julgado*[28]. A nova lei cuidou de tornar norma expressa entendimento jurisprudencial já pacificado, e inclusive explicitado pela Súmula 268, do Supremo Tribunal Federal.

Como se sabe, a decisão judicial de mérito, transitada em julgado, produz a denominada coisa julgada material, não podendo ser modificada por qualquer recurso ordinário ou extraordinário. A única forma de se tentar afastar a coisa julgada, esta última uma garantia expressamente albergada pela Carta Magna (artigo 5º, inciso XXXVI), é através da *propositura de ação rescisória*, caso presentes os requisitos legais.

Ainda segundo a Lei do Mandado de Segurança (artigo 1º, § 2º), não cabe mandado de segurança contra *os atos de gestão comercial* praticados pelos administradores de empresas públicas, de sociedade de economia mista e de concessionárias de serviço público. Tal regra justifica-se plenamente. Com efeito, nos expressos termos de nossa Lei Maior (artigo 5º, inciso LXIX, parte final), podem ser sujeitos passivos do mandado de segurança os agentes de pessoas jurídicas *que exerçam atribuições do poder público*. Ora, atos de gestão são de *direito privado (empresarial)*, em que não está presente a supremacia do interesse público sobre o privado. Como consequência disso, não podem ser combatidos através de mandado de segurança[29].

---

28. O artigo 5º, da revogada Lei 1.533/1951, também impedia expressamente a impetração de mandado de segurança para impugnar *ato disciplinar*, salvo se este fosse praticado por autoridade incompetente, ou se houvesse vício de forma.

29. Sobre o tema, vide Ação Direta de Inconstitucionalidade 4296/DF, relator ministro Marco Aurélio, redator do acórdão ministro Alexandre de Moraes, julgado em 9.6.2021.

HIPÓTESES EM QUE NÃO CABE O MANDADO DE SEGURANÇA INDIVIDUAL

– Quando for o caso de impetração de *habeas corpus* ou *habeas data*.

– Contra lei em tese (Súmula 266 do STF), salvo em se tratando de lei de efeitos concretos.

– Contra atos *interna corporis* do Congresso Nacional.

– Para combater ato do qual caiba recurso administrativo com efeito suspensivo.

– Para impugnar decisão judicial da qual caiba recurso com efeito suspensivo.

– Para impugnar decisão judicial transitada em julgado.

– Contra *atos de gestão comercial* praticados pelos administradores de empresas públicas, de sociedade de economia mista e de concessionárias de serviço público.

7.14 LEGITIMAÇÃO ATIVA E PASSIVA DO MANDADO DE SEGURANÇA INDIVIDUAL

Será legitimado ativo do mandado de segurança individual o detentor do direito líquido e certo, não amparado por *habeas corpus* ou por *habeas data*, podendo ser qualquer pessoa natural (brasileiros ou estrangeiros, residentes ou não no país) ou pessoa jurídica (nacional ou estrangeira), alguns órgãos públicos com capacidade processual, agentes políticos, além de outros entes despersonalizados com capacidade processual (caso do espólio e da massa falida).

Particularmente no que toca aos órgãos públicos, como se sabe, estes não têm personalidade jurídica. Quem a possui é a pessoa jurídica de direito público a que estão vinculados. Contudo, é importante ressaltar que a doutrina e a jurisprudência pátria já se encontram pacificadas no sentido de que referidos órgãos públicos, quando dotados de capacidade processual, poderão impetrar o mandado de segurança. É o caso, por exemplo, das Mesas das Casas Legislativas.

No que se refere à legitimidade ativa para impetração do mandado de segurança individual (legitimidade ativa *ad causam*), *a regra geral é a da legitimação ordinária*, o que significa dizer que somente o titular do direito lesionado ou ameaçado de lesão é que pode impetrar referido remédio constitucional (age em nome próprio, na defesa de interesse dele mesmo).

Ademais, conforme agora prevê expressamente o artigo 1º, § 3º, da Lei 12.016/2009, quando o direito ameaçado ou violado couber a várias pessoas, qualquer delas poderá requerer o mandado de segurança individual. Aqui, a toda evidência, também se trata de hipótese de legitimação ordinária, já que a pessoa atuará em nome próprio, na defesa de seu próprio interesse.

Há, contudo, *uma exceção àquela regra da legitimação ordinária*, na qual a legislação de regência do mandado de segurança individual permite a denominada substituição processual (legitimação extraordinária), ou seja, que o impetrante atue, em nome próprio, na defesa de interesse que é originalmente de terceiro[30]. Trata-se, em síntese, de hipótese em que a pessoa sofre uma lesão, por via reflexa, em razão da violação a direito de outrem.

É o caso do locatário, que poderá impetrar mandado de segurança, por exemplo, contra ato da municipalidade que cobra um imposto inconstitucional do proprietário do imóvel, mas que tem de ser pago por aquele, por força do que restou pactuado no contrato de locação. Nesse caso, contudo, é indispensável ao locatário, antes de utilizar o mandado de segurança para evitar o dano reflexo, notificar previamente o locador, efetivo titular do direito lesado, para que este use o remédio constitucional.

Portanto, insista-se, tendo em vista que, em sede de mandado de segurança individual, a regra é a da legitimação ordinária, apenas na hipótese de inércia do efetivo titular do direito lesionado ou ameaçado de lesão em impetrar o mandado de segurança é o que terceiro interessado poderá valer-se de referido remédio constitucional.

No caso específico de impetração de mandado de segurança contra decisão judicial, entendemos que o terceiro interessado só poderá impetrar o *mandamus* caso não tenha tomado ciência da decisão que o prejudicou, ficando, assim, impossibilitado de interpor o recurso cabível. Trata-se de uma decorrência lógica da já estudada norma do artigo 5º, inciso II, da Lei 12.016/2009, que veda a concessão de mandado de segurança contra decisão judicial da qual caiba recurso com efeito suspensivo.

Por outro lado, a formação de litisconsórcio ativo em mandado de segurança individual é perfeitamente possível. A nova Lei do Mandado de Segurança, contudo, dispõe expressamente que o ingresso do litisconsorte ativo não será admitido após o despacho da petição inicial (artigo 10, § 2º, da Lei 12.016/2009). Antes da lei, era comum a doutrina e a jurisprudência permitirem pedido de formação de litisconsórcio ativo mesmo após o despacho da petição inicial, desde que antes de prestadas as informações pela autoridade, bem como a formação de litisconsórcio ativo ulterior, desde que antes da concessão de liminar.

Quanto à legitimidade passiva no mandado de segurança, conforme expresso no texto constitucional (artigo 5º, LXIX), referida ação constitucional deverá ser proposta em face da *autoridade apontada como coatora*, e não contra a pessoa jurídica de direito público (ou de direito privado que exerça atribuições do Estado) em que aquela atua.

A autoridade coatora, nos expressos termos do artigo 6º, § 3º, da lei que atualmente disciplina o mandado de segurança (Lei 12.016/2009), é aquela que "tenha praticado o ato impugnado ou da qual emane a ordem para sua prática". Refere-se, em outras palavras, *à pessoa que tem o poder de rever o ato impugnado, ou, no caso de omissão, de realizar o ato necessário.*

Portanto, se o agente não tiver competência para rever o ato apontado como ilegal ou praticado com abuso de poder, ou para realizar o ato omisso, não poderá ser apontado como a autoridade coatora. Não poderá figurar como impetrado, portanto, o mero executor do

---

30. Com efeito, nos termos do artigo 3º, da Lei 12.016/2009, "o titular do direito líquido e certo decorrente de direito, em condições idênticas de terceiro, poderá impetrar mandado de segurança a favor do direito originário, se o seu titular não o fizer, no prazo de 30 (trinta) dias, quando notificado judicialmente".

7 • REMÉDIOS CONSTITUCIONAIS PARA A TUTELA DE DIREITOS INDIVIDUAIS

ato, que age em nome e por conta da autoridade competente. Nesse sentido, por exemplo, é a lição de Hely Lopes Meirelles[31]:

> *"Ato de autoridade é toda manifestação ou omissão do Poder Público ou de seus delegados, no desempenho de suas funções ou a pretexto de exercê-las. Por autoridade entende-se a pessoa física investida no poder de decisão dentro da esfera de competência que lhe é atribuída pela norma legal".*

Por *autoridade*, em conclusão, devemos entender todas as pessoas naturais (físicas) que exerçam alguma atividade estatal, investidas de poder decisório, necessário para poder rever o ato tido por ilegal ou abusivo. Estão incluídos nessa definição, por exemplo, os agentes políticos, como os chefes dos Poderes Executivos da União, dos Estados, do Distrito Federal e dos Municípios, e os servidores públicos em sentido estrito.

Como nos lembram Ricardo Cunha Chimenti, Fernando Capez, Márcio F. Elias Rosa e Marisa F. Santos[32], no caso de ato praticado por órgão colegiado, ou seja, aquele formado por várias vontades individuais que se integram, o mandado de segurança deverá ser impetrado contra o órgão colegiado, na pessoa de seu presidente.

Também nos termos da atual lei de regência (artigo 1º, § 1º, da Lei 12.016/2009), são equiparados às autoridades, para fins de impetração do mandado de segurança, os representantes de partidos políticos e os administradores de entidades autárquicas, bem como os dirigentes de pessoas jurídicas ou as pessoas naturais no exercício de atribuições do Estado, somente no que disser respeito a essas atribuições.

Aquele dispositivo legal, a toda evidência, está em perfeita consonância com os termos da própria Carta Magna vigente, que determina expressamente, na parte final do artigo 5º, inciso LXIX, que também podem ser sujeitos passivos do mandado de segurança os agentes de pessoas jurídicas de direito privado que exerçam atribuições do poder público.

Conforme lição de Luiz Alberto David Araujo e Vidal Serrano Nunes Júnior[33], são necessários dois requisitos para que um particular esteja no polo passivo de um mandado de segurança. Nas palavras dos autores: "Em primeiro lugar, deve existir uma transferência de atribuições do Poder Público para o particular, por meio de concessão, permissão etc. Em segundo lugar, o ato arrostado deve ter sido praticado no efetivo exercício dessas funções públicas".

Portanto, em síntese conclusiva, são *equiparados* a autoridades (expressão utilizada pela Lei 12.016/2009), para fins de impetração do *mandamus*, os particulares, quando se tratar de delegatários do Estado, no exercício da função delegada[34]. Caso típico é o do diretor de instituição de ensino particular, quando este cometa alguma ilegalidade ou abuso de poder.

Por outro lado, não podem ser consideradas autoridades, para os fins da Lei 12.016/2009 (artigo 1º, § 2º), os administradores de empresas públicas, de sociedade de economia mista e de concessionárias de serviços públicos, no tocante aos denominados atos de gestão (ou seja,

---

31. *Mandado de segurança*. 17. ed. Malheiros, p. 25.
32. *Op. cit.*, p. 138.
33. *Op. cit.*, p. 218.
34. Nesses termos, aliás, é a Súmula 510, do Pretório Excelso, nos seguintes termos: "Praticado ato por autoridade, no exercício de competência delegada, contra ela cabe o mandado de segurança ou medida judicial".

de natureza empresarial, em que não há a supremacia do interesse público sobre o privado). Sobre o tema, vide Ação Direta de Inconstitucionalidade 4296/DF, relator ministro Marco Aurélio, redator do acórdão ministro Alexandre de Moraes, j. em 9.6.2021.

É importante ressaltar, contudo, que nem sempre se mostra possível, já no momento da impetração do mandado de segurança, saber com precisão quem é a verdadeira autoridade coatora, ou seja, quem tem efetivamente o poder de rever o ato impugnado, ou de praticar o ato omisso, o que somente é resolvido, muitas vezes, após as informações fornecidas pelo impetrado.

A jurisprudência que tem prevalecido, perante os Tribunais Superiores, bem como no Pretório Excelso[35], é de que o Poder Judiciário não poderá retificar, de ofício, a indicação errônea da autoridade apontada como coatora, devendo, por consequência, extinguir o feito, sem resolução de mérito, nos termos do artigo 485, inciso VI, do Código de Processo Civil[36]. Não deverá o órgão jurisdicional, portanto, retificar aquela indicação errônea.

LEGITIMAÇÃO ATIVA E PASSIVA DO MANDADO DE SEGURANÇA INDIVIDUAL

> – Será o legitimado ativo do mandado de segurança o detentor do direito líquido e certo, não amparado por *habeas corpus* ou por *habeas data*, podendo ser qualquer pessoa natural ou jurídica, alguns órgãos públicos com capacidade processual, agentes políticos, além de outros entes despersonalizados com capacidade processual.
>
> – O legitimado passivo é a autoridade apontada como coatora, ou seja, aquela que tem o poder de decisão, de rever o ato impugnado, ou, no caso de omissão, de realizar o ato necessário. Não poderá figurar como impetrado, portanto, o mero executor do ato.

7.15 COMPETÊNCIA EM SEDE DE MANDADO DE SEGURANÇA INDIVIDUAL

Analisadas as hipóteses de cabimento, como também a legitimação ativa e passiva do mandado de segurança individual, cabe-nos examinar, nesta seção, algumas importantes informações sobre as diversas competências jurisdicionais para o julgamento desse remédio constitucional, com ênfase naquelas explicitadas na Constituição de 1988. Referidas competências são fixadas, já se pode adiantar, em conformidade com a autoridade impetrada.

No caso de a autoridade apontada como coatora ser o presidente da República, as Mesas da Câmara dos Deputados e do Senado Federal, o Tribunal de Contas da União, o procurador-geral da República e o próprio Pretório Excelso, a competência originária para julgamento será do Supremo Tribunal Federal (artigo 102, inciso I, alínea *d*, da Constituição

---

35. É o que se pode verificar, por exemplo, da leitura deste acórdão: "1. É firme a jurisprudência do Supremo Tribunal Federal, no sentido de não admitir que o juiz, ou tribunal, entendendo incorreta a indicação da autoridade coatora, pelo impetrante, corrija o equívoco deste, *ex officio*, indicando, ele próprio, a autoridade apontável como coatora. Menos ainda quando o impetrante insiste na legitimidade da autoridade que indicou, como ocorre na hipótese, inclusive, agora, mediante este Recurso. 2. O que há de fazer, nesse caso, o juiz ou tribunal, segundo o entendimento do STF, é extinguir o processo, sem exame do mérito, por falta de uma das condições da ação, exatamente a legitimidade ad causam" (Supremo Tribunal Federal, RMS 22.496/DF, 1ª Turma – Relator Ministro Sydney Sanches – *DJU* 25.04.1997).

36. Código de Processo Civil, artigo 485, inciso VI: "O juiz não resolverá o mérito quando verificar ausência de legitimidade ou de interesse processual".

7 • REMÉDIOS CONSTITUCIONAIS PARA A TUTELA DE DIREITOS INDIVIDUAIS   229

Federal). A Corte Suprema também será competente para julgar mandados de segurança contra atos ou omissões de Comissões Parlamentares de Inquérito (sobre o tema, vide Supremo Tribunal Federal, Mandado de Segurança 23.452/RJ, relator ministro Celso de Mello, v.u., *DJU* 12.5.2000, p. 20).

A competência será do Supremo Tribunal Federal, ainda, para julgar, em recurso ordinário, o mandado de segurança decidido em única instância pelos Tribunais Superiores (Superior Tribunal de Justiça, Tribunal Superior do Trabalho, Tribunal Superior Eleitoral e Superior Tribunal Militar), se *denegatória* a decisão (artigo 102, inciso II, alínea *a*, da Carta Magna).

Será caso de competência originária do Superior Tribunal de Justiça (STJ) na hipótese de ato de ministro de Estado, dos comandantes da Marinha, do Exército e da Aeronáutica, ou do próprio Tribunal (artigo 105, inciso I, alínea *b*, da Constituição). Em recurso ordinário, o mesmo Superior Tribunal de Justiça julgará os mandados de segurança decididos em única instância pelos Tribunais Regionais Federais ou pelos Tribunais dos Estados, do Distrito Federal e Territórios, quando denegatória a decisão (artigo 105, inciso II, alínea *b*, da Carta de 1988).

Aos Tribunais Regionais Federais cabe julgar, originariamente, os mandados de segurança contra ato de juiz federal ou do próprio Tribunal (artigo 108, inciso I, alínea *c*, da Carta Magna). Aos juízes federais, por sua vez, cabe processar e julgar os mandados de segurança contra ato de autoridade federal, excetuados os casos de competência dos Tribunais Regionais Federais (artigo 109, inciso VIII, da Constituição Federal).

A última competência explicitada pela Constituição Federal está prevista no artigo 114, inciso IV, introduzido pela Emenda Constitucional 45/2004, que confere à Justiça do Trabalho a competência para o processo e o julgamento de mandado de segurança quando o ato questionado envolver matéria sujeita à sua competência. As competências da Justiça do Trabalho estão elencadas no artigo 114, da Lei Maior.

Vale mencionar, por outro lado, que a jurisprudência do Supremo Tribunal Federal já se pacificou no sentido de que os próprios tribunais (todos eles) é que são competentes para processar e julgar os mandados de segurança impetrados contra seus próprios atos e omissões. Essa jurisprudência, aliás, está em consonância com o artigo 21, inciso VI, da Lei Complementar 35, de 14 de março de 1979 (a denominada Lei Orgânica da Magistratura Nacional)[37], recepcionada pela Constituição de 1988.

Justamente em consonância com aquele entendimento, o Pretório Excelso produziu a Súmula 624, com a seguinte redação: "não compete ao STF conhecer originariamente de mandado de segurança contra atos de outros tribunais". Na mesma toada, editou a Súmula 330, que determina expressamente que "o Supremo Tribunal Federal não é competente para conhecer de mandado de segurança contra atos dos Tribunais de Justiça dos Estados".

Saliente-se, ademais, que a Corte Suprema não é competente, conforme já pacificado por sua jurisprudência, para apreciar mandado de segurança impetrado em face de

---

37. Lei Complementar 35/1979, artigo 21: "Compete aos Tribunais, privativamente: VI – julgar, originariamente, os mandados de segurança contra seus atos, os dos respectivos presidentes e os de suas Câmaras, Turmas ou Seções".

deliberações advindas dos Tribunais Superiores. Segundo a Carta Magna vigente, como vimos supra, o Pretório Excelso só será competente para julgar, em sede de *recurso ordinário*, decisões julgadas em única instância por aqueles Tribunais Superiores, e *quando denegatória a decisão*.

É imperioso ressaltar, ainda, que o Supremo Tribunal Federal considera não ser cabível a impetração de mandado de segurança contra decisões proferidas por quaisquer de suas Turmas, por entender, de maneira semelhante ao que vimos, quando estudamos o *habeas corpus*, que referidos órgãos fracionários (suas Turmas) representam o próprio Pretório Excelso. Não será possível, ademais, a impetração de mandado de segurança contra decisões do Plenário desta Corte, as quais somente permitem a utilização de eventual ação rescisória.

Quando a autoridade apontada como coatora for membro do Ministério Público (da União, dos Estados ou do Distrito Federal e Territórios), a competência para análise e julgamento do mandado de segurança, de maneira diferente do que se dá em relação ao *habeas corpus*, será do juiz de primeiro grau. No caso do *writ*, como vimos naquela oportunidade, tal competência será do respectivo Tribunal Regional Federal ou Tribunal de Justiça do Estado (ou do Distrito Federal e Territórios) a que estiver vinculado o membro do Ministério Público.

7.16 DA POSSIBILIDADE DE LIMINAR EM MANDADO DE SEGURANÇA INDIVIDUAL

O artigo 5º, inciso LXIX, da Constituição Federal, não faz menção expressa à possibilidade de concessão de liminar em mandado de segurança. Quem o faz, e de maneira semelhante ao que fazia a legislação revogada sobre o assunto, é o artigo 7º, inciso III, da Lei 12.016/2009. Da leitura deste dispositivo infraconstitucional, verifica-se que é conferida ao magistrado a possibilidade de ordenar, ao despachar a inicial, a suspensão do ato que deu motivo ao pedido, quando houver *fundamento relevante* e do ato *puder resultar a ineficácia da medida, caso seja finalmente deferida*.

A norma em comento (artigo 7º, inciso III, da Lei 12.016/2009, em sua parte final), inovando sobre o tema, agora prevê expressamente a possibilidade de o magistrado exigir caução, fiança ou depósito do impetrante do mandado de segurança, para suspender o ato que deu motivo ao pedido, "com o objetivo de assegurar o ressarcimento à pessoa jurídica". Muitos são os que se insurgem contra essa norma da nova lei.

Com efeito, asseveram que referido dispositivo da lei seria inconstitucional, por trazer uma restrição ao uso do mandado de segurança que não tem previsão no dispositivo constitucional que instituiu referido remédio constitucional. Ponderam que a possibilidade de o juiz exigir caução, fiança ou depósito poderia mesmo inviabilizar o acesso ao Poder Judiciário, ferindo o já estudado princípio da inafastabilidade da tutela jurisdicional, prevista no artigo 5º, inciso XXXV, da Carta Magna.

Outros, contudo, salientam que o artigo 7º, inciso III, da nova lei do mandado de segurança, insere-se no poder geral de cautela conferido aos magistrados. Asseveram, em

7 • REMÉDIOS CONSTITUCIONAIS PARA A TUTELA DE DIREITOS INDIVIDUAIS

síntese, que referido dispositivo não inviabiliza a tutela jurisdicional, e que tem por legítimo objetivo *combater o uso abusivo do mandado de segurança*, notadamente em matérias que podem causar prejuízos ao Erário, como, por exemplo, as de natureza tributária. Ademais, não podemos olvidar que ele está em perfeita consonância com a norma prevista no artigo 300, § 1º, do Código de Processo Civil[38].

E o fato é que o Supremo Tribunal Federal, em recente decisão, efetivamente declarou a constitucionalidade daquela norma. Com efeito, ao julgar a ação direta de inconstitucionalidade que questionava diversos dispositivos da nova Lei do Mandado de Segurança[39], a Corte Suprema declarou a constitucionalidade do artigo 7º, inciso III, afirmando estar de acordo com a Lei Maior a exigência de caução, depósito ou fiança para a concessão de liminar em mandado de segurança (ADI 4296/DF, relator ministro Marco Aurélio, redator do acórdão ministro Alexandre de Moraes, j. em 9.6.2021).

Conforme § 1º, do mesmo artigo 7º, da Lei 12.016/2009, caberá o recurso de agravo de instrumento, nos termos fixados pelo Código de Processo Civil, contra decisão do juiz de primeiro grau que conceder ou denegar liminar, em mandados de segurança. Supera--se, portanto, antiga divergência sobre a possibilidade de aplicação do agravo, previsto no Código de Processo Civil, ao processo do mandado de segurança.

O § 3º, do artigo 7º, da Lei do Mandado de Segurança, por sua vez, dispõe que os efeitos da medida liminar, *salvo se revogada ou cassada, persistirão até a prolação da sentença*. A lei explicita, portanto, o que já vinha sendo adotado pela jurisprudência, em oposição ao que dispunha o artigo 1º, alínea "b", da revogada Lei 4.348/1964[40]. O § 4º do mesmo artigo, por sua vez, dispõe que, deferida a liminar, o processo terá prioridade para julgamento.

O artigo 8º da nova lei determina a decretação da perempção ou caducidade da medida liminar, de ofício pelo juiz, ou a requerimento do Ministério Público, quando, concedida a liminar, o impetrante criar obstáculo ao normal andamento do processo ou deixar de promover, por mais de 3 (três) dias, os atos e as diligências que lhe cumprirem.

A concessão de liminar em mandado de segurança, para alguns, encontraria amparo no próprio texto da Constituição Federal. Segundo este entendimento, qualquer norma infraconstitucional que proíba tal concessão estaria eivada de inconstitucionalidade. Ocorre, contudo, que a doutrina e a jurisprudência pátrias ainda não chegaram a uma conclusão definitiva acerca do tema, sendo certo que existem opiniões e julgados que consideram que as liminares em mandado de segurança encontram fundamento na própria Constituição Federal, e outros que entendem que o fundamento é encontrado apenas em normas processuais (portanto, infraconstitucionais).

O próprio Supremo Tribunal Federal, em oportunidades diferentes, decidiu diversamente a respeito desse tema. Com efeito, no julgamento da Ação Direta de Inconstitucio-

---

38. Código de Processo Civil, artigo 300, § 1º: "Para a concessão da tutela de urgência, o juiz pode, conforme o caso, exigir caução real ou fidejussória idônea para ressarcir os danos que a outra parte possa vir a sofrer, podendo a caução ser dispensada se a parte economicamente hipossuficiente não puder oferecê-la".

39. Ação proposta pelo Conselho Federal da Ordem dos Advogados do Brasil.

40. Lei 4.348/1964, artigo 1º: "Nos processos de mandado de segurança serão observadas as seguintes normas: [...] b) a medida liminar somente terá eficácia pelo prazo de 90 (noventa) dias a contar da data da concessão, prorrogável por 30 (trinta) dias quando provadamente o acúmulo de processos pendentes de julgamento justificar a prorrogação".

nalidade 223-6/DF, que combatia a Medida Provisória 173, a qual proibia a concessão de liminares em ações contra o denominado Plano Collor I, aquela Corte Excelsa reconheceu a constitucionalidade de referida norma.

Assim decidiu, no caso, por considerar que as medidas de natureza cautelar têm por escopo garantir a eficácia e utilidade do processo, e não propriamente o direito da parte. Dessa forma, segundo o entendimento àquela oportunidade externado, a concessão de liminares não seria um direito de natureza constitucional, e a restrição a tal concessão não acarretaria, automaticamente, lesão ao direito do indivíduo.

Contudo, é importante mencionar que o Supremo Tribunal Federal, naquela decisão, autorizou expressamente que os juízes, em casos a eles submetidos, concedessem ou não a liminar, independentemente da vedação contida naquela Medida Provisória, valendo-se, para tanto, do poder geral de cautela, conferido aos magistrados, no exame do caso concreto.

Já no julgamento da Ação Direta de Inconstitucionalidade 9753, que tinha por objeto a Medida Provisória 375, o mesmo Pretório Excelso concedeu liminar em face de diversos dispositivos daquele diploma normativo, por considerar que a vedação à concessão de liminares atentava contra a separação de Poderes, por limitar a atuação do Poder Judiciário em razão de norma editada pelo Poder Executivo.

Entretanto, a verdade é que existem diversos dispositivos legais (normas infraconstitucionais, portanto), que restringem a concessão de liminares, em litígios contra o poder público. É o caso, por exemplo, do artigo 1º, *caput*, da Lei 8.437, de 30 de junho de 1992, que afasta o cabimento de tutela de natureza cautelar contra atos do poder público, toda vez que providência semelhante não puder ser concedida em ações de mandado de segurança, em virtude de vedação legal. Já o § 3º daquele mesmo artigo 1º, da Lei 8.437, de 30 de junho de 1992, é expresso em vedar a concessão de liminar, quando esta esgotar, no todo ou em parte, o objeto da ação.

Mencione-se também que o artigo 2º, daquela mesma Lei 8.437/1992, muito embora não destinado propriamente ao mandado de segurança individual, mas sim à ação civil pública,[41] também restringe a possibilidade, por meio de norma infraconstitucional, de concessão de liminar contra o Estado. Segundo o dispositivo legal em comento, "no mandado de segurança coletivo e na ação civil pública, a liminar será concedida, quando cabível, após a audiência do representante judicial da pessoa jurídica de direito público, que deverá se pronunciar no prazo de setenta e duas horas".

A própria lei que atualmente disciplina os mandados de segurança individual e coletivo possui uma norma que proibia a concessão de medida liminar, em sede de mandado de segurança. (juntar os parágrafos) Com efeito, em seu artigo 7º, § 2º, referido diploma legal vedava a concessão de medida liminar que tivesse por objeto a compensação de créditos tributários, a entrega de mercadorias e bens provenientes do exterior, a reclassificação ou

---

41. Na verdade, o artigo 2º, da Lei 8.437/1992 destinava-se não só à ação civil pública, como também ao mandado de segurança coletivo. Contudo, com a edição da Lei 12.016/2009, o mandado de segurança coletivo passou a ter uma regra específica sobre a hipótese, no artigo 22, § 2º, deste diploma legal.

7 • REMÉDIOS CONSTITUCIONAIS PARA A TUTELA DE DIREITOS INDIVIDUAIS

equiparação de servidores públicos e a concessão de aumento ou extensão de vantagens ou pagamento de qualquer natureza[42].

Ocorre que, ao menos em relação àquela norma citada no parágrafo anterior (artigo 7º, § 2º, da Lei 12.016/2009), a Corte Suprema declarou expressamente sua *inconstitucionalidade*, por considerar que impedir ou condicionar a concessão de medida liminar, em sede de mandado de segurança, caracterizaria verdadeiro obstáculo à efetiva prestação jurisdicional e ao direito do impetrante de cessar o ato ilegal ou abusivo ao seu direito líquido e certo. Sobre o tema, leia o acórdão da Ação Direta de Inconstitucionalidade 4296/DF, relator ministro Marco Aurélio, redator do acórdão ministro Alexandre de Moraes, j. em 9.6.2021.

7.17 DA SUSPENSÃO DA LIMINAR E DA SUSPENSÃO DA SEGURANÇA

As pessoas jurídicas de direito público (União, Estados, Distrito Federal, Municípios, suas respectivas autarquias e fundações públicas), bem como o Ministério Público (tanto da União como dos Estados e do Distrito Federal e Territórios) podem valer-se de um instrumento processual para combater uma decisão que concedeu a liminar, ou mesmo que concedeu a própria segurança, por meio de sentença, *e que os particulares não possuem.*

Com efeito, referidas entidades e órgãos públicos podem requerer, ao presidente do tribunal competente para apreciar o recurso, as amplamente conhecidas *suspensão de liminar* e *suspensão de segurança*. O tema é tratado no artigo 15, da Lei 12.016/2009, *in verbis*:

> *"Art. 15. Quando, a requerimento de pessoa jurídica de direito público interessada ou do Ministério Público e para evitar grave lesão à ordem, à saúde, à segurança e à economia públicas, o presidente do tribunal ao qual couber o conhecimento do respectivo recurso suspender, em decisão fundamentada, a execução da liminar e da sentença, dessa decisão caberá agravo, sem efeito suspensivo, no prazo de 5 (cinco) dias, que será levado a julgamento na sessão seguinte à sua interposição".*

Da leitura daquele dispositivo legal, pode-se constatar, sem maiores dificuldades, que as pessoas jurídicas de direito público e o Ministério Público podem pleitear ao presidente do tribunal tanto a suspensão da liminar quanto da sentença que concedeu a segurança, desde que demonstrem que a pedem para *evitar grave lesão à ordem, à saúde, à segurança e à economia pública.*

Muito embora a lei refira-se apenas às pessoas jurídicas de direito público e ao Ministério Público, é importante ressaltar que o Superior Tribunal de Justiça já decidiu que referido instituto processual também pode ser manejado por pessoa jurídica de direito privado, quando delegatária de serviço público, e desde que esteja atuando na defesa de interesse público primário, ou seja, no interesse de toda a coletividade. Sobre o tema, sugere-se a

---

42. Em termos semelhantes, a revogada Lei 4.348/64, que estabelecia normas processuais relativas aos mandados de segurança, proibia expressamente, em seu artigo 5º, a concessão de liminares em mandado de segurança, quando este tivesse por objeto a reclassificação ou equiparação de servidores públicos, ou a concessão de aumento ou extensão de vantagens. Na mesma toada, o artigo 1º, § 4º, da Lei 5.021/1966, vedava a concessão de liminar para efeito de pagamento de vencimentos e vantagens pecuniárias dos servidores públicos, sendo certo, inclusive, que referidos valores somente podiam ser exigidos relativamente às prestações vencidas a partir do ajuizamento da ação.

leitura do Agravo Interno na Suspensão de Liminar e de Sentença 3.169/RS, Corte Especial, relatora ministra Maria Thereza de Assis Moura, julgado em 15.03.2023.

O presidente do tribunal, constatando não só a plausibilidade do direito invocado pela pessoa jurídica de direito público interessada ou pelo órgão do Ministério Público, como também a urgência na concessão da medida, poderá suspender a liminar concedida ou mesmo a sentença concessiva da segurança. É o que determina o § 4º, do artigo 15, da Lei do Mandado de Segurança. Ainda segundo o supramencionado artigo 15, em sua parte final, da decisão do presidente do tribunal que suspender a liminar ou a segurança caberá agravo interno, sem efeito suspensivo, no prazo de 5 (cinco) dias, que será levado a julgamento na sessão seguinte à sua interposição.

Contudo, é imperioso ressaltar que o Superior Tribuna de Justiça, o órgão jurisdicional competente para a uniformização da interpretação das leis federais, já decidiu expressamente que deve ser aplicada, àquele agravo interno, a norma do artigo 1.070, do Código de Processo Civil[43], razão pela qual *o prazo para interposição do recurso em questão é de 15 (quinze) dias*, sendo que, em se tratando de recurso manejado por pessoa jurídica de direito público ou pelo Ministério Púbico, o prazo deverá ser contado em dobro, conforme artigo 183, do Código de Processo Civil. Sobre o tema, sugerimos a leitura da Suspensão de Liminar e de Sentença 2.572/DF, Superior Tribunal de Justiça, Órgão Especial, julgada em 15.12.2021.

O § 1º, daquele mesmo artigo 15, por sua vez, dispõe que, indeferido o pedido de suspensão ou provido o agravo mencionado no parágrafo anterior, caberá novo pedido de suspensão ao presidente do tribunal competente para conhecer de eventual recurso especial ou extraordinário. Também caberá pedido de suspensão quando negado provimento a agravo de instrumento interposto contra a liminar concedida no mandado de segurança (artigo 15, § 2º).

É imperioso esclarecer, ademais, que a suspensão de liminar em mandado de segurança – um instrumento concedido exclusivamente às pessoas jurídicas de direito público e ao Ministério Público, com pressupostos de admissão próprios (grave lesão à ordem, à saúde, à segurança e à economia públicas) – pode ser utilizada, e julgada pelo tribunal, mesmo que haja a interposição de agravo de instrumento, contra a mesma liminar.

Essa particularidade da suspensão da liminar, aliás, está agora expressamente prevista na legislação de regência, como se pode depreender da leitura do § 3º, do supramencionado artigo 15, da Lei 12.016/2009, o qual dispõe que "a interposição de agravo de instrumento contra liminar concedida nas ações movidas contra o poder público e seus agentes não prejudica nem condiciona o julgamento do pedido de suspensão a que se refere este artigo".

Vale mencionar, por fim, que a suspensão da liminar em mandado de segurança, salvo determinação em contrário da decisão que a deferir, vigorará até o trânsito em julgado da decisão definitiva de concessão da segurança, ou, havendo recurso, até a sua manutenção

---

43. Código de Processo Civil, artigo 1.070: "É de 15 (quinze) dias o prazo para a interposição de qualquer agravo, previsto em lei ou em regimento interno de tribunal, contra decisão de relator ou outra decisão unipessoal proferida em tribunal".

7 • REMÉDIOS CONSTITUCIONAIS PARA A TUTELA DE DIREITOS INDIVIDUAIS

pelo Supremo Tribunal Federal, desde que o objeto da liminar deferida coincida, total ou parcialmente, com o da impetração (Súmula 626, do Supremo Tribunal Federal).

7.18 O INSUCESSO DO MANDADO DE SEGURANÇA INDIVIDUAL E A POSSIBILIDADE DE POSTERIOR AÇÃO DE CONHECIMENTO

O artigo 15, da revogada Lei 1.533/1951, dispunha que a decisão do mandado de segurança não impedia que o requerente, por ação própria, pleiteasse os seus direitos e os respectivos efeitos patrimoniais. Uma leitura apressada daquela norma infraconstitucional podia aparentar que não existia coisa julgada material em relação ao mandado de segurança; que o impetrante poderia se utilizar de ação própria sempre que não obtivesse sucesso na ação constitucional.

Agora, contudo, a redação do artigo 19, da Lei 12.016/2009, tornou claro e inequívoco o erro daquela interpretação, ao dispor expressamente que "a sentença ou o acórdão que denegar mandado de segurança, *sem decidir o mérito*, não impedirá que o impetrante, por ação própria, pleiteie os seus direitos e os respectivos efeitos patrimoniais" (grifo nosso).

Percebe-se facilmente, portanto, que a propositura de posterior ação de conhecimento sobre o mesmo tema somente será possível quando a decisão no mandado de segurança *não tiver feito coisa julgada material*, ou seja, *quando não tiver sido examinado o mérito, o pedido*. Em outras palavras, caso a ação seja julgada extinta, sem resolução de mérito, será possível ao impetrante propor posterior ação de conhecimento, para pleitear seus direitos e respectivos efeitos patrimoniais. *Caso, contudo, o pedido seja julgado improcedente, e transite em julgado, não poderá propor ação de conhecimento, devendo respeitar a coisa julgada material.*

Essa interpretação, aliás, mesmo antes da edição da Lei 12.016/2009, já se mostrava pacífica na jurisprudência pátria, inclusive no âmbito do Pretório Excelso, através da interpretação conjunta da Súmula 304, do Supremo Tribunal Federal, com o artigo 16, da revogada Lei 1.533/1951.

Com efeito, nos termos da Súmula 304, da Corte Suprema, a "decisão denegatória de mandado de segurança, não fazendo coisa julgada contra o impetrante, não impede o uso da ação própria". Já o artigo 16, da revogada Lei 1.533/1951, era expresso e inequívoco em dispor que o pedido de mandado de segurança poderia ser renovado se a decisão denegatória não lhe houvesse apreciado o mérito.

POSSIBILIDADE DE PROPOSITURA
DE POSTERIOR AÇÃO DE CONHECIMENTO

– Se o mandado de segurança for julgado extinto, sem resolução de mérito, será possível ao impetrante propor posterior ação de conhecimento, para pleitear seus direitos e respectivos efeitos patrimoniais.

– Caso, contudo, o pedido seja julgado improcedente, e transite em julgado, não poderá propor ação de conhecimento, devendo-se respeitar a coisa julgada material (artigo 19, Lei 12.016/2009).

7.19 PRINCIPAIS REGRAS PROCEDIMENTAIS SOBRE O MANDADO DE SEGURANÇA INDIVIDUAL

Nos termos do artigo 6º, da Lei 12.016/2009, a petição inicial, que deverá preencher os requisitos estabelecidos pela lei processual (por exemplo, os fixados pelos artigos 319 e 320, do Código de Processo Civil), será apresentada em 2 (duas) vias, sendo que os documentos que instruírem a primeira deverão ser todos reproduzidos, por cópia reprográfica, na segunda. *Tal exigência, a toda evidência, não se faz necessária nos processos virtuais.*

O mesmo artigo 6º da Lei 12.016/2009 agora determina expressamente que a petição inicial indique não só a autoridade apontada como coatora, *como também a pessoa jurídica a que se integra, à qual se acha vinculada ou na qual exerce atribuições.* A revogada Lei 1.533/1951 não exigia a indicação da pessoa jurídica a que a autoridade estava vinculada.

Nos termos do § 5º, do mesmo artigo 6º, o mandado de segurança será denegado nos casos previstos no artigo 267, do revogado Código de Processo Civil de 1973 (atual artigo 485, do Código de Processo Civil de 2015). Ali estão consignadas, como se sabe, as hipóteses em que o juiz não resolverá o mérito. É o caso, por exemplo, de ausência de pressupostos de constituição e desenvolvimento regular do processo, de legitimidade ou de interesse processual.

O artigo 6º, § 6º, por sua vez, dispõe que o mandado de segurança poderá ser renovado dentro do prazo decadencial, se a decisão denegatória não lhe houver apreciado o mérito. Já o artigo 23, do mesmo diploma legal, assevera que "o direito de requerer mandado de segurança extinguir-se-á decorridos 120 (cento e vinte) dias, contados da ciência, pelo interessado, do ato impugnado".

Assim, o mandado de segurança poderá ser renovado, por exemplo, no caso de extinção da ação, em razão da ausência dos documentos indispensáveis à prova do alegado (da prova do direito líquido e certo), caso tal renovação se dê dentro do prazo de 120 (cento e vinte) dias, contados da ciência, pelo impetrante, do ato apontado como ilegal ou abusivo.

É importante mencionar, nesta oportunidade, que o entendimento do Supremo Tribunal Federal já se encontra sedimentado no tocante à constitucionalidade de dispositivo de lei que fixe prazo de decadência para a impetração de mandado de segurança. É o que dispõe, aliás, a Súmula 632, do Pretório Excelso[44]. No mesmo sentido, vide Ação Direta de Inconstitucionalidade 4296/DF, relator ministro Marco Aurélio, redator do acórdão ministro Alexandre de Moraes, j. em 9.6.2021.

A redação do supramencionado artigo 6º, § 6º, da Lei 12.016/2009, por outro lado, permite-nos concluir que, se o mandado de segurança tiver sido julgado improcedente, deverá ser respeitada a coisa julgada material, não podendo haver nova impetração, com o mesmo pedido. Permite-nos concluir também, como inclusive já vinha decidindo a jurisprudência, que a extinção do processo de mandado de segurança, sem resolução de mérito, *não restabelece o prazo de cento e vinte dias,* já que a norma fala expressamente que ele deve ser renovado *dentro do prazo decadencial.*

---

44. Súmula 632, do Supremo Tribunal Federal: "É constitucional lei que fixa o prazo de decadência para a impetração de mandado de segurança".

7 • REMÉDIOS CONSTITUCIONAIS PARA A TUTELA DE DIREITOS INDIVIDUAIS | 237

Também nos deixa concluir, como é fácil perceber, que o prazo de 120 (cento e vinte) dias para impetração do mandado de segurança não se interrompe nem se suspende, bem como é improrrogável, mesmo que não tenha havido expediente forense no último dia do prazo (sábado, domingo ou feriado), uma vez que se trata, como está ali explicitado, de *prazo de natureza decadencial, e não prescricional.*

Por se tratar de prazo decadencial (e não processual), é imperioso ressaltar que não se aplica à contagem do prazo para impetração do mandado de segurança a norma do artigo 219, *caput*, do Código de Processo Civil[45], que dispõe que, na contagem de prazos em dias, estabelecido pela lei ou pelo juiz, somente devem ser contados os dias úteis. No caso do mandado de segurança, o prazo deverá ser contado *em dias corridos*, a partir da ciência, pelo impetrante, do ato apontado como ilegal ou abusivo[46].

O artigo 4º, da Lei 12.016/2009, permite que, em caso de urgência, e observados os requisitos legais, o mandado de segurança seja impetrado por telegrama, radiograma, fac-símile ou outro meio eletrônico de autenticidade comprovada. Esses mesmos meios também podem ser utilizados pelo juiz, em caso de urgência, para notificação da autoridade (§ 1º).

Nos termos do § 2º do artigo 4º em comento, o texto original da petição inicial do mandado de segurança, impetrado por telegrama, radiograma, fax ou outro meio eletrônico, deverá ser apresentado nos 5 (cinco) dias úteis seguintes. Muito embora não se explicite a consequência de tal omissão, não resta dúvida de que, nesta hipótese, a ação será julgada extinta, sem resolução de mérito, por ausência de um pressuposto de constituição e desenvolvimento regular do processo, conforme expressamente tipificado no artigo 485, inciso IV, do Código de Processo Civil.

Ao despachar a petição inicial, o juiz ordenará que se notifique o coator do conteúdo da petição, entregando-lhe a segunda via apresentada pelo requerente com as cópias dos documentos, a fim de que a autoridade apontada como coatora preste as informações que reputar necessárias, no prazo de 10 (dez) dias (artigo 7º, inciso I, da Lei 12.016/2009).

As informações devem se prestadas pela própria autoridade impetrada, e não pelos procuradores da entidade pública a que estiver vinculada, uma vez que o ato ou omissão é imputado à autoridade, e não à pessoa jurídica. Contudo, a verdade é que, na prática, revela-se muito comum as informações serem prestadas pelos advogados públicos, e apenas assinadas pela autoridade, após conferência.

A apresentação intempestiva das informações, ou mesmo a ausência de tal apresentação, pela autoridade impetrada, não importa na produção dos normais efeitos da revelia (presunção de verossimilhança dos fatos alegados pelo impetrante), uma vez que, em se tratando de mandado de segurança, é o impetrante quem deve apresentar prova pré-constituída dos fatos que apoiam sua pretensão, o chamado direito líquido e certo. Sobre o tema,

---

45. Código de Processo Civil, artigo 219, parágrafo único: "O disposto neste artigo aplica-se somente aos prazos processuais".
46. Sobre o tema, vide Agravo Regimental em Mandado de Segurança 34.941/ES, STF, 2ª Turma, relator Ministro Edson Fachin, em sessão virtual de 07 de outubro a 6 de novembro de 2017.

sugerimos a leitura do seguinte acórdão: Supremo Tribunal Federal, RMS 21.300/DF, relator ministro Moreira Alves, *DJU* 14.8.1992, p. 12.225.

É importante ressaltar que o impetrante poderá desistir do prosseguimento do mandado de segurança, mesmo após a notificação da autoridade impetrada, e independentemente de esta concordar com tal desistência, como exige o Código de Processo Civil, em seu artigo 485, § 4°, para a generalidade das ações. Aliás, *tal desistência poderá ocorrer a qualquer momento, até mesmo após decisão final favorável.* É o que decidiu o Supremo Tribunal Federal, no Recurso Extraordinário 669.367/RJ (tema 530, sob o regime da repercussão geral).

Inovando sobre o tema, a nova legislação, em seu artigo 7°, inciso II, determina que o juiz, ao despachar a petição inicial do mandado de segurança, também dê ciência do feito ao órgão de representação judicial da pessoa jurídica interessada, enviando-lhe cópia da inicial (sem documentos), para que, querendo, ingresse no feito. Na prática, o órgão de representação judicial sempre manifesta interesse no feito, se não para a defesa da autoridade impetrada, ao menos para realizar o controle da legalidade do ato apontado como ilegal ou abusivo.

Dessa forma, a título de exemplo, caso o ato ilegal ou abusivo seja imputado a uma autoridade pertencente à Administração Pública Federal direta, o magistrado responsável pelo processo deverá enviar cópia aos representantes da Advocacia-Geral da União da localidade, para que estes decidam se vão ingressar no feito, em nome da pessoa jurídica de direito público (e não da autoridade), para defesa daquele ato impugnado.

Conforme artigo 9°, da Lei 12.016/2009, as autoridades administrativas, no prazo de 48 (quarenta e oito) horas da notificação da medida liminar, remeterão ao Ministério ou órgão a que se acham subordinadas e ao representante judicial da entidade apontada como coatora cópia autenticada do mandado notificatório, assim como indicações e elementos outros necessários às providências a serem tomadas para a eventual suspensão da medida e defesa do ato apontado como ilegal ou abusivo de poder.

Nos termos do artigo 10, a petição inicial será desde logo indeferida, por meio de decisão motivada (a necessidade de motivação das decisões judiciais, aliás, é garantia constitucional), quando não for o caso de mandado de segurança, ou lhe faltar algum dos requisitos legais, ou, ainda, quando decorrido o prazo legal para sua impetração.

É caso de indeferimento da petição inicial do mandado de segurança, por exemplo, a utilização do remédio constitucional ora em estudo para obtenção de informações pessoais, constantes de bancos de dados públicos, o que ensejaria a impetração de *habeas data*, e não do *mandamus*. Também será hipótese de indeferimento da inicial a impetração, após o prazo de 120 (cento e vinte) dias, contados da ciência do ato apontado como ilegal ou abusivo, fixado pelo artigo 23, da Lei do Mandado de Segurança.

Do indeferimento da petição inicial, pelo juiz de primeiro grau, caberá apelação, no prazo de 15 (quinze) dias. Caso a competência para processo e julgamento do mandado de segurança caiba originariamente a um tribunal, caberá agravo (interno) da decisão do relator que o indeferir, dirigido ao órgão competente do tribunal a que ele pertença (artigo

7 • REMÉDIOS CONSTITUCIONAIS PARA A TUTELA DE DIREITOS INDIVIDUAIS **239**

10, § 1º, da lei vigente), agora também no prazo de 15 (quinze) dias, conforme regra expressa do Código de Processo Civil em vigor[47].

Conforme determina o artigo 12 da Lei 12.016/2009, o Ministério Público deverá opinar no feito, na condição de fiscal da ordem jurídica, no prazo improrrogável de 10 (dez) dias[48], pouco importando qual o objeto específico da demanda (o pedido formulado pelo impetrante). Com ou sem o parecer do *parquet*, os autos serão conclusos ao juiz, para decisão, a qual deverá ser necessariamente proferida em 30 (trinta) dias (parágrafo único).

Da sentença, denegando ou concedendo a segurança, caberá apelação (artigo 14, Lei 12.016/2009). Concedida a segurança, a sentença estará obrigatoriamente sujeita ao duplo grau de jurisdição. A nova lei agora explicita que o direito de recorrer também é facultado à autoridade (§ 2º). Naturalmente, havendo obscuridade, contradição, omissão ou erro material no julgado, caberão embargos de declaração, cujo prazo é de 5 (cinco) dias, nos expressos termos do artigo 1.023, do Código de Processo Civil[49].

Nos termos do § 3º do mesmo artigo 14, a sentença que conceder o mandado de segurança poderá ser executada provisoriamente, salvo nos casos em que for vedada a concessão da medida liminar. Contudo, como as hipóteses em que a lei proibia a concessão de medida liminar em mandado de segurança (artigo 7º, § 2º, da Lei 12.016/2019) foram declaradas inconstitucionais pela Corte Suprema (ADI 4296/DF), a sentença concessiva do mandado de segurança sempre poderá ser executada provisoriamente.

O § 4º do mesmo artigo, por fim, determina que o pagamento de vencimentos e vantagens pecuniárias assegurados em sentença concessiva de mandado de segurança a servidor público da administração direta ou autárquica federal, estadual e municipal, somente será efetuado relativamente às prestações que se vencerem a contar da data do ajuizamento da inicial.

Nos casos de competência originária dos tribunais, caberá ao relator a instrução do processo, sendo assegurada a defesa oral na sessão de julgamento (a chamada sustentação oral). Da decisão do relator que conceder ou denegar a medida liminar, caberá agravo interno ao órgão competente do tribunal que integre (artigo 16 e seu parágrafo único). Das decisões concessivas em mandado de segurança proferidas em única instância pelos tribunais cabe recurso especial e extraordinário, nos casos legalmente previstos, bem como recurso ordinário, quando a ordem for denegada (artigo 18, da Lei 12.016/2009).

Vale mencionar, por fim, que a nova Lei do Mandado de Segurança, em seu artigo 25, tornou expresso posicionamento já pacificado pela jurisprudência[50]. Trata-se do não

---

47. Código de Processo Civil, artigo 1.003, § 5º: "Excetuados os embargos de declaração, o prazo para interpor os recursos e para responder-lhes é de 15 (quinze) dias".

48. Referido prazo é singelo, não havendo que se falar, no caso, em contagem em dobro do prazo, tudo conforme regra expressa do artigo 180, § 2º, do Código de Processo Civil de 2015.

49. Se os embargos de declaração forem manejados, contudo, pelo Ministério Público ou pelo representante judicial da entidade pública (advogado público), o prazo para interposição será de 10 (dez) dias, tudo em conformidade com o que determinam, respectivamente, os artigos 180 e 183, ambos do Código de Processo Civil.

50. O artigo 25, da Lei 12.016/2009, fala também sobre o não cabimento de embargos infringentes em sede de mandado de segurança. Tendo em vista, contudo, que referido recurso só existia no revogado Código de Processo Civil de 1973,

cabimento, em processo de mandado de segurança, de condenação em honorários advocatícios. É o que preconiza, aliás, a Súmula 512, do Supremo Tribunal Federal[51]-[52]. A lei ressalva, contudo, a possibilidade de aplicação de sanções no caso de litigância de má-fé. Esta última, a toda evidência, pode ser dirigida não só ao impetrante, como também a todos os que tenham atuado no feito.

7.20 PRINCIPAIS SÚMULAS DO SUPREMO TRIBUNAL FEDERAL SOBRE O MANDADO DE SEGURANÇA INDIVIDUAL

632: "É constitucional lei que fixa o prazo de decadência para a impetração de mandado de segurança".

631: "Extingue-se o processo de mandado de segurança se o impetrante não promove, no prazo assinado, a citação do litisconsorte passivo necessário".

626: "A suspensão da liminar em mandado de segurança, salvo determinação em contrário da decisão que a deferir, vigorará até o trânsito em julgado da decisão definitiva de concessão da segurança ou, havendo recurso, até a sua manutenção pelo Supremo Tribunal Federal, desde que o objeto da liminar deferida coincida, total ou parcialmente, com o da impetração".

625: "Controvérsia sobre matéria de direito não impede concessão de mandado de segurança".

624: "Não compete ao STF conhecer originariamente de mandado de segurança contra atos de outros tribunais".

512: "Não cabe condenação em honorários de advogado na ação de mandado de segurança".

510: "Praticado o ato por autoridade, no exercício de competência delegada, contra ela cabe o mandado de segurança ou a medida judicial".

430: "Pedido de reconsideração na via administrativa não interrompe o prazo para o mandado de segurança".

429: "A existência de recurso administrativo com efeito suspensivo não impede o uso do mandado de segurança contra omissão da autoridade".

405: "Denegado o mandado de segurança pela sentença, ou no julgamento do agravo, dela interposto, fica sem efeito a liminar concedida, retroagindo os efeitos da decisão contrária".

---

não havendo mais sua previsão no Código de 2015, aquela parte da norma do supramencionado artigo 25, da Lei do Mandado de Segurança, perdeu seu objeto.

51. Súmula 512 do STF: "Não cabe condenação em honorários de advogado na ação de mandado de segurança".

52. A constitucionalidade da norma que afasta a condenação ao pagamento de honorários advocatícios, em sede de mandado de segurança, também foi declarada no recente julgamento da Ação Direta de Inconstitucionalidade 4296/DF, relator ministro Marco Aurélio, redator do acórdão ministro Alexandre de Moraes, j. em 9.6.2021.

> 304: "Decisão denegatória de mandado de segurança, não fazendo coisa julgada contra o impetrante, não impede o uso da ação própria".
>
> 271: "Concessão de mandado de segurança não produz efeitos patrimoniais, em relação a período pretérito, os quais devem ser reclamados administrativamente, ou pela via judicial própria".
>
> 269: "O mandado de segurança não é substitutivo de ação de cobrança".
>
> 267: "Não cabe mandado de segurança contra ato judicial passível de recurso ou correição".
>
> 266: "Não cabe mandado de segurança contra lei em tese".
>
> 248: "É competente, originariamente, o Supremo Tribunal Federal, para mandado de segurança contra ato do Tribunal de Contas da União".

7.21 MANDADO DE INJUNÇÃO INDIVIDUAL

A origem do mandado de injunção é tema controvertido na doutrina pátria. Com efeito, alguns afirmam que referido remédio constitucional teve por fonte de inspiração o *writ of injunction*, do direito norte-americano. É o caso, por exemplo, de José Afonso da Silva[53], como podemos ver do trecho a seguir transcrito:

> *"A fonte mais próxima do mandado de injunção é o writ of injunction do direito norte-americano, onde cada vez mais tem aplicação na proteção de direitos da pessoa humana para impedir, por exemplo, violações da liberdade de associação e de palavra, da liberdade religiosa e contra denegação de igual oportunidade de educação por razões puramente raciais".*

Manoel Gonçalves Ferreira Filho[54], por outro lado, não concorda com tal entendimento, ponderando que o *writ of injunction* é uma medida judicial que impõe um não fazer, não podendo, portanto, ser encarado como inspiração do mandado de injunção, cujo objetivo é o exercício de um direito, superando-se a falta de norma regulamentadora. Esse insigne jurista, aliás, afirma que não se pode encontrar, no direito comparado, a fonte de inspiração do nosso mandado de injunção, muito embora medidas com o mesmo nome possam ser encontradas no direito alienígena.

De qualquer forma, como já mencionamos anteriormente, trata-se o mandado de injunção de uma novidade no direito brasileiro, previsto, pela primeira vez, na Constituição Federal promulgada em 1988. Com efeito, nos termos do artigo 5º, inciso LXXI, da atual Carta Magna, "conceder-se-á mandado de injunção sempre que a falta de norma regulamentadora torne inviável o exercício dos direitos e liberdades constitucionais e das prerrogativas inerentes à nacionalidade, à soberania e à cidadania".

Diante da regra cogente do artigo 5º, § 1º, da Constituição Federal, que determina que as normas definidoras dos direitos e garantias fundamentais têm aplicação imediata, não há dúvida de que o mandado de injunção sempre foi autoaplicável, como aliás já havia

---

53. *Curso de direito constitucional positivo.* 33. ed. Malheiros, 2010, p. 448.
54. *Curso de direito constitucional.* 35. ed. Saraiva, 2009, p. 324.

reconhecido, no passado, o próprio Supremo Tribunal Federal, que vinha admitindo a propositura de referida ação constitucional, independentemente de sua regulamentação por lei específica.

Agora, contudo, essa questão da autoaplicabilidade do mandado de injunção tem mero interesse acadêmico, uma vez que referido remédio constitucional já se encontra efetivamente regulamentado. Com efeito, o Estado editou, há alguns anos, a Lei 13.300, de 23 de junho de 2016, que tem por objeto justamente disciplinar o processo e o julgamento dos mandados de injunção individual e coletivo.

7.22 HIPÓTESES DE CABIMENTO DO MANDADO DE INJUNÇÃO INDIVIDUAL

Nos termos do supramencionado artigo 5º, inciso LXXI, de nossa Lei Maior, o mandado de injunção será cabível sempre que a ausência de norma regulamentadora torne inviável o exercício de direitos e liberdades constitucionais, bem como das prerrogativas inerentes à nacionalidade, soberania e cidadania. Como nos ensina Uadi Lammêgo Bulos[55], "o mandado de injunção tem a natureza de uma ação civil, de caráter essencialmente mandamental, destinado a combater a *síndrome de inefetividade das constituições*".

Como sabemos, algumas normas constitucionais não têm aplicabilidade imediata, dependendo da edição de normas infraconstitucionais, ou de atuação do Estado, para que possam produzir todos os efeitos nelas preconizados, e desejados pelo legislador constituinte. São as normas constitucionais a que a doutrina tradicional chama de normas constitucionais não autoexecutáveis, e que, no direito pátrio, são amplamente conhecidas como normas constitucionais de eficácia limitada, conforme lição de José Afonso da Silva.

Segundo nossa Carta Magna, portanto, o mandado de injunção poderá ser utilizado sempre que houver injustificada omissão do poder público em relação à edição de normas regulamentadoras que concedam efetividade às normas constitucionais não autoexecutáveis (ou normas constitucionais de eficácia limitada), uma vez que estas, como vimos, dependem de complementação por norma infraconstitucional, para produzirem todos os efeitos nelas previstos.

O mandado de injunção, como nos lembra Pedro Lenza,[56] serve para elidir, de maneira semelhante ao que se dá com a já estudada ação direta de inconstitucionalidade por omissão, a denominada *síndrome de inefetividade das normas constitucionais*, ou seja, das normas que, de imediato, no momento em que são promulgadas, não têm o condão de produzir todos os efeitos pretendidos pelo constituinte, necessitando de integração infraconstitucional.

Nos expressos termos do artigo 2º, *caput*, da Lei 13.300/2016, o mandado de injunção deverá concedido "sempre que a falta total ou parcial de norma regulamentadora torne inviável o exercício dos direitos e liberdades constitucionais e das prerrogativas inerentes

---

55. *Curso de direito constitucional*. 6. ed. São Paulo: Atlas, 2011, p. 763.
56. *Op. cit.*, p. 816.

7 • REMÉDIOS CONSTITUCIONAIS PARA A TUTELA DE DIREITOS INDIVIDUAIS | 243

à nacionalidade, à soberania e à cidadania. A regulamentação será considerada parcial quando forem insuficientes as normas editadas pelo órgão legislador competente (artigo 2º, parágrafo único, da lei de regência).

Por norma regulamentadora devemos entender não só as normas legais, como também as normas infralegais (que regulamentam os diplomas infraconstitucionais, conferindo-lhes aplicabilidade), que deveriam ter sido editadas, mas não o foram, por órgãos e por agentes públicos pertencentes aos Poderes da União, dos Estados, do Distrito Federal e dos Municípios, inclusive de suas respectivas entidades da Administração Pública indireta com personalidade de direito público (autarquias e fundações públicas). É o que se pode inferir da leitura dos artigos 102, inciso I, alínea q[57], e 105, inciso I, alínea h[58], todos da Constituição Federal.

Contudo, é importante que se diga, não é a ausência de qualquer espécie de norma regulamentadora que permite a utilização dessa ação constitucional. Segundo o próprio artigo 5º, inciso LXXI, de nossa Lei Maior, que instituiu o mandado de injunção, referido remédio constitucional somente poderá ser utilizado na ausência de norma que torne inviável o exercício de direitos e liberdades constitucionais, bem como das prerrogativas inerentes à nacionalidade, soberania e cidadania.

Somente será cabível o mandado de injunção, portanto, conforme expressa redação do dispositivo constitucional, na ausência de norma regulamentadora que garanta o exercício dos direitos e liberdades constitucionais, expressamente albergados pelo Título II, da Constituição Federal, que trata dos direitos e garantias individuais, coletivos e sociais, ou que estejam inseridos em outros Capítulos de nossa Carta Magna, que tenham igual natureza, como é o caso, por exemplo, das limitações constitucionais ao poder de tributar do Estado.

Será igualmente cabível o mandado de injunção na hipótese de omissão na edição de norma ou normas que viabilizem o exercício das prerrogativas referentes à nacionalidade, à soberania e à cidadania, conforme previsto, por exemplo, no Capítulo III do Título II, da Constituição Federal, relativo à nacionalidade, e no Capítulo IV do mesmo Título II, de nossa Lei Maior, que trata dos direitos políticos.

---

57. Constituição Federal, artigo 102, inciso I, alínea *q*: "Compete ao Supremo Tribunal Federal, precipuamente, a guarda da Constituição, cabendo-lhe processar e julgar, originariamente: o mandado de injunção, quando a elaboração da norma regulamentadora for atribuição do presidente da República, do Congresso Nacional, da Câmara dos Deputados, do Senado Federal, das Mesas de uma dessas Casas Legislativas, do Tribunal de Contas da União, de um dos Tribunais Superiores, ou do próprio Supremo Tribunal Federal".

58. Constituição Federal, artigo 105, inciso I, alínea *h*: "Compete ao Superior Tribunal de Justiça processar e julgar, originariamente: o mandado de injunção, quando a elaboração da norma regulamentadora for atribuição de órgão, entidade ou autoridade federal da administração direta ou indireta exceto os casos de competência do Supremo Tribunal Federal e dos órgãos da Justiça Militar, da Justiça Eleitoral, da Justiça do Trabalho e da Justiça Federal".

HIPÓTESES DE CABIMENTO DO MANDADO DE INJUNÇÃO INDIVIDUAL

– O mandado de injunção poderá ser utilizado sempre que houver injustificada omissão do Estado em relação à edição de normas regulamentadoras que concedam efetividade às normas constitucionais não autoexecutáveis (ou normas de eficácia limitada), uma vez que estas dependem de complementação, por norma infraconstitucional, para produzirem todos os efeitos previstos na norma da constituição.

– Por norma regulamentadora devemos entender não só as normas legais, como também as demais normas regulamentares (que regulamentam os diplomas infraconstitucionais, conferindo-lhes aplicabilidade), que deveriam ter sido editadas, mas não o foram, por órgãos e agentes pertencentes aos Poderes da União, dos Estados, do Distrito Federal e dos Municípios, inclusive de suas respectivas entidades da Administração Pública indireta.

– Contudo, não é a ausência de qualquer espécie de norma regulamentadora que permite a utilização dessa ação constitucional. Nos expressos termos do dispositivo constitucional que instituiu o mandado de injunção, referido remédio somente poderá ser utilizado na ausência de norma que *torne inviável o exercício de direitos e liberdades constitucionais, bem como das prerrogativas inerentes à nacionalidade, soberania e cidadania*.

7.23 HIPÓTESES EM QUE NÃO CABE O MANDADO DE INJUNÇÃO INDIVIDUAL

Como visto na seção anterior, o mandado de injunção será cabível quando houver injustificável inércia do Estado na edição de normas regulamentadoras que concedam efetividade às normas constitucionais não autoexecutáveis, também conhecidas como normas constitucionais de eficácia limitada, conforme conhecida classificação concebida por José Afonso da Silva, relativas ao exercício de direitos e liberdades constitucionais, bem como das prerrogativas inerentes à nacionalidade, à soberania e à cidadania.

Como consequência disso, a toda evidência, o remédio constitucional ora em estudo não será cabível quando estivermos diante de *normas constitucionais autoexecutáveis* (ou, na classificação de José Afonso da Silva, normas de eficácia plena e normas de eficácia contida), uma vez que referidas normas, como já estudamos anteriormente, já estão aptas a produzirem, imediatamente, os efeitos pretendidos pelo constituinte, não dependendo da edição de qualquer diploma infraconstitucional, para alcançar tal mister.

Conforme já decidido pelo Pretório Excelso, também não cabe a impetração do mandado de *injunção quando o presidente da República já tiver enviado ao Congresso Nacional projeto de lei referente ao objeto do writ*, uma vez que, nesta hipótese, não poderá mais ser imputada omissão do Estado, restando prejudicado o remédio constitucional. Sobre o tema, sugerimos a leitura do seguinte acórdão: Supremo Tribunal Federal, Pleno, Agravo Regimental em Mandado de Injunção 641/DF, relator ministro Ilmar Galvão, *DJU* de 5.4.2002, p. 39, v.u.

Será igualmente incabível a impetração do mandado de injunção individual, a toda evidência, *a partir do momento em que o Estado tiver editado a norma regulamentadora*, uma vez que, nesse caso, não haverá mais que se falar em mora legislativa. Aliás, mesmo que o remédio constitucional tenha sido impetrado antes da edição da

7 • REMÉDIOS CONSTITUCIONAIS PARA A TUTELA DE DIREITOS INDIVIDUAIS   **245**

norma regulamentadora, ainda assim a ação constitucional deverá ser extinta, tudo como se pode depreender da simples leitura do artigo 11, parágrafo único, da lei que regulamenta o instituto[59].

Por fim, também não será cabível a impetração de mandado de injunção *para buscar alterar lei ou ato normativo já existente, sob o fundamento de que este último seria incompatível com a Constituição Federal*. Não há, neste caso, a chamada mora legislativa, a permitir o uso deste remédio constitucional. Da mesma forma, não será cabível o mandado de injunção para se exigir certa interpretação para a legislação infraconstitucional já existente, ou, ainda, para pleitear uma aplicação "mais justa" da lei já editada.

HIPÓTESES EM QUE NÃO CABE O MANDADO DE INJUNÇÃO INDIVIDUAL

> – Quando estivermos diante de normas constitucionais autoexecutáveis, uma vez que referidas normas já estão aptas a produzirem, imediatamente, os efeitos pretendidos pelo constituinte.
>
> – Quando *já tiver sido enviado, ao Poder Legislativo, projeto de lei* referente ao objeto do mandado de injunção, uma vez que, nesta hipótese, não poderá mais ser imputada omissão do Estado.
>
> – *Quando o poder público tiver editado a norma regulamentadora*, uma vez que, neste caso, não haverá mais que se falar em mora legislativa.
>
> – Para *alterar lei ou ato normativo já existente*, sob o fundamento de que este último seria incompatível com a Constituição Federal.

7.24 LEGITIMAÇÃO ATIVA E PASSIVA DO MANDADO DE INJUNÇÃO INDIVIDUAL

Segundo o artigo 3º, da Lei 13.3002016, em sua parte inicial, são legitimados ativos para o mandado de injunção individual, os chamados impetrantes deste remédio constitucional, as pessoas naturais ou jurídicas que afirmam ser titulares dos direitos, das liberdades ou das prerrogativas inerentes à nacionalidade, à soberania e à cidadania[60].

Dito de outro modo, *poderá ser sujeito ativo do mandado de injunção qualquer pessoa, natural ou jurídica, nacional ou estrangeira*, que se veja impedida de exercer os direitos e as liberdades constitucionais, bem como as prerrogativas inerentes à nacionalidade, à soberania e à cidadania, em razão de omissão do Estado em editar normas infraconstitucionais que confiram efetividade a normas constitucionais de eficácia limitada

Membro do Ministério Público, é importante ressaltar, também poderá ser autor de mandado de injunção, quando a Lei Maior conceder ao *Parquet* algum direito ou prerrogativa cujo exercício revelar-se inviabilizado em razão de injustificada inércia do poder público em regulamentar o dispositivo constitucional. Poderá, ademais, atuar

---

59. Lei 13.300/2016, artigo 11, parágrafo único: "Estará prejudicada a impetração se a norma regulamentadora for editada antes da decisão, caso em que o processo será extinto sem resolução de mérito".

60. Lei 13.300/2016, artigo 3º: "São legitimados para o mandado de injunção, como impetrantes, as pessoas naturais ou jurídicas que se afirmam titulares dos direitos, das liberdades ou das prerrogativas referidos no art. 2º e, como impetrado, o Poder, o órgão ou a autoridade com atribuição para editar a norma regulamentadora".

como substituto processual, para a tutela de interesses transindividuais que dependam de regulamentação.

Aliás, particularmente no que se refere à propositura de mandado de injunção pelo Ministério Público, para a defesa de interesses transindividuais, Elpídio Donizetti[61] lembra-nos de que o Estatuto da Criança e do Adolescente (Lei 8.069, de 13 de julho de 1990), em seu artigo 201, inciso X, conferiu expressa legitimidade ao *Ministério Público* para impetrar este remédio constitucional, na defesa dos interesses sociais e *individuais indisponíveis* concernentes às crianças e aos adolescentes.

Tendo em vista que o mandado de injunção tem por objetivo suprir omissão do Estado em relação às normas constitucionais não autoaplicáveis (normas constitucionais de eficácia limitada), não resta dúvida de que *somente podem ser sujeitos passivos dessa ação as autoridades ou órgãos que tinham o dever de editar a norma necessária ao exercício dos direitos constitucionais, e que não o fizeram.* É o que nos revela, aliás, o supramencionado artigo 3º, da Lei 13.300/2016, em sua parte final.

Por essa razão, *particulares não poderão figurar no polo passivo desse tipo de ação constitucional*, já que aqueles não têm o dever de editar quaisquer normas, nem será possível a formação de litisconsórcio passivo, em quaisquer de suas modalidades (necessário ou facultativo), entre particulares e pessoas e órgãos pertencentes às entidades estatais.

Nesse sentido, o Supremo Tribunal Federal já decidiu, de maneira expressa, que não é possível haver, no caso de mandado de injunção individual, um litisconsórcio passivo envolvendo qualquer particular, uma vez que a atribuição para a elaboração da norma regulamentadora só pode ser exercida pelas pessoas públicas e entes estatais com competência para tal mister (Supremo Tribunal Federal, Pleno, Agravo Regimental em Mandado de Injunção 335, relator ministro Celso de Mello, j. 8.9.1991, *DJ* 17.6.1994, p. 15.720).

O Pretório Excelso também já decidiu que *a União não tem legitimidade para figurar no polo passivo de mandado de injunção individual.* A omissão no dever de legislar deve ser imputada ao órgão público inerte, e não à pessoa jurídica de direito público a que pertence. Assim, a legitimidade passiva *ad causam*, no mandado de injunção, será do Congresso Nacional, e não da União. Sobre o tema, vide: Supremo Tribunal Federal, Pleno, Mandado de Injunção 284/DF, relator ministro Marco Aurélio Mello, *DJU* 26.6.1992, p. 10.103.

Por fim, vale mencionar que, no caso específico de leis de competência exclusiva do presidente da República, o Supremo Tribunal Federal já decidiu expressamente que, nessa hipótese, *o sujeito passivo do mandado de injunção é a autoridade responsável pelo encaminhamento da norma*, que tem o poder de iniciativa, ou seja, o chefe do Poder Executivo da União (presidente da República), e não o Poder Legislativo Federal (Congresso Nacional).

---

61. *Ações constitucionais*. 2. ed. São Paulo: Atlas, p. 118-119.

LEGITIMAÇÃO ATIVA E PASSIVA NO MANDADO DE INJUNÇÃO INDIVIDUAL

> – Poderá ser sujeito ativo do mandado de injunção qualquer pessoa, natural ou jurídica, nacional ou estrangeira, que se veja impedida de exercer os direitos e as liberdades constitucionais, bem como as prerrogativas inerentes à nacionalidade, soberania e cidadania.
>
> – Tendo em vista que o mandado de injunção tem por objetivo suprir omissão do Estado em relação às normas constitucionais não autoaplicáveis (normas de eficácia limitada), não resta dúvida de que somente podem ser sujeitos passivos dessa ação os órgãos e agentes estatais que tinham o dever de editar a norma necessária ao exercício dos direitos constitucionais, e que não o fizeram.

7.25 COMPETÊNCIA EM SEDE DE MANDADO DE INJUNÇÃO INDIVIDUAL

Estudadas as hipóteses de cabimento, como também a legitimação ativa e passiva do mandado de injunção individual, cabe-nos enumerar, nesta seção, as principais competências jurisdicionais para o julgamento deste remédio constitucional. Referidas competências são fixadas, vale esclarecer, levando em conta *o órgão ou autoridade que tem o dever de providenciar a edição da norma regulamentadora*. Senão, vejamos:

No caso de a norma regulamentadora ser atribuição do presidente da República, do Congresso Nacional, da Câmara dos Deputados, do Senado Federal, de quaisquer das Mesas dessas Casas Legislativas, do Tribunal de Contas da União, dos Tribunais Superiores ou do Supremo Tribunal Federal, a competência originária será do Pretório Excelso, conforme disposto no artigo 102, inciso I, alínea *q*, da Carta Magna.

Por outro lado, quando a norma regulamentadora for atribuição de órgão, entidade ou autoridade federal, da Administração Pública direta ou indireta, excetuados os casos de competência do Supremo Tribunal Federal e dos órgãos da Justiça Militar, da Justiça Eleitoral, da Justiça do Trabalho e da Justiça Federal, a competência originária é do Superior Tribunal de Justiça (artigo 105, inciso I, alínea *h*, da Constituição Federal).

Por fim, vale mencionar que os Estados-membros e o Distrito Federal poderão instituir, em suas constituições estaduais e Lei Orgânica, regras que estabeleçam competências jurisdicionais, no âmbito da respectiva Justiça do Estado e do Distrito Federal e Territórios, para o processo e julgamento de mandados de injunção, quando houver injustificável omissão do Estado estadual em editar leis destinadas a conferir aplicabilidade a direitos e garantias estabelecidos por normas não autoexecutáveis existentes na constituição do respectivo Estado.

7.26 NATUREZA E EFICÁCIA DA DECISÃO QUE CONCEDE A INJUNÇÃO INDIVIDUAL

Questão de considerável importância, e que sempre foi objeto de calorosas discussões doutrinárias, é a relativa à natureza e à eficácia da sentença que concede a injunção. Sobre este tema, é costumeiramente mencionada a existência de 2 (duas) correntes. A primeira corrente, denominada *não concretista*, entende que a sentença ou acórdão que concede a injunção é de natureza exclusivamente *declaratória*, tendo por objeto apenas o reconhecimento, por meio de decisão judicial, da omissão na edição da norma regulamentadora (a chamada mora legislativa).

Referida corrente, portanto, iguala os efeitos do mandado de injunção aos da ação direta de inconstitucionalidade por omissão, considerando que a concessão da injunção é de natureza declaratória (da omissão normativa), tendo por único objetivo dar ciência ao Poder competente acerca da existência de mora legislativa, exortando-o a supri-la. Somente no caso de órgão administrativo é que se pode determinar que este supra a omissão normativa, no prazo de 30 (trinta) dias.

Na doutrina, esse entendimento vinha sendo defendido, por exemplo, por Manoel Gonçalves Ferreira Filho[62], para o qual não se pode dar ao mandado de injunção um alcance maior que o previsto para a ação direta de inconstitucionalidade por omissão, cuja titularidade, inclusive, é reservada apenas a autoridades e a entes de alta representatividade, tais como o presidente da República, a Mesa da Câmara dos Deputados, a Mesa do Senado Federal e o procurador-geral da República. Eis as suas palavras sobre o tema:

> *"O alcance do mandado de injunção é análogo ao da inconstitucionalidade por omissão. Sua concessão leva o Judiciário a dar ciência ao Poder competente da falta de norma sem a qual é inviável o exercício de direito fundamental. Não importa no estabelecimento pelo próprio órgão jurisdicional da norma regulamentadora necessária à viabilização do direito. Aliás, tal alcance está fora da sistemática constitucional brasileira, que consagra a 'separação de poderes', não apenas pela referência contida no art. 2º, incluída entre os 'princípios fundamentais' da República, mas também por ter sido ela incluída no cerne imutável da Constituição".*

Para a segunda corrente, denominada *concretista*, a decisão judicial que concede a injunção é de natureza não só declaratória (da ocorrência da omissão legislativa ou administrativa), mas também *constitutiva*, uma vez que viabiliza (*constitui*) desde já o exercício do direito ou garantia constitucional que necessitava de regulamentação infraconstitucional, até que sobrevenha a edição do diploma normativo propriamente dito. Referida corrente, é imperioso ressaltar, pode ser dividida em 2 (duas) subespécies: *concretista geral* e *concretista individual*.

Para a corrente *concretista geral*, a decisão judicial – a qual, como vimos, tem natureza não só declaratória como também constitutiva – produz eficácia *erga omnes*, viabilizando o exercício do direito ou da garantia constitucional a todos os seus titulares, independentemente de terem impetrado referido remédio constitucional, e até que seja editada a norma regulamentadora. Aliás, como veremos logo em seguida, há decisões proferidas pelo Pretório Excelso, no julgamento de mandados de injunção coletivos, que adotaram justamente a corrente concretista geral.

Já a corrente *concretista individual*, defendida, entre outros, por Maria Sylvia Zanella Di Pietro[63] e José Afonso da Silva[64], apesar de também reconhecer a natureza constitutiva da decisão judicial proferida em sede de mandado de injunção, não lhe

---

62. *Op. cit.*, p. 325.
63. *Op. cit.*, p. 774-775.
64. *Op. cit.*, p. 450.

7 • REMÉDIOS CONSTITUCIONAIS PARA A TUTELA DE DIREITOS INDIVIDUAIS 249

concede eficácia *erga omnes*, preferindo entender que a decisão judicial concessiva da injunção tem apenas a chamada eficácia *inter partes*, ou seja, em face daqueles que figuraram na ação constitucional na condição de impetrante (autor) e de impetrado (réu). Nestes termos, por exemplo, era a lição de José Afonso da Silva, ao menos antes da edição da Lei 13.300/2016:

> *"O mandado de injunção tem, portanto, por finalidade realizar concretamente em favor do impe-trante o direito, liberdade ou prerrogativa, sempre que a falta de norma regulamentadora torne inviável o seu exercício. Não visa obter a regulamentação prevista na norma constitucional. Não é função do mandado de injunção pedir a expedição da norma regulamentadora, pois ele não é sucedâneo da ação de inconstitucionalidade por omissão (art. 103, § 2º). É equivocada, portanto, data venia, a tese daqueles que acham que o julgamento do mandado de injunção visa a expedição da norma regulamentadora do dispositivo constitucional dependente de regulamentação, dando a esse remédio o mesmo objeto da ação de inconstitucionalidade por omissão".*

A corrente não concretista, que somente reconhecia natureza declaratória à decisão do mandado de injunção (da ocorrência da mora legislativa), e que, portanto, igualava os efeitos do mandado de injunção à ação direta de inconstitucionalidade por omissão, era majoritariamente adotada pelo Pretório Excelso, em seus julgados mais antigos. Referidas decisões, como é fácil perceber, retiravam toda e qualquer eficácia de um remédio constitu-cional concebido justamente para garantir efetividade a direitos e garantias constitucionais dependentes de complementação legislativa.

Nos últimos tempos, contudo, aquela antiga tendência vinha sendo modificada. Com efeito, nossa Corte Suprema, em alguns julgados mais recentes, vinha proferindo decisões que permitiam, desde logo, o efetivo exercício dos direitos e garantias constitucionais passíveis de tutela através do mandado de injunção. É o que se pode depreender da análise de algumas decisões que tinham por objeto garantir, a algumas categorias de servidores públicos, o exercício do direito de greve, conforme previsão do artigo 37, inciso VII, da Constituição Federal.

De fato, ao julgar os Mandados de Injunção 670, 708 e 712, ajuizados por sindicatos de algumas categorias de servidores públicos estaduais e municipais, o Pretório Excelso não só reconheceu a omissão quanto ao dever de editar norma regulamentadora daquele direito constitucional (natureza declaratória), como também viabilizou imediatamente o seu exercício (natureza constitutiva), determinando que fosse aplicada, no que coubesse, a lei de greve do setor privado[65] a todos os servidores públicos, e não apenas àqueles repre-sentados pelos respectivos sindicatos (com eficácia *erga omnes*, portanto), até que fosse finalmente editada uma lei específica para o setor público.

Entretanto, é imperioso ressaltar que, ao que parece, aquela efetividade plena que a jurisprudência mais recente, notadamente do Supremo Tribunal Federal, vinha conferindo ao mandado de injunção, certamente irá desaparecer. E isso se dará justamente em razão da edição da lei que regulamenta o remédio constitucional ora em estudo, como se pode depreender da simples leitura do artigo 8º, da Lei 13.300/2016, *in verbis*:

---

65. Lei 7.783, de 28 de junho de 1989.

"Art. 8º Reconhecido o estado de mora legislativa, será deferida a injunção para:

I – determinar prazo razoável para que o impetrado promova a edição da norma regulamentadora;

II – estabelecer as condições em que se dará o exercício dos direitos, das liberdades ou das prerrogativas reclamados ou, se for o caso, as condições em que poderá o interessado promover ação própria visando a exercê-los, caso não seja suprida a mora legislativa no prazo determinado.

Parágrafo único. Será dispensada a determinação a que se refere o inciso I do caput quando comprovado que o impetrado deixou de atender, em mandado de injunção anterior, ao prazo estabelecido para a edição da norma".

Como se vê, referido dispositivo legal *afasta a possibilidade de a decisão judicial ter natureza constitutiva imediata*. Com efeito, a norma diz que, após reconhecida a mora legislativa (natureza declaratória), será fixado um prazo "razoável" (sem, contudo, especificá-lo) para que a autoridade ou órgão competente promova a edição da norma regulamentadora, o que será dispensado somente se houver comprovação de que o impetrado já deixou de atender, em mandado de injunção anterior, o prazo estabelecido para a edição da norma infraconstitucional.

Além de fixar prazo razoável para o impetrado editar a norma regulamentadora, a decisão concessiva da injunção deverá também estabelecer as condições em que se dará o exercício dos direitos, liberdades ou das prerrogativas pleiteadas pelo impetrante, caso a autoridade ou órgão responsável pela norma não a edite. Portanto, *caso persista a mora legislativa*, aí sim a decisão passará a ter natureza constitutiva, restando estabelecidas, pela decisão concessiva da injunção (já transitada em julgado), as condições para que o impetrante exercite seu direito ou garantia constitucional.

Por outro lado, o supramencionado artigo 8º, inciso II, em sua parte final, prevê a possibilidade de que a decisão proferida em sede de mandado de injunção apenas estabeleça "as condições em que poderá o interessado promover ação própria visando a exercê-los, caso não seja suprida a mora legislativa no prazo determinado". Dito de outro modo, a lei de regência fala em imposição de condições para a propositura de uma futura ação individual, caso o poder competente não edite a norma regulamentadora, dentro do prazo (potencialmente inconstitucional) estabelecido pelo Poder Judiciário.

Analisemos um caso hipotético. Uma determinada pessoa, que se vê prejudicada em razão da chamada mora legislativa, decide impetrar um mandado de injunção para poder finalmente exercer uma determinada liberdade pública. Contudo, por força da decisão concessiva da injunção, terá que esperar o tal do "prazo razoável" estabelecido na decisão judicial. E, mesmo que a norma infraconstitucional não seja editada naquele prazo, poderá o impetrante se ver compelido a propor uma outra ação judicial, nos exatos termos estabelecidos pelo Poder Judiciário, para só então poder exercitar seu direito estabelecido pela Constituição Federal. Com o devido respeito, não parece fazer sentido...

Segundo o 9º, *caput*, da Lei 13.300/2016, a decisão proferida em sede de mandado de injunção individual *terá eficácia subjetiva limitada apenas às partes litigantes, produzindo efeitos até o advento da norma regulamentadora*. Portanto, nos expressos termos da lei de regência, a decisão que concede a injunção individual terá apenas eficácia *inter partes*, ou seja, limitada ao impetrante e ao impetrado, não havendo que se falar, como regra geral, em eficácia *erga omnes*, como defende a corrente concretista geral, e como já vinha decidindo o Pretório Excelso, em seus últimos julgados.

7 • REMÉDIOS CONSTITUCIONAIS PARA A TUTELA DE DIREITOS INDIVIDUAIS 251

No entanto, por exceção, aquele mesmo artigo 9º, da lei de regência, em seu § 1º, prevê a possibilidade de ser conferida *eficácia ultra partes ou erga omnes* à decisão proferida em sede de mandado de injunção individual, *quando isso for inerente ou indispensável ao exercício do direito, da liberdade ou da prerrogativa objeto da impetração*. Seria o caso, por exemplo, de concessão de injunção para o exercício do direito constitucional de greve a um servidor público estatutário, o qual, por razões óbvias, não pode ser exercitado por um único servidor público, devendo, portanto, ser estendido a todos que ostentem igual *status* jurídico.

Por fim, o artigo 9º, § 2º, da Lei 13.300/2016, prevê a possibilidade de a decisão que conceder a injunção individual ter seus efeitos estendidos aos casos análogos, por decisão monocrática do relator, após o trânsito em julgado da ação constitucional. Aqui, é importante esclarecer, não se trata de concessão de eficácia *erga omnes* ou *ultra partes* quando isso for inerente ou indispensável ao exercício do direito, garantia ou prerrogativa constitucional tutelável por meio da impetração de mandado de injunção. Esta, como vimos, é a hipótese do § 1º daquele artigo.

Trata-se, isso sim, de decisão a que inicialmente se concedeu eficácia *inter partes* – o que, como vimos, é a regra em se tratando de impetração de mandado de injunção individual – mas que, após o trânsito em julgado da ação constitucional, o relator decidiu estender seus efeitos a casos semelhantes, conferindo, portanto, eficácia *erga omnes* ou *ultra partes* àquela decisão, a depender da natureza do direito ou da garantia constitucional amparada pelo mandado de injunção individual, de modo a amparar a todos os seus titulares, até que sobrevenha a norma regulamentadora.

NATUREZA E EFICÁCIA DA DECISÃO QUE CONCEDE A INJUNÇÃO INDIVIDUAL

– O artigo 8º, da Lei 13.300/2016, diversamente do que vinha decidindo a jurisprudência mais recente sobre o tema, afasta a possibilidade de a decisão judicial ter natureza constitutiva imediata.

– Com efeito, a norma diz que, após reconhecida a mora legislativa, será fixado um prazo "razoável" para que a autoridade promova a edição da norma regulamentadora, o que será dispensado somente se houver comprovação de que o impetrado já deixou de atender, em mandado de injunção anterior, o prazo estabelecido para a edição da norma infraconstitucional.

– Além de fixar aquele prazo, a decisão concessiva da injunção deverá também estabelecer as condições em que se dará o exercício dos direitos, liberdades ou das prerrogativas pleiteadas pelo impetrante, caso a autoridade ou órgão responsável pela norma não a edite (caso a mora legislativa persista).

– Segundo o artigo 9º, *caput*, da lei de regência, a decisão proferida em sede de mandado de injunção individual terá eficácia subjetiva limitada apenas às partes litigantes, produzindo efeitos até o advento da norma regulamentadora. Portanto, como regra geral, a decisão que concede a injunção individual terá apenas eficácia *inter partes*, ou seja, limitada ao impetrante e ao impetrado.

– Contudo, por exceção, aquele mesmo artigo 9º da Lei 13.300/2016, em seu § 1º, prevê a possibilidade de ser conferida eficácia *ultra partes* ou *erga omnes* à decisão proferida em sede de mandado de injunção individual, quando isso for inerente ou indispensável ao exercício do direito, da liberdade ou da prerrogativa objeto da impetração.

7.27 RENOVAÇÃO DE PEDIDO NÃO CONCEDIDO E REVISÃO DE INJUNÇÃO JÁ CONCEDIDA

Como regra geral, se uma decisão judicial julgar o mérito da ação (acolhendo ou rejeitando o pedido), e se referida decisão transitar em julgado desta forma, não será mais possível às partes voltar a discuti-la, seja naquele mesmo processo, através da interposição de recurso, seja com a propositura de nova ação, com idêntico pedido, tudo por força da chamada coisa julgada material[66]. Somente será possível a renovação do pedido caso a sentença ou acórdão tenha deixado de julgar o mérito (o pedido), transitando em julgado desta forma, hipótese em que estará caracterizada apenas a denominada coisa julgada formal.

Contudo, a lei que regulamenta o mandado de injunção (de maneira semelhante, aliás, à prevista nas leis de regência da ação popular e da ação civil pública), traz uma exceção àquela regra geral, mencionada no parágrafo anterior, de que a coisa julgada material torna imutável e indiscutível a decisão de mérito prolatada no processo. Com efeito, conforme dispõe expressamente o artigo 9º, § 3º, da Lei 13.300/2016, "o indeferimento do pedido por insuficiência de prova não impede a renovação da impetração fundada em outros elementos probatórios".

Portanto, além da costumeira possibilidade de *renovação do pedido* em razão da ocorrência de simples coisa julgada formal (ou seja, quando a ação for julgada extinta, sem resolução de mérito), também será possível renovar-se o pedido quando a injunção (tanto individual como coletiva, já que se trata de norma geral aplicável aos dois remédios constitucionais) *tiver sido julgada improcedente especificamente por ausência de provas*, hipótese em que o legislador considerou desejável franquear-se ao autor nova chance para eventual acolhimento do mesmo pedido, em razão da relevância dos direitos constitucionais tutelados pelo mandado de injunção.

Se o pedido formulado no mandado de injunção, todavia, for rejeitado por qualquer outro fundamento (caso, por exemplo, de o autor não ser titular do direito ou garantia constitucional pleiteada na injunção), evidentemente não poderá ser renovado. Neste caso, portanto, valerá plenamente a regra da imutabilidade da coisa julgada material. Da mesma forma, não será possível falar-se em renovação da discussão da decisão proferida em sede de mandado de injunção, caso a ação constitucional tenha sido julgada procedente, e tenha transitado em julgado desta forma.

Por outro lado, a lei que regulamentou o mandado de injunção traz uma regra que prevê a possibilidade de *revisão da injunção* concedida anteriormente. Com efeito, o artigo 10, da Lei 13.300/2016, dispõe expressamente que a decisão que concedeu a injunção, sem prejuízo dos efeitos já produzidos, poderá ser revista, a pedido de qualquer interessado, quando sobrevierem relevantes modificações das circunstâncias de fato ou de direito". Temos nesta norma, portanto, a previsão legal de uma *ação revisional de injunção*.

O primeiro esclarecimento que precisamos fazer é que revisão da injunção não é a mesma coisa que renovação da injunção. Esta, como vimos na parte inicial desta seção, é

---

66. Código de Processo Civil, artigo 502: "Denomina-se coisa julgada material a autoridade que torna imutável e indiscutível a decisão de mérito não mais sujeita a recurso".

a nova propositura de um mesmo pedido, já formulado em ação anterior, julgada extinta, sem resolução de mérito (sem julgamento do pedido, portanto), ou julgado improcedente exclusivamente por ausência de provas. Aquela, por sua vez, é a modificação de pedido anteriormente formulado, e efetivamente concedido, por meio de decisão já transitada em julgado, em razão de relevantes modificações das circunstâncias de fato ou de direito, que permitam sua revisão.

Como pressuposto para o cabimento da revisão da injunção, portanto, é preciso que haja uma anterior decisão judicial, que tenha efetivamente concedido a injunção pleiteada. É preciso, ademais, que a decisão judicial concessiva da injunção tenha transitado em julgado, já que a revisional é uma verdadeira ação autônoma, como aliás nos esclarece o parágrafo único do supramencionado artigo 10, da Lei 13.300/2016, o qual dispõe expressamente que "ação de revisão observará, no que couber, o procedimento estabelecido nesta Lei".

É preciso, por fim, conforme explicitamente determinado na norma de regência (artigo 10, da Lei 13.300/2016), que tenha havido, posteriormente à concessão da injunção, "relevantes modificações das circunstâncias de fato ou de direito" que autorizem a sua revisão. Logo, não será possível falar-se em ação de revisão da injunção caso não tenha havido, posteriormente ao trânsito em julgado da ação constitucional, alguma importante alteração fática ou jurídica (como, por exemplo, ampliação ou redução do direito previsto na norma constitucional), que autorize a revisão da injunção anteriormente concedida.

Nos expressos termos do dispositivo legal que trata do assunto, a revisão da injunção poderá ser pleiteada *por qualquer interessado*, o que significa dizer que a ação revisional poderá ser proposta não só pelas partes que figuraram como autor e réu no mandado de injunção original (impetrante e impetrado), como também por qualquer terceiro que demonstre ter efetivo interesse jurídico em sua revisão, por estar sujeito aos efeitos da decisão concessiva da injunção. A primeira ação, portanto, deverá ter eficácia *ultra partes* ou *erga omnes*.

Devemos mencionar, para encerrar a análise sobre o tema, que a ação de revisão não tem o condão de alterar os efeitos até então produzidos pela decisão concessiva da injunção, transitada em julgado. De fato, nos expressos termos do já citado artigo 10, da Lei 13.300/2016, a revisão da injunção pode ser revista, contudo sem prejuízo dos efeitos já produzidos. Quer isso dizer, em outras palavras, que *a decisão proferida em sede de ação de revisão da injunção tem eficácia ex nunc, ou seja, a partir da decisão, não podendo produzir eficácia retroativa (ex tunc)*.

RENOVAÇÃO E REVISÃO DA INJUNÇÃO

> **– Renovação da injunção:** além da costumeira possibilidade de *renovação do pedido* em razão da ocorrência de simples coisa julgada formal (ou seja, quando a ação for julgada extinta, sem resolução de mérito), também será possível renovar-se o *mesmo pedido* quando a injunção *tiver sido julgada improcedente especificamente por ausência de provas*.
>
> **– Revisão da injunção:** é a *modificação de pedido* anteriormente formulado, e efetivamente concedido, por decisão já transitada em julgado, em razão de relevantes modificações das circunstâncias de fato ou de direito, que permitam sua revisão, através da propositura da chamada *ação revisional de injunção*"

7.28 A EDIÇÃO SUPERVENIENTE DE NORMA REGULAMENTADORA E OS EFEITOS EM RELAÇÃO À INJUNÇÃO INDIVIDUAL ANTERIORMENTE CONCEDIDA

Como vimos anteriormente, a decisão proferida em sede de mandado de injunção individual somente produzirá efeitos até o advento da norma regulamentadora. Naturalmente, quando a autoridade competente editar a norma infraconstitucional necessária para conceder efetividade à norma constitucional de eficácia limitada, cessa a chamada mora legislativa, e, a partir de então, torna-se impossível a impetração deste remédio constitucional.

Não apenas torna-se descabida a propositura de novos mandados de injunção individual, para o exercício de direitos e garantias constitucionais, como também devem ser julgados extintos, sem resolução do mérito, os mandados de injunção que ainda estiverem em trâmite, antes da decisão definitiva de mérito. Neste caso, faltar-lhes-á falta de interesse de agir. É exatamente isso o que determina, em caráter expresso e inequívoco, o artigo 11, parágrafo único, da Lei do Mandado de Injunção[67].

Aliás, como vimos em seção precedente deste mesmo Capítulo, a jurisprudência pátria, inclusive do Supremo Tribunal Federal, já consolidou entendimento no sentido de que não será cabível a impetração do mandado de injunção individual até mesmo quando houver o simples envio, pelo chefe do Poder Executivo, ao Parlamento correspondente, do projeto de lei objeto do mandado de injunção, uma vez que, nesta hipótese, não poderá mais ser imputada omissão ao poder público, restando incabível, portanto, o manejo deste remédio constitucional.

E em relação a eventuais decisões definitivas que tenham concedido a injunção individual, antes da edição da norma regulamentadora: elas permanecem vigentes para os seus beneficiários, ou perdem seus efeitos? *Não há dúvidas de que perdem seus efeitos*. É o que nos esclarece, aliás, o artigo 11, *caput*, da Lei 13.300/2016, o qual dispõe expressamente que "a norma regulamentadora superveniente produzirá efeitos *ex nunc* em relação aos beneficiados por decisão transitada em julgado, salvo se a aplicação da norma editada lhes for mais favorável.

Quer isso dizer, em outras palavras, que, a partir da edição da norma regulamentadora, é esta quem passa a regulamentar, desde sua edição (com efeitos *ex nunc*, portanto), o exercício do direito, da liberdade ou da prerrogativa constitucional para todos os que forem seus titulares. Por outro lado, caso a norma regulamentadora seja mais favorável aos beneficiários de injunções individuais transitadas em julgado, aquela norma deverá produzir efeitos *ex tunc*, ou seja, *retroativos*.

E qual o momento inicial da retroação daquela norma mais benéfica? Seria desde o momento em que o impetrante passou a se enquadrar na norma constitucional que prevê seu direito? Ou seria desde a data da impetração de seu mandado de injunção? Ou, quem sabe, da data da notificação da autoridade ou órgão omisso? Ou, por fim, seria a partir da decisão final, transitada em julgado, que concedeu a injunção? Como a decisão definitiva que concede a injunção terá natureza constitutiva (já que estabelece as condi-

---

67. Lei 13.300/2016, artigo 11, parágrafo único: "Estará prejudicada a impetração se a norma regulamentadora for editada antes da decisão, caso em que o processo será extinto sem resolução de mérito".

7 • REMÉDIOS CONSTITUCIONAIS PARA A TUTELA DE DIREITOS INDIVIDUAIS   255

ções em que se dará o exercício das liberdades públicas, caso persista a mora legislativa), entendemos que *a retroação deverá se dar até a data da decisão concessiva da injunção, transitada em julgado.*

EDIÇÃO SUPERVENIENTE DE NORMA REGULAMENTADORA E OS EFEITOS EM RELAÇÃO À INJUNÇÃO INDIVIDUAL ANTERIORMENTE CONCEDIDA

– Quando a autoridade competente editar a norma infraconstitucional necessária para conceder efetividade à norma constitucional de eficácia limitada, cessa a chamada mora legislativa, e, a partir de então, não só se torna impossível a impetração deste remédio constitucional, como também devem ser julgados extintos, sem resolução do mérito, os mandados de injunção que ainda estiverem em trâmite, antes da decisão definitiva de mérito.

– A partir da edição da norma regulamentadora, é esta quem passa a regulamentar, desde sua edição (com efeitos *ex nunc*, portanto), o exercício do direito, da liberdade ou da prerrogativa constitucional para todos os que forem seus titulares. Por outro lado, caso a norma regulamentadora seja mais favorável aos beneficiários de injunções individuais transitadas em julgado, aquela norma deverá produzir efeitos *ex tunc*, ou seja, **retroativos**.

7.29 A IMPOSSIBILIDADE DE CONCESSÃO DE LIMINAR EM SEDE DE MANDADO DE INJUNÇÃO INDIVIDUAL

A lei que regulamentou o mandado de injunção não contém nenhuma regra que preveja a possibilidade de concessão de liminar em sede deste remédio constitucional. Por outro lado, seu artigo 14 dispõe expressamente que devem ser aplicadas subsidiariamente, a esta ação constitucional, as normas do mandado de segurança e do Código de Processo Civil. Cabe então uma indagação: é possível falar-se em concessão de liminar, em sede de mandado de injunção, com aplicação subsidiária do artigo 7°, inciso III, da Lei do Mandado de Segurança?

O Pretório Excelso, antes mesmo da edição da Lei 13.300/2016 (diploma legal que regulamenta o mandado de injunção, e que não contém, como vimos, nenhuma regra tratando do caso), já havia se manifestado sobre a questão, decidindo-se expressamente pela impossibilidade de tal concessão, seja de natureza cautelar, seja de natureza antecipatória. Sobre o tema, sugerimos a leitura do seguinte acórdão: AC 124 AgR, relator ministro Marco Aurélio, Pleno, julgado em 23.9.2004, *DJ* 12.11.2004, p. 6.

E se não é possível concessão de liminar em sede de mandado de injunção, também não há que se falar na aplicação, nesta modalidade de processo, de todas as regras constantes dos parágrafos daquele artigo 7°, da Lei do Mandado de Segurança, já que concernentes ao mesmo tema (à concessão de liminar). Não há que se falar, igualmente, da aplicação do artigo 8°, do mesmo diploma legal[68], uma vez que referido dispositivo legal trata da perempção ou decadência da liminar, por inércia do impetrante.

---

68. Lei 12.016/2009, artigo 8°: "Será decretada a perempção ou caducidade da medida liminar *ex officio* ou a requerimento do Ministério Público quando, concedida a medida, o impetrante criar obstáculo ao normal andamento do processo ou deixar de promover, por mais de 3 (três) dias úteis, os atos e as diligências que lhe cumprirem".

7.30 DISTINÇÃO ENTRE MANDADO DE INJUNÇÃO INDIVIDUAL E AÇÃO DIRETA DE INCONSTITUCIONALIDADE POR OMISSÃO

Já tendo estudado anteriormente as principais informações sobre a ação direta de inconstitucionalidade por omissão, e, neste, as normas constitucionais e infraconstitucionais que definem e limitam o mandado de injunção individual, já podemos traçar, nesta seção, as principais diferenças entre essas duas ações constitucionais, as quais, muito embora com notórias semelhanças, notadamente no tocante à busca de *colocar fim à chamada mora legislativa*, possuem também inequívocas diferenças, que merecem ser analisadas, mesmo que de forma breve.

O mandado de injunção, como vimos aqui, tem previsão constitucional no artigo 5º, inciso LXXI, inserido no Título II da Constituição Federal, que trata dos Direitos e Garantias Fundamentais. Já a ação direta de inconstitucionalidade por omissão, ao seu turno, encontra-se no Título IV, de nossa Lei Maior, que tem por objeto a chamada Organização dos Poderes, mais especificamente no Capítulo concernente ao Poder Judiciário (Capítulo III), no artigo 103, § 2º.

Muito embora ambas as ações constitucionais tenham por objeto, nunca é demais insistir, a supressão da chamada mora legislativa, ou seja, de omissões quanto à edição de normas infraconstitucionais que promovam a efetividade das normas constitucionais não autoexecutáveis (normas constitucionais de eficácia limitada), a verdade é que o objeto do mandado de injunção é inequivocamente mais restrito que o da ação direta de inconstitucionalidade por omissão.

Com efeito, nos termos do supramencionado artigo 5º, inciso LXXI, da Constituição Federal, o mandado de injunção individual somente será cabível nas hipóteses ali previstas, ou seja, quando houver falta de norma regulamentadora que torne inviável o exercício dos direitos e liberdades constitucionais e das prerrogativas inerentes à nacionalidade, à soberania e à cidadania.

Já no tocante à ação direta de inconstitucionalidade por omissão, esta ação constitucional pertencente ao chamado controle concentrado de constitucionalidade (ou controle abstrato) será cabível para a supressão de *qualquer tipo de omissão*, desde que, naturalmente, relativa à atuação do Estado ou à edição de leis infraconstitucionais (normas regulamentadoras) que tragam aplicabilidade a normas constitucionais de eficácia limitada (ou seja, normas constitucionais não autoaplicáveis).

Conforme demonstrado supra, o mandado de injunção individual poderá ser impetrado por qualquer pessoa, natural ou jurídica, que se veja impedida de exercer direitos e garantias constitucionais, bem como as prerrogativas inerentes à nacionalidade, soberania e cidadania. A ação direta de inconstitucionalidade, por sua vez, só poderá ser proposta exclusivamente pelas pessoas indicadas no artigo 12-A, da Lei 9.868/1999, o qual dispõe que "podem propor a ação direta de inconstitucionalidade por omissão os legitimados à propositura da ação direta de inconstitucionalidade e da ação declaratória de constitucionalidade"[69].

---

69. Constituição Federal, artigo 103: "Podem propor a ação direta de inconstitucionalidade e a ação declaratória de constitucionalidade: I – o presidente da República; II – a Mesa do Senado Federal; III – a Mesa da Câmara dos Deputados;

7 • REMÉDIOS CONSTITUCIONAIS PARA A TUTELA DE DIREITOS INDIVIDUAIS

A competência para o julgamento do mandado de injunção, como vimos em seção específica deste Capítulo, é conferida a diversos órgãos do Poder Judiciário, dependendo da autoridade ou do órgão a quem for imputada a omissão normativa. Poderão ser competentes, por exemplo, o Supremo Tribunal Federal (artigo 102, inciso I, alínea *q*), o Superior Tribunal de Justiça (artigo 105, I, *h*) e até mesmo juízes de primeiro grau. Já a ação direta de inconstitucionalidade por omissão, somente poderá ser julgada pelo Supremo Tribunal Federal (artigo 102, I, *a*), já que se trata de uma das ações constitucionais do controle concentrado de constitucionalidade.

Por fim, no que respeita à natureza e eficácia da decisão proferida em sede de mandado de injunção individual e de ação direta de inconstitucionalidade por omissão, esta última sempre terá natureza declaratória, tendo por único objetivo dar ciência ao Poder competente sobre a existência daquela omissão, exortando-o a supri-la, salvo se se tratar de autoridade administrativa, hipótese em que esta deverá suprir a omissão no prazo de 30 (trinta) dias[70].

Já no tocante ao mandado de injunção individual, além da natureza declaratória (da mora legislativa), a decisão judicial também poderá ter natureza constitutiva, viabilizando o exercício do direito constitucional, caso o poder competente não edite a norma regulamentadora no prazo "razoável" fixado pelo órgão jurisdicional, ou caso haja comprovação de que o impetrado já deixou de atender, em mandado de injunção anterior, o prazo estabelecido para a edição da norma infraconstitucional.

Quanto à eficácia da decisão judicial proferida em sede de mandado de injunção individual, esta será limitada às partes litigantes (eficácia *inter partes*), produzindo efeitos até o advento da norma regulamentadora, podendo, contudo, ser-lhe conferida eficácia *ultra partes* ou *erga omnes*, quando isso for inerente ou indispensável ao exercício do direito, da liberdade ou da prerrogativa objeto da impetração.

7.31 PRINCIPAIS REGRAS PROCEDIMENTAIS SOBRE O MANDADO DE INJUNÇÃO INDIVIDUAL

A petição inicial deverá preencher os requisitos estabelecidos pela lei processual (por exemplo, os fixados pelos artigos 319 e 320, do Código de Processo Civil). A despeito de o mandado de injunção dever ser impetrado, como vimos, contra a autoridade ou o órgão omisso, e não contra a pessoa jurídica a que pertence ou estiver vinculado, a petição inicial também deverá indicar esta última. Quando não for transmitida por meio eletrônico, a petição inicial e os documentos que a instruem serão acompanhados de tantas vias quantos forem os impetrados.

Quando o documento necessário à prova do alegado encontrar-se em repartição ou estabelecimento público, em poder de autoridade ou de terceiros, havendo recusa em

---

IV – a Mesa de Assembleia Legislativa ou da Câmara Legislativa do Distrito Federal; V – o governador de Estado ou do Distrito Federal; VI – o procurador-geral da República; VII – o Conselho Federal da Ordem dos Advogados do Brasil; VIII – partido político com representação no Congresso Nacional; IX – confederação sindical ou entidade de classe de âmbito nacional".

70. Quer isso dizer, em outras palavras, que tanto o Poder Legislativo quanto o Poder Executivo não são obrigados a suprir referida omissão, através da imediata edição da norma regulamentadora ou de atuação estatal.

fornecê-lo por certidão, no original, ou em cópia autêntica, será ordenada, a pedido do impetrante, a exibição do documento no prazo de 10 (dez) dias, devendo, nesse caso, ser juntada cópia à segunda via da petição. Se a recusa em fornecer o documento, contudo, for do próprio impetrado, a ordem será feita no próprio instrumento da notificação.

Recebida a petição inicial, será ordenada: (a) a notificação do impetrado sobre o conteúdo da petição inicial, devendo-lhe ser enviada a segunda via apresentada com as cópias dos documentos, a fim de que, no prazo de 10 (dez) dias, preste informações; e (b) a ciência do ajuizamento da ação ao órgão de representação judicial da pessoa jurídica interessada, devendo ser-lhe enviada cópia da petição inicial, para que, querendo, ingresse no feito.

De maneira semelhante ao que se dá com o mandado de segurança, caso haja apresentação intempestiva das informações, ou mesmo ausência de sua apresentação, pela autoridade ou órgão impetrado, tal circunstância não importa na produção dos normais efeitos da revelia (presunção de verossimilhança dos fatos alegados pelo impetrante), já que a omissão do poder público em regulamentar o direito ou garantia constitucional deve restar inequivocamente demonstrada.

A petição inicial do mandado de injunção individual será desde logo indeferida quando a impetração for manifestamente incabível ou manifestamente improcedente. Seria caso de indeferimento da petição inicial, por exemplo, a utilização deste remédio constitucional para obtenção de certidões injustamente recusadas por órgãos públicos, o que ensejaria a impetração de mandado de segurança, e não de mandado de injunção. Outro exemplo seria a impetração desta ação constitucional após a edição da norma regulamentadora.

Do indeferimento da petição inicial, caso tenha sido decidido por um juiz de primeiro grau (caso, por exemplo, de omissão de uma autoridade administrativa em regulamentar uma norma infraconstitucional que conferiu aplicabilidade a uma norma constitucional de eficácia limitada), caberá apelação. Caso a competência para processo e julgamento do mandado de injunção caiba originariamente a um tribunal, caberá agravo (interno) da decisão do relator que o indeferir, dirigido ao órgão competente do tribunal a que ele pertença (artigo 6º, parágrafo único, da Lei 13.300/2016).

Nos expressos termos do artigo 14, da Lei 13.300/2016, aplicam-se subsidiariamente ao mandado de injunção (individual e coletivo) as normas do mandado de segurança (Lei 12.016/2009) e do Código de Processo Civil. Por esta razão, será denegada a injunção nos casos em que o juiz deva julgar extinto o processo, sem resolução de mérito, conforme previsto no artigo 485, do Código de Processo Civil[71].

Pela mesma razão, o impetrante poderá desistir do prosseguimento do mandado de injunção, mesmo após a notificação da autoridade impetrada, e independentemente de esta concordar com tal desistência (como exige o Código de Processo Civil, em seu artigo 485, § 4º, para a generalidade das ações), uma vez que, como veremos melhor logo em seguida, não há condenação em honorários advocatícios em sede de mandado de injunção, por força da aplicação do artigo 25, da Lei 12.016/2009.

---

71. É o caso, por exemplo, de ausência de pressupostos de constituição e desenvolvimento regular do processo, de legitimidade ou de interesse processual. Neste caso, por não ter havido o exame do mérito, naturalmente será possível a impetração de novo mandado de injunção, com o mesmo pedido.

7 • REMÉDIOS CONSTITUCIONAIS PARA A TUTELA DE DIREITOS INDIVIDUAIS   **259**

Também no que diz respeito ao mandado de injunção, o Ministério Público deverá opinar no feito, na condição de fiscal da ordem jurídica, no prazo improrrogável de 10 (dez) dias (artigo 7º, da Lei 13.300/2016). Com ou sem o parecer do *parquet*, os autos serão conclusos para decisão. Muito embora não explicitado na lei de regência, a decisão sobre o mérito da injunção deverá ser proferida em 30 (trinta) dias, conforme determina, em caráter expresso e inequívoco, o artigo 12, parágrafo único, da Lei do Mandado de Segurança (Lei 12.016/2009).

Da sentença do juiz de primeiro grau que denegar ou conceder a injunção, caberá apelação (artigo 14, Lei 12.016/2009 e artigo 1.009 do Código de Processo Civil). Procedente o mandado de injunção, a sentença estará obrigatoriamente sujeita ao duplo grau de jurisdição. Naturalmente, havendo obscuridade, contradição, omissão ou erro material no julgado, caberão embargos de declaração (artigo 1.022, do Código de Processo Civil).

Nos casos de competência originária dos tribunais, caberá ao relator a instrução do processo, sendo assegurada a defesa oral na sessão de julgamento (a chamada sustentação oral). Não se aplica plenamente ao procedimento do mandado de injunção, contudo, as normas do artigo 16 e parágrafo único, da Lei do Mandado de Segurança[72], uma vez que, conforme entendimento do Pretório Excelso, *não cabe concessão de liminar ou de antecipação de tutela em mandado de injunção*. Somente será cabível agravo, portanto, caso haja eventual concessão de liminar, pelo relator[73].

Da mesma forma que se dá com o mandado de segurança (artigo 25, da Lei 12.016/2009), não cabe a condenação do sucumbente em honorários advocatícios em sede de mandado de injunção individual. A lei ressalva, contudo, a possibilidade de aplicação de sanções no caso de litigância de má-fé, que podem ser dirigidas não só ao impetrante do mandado de injunção, como também a todos os que tenham atuado no feito.

7.32 *HABEAS DATA*

O instituto do *habeas data* foi criado pela Constituição Federal de 1988, e está previsto no artigo 5º, inciso LXXII, nos seguintes termos: "conceder-se-á *habeas data*: a) para assegurar o conhecimento de informações relativas à pessoa do impetrante, constantes de registros ou bancos de dados de entidades governamentais ou de caráter público; e b) para a retificação de dados, quando não se prefira fazê-lo por processo sigiloso, judicial ou administrativo".

Referido remédio constitucional, que consiste em uma das garantias instrumentais estabelecidas pela Constituição de 1988, tem por finalidade precípua a proteção da dignidade

---

72. Lei 12.016/2009, artigo 16: "Nos casos de competência originária dos tribunais, caberá ao relator a instrução do processo, sendo assegurada a defesa oral na sessão do julgamento. Parágrafo único. Da decisão do relator que conceder ou denegar a medida liminar caberá agravo ao órgão competente do tribunal que integre".

73. Nesses termos, por exemplo, é o entendimento de Elpídio Donizetti: "Não obstante a lei do mandado de segurança (Lei 12.016/09) prever a possibilidade, no art. 7º, § 1º, de interposição de agravo de instrumento contra decisão que conceder ou denegar o pedido liminar, esse recurso somente será viável quando a liminar for concedida. É que o STF considera incabível o deferimento de liminar ou antecipação de tutela em sede de mandado de injunção". *Op. cit.*, p. 126.

da pessoa humana, prevista no artigo 1º, inciso III, da Constituição Federal, bem como da intimidade, da vida privada, da honra e da imagem da pessoa, conforme artigo 5º, inciso X, da Carta Magna[74], contra eventual abuso existente em informações constantes de bancos de dados governamentais ou de caráter público.

A inviolabilidade da intimidade, da vida privada, da honra e da imagem, consagrada pela Lei Maior, tem por titulares não só as pessoas naturais, como também as pessoas jurídicas, as quais, por terem personalidade jurídica reconhecida pelo ordenamento jurídico vigente (artigo 45, do Código Civil)[75], são dotadas de honra objetiva, como reconhecem nossos tribunais.

Os conceitos de intimidade e vida privada, embora muito próximos, não são coincidentes. Conforme lição de Rodrigo César Rebello Pinho[76], intimidade "é o direito de estar só, de não ser perturbado em sua vida particular"; vida privada, por sua vez, "é o relacionamento de uma pessoa com seus familiares e amigos, o oposto da vida pública, isto é, a que se vive no recesso do lar e em locais fechados".

Dos conceitos acima formulados, podemos perceber facilmente que a intimidade é mais restrita que a vida privada, uma vez que a primeira diz respeito àquilo que é íntimo à própria pessoa (como seus desejos, seus pensamentos, suas convicções, seus segredos e até mesmo seus relacionamentos afetivo-sexuais), ao passo que a segunda também inclui os relacionamentos daquela pessoa com os demais, que lhe são próximos.

Honra, por sua vez, é um atributo da personalidade, que pode significar a própria autoestima, o julgamento que a pessoa tem de si própria, hipótese em que é denominada *honra subjetiva*, como também a reputação que referida pessoa goza diante da sociedade, modalidade denominada *honra objetiva*. Imagem, por fim, também pode comportar 2 (dois) sentidos: num primeiro, refere-se à *imagem física* da pessoa, que pode ser fotografada e filmada; num segundo sentido, diz respeito aos atributos daquela mesma pessoa, ao conjunto de *atributos morais* que o meio social lhe confere.

Dessa forma, em síntese conclusiva, podemos afirmar que o *habeas data* tem por objetivo precípuo não apenas o simples acesso a informações pessoais do impetrante, constantes de bancos de dados governamentais ou de caráter público, para conhecimento e eventual retificação ou justificação. Mais que isso, *destina-se à proteção da própria dignidade humana, ao garantir salvaguarda ao indivíduo contra eventual abuso existente naquelas informações, que violem o direito de proteção à sua intimidade, à sua vida privada, à sua honra e à sua imagem.*

O direito de acesso a informações e a disciplina do rito processual do *habeas data* já se encontram regulamentados pela Lei 9.507, de 12 de novembro de 1997, a qual adotou um procedimento semelhante ao do mandado de segurança, inclusive no que se refere à

---

74. Constituição Federal, artigo 5º, inciso X: "São invioláveis a intimidade, a vida privada, a honra e a imagem das pessoas, assegurado o direito à indenização pelo dano material ou moral decorrente de sua violação".

75. Código Civil, artigo 45: "Começa a existência legal das pessoas jurídicas de direito privado com a inscrição do ato constitutivo no respectivo registro, precedida, quando necessário, de autorização ou aprovação do Poder Executivo, averbando-se no registro todas as alterações por que passar o ato constitutivo".

76. *Teoria geral da constituição e direitos fundamentais.* 4. ed. rev. Saraiva, v. 17, p. 105. (Coleção Sinopses Jurídicas.)

7 • REMÉDIOS CONSTITUCIONAIS PARA A TUTELA DE DIREITOS INDIVIDUAIS — 261

necessidade da comprovação prévia da recusa do acesso às informações ou de sua retificação, da notificação do coator para apresentar informações em 10 (dez) dias e da necessidade de oitiva do Ministério Público, como fiscal da ordem jurídica.

7.33 HIPÓTESES DE CABIMENTO DO *HABEAS DATA*

Referido instituto, como vimos da transcrição do dispositivo constitucional que o prevê (artigo 5º, inciso LXXII), tem por objetivo dar conhecimento e/ou retificar informações *relativas à pessoa do próprio impetrante, constantes de registro ou de banco de dados*, tanto de entidades governamentais, como de entidades privadas, desde que tenham caráter público.

Vê-se, portanto, que a Constituição de 1988 conferiu ao *habeas data* 2 (duas) finalidades específicas: a primeira, conferir à pessoa do impetrante a possibilidade de se valer do Poder Judiciário para ter acesso a informações suas, constantes de registros ou banco de dados de entidades públicas ou de caráter público; a segunda, a correção de informações que não se mostrarem corretas, ou que sejam ilegais.

Contudo, além daquelas hipóteses previstas na Constituição Federal, a lei que regulamenta o direito de acesso a informações e que estabelece o rito do *habeas data* (Lei 9.507/1997), em seu artigo 7º, inciso III, instituiu mais uma hipótese de cabimento deste remédio constitucional: para anotação, nos assentos do interessado, de contestação ou explicação sobre dado verdadeiro, mas justificável, e que esteja sob pendência judicial ou amigável.

Luiz Alberto David Araujo e Vidal Serrano Nunes Júnior[77] lembram-nos de que o direito de retificação existe mesmo em face de eventual informação verdadeira, desde que esta implique violação à lei ou à Constituição. Os autores citam, como exemplo desse caso, a hipótese de informação que, muito embora verdadeira, viole a intimidade do respectivo titular, por explicitar aspectos relativos à orientação sexual deste último.

Da simples leitura da norma constitucional, pode-se perceber que os *registros ou bancos de dados* acessados pelo impetrante do *habeas data* não são apenas os de *entidades governamentais*, ou seja, de entidades com personalidade de direito público, como os constantes de registros policiais ou da Receita Federal, por exemplo.

Dizem respeito também aos registros ou bancos de dados de "caráter público", ou seja, de entidades privadas, desde que possuam caráter público, seja por não serem de uso privativo da entidade produtora ou depositária das informações, seja por poderem ser transmitidas a terceiros[78]. É o caso, por exemplo, das informações guardadas pelo Serviço de Proteção ao Crédito (SPC) e pelo Serasa.

É importante esclarecer, nesta oportunidade, que os direitos protegidos pelo *habeas data* não se confundem com a hipótese prevista no artigo 5º, inciso XXXIII, da Carta Magna, que confere às pessoas o direito de receber dos órgãos públicos informações de seu

---

77. *Op. cit.*, p. 231.
78. É que dispõe expressamente o artigo 1º, parágrafo único, da Lei do *Habeas Data*, que dispõe considerar-se de caráter público "todo registro ou banco de dados contendo informações que sejam ou que possam ser transmitidas a terceiros ou que não sejam de uso privativo do órgão ou entidade produtora ou depositária das informações".

interesse particular, ou de interesse coletivo ou geral, ressalvadas aquelas cujo sigilo seja imprescindível à segurança da sociedade e do Estado.

Com efeito, as informações relativas ao *habeas data*, obtidas sempre pela via judicial, *são sempre concernentes à própria pessoa do impetrante*, e estão em registros ou banco de dados públicos ou de caráter público, ao passo que as mencionadas no inciso supramencionado, *são solicitadas pela via administrativa e se referem a quaisquer informações de interesse particular (mesmo que não relativas ao próprio interessado) ou de interesse coletivo ou geral, possuindo, portanto, conteúdo mais amplo.*

No caso de negativa do Estado em fornecer as informações de interesse particular (mas não do próprio interessado), ou de interesse coletivo ou geral, o remédio constitucional adequado a corrigir tal ilegalidade é o mandado de segurança (e não o *habeas data*), que somente não será concedido no caso de informações "cujo sigilo seja imprescindível à segurança da sociedade e do Estado".

Aliás, *as informações obtidas por meio de* habeas data *não estão sujeitas a qualquer espécie de sigilo relativamente à própria pessoa do impetrante*, notadamente em razão de não haver qualquer restrição à obtenção de tais informações, no inciso que garante o direito ao *habeas data* (artigo 5º, inciso LXXII, da Constituição Federal). Nesse sentido, por exemplo, é a lição de Manoel Gonçalves Ferreira Filho[79]:

> *"As informações que se podem obter do Poder Público aqui tratadas são de caráter geral, concernentes às atividades múltiplas dos órgãos governamentais, e, portanto, justificam a ressalva imposta. Trata-se do direito à informação tão somente. Aquelas que se pretendem obter mediante impetração de habeas data dizem respeito a dados relativos à pessoa do requerente que, obviamente, não admitem segredo com relação a ele".*

É imperioso ressaltar, contudo, que esse entendimento, muito embora francamente majoritário, não é unânime na doutrina, havendo quem entenda que a restrição contida no supramencionado artigo 5º, inciso XXXIII, da Constituição de 1988, que limita o acesso a informações quando o sigilo seja imprescindível à segurança da sociedade e do Estado (em síntese, à segurança nacional), também se aplica para as informações do próprio interessado, pleiteadas por meio de *habeas data*.

O entendimento mencionado no parágrafo anterior, ao que tudo indica, foi o adotado pelo Poder Executivo, ao vetar o artigo 1º, *caput*, da Lei 9.507/1997[80]. Segundo a exposição de motivos, aquele dispositivo legal foi vetado justamente porque não estabelecia "qualquer sorte de ressalva às hipóteses em que o sigilo afigura-se imprescindível à segurança do Estado e da sociedade, conforme determina a própria Constituição (art. 5º, XXXIII)".

Contudo, o nosso entendimento pessoal é no sentido de que a restrição contida na parte final do artigo 5º, inciso XXXIII, da Carta Magna, que permite a não apresentação de informações relacionadas com a segurança da sociedade e do Estado, aplica-se apenas

---

79. *Op. cit.*, p. 331.
80. Lei 9.507/1997, artigo 1º: "Toda pessoa tem o direito de acesso a informações relativas à sua pessoa, constantes de registro ou banco de dados de entidades governamentais ou de caráter público".

7 • REMÉDIOS CONSTITUCIONAIS PARA A TUTELA DE DIREITOS INDIVIDUAIS   263

a terceiros interessados em obter aquele tipo de informação, não se aplicando, portanto, à pessoa do próprio impetrante do *habeas data*.

Muito embora igualmente respeitável, notadamente levando-se em conta que os direitos e garantias fundamentais não são absolutos, e, sobretudo, que tal restrição está prevista no próprio texto constitucional, na hipótese artigo 5°, inciso XXXIII, da Lei Maior, parece-me que o outro entendimento, com o devido respeito, é mais apropriado a regimes de exceção, e não em um regime democrático, de ampla proteção do indivíduo contra eventuais arbitrariedades praticadas pelo Estado, ou por quem lhe faça as vezes.

Por fim, vale mencionar que também não se deve confundir com o direito de obter informações por meio de *habeas data* com o direito à obtenção de certidões, em repartições públicas (obtidas pela via administrativa, portanto), para a defesa de direitos e esclarecimentos de situações de interesse geral. Também nessa hipótese, a recusa injustificada do poder público em fornecê-las soluciona-se com impetração de mandado de segurança, e não de *habeas data*.

HIPÓTESES DE CABIMENTO DO *HABEAS DATA*

– Para conferir à pessoa do impetrante a possibilidade de se valer do Poder Judiciário para ter acesso a informações suas, constantes de registros ou banco de dados governamentais ou de caráter público.

– Para a correção de informações do próprio impetrante, constantes de registros ou banco de dados governamentais ou de caráter público, que não sejam corretas, ou que sejam ilegais.

– Para anotação, nos assentos do interessado, de contestação ou explicação sobre dado verdadeiro, mas justificável, e que esteja sob pendência judicial ou amigável.

– Os registros ou bancos de dados não são apenas os públicos (caso de registros policiais); dizem respeito, igualmente, a cadastros privados, desde que possuam caráter público (caso do SPC e do Serasa).

7.34 LEGITIMAÇÃO ATIVA E PASSIVA DO *HABEAS DATA*

Esse remédio constitucional pode ser impetrado por qualquer pessoa, tanto natural quanto jurídica, seja nacional seja estrangeira, por alguns órgãos públicos com capacidade processual, além de outros entes despersonalizados com capacidade processual (caso do espólio e da massa falida), *desde que relativo a informações do próprio impetrante*.

Aliás, justamente por dever ser informações do próprio impetrante, e não de terceiros, o que confere caráter personalíssimo ao remédio constitucional ora em estudo, parte da doutrina afirma, de maneira expressa e categórica, que o *habeas data* não pode ser concedido sequer ao cônjuge ou familiares do interessado, sob pena de ofensa à intimidade, à vida privada, à honra ou à imagem do indivíduo, o que violaria o artigo 5°, inciso X, da Constituição Federal vigente.

Outros, contudo, a despeito de reconhecerem o caráter personalíssimo desta ação constitucional, não olvidam que os direitos e garantias constitucionais não são absolutos, razão pela qual, com fundamento nos já estudados princípios da razoabilidade/proporcionalidade, entendem que o cônjuge supérstite ou sucessores do interessado falecido, por exceção, podem sim valer-se do *habeas data*, nos termos previstos pela Carta Magna, desde que haja uma fundada razão para tanto.

Particularmente no que diz respeito aos órgãos governamentais (públicos), valem aqui as mesmas ponderações formuladas, quando estudamos o mandado de segurança. Eles não têm personalidade jurídica. Quem a possui é a pessoa jurídica de direito público a que estão vinculados. Contudo, parte da doutrina e da jurisprudência entende que referidos órgãos públicos, quando dotados de capacidade processual, *poderão impetrar o habeas data*. É o caso, por exemplo, das Mesas das Casas Legislativas.

A legitimidade das pessoas jurídicas, em nosso entender, é manifesta e inequívoca, tendo em vista que o ordenamento jurídico pátrio confere personalidade jurídica àquelas entidades, como, aliás, já demonstramos anteriormente, razão pela qual lhes é garantida a proteção a direitos personalíssimos seus, como, por exemplo, o direito à imagem e à honra (objetiva, no caso).

Tendo em vista que referido remédio tem por escopo dar conhecimento e/ou retificar informações constantes de registro ou de banco de dados, tanto de entidades governamentais, como de particulares que tenham caráter público (que podem ser transmitidas a terceiros), são justamente tais entidades que podem ser sujeitos passivos do *habeas data*, desde que, evidentemente, possuam informações relativas ao impetrante.

Assim, poderão ser *sujeitos passivos* do *habeas data* os diversos órgãos governamentais da chamada Administração Pública direta (caso, por exemplo, da Presidência da República e dos Ministérios), das pessoas jurídicas de direito público que compõem a denominada Administração Pública indireta (autarquias e fundações públicas), além de órgãos do Poder Legislativo (caso do Congresso Nacional e Assembleias Legislativas), do Poder Judiciário, dos Tribunais de Contas e dos diversos Ministérios Públicos, tanto da União como dos Estados e do Distrito Federal e Territórios.

Podem ser sujeitos passivos deste remédio constitucional, ademais, pessoas jurídicas de direito privado que prestem atividades de interesse público, como, por exemplo, o serviço de proteção ao crédito (SPC), o serviço de informações bancárias (Serasa), e até mesmo o denominado serviço de "Telecheque", desde que, naturalmente, possuam informações do impetrado, e que referidas informações tenham caráter público, que possam ser transmitidas a terceiros, ou que não sejam de uso exclusivo da própria entidade depositária das informações.

LEGITIMAÇÃO ATIVA E PASSIVA EM *HABEAS DATA*

– Pode ser sujeito ativo do *habeas data* qualquer pessoa, tanto natural quanto jurídica, seja nacional seja estrangeira, alguns órgãos públicos com capacidade processual, além de outros entes despersonalizados com capacidade processual (caso do espólio e da massa falida), desde que relativo a informações do próprio impetrante.

– Tendo em vista que referido remédio tem por escopo dar conhecimento e/ou retificar informações constantes de registro ou de banco de dados, tanto de entidades governamentais, como de particulares que tenham caráter público, são justamente tais entidades que podem ser sujeitos passivos do *habeas data*.

7.35 COMPETÊNCIA EM SEDE DE *HABEAS DATA*

Estudadas as hipóteses de cabimento e a legitimação ativa e passiva do *habeas data*, cabe-nos examinar, nesta seção, as diversas competências jurisdicionais, fixadas pelo ordenamento jurídico vigente, para o julgamento desse remédio constitucional. Referidas competências são fixadas, de maneira semelhante ao que se dá no caso do mandado de segurança, em conformidade com a autoridade apontada como coatora.

No caso de a autoridade coatora ser o presidente da República, as Mesas da Câmara dos Deputados e do Senado Federal, o Tribunal de Contas da União, o procurador-geral da República e o próprio Pretório Excelso, a competência originária para julgamento será do Supremo Tribunal Federal (artigo 102, inciso I, alínea *d*, da Constituição Federal). A competência será da Corte Suprema, ainda, para julgar, em recurso ordinário, o *habeas data* decidido em única instância pelos Tribunais Superiores, se denegatória a decisão (artigo 102, inciso II, alínea *a*, da Carta Magna).

Será caso de competência originária do Superior Tribunal de Justiça (STJ) no caso de ato de Ministro de Estado, dos Comandantes da Marinha, do Exército e da Aeronáutica, ou do próprio Tribunal (artigo 105, inciso I, alínea *b*, de nossa Lei Maior).

Aos Tribunais Regionais Federais cabe julgar, originariamente, os *habeas data* contra ato de juiz federal ou do próprio Tribunal (artigo 108, inciso I, alínea *c*, da Carta Magna). Aos juízes federais, por sua vez, cabe processar e julgar os *habeas data* contra ato de autoridade federal, excetuados os casos de competência dos Tribunais Regionais Federais (artigo 109, inciso VIII, da Constituição Federal).

A última competência explicitada pela Constituição Federal está prevista no artigo 114, inciso IV, este introduzido pela Emenda Constitucional 45/2004, que confere à Justiça do Trabalho a competência para o processo e o julgamento do *habeas data* quando o ato questionado envolver matéria sujeita à sua jurisdição.

A Lei 9.507/1997, por sua vez, dispõe que o julgamento do *habeas data* compete, originariamente, aos Tribunais Estaduais (e, naturalmente, ao Tribunal de Justiça do Distrito Federal e Territórios), segundo o disposto na Constituição do respectivo Estado ou na Lei Orgânica do Distrito Federal (artigo 20, inciso I, alínea *e*). Compete originariamente ao juiz estadual (de direito), nos demais casos (artigo 20, inciso I, alínea *f*).

O mesmo artigo 20 da lei de regência, só que em seu inciso II, estabelece a competência para julgamento do *habeas data*, em grau de recurso, aos Tribunais de Justiça dos Estados e ao Tribunal de Justiça do Distrito Federal e Territórios, conforme dispuserem as respectivas constituições e lei orgânica.

7.36 PRINCIPAIS REGRAS PROCEDIMENTAIS DO *HABEAS DATA*

Conforme já mencionamos, o *habeas data* foi regulamentado pela Lei 9.507, de 12 de novembro de 1997, a qual, nos expressos termos de seu preâmbulo, regula o direito de acesso a informações e disciplina o rito processual do remédio constitucional ora em estudo. Vê-se, portanto, que referida lei trata, dentre outros temas, do procedimento (do rito específico) do *habeas data*.

A título de informação, vale mencionar que, antes da edição da Lei 9.507/1997, a regulamentação do *habeas data*, no tocante às normas procedimentais, era feita por meio da aplicação da legislação do mandado de segurança individual, tudo como determinava o artigo 24, parágrafo único, da Lei 8.038, de 28 de maio de 1990[81].

A lei do *habeas data* estabeleceu que o interessado em obter e/ou retificar informações pessoais, constantes de registros ou banco de dados de entidades governamentais ou de caráter público, deve submeter-se, *em caráter prévio e obrigatório, a um procedimento administrativo*, fixado pela Lei 9.507/1997, em seus artigos iniciais.

Essa obrigatoriedade, estabelecida pela lei, de submissão a um procedimento administrativo prévio, é veementemente combatida pela doutrina, seja porque não prevista na norma constitucional que instituiu o *habeas corpus*, seja porque poderia resultar, em alguns casos, em ofensa ao princípio da inafastabilidade da tutela jurisdicional.

Contudo, a verdade é que o próprio Plenário do Supremo Tribunal Federal já se decidiu pela obrigatoriedade daquele procedimento administrativo prévio, ressaltando que a prova do anterior indeferimento do pedido de informação de dados pessoais, ou da omissão em atendê-lo, constitui requisito indispensável para que se concretize o interesse de agir no *habeas data*[82].

Nos termos do artigo 2º, da Lei 9.507/1997, o interessado deverá apresentar requerimento ao órgão ou entidade depositária do registro ou banco de dados, o qual será deferido ou indeferido no prazo de 48 (quarenta e oito) horas. A decisão será comunicada ao requerente em 24 (vinte e quatro) horas (artigo 2º, parágrafo único).

Tal requerimento, a toda evidência, poderá ser feito até mesmo por carta, não necessitando observar os requisitos estabelecidos para a elaboração de uma petição inicial, fixados pelos artigos 319 e 320, do Código de Processo Civil, uma vez que se trata de mero pedido administrativo, e não de uma ação judicial.

Ao deferir o pedido, o depositário do registro ou do banco de dados marcará dia e hora para que o requerente tome conhecimento das informações. É o que determina o artigo 3º, da Lei 9.507/1997. Já o artigo 4º da lei, por sua vez, dispõe que, constatada eventual inexatidão de qualquer dado a seu respeito, *o interessado poderá requerer sua retificação, em petição acompanhada de documentos comprobatórios*.

Feita a retificação em, no máximo, 10 (dez) dias após a entrada do requerimento, a entidade ou órgão depositário do registro ou da informação dará ciência ao interessado (artigo 4º, § 1º). Ainda que não se constate a inexatidão do dado, se o interessado apresentar explicação ou contestação sobre ele, justificando possível pendência sobre o fato objeto do dado, tal explicação será anotada no cadastro do interessado (artigo 4º, § 2º).

Conforme artigo 8º, *caput*, da Lei do *Habeas Data*, a petição inicial, que deverá preencher os requisitos dos artigos 282 a 285, do Código de Processo Civil de 1973 (artigos 319 a 321, do Código de Processo Civil de 2015), será apresentada em 2 (duas) vias, e os

---

81. Lei 8.038/1990, artigo 24, parágrafo único: "No mandado de injunção e no *habeas data*, serão observadas, no que couber, as normas do mandado de segurança, enquanto não editada legislação específica".
82. Vide: Supremo Tribunal Federal, Pleno, Recurso em *Habeas Data* 22-8/DF, Relator Ministro Celso de Mello, in *JSTF-Lex*, 204:57.

7 • REMÉDIOS CONSTITUCIONAIS PARA A TUTELA DE DIREITOS INDIVIDUAIS 267

documentos que instruírem a primeira serão reproduzidos por cópia na segunda. Referida regra, como se pode perceber facilmente, é de todo semelhante àquela fixada pelo artigo 6º, da Lei 12.016/2009, que regulamenta o mandado de segurança.

Nos termos do parágrafo único, do supramencionado artigo 8º, da Lei 9.507/1997, a impetração do remédio constitucional fica condicionada ao requerimento extrajudicial prévio das informações, retificações ou inserção de justificativas, uma vez que a petição inicial deverá vir instruída com a prova da recusa do acesso ou retificação das informações solicitadas.

Caso o impetrante não comprove, no momento da propositura da ação, a recusa do impetrado ao acesso, retificação ou inclusão de justificativa previamente solicitada pelo impetrante, estaremos, como já mencionamos anteriormente, diante de hipótese de falta de interesse de agir, que resultará, forçosamente, no indeferimento da inicial, pelo juiz do feito.

Segundo artigo 9º, da Lei 9.507/1997, "ao despachar a inicial, o juiz ordenará que se notifique o coator do conteúdo da petição, entregando-lhe a segunda via apresentada pelo impetrante, com as cópias dos documentos, a fim de que, no prazo de 10 (dez) dias, preste as informações que julgar necessárias". Regra semelhante, como vimos, está prevista na nova Lei do Mandado de Segurança (artigo 7º, inciso I, da Lei 12.016/2009).

Feita a notificação do impetrado, o serventuário, em cujo cartório ou secretaria corra o processo do *habeas data*, deverá juntar aos autos cópia autêntica do ofício endereçado ao suposto coator, bem como a prova da sua entrega a este último ou da recusa, seja de recebê-lo, seja de dar recibo. É o que determina o artigo 11, da Lei 9.507/1997.

O artigo 10, *caput*, da Lei 9.507/1997, dispõe que a petição inicial será desde logo indeferida, quando não for o caso de *habeas data*, ou se lhe faltar algum dos requisitos previstos naquela lei. Será caso de indeferimento liminar do *habeas data*, por exemplo, a utilização do remédio constitucional em estudo para obtenção de informações que não sejam do próprio impetrante, ou quando não acompanhado da prova da recusa do acesso, da retificação das informações solicitadas ou da inclusão da anotação da justificativa.

Muito embora não explicitado na lei, não há dúvidas de que a petição inicial do *habeas data* também deverá ser indeferida nos casos previstos no artigo 485, do Código de Processo Civil. Ali estão consignadas, como se sabe, as hipóteses em que o juiz não resolverá o mérito. É o caso, por exemplo, de ausência de algum dos pressupostos de constituição e desenvolvimento regular do processo, como, por exemplo, da falta de capacidade postulatória do impetrante, em razão da ausência de instrumento de mandato (procuração) a um advogado.

Nos termos do artigo 10, parágrafo único, da Lei 9.507/1997, *caberá recurso de apelação* da decisão que indeferir a petição inicial do *habeas data*. Por sua vez, o artigo 12, da mesma lei, determina que, após o prazo para prestação de informações por parte do impetrado, o Ministério Público deverá ser obrigatoriamente ouvido, no prazo de 5 (cinco) dias[83]. A jurisprudência entende que a oitiva ministerial, antes da prolação da sentença, é obrigatória, sob pena de nulidade do processo.

---

83. Esse prazo é singelo, não havendo que se falar em sua contagem em dobro, já que se trata de prazo próprio (Código de Processo Civil, artigo 180, § 2º).

Conforme preconiza o artigo 13, da lei de regência, se julgar procedente o pedido, o juiz marcará dia e horário para que, conforme o caso, o coator: apresente ao impetrante as informações a seu respeito, constantes de registros ou banco de dados; ou apresente em juízo a prova da retificação ou da anotação feita nos assentamentos do impetrante.

Referida decisão, nos termos do artigo 14, da Lei 9.507/1997, será comunicada ao coator, por correio, com aviso de recebimento, ou por telegrama, radiograma ou telefonema, conforme o requerer o impetrante. Os originais, no caso de transmissão telegráfica, radiofônica ou telefônica, deverão ser apresentados à agência expedidora, com a firma do juiz devidamente reconhecida (parágrafo único do mesmo artigo).

O artigo 5º, inciso LXXII, da Constituição de 1988, que institui o remédio constitucional em análise, não faz menção expressa à possibilidade de concessão de liminar em *habeas data*. Da mesma forma, a lei que o regulamentou não prevê tal possibilidade. Contudo, consideramos que, estando presentes os requisitos que autorizam a sua concessão (*fumus boni iuris* e *periculum in mora*), o juiz poderá se valer do poder geral de cautela, para conceder a liminar[84].

Nos termos do artigo 15, da Lei 9.507/1997, da sentença que conceder ou negar o *habeas data* caberá *apelação*. Havendo obscuridade, contradição, omissão ou erro material no julgado, naturalmente serão cabíveis embargos de declaração (artigo 1.022, do Código de Processo Civil). Quando a sentença conceder o *habeas data*, o recurso terá efeito meramente devolutivo (parágrafo único), o que quer dizer que já pode ser provisoriamente executada.

Quando o *habeas data* for concedido e o presidente do tribunal ao qual competir o conhecimento do recurso ordenar ao juiz a suspensão da execução da sentença, deste seu ato caberá agravo (interno) para o tribunal a que presida. É o que determina o artigo 16 da lei de regência do *habeas data*. Portanto, é cabível o recurso de agravo, em sede de *habeas data*, ao menos na hipótese ora mencionada.

De maneira semelhante ao que determina a nova lei do mandado de segurança, a Lei 9.507/1997 dispõe, em seu artigo 18, que *o pedido de habeas data poderá ser renovado se a decisão denegatória não lhe houver apreciado o mérito*. Assim, o *habeas data* poderá ser renovado, por exemplo, no caso de extinção do processo, em razão da ausência dos documentos indispensáveis à prova da recusa do acesso ou retificação das informações solicitadas. Por outro lado, se tiver sido julgado improcedente, deverá ser respeitada a coisa julgada material.

Conforme o artigo 19, os processos de *habeas data* terão prioridade sobre todos os atos judiciais, exceto *habeas corpus* e mandado de segurança. Na instância superior, deverão ser levados a julgamento na primeira sessão que se seguir à data em que, feita a distribuição, forem conclusos ao relator. O prazo para a conclusão não poderá exceder de 24 (vinte e quatro) horas, a contar da distribuição (parágrafo único).

---

84. Nesses termos, por exemplo, é a lição de Adolfo Mamoru Nishiyama: "Entendemos que é possível a concessão de liminar em *habeas data* para salvaguardar o direito do impetrante, desde que haja a demonstração da possibilidade de ocorrência de lesão grave e de difícil reparação (*periculum in mora*) e haja relevante fundamentação (*fumus boni iuris*), assim como ocorre no mandado de segurança". *Op. cit.*, p. 331.

Por fim, o artigo 21, da Lei 9.507/1997, determina a gratuidade tanto do procedimento administrativo para acesso a informações, retificação de dados e para anotação de justificação, como também da própria ação de *habeas data*. Tal regra está em consonância com o que determina a própria Carta Magna, em seu artigo 5º, inciso LXXVII, nos seguintes termos: "são gratuitas as ações de *habeas corpus* e *habeas data*, e, na forma da lei, os atos necessários ao exercício da cidadania".

8
REMÉDIOS CONSTITUCIONAIS PARA TUTELA DE DIREITOS COLETIVOS

8.1 ESCLARECIMENTOS INICIAIS

No Capítulo 7, estudamos os remédios constitucionais destinados à tutela de indivíduos – *habeas corpus*, mandado de segurança individual, mandado de injunção e *habeas data* – trazendo, naquela oportunidade, alguns esclarecimentos sobre a origem, o fundamento constitucional e legal, hipóteses de cabimento, legitimação ativa e passiva e as principais regras processuais que os disciplinam, além de outras informações que reputamos importantes.

Neste Capítulo, para encerrarmos os estudos a que nos propusemos neste livro, analisaremos os remédios constitucionais restantes, destinados à tutela de coletividades de pessoas (de direitos coletivos em sentido amplo). Estudaremos, portanto, de forma mais detalhada, as principais informações sobre o mandado de segurança coletivo, o mandado de injunção coletivo, a ação popular e a ação civil pública. Vamos lá.

8.2 MANDADO DE SEGURANÇA COLETIVO

O artigo 5º, inciso LXX, da Carta Magna, prevê o cabimento de mandado de segurança coletivo, o qual poderá ser impetrado por: (a) partido político com representação no Congresso Nacional; e (b) organização sindical, entidade de classe ou associação legalmente constituída e em funcionamento há pelo menos 1 (um) ano, em defesa dos interesses de seus membros ou associados.

Da simples leitura do dispositivo constitucional acima transcrito, podemos perceber facilmente que o legislador constituinte não especificou, como o fez em relação ao mandado de segurança individual, os pressupostos de aplicação (hipótese de cabimento) do mandado de segurança coletivo, limitando-se a explicitar os legitimados para impetrar referida ação constitucional.

Como consequência disso, é lógico e intuitivo que os pressupostos do mandado de segurança coletivo são os mesmos fixados para o mandado de segurança individual. Com efeito, como nos lembra Maria Sylvia Zanella Di Pietro[1], não há outra conclusão possível, uma vez que, "se o constituinte não definiu a medida, é porque ela já estava delimitada, quanto aos seus

---

1. *Direito administrativo*. 23. ed. Atlas, 2010, p. 795.

pressupostos, no inciso anterior". Arremata a ilustre doutrinadora a sua lição, asseverando que o *mandado de segurança é gênero, do qual são espécies o individual e o coletivo*.

Até recentemente, não existia diploma normativo editado com o fim específico de regulamentar o mandado de segurança coletivo. Por essa razão, eram costumeiramente aplicadas ao mandado de segurança coletivo as mesmas leis que regiam o mandado de segurança individual, notadamente a Lei 1.533, de 31 de dezembro de 1951, e a Lei 4.348, de 26 de junho de 1964.

Agora, contudo, como vimos anteriormente, ao estudar o mandado de segurança individual, foi editada a Lei 12.016, de 7 de agosto de 2009, que tem por objeto disciplinar não só o mandado de segurança individual, como também o mandado de segurança coletivo, trazendo normas gerais que servem a ambos os remédios constitucionais, além de algumas normas específicas da ação constitucional ora em estudo.

8.3 HIPÓTESES DE CABIMENTO DO MANDADO DE SEGURANÇA COLETIVO

O mandado de segurança coletivo poderá ser utilizado nas mesmas hipóteses em que houver o cabimento do mandado de segurança individual. Referido remédio constitucional terá por escopo, portanto, a proteção de direito líquido e certo, não amparado por *habeas corpus* ou *habeas data*, quando o paciente sofrer lesão ou *ameaça* a direito, por ação ou omissão de autoridade pública ou de agente de pessoa jurídica no exercício de atribuições do poder público.

Trata-se, portanto, de *um remédio jurídico residual*, uma vez que a parte somente poderá impetrá-lo quando não for cabível, no caso concreto, a utilização do *habeas corpus* ou do *habeas data*. Será cabível, portanto, para amparar qualquer direito líquido e certo que não trate do direito de locomoção (*habeas corpus*) e do direito ao acesso e/ou retificação de informações pessoais constantes de registros ou banco de dados governamentais ou de caráter público (*habeas data*).

O artigo 1º da Lei 12.016/2009, norma geral aplicável também ao mandado de segurança coletivo, prevê o cabimento deste remédio constitucional no caso de *violação de direito* ou de *justo receio de sofrê-la*. É permitida a utilização do mandado de segurança coletivo, portanto, não só para reparar ato lesivo, como também para *evitar ameaça de lesão* a direito.

Lesão ou ameaça de lesão a direito significa que o mandado de segurança coletivo só é admitido em situações em que existe *risco concreto de lesão a direito*. Esse é o motivo pelo qual *não se admite mandado de segurança contra lei em tese*, pela simples existência de norma que violaria direito. Será cabível o mandado de segurança, contudo, caso seja impetrado para combater *leis de efeitos concretos* (ou seja, *leis em sentido formal*, mas *verdadeiros atos administrativos em sentido material*), uma vez que, neste caso, destinam-se a reger relações de pessoas determinadas.

Direito líquido e certo, já vimos anteriormente, é uma expressão de direito processual, que diz respeito à prova, que deve ser apresentada já com a petição inicial. Não se refere à

8 • REMÉDIOS CONSTITUCIONAIS PARA TUTELA DE DIREITOS COLETIVOS — 273

necessidade de que o direito seja induvidoso, de que a questão de direito, invocada como fundamento para acolhimento da pretensão do impetrante, não possa ser controvertida. Isso é o que dispõe, aliás, a Súmula 625, do Supremo Tribunal Federal[2].

No caso de os documentos indispensáveis à comprovação dos fatos alegados na peça vestibular do mandado de segurança coletivo estarem em repartição ou estabelecimento público, ou em poder de autoridade que se recuse a fornecê-los por certidão, ou, ainda, de terceiro, o juiz determinará, preliminarmente, por ofício, a exibição do documento, em original ou por cópia, no prazo de 10 (dez) dias.

Se a autoridade que se recusar a fornecer os documentos necessários à prova do alegado no mandado de segurança coletivo for a própria autoridade apontada como coatora (impetrada), a ordem judicial para exibição dos documentos constará do próprio instrumento de notificação (artigo 6º, § 2º, da Lei 12.016/2009).

Da mesma forma que se dá com o mandado de segurança individual, o mandado de segurança coletivo será cabível para combater a *ilegalidade em sentido amplo*, que abrange tanto a *ilegalidade propriamente dita*, como também os atos praticados com *excesso de poder*, além dos praticados com *desvio de finalidade*.

Difere do mandado de segurança individual, contudo, em relação aos *legitimados* para a propositura da ação, que são somente aqueles consignados no artigo 5º, inciso LXX, da Constituição Federal, que atuam por legitimação extraordinária[3], e, sobretudo, em relação à *natureza dos direitos protegidos*, que não são individuais, mas sim coletivos em sentido estrito e individuais homogêneos, conforme explicitado pela nova lei (artigo 21, parágrafo único).

O mandado de segurança coletivo, portanto, não se destina à tutela de direitos de um indivíduo em particular, devendo ser utilizado apenas para a tutela de direitos coletivos em sentido amplo. Não é indispensável, contudo, que o *mandamus* coletivo busque tutelar direito coletivo da totalidade dos associados do impetrante, bastando que se destine à tutela de uma parcela deles. Nestes termos, aliás, é a Súmula 630, do Pretório Excelso[4].

---

2. Súmula 625, do Supremo Tribunal Federal: "Controvérsia sobre matéria de direito não impede concessão de mandado de segurança".
3. Em apertada síntese, legitimação extraordinária, também conhecida como substituição processual, é aquela em que alguém atua em nome próprio, mas na defesa de direito ou interesse de outrem. Referido instituto está previsto no artigo 18, do Código de Processo Civil, nos seguintes termos: "Ninguém poderá pleitear direito alheio em nome próprio, salvo quando autorizado pelo ordenamento jurídico".
4. Súmula 630, do Supremo Tribunal Federal: "A entidade de classe tem legitimação para o mandado de segurança ainda quando a pretensão veiculada interesse apenas a uma parte da respectiva categoria".

HIPÓTESES DE CABIMENTO DO MANDADO DE SEGURANÇA COLETIVO

– O **mandado de segurança coletivo** poderá ser utilizado nas mesmas hipóteses em que houver o cabimento do mandado de segurança individual. Terá por escopo, portanto, a proteção de direito líquido e certo, não amparado por *habeas corpus* ou *habeas data*, quando o paciente sofrer lesão ou *ameaça* a direito, por ação ou omissão de autoridade ou de agente de pessoa jurídica no exercício de atribuições do Estado.

– Difere do mandado de segurança individual, contudo, em relação aos **legitimados** para a propositura da ação, que são somente aqueles consignados no artigo 5º, inciso LXX, da Constituição Federal, que atuam por legitimação extraordinária, e, sobretudo, em relação à **natureza dos direitos protegidos**, que não são individuais, e sim coletivos em sentido amplo (metaindividuais).

– O mandado de segurança coletivo, portanto, não se destina à tutela de direitos de um indivíduo em particular, devendo ser utilizado apenas para a tutela de direitos coletivos em sentido amplo. Não é indispensável, contudo, que o *mandamus* coletivo busque tutelar direito coletivo da totalidade dos associados do impetrante, bastando que se destine à tutela de algum direito coletivo de uma parcela deles. Nestes termos, aliás, é a Súmula 630, do Pretório Excelso.

8.4 HIPÓTESES EM QUE NÃO CABE O MANDADO DE SEGURANÇA COLETIVO

Como vimos ao tratar do mandado de segurança individual, a Súmula 266, do Supremo Tribunal Federal, veda o cabimento de mandado de segurança *contra lei em tese*. Em se tratando o mandado de segurança coletivo de espécie do gênero mandado de segurança, é induvidoso que este remédio constitucional também não poderá ser utilizado para combater lei em tese.

Contudo, nunca é demais insistir, será possível o mandado de segurança coletivo, contudo, para combater *leis de efeitos concretos*, ou seja, *leis em sentido formal*, já que editadas pelo Poder Legislativo, mas *verdadeiros atos administrativos em sentido material* (no tocante ao conteúdo), sem o caráter de abstração e generalidade, uma vez que destinadas a reger relações de pessoas determinadas.

Por sua vez, a Lei 12.016/2009, em seu artigo 5º, de maneira semelhante, porém não idêntica, ao que previa a legislação infraconstitucional revogada sobre a matéria, também fixou 3 (três) outras hipóteses em que não cabe mandado de segurança. Referidas vedações, a toda evidência, aplicam-se também ao mandado de segurança coletivo.

Na primeira delas, prevista no inciso I, da Lei do Mandado de Segurança, está disposto que o mandado de segurança não é cabível para combater *ato administrativo sujeito a recurso com efeito suspensivo*, independentemente de caução. A parte não é obrigada, contudo, a interpor o recurso administrativo, podendo deixar esgotar-se o prazo recursal, para então impetrar, diretamente, o mandado de segurança. Da mesma forma, poderá impetrá-lo caso o recurso administrativo seja recebido apenas em seu efeito devolutivo.

Como vimos ao estudar o mandado de segurança individual, a existência de recurso administrativo com efeito suspensivo não impede o uso do mandado de segurança, caso seja hipótese de *omissão da autoridade coatora* (Súmula 429, do Supremo Tribunal Fede-

8 • REMÉDIOS CONSTITUCIONAIS PARA TUTELA DE DIREITOS COLETIVOS

ral). Ressalte-se, ademais, que mero pedido de reconsideração na via administrativa não interrompe o prazo para o mandado de segurança (Súmula 430, do Pretório Excelso).

O supramencionado artigo 5º da Lei 12.016/2009, em seu inciso II, impede a impetração de mandado de segurança para impugnar *decisão judicial da qual caiba recurso com efeito suspensivo*. Referida regra, também explicitada na Súmula 267, do Supremo Tribunal Federal, tem por escopo evitar que o mandado de segurança seja utilizado como um mero substitutivo de recursos judiciais.

Com efeito, caso exista um recurso judicial que possa efetivamente evitar o dano ou risco de dano ao direito da parte, não poderá esta última valer-se do mandado de segurança. Da mesma forma, se a parte deixar de utilizar o recurso judicial cabível, operar-se-á a preclusão, não podendo depois impetrar mandado de segurança.

A última hipótese, prevista no inciso III daquele artigo, e que não constava da revogada Lei 1.533/1951, dispõe que também não será concedido mandado de segurança (individual ou coletivo) quando se tratar de *decisão judicial transitada em julgado*[5]. A nova lei cuidou de tornar norma expressa entendimento jurisprudencial já pacificado, e inclusive já sedimentado por meio da Súmula 268, do Pretório Excelso.

Como se sabe, a decisão judicial transitada em julgado produz a denominada coisa julgada, não podendo ser modificada por qualquer recurso ordinário ou extraordinário. A única forma de se tentar afastar a coisa julgada, esta última uma garantia expressamente albergada pela Carta Magna (artigo 5º, inciso XXXVI), é através da propositura da chamada ação rescisória, caso presente alguma das hipóteses autorizadoras previstas no artigo 966, do Código de Processo Civil.

Ainda segundo a Lei do Mandado de Segurança (artigo 1º, § 2º), não cabe mandado de segurança (individual ou coletivo) contra *os atos de gestão comercial* praticados pelos administradores de empresas públicas, de sociedade de economia mista e de concessionárias de serviço público. Como vimos ao estudar o mandado de segurança individual, atos de gestão são de *direito privado (empresarial)*, em que não está presente a supremacia do interesse público sobre o privado. Como consequência disso, não podem ser combatidos através de mandado de segurança[6].

HIPÓTESES EM QUE NÃO CABE O MANDADO DE SEGURANÇA COLETIVO

– Contra lei em tese (Súmula 266, do Pretório Excelso), salvo em se tratando de lei de efeitos concretos.
– Para combater ato do qual caiba recurso administrativo com efeito suspensivo.
– Para impugnar decisão judicial da qual caiba recurso com efeito suspensivo.
– Para impugnar decisão judicial transitada em julgado.
– Contra *atos de gestão comercial* praticados pelos administradores de empresas públicas, de sociedade de economia mista e de concessionárias de serviço público.

---

5. O artigo 5º, da revogada Lei 1.533/1951, também impedia expressamente a impetração de mandado de segurança para impugnar *ato disciplinar*, salvo se este fosse praticado por autoridade incompetente, ou se houvesse vício de forma.
6. Sobre o tema, vide Ação Direta de Inconstitucionalidade 4296/DF, relator ministro Marco Aurélio, redator do acórdão ministro Alexandre de Moraes, julgado em 9.06.2021.

8.5 LEGITIMAÇÃO ATIVA E PASSIVA DO MANDADO DE SEGURANÇA COLETIVO

Nos termos do inciso LXX, do artigo 5°, da Carta Magna, o mandado de segurança coletivo poderá ser impetrado por partido político com representação no Congresso Nacional ou por organização sindical, entidade de classe ou associação legalmente constituída e em funcionamento há pelo menos 1 (um) ano, em defesa dos interesses de seus membros ou associados.

De maneira semelhante ao que preconiza a Constituição Federal, o artigo 21, da vigente Lei 12.016/2009, que passou a disciplinar o mandado de segurança coletivo, dispõe que referido remédio constitucional pode ser impetrado por *partido político com representação no Congresso Nacional*, na defesa de seus interesses legítimos relativos aos seus integrantes ou à finalidade partidária.

Também pode ser impetrado, nos termos do mesmo artigo, por *organização sindical, entidade de classe ou associação legalmente constituída e em funcionamento há, pelo menos, 1 (um) ano*, em defesa de direitos líquidos e certos da totalidade, ou de parte, dos seus membros ou associados, na forma de seus estatutos e desde que pertinentes às suas finalidades, dispensada, para tanto, autorização especial.

Como se vê, ao contrário do que se dá com o mandado de segurança individual, em que a regra é a legitimação ordinária (a denominada substituição processual só se dá por exceção), no mandado de segurança coletivo *a legitimação será sempre extraordinária*, atuando os legitimados em nome próprio, mas em defesa de direitos transindividuais (coletivos em sentido lato) de terceiros.

Particularmente no que respeita aos partidos políticos, é importante mencionar que o requisito da representação no Congresso Nacional, conforme fixado na Constituição Federal, já estará plenamente atendido caso o partido impetrante tenha 1 (um) único parlamentar, seja na Câmara dos Deputados, seja no Senado Federal. Não poderá impetrar mandado de segurança coletivo, contudo, o partido político que tenha representantes em Assembleia Legislativa de Estado, Câmara Legislativa do Distrito Federal ou Câmara Municipal, mas não os tenha no Congresso Nacional.

Como mencionamos supra, nos termos do supramencionado artigo 21, da Lei 12.016/2009, os partidos políticos podem impetrar mandado de segurança coletivo para a defesa dos interesses legítimos relativos à totalidade ou parte de seus integrantes, ou para defesa de sua finalidade partidária. Portanto, os partidos políticos têm legitimidade ativa *ad causam* para atuar na defesa de seus membros ou associados, *mas não só destes*.

Com efeito, ao permitir que também atuem na defesa de suas finalidades partidárias, a nova lei também conferiu àqueles entes *legitimação ampla*, podendo se valer do mandado de segurança coletivo para proteção de quaisquer direitos coletivos da sociedade. Nesses termos, por exemplo, é a lição de Pedro Lenza[7]:

---

7. *Direito constitucional esquematizado*. 14. ed. Saraiva, 2010, p. 814.

8 • REMÉDIOS CONSTITUCIONAIS PARA TUTELA DE DIREITOS COLETIVOS 277

"A questão discutida é: os partidos políticos poderão representar somente seus filiados e na defesa de, apenas, direitos políticos? Entendemos que não, podendo defender qualquer direito inerente à sociedade, pela própria natureza do direito de representação previsto no art. 1º, parágrafo único".

Já no que se refere às organizações sindicais, entidades de classe e associações, estas necessitam demonstrar a existência de interesse de agir, consubstanciado na chamada *pertinência temática* entre os direitos coletivos que pretendem defender em juízo e os seus objetivos sociais, expressamente fixados em seus atos constitutivos. Por essa razão, o sindicato só pode atuar, por exemplo, no interesse da categoria que representa.

É importante ressaltar, contudo, que o próprio Supremo Tribunal Federal, em um julgado muito citado, flexibilizou a necessidade da pertinência temática, asseverando que "o objeto do mandado de segurança coletivo poderá ser um direito dos associados, independentemente de guardar vínculo com os fins próprios da entidade, exigindo-se, entretanto, que esse direito ou interesse esteja compreendido na titularidade dos associados e que exista ele em razão das atividades exercidas pelos associados, não se exigindo, todavia, que esse direito ou interesse seja peculiar, próprio, da classe" (Supremo Tribunal Federal, Pleno, Recurso Extraordinário 181.438/SP, relator ministro Carlos Velloso, v.u., j. 28.6.1996).

Quanto à necessidade de constituição regular (legal) e funcionamento há pelo menos 1 (um) ano, tal exigência, a toda evidência, refere-se apenas e tão somente às associações, não se dirigindo aos demais legitimados do mandado de segurança coletivo, ou seja, aos partidos políticos, sindicatos e entidades de classe. Sobre este tema, sugerimos a leitura do seguinte acórdão: Supremo Tribunal Federal, Recurso Extraordinário 198.919/DF, relator ministro Ilmar Galvão, j. 15.06.1999 – *Informativo STF* 154.

O Supremo Tribunal Federal, aliás, já se pronunciou expressamente acerca da desnecessidade de observância daquele lapso temporal no que respeita aos sindicatos, por entender que tal exigência é dirigida apenas às associações (STF, 1ª Turma, RE 198.919-DF, relator ministro Ilmar Galvão, decisão em 16.6.1999 – *Informativo STF* 154). Esses legitimados podem, também conforme entendimento do Pretório Excelso, impetrar mandado de segurança coletivo em favor de seus associados independentemente de prévia autorização destes, bastando que haja previsão, nos atos constitutivos dos sindicatos, entidades de classe e associados, desse tipo de atuação.

Muito embora não explicitado na lei do mandado de segurança, entendemos que, para que possam impetrar mandado de segurança coletivo em favor de seus associados, devemos estar diante de uma autêntica associação, ou seja, de uma pessoa jurídica de direito privado, *sem fins lucrativos*. Caso tenham finalidade econômica, como é o caso de sociedades civis, das diversas sociedades empresárias e das sociedades cooperativas, evidentemente não terão legitimidade para propor a ação constitucional em estudo.

Quando o assunto é a impetração de mandado de segurança coletivo por associação, é imperioso ressaltar que o estimado leitor não deve confundir essa hipótese (impetração de mandado de segurança coletivo, prevista no inciso LXX, *b, de nossa Lei Maior*), com aquela outra constante do inciso XXI, do mesmo artigo 5º, da Constituição Federal, que trata da representação judicial e extrajudicial de membros de associações. Somente neste último caso é que se exige expressa autorização dos filiados para atuação da associação[8].

Por não se tratar de hipótese de litisconsórcio ativo em mandado de segurança individual, mas sim de impetração de mandado de segurança coletivo, que tem por objeto a proteção de direitos coletivos dos membros ou associados, não é necessária a especificação de todos estes, na petição inicial. *Todos aqueles membros ou associados que se enquadrarem nos termos do pedido serão beneficiados pela concessão da segurança, mesmo que tenham se associado após a propositura da ação.*

No tocante à legitimação passiva do mandado de segurança coletivo, valem aqui as mesmas ponderações formuladas em relação ao mandado de segurança individual. A ação deverá ser impetrada em face da autoridade apontada como coatora, e não contra a pessoa jurídica de direito público (ou de direito privado que exerce atribuições do poder público) em que aquela atua.

A autoridade coatora, nos expressos termos do artigo 6º, § 3º, da lei que disciplina o mandado de segurança (Lei 12.016/2009), é aquela que "tenha praticado o ato impugnado ou da qual emane a ordem para sua prática". Refere-se, em outras palavras, à pessoa que tem o poder de rever o ato impugnado, ou, no caso de omissão, de realizar o ato necessário.

Por *autoridade pública*, em conclusão, devemos entender todas as pessoas naturais (físicas) que exerçam alguma atividade estatal, investidas de poder decisório, necessário para poder rever (desfazer) o ato tido por ilegal ou abusivo. Estão incluídos nessa definição, por exemplo, os agentes políticos, como os chefes dos Poderes Executivos da União, dos Estados, do Distrito Federal e dos Municípios, e os servidores públicos em sentido estrito.

Portanto, se o agente não tiver competência para rever o ato apontado como ilegal ou praticado com abuso de poder, ou para realizar o ato omisso, não poderá ser apontado como autoridade coatora. *Não poderá figurar como impetrado, portanto, o mero executor do ato, que age em nome e por conta da autoridade competente.*

Não podemos deixar de lembrar que a atual lei de regência, em seu artigo 1º, § 1º, e em perfeita sintonia com o que determina a Constituição Federal, equipara às autoridades, para fins de impetração do mandado de segurança, os representantes de partidos políticos e os administradores de entidades autárquicas, bem como os dirigentes de pessoas jurídicas ou as pessoas naturais no exercício de atribuições do Estado, somente no que disser respeito a essas atribuições.

Portanto, em síntese conclusiva, são também *equiparados* a autoridades (expressão utilizada pela Lei 12.016/2009), para fins de impetração do *mandamus* coletivo, os particulares, quando se tratar de delegatários do poder público, no exercício da função delegada[9]. Caso típico é o do diretor de instituição de ensino particular, quando este cometa alguma ilegalidade ou abuso de poder.

---

8. Nesses termos, aliás, é a Súmula 629, do Supremo Tribunal Federal, a qual dispõe expressamente que "a impetração de mandado de segurança coletivo por entidade de classe em favor dos associados independe da autorização destes".

9. É o que dispõe a Súmula 510, do Pretório Excelso, nos seguintes termos: "Praticado ato por autoridade, no exercício de competência delegada, contra ela cabe o mandado de segurança ou medida judicial".

Por outro lado, vale insistir, não podem ser consideradas autoridades, para os fins da Lei 12.016/2009 (artigo 1º, § 2º), os administradores de empresas públicas, de sociedade de economia mista e de concessionárias de serviços públicos, no tocante aos denominados atos de gestão (ou seja, de natureza empresarial, em que não há a supremacia do interesse público sobre o privado). Leia Ação Direta de Inconstitucionalidade 4296/DF, relator ministro Marco Aurélio, redator do acórdão ministro Alexandre de Moraes, j. em 9.6.2021.

É importante lembrar, como já havíamos ressaltado, ao estudar o mandado de segurança individual, que a jurisprudência dominante, inclusive no Supremo Tribunal Federal, entende que o Poder Judiciário não pode retificar, de ofício, a indicação errônea da autoridade apontada como coatora, devendo, por consequência, extinguir o feito, sem resolução de mérito, nos termos do artigo 485, inciso VI, do Código de Processo Civil.

LEGITIMAÇÃO ATIVA E PASSIVA DO MANDADO DE SEGURANÇA COLETIVO

– O mandado de segurança coletivo poderá ser impetrado por partido político com representação no Congresso Nacional e por organização sindical, entidade de classe ou associação legalmente constituída e em funcionamento há pelo menos 1 (um) ano, em defesa dos interesses de seus membros ou associados.

– Ao contrário do que se dá com o mandado de segurança individual, em que a regra é a legitimação ordinária (a substituição processual só se dá por exceção), no mandado de segurança coletivo a legitimação será sempre extraordinária, atuando os legitimados em nome próprio, mas em defesa de direitos metaindividuais de terceiros.

– Particularmente no que respeita aos partidos políticos, o requisito da representação no Congresso Nacional, conforme fixado na Constituição Federal, já estará plenamente atendido caso o partido impetrante tenha um único parlamentar, seja na Câmara dos Deputados, seja no Senado Federal.

– A legitimação dos partidos políticos é ampla, podendo se valer do mandado de segurança coletivo para proteção de quaisquer direitos coletivos da sociedade. Não precisam os partidos, portanto, atuar na defesa exclusiva de seus membros ou associados, conforme determinação constitucional dirigida aos demais legitimados.

– Já no que se refere às organizações sindicais, entidades de classe e associações, estas necessitam demonstrar a existência de interesse de agir, consubstanciado na *pertinência temática* entre os direitos coletivos que pretendem defender em juízo e os seus objetivos sociais, expressamente fixados em seus atos constitutivos.

– Quanto à necessidade de constituição regular (legal) e funcionamento há pelo menos 1 (um) ano, tal exigência refere-se apenas e tão somente às associações, não se dirigindo aos demais legitimados mandado de segurança coletivo, ou seja, aos partidos políticos, sindicatos e entidades de classe.

8.6 LEGITIMAÇÃO ATIVA DO MANDADO DE SEGURANÇA COLETIVO E O MINISTÉRIO PÚBLICO

Como vimos na seção anterior, a Constituição Federal, em seu artigo 5º, inciso LXX, estabeleceu, em caráter expresso, que o mandado de segurança coletivo poderá ser impetrado por partido político com representação no Congresso Nacional ou por organização sindical, entidade de classe ou associação legalmente constituída e em funcionamento há pelo menos 1 (um) ano, em defesa dos interesses de seus membros ou associados[10].

Da simples leitura daquela norma constitucional, podemos perceber facilmente que o Ministério Público não foi relacionado entre aqueles que podem impetrar o mandado de segurança coletivo. Dito de outra forma, a Constituição Federal não relacionou o *parquet*, ao menos de forma expressa, como um dos legitimados ativos da ação constitucional ora em estudo. Entretanto, mesmo assim, há quem defenda que o Ministério Público pode impetrar o mandado de segurança coletivo. É o caso, por exemplo, de Hugo Nigro Mazzilli[11], como se pode verificar da leitura do trecho a seguir transcrito:

> *"Segundo a Constituição, a ação mandamental pode ser impetrada em caráter coletivo, por organização sindical, entidade de classe ou associação legalmente constituída e em funcionamento há pelo menos um ano, quando em defesa dos interesses de seus membros ou associados. Entendemos que, pela sua destinação natural de tutor constitucional de interesses transindividuais, o Ministério Público também poderá valer-se do mandado de segurança coletivo".*

Os defensores da legitimação ativa *ad causam* do Ministério Público em relação ao mandado de segurança coletivo lembram que referido remédio constitucional é uma ação coletiva, e que o *Parquet* é um órgão que tem entre suas missões institucionais, conforme expressamente previsto no artigo 127, de nossa Lei Maior[12], justamente a defesa dos interesses transindividuais, também conhecidos por interesses sociais em sentido amplo. Ressaltam, ademais, que o rol contido no supramencionado artigo 5º, inciso LXX, seria meramente exemplificativo, e não taxativo.

Pedimos vênia, contudo, para discordar daquele posicionamento. Com efeito, em nosso entender, a relação dos legitimados ativos do mandado de segurança coletivo não é exemplificativa, mas sim taxativa, e encontra-se expressamente relacionada na norma constitucional[13]. Se o Ministério Público não foi incluído naquele rol (como também não o foram outras entidades públicas e órgãos governamentais), é porque o constituinte deliberadamente assim o desejou.

Essa conclusão, é importante ressaltar, encontra amparo em nosso próprio ordenamento jurídico. Com efeito, como se sabe, nosso direito positivo somente admite a denominada substituição processual (a hipótese de alguém pleitear, em nome próprio, um direito alheio), quando houver autorização expressa na lei[14]. E como, neste caso, nem a Constituição Federal, nem a lei que regulamenta o *mandumus* coletivo, permitem tal substituição processual, não há que se falar em possibilidade de o Ministério Público propor referida ação constitucional.

---

10. Em termos semelhantes é o artigo 21, da Lei 12.016/2009, que regulamentou referido remédio constitucional.

11. *A defesa dos interesses difusos em juízo.* Meio ambiente, consumidor, patrimônio cultural, patrimônio público e outros interesses. 20. ed. rev. ampl. atual. São Paulo: Saraiva, 2007, p. 218.

12. Constituição, artigo 127: "O Ministério Público é instituição permanente, essencial à função jurisdicional do Estado, incumbindo-lhe a defesa da ordem jurídica, do regime democrático e dos interesses sociais e individuais indisponíveis".

13. O próprio Supremo Tribunal Federal, aliás, já se pronunciou expressamente acerca do caráter taxativo do rol do artigo 5º, inciso LXX, da Constituição. Sobre o assunto, sugerimos a leitura do Mandado de Segurança 21059, Relator Ministro Sepúlveda Pertence, Pleno, *DJ* 19.10.1990.

14. Código de Processo Civil, artigo 18: "Ninguém poderá pleitear direito alheio em nome próprio, salvo quando autorizado pelo ordenamento jurídico".

8 • REMÉDIOS CONSTITUCIONAIS PARA TUTELA DE DIREITOS COLETIVOS — 281

8.7 OS DIREITOS PROTEGIDOS PELO MANDADO DE SEGURANÇA COLETIVO E QUEM PODE SE BENEFICIAR DE SUA IMPETRAÇÃO

Como já mencionamos, as 2 (duas) principais diferenças entre o mandado de segurança individual e o coletivo são que, neste último, os legitimados ativos são somente aqueles consignados no artigo 5º, inciso LXX, da Constituição Federal, que atuam por legitimação extraordinária, e, sobretudo, que o mandado de segurança coletivo destina-se à tutela dos chamados direitos coletivos em sentido estrito e dos direitos individuais homogêneos, conforme agora explicitado pela lei (artigo 21, parágrafo único).

Nos termos da Lei 12.016/2009, os *direitos coletivos* são os chamados direitos transindividuais, de natureza indivisível, de que seja titular grupo ou categoria de pessoas ligadas entre si ou com a parte contrária por uma relação jurídica base. Já os *individuais homogêneos*, para efeitos da mesma lei, são os decorrentes de origem comum e da atividade ou situação específica da totalidade ou de parte dos associados ou membros do impetrante.

O mandado de segurança coletivo, portanto, não se destina à tutela de direitos de um indivíduo em particular, devendo ser utilizado apenas para a tutela de uma parcela dos chamados direitos coletivos em sentido amplo. Na lição de Roberta Densa[15], referidos direitos, que também podem ser denominados de transindividuais, são aqueles que, a despeito de também serem individuais, não se limitam ao indivíduo, afetando uma coletividade determinada ou indeterminada de pessoas.

Da leitura da definição de direitos individuais homogêneos, constante do supramencionado artigo 21, parágrafo único, inciso II, da Lei do Mandado de Segurança, percebe-se perfeitamente que não é indispensável, para a utilização do *mandamus*, que se busque tutelar direito coletivo da totalidade dos associados do impetrante, bastando que se destine à proteção de uma parcela deles. Nestes termos, aliás, já era o entendimento do Pretório Excelso, ao editar a Súmula 630[16].

Sobre a diferença prática entre direitos coletivos e direitos individuais homogêneos, gostaríamos de nos valer da excelente lição de Hugo Nigro Mazzili[17], muito provavelmente o doutrinador mais conhecido e festejado, quando o assunto é ação civil pública e ação coletiva. Eis as suas palavras:

"Como exemplo de interesses individuais homogêneos, suponhamos os compradores de veículos produzidos com o mesmo defeito de série. Sem dúvida, há uma relação jurídica comum subjacente entre consumidores, mas o que os liga no prejuízo sofrido não é a relação jurídica em si (diversamente, pois, do que ocorreria quando se tratasse de interesses coletivos, como uma ação civil pública que visasse a combater uma cláusula abusiva em contrato de adesão), mas sim é antes o fato de que compraram carros do mesmo lote produzido com defeito em série (interesses individuais homogêneos). Neste caso, cada integrante do grupo terá direito à reparação devida. Assim, o consumidor que adquiriu dois carros terá reparação dobrada em relação ao que adquiriu um só. Ao contrário,

---

15. *Direito do consumidor*. 5. ed. Atlas, 2009, v. 21, p. 203. (Série Leituras Jurídicas: Provas e Concursos.)
16. Supremo Tribunal Federal, Súmula 630: "A entidade de classe tem legitimação para o mandado de segurança ainda quando a pretensão veiculada interesse apenas a uma parte da respectiva categoria".
17. *A defesa dos interesses difusos em juízo*: meio ambiente, consumidor, patrimônio cultural, patrimônio público e outros interesses. 20. ed. Saraiva, 2007, p. 54.

282 DIREITO PROCESSUAL CONSTITUCIONAL • Paulo Roberto de Figueiredo Dantas

se a ação civil pública versasse interesses coletivos em sentido estrito (p. ex., a nulidade de cláusula contratual), deveria ser decidida de maneira indivisível para todo o grupo".

Assim, em conclusão, o mandado de segurança coletivo não busca a proteção de um indivíduo em particular (o que ensejaria apenas a impetração de mandado de segurança individual), mas sim de uma coletividade de pessoas, quer estejam vinculadas por uma relação jurídica base (como, por exemplo, uma cláusula abusiva de um contrato de concessão de serviço público), o que traduz um interesse coletivo em sentido estrito, quer estejam vinculadas por uma situação fática comum (exemplificando, a interrupção injustificada, em um bairro inteiro, de um dado serviço público), o que caracteriza um interesse individual homogêneo.

E no tocante aos chamados *limites subjetivos da coisa julgada*, o artigo 22, da Lei 12.016/2009, nos esclarece que a sentença concessiva do mandado de segurança coletivo somente fará coisa julgada em relação aos membros do grupo ou categoria substituídos pelo impetrante. O § 1º do mesmo artigo, por sua vez, dispõe que o *mandamus* coletivo não induz litispendência para as ações individuais, esclarecendo, contudo, que os efeitos da coisa julgada não beneficiarão o impetrante individual se este não requerer a desistência de seu mandado de segurança individual, no prazo de 30 (trinta) dias a contar da ciência da impetração da segurança coletiva.

8.8 COMPETÊNCIA EM SEDE DE MANDADO DE SEGURANÇA COLETIVO

A competência, em matéria de mandado de segurança coletivo, é disciplinada pelos mesmos dispositivos da Constituição Federal que citamos, ao estudar o mandado de segurança individual, uma vez que, como se pode verificar da simples leitura de seus enunciados, estes não fazem qualquer restrição, no tocante a sua aplicabilidade, a uma das modalidades específicas de mandado de segurança.

Assim, no caso de a autoridade coatora ser o presidente da República, as Mesas da Câmara dos Deputados e do Senado Federal, o Tribunal de Contas da União, o procurador-geral da República e o próprio Pretório Excelso, a competência originária para julgamento será do Supremo Tribunal Federal (artigo 102, inciso I, alínea *d*, da Lei Maior).

A competência será do Supremo Tribunal Federal, ainda, para julgar em recurso ordinário, o mandado de segurança decidido em única instância pelos Tribunais Superiores (Superior Tribunal de Justiça, Tribunal Superior Eleitoral, Superior Tribunal Militar e Tribunal Superior do Trabalho), se denegatória a decisão (artigo 102, inciso II, alínea *a*, da Constituição Federal).

Será caso de competência originária do Superior Tribunal de Justiça (STJ) na hipótese de ato de ministro de Estado, dos comandantes da Marinha, do Exército e da Aeronáutica ou do próprio Tribunal (artigo 105, inciso I, alínea *b*, da Carta Magna). Em recurso ordinário, o mesmo Superior Tribunal de Justiça julgará os mandados de segurança coletivos decididos em uma única instância pelos Tribunais Regionais Federais ou pelos Tribunais de Justiça dos Estados e Tribunal de Justiça do Distrito Federal e Territórios, quando denegatória a decisão (artigo 105, inciso II, alínea *b*, da Carta de 1988).

8 • REMÉDIOS CONSTITUCIONAIS PARA TUTELA DE DIREITOS COLETIVOS | **283**

Aos Tribunais Regionais Federais cabe julgar, originariamente, os mandados de segurança coletivos contra ato de juiz federal ou do próprio Tribunal (artigo 108, inciso I, alínea *c*, da Carta Magna). Aos juízes federais, por sua vez, cabe processar e julgar os mandados de segurança contra ato de autoridade federal, excetuados os casos de competência dos Tribunais Regionais Federais (artigo 109, inciso VIII, da Constituição Federal).

A última competência explicitada pela Constituição Federal está prevista no artigo 114, inciso IV, este introduzido pela Emenda Constitucional 45/2004, que confere à Justiça do Trabalho a competência para o processo e o julgamento de mandado de segurança coletivo quando o ato questionado envolver matéria sujeita à sua competência. As competências da Justiça do Trabalho estão elencadas no artigo 114, da Carta Magna.

Como já vimos ao estudar o mandado de segurança individual, a jurisprudência do Supremo Tribunal Federal já está pacificada no sentido de que os próprios tribunais (todos eles) é que são competentes para processar e julgar os mandados de segurança coletivos impetrados contra seus próprios atos e omissões. Com base neste entendimento, aliás, o Pretório Excelso editou as Súmulas 330 e 624.

Saliente-se, ademais, que a Corte Suprema não é competente, conforme já pacificado por sua jurisprudência, para apreciar mandado de segurança impetrado em face de deliberações advindas dos Tribunais Superiores. Segundo a Carta Magna vigente, o Pretório Excelso só será competente para julgar, em sede de *recurso ordinário*, decisões em mandados de segurança proferidas por aqueles Tribunais Superiores, *quando denegatória a decisão*.

É imperioso ressaltar, ainda, que o Supremo Tribunal Federal considera não ser cabível a impetração de mandado de segurança (individual ou coletivo) contra decisões proferidas por quaisquer de suas Turmas, por considerar que referidos órgãos fracionários representam o próprio Pretório Excelso. Não será possível, ademais, a impetração de mandado de segurança contra decisões do Plenário desta Corte, as quais somente permitem a utilização de eventual ação rescisória.

8.9 CONCESSÃO DE LIMINAR EM MANDADO DE SEGURANÇA COLETIVO

Como vimos ao estudar o mandado de segurança individual, o artigo 7º, inciso III, da Lei 12.016/2009 permite expressamente a concessão de medida liminar em mandado de segurança. E por se tratar de uma norma geral contida na lei, também se aplica, inequivocamente, ao mandado de segurança coletivo. Dessa forma, ao despachar a petição inicial do mandado de segurança coletivo, o juiz ou relator poderá ordenar a suspensão do ato que deu motivo ao pedido, *quando houver fundamento relevante e do ato puder resultar a ineficácia da medida, caso seja finalmente deferida*.

A única diferença em relação ao mandado de segurança individual, expressamente mencionada na Lei 12.016/2019 (artigo 22, § 2º), é que, no caso específico do mandado de segurança coletivo, a liminar somente poderia ser concedida após a audiência do representante judicial da pessoa jurídica de direito público (advogados da União, procuradores da Fazenda Nacional, procuradores dos Estados e procuradores dos Municípios etc.), que deveria se pronunciar no prazo de 72 (setenta e duas) horas.

Contudo, no julgamento da Ação Direta de Inconstitucionalidade 4296/DF, que questionava diversos dispositivos da nova Lei do Mandado de Segurança, o Supremo Tribunal Federal declarou a inconstitucionalidade daquele artigo 22, § 2º, por entender que referida norma restringia o poder geral de cautela do magistrado. Sobre o tema, sugere-se a leitura da ADI 4296/DF, relator ministro Marco Aurélio, redator do acórdão ministro Alexandre de Moraes, j. em 9.6.2021.

Como vimos ao estudar o mandado de segurança individual, o supramencionado artigo 7º, inciso III, da Lei do Mandado de Segurança, norma geral que também se aplica ao mandado de segurança coletivo, agora prevê expressamente a possibilidade de o magistrado exigir caução, fiança ou depósito do impetrante do mandado de segurança, para suspender o ato que deu motivo ao pedido, com o objetivo de assegurar o ressarcimento à pessoa jurídica. Referida norma foi julgada constitucional pela Corte Suprema, naquela mesma ADI 4296/DF.

Conforme § 1º do mesmo artigo 7º, da Lei 12.016/2009, caberá o recurso de agravo de instrumento, nos termos fixados pelo Código de Processo Civil, contra decisão do juiz de primeiro grau que conceder ou denegar liminar, em mandados de segurança, superando-se, assim, antiga divergência sobre a possibilidade de aplicação do agravo, previsto no Código de Processo Civil, ao processo do mandado de segurança.

O § 3º do artigo 7º, da Lei 12.016/2009, por sua vez, dispõe que os efeitos da medida liminar, salvo se revogada ou cassada, persistirão até a prolação da sentença. A lei explicita, portanto, o que já vinha sendo adotado pela jurisprudência, em oposição ao que dispunha o artigo 1º, alínea "b", da revogada Lei 4.348/1964[18]. O § 4º do mesmo artigo, por sua vez, dispõe que, deferida a liminar, o processo terá prioridade para julgamento.

O artigo 8º da nova lei determina a decretação da perempção ou caducidade da medida liminar, de ofício pelo juiz, ou a requerimento do Ministério Público, quando, concedida a liminar, o impetrante criar obstáculo ao normal andamento do processo ou deixar de promover, por mais de 3 (três) dias, os atos e as diligências que lhe cumprirem.

Por outro lado, o § 2º, do artigo 7º, da Lei 12.016/2009, vedava expressamente a concessão de medida liminar que tenha por objeto a compensação de créditos tributários, a entrega de mercadorias e bens provenientes do exterior, a reclassificação ou equiparação de servidores públicos e a concessão de aumento ou extensão de vantagens ou pagamento de qualquer natureza.

Referida norma, contudo, foi declarada *inconstitucional* pelo Pretório Excelso, naquela mesma Ação Direta de Inconstitucionalidade 4296/DF, por considerar que impedir ou condicionar a concessão de medida liminar caracterizaria obstáculo à efetiva prestação jurisdicional e ao direito do impetrante de cessar o ato ilegal ou abusivo ao seu direito líquido e certo.

---

18. Lei 4.348, artigo 1º, alínea b: "Nos processos de mandado de segurança serão observadas as seguintes normas: b) a medida liminar somente terá eficácia pelo prazo de 90 (noventa) dias a contar da data da concessão, prorrogável por 30 (trinta) dias quando provadamente o acúmulo de processos pendentes de julgamento justificar a prorrogação".

8.10 DA SUSPENSÃO DA LIMINAR E DA SUSPENSÃO DA SEGURANÇA COLETIVA

Da mesma forma que se dá em relação ao mandado de segurança individual, também no mandado de segurança coletivo as pessoas jurídicas de direito público (União, Estados, Distrito Federal, Municípios, suas respectivas autarquias e fundações públicas) e o Ministério Público podem utilizar-se da suspensão de liminar e suspensão de segurança, prevista no artigo 15, da Lei 12.016/2009, para combater decisão concessiva de liminar, ou da própria segurança.

Nos expressos termos daquele artigo, tanto as pessoas jurídicas de direito público, como também o Ministério Público (tanto da União quanto dos Estados e do Distrito Federal e Territórios), podem pedir ao presidente do tribunal não só a suspensão da liminar, como também da própria sentença que concedeu a segurança coletiva, desde que demonstrem que a pleiteiam *para evitar grave lesão à ordem, à saúde, à segurança e à economia pública.*

Como vimos ao estudar o mandado de segurança individual, o Superior Tribunal de Justiça já entendeu que referido instituto processual também pode ser utilizado por pessoa jurídica de direito privado, quando delegatária de serviço público, e desde que ela esteja atuando na defesa de interesse público primário, ou seja, no interesse da coletividade. Sobre o tema, vide Agravo Interno na Suspensão de Liminar e de Sentença 3.169/RS, Corte Especial, relatora ministra Maria Thereza de Assis Moura, julgado em 15.03.2023.

O presidente do tribunal, constatando não só a plausibilidade do direito invocado pela pessoa jurídica de direito público interessada ou pelo órgão do Ministério Público, como também a urgência na concessão da medida, poderá conferir ao pedido efeito suspensivo, para imediata suspensão da liminar ou da sentença concessiva da segurança (artigo 15, § 4º, da Lei 12.016/2009).

Conforme expressa previsão constante daquele mesmo artigo 15, em sua parte final, da decisão do presidente do tribunal que suspender a liminar ou a segurança caberá agravo interno, sem efeito suspensivo, no prazo de 5 (cinco) dias, que será levado a julgamento na sessão seguinte à sua interposição. Contudo, como vimos a estudar o mandado de segurança individual, o prazo para referido recurso é de 15 (quinze) dias, sendo que, em se tratando de recurso manejado por pessoa jurídica de direito público ou pelo Ministério Púbico, o prazo deverá ser contado em dobro, conforme artigo 183, do Código de Processo Civil[19].

O § 1º daquele mesmo artigo 15, por sua vez, dispõe que, indeferido o pedido de suspensão ou provido o agravo interno mencionado no parágrafo anterior, caberá novo pedido de suspensão ao presidente do tribunal competente para conhecer de eventual recurso especial ou extraordinário. Também caberá pedido de suspensão quando negado provimento a agravo de instrumento interposto contra a liminar concedida no mandado de segurança (artigo 15, § 2º).

Também em sede de mandado de segurança coletivo, a suspensão de liminar – um instrumento concedido exclusivamente às pessoas jurídicas de direito público interno e ao Ministério Público, com pressupostos de admissão próprios (grave lesão à ordem, à saúde,

---

19. Sobre o tema, vide Suspensão de Liminar e de Sentença 2.572/DF, Superior Tribunal de Justiça, Órgão Especial, julgada em 15.12.2021.

à segurança e à economia públicas) – pode ser utilizada, e julgada pelo tribunal, mesmo que haja a interposição de agravo de instrumento contra a mesma liminar. É o que se pode depreender da simples leitura do artigo 15, § 3º, da lei de regência[20].

A suspensão da liminar em mandado de segurança coletivo, salvo determinação em contrário da decisão que a deferir, também vigorará até o trânsito em julgado da decisão definitiva de concessão da segurança, ou, havendo recurso, até a sua manutenção pelo Supremo Tribunal Federal, desde que o objeto da liminar deferida coincida, total ou parcialmente, com o da impetração (Súmula 626, do Supremo Tribunal Federal).

8.11 PRINCIPAIS REGRAS PROCEDIMENTAIS SOBRE O MANDADO DE SEGURANÇA COLETIVO

Valem, aqui, as mesmas ponderações relativas ao tema, formuladas quando do estudo do mandado de segurança individual. Nos termos do artigo 6º, da Lei 12.016/2009, a petição inicial, que deverá preencher os requisitos estabelecidos pela lei processual (por exemplo, artigos 319 e 320, do Código de Processo Civil), será apresentada em 2 (duas) vias, sendo certo que os documentos que instruírem a primeira via deverão ser todos reproduzidos, por cópia reprográfica, na segunda. Naturalmente, em se tratando de processo eletrônico, não há que se falar na exigência de 2 (duas) vias.

O mesmo artigo 6º, da Lei 12.016/2009, agora determina expressamente que a petição inicial do mandado de segurança (tanto individual como coletivo) indique não só a autoridade tida por coatora, como também a pessoa jurídica a que se integra, à qual se acha vinculada ou na qual exerce atribuições. A revogada Lei 1.533/1951 não exigia a indicação da pessoa jurídica a que a autoridade estava vinculada.

Por se tratar de caso de legitimação extraordinária, e não de litisconsórcio ativo em mandado de segurança individual, tudo como vimos anteriormente, *não é necessário que conste, na petição inicial do mandado de segurança coletivo, a lista de todos os membros da associação impetrante.*

Todos aqueles que se enquadrarem na situação descrita na petição inicial, pouco importando se ingressaram na associação antes ou depois da impetração do *mandamus* coletivo, ou mesmo já na fase de execução do julgado, serão beneficiários da concessão da segurança. É o que se pode depreender, aliás, da leitura do artigo 22, da Lei 12.016/2009, que dispõe que, em se tratando de mandado de segurança coletivo, "a sentença fará coisa julgada limitadamente aos membros do grupo ou categoria substituídos pelo impetrante".

Deve-se ressaltar, nesta oportunidade, *que o mandado de segurança coletivo não induz litispendência para as ações individuais,* mas os efeitos da coisa julgada não beneficiarão o impetrante a título individual se este não requerer a desistência de seu mandado de segurança, no prazo de 30 (trinta) dias, a contar da ciência comprovada da impetração da segurança coletiva. É o que determina o artigo 22, parágrafo único, da Lei 12.016/2009.

---

20. Lei 12.016/2009, artigo 15, § 3º: "A interposição de agravo de instrumento contra liminar concedida nas ações movidas contra o Poder Público e seus agentes não prejudica nem condiciona o julgamento do pedido de suspensão a que se refere este artigo".

Nos termos do § 5º do mesmo artigo 6º, o mandado de segurança será denegado nos casos previstos no artigo 485, do Código de Processo Civil[21]. O artigo 6º, § 6º, por sua vez, dispõe que o mandado de segurança poderá ser renovado dentro do prazo decadencial, se a decisão denegatória não lhe houver apreciado o mérito. Já o artigo 23, do mesmo diploma legal, assevera que "o direito de requerer mandado de segurança extinguir-se-á decorridos 120 (cento e vinte) dias, contados da ciência, pelo interessado, do ato impugnado".

Assim, o mandado de segurança poderá ser renovado, por exemplo, no caso de extinção da ação, em razão da ausência dos documentos indispensáveis à prova do alegado (da prova do direito líquido e certo), caso tal renovação se dê dentro do prazo de 120 (cento e vinte) dias, contados da ciência, pelo impetrante, do ato tido por ilegal ou abusivo. *A contrario sensu*, se o mandado de segurança tiver sido julgado improcedente, deverá ser respeitada a coisa julgada material, não podendo ser novamente impetrado.

O prazo de 120 (cento e vinte) dias para impetração do mandado de segurança, como já mencionado anteriormente, foi expressamente declarado *constitucional*, pelo Supremo Tribunal Federal[22]. Referido prazo não se interrompe nem se suspende, bem como é improrrogável, mesmo que não tenha havido expediente forense no último dia do prazo (sábado, domingo ou feriado), uma vez que se trata, como está ali explicitado, *de prazo de natureza decadencial, e não prescricional*.

Por se tratar de prazo decadencial (e não processual), nunca é demais repetir que não se aplica à contagem do prazo para impetração do mandado de segurança (individual e coletivo) a norma do artigo 219, *caput*, do Código de Processo Civil (que dispõe que, na contagem de prazos em dias, estabelecido pela lei ou pelo juiz, somente devem ser contados os dias úteis), razão pela qual o prazo deverá ser contado *em dias corridos*, a partir da ciência, pelo impetrante, do ato apontado como ilegal ou abusivo[23].

Como vimos ao estudar o mandado de segurança individual, o artigo 4º, da Lei 12.016/2009, permite que, em caso de urgência, e observados os requisitos legais, o mandado de segurança seja impetrado por telegrama, radiograma, fac-símile ou outro meio eletrônico de autenticidade comprovada. Esses mesmos meios também podem ser utilizados pelo juiz, em caso de urgência, para notificação da autoridade (§ 1º).

Nos termos do § 2º do artigo 4º em comento, o texto original da petição inicial do mandado de segurança, impetrado por telegrama, radiograma, fax ou outro meio eletrônico, deverá ser apresentado nos 5 (cinco) dias úteis seguintes. Muito embora não se explicite a

---

21. Código de Processo Civil, artigo 485: "O juiz não resolverá o mérito quando: I – indeferir a petição inicial; II – o processo ficar parado durante mais de 1 (um) ano por negligência das partes; III – por não promover os atos e as diligências que lhe incumbir, o autor abandonar a causa por mais de 30 (trinta) dias; IV – verificar a ausência de pressupostos de constituição e de desenvolvimento válido e regular do processo; V – reconhecer a existência de perempção, de litispendência ou de coisa julgada; VI – verificar ausência de legitimidade ou de interesse processual; VII – acolher a alegação de existência de convenção de arbitragem ou quando o juízo arbitral reconhecer sua competência; VIII – homologar a desistência da ação; IX – em caso de morte da parte, a ação for considerada intransmissível por disposição legal; e X – nos demais casos prescritos neste Código".

22. É o que dispõe, aliás, a Súmula 632, do Pretório Excelso. No mesmo sentido, vide Ação Direta de Inconstitucionalidade 4296/DF, relator ministro Marco Aurélio, redator do acórdão ministro Alexandre de Moraes, j. em 9.6.2021.

23. Sobre o tema, vide Agravo Regimental em Mandado de Segurança 34.941/ES, STF, 2ª Turma, relator Ministro Edson Fachin, em sessão virtual de 07 de outubro a 6 de novembro de 2017.

consequência de tal omissão, não resta dúvida de que, nesta hipótese, a ação será julgada extinta, sem resolução de mérito, por ausência de um pressuposto de constituição e desenvolvimento regular do processo, conforme expressamente tipificado no artigo 485, inciso IV, do Código de Processo Civil.

Ao despachar a petição inicial, o juiz ordenará que se notifique a suposta autoridade coatora do conteúdo da petição, entregando-lhe a segunda via apresentada pelo requerente com as cópias dos documentos, a fim de que referida autoridade preste as informações que reputar necessárias, no prazo de 10 (dez) dias (artigo 7º, inciso I, da Lei 12.016/2009).

As informações devem se prestadas pela própria autoridade coatora, e não pelos procuradores da entidade pública a que estiver vinculada, uma vez que o ato ou omissão é imputado à autoridade, e não à pessoa jurídica. A apresentação intempestiva das informações, ou mesmo a ausência de tal apresentação, pela autoridade impetrada, não importa na produção dos normais efeitos da revelia, uma vez que é o impetrante quem deve apresentar prova pré-constituída dos fatos que apoiam sua pretensão. Sobre o tema, vide Supremo Tribunal Federal, RMS 21.300/DF, relator ministro Moreira Alves, *DJU* 14.8.1992, p. 12.225.

O impetrante poderá desistir do prosseguimento do mandado de segurança coletivo a qualquer tempo, até mesmo após a obtenção de decisão final favorável. É o que decidiu expressamente o Supremo Tribunal Federal, ao julgar o Recurso Extraordinário 669.367/RJ (tema 530, da sistemática da repercussão geral).

Inovando sobre o tema, a atual Lei do Mandado de Segurança, em seu artigo 7º, inciso II, determina que o juiz, ao despachar a petição inicial do mandado de segurança, também dê ciência do feito ao órgão de representação judicial da pessoa jurídica interessada, enviando-lhe cópia da petição inicial (sem documentos), para que, se desejar, ingresse no feito.

Nos termos do artigo 9º, da Lei 12.016/2009, as autoridades administrativas, no prazo de 48 (quarenta e oito) horas da notificação da medida liminar, remeterão ao Ministério ou órgão a que se acham subordinadas e ao representante judicial da entidade apontada como coatora cópia autenticada do mandado notificatório, assim como indicações e elementos outros necessários às providências a serem tomadas para a eventual suspensão da medida e defesa do ato apontado como ilegal ou abusivo de poder.

Conforme regra do artigo 10, da Lei do Mandado de Segurança, a petição inicial será desde logo indeferida, por meio de decisão motivada (a necessidade de motivação das decisões judiciais, aliás, é garantia constitucional), quando não for o caso de mandado de segurança, ou lhe faltar algum dos requisitos legais, ou, ainda, quando decorrido o prazo legal para sua impetração.

Do indeferimento da petição inicial, pelo juiz de primeiro grau, caberá apelação. Caso a competência para processo e julgamento do mandado de segurança caiba originariamente a um dos tribunais, caberá agravo interno[24] da decisão do relator que o indeferir, também no prazo de 15 (quinze) dias, dirigido ao órgão competente do tribunal a que ele pertença (artigo 10, § 1º, da vigente Lei do Mandado de Segurança).

---

24. Código de Processo Civil, artigo 1.021: "Contra decisão proferida pelo relator caberá agravo interno para o respectivo órgão colegiado, observadas, quanto ao processamento, as regras do regimento interno do tribunal".

Segundo determina o artigo 12, da Lei 12.016/2009, o Ministério Público deverá opinar no feito, na condição de fiscal da ordem jurídica, no prazo improrrogável de 10 (dez) dias[25], pouco importando qual o objeto específico da demanda (o pedido formulado pelo impetrante). Com ou sem o parecer do *parquet*, os autos serão conclusos ao juiz, para decisão, a qual deverá ser necessariamente proferida em 30 (trinta) dias (parágrafo único).

Da sentença, denegando ou concedendo a segurança, caberá apelação (artigo 14, Lei 12.016/2009). Concedida a segurança, a sentença estará obrigatoriamente sujeita ao duplo grau de jurisdição. A nova lei agora explicita que o direito de recorrer também é facultado à autoridade (§ 2º). Havendo obscuridade, contradição, omissão ou erro material no julgado, caberão embargos de declaração (artigo 1.022, do Código de Processo Civil).

Consoante § 3º do mesmo artigo 14, a sentença que conceder o mandado de segurança (tanto individual como coletivo) poderá ser executada provisoriamente, salvo nos casos em que for vedada a concessão de medida liminar. Contudo, como as hipóteses em que a lei proibia a concessão de medida liminar em mandado de segurança (artigo 7º, § 2º, da Lei 12.016/2019) foram declaradas inconstitucionais pela Corte Suprema (ADI 4296/DF), a sentença concessiva do mandado de segurança sempre poderá ser executada provisoriamente.

O § 4º do mesmo artigo 7º, por outro lado, determina que o pagamento de vencimentos e vantagens pecuniárias assegurados em sentença concessiva de mandado de segurança a servidor da Administração Pública direta ou autárquica federal, estadual e municipal somente será efetuado relativamente às prestações que se vencerem a contar da data do ajuizamento da petição inicial.

Nos casos de competência originária dos tribunais, caberá ao relator a instrução do processo, sendo assegurada a defesa oral na sessão de julgamento (a chamada sustentação oral). Da decisão do relator que conceder ou denegar a medida liminar caberá agravo interno ao órgão competente do tribunal que integre. É o que determina o artigo 16 e seu parágrafo único, da lei de regência, combinado com o artigo 1.021, do Código de Processo Civil em vigor[26].

Das decisões em mandado de segurança coletivo em única instância pelos tribunais cabe recurso especial e extraordinário, nos casos legalmente previstos, além de recurso ordinário, quando a ordem for denegada. É o que preconiza o artigo 18, da Lei 12.016/2009. Também no que se refere ao mandado de segurança coletivo, é perfeitamente aplicável o artigo 25, da Lei 12.016/2009, que dispõe sobre o não cabimento da condenação em honorários advocatícios, no processo do mandado de segurança[27].

---

25. Referido prazo, não há dúvidas, é singelo, não podendo o Ministério Público se valer do benefício da contagem em dobro daquele prazo, tudo conforme determina expressamente o artigo 180, § 2º, do Código de Processo Civil.

26. Código de Processo Civil, artigo 1.021: "Contra decisão proferida pelo relator caberá agravo interno para o respectivo órgão colegiado, observadas, quanto ao processamento, as regras do regimento interno do tribunal".

27. O artigo 25, da Lei 12.016/2009, fala também sobre o não cabimento de embargos infringentes em sede de mandado de segurança (tanto individual como coletivo). Tendo em vista, contudo, que referido recurso só existia no revogado Código de Processo Civil de 1973, não mais havendo sua previsão no Código de 2015, aquela parte da norma do supramencionado artigo 25, da Lei do Mandado de Segurança, perdeu seu objeto.

8.12 PRINCIPAIS SÚMULAS DO SUPREMO TRIBUNAL FEDERAL SOBRE O MANDADO DE SEGURANÇA COLETIVO

632: "É constitucional lei que fixa o prazo de decadência para a impetração de mandado de segurança".

631: "Extingue-se o processo de mandado de segurança se o impetrante não promove, no prazo assinado, a citação do litisconsorte passivo necessário".

630: "A entidade de classe tem legitimação para o mandado de segurança ainda quando a pretensão veiculada interesse apenas a uma parte da respectiva categoria".

629: "A impetração de mandado de segurança coletivo por entidade de classe em favor dos associados independe da autorização destes".

626: "A suspensão da liminar em mandado de segurança, salvo determinação em contrário da decisão que a deferir, vigorará até o trânsito em julgado da decisão definitiva de concessão da segurança ou, havendo recurso, até a sua manutenção pelo Supremo Tribunal Federal, desde que o objeto da liminar deferida coincida, total ou parcialmente, com o da impetração".

625: "Controvérsia sobre matéria de direito não impede concessão de mandado de segurança".

624: "Não compete ao STF conhecer originariamente de mandado de segurança contra atos de outros tribunais".

512: "Não cabe condenação em honorários de advogado na ação de mandado de segurança".

510: "Praticado o ato por autoridade, no exercício de competência delegada, contra ela cabe o mandado de segurança ou a medida judicial".

430: "Pedido de reconsideração na via administrativa não interrompe o prazo para o mandado de segurança".

429: "A existência de recurso administrativo com efeito suspensivo não impede o uso do mandado de segurança contra omissão da autoridade".

405: "Denegado o mandado de segurança pela sentença, ou no julgamento do agravo, dela interposto, fica sem efeito a liminar concedida, retroagindo os efeitos da decisão contrária".

304: "Decisão denegatória de mandado de segurança, não fazendo coisa julgada contra o impetrante, não impede o uso da ação própria".

271: "Concessão de mandado de segurança não produz efeitos patrimoniais, em relação a período pretérito, os quais devem ser reclamados administrativamente, ou pela via judicial própria".

269: "O mandado de segurança não é substitutivo de ação de cobrança".

267: "Não cabe mandado de segurança contra ato judicial passível de recurso ou correição".

266: "Não cabe mandado de segurança contra lei em tese".

248: "É competente, originariamente, o Supremo Tribunal Federal, para mandado de segurança contra ato do Tribunal de Contas da União".

8.13 MANDADO DE INJUNÇÃO COLETIVO

Como vimos anteriormente, ao estudarmos o mandado de injunção individual, referido remédio constitucional é uma novidade no direito brasileiro, previsto, pela primeira vez, na Constituição Federal promulgada em 1988. Com efeito, nos termos do artigo 5º, inciso LXXI, da Carta Magna, "conceder-se-á mandado de injunção sempre que a falta de norma regulamentadora torne inviável o exercício dos direitos e liberdades constitucionais e das prerrogativas inerentes à nacionalidade, à soberania e à cidadania".

Diante da regra cogente do artigo 5º, § 1º, de nossa Lei Maior, que determina que as normas definidoras dos direitos e garantias fundamentais têm aplicação imediata, não há dúvida de que o mandado de injunção sempre foi autoaplicável, como aliás já havia reconhecido, no passado, o próprio Supremo Tribunal Federal, que vinha admitindo a propositura de referida ação constitucional, independentemente de sua regulamentação por lei específica.

Agora, contudo, essa questão da autoaplicabilidade do mandado de injunção (tanto individual como coletivo) tem mero interesse acadêmico, uma vez que referido remédio constitucional já se encontra efetivamente regulamentado. Com efeito, como já vimos em outras oportunidades, o Estado editou a Lei 13.300, de 23 de junho de 2016, que tem por objeto justamente disciplinar o processo e o julgamento dos mandados de injunção individual e coletivo.

8.14 HIPÓTESES DE CABIMENTO DO MANDADO DE INJUNÇÃO COLETIVO

Como já vimos em outras oportunidades, algumas normas constitucionais não têm aplicabilidade imediata, dependendo da edição de normas infraconstitucionais, ou de atuação do Estado, para que possam produzir todos os efeitos nelas preconizados, e desejados pelo legislador constituinte. São as normas constitucionais que, no direito pátrio, são amplamente conhecidas como normas constitucionais de eficácia limitada, e que a doutrina tradicional chama de normas constitucionais não autoexecutáveis.

E o mandado de injunção coletivo, da mesma forma que sua modalidade individual, poderá ser utilizado sempre que estivermos diante da chamada mora legislativa, ou seja, quando estiver caracterizada a omissão do poder público em dar efetividade a normas constitucionais não autoexecutáveis (normas constitucionais de eficácia limitada) necessárias ao exercício de direitos e liberdades constitucionais e das prerrogativas inerentes à nacionalidade, à soberania e à cidadania.

Nos expressos termos do artigo 2º, *caput*, da Lei 13.300/2016, norma genérica destinada a ambas as modalidades de mandado de injunção, referido remédio constitucional deverá concedido "sempre que a falta total ou parcial de norma regulamentadora torne inviável o exercício dos direitos e liberdades constitucionais e das prerrogativas inerentes à nacionalidade, à soberania e à cidadania. A regulamentação será considerada parcial quando forem insuficientes as normas editadas pelo órgão legislador competente (artigo 2º, parágrafo único, da lei de regência).

292 DIREITO PROCESSUAL CONSTITUCIONAL • Paulo Roberto de Figueiredo Dantas

Como vimos ao estudar o mandado de injunção individual, devemos considerar como norma regulamentadora não só as normas legais, como também as normas infralegais (que regulamentam os diplomas infraconstitucionais, conferindo-lhes aplicabilidade), que deveriam ter sido editadas, mas não o foram, por órgãos e por agentes públicos pertencentes aos Poderes da União, dos Estados, do Distrito Federal e dos Municípios, inclusive de suas respectivas entidades da Administração Pública indireta com personalidade de direito público (autarquias e fundações públicas).

Entretanto, é importante insistirmos aqui, não é a ausência de qualquer espécie de norma regulamentadora que permite a utilização do mandado de injunção (tanto individual como coletivo). Segundo o próprio artigo 5º, inciso LXXI, da Carta Magna, referido remédio constitucional somente poderá ser utilizado na ausência de norma que torne inviável o exercício *de direitos e liberdades constitucionais, bem como das prerrogativas inerentes à nacionalidade, soberania e cidadania.*

No caso específico do mandado de injunção coletivo, contudo, referido remédio constitucional não se destina à tutela de direitos e garantias fundamentais de um indivíduo em particular, devendo ser utilizado apenas para a tutela de uma coletividade de pessoas (direitos coletivos em sentido amplo), quando houver ausência de norma regulamentadora relacionada com o exercício daqueles direitos e garantias constitucionais tutelados pelo remédio constitucional ora em estudo[28].

HIPÓTESES DE CABIMENTO DO MANDADO DE INJUNÇÃO COLETIVO

– Cabe o mandado de injunção coletivo sempre que houver injustificada omissão do poder público em dar efetividade a normas constitucionais não autoexecutáveis (ou normas de eficácia limitada) necessárias ao exercício de direitos e liberdades constitucionais e das prerrogativas inerentes à nacionalidade, à soberania e à cidadania.

– Difere do mandado de injunção individual, contudo, porque não se destina à tutela de direitos de um indivíduo em particular, devendo ser utilizado apenas para a tutela de um grupo de pessoas (direitos coletivos em sentido amplo), quando houver ausência de norma regulamentadora relacionada com o exercício dos direitos e garantias constitucionais tutelados por este remédio constitucional.

8.15 HIPÓTESES EM QUE NÃO CABE O MANDADO DE INJUNÇÃO COLETIVO

Como visto na seção anterior, o mandado de injunção coletivo será cabível quando houver injustificável inércia do Estado na edição de normas regulamentadoras que concedam efetividade às normas constitucionais não autoexecutáveis, também conhecidas por normas constitucionais de eficácia limitada, relacionadas com o exercício de direitos e liberdades constitucionais, e com as prerrogativas inerentes à nacionalidade, à soberania e à cidadania de uma coletividade de pessoas.

---

28. É o que se pode depreender da simples leitura do artigo 12, parágrafo único, da Lei 13.300/2009, o qual dispõe que "os direitos, as liberdades e as prerrogativas protegidos por mandado de injunção coletivo são os pertencentes, indistintamente, a uma coletividade indeterminada de pessoas ou determinada por grupo, classe ou categoria".

8 • REMÉDIOS CONSTITUCIONAIS PARA TUTELA DE DIREITOS COLETIVOS — 293

Como consequência disso, a toda evidência, o mandado de injunção coletivo não será cabível quando estivermos diante de *normas constitucionais autoexecutáveis* (ou, na classificação de José Afonso da Silva, normas constitucionais de eficácia plena e normas constitucionais de eficácia contida), uma vez que referidas normas, como já estudamos anteriormente, já estão aptas a produzirem, imediatamente, os efeitos pretendidos pelo constituinte, não dependendo da edição de qualquer diploma infraconstitucional para alcançar tal mister.

Conforme já decidido pelo Pretório Excelso, também não cabe a impetração do mandado de *injunção quando o presidente da República já tiver enviado ao Congresso Nacional projeto de lei referente ao objeto do writ*, uma vez que, nesta hipótese, não poderá mais ser imputada omissão do Estado, restando prejudicado o remédio constitucional. Sobre o tema, sugerimos a leitura do seguinte acórdão: Supremo Tribunal Federal, Pleno, Agravo Regimental em Mandado de Injunção 641/DF, relator ministro Ilmar Galvão, *DJU* de 5.4.2002, p. 39.

Será igualmente incabível a impetração do mandado de injunção coletivo *a partir do momento em que o poder público tiver editado a norma regulamentadora, uma vez que, nesse caso, não existirá mais a chamada mora legislativa.* Aliás, mesmo que o remédio constitucional tenha sido impetrado antes da edição da norma regulamentadora, ainda assim a ação constitucional deverá ser extinta, tudo como se pode depreender da simples leitura do artigo 11, parágrafo único, da lei que regulamenta o instituto, e que se aplica às duas espécies de mandado de injunção (individual e coletivo).

Por fim, também não será cabível a impetração de mandado de injunção *para buscar alterar lei ou ato normativo já existente, sob o fundamento de que este último seria incompatível com a Constituição Federal.* Não há, neste caso, a chamada mora legislativa, a permitir o uso deste remédio constitucional. Da mesma forma, não será cabível o mandado de injunção para se exigir certa interpretação para a legislação infraconstitucional já existente, ou, ainda, para pleitear uma aplicação "mais justa" da lei já editada.

HIPÓTESES EM QUE NÃO CABE O MANDADO DE INJUNÇÃO COLETIVO

– Quando estivermos diante de *normas constitucionais autoexecutáveis*, uma vez que referidas normas já estão aptas a produzirem, imediatamente, os efeitos pretendidos pelo constituinte.

– Quando *já tiver sido enviado, ao Poder Legislativo, projeto de lei* referente ao objeto do mandado de injunção, uma vez que, nesta hipótese, não poderá mais ser imputada omissão do Estado.

– *Quando o poder público tiver editado a norma regulamentadora*, uma vez que, neste caso, não haverá mais que se falar em mora legislativa.

– Para *alterar lei ou ato normativo já existente*, sob o fundamento de que este último seria incompatível com a Constituição Federal.

8.16 LEGITIMAÇÃO ATIVA E PASSIVA DO MANDADO DE INJUNÇÃO COLETIVO

Nas edições anteriores deste livro, quando ainda não havia sido publicada a lei que regulamenta o mandado de injunção, afirmávamos, com fundamento no artigo 24, parágrafo único, da Lei 8.038/1990[29], que os legitimados para a propositura do mandado de injunção coletivo seriam os partidos políticos com representação no Congresso Nacional, as organizações sindicais, as entidades de classe e as associações legalmente constituídas, e em funcionamento há pelo menos 1 (um) ano, tudo conforme dispositivo constitucional que trata do mandado de segurança coletivo (artigo 5º, inciso LXX, da Carta Magna).

Agora, contudo, o diploma legal editado para regulamentar o mandado de injunção (Lei 13.300/2016) contém norma específica sobre a legitimidade ativa *ad causam* do mandado de injunção coletivo, portanto não havendo mais que se falar, ao menos em relação aos legitimados para a impetração deste remédio constitucional, em aplicação analógica das normas (constitucionais ou infraconstitucionais) que regem o mandado de segurança. Conforme artigo 12, da lei de regência, o mandado de injunção coletivo pode ser promovido:

(a) pelo Ministério Público, quando a tutela requerida for especialmente relevante para a defesa da ordem jurídica, do regime democrático ou dos interesses sociais ou individuais indisponíveis;

(b) por partido político com representação no Congresso Nacional, para assegurar o exercício de direitos, liberdades e prerrogativas de seus integrantes ou relacionados com a finalidade partidária;

(c) por organização sindical, entidade de classe ou associação legalmente constituída e em funcionamento há pelo menos 1 (um) ano, para assegurar o exercício de direitos, liberdades e prerrogativas em favor da totalidade ou de parte de seus membros ou associados, na forma de seus estatutos e desde que pertinentes às suas finalidades, dispensada, para tanto, autorização especial; e

d) pela Defensoria Pública, quando a tutela requerida for especialmente relevante para a promoção dos direitos humanos e a defesa dos direitos individuais e coletivos dos necessitados, na forma do artigo 5º, inciso LXXIV, da Carta Magna[30].

Ao contrário do que se dá com o mandado de injunção individual, em que a legitimação *ad causam* é ordinária (a pessoa atua em nome próprio, e em seu próprio interesse), no mandado de injunção coletivo a legitimação será sempre extraordinária, atuando os legitimados em nome próprio, mas em defesa da coletividade de pessoas que representam, e que precisam de uma norma regulamentadora para exercer algum direito ou liberdade constitucional protegidos pelo remédio constitucional ora em estudo.

É imperioso esclarecer que alguns daqueles legitimados para impetrar o mandado de injunção coletivo têm *legitimação universal*. Os legitimados universais, nós já o vimos em outras oportunidades, têm *interesse de agir presumido*, uma vez que possuem, dentre

---

29. Lei 8.038/1990, artigo 24, parágrafo único: "No mandado de injunção e no habeas data, serão observadas, no que couber, as normas do mandado de segurança, enquanto não editada legislação específica".

30. Constituição Federal, artigo 5º, inciso LXXIV: "O Estado prestará assistência jurídica integral e gratuita aos que comprovarem insuficiência de recursos".

8 • REMÉDIOS CONSTITUCIONAIS PARA TUTELA DE DIREITOS COLETIVOS

suas atribuições, o dever de defesa dos direitos e garantias constitucionais tutelados pelo remédio constitucional ora em estudo. Nesta hipótese encontra-se o Ministério Público (tanto da União como dos Estados e do Distrito Federal e Territórios), os partidos políticos e a Defensoria Pública.

Já os demais entes relacionados no supramencionado artigo 12, da Lei 13.300/2016 (organização sindical, entidade de classe ou associação legalmente constituída e em funcionamento há pelo menos um ano), entendemos que estes têm apenas a denominada *legitimação especial,* necessitando demonstrar a denominada *pertinência temática, ou representatividade adequada*, para que possam impetrar este remédio constitucional, como aliás determina expressamente o inciso III, do supramencionado artigo 12, da lei que regulamenta o mandado de injunção.

Segundo o artigo 127, da Constituição Federal, o Ministério Público é instituição permanente, essencial à função jurisdicional do Estado, incumbindo àquele órgão a defesa da ordem jurídica, do regime democrático e dos *interesses sociais e individuais indisponíveis*. Inequívoco, portanto, o caráter de legitimado universal do *Parquet*, que pode propor o mandado de injunção coletivo para fazer cessar a mora legislativa relativamente à edição de normas regulamentadoras que concedam efetividade aos direitos e garantias constitucionais, de natureza coletiva, tutelados por este remédio constitucional coletivo[31].

No que tange aos partidos políticos, o requisito da representação no Congresso Nacional, segundo determina a Carta Magna, já estará plenamente atendido caso o partido impetrante tenha 1 (um) único parlamentar, seja na Câmara dos Deputados, seja no Senado Federal. Não poderá impetrar mandado de injunção coletivo, contudo, o partido político que tenha representantes em Assembleia Legislativa de Estado, Câmara Legislativa do Distrito Federal ou Câmara Municipal, mas não os tenha no Congresso Nacional.

Nos expressos termos do artigo 12, inciso II, da Lei 13.300/2016, os partidos políticos podem impetrar mandado de injunção coletivo para assegurar o exercício de direitos, liberdades e prerrogativas de seus integrantes *ou relacionados com a finalidade partidária*. Portanto, os partidos políticos têm legitimidade ativa *ad causam* para atuar não só na defesa de seus membros ou associados, como também de quaisquer direitos e garantias constitucionais de natureza coletiva, desde que amparados pelo remédio constitucional ora em estudo.

No tocante especificamente às organizações sindicais, entidades de classe ou associações legalmente constituídas e em funcionamento há pelo menos 1 (um) ano, a própria Lei 13.300/2016 determina expressamente que elas demonstrem a existência de interesse de agir, consubstanciado na chamada *pertinência temática* entre os direitos que pretendem defender em juízo e os seus objetivos sociais, expressamente fixados em seus atos constitutivos. Por essa razão, o sindicato só pode atuar, por exemplo, para a edição de norma regulamentadora de interesse da categoria que representa.

---

31. Desde que, naturalmente, pertencentes, indistintamente, a uma coletividade indeterminada de pessoas ou determinada por grupo, classe ou categoria, como determina o artigo 12, parágrafo único, da lei que regulamenta o mandado de injunção coletivo.

Quanto à necessidade de constituição regular (legal) e funcionamento há pelo menos 1 (um) ano, tal exigência, a toda evidência, refere-se tão somente às associações, não se dirigindo aos demais legitimados do mandado de injunção coletivo, ou seja, aos partidos políticos, aos sindicatos e às entidades de classe, e, naturalmente, ao Ministério Público e à Defensoria Pública, posto que são órgãos públicos. Vale, para o mandado de injunção coletivo, portanto, o mesmo entendimento já externado pelo Supremo Tribunal Federal em relação ao mandado de segurança coletivo.

Esses legitimados podem, segundo expressa redação do artigo 12, inciso III, da Lei 13.300/2016, impetrar mandado de injunção coletivo em favor de seus associados *independentemente de autorização especial destes*. Basta, portanto, que haja previsão nos atos constitutivos dos sindicatos, entidades de classe e associados, desse tipo de atuação, para que eles possam impetrar referido remédio constitucional, em favor de seus associados.

Muito embora não explicitado na lei, para que possam impetrar mandado de injunção coletivo em favor de seus associados, devemos estar diante de uma autêntica associação, ou seja, de uma pessoa jurídica de direito privado, *sem fins lucrativos*. Caso tenham finalidade econômica, como é o caso de sociedades civis, das diversas sociedades empresárias e das sociedades cooperativas, evidentemente não terão legitimidade para propor o remédio constitucional em estudo.

Por não se tratar de hipótese de litisconsórcio ativo em mandado de injunção individual, mas sim de impetração de mandado de injunção coletivo, que tem por objeto a proteção de direitos coletivos dos membros ou associados, não é necessária a especificação de todos estes, na petição inicial. Todos os membros ou associados que se enquadrarem nos termos do pedido serão beneficiados pela concessão da injunção coletiva, mesmo que tenham se associado após a propositura da ação constitucional em estudo.

O último legitimado para a impetração do mandado de injunção coletivo, explicitado na Lei 13.300/2016, é a Defensoria Pública. Nos expressos termos do artigo 134, da Constituição Federal[32], a Defensoria Pública (tanto da União como dos Estados e o Distrito Federal e Territórios) é instituição permanente, essencial à função jurisdicional do Estado, incumbindo-lhe, como expressão e instrumento do regime democrático, fundamentalmente, a orientação jurídica, a promoção dos direitos humanos e a defesa judicial e extrajudicial, em todos os graus, dos direitos individuais e coletivos, de forma integral e gratuita, aos necessitados.

Trata-se a Defensoria Pública de uma das denominadas "procuraturas constitucionais", ao lado do Ministério Público e da Advocacia Pública. Ao Ministério Público cabe a defesa da ordem jurídica, do regime democrático e dos interesses sociais e individuais indisponíveis. A Advocacia Pública, por sua vez, é responsável pela representação judicial e extrajudicial das entidades públicas, além da atividade de consultoria e assessoramento jurídico dessas entidades. Já a Defensoria Pública, esta tem por missão institucional, conforme previsto em nossa Lei Maior, a defesa integral dos chamados necessitados.

---

32. Conforme nova redação que lhe conferiu a Emenda Constitucional 80, de 4 de junho de 2014.

8 • REMÉDIOS CONSTITUCIONAIS PARA TUTELA DE DIREITOS COLETIVOS   297

Da simples leitura do texto constitucional, percebe-se que a Defensoria Pública tem com uma de suas missões institucionais justamente propor ações individuais e coletivas para os que comprovarem insuficiência de recursos, defendê-los nas demandas contra eles propostas, além de atuar na promoção dos direitos humanos dos necessitados. Nada mais natural, portanto, que possam impetrar o remédio constitucional em estudo, desde que, nos expressos termos da lei de regência, *a tutela requerida seja especialmente relevante para a promoção dos direitos humanos e a defesa dos direitos individuais e coletivos daqueles necessitados.*

Tendo em vista que o mandado de injunção coletivo tem por objetivo suprir omissão do Estado em relação a direitos e garantias constitucionais previstos em normas constitucionais não autoaplicáveis (normas constitucionais de eficácia limitada), não resta dúvida de que somente podem ser sujeitos passivos dessa ação, da mesma forma que se dá com o mandado de injunção individual, as autoridades ou órgãos que tinham o dever de editar a norma necessária ao exercício dos direitos constitucionais, e que não o fizeram.

Por essa razão, é evidente que *particulares não poderão figurar no polo passivo desse tipo de ação coletiva*, já que estes não têm o dever de editar quaisquer normas, nem será possível a formação de litisconsórcio passivo, em quaisquer de suas modalidades (necessário ou facultativo), entre particulares e entidades estatais, uma vez que a atribuição para a elaboração da norma regulamentadora só pode ser exercida pelas autoridades e órgãos com competência para tal mister.

Nesse sentido, a Corte Suprema já decidiu não ser possível haver, no caso de mandado de injunção, um litisconsórcio passivo envolvendo qualquer particular, uma vez que a atribuição para a elaboração da norma regulamentadora só pode ser exercida pelas pessoas públicas e entes estatais com competência para tal mister (Supremo Tribunal Federal, Pleno, Agravo Regimental em Mandado de Injunção 335, relator ministro Celso de Mello, j. 8.9.1991, *DJ* 17.6.1994, p. 15.720).

O Pretório Excelso também já decidiu que *a União não tem legitimidade para figurar no polo passivo de mandado de injunção.* Como já vimos anteriormente, a omissão no dever de legislar *deve ser imputada ao órgão público inerte, e não à pessoa jurídica de direito público a que pertence.* Assim, a legitimidade passiva *ad causam*, no mandado de injunção, será do Congresso Nacional, e não da União. Sobre o tema, vide: Supremo Tribunal Federal, Mandado de Injunção 284/DF, relator ministro Marco Aurélio Mello, *DJU* 26.6.1992, p. 10.103.

Por fim, cabe ressaltar que, no caso específico de leis de competência exclusiva do presidente da República, o Supremo Tribunal Federal já decidiu expressamente que, nessa hipótese, *o sujeito passivo do mandado de injunção é a autoridade responsável pelo encaminhamento da norma*, que tem o poder de iniciativa, ou seja, o Chefe do Poder Executivo da União (presidente da República), e não o Poder Legislativo Federal (Congresso Nacional).

LEGITIMAÇÃO ATIVA E PASSIVA NO MANDADO DE INJUNÇÃO COLETIVO

– Ao contrário do que se dá com o mandado de injunção individual, em que a legitimação *ad causam* é ordinária (a pessoa atua em nome próprio, e em seu próprio interesse), no mandado de injunção coletivo a legitimação será sempre extraordinária, atuando os legitimados em nome próprio, mas em defesa da coletividade de pessoas que representam.

– Alguns daqueles legitimados para impetrar o mandado de injunção coletivo têm *legitimação universal*, ou seja, têm *interesse de agir presumido*, uma vez que possuem, dentre suas atribuições, o dever de defesa dos direitos e garantias constitucionais tutelados pelo remédio constitucional ora em estudo. São eles: Ministério Público, partidos políticos e Defensoria Pública.

– Já os demais entes relacionados no artigo 12, da Lei 13.300/2016 (organização sindical, entidade de classe ou associação legalmente constituída e em funcionamento há pelo menos um ano), entendemos que têm apenas a denominada *legitimação especial*, necessitando demonstrar a denominada *pertinência temática, ou representatividade adequada*, para que possa impetrar o mandado de injunção coletivo.

8.17 AS ESPÉCIES DE DIREITOS PROTEGIDOS PELO MANDADO DE INJUNÇÃO COLETIVO E OS DESTINATÁRIOS DE SUA IMPETRAÇÃO

Na seção anterior, pudemos notar que uma das grandes diferenças entre o mandado de injunção individual e o coletivo está na legitimação ativa *ad causam*. Com efeito, enquanto no individual qualquer pessoa natural ou jurídica que se afirme titular dos direitos, das liberdades ou das prerrogativas protegidos pelo remédio constitucional tem legitimidade para impetrá-lo, no mandado de injunção coletivo só têm tal legitimidade as entidades e órgãos elencados no artigo 12, da Lei 13.300/2016, que atuam em nome próprio, mas em defesa da coletividade de pessoas que representam.

Nesta seção, por sua vez, estudaremos o segundo grande traço que os distingue: as espécies de direitos protegidos pelo mandado de injunção coletivo e os beneficiários de sua impetração. De fato, o mandado de injunção individual, já vimos anteriormente, destina-se à tutela de direitos de um indivíduo em particular que necessitem de complementação legislativa, fazendo coisa julgada, como regra geral, apenas para o autor da ação constitucional. Já o mandado de injunção coletivo, nós veremos melhor nesta oportunidade, tem objeto mais amplo.

Nos expressos termos do artigo 12, parágrafo único, da Lei 13.300/2016, o mandado de injunção coletivo é destinado à proteção de direitos, liberdades e prerrogativas constitucionais (desde que, evidentemente, dependentes de complementação legislativa) que pertençam, indistintamente, *a uma coletividade indeterminada de pessoas ou determinada por grupo, classe ou categoria*. Referidos direitos, como é fácil perceber, correspondem a uma parcela expressiva dos chamados direitos coletivos em sentido lato, também conhecidos como direitos transindividuais.

Portanto, devemos insistir, o mandado de injunção coletivo não se destina à tutela de direitos e garantias fundamentais, dependentes de complementação normativa, de um indivíduo em particular, devendo ser utilizado apenas para a tutela de uma coletividade de pessoas (direitos coletivos em sentido amplo), quando houver ausência de norma regulamentadora relacionada com o exercício daqueles direitos e garantias constitucionais.

8 • REMÉDIOS CONSTITUCIONAIS PARA TUTELA DE DIREITOS COLETIVOS **299**

No tocante especificamente aos destinatários da impetração do mandado de injunção coletivo, ou seja, àqueles que podem se beneficiar de sua impetração, o artigo 13, da Lei 12.016/2009, esclarece que a sentença concessiva do remédio constitucional em estudo *fará coisa julgada limitadamente às pessoas integrantes da coletividade, do grupo, da classe ou da categoria substituídos pelo impetrante*, sem prejuízo do disposto nos §§ 1º e 2º, do artigo 9º, do mesmo diploma legal.

O mesmo artigo 13, da Lei do Mandado de Injunção, em seu parágrafo único, dispõe que o mandado de injunção coletivo não induz litispendência em relação aos mandados de injunção individuais eventualmente impetrados, mas os efeitos da coisa julgada (do coletivo) não beneficiarão o impetrante que não requerer a desistência de sua demanda individual no prazo de 30 (trinta) dias, contados da ciência comprovada da impetração coletiva.

8.18 COMPETÊNCIA EM RELAÇÃO AO MANDADO DE INJUNÇÃO COLETIVO

A competência, em matéria de mandado de injunção coletivo, é disciplinada pelos mesmos dispositivos da Constituição Federal que citamos, ao estudar o mandado de injunção individual, uma vez que, como se pode verificar da simples leitura de seus enunciados, referidas normas não fazem qualquer restrição, no tocante à sua aplicação, a uma das modalidades específicas de mandado de injunção. Também no que se refere ao mandado de injunção coletivo, as competências são fixadas levando em conta *o órgão ou autoridade que deveria ter elaborado a norma regulamentadora*.

Assim, no caso de a norma regulamentadora ser atribuição do presidente da República, do Congresso Nacional, da Câmara dos Deputados, do Senado Federal, de quaisquer das Mesas dessas Casas Legislativas, do Tribunal de Contas da União, dos Tribunais Superiores (Superior Tribunal de Justiça, Tribunal Superior do Trabalho, Superior Tribunal Militar e Tribunal Superior Eleitoral) ou do Supremo Tribunal Federal, a competência originária para processar e julgar o mandado de injunção coletivo será do Pretório Excelso, conforme disposto no artigo 102, inciso I, alínea *q*, da Carta Magna.

Por outro lado, quando a norma regulamentadora for atribuição de órgão, entidade ou autoridade federal da Administração Pública direta ou indireta, excetuados os casos de competência do Supremo Tribunal Federal e dos órgãos da Justiça Militar, da Justiça Eleitoral, da Justiça do Trabalho e da Justiça Federal, a competência originária para processo e julgar referido remédio constitucional é do Superior Tribunal de Justiça (artigo 105, inciso I, alínea *h*, da Constituição Federal).

Por fim, vale mencionar que os Estados-membros e o Distrito Federal poderão instituir, em suas constituições estaduais e Lei Orgânica, regras que estabeleçam competências jurisdicionais, no âmbito da respectiva Justiça do Estado e do Distrito Federal e Territórios, para o processo e julgamento de mandados de injunção coletivo, quando houver injustificável omissão do poder público estadual ou distrital em editar normas destinadas a conferir aplicabilidade a direitos e garantias previstos em normas não autoexecutáveis existentes na Constituição estadual.

8.19 NATUREZA E EFICÁCIA DA DECISÃO QUE CONCEDE A INJUNÇÃO COLETIVA

Conforme dispõe expressamente o artigo 8º, da Lei 13.300/2016[33], norma geral aplicável às duas modalidades de mandado de injunção, após reconhecida a mora legislativa (natureza declaratória), o magistrado fixará um prazo "razoável" (sem, contudo, especificá-lo) para que a autoridade ou órgão competente promova a edição da norma regulamentadora, o que será dispensado somente se houver comprovação de que o impetrado já deixou de atender, em mandado de injunção anterior, o prazo estabelecido para a edição da norma infraconstitucional.

Além de fixar prazo razoável para o impetrado editar a norma regulamentadora, a decisão concessiva da injunção deverá também estabelecer as condições em que se dará o exercício dos direitos, liberdades ou das prerrogativas pleiteadas pelo impetrante, caso a autoridade ou órgão responsável pela norma não a edite. Portanto, *caso persista a mora legislativa*, neste caso a decisão passará a ter natureza constitutiva, restando estabelecidas, pela decisão concessiva da injunção (já transitada em julgado), as condições para que os beneficiários da injunção coletiva exercitem seu direito ou garantia constitucional.

Por outro lado, o supramencionado artigo 8º, inciso II, em sua parte final, prevê a possibilidade de que a decisão proferida em sede de mandado de injunção (tanto individual como coletiva) apenas estabeleça "as condições em que poderá o interessado promover ação própria visando a exercê-los, caso não seja suprida a mora legislativa no prazo determinado". Dito de outro modo, a lei de regência fala em imposição de condições para a propositura de uma futura ação individual, caso o poder competente não edite a norma regulamentadora, dentro do prazo (potencialmente inconstitucional) estabelecido pelo Poder Judiciário.

8.20 RENOVAÇÃO DE PEDIDO NÃO CONCEDIDO E REVISÃO DE INJUNÇÃO COLETIVA JÁ CONCEDIDA

Como também já vimos anteriormente, a lei que regulamenta o mandado de injunção (de maneira semelhante, aliás, à prevista nas leis de regência da ação popular e da ação civil pública), traz uma exceção à regra geral de que a coisa julgada material torna imutável e indiscutível a decisão de mérito prolatada no processo. Com efeito, conforme dispõe expressamente o artigo 9º, § 3º, da Lei 13.300/2016, "o indeferimento do pedido por insuficiência de prova não impede a renovação da impetração fundada em outros elementos probatórios".

Portanto, além da costumeira possibilidade de *renovação do pedido* em razão da ocorrência de simples coisa julgada formal (ou seja, quando a ação for julgada extinta, sem resolução de mérito), também será possível renovar-se o pedido quando a injunção

---

33. Lei 13.300/2016, artigo 8º: "Art. 8º Reconhecido o estado de mora legislativa, será deferida a injunção para: I – determinar prazo razoável para que o impetrado promova a edição da norma regulamentadora; II – estabelecer as condições em que se dará o exercício dos direitos, das liberdades ou das prerrogativas reclamados ou, se for o caso, as condições em que poderá o interessado promover ação própria visando a exercê-los, caso não seja suprida a mora legislativa no prazo determinado. Parágrafo único. Será dispensada a determinação a que se refere o inciso I do caput quando comprovado que o impetrado deixou de atender, em mandado de injunção anterior, ao prazo estabelecido para a edição da norma".

(tanto individual como coletiva, já que se trata de norma geral aos dois institutos) *tiver sido julgada improcedente especificamente por ausência de provas suficientes*, hipótese em que o legislador considerou desejável franquear-se ao autor nova chance para eventual acolhimento do mesmo pedido, em razão da relevância dos direitos constitucionais tutelados pelo mandado de injunção.

Se o pedido formulado no mandado de injunção coletivo, todavia, for rejeitado por qualquer outro fundamento, evidentemente não poderá ser renovado. Neste caso, portanto, *valerá plenamente a regra da imutabilidade da coisa julgada material*. Da mesma forma, não será possível falar-se em renovação da discussão da decisão proferida em sede de mandado de injunção coletivo, caso a ação constitucional tenha sido julgada procedente, e tenha transitado em julgado desta forma.

Por outro lado, a lei que regulamentou o mandado de injunção traz uma regra geral (aplicável, portanto, às duas modalidades do remédio constitucional), que prevê a possibilidade de *revisão da injunção* concedida anteriormente. Com efeito, o artigo 10, da Lei 13.300/2016, dispõe expressamente que a decisão que concedeu a injunção, sem prejuízo dos efeitos já produzidos, poderá ser revista, a pedido de qualquer interessado, quando sobrevierem relevantes modificações das circunstâncias de fato ou de direito". Temos nesta norma, portanto, a previsão legal de uma *ação revisional de injunção*.

Revisão da injunção não é a mesma coisa que renovação da injunção. Esta, como vimos na parte inicial desta seção, é a nova propositura de um *mesmo pedido*, já formulado em ação anterior, julgada extinta, sem resolução de mérito (sem julgamento do pedido, portanto), ou julgado improcedente exclusivamente por ausência de provas. A revisão da injunção, por sua vez, é a *modificação de pedido* anteriormente formulado, e efetivamente concedido, por meio de decisão já transitada em julgado, em razão de relevantes modificações das circunstâncias de fato ou de direito, que permitam sua revisão.

Como pressuposto para o cabimento da revisão da injunção, é preciso que haja uma anterior decisão judicial, que tenha efetivamente concedido a injunção pleiteada. É preciso, ademais, que a decisão judicial concessiva da injunção tenha transitado em julgado, já que a revisional é uma verdadeira ação autônoma, como aliás nos esclarece o parágrafo único do supramencionado artigo 10, da Lei 13.300/2016, o qual dispõe expressamente que "ação de revisão observará, no que couber, o procedimento estabelecido nesta Lei".

É preciso, por fim, conforme explicitamente determinado na norma de regência (artigo 10, da Lei 13.300/2016), que tenha havido, posteriormente à concessão da injunção, "relevantes modificações das circunstâncias de fato ou de direito" que autorizem a sua revisão. Logo, não será possível falar-se em ação de revisão da injunção caso não tenha havido, posteriormente ao trânsito em julgado da ação constitucional, alguma importante alteração fática ou jurídica (como, por exemplo, ampliação ou redução do direito previsto na norma constitucional), que autorize a revisão da injunção anteriormente concedida.

Nos expressos termos do dispositivo legal que trata do assunto, a revisão da injunção poderá ser pleiteada *por qualquer interessado*, o que significa dizer que a ação revisional poderá ser proposta não só pelas partes que figuraram como autor e réu no mandado de injunção original (no caso de mandado de injunção coletivo, o substituto processual e o impetrado), como também por qualquer terceiro que demonstre ter efetivo interesse jurídico em sua revisão, por estar sujeito aos efeitos da decisão concessiva da injunção.

Encerramos esta breve a análise sobre o tema lembrando ao caro leitor, como já o fizemos quando estudamos o mandado de injunção individual, que a ação de revisão não tem o condão de alterar os efeitos até então produzidos pela decisão concessiva da injunção coletiva, transitada em julgado. De fato, nos expressos termos do já citado artigo 10, da Lei 13.300/2016, a revisão da injunção pode ser revista, contudo sem prejuízo dos efeitos já produzidos. Quer isso dizer, em outras palavras, que a decisão proferida em sede de ação de revisão da injunção tem eficácia *ex nunc*, ou seja, a partir da decisão, não podendo produzir eficácia retroativa (*ex tunc*).

RENOVAÇÃO E REVISÃO DA INJUNÇÃO

> – **Renovação da injunção:** além da costumeira possibilidade de *renovação do pedido* em razão da ocorrência de simples coisa julgada formal (ou seja, quando a ação for julgada extinta, sem resolução de mérito), também será possível renovar-se o *mesmo pedido* quando a injunção *tiver sido julgada improcedente especificamente por ausência de provas*.
>
> – **Revisão da injunção:** é a *modificação de pedido* anteriormente formulado, e efetivamente concedido, por decisão já transitada em julgado, em razão de relevantes modificações das circunstâncias de fato ou de direito, que permitam sua revisão, através da propositura da chamada *ação revisional de injunção*"

8.21 A EDIÇÃO SUPERVENIENTE DE NORMA REGULAMENTADORA E OS EFEITOS EM RELAÇÃO À INJUNÇÃO COLETIVA ANTERIORMENTE CONCEDIDA

Como vimos anteriormente, a decisão proferida em sede de mandado de injunção (seja individual, seja coletivo) somente produzirá efeitos até o advento da norma regulamentadora. Naturalmente, no momento em que a autoridade competente editar a norma infraconstitucional necessária para conceder efetividade à norma constitucional de eficácia limitada, cessa a chamada mora legislativa, e, a partir de então, não se mostra mais possível a impetração deste remédio constitucional.

Não apenas torna-se descabida a propositura de novos mandados de injunção (tanto individuais como coletivos), para o exercício de direitos e garantias constitucionais, como também devem ser julgados extintos, sem resolução do mérito, os mandados de injunção que ainda estiverem em trâmite, antes da decisão definitiva de mérito. Neste caso, faltar-lhes-á falta de interesse de agir. É exatamente isso o que determina, aliás, o artigo 11, parágrafo único, da Lei do Mandado de Injunção[34].

Aliás, nunca é demais repetir, a jurisprudência pátria, inclusive do Supremo Tribunal Federal, já consolidou entendimento no sentido de que não será cabível a impetração do mandado de injunção até mesmo quando houver o simples envio, pelo chefe do Poder Executivo, ao Parlamento correspondente, do projeto de lei objeto do mandado de injunção,

---

34. Lei 13.300/2016, artigo 11, parágrafo único: "Estará prejudicada a impetração se a norma regulamentadora for editada antes da decisão, caso em que o processo será extinto sem resolução de mérito".

8 • REMÉDIOS CONSTITUCIONAIS PARA TUTELA DE DIREITOS COLETIVOS **303**

uma vez que, nesta hipótese, não poderá mais ser imputada omissão do Estado, restando incabível, portanto, o manejo deste remédio constitucional.

E em relação a eventuais decisões definitivas que tenham concedido a injunção coletiva, antes da edição da norma regulamentadora, não há dúvidas de que elas perdem seus efeitos. É o que nos esclarece, aliás, o artigo 11, *caput*, da Lei 13.330/2016, o qual dispõe expressamente que "a norma regulamentadora superveniente produzirá efeitos *ex nunc* em relação aos beneficiados por decisão transitada em julgado, salvo se a aplicação da norma editada lhes for mais favorável.

Quer isso dizer, como já explicamos antes, que, desde a edição da norma regulamentadora, é esta quem passa a regulamentar, a partir de sua edição (com efeitos *ex nunc*, portanto), o exercício do direito, da liberdade ou da prerrogativa constitucional para todos os que forem seus titulares. Por outro lado, caso a norma regulamentadora seja mais favorável aos beneficiários de mandado de injunção coletivo já transitado em julgado, aquela norma deverá produzir efeitos *ex tunc*, ou seja, *retroativos*.

E qual o momento inicial da retroação daquela norma mais benéfica? Como já vimos ao estudar o mandado de injunção individual, tendo em vista que a decisão definitiva que concede a injunção terá natureza constitutiva (já que estabelece as condições em que se dará o exercício das liberdades públicas, caso persista a mora legislativa), entendemos que *a retroação deverá se dar até a data da decisão concessiva da injunção, transitada em julgado*.

EDIÇÃO SUPERVENIENTE DE NORMA REGULAMENTADORA E OS EFEITOS EM RELAÇÃO À INJUNÇÃO COLETIVA ANTERIORMENTE CONCEDIDA

– Quando a autoridade competente editar a norma infraconstitucional necessária para conceder efetividade à norma constitucional de eficácia limitada, cessa a chamada mora legislativa, e, a partir de então, não só se torna impossível a impetração deste remédio constitucional, como também devem ser julgados extintos, sem resolução do mérito, os mandados de injunção que ainda estiverem em trâmite, antes da decisão definitiva de mérito.

– A partir da edição da norma regulamentadora, é esta quem passa a regulamentar, desde sua edição (com efeitos *ex nunc*, portanto), o exercício do direito, da liberdade ou da prerrogativa constitucional para todos os que forem seus titulares. Por outro lado, caso a norma regulamentadora seja mais favorável aos beneficiários de injunções individuais transitadas em julgado, aquela norma deverá produzir efeitos *ex tunc*, ou seja, **retroativos**.

8.22 A IMPOSSIBILIDADE DE CONCESSÃO DE LIMINAR EM SEDE DE MANDADO DE INJUNÇÃO COLETIVO

Valem, para o mandado de injunção coletivo, as mesmas afirmações que fizemos, quando do estudo do mandado de injunção individual. Com efeito, a lei que regulamentou o mandado de injunção não contém nenhuma regra que preveja a possibilidade de concessão de liminar em sede deste remédio constitucional. Por outro lado, seu artigo 14 dispõe expressamente que devem ser aplicadas subsidiariamente, a esta ação constitucional, as normas do mandado de segurança e do Código de Processo Civil. Cabe então perguntar: é possível falar-se em concessão de liminar, em sede de mandado de injunção, com aplicação subsidiária do artigo 7º, inciso III, da Lei do Mandado de Segurança?

O Supremo Tribunal Federal, antes mesmo da edição da Lei 13.300/2016 (diploma legal que regulamenta os mandados de injunção individual e coletivo, e que não contém, como vimos, nenhuma regra tratando do caso), já havia se manifestado sobre a questão, decidindo-se expressamente pela impossibilidade de tal concessão, seja de natureza cautelar, seja de natureza antecipatória. Sobre o tema, sugerimos a leitura do seguinte acórdão: AC 124 AgR, relator ministro Marco Aurélio, Pleno, julgado em 23.9.2004, *DJ* 12.11.2004, p. 6.

E se não é possível concessão de liminar, tanto de natureza cautelar, como de natureza antecipatória, em sede de mandado de injunção, também não há que se falar na aplicação, nesta modalidade de processo, de todas as regras constantes dos parágrafos daquele mesmo artigo 7º, da Lei do Mandado de Segurança. Não há que se falar, igualmente, da aplicação do artigo 8º, do mesmo diploma legal[35], uma vez que referido dispositivo legal trata da perempção ou decadência da liminar, por inércia do impetrante.

8.23 PRINCIPAIS REGRAS PROCEDIMENTAIS SOBRE O MANDADO DE INJUNÇÃO COLETIVO

A petição inicial deverá preencher os requisitos estabelecidos pela lei processual (por exemplo, os fixados pelos artigos 319 e 320, do Código de Processo Civil). A despeito de o mandado de injunção dever ser impetrado, como vimos, contra a autoridade ou o órgão omisso, e não contra a pessoa jurídica a que pertence ou estiver vinculado, a petição inicial também deverá indicar esta última. Quando não for transmitida por meio eletrônico, a petição inicial e os documentos que a instruem serão acompanhados de tantas vias quantos forem os impetrados.

Quando o documento necessário à prova do alegado encontrar-se em repartição ou estabelecimento público, em poder de autoridade ou de terceiro, havendo recusa em fornecê-lo por certidão, no original, ou em cópia autêntica, será ordenada, a pedido do impetrante, a exibição do documento no prazo de 10 (dez) dias, devendo, nesse caso, ser juntada cópia à segunda via da petição. Se a recusa em fornecer o documento, contudo, for do próprio impetrado, a ordem será feita no próprio instrumento da notificação.

Recebida a petição inicial, será ordenada: (a) a notificação do impetrado sobre o conteúdo da petição inicial, devendo-lhe ser enviada a segunda via apresentada com as cópias dos documentos, a fim de que, no prazo de 10 (dez) dias, preste informações; e (b) a ciência do ajuizamento da ação ao órgão de representação judicial da pessoa jurídica interessada, devendo ser-lhe enviada cópia da petição inicial, para que, querendo, ingresse no feito.

De maneira semelhante ao que se dá com o mandado de segurança, caso haja apresentação intempestiva das informações, ou mesmo ausência de sua apresentação, pela autoridade ou órgão impetrado, tal circunstância não importa na produção dos normais efeitos da revelia (presunção de verossimilhança dos fatos alegados pelo impetrante), já

---

35. Lei 12.016/2009, artigo 8º: "Será decretada a perempção ou caducidade da medida liminar *ex officio* ou a requerimento do Ministério Público quando, concedida a medida, o impetrante criar obstáculo ao normal andamento do processo ou deixar de promover, por mais de 3 (três) dias úteis, os atos e as diligências que lhe cumprirem".

8 • REMÉDIOS CONSTITUCIONAIS PARA TUTELA DE DIREITOS COLETIVOS   305

que a omissão do Estado em regulamentar o direito ou garantia constitucional deve restar inequivocamente demonstrada.

A petição inicial do mandado de injunção coletivo será desde logo indeferida quando a impetração for manifestamente incabível ou manifestamente improcedente. Do indeferimento da petição inicial, caso tenha sido decidido por um juiz de primeiro grau[36], caberá *apelação*. Caso a competência para processo e julgamento do mandado de injunção caiba originariamente a um tribunal, caberá *agravo interno* da decisão do relator que o indeferir, dirigido ao órgão competente do tribunal a que ele pertença (artigo 6°, parágrafo único, da Lei 13.300/2016).

Nos expressos termos do artigo 14, da Lei 13.300/2016, aplicam-se subsidiariamente ao mandado de injunção (tanto o individual como o coletivo) as normas do mandado de segurança (Lei 12.016/2009) e do Código de Processo Civil. Por esta razão, será denegada a injunção coletiva nos casos em que o juiz deve julgar extinto o processo, sem resolução de mérito, conforme previsto no artigo 485, do Código de Processo Civil[37].

Também no que diz respeito ao mandado de injunção coletivo, o Ministério Público deverá opinar no feito, na condição de fiscal da ordem jurídica, no prazo improrrogável de 10 (dez) dias (artigo 7°, da Lei 13.300/2016). Com ou sem o parecer do *parquet*, os autos serão conclusos para decisão. Muito embora não explicitado na lei de regência, a decisão sobre o mérito da injunção deverá ser proferida em 30 (trinta) dias, conforme determina, em caráter expresso e inequívoco, o artigo 12, parágrafo único, da Lei do Mandado de Segurança (Lei 12.016/2009).

Da sentença do juiz de primeiro grau que denegar ou conceder a injunção, como vimos, caberá apelação (artigo 14, Lei 12.016/2009 e artigo 1.009 do Código de Processo Civil). Procedente o mandado de injunção, a sentença estará obrigatoriamente sujeita ao duplo grau de jurisdição. Naturalmente, havendo obscuridade, contradição, omissão ou erro material no julgado, caberão embargos de declaração (artigo 1.022, do Código de Processo Civil).

Nos casos de competência originária dos tribunais, caberá ao relator a instrução do processo, sendo assegurada a defesa oral na sessão de julgamento (a chamada sustentação oral). Não se aplica plenamente ao procedimento do mandado de injunção, contudo, as normas do artigo 16 e parágrafo único, da Lei do Mandado de Segurança[38], uma vez que, conforme entendimento do Pretório Excelso, *não cabe concessão de medida cautelar ou de antecipação de tutela em mandado de injunção*. Somente será cabível tal recurso, portanto, caso haja eventual concessão de liminar, pelo relator[39].

---

36. Caso, por exemplo, de omissão de uma autoridade administrativa em regulamentar uma norma infraconstitucional que conferiu aplicabilidade a uma norma constitucional de eficácia limitada.

37. Neste caso, por não ter havido o exame do mérito, naturalmente será possível a impetração de novo mandado de injunção coletivo, com o mesmo pedido.

38. Lei 12.016/2009, artigo 16: "Nos casos de competência originária dos tribunais, caberá ao relator a instrução do processo, sendo assegurada a defesa oral na sessão do julgamento. Parágrafo único. Da decisão do relator que conceder ou denegar a medida liminar caberá agravo ao órgão competente do tribunal que integre".

39. Nestes termos, por exemplo, é o entendimento de Elpídio Donizetti: "Não obstante a lei do mandado de segurança (Lei 12.016/09) prever a possibilidade, no art. 7°, § 1°, de interposição de agravo de instrumento contra decisão que conceder ou denegar o pedido liminar, esse recurso somente será viável quando a liminar for concedida. É que o STF considera incabível o deferimento de liminar ou antecipação de tutela em sede de mandado de injunção". *Op. cit.*, p. 126.

306 DIREITO PROCESSUAL CONSTITUCIONAL • Paulo Roberto de Figueiredo Dantas

Da mesma forma que se dá com o mandado de segurança (artigo 25, da Lei 12.016/2009), não cabe a condenação do sucumbente em honorários advocatícios em sede de mandado de injunção coletivo. A lei ressalva, contudo, a possibilidade de aplicação de sanções no caso de litigância de má-fé, que podem ser dirigidas não só ao impetrante do mandado de injunção coletivo, como também a todos os que tenham atuado no feito.

8.24 AÇÃO POPULAR

Conforme ressaltam os doutrinadores, a ação popular remonta ao direito romano, por meio da denominada *actio popularis*, que permitia a qualquer um do povo valer-se daquela ação para a defesa de interesses da coletividade, da coisa pública (*res publica*). No direito pátrio, foi prevista pela primeira vez na Constituição de 1934[40]. Ausente na Constituição de 1937, a ação popular foi albergada por todas as Constituições brasileiras posteriores, mesmo sem usar, de maneira explícita, o termo *ação popular*.

Na Constituição de 1988, está expressamente prevista no artigo 5º, inciso LXXIII, o qual dispõe que "qualquer cidadão é parte legítima para propor ação popular que vise a anular ato lesivo ao patrimônio público ou de entidade de cue o Estado participe, à moralidade administrativa, ao meio ambiente e ao patrimônio histórico e cultural, ficando o autor, salvo comprovada má-fé, isento de custas judiciais e do ônus da sucumbência".

A ação popular foi regulamentada pela Lei 4.717, de 29 de junho de 1965. Embora editada sob a vigência da Constituição de 1946 (cerca de 19 anos após a edição daquela Carta Magna), muito anterior, portanto, à promulgação da Constituição Federal de 1988, foi por esta recepcionada, por se tratar, indubitavelmente, de uma lei materialmente compatível com o texto constitucional vigente.

Na definição de Maria Sylvia Zanella Di Pietro[41], a ação popular é "a ação civil pela qual qualquer cidadão pode pleitear a invalidação de atos praticados pelo poder público ou entidades de que participe, lesivos ao patrimônio público, ao meio ambiente, à moralidade administrativa ou ao patrimônio histórico e cultural, bem como a condenação por perdas e danos dos responsáveis pela lesão".

A ação popular, conforme ressalta a doutrina, é uma decorrência lógica do *princípio republicano*. Com efeito, tendo em vista que o patrimônio público pertence ao povo, nada mais justo que este último possa fiscalizar aquilo que lhe pertence. Dessa forma, além de outras formas estabelecidas para a fiscalização da coisa pública (tais como a fiscalização pelo Poder Legislativo, com o auxílio dos Tribunais de Contas), a Constituição vigente conferiu ao cidadão a possibilidade de se valer do Poder Judiciário para semelhante mister.

O remédio constitucional ora em estudo é uma das formas de exercício da soberania popular, conforme previsto nos artigos 1º e 14, da Carta Magna de 1988, ao lado, por exemplo, do direito de votar e de ser votado em eleições, do direito de iniciativa popular de projetos

---

40. Constituição de 1934, artigo 113, n. 38: "Qualquer cidadão será parte legítima para pleitear a anulação ou a declaração de nulidade de atos lesivos ao patrimônio da União, dos Estados e dos Municípios".
41. *Op. cit.*, p. 800.

8 • REMÉDIOS CONSTITUCIONAIS PARA TUTELA DE DIREITOS COLETIVOS 307

de lei, de utilização dos mecanismos de democracia direta (plebiscito e referendo), além do direito de organização e de participação em partidos políticos.

Com base em tudo o que mencionamos supra, podemos concluir que a ação popular é uma ação constitucional de natureza civil, cuja titularidade é exclusiva do cidadão, e que, amparada no princípio republicano, tem por escopo a proteção da coisa pública (*res publica*) por meio da anulação ou da declaração de nulidade de atos praticados pelo Estado, ou por quem lhe faça as vezes, quando lesivos ao patrimônio público, à moralidade administrativa, ao meio ambiente ou ao patrimônio histórico e cultural.

8.25 HIPÓTESES DE CABIMENTO DA AÇÃO POPULAR

Referida ação tem por objetivo principal, como vimos do próprio dispositivo constitucional que a instituiu, anular ou declarar a nulidade de ato lesivo ao patrimônio público, à moralidade administrativa, ao meio ambiente ou ao patrimônio histórico e cultural. Tem por fundamento, portanto, a *lesividade*, a ocorrência de ato que se revele lesivo ao patrimônio público, à moralidade pública, ao meio ambiente, ou, ainda, ao patrimônio histórico e cultural.

A doutrina que prevalecia, antes da edição da Constituição de 1988, que ampliou as hipóteses de cabimento da ação popular, afirmava ser indispensável a existência do *binômio ilegalidade/lesividade*, para que pudesse ser proposta referida ação constitucional. *Era indispensável, portanto, que o ato, além de lesivo ao patrimônio público, fosse também ilegal.*

Ocorre que a Constituição de 1988 também faz menção ao termo "ofensa à moralidade administrativa", como uma das hipóteses de cabimento da ação popular. Reforça tal ideia, aliás, o artigo 37, *caput*, também da Carta Magna, que expressamente relaciona a moralidade como um dos princípios a que a Administração Pública direta e indireta está sujeita[42].

Com base nessa realidade, a moderna doutrina afirma que a Constituição de 1988 permitiu que a *imoralidade*, por si só, passasse a constituir fundamento suficiente para propositura da ação popular, independentemente da necessidade de demonstração da ocorrência de ilegalidade. Dessa forma, referida ação constitucional também poderá ser proposta com fundamento na imoralidade administrativa. Nestes termos, por exemplo, é a excelente lição de Maria Sylvia Zanella Di Pietro[43]:

"Quanto à imoralidade, sempre houve os que a defendiam como fundamento suficiente para a ação popular. Hoje, a ideia se reforça pela norma do artigo 37, caput, da Constituição, que inclui a moralidade como um dos princípios a que a Administração Pública está sujeita. Tornar-se-ia letra morta o dispositivo se a prática de ato imoral não gerasse a nulidade do ato da Administração. Além disso, o próprio dispositivo concernente à ação popular permite concluir que a imoralidade se constitui em fundamento autônomo para propositura da ação popular, independentemente de demonstração de ilegalidade, ao permitir que ela tenha por objeto anular ato lesivo à moralidade administrativa".

---

42. Constituição Federal, artigo 37, *caput*: "A administração pública direta e indireta de qualquer dos Poderes da União, dos Estados, do Distrito Federal e dos Municípios obedecerá aos princípios de legalidade, impessoalidade, moralidade, publicidade e eficiência e, também, ao seguinte".

43. *Op. cit.*, p. 801-802.

Portanto, podemos afirmar, em conclusão, que a ação popular tem por fundamento a *lesividade* (ao patrimônio público, à moralidade pública, ao meio ambiente, ou, ainda, ao patrimônio histórico e cultural), *não necessitando estar presente a ilegalidade em sentido estrito*. Com efeito, conforme determina a própria Constituição Federal, será possível a propositura dessa ação constitucional independentemente de comprovação de ilegalidade, bastando demonstrar que o ato causou *lesão* ao patrimônio público, à moralidade pública, ao meio ambiente e ao patrimônio histórico e cultural.

Nos termos do artigo 2º da lei da ação popular, são nulos os atos lesivos ao patrimônio público nos casos de "incompetência, vício de forma, ilegalidade do objeto, inexistência dos motivos e desvio de finalidade". Essas diversas hipóteses de nulidade têm as respectivas definições fornecidas pelo parágrafo único, daquele mesmo artigo 2º, da lei de regência.

Com efeito, segundo referido dispositivo legal, em sua alínea "a", a incompetência fica caracterizada "quando o ato não se incluir nas atribuições legais do agente que o praticou". Vício de forma, por sua vez, consiste "na omissão ou na observância incompleta ou irregular de formalidades indispensáveis à existência ou seriedade do ato" (alínea "b").

A ilegalidade do objeto, nos termos da alínea "c", ocorre "quando o resultado do ato importa em violação de lei, regulamento ou outro ato normativo". A inexistência dos motivos se verifica "quando a matéria de fato ou de direito, em que se fundamenta o ato, é materialmente inexistente ou juridicamente inadequada ao resultado obtido" (alínea "d"). O desvio de finalidade, por fim, dá-se "quando o agente pratica o ato visando a fim diverso daquele previsto, explícita ou implicitamente, na regra de competência" (alínea "e").

O artigo 4º, da Lei 4.717/1965, ao seu turno, traz um extenso rol de hipóteses em que os atos ou contratos celebrados pelo Estado, ou por entidades a este vinculadas, são também considerados nulos. As hipóteses ali descritas, é importante ressaltar, são apenas *exemplificativas*. Trata-se, portanto, de um rol não taxativo, possibilitando a propositura desse remédio constitucional em outros casos, desde que presentes os pressupostos de admissibilidade da ação popular mencionados acima.

No que respeita ao *patrimônio público*, faz-se mister esclarecer que este deve ser compreendido em seu *sentido amplo*, não se restringindo ao das pessoas políticas tão somente (União, Estados, Distrito Federal e Municípios), mas também ao de qualquer pessoa jurídica cujo patrimônio pertença direta ou indiretamente ao Estado, inclusive entidades paraestatais e demais entidades subvencionadas pelos cofres públicos.

De fato, nos termos do artigo 1º, da Lei 4.717/1965, o patrimônio público abrange o da União, do Distrito Federal, dos Estados, dos Municípios, das entidades autárquicas, das sociedades de economia mista, das sociedades mútuas de seguro nas quais a União represente os segurados ausentes, das empresas públicas e dos serviços sociais autônomos.

Abrange, ainda, conforme prossegue o mesmo dispositivo legal, as instituições ou fundações para cuja criação ou custeio o tesouro público haja concorrido com mais de 50% (cinquenta por cento) do patrimônio ou receita ânua, empresas incorporadas ao patrimônio da União, Distrito Federal, Estados e Municípios, e de quaisquer pessoas jurídicas ou entidades subvencionadas pelos cofres públicos.

8 • REMÉDIOS CONSTITUCIONAIS PARA TUTELA DE DIREITOS COLETIVOS 309

Ademais, nos expressos termos do § 1º daquele mesmo artigo 1º, também devem ser considerados patrimônio público, para os fins referidos na lei, "os bens e direitos de valor econômico, artístico, estético, histórico ou turístico". Esta norma permite-nos concluir que são considerados patrimônio público, para fins de proteção por meio da ação popular, *os bens corpóreos e os incorpóreos*[44].

Portanto, podemos definir como patrimônio público, sujeito à proteção da ação popular, não só o patrimônio material e imaterial das pessoas políticas (União, Estados, Distrito Federal e Municípios), como também de suas autarquias, fundações (públicas e privadas), empresas públicas, sociedades de economia mista, consórcios públicos, entidades paraestatais (caso, por exemplo, das organizações sociais e serviços sociais autônomos), além de quaisquer outras entidades que recebam recursos dos cofres públicos.

Já a *moralidade administrativa*, outro dos bens jurídicos protegidos pela ação popular, constitui um dos pressupostos de validade dos atos da Administração Pública (conforme expressamente previsto no artigo 37, *caput*, da Carta Magna), que impõe ao administrador público uma atuação em conformidade com a ética, com a boa-fé, com os bons costumes, vedando àquele agir com o objetivo malicioso de causar prejuízos a outrem, seja ao administrado, seja à própria Administração Pública.

A ação popular também poderá ser proposta, como já vimos, para a proteção *do meio ambiente e do patrimônio histórico e cultural*. A Constituição de 1988 passou a prever a proteção ao meio ambiente como um dos direitos fundamentais a serem por ela tutelados. É o que se pode verificar, por exemplo, da leitura de seu artigo 225: "Todos têm direito ao meio ambiente ecologicamente equilibrado, bem de uso comum do povo e essencial à sadia qualidade de vida, impondo-se ao Poder Público e à coletividade o dever de defendê-lo e preservá-lo para as presentes e futuras gerações".

O conceito de meio ambiente, devemos mencionar, nos é dado pelo artigo 3º da Lei 6.983/1981 (a denominada Lei da Política Nacional do Meio Ambiente, recepcionada pela Carta Magna de 1988), que o define como "o conjunto de condições, leis, influências e interações de ordem física, química e biológica, que permite, abriga e rege a vida em todas as suas formas".

O meio ambiente é costumeiramente dividido, pela doutrina, em 4 (quatro) espécies: *meio ambiente natural, meio ambiente do trabalho, meio ambiente artificial* e *meio ambiente cultural*. O primeiro refere-se ao ar, solo, água, fauna e flora, indispensáveis à subsistência do homem, e que por este não foram criados. O segundo, por sua vez, é relativo ao local em que o ser humano exerce seu labor, seja profissionalmente ou não, e, conforme lição de Celso Antonio Pacheco Fiorillo[45], deve ser salubre, sem agentes que comprometam a incolumidade físico-psíquica dos trabalhadores.

---

44. Nestes termos, por exemplo, é a lição de Adolfo Mamoru Nishiyama: "O patrimônio público como objeto da ação popular deve ser considerado o mais amplo possível. Abrange, portanto, todas as coisas, corpóreas e incorpóreas, móveis ou imóveis, créditos, direitos e ações que pertençam à União, aos Estados-membros, ao Distrito Federal e ao Município, bem como à sua administração indireta".
45. *Curso de direito ambiental brasileiro*. 3. ed. Saraiva, 2002, p. 22-23.

O meio ambiente artificial, ao seu turno, refere-se a tudo que foi erigido pelo ser humano, que constitui obra deste. Já o meio ambiente cultural, conforme definição de José Afonso da Silva[46], "é integrado pelo patrimônio histórico, artístico, arqueológico, paisagístico, turístico, que embora artificial, em regra, como obra do homem, difere do anterior (que também é cultural) pelo sentido de valor especial".

Da leitura daquela definição de meio ambiente cultural, podemos perceber que o patrimônio histórico e cultural, expressamente protegido pela ação popular, está incluído no âmbito do chamado *meio ambiente cultural*. Podemos concluir, portanto, que a Constituição Federal, ao conceder proteção expressa, por meio desta ação constitucional, tanto ao meio ambiente como ao patrimônio histórico e cultural, pretendeu deixar claro que *pretendia tutelar não só o meio ambiente natural, como também o meio ambiente cultural*.

Vale mencionar, por fim, que não será cabível ação popular contra atos de conteúdo jurisdicional. Com efeito, conforme ressalta a jurisprudência pátria, inclusive do Pretório Excelso, referidos atos não se revestem de caráter administrativo, razão pela qual devem ser excluídos do âmbito de incidência da ação popular, notadamente levando-se em conta que estão sujeitos a recursos, bem como à ação rescisória, o que evidencia, inclusive, a falta de interesse de agir para a propositura desta ação constitucional.

HIPÓTESES DE CABIMENTO DA AÇÃO POPULAR

– Referida ação, conforme se pode verificar da simples leitura da Constituição Federal, tem por escopo principal anular ou declarar a nulidade de ato lesivo ao patrimônio público, à moralidade administrativa, ao meio ambiente e ao patrimônio histórico e cultural.

– A ação será cabível, portanto, quando houver **lesividade**, a ocorrência de um ato que se revele danoso ao patrimônio público, à moralidade pública, ao meio ambiente, ou, ainda, ao patrimônio histórico e cultural.

– A doutrina que prevalecia, antes da edição da Constituição de 1988, afirmava ser indispensável a existência do binômio ilegalidade/lesividade, para que pudesse ser proposta referida ação constitucional. Era indispensável, portanto, que o ato, além de lesivo ao patrimônio público, fosse também ilegal.

– A moderna doutrina, contudo, afirma que a Constituição de 1988 permitiu que a *imoralidade*, por si só, passasse a constituir fundamento suficiente para propositura da ação popular, independentemente da necessidade de demonstração da ocorrência de ilegalidade. Dessa forma, referida ação constitucional também poderá ser proposta com fundamento na imoralidade administrativa.

– No que respeita ao patrimônio público, faz-se mister esclarecer que este deve ser compreendido em seu **sentido amplo**, não se restringindo ao das pessoas políticas tão somente, mas também ao de qualquer pessoa jurídica cujo patrimônio pertença indiretamente ao Estado, inclusive entidades paraestatais e demais entidades subvencionadas pelos cofres públicos.

8.26 LEGITIMAÇÃO ATIVA E PASSIVA DA AÇÃO POPULAR

A ação popular, nos expressos termos da Constituição Federal, somente poderá ser proposta pelo *cidadão*. Logo, o sujeito ativo da ação popular deverá ser o nacional (nato ou

---

46. *Direito ambiental constitucional*. Malheiros, 1994, p. 3.

naturalizado), em pleno gozo de seus direitos políticos. Dito de outro modo, a legitimidade ativa *ad causam* da ação popular é exclusiva do *nacional eleitor* (cidadão). A condição de cidadão deverá ser comprovada com a juntada do título de eleitor à petição inicial.

Não poderão figurar no polo ativo dessa ação, portanto, os apátridas (sem pátria, sem nacionalidade definida), os estrangeiros, os conscritos[47] (durante o período de serviço militar obrigatório), as pessoas jurídicas,[48] e, também, os brasileiros que ainda não tenham se alistado como eleitores.

Também não poderão ser autores de ação popular, naturalmente, aqueles que estejam com seus direitos políticos suspensos ou perdidos,[49] nos termos do artigo 15, da Constituição Federal, o que ocorre nos seguintes casos: cancelamento da naturalização por sentença transitada em julgado; incapacidade civil absoluta; condenação criminal transitada em julgado, enquanto durarem seus efeitos; recusa de cumprir obrigação a todos imposta ou prestação alternativa, nos termos do artigo 5º, VIII, da Carta Magna; e improbidade administrativa, nos termos do artigo 37, § 4º, da Lei Maior.

Devemos ressaltar que há outra hipótese de suspensão dos direitos políticos, que não consta do rol daquele artigo 15, de nossa Lei Maior, mas que também encontra amparo no próprio texto constitucional. Trata-se da hipótese fixada pelo artigo 52, parágrafo único, da Constituição, que prevê a perda do cargo, com inabilitação para o exercício de função pública por 8 (oito) anos, dos agentes políticos ali especificados (caso, por exemplo, do presidente da República), quando estes forem condenados por crime de responsabilidade. Nesta hipótese, portanto, também não poderão ser autores de ação popular.

Como a maioridade eleitoral poderá ocorrer aos 16 (dezesseis) anos de idade, nos termos do artigo 14, § 1º, inciso II, alínea *c*, da Carta Magna, será a partir dessa idade que surgirá a legitimidade ativa *ad causam* para a propositura da ação popular. Contudo, é importante mencionar que, para a corrente jurisprudencial e doutrinária predominante, aquele menor possui legitimidade ativa, mas não capacidade para estar em juízo, necessitando, portanto, ser assistido pelo representante legal[50].

Na ação popular, o cidadão age em nome próprio, na defesa de interesse do Estado. Para a doutrina e jurisprudência predominantes, há aqui uma hipótese de *legitimação extraordinária*. É importante ressaltar, contudo, que parte da doutrina entende que o autor da ação popular não age na defesa da coletividade, mas sim de interesse que lhe é próprio, não havendo que se falar, portanto, em hipótese de substituição processual.

Conforme dispõe o artigo 6º, § 5º, da Lei da ação Popular, "é facultado a qualquer cidadão habilitar-se como litisconsorte ou assistente do autor da ação popular". Referida

---

47. Os conscritos são as pessoas convocadas e devidamente incorporadas ao serviço militar obrigatório. Durante todo este período de serviço militar obrigatório, não podem alistar-se como eleitores e, por consequência, ficam impossibilitadas de votar e serem votadas.

48. Nesses termos é a Súmula 365, do Supremo Tribunal Federal: "Pessoa jurídica não tem legitimidade para propor ação popular".

49. A distinção entre perda e suspensão de direitos políticos está no caráter *permanente* da primeira (perda dos direitos políticos); e provisório da segunda (suspensão).

50. Outros autores, contudo, consideram que o cidadão menor de 18 (dezoito) anos de idade não necessita de assistência para propor ação popular, por se tratar de um direito político. É o caso, por exemplo, de Alexandre de Moraes. *Op. cit.*, p. 189.

ação, portanto, permite o litisconsórcio ativo e a assistência. Contudo, é importante ressaltar: para que seja permitido esse ingresso posterior, é indispensável que o cidadão comprove seu interesse processual.

Nos termos do artigo 9º, da Lei 4.717/1965, o Ministério Público poderá assumir o polo ativo da ação popular, caso o autor desista dela, ou deixe de dar regular prosseguimento à demanda. O artigo 16, do mesmo diploma legal, por sua vez, dispõe que o *parquet* promoverá a execução da ação popular, sob pena de falta grave, caso o autor da ação, ou terceiro interessado, não promova sua execução, no prazo legal.

É importante ressaltar, contudo, que referidos dispositivos legais não conferem ao membro do Ministério Público a condição de parte legítima para propositura da ação. Somente poderá atuar posteriormente, caso o autor da ação desista ou deixe de dar andamento a ela, ou, na fase de execução, caso não haja promoção desta pelo autor ou por terceiro. Não se trata, em outras palavras, de um legitimado ativo originário dessa ação.

Um membro do Ministério Público, entretanto, poderá ser parte legítima da ação popular, caso a proponha na condição de cidadão. Conforme jurisprudência, o membro do Ministério Público poderá também aditar a petição inicial, sendo certo, ademais, que atua neste processo, obrigatoriamente, e sob pena de nulidade, a partir do momento em que não for regularmente intimado, na condição de fiscal da ordem jurídica.

A ação constitucional ora em estudo poderá ser proposta em qualquer localidade, já que a condição de cidadão é nacional. Assim, um cidadão que mora em Porto Alegre, no Estado do Rio Grande do Sul, poderá propor ação popular contra ato lesivo ao patrimônio público, à moralidade administrativa, ao meio ambiente e ao patrimônio histórico e cultural, praticado no município de Manaus, Estado do Amazonas, por exemplo.

No que se refere à legitimidade passiva *ad causam*, geralmente haverá aqui um litisconsórcio passivo *necessário*, no qual estarão incluídos, obrigatoriamente, o poder público, os agentes que determinaram ou celebraram o ato, bem como os eventuais beneficiários do ato lesivo ao patrimônio público, tudo conforme se pode depreender da simples leitura do artigo 6º, da Lei 4.717/1965, *in verbis*:

> *"Art. 6º A ação popular será proposta contra as pessoas públicas ou privadas e as entidades referidas no art. 1º, contra as autoridades, funcionários ou administradores que houverem autorizado, ratificado ou praticado o ato impugnado, ou que, por omissão, tiverem dado oportunidade à lesão, e contra os beneficiários diretos dos mesmos".*

Por se tratar de um litisconsórcio passivo necessário, será obrigatória, sob pena de nulidade, a citação da pessoa jurídica de direito público ou de direito privado (que recebeu dinheiro dos cofres públicos) que sofreu a lesão. É importante ressaltar, contudo, que referida pessoa jurídica poderá abster-se de contestar o pedido, ou até mesmo poderá atuar ao lado do autor, desde que isso se afigure útil ao interesse público, a juízo do respectivo representante legal ou dirigente, tudo como autoriza o § 3º, do mesmo artigo 6º, da lei de regência.

As autoridades (pessoas naturais) que praticarem os atos apontados como lesivos também deverão figurar expressamente no polo passivo, sob pena de nulidade do feito. O mesmo se diga em relação aos beneficiários do ato. Contudo, nos termos do artigo 6º,

§ 1º, da Lei 4.717/1965, se não houver beneficiário direto, ou se ele for indeterminado ou desconhecido, a ação será proposta somente contra as demais pessoas indicadas naquele artigo.

A lei prevê, de outro turno, que os beneficiários poderão ser citados por edital (artigo 7º, § 2º, inciso II). Entretanto, tratando-se de beneficiário individualizado, é evidente que este deverá ser citado pessoalmente, sendo citado por edital apenas se a citação pessoal não tiver sucesso, como se dá, por exemplo, quando o réu se encontra em lugar inacessível, incerto ou não sabido.

LEGITIMIDADE ATIVA E PASSIVA DA AÇÃO POPULAR

– A ação popular somente poderá ser proposta pelo *cidadão (o nacional eleitor)*, o qual age em nome próprio defendendo o interesse do Estado. A condição de cidadão deverá ser comprovada com a juntada do título de eleitor à petição inicial da ação.

– Não poderão figurar no polo ativo da ação os *estrangeiros*, os *apátridas*, os *conscritos* (durante o período de serviço militar obrigatório), as *pessoas jurídicas*, os brasileiros que ainda não tenham se alistado como eleitores, além daqueles que estejam com seus direitos políticos suspensos ou perdidos.

– No tocante à legitimidade passiva *ad causam*, deverá haver um *litisconsórcio passivo necessário*, no qual estarão incluídos, obrigatoriamente, o poder público, os agentes que determinaram ou celebraram o ato, bem como os eventuais beneficiários do ato lesivo ao patrimônio público (artigo 6º da Lei 4.717/1965).

8.27 COMPETÊNCIAS EM SEDE DE AÇÃO POPULAR

Como pudemos notar, ao estudar os demais remédios constitucionais, todos eles continham normas constitucionais expressas, fixando competências para seu processo e julgamento, tanto perante o Supremo Tribunal Federal e Tribunais Superiores, como também em relação aos demais órgãos jurisdicionais. O mesmo, contudo, não ocorre em relação à ação popular.

A primeira norma a tratar de competência, em sede de ação popular, nós a encontramos no artigo 5º, *caput*, da Lei 4.717/1965, nos seguintes termos: "conforme a origem do ato impugnado, é competente para conhecer da ação, processá-la e julgá-la o juiz que, de acordo com a organização judiciária de cada Estado, o for para as causas que interessam à União, ao Distrito Federal, ao Estado ou ao Município".

A competência em sede de ação popular, portanto, será fixada pela Lei de Organização Judiciária de cada Estado ou do Distrito Federal, e levará em conta, nos termos daquele dispositivo legal, a *origem do ato impugnado* e o *interesse* da pessoa política envolvida, que sofreu a lesão. Expliquemos com um caso prático.

Na hipótese, por exemplo, da propositura de uma ação popular para anular uma licitação pública lesiva ao Estado de São Paulo, por não ter sido escolhida a proposta mais vantajosa para a Administração Pública, a Lei de Organização Judiciária do Estado determina que a competência para processo e julgamento da ação será de uma das Varas da Fazenda Pública de São Paulo.

Nos termos do § 1º do artigo 5º, da Lei da Ação Popular, os atos das pessoas criadas ou mantidas pela União, pelos Estados, pelo Distrito Federal e pelos Municípios, bem como os atos das sociedades de que elas sejam acionistas e os das pessoas ou entidades por elas subvencionadas ou em relação às quais tenham interesse patrimonial, são equiparados aos atos daquelas pessoas políticas, para fins de fixação de competência, em sede de ação popular.

Assim, quando o ato lesivo for praticado contra os interesses de uma autarquia, fundação pública, empresa pública, sociedade de economia mista, ou qualquer entidade que receba dinheiro público, a competência para o processo e julgamento da ação popular será a mesma fixada para o ente político a que estiver vinculada, na respectiva Lei de Organização Judiciária.

No caso específico de ações populares que interessem à União, suas autarquias, fundações públicas e empresas públicas, a competência para o processo e julgamento da ação popular será da Justiça Federal, conforme regra expressa do artigo 109, inciso I, da Carta Magna vigente. No caso de sociedade de economia mista, mesmo que o controle acionário dela seja da União, a competência para processar e julgar o feito será da Justiça Estadual, e não da Justiça Federal.

Como esclarece o § 2º, daquele mesmo artigo 5º, da lei de regência, quando o pleito interessar simultaneamente à União e a qualquer outra pessoa ou entidade, será competente o juiz das causas da União (no caso, a Justiça Federal); quando interessar simultaneamente ao Estado e ao Município, será competente o juiz das causas do Estado (normalmente, uma das Varas da Fazenda Pública, conforme disposto na respectiva Lei de Organização Judiciária).

Nos termos do artigo 5º, § 3º, da Lei 4.717/1965, a propositura da ação popular prevenirá a jurisdição do juízo para todas as ações que forem propostas contra as mesmas partes e sob os mesmos fundamentos. Referido dispositivo legal tem por escopo reunir as ações conexas, para evitar o risco de julgamentos contraditórios sobre o mesmo tema.

Vale mencionar, por fim, que a ação popular *será proposta sempre no primeiro grau de jurisdição*, independentemente de a autoridade que produziu o ato ter foro privilegiado (até mesmo contra ato do presidente da República e de Ministros do Supremo Tribunal Federal e de Tribunais Superiores). Há, contudo, uma exceção: no caso de ação popular proposta contra a União e Estado, em que estes adotam posições antagônicas, o julgamento caberá ao Supremo Tribunal Federal.

8.28 CONCESSÃO DE LIMINAR, SUSPENSÃO DE LIMINAR E DE SENTENÇA EM AÇÃO POPULAR

A Constituição Federal não faz qualquer menção sobre a possibilidade de concessão de liminar em ação popular. Somente a Lei 4.717/1965, em seu artigo 5º, § 4º (acrescentado pela Lei 6.513/1977) é que a prevê, de maneira indireta, ao dispor expressamente que, "na defesa do patrimônio público, caberá suspensão de *liminar* do ato lesivo impugnado".

Não resta dúvida, portanto, que será cabível a concessão de liminar (tanto de natureza cautelar quanto antecipatória) pelo juiz do feito, desde que estejam presentes os requisitos necessários para tal concessão (*fumus boni iuris* e *periculum in mora*). Na ação popular, diferentemente do que ocorre na ação civil pública, a liminar poderá ser concedida sem necessidade de oitiva prévia do representante judicial da pessoa jurídica de direito público.

Da decisão que deferir ou indeferir a liminar, caberá o recurso de agravo de instrumento, no prazo de 15 (quinze) dias, sendo em dobro no caso de recurso interposto por pessoa jurídica de direito público. Conforme expressamente disposto no artigo 4º, da Lei da Ação Popular, a pessoa de direito público interessada e o Ministério Público poderão, em caso de manifesto interesse público, ou de flagrante ilegitimidade, e para evitar grave lesão à ordem, à saúde, à segurança e à economia públicas, também pleitear ao presidente do Tribunal competente, independentemente de agravo, a suspensão da liminar e da sentença, proferida em sede de ação popular.

Segundo o Superior Tribunal de Justiça, a suspensão de liminar e da sentença também pode ser utilizada por pessoa jurídica de direito privado, quando delegatária de serviço público, e desde que ela esteja atuando na defesa de interesse público primário, ou seja, no interesse da coletividade. Sobre o tema, vide Agravo Interno na Suspensão de Liminar e de Sentença 3.169/RS, Corte Especial, relatora ministra Maria Thereza de Assis Moura, julgado em 15.03.2023.

Referidas medidas (suspensão de liminar e da sentença), cuja titularidade ativa é somente da pessoa jurídica de direito público interessada e do Ministério Público, e desde que estejam presentes os pressupostos autorizadores ali previstos, poderão ser utilizadas por eles independentemente da interposição do recurso previsto em lei, para combater a decisão judicial.

8.29 PRINCIPAIS REGRAS PROCEDIMENTAIS DA AÇÃO POPULAR

Nos termos do artigo 7º, da lei de regência, a ação popular obedecerá ao procedimento ordinário, previsto no Código de Processo Civil, com as normas modificativas ali previstas. Quer isso dizer, em outras palavras, que esta ação constitucional seguirá, tanto quanto possível, o rito ordinário estabelecido no Código de Processo Civil, observando-se, contudo, as alterações previstas na própria lei, para atender às especificidades desta ação.

A petição inicial, portanto, deverá atender aos requisitos dos artigos 319 e 320, do Código de Processo Civil. O juiz poderá determinar que o autor a adite ou a emende, caso estejam ausentes algum daqueles requisitos, ou caso a peça inaugural apresente defeitos ou irregularidades capazes de dificultar o julgamento de mérito, tudo no prazo de 10 (dez) dias, sob pena de indeferimento da exordial.

A peça inaugural da ação popular já deverá vir acompanhada dos documentos indispensáveis à comprovação dos fatos alegados pelo autor. Deverá o cidadão, portanto, requisitar pessoalmente os documentos ao Estado e, no caso de recusa deste em fornecê-los, comprovar tal fato ao juiz do feito.

Comprovada aquela recusa, o juiz requisitará os documentos. Caso o poder público se recuse, ainda assim, a fornecê-los, sob a alegação de que referidos documentos são sigilosos, o magistrado os requisitará, sob segredo de justiça, o qual cairá, ao final, se a ação for julgada procedente. É o que se pode concluir da leitura do artigo 1º, §§ 4º, 5º, 6º e 7º, todos da Lei 4.717/1965.

Essa ação admite a cumulação de pedidos, somando-se ao de anulação ou declaração de nulidade do ato lesivo ao patrimônio público, à moralidade administrativa, ao meio ambiente ou ao patrimônio histórico e cultural, o pedido de ressarcimento dos danos sofridos pelo Erário.

Ao despachar a petição inicial, o juiz determinará, além da citação dos réus, a intimação do Ministério Público. Também poderá requisitar às entidades indicadas na petição inicial os documentos que o autor lhes solicitou, mas que foram recusados sob o fundamento de sigilo. Poderá requisitar, ainda, outros documentos que reputar necessários ao esclarecimento dos fatos, fixando prazo de 15 (quinze) a 30 (trinta) dias para o atendimento.

O Estado e o agente que supostamente praticou o ato lesivo serão citados pessoalmente. A lei prevê, de outro turno, que os beneficiários poderão ser citados por edital. Entretanto, tratando-se de beneficiário individualizado, é evidente que este deverá ser citado pessoalmente, sendo citado por edital apenas se a citação pessoal não tiver sucesso.

Tendo em vista a aplicação subsidiária do Código de Processo Civil (artigo 22, da Lei 4.717/1965), não há dúvidas de que, para os réus citados por edital, e que restarem revéis, ou seja, que não oferecerem defesa, o juiz do feito deverá nomear curador especial, nos termos do artigo 72, inciso II, daquele diploma legal[51], sob pena de ofensa ao princípio constitucional da ampla defesa, e, por consequência, também ao do devido processo legal, igualmente previsto na Carta Magna.

Naturalmente, a ausência de defesa, por parte da entidade de direito público, não produzirá os normais efeitos da revelia (notadamente a presunção de verossimilhança dos fatos alegados pelo autor), uma vez que os direitos versados na demanda são indisponíveis, nos termos do artigo 345, inciso II, do Código de Processo Civil. O autor, portanto, não está livre do ônus de provar os fatos alegados na petição inicial, mesmo que o Estado não conteste a ação.

O poder público, devidamente citado, poderá impugnar a ação popular, pleiteando a improcedência do feito, ou concordar com os pedidos formulados pelo autor. Poderá, inclusive, mudar seu posicionamento no transcorrer do processo, até mesmo em segunda instância. *Não cabe, todavia, a propositura de reconvenção*, uma vez que o cidadão, substituto processual que é, não tem legitimidade para ser réu nessa ação.

Nos termos do artigo 7º, inciso IV, da Lei 4.717/1965, o prazo de citação é de 20 (vinte) dias, podendo ser prorrogado por mais 20 (vinte) dias, *no caso de dificuldade da defesa*. O juiz, contudo, não poderá prorrogá-lo de ofício, devendo haver pedido expresso da parte, *e desde que comprove justo motivo*. Ademais, referido prazo é singelo, não cabendo as regras do prazo em dobro, dos artigos 183[52] e 229[53], ambos do Código de Processo Civil.

---

51. Código de Processo Civil, artigo 72, inciso II: "O juiz dará curador especial ao: II – réu preso revel, bem como ao réu revel citado por edital ou com hora certa, enquanto não for constituído advogado".
52. Código de Processo Civil, artigo 183: "A União, os Estados, o Distrito Federal, os Municípios e suas respectivas autarquias e fundações de direito público gozarão de prazo em dobro para todas as suas manifestações processuais, cuja contagem terá início a partir da intimação pessoal".
53. Código de Processo Civil, artigo 229: "Os litisconsortes que tiverem diferentes procuradores, de escritórios de advocacia distintos, terão prazos contados em dobro para todas as suas manifestações, em qualquer juízo ou tribunal, independentemente de requerimento".

8 • REMÉDIOS CONSTITUCIONAIS PARA TUTELA DE DIREITOS COLETIVOS 317

Nessa ação, como mencionamos anteriormente, a participação do Ministério Público será obrigatória, em princípio como *custos legis* (fiscal da ordem pública), podendo, todavia, também figurar como autor, uma vez que a Lei 4.717/1965, em seu artigo 9º, confere àquele órgão *legitimidade subsidiária*, na hipótese de desistência ou abandono da ação popular, pelo cidadão que a havia proposto.

Não se pode deixar de mencionar, nesta oportunidade, que a lei proíbe ao Ministério Público a defesa do ato impugnado (artigo 6º, § 4º, da Lei 4.717/1965). Contudo, a doutrina e a jurisprudência consideram que essa regra é manifestamente inconstitucional, por violar a regra da independência do Ministério Público, garantida pelo artigo 127, § 1º, da Constituição Federal de 1988. Portanto, poderá defender o ato impugnado, desde que o faça com fundamento na Constituição e nas leis vigentes no país.

O prazo para a propositura da ação popular, nos termos do artigo 21 da Lei 4.717/1965 é de 5 (cinco) anos, a contar da realização do ato impugnado, e não do conhecimento, pelo cidadão, da ocorrência daquele ato. Nos termos do dispositivo legal em comento, referido prazo tem natureza prescricional, estando sujeito, portanto, às hipóteses de suspensão e interrupção da prescrição.

Terminada a instrução probatória, na qual se admite todo tipo de prova (desde que lícita, naturalmente), o juiz deverá prolatar a sentença, no prazo de 15 (quinze) dias, sob pena de ter de justificar o atraso, nos próprios autos, para que não seja excluído da lista de promoção por merecimento, por 2 (dois) anos, e de perda de tantos dias quantos forem os de atraso, para a promoção por antiguidade (artigo 7º, inciso VI, parágrafo único, Lei 4.717/1965).

Se a ação popular for julgada procedente, haverá condenação dos réus nas verbas de sucumbência, inclusive pagamento de honorários advocatícios. No caso de improcedência, entretanto, não haverá condenação nem em custas nem nos demais ônus da sucumbência, *a não ser que se prove má-fé do autor, hipótese em que este será condenado no pagamento do décuplo das custas.*

No caso de improcedência da ação popular, ou mesmo de extinção do processo, sem resolução de mérito, a sentença estará sujeita ao duplo grau de jurisdição, não produzindo efeito senão depois de confirmada pelo tribunal. Esse reexame necessário ocorrerá mesmo que o Estado tenha pedido a improcedência dos pedidos formulados na petição inicial.

Por fim, em relação à coisa julgada, são aplicadas as regras gerais do sistema: na hipótese de extinção sem resolução de mérito (ocorrência de simples coisa julgada formal), permite-se nova propositura da ação; no caso de sentença de mérito, dá-se a coisa julgada material. Contudo, o artigo 18 da Lei da Ação Popular permite, como exceção à regra, a propositura de nova ação, *caso a improcedência tenha sido fundada em insuficiência de provas.*

8.30 SÚMULA SOBRE A AÇÃO POPULAR

365 (STF): "Pessoa jurídica não tem legitimidade para propor ação popular".

8.31 AÇÃO CIVIL PÚBLICA

Modernamente, como se sabe, o direito de ação é considerado um direito subjetivo não só público como também autônomo, o que significa, em termos singelos, que pode ser exercitado mesmo que o autor não seja efetivamente o titular do direito material por ele pleiteado no pedido mediato, fato que pode ser facilmente evidenciado quando verificamos os casos em que a ação é julgada improcedente.

Portanto, devemos insistir, *a ação é sempre pública*. Contudo, não podemos deixar de ressaltar que parte da doutrina (e até mesmo alguns dispositivos normativos) ainda faz distinção entre ação pública e ação privada, afirmando que a diferença entre direito público e direito privado, no campo do direito material, deve projetar-se também na seara do direito processual, em razão do tipo de legitimado para agir que atua no feito.

De fato, para esses doutrinadores, quando o poder de agir for exercitado por um agente público estatal, que age por dever de ofício, independentemente de qualquer provocação de terceiros, estaremos diante de uma ação pública. Seria o caso das ações promovidas pelo Ministério Público, tanto na esfera penal, como na esfera civil. Por outro lado, quando a legitimidade ativa da ação for atribuída exclusivamente a um particular, ao titular do direito material invocado, aí teremos uma ação privada.

Nesse sentido, por exemplo, é o entendimento de Hugo Nigro Mazzilli[54], para quem, sob o aspecto doutrinário, a ação civil pública seria exclusivamente a ação de objeto não penal proposta pelo Ministério Público. Para todos os demais legitimados desta espécie de ação constitucional, que nada mais é que uma das modalidades de ação coletiva, o correto seria denominá-la *ação coletiva*. Eis as palavras do autor sobre o tema:

> *"Como denominaremos, pois, uma ação que verse a defesa de interesses difusos, coletivos ou individuais homogêneos? Se ela estiver sendo movida pelo Ministério Público, o mais correto, sob o prisma doutrinário, será chamá-la de ação civil pública. Mas se tiver sido proposta por associações civis, mais correto será denominá-la de ação coletiva".*

Contudo, como reconhece aquele ilustre doutrinador, a própria Lei 7.347/1985 não faz tal distinção, considerando como ação civil pública, desde que destinada à defesa dos bens e interesses por ela tutelados, a demanda proposta por quaisquer dos legitimados nela relacionados, até mesmo por aqueles com personalidade jurídica de direito privado. E, em nosso entender, o legislador agiu bem ao assim proceder, tendo em vista que a ação, como vimos, é sempre pública.

Como já mencionamos em outras oportunidades, a ação civil pública não está expressamente prevista no Título II da Constituição Federal (mais especificamente no artigo 5º), que trata dos direitos e garantias fundamentais. Esta circunstância, contudo, não lhe retira a inequívoca feição de ação constitucional, destinada a tutelar, de maneira semelhante ao que se dá com os demais remédios constitucionais, direitos e garantias constitucionais (fundamentais) que não estejam sendo respeitados, seja pelo poder público, seja por particulares, no uso de prerrogativas públicas.

---

54. *Op. cit.*, p. 70.

O primeiro diploma normativo a tratar especificamente da chamada ação civil pública é anterior à Constituição Federal de 1988. Trata-se da já revogada Lei Complementar 40, de 14 de dezembro de 1981, a antiga Lei Orgânica do Ministério Público, que dispunha, em seu artigo 3º, inciso III, estar entre as funções institucionais do Ministério Público a promoção da ação civil pública, sem fornecer, contudo, quaisquer esclarecimentos sobre a natureza e o objeto daquele instrumento processual.

A insigne Maria Sylvia Zanella Di Pietro nos lembra, contudo, que o primeiro diploma a tratar dessa ação, muito embora sem denominá-la explicitamente de ação civil pública, foi a Lei 6.938, de 31 de agosto de 1981, a qual definiu a política nacional do meio ambiente e concedeu expressamente, em seu artigo 14, § 1º, legitimação ao Ministério Público para propor ação de responsabilidade civil por danos ao meio ambiente.

Com a promulgação da Carta Magna de 1988, contudo, referida ação conquistou foro constitucional, passando a ser expressamente prevista no artigo 129, que trata das funções institucionais do Ministério Público. O inciso III, daquele dispositivo da Constituição Federal, é claro e inequívoco em conferir ao Ministério Público a competência para promover o inquérito civil e a *ação civil pública*, para a proteção do patrimônio público e social, do meio ambiente e de outros interesses difusos e coletivos.

Da simples leitura do dispositivo constitucional supramencionado, percebe-se que a ação civil pública tem por principal objetivo a proteção dos chamados *direitos ou interesses metaindividuais* ou *transindividuais*, também denominados de *interesses ou direitos coletivos em sentido lato*, gênero do qual são espécies os direitos difusos, os coletivos em sentido estrito e os individuais homogêneos.

Por outro lado, quando fizemos um breve estudo introdutório sobre os direitos e garantias fundamentais (Capítulo 6), vimos que aqueles direitos coletivos em sentido amplo, que estão definidos pelo artigo 81, parágrafo único, do Código de Defesa do Consumidor, são considerados direitos fundamentais de terceira geração.

Inequívoco, portanto, que a ação civil pública também é uma ação constitucional, ou uma garantia instrumental, que tem por fim precípuo não só proteger o patrimônio público e social, como também dar efetividade a direitos e garantias fundamentais, quando estes estiverem sendo desrespeitados, seja pelo Estado, seja por particulares no exercício de atribuições do Estado.

Esse entendimento, também já o mencionamos, é expressamente defendido por doutrinadores de escol. Podemos citar, a título de exemplo, Manoel Gonçalves Ferreira Filho, que trata da ação civil pública ao lado dos demais remédios constitucionais. Nas palavras deste autor, "a ação civil pública, embora não prevista no Título II da Constituição – 'Dos direitos e garantias fundamentais', alinha-se às demais garantias instrumentais dos direitos constitucionalmente deferidos".

No mesmo sentido é a lição de Gregório Assagra de Almeida[55], para quem "a Constituição da República Federativa do Brasil, confirmando a sua preocupação com a tutela dos direitos de massa, deu dignidade constitucional à denominada ação civil pública, e esse

---

55. *Direito processual coletivo brasileiro:* um novo ramo do direito processual. Saraiva, 2003, p. 305.

instrumento processual passou a ser também um verdadeiro remédio constitucional de tutela dos interesses e direitos massificados".

Portanto, devemos insistir, a ação civil pública é efetivamente uma das espécies de remédios constitucionais albergados pela Carta Magna de 1988. Contudo, ao contrário do *habeas corpus*, do mandado de segurança individual, do mandado de injunção individual e do *habeas data*, os quais têm por escopo a tutela de direitos e garantias individuais, referida ação de índole constitucional tem por objeto *a tutela dos chamados direitos coletivos em sentido amplo*.

A ação civil pública, na seara infraconstitucional, encontra-se atualmente regulamentada, em caráter precípuo, pela Lei 7.347, de 24 de julho de 1985, bem como pela Lei 8.078, de 11 de setembro de 1990, conhecida como Código de Defesa do Consumidor, sendo certo que, nesta última, podemos encontrar diversas regras sobre a tutela dos direitos e interesses coletivos, inclusive as definições legais relativas aos interesses difusos, aos coletivos e aos individuais homogêneos[56].

É importante ressaltar, contudo, que existem alguns outros diplomas legais que tratam, mesmo que de forma breve, de assuntos concernentes à chamada ação civil pública, sendo certo, inclusive, que algumas daquelas leis determinaram a alteração de dispositivos da própria Lei da Ação Civil Pública. É o caso, por exemplo, da Lei 9.494, de 10 de setembro de 1997, da Lei 10.257, de 10 de julho de 2001 (o denominado Estatuto da Cidade) e da Medida Provisória 2.180-35/2001.

8.32 HIPÓTESES DE CABIMENTO DA AÇÃO CIVIL PÚBLICA

Da leitura do artigo 129, inciso III, da Constituição, vê-se que a ação civil pública é cabível para a proteção do patrimônio público e social, do meio ambiente e de outros interesses difusos e coletivos. A parte final daquele dispositivo constitucional deixa claro que esta ação tem objeto amplo, não se limitando às primeiras matérias ali relacionadas, já que pode ser utilizada para a proteção de *outros interesses difusos e coletivos*. Fica evidente, portanto, que suas hipóteses de cabimento não são taxativas, mas sim *exemplificativas*.

A Lei 7.347/1985, anterior à Constituição Federal vigente, mas por ela inequivocamente recepcionada, trata especificamente das hipóteses de cabimento desta ação constitucional, em seu artigo 1º. Nos termos deste dispositivo legal, a ação civil pública tem por objeto a responsabilidade por danos morais e patrimoniais causados: ao meio ambiente; ao consumidor; à ordem urbanística; aos bens e aos direitos de valor artístico, estético, turístico e paisagístico; e à ordem urbanística. Destina-se, ainda, à responsabilização por infração à ordem econômica e à economia popular.

A Lei 8.078/1990, por sua vez, trata da propositura da ação civil pública para a proteção dos direitos e interesses difusos, coletivos e individuais homogêneos relativos aos consumidores e às vítimas das relações de consumo. O denominado Estatuto da Criança e

---

56. Código de Defesa do Consumidor, artigo 21: "Aplicam-se à defesa dos direitos e interesses difusos, coletivos e individuais, no que for cabível, os dispositivos do Título III da lei que instituiu o Código de Defesa do Consumidor".

do Adolescente (Lei 8.069/1990), ao seu turno, dispõe especificamente sobre a utilização desta ação constitucional para a defesa dos direitos transindividuais especificados em seu artigo 208, todos relativos aos menores[57].

Já a Lei 7.853, de 24 de outubro de 1989 prevê a propositura da ação civil pública para a proteção de interesses difusos e coletivos das pessoas portadoras de deficiência (artigo 3º)[58]. Por fim, a Lei 7.913, de 7 de dezembro de 1989 dispõe, em seu artigo 1º, sobre a possibilidade de utilização dessa tutela coletiva para evitar prejuízos ou ressarcir danos causados aos titulares de valores mobiliários e aos investidores do mercado[59].

Da interpretação conjunta dos dispositivos normativos acima mencionados (tanto da Constituição Federal como da legislação infraconstitucional), podemos concluir que a ação civil pública será cabível *para a proteção dos interesses e direitos difusos, coletivos e individuais homogêneos*, dentre os quais foram especificados pela legislação os relativos: ao patrimônio público e social; ao meio ambiente; ao consumidor; à ordem urbanística; aos bens e direitos de valor artístico, estético, turístico e paisagístico; à ordem econômica e à economia popular; às crianças e aos adolescentes; aos portadores de deficiência; aos valores mobiliários e aos investidores dos mercados.

O Código de Defesa do Consumidor, em seu artigo 81, parágrafo único, nos traz a definição do que vêm a ser interesses e direitos difusos, coletivos e individuais homogêneos. Nos termos daquele diploma legal, os interesses ou direitos difusos são os "de natureza indivisível, de que sejam titulares pessoas indeterminadas e ligadas por circunstâncias de fato". Já os coletivos, estes são os "de natureza indivisível de que seja titular grupo, categoria

---

57. Lei 8.069/1990, artigo 208: "Regem-se pelas disposições desta Lei as ações de responsabilidade por ofensa aos direitos assegurados à criança e ao adolescente, referentes ao não oferecimento ou oferta irregular: I – do ensino obrigatório; II – de atendimento educacional especializado aos portadores de deficiência; III – de atendimento em creche e pré--escola às crianças de zero a seis anos de idade; IV – de ensino noturno regular, adequado às condições do educando; V – de programas suplementares de oferta de material didático-escolar, transporte e assistência à saúde do educando do ensino fundamental; VI – de serviço de assistência social visando à proteção à família, à maternidade, à infância e à adolescência, bem como ao amparo às crianças e adolescentes que dele necessitem; VII – de acesso às ações e serviços de saúde; VIII – de escolarização e profissionalização dos adolescentes privados de liberdade; IX – de ações, serviços e programas de orientação, apoio e promoção social de famílias e destinados ao pleno exercício do direito à convivência familiar por crianças e adolescentes; X – de programas de atendimento para a execução das medidas socioeducativas e aplicação de medidas de proteção".

58. Lei 7.853/1989, artigo 3º: "As medidas judiciais destinadas à proteção de interesses coletivos, difusos, individuais homogêneos e individuais indisponíveis da pessoa com deficiência poderão ser propostas pelo Ministério Público, pela Defensoria Pública, pela União, pelos Estados, pelos Municípios, pelo Distrito Federal, por associação constituída há mais de 1 (um) ano, nos termos da lei civil, por autarquia, por empresa pública e por fundação ou sociedade de economia mista que inclua, entre suas finalidades institucionais, a proteção dos interesses e a promoção de direitos da pessoa com deficiência".

59. Lei 7.913/1989, artigo 1º: "Sem prejuízo da ação de indenização do prejudicado, o Ministério Público, de ofício ou por solicitação da Comissão de Valores Mobiliários – CVM, adotará as medidas judiciais necessárias para evitar prejuízos ou obter ressarcimento de danos causados aos titulares de valores mobiliários e aos investidores do mercado, especialmente quando decorrerem de: I – operação fraudulenta, prática não equitativa, manipulação de preços ou criação de condições artificiais de procura, oferta ou preço de valores mobiliários; II – compra ou venda de valores mobiliários, por parte dos administradores e acionistas controladores de companhia aberta, utilizando-se de informação relevante, ainda não divulgada para conhecimento do mercado ou a mesma operação realizada por quem a detenha em razão de sua profissão ou função, ou por quem quer que a tenha obtido por intermédio dessas pessoas; III – omissão de informação relevante por parte de quem estava obrigado a divulgá-la, bem como sua prestação de forma incompleta, falsa ou tendenciosa".

ou classe de pessoas ligadas entre si ou com a parte contrária por uma relação jurídica base". Por fim, os individuais homogêneos são "os decorrentes de origem comum".

Assim, devemos insistir, a ação civil pública não se destina à tutela de direitos de um indivíduo em particular, devendo ser utilizada tão somente para a tutela dos direitos coletivos em sentido lato, ou seja, daqueles interesses e direitos que, a despeito de também serem individuais, não se limitam ao indivíduo, *afetando uma coletividade determinada ou indeterminada de pessoas.*

A ação civil pública, é importante que se diga, tem por objeto não só reparar a efetiva ocorrência de danos materiais ou morais aos bens e interesses por ela tutelados (artigo 1º, da Lei 7.347/1985), como também evitar que referidos danos aconteçam, conforme previsto no artigo 4º, da mesma lei. Poderá, ademais, impor obrigação de fazer ou de não fazer (artigo 3º, *in fine*, da Lei da Ação Civil Pública), ou quaisquer outras tutelas necessárias para a efetiva proteção dos bens e interesses por ela abrangidos (artigo 83, do Código de Defesa do Consumidor)[60], tais como as de natureza declaratória, constitutiva e até mesmo mandamental.

HIPÓTESES DE CABIMENTO DA AÇÃO CIVIL PÚBLICA

– Para a proteção do patrimônio público e social;

– Para a proteção do meio ambiente;

– Para a proteção do consumidor;

– Para a proteção da ordem urbanística;

– Para a proteção dos bens e direitos de valor artístico, estético, turístico e paisagístico;

– Para a proteção da ordem econômica e da economia popular;

– Para a proteção das crianças e dos adolescentes;

– Para a proteção dos portadores de deficiência;

– Para a proteção dos valores mobiliários e dos investidores dos mercados;

– Para a proteção de outros interesses ou direitos difusos, coletivos ou individuais homogêneos.

8.33 HIPÓTESES EM QUE NÃO CABE A PROPOSITURA DE AÇÃO CIVIL PÚBLICA

O artigo 1º, parágrafo único, da Lei 7.347/1985, incluído pela Medida Provisória 2.180-35/2001, vedou o cabimento de ação civil pública que tenha por objeto pedido que envolva tributos, contribuições previdenciárias, o Fundo de Garantia do Tempo de Serviço – FGTS

---

60. Lei 8.078/1990, artigo 83: "Para a defesa dos direitos e interesses protegidos por este código são admissíveis todas as espécies de ações capazes de propiciar sua adequada e efetiva tutela".

8 • REMÉDIOS CONSTITUCIONAIS PARA TUTELA DE DIREITOS COLETIVOS   **323**

ou outros fundos de natureza institucional cujos beneficiários possam ser individualmente determinados.

Essa vedação legal, aliás, está em consonância com o que já vinha decidindo o Pretório Excelso, no sentido do não cabimento da ação civil pública em matéria tributária, *por não se tratar de direito social ou mesmo individual indisponível*. Sobre o tema, sugerimos a leitura, por exemplo, do Recurso Extraordinário 195.056-1/PR, relator ministro Carlos Mário da Silva Velloso, j. 9.12.1999, *DJ* 30.5.2003.

Portanto, nos termos da legislação infraconstitucional vigente, esta espécie de ação constitucional não poderá ser proposta, por quaisquer de seus legitimados, quando a demanda tiver por objeto tributos (impostos, taxas, contribuição de melhoria, empréstimos compulsórios e contribuições especiais, inclusive previdenciárias), o Fundo de Garantia do Tempo de Serviço – FGTS ou outros fundos de natureza institucional, cujos beneficiários possam ser individualmente determinados.

Além dessa hipótese de vedação à utilização da ação civil pública, estabelecida pela própria Lei da Ação Civil Pública, há ainda uma outra, fixada pela doutrina e jurisprudência pátrias. Com efeito, como vimos anteriormente, o Supremo Tribunal Federal reconhece, em caráter expresso, a possibilidade de controle de constitucionalidade difuso em sede de ação civil pública, desde que a análise da inconstitucionalidade seja julgada incidentalmente, não sendo o objeto principal da ação.

Assim, *a contrario sensu*, **não será cabível a propositura de ação civil pública quando ela tiver por objeto principal justamente a análise da constitucionalidade de lei ou ato normativo,** uma vez que, neste caso, referida ação estaria sendo utilizada como substitutiva da ação direta de inconstitucionalidade, o que resultaria em indevida usurpação de competência do Supremo Tribunal Federal.

HIPÓTESES EM QUE NÃO CABE A AÇÃO CIVIL PÚBLICA

– Quando tiver por objeto pedido que envolva tributos, contribuições previdenciárias, o Fundo de Garantia do Tempo de Serviço – FGTS ou outros fundos de natureza institucional cujos beneficiários possam ser individualmente determinados.

– Quando tiver por objeto principal a análise da constitucionalidade de lei ou ato normativo, uma vez que, neste caso, ela estaria sendo utilizada como substitutiva da ADI, o que resultaria em indevida usurpação de competência do STF.

8.34 LEGITIMAÇÃO ATIVA E PASSIVA DA AÇÃO CIVIL PÚBLICA

Como mencionamos anteriormente, a Carta Magna vigente dispõe expressamente, em seu artigo 129, inciso III, que o Ministério Público tem legitimação ativa para propor a ação civil pública. Mas este não é o único[61]. A relação completa dos legitimados para a

---

61. A possibilidade de instituição de outros legitimados para a ação civil pública, aliás, é expressamente autorizada pela própria Constituição de 1988, a qual prevê expressamente, no § 1º de seu artigo 129, que "a legitimação do Ministério Público para as ações civis previstas neste artigo não impede a de terceiros, nas mesmas hipóteses, segundo o disposto nesta Constituição e na lei".

propositura desta ação constitucional encontra-se na legislação infraconstitucional, mais especificamente no artigo 5º, da Lei 7.347/1985, bem como no artigo 82, da Lei 8.078/1990, de inequívoca aplicação à ação ora em estudo, por força do determina o artigo 21, da Lei da Ação Civil Pública.

Nos termos do artigo 5º da Lei 7.347/1985, em conformidade com a redação que lhe conferiu a Lei 11.448, de 15 de janeiro de 2007, têm legitimidade para propor ação civil pública (e eventual tutela cautelar com ela relacionada): o Ministério Público; a Defensoria Pública; a União, os Estados, o Distrito Federal e os Municípios; a autarquia, a empresa pública, a fundação ou a sociedade de economia mista; e as associações, cumpridos os requisitos ali consignados.

Já o artigo 82, da Lei 8.078/1990, conforme redação que lhe concedeu a Lei 9.008/1995, dispõe que são legitimados concorrentes para a propositura das ações coletivas que têm por objeto a tutela dos interesses difusos, coletivos e individuais homogêneos: o Ministério Público; a União, os Estados, os Municípios e o Distrito Federal; as entidades e órgãos da Administração Pública, direta ou indireta, ainda que sem personalidade jurídica, especificamente destinados à defesa dos interesses ali protegidos; e as associações que atendam às exigências ali fixadas.

Portanto, da interpretação conjunta daqueles dois dispositivos legais, podemos afirmar que são legitimados ativos para a propositura de ação civil pública, bem como tutelas de natureza cautelar com ela conexas, os seguintes entes: o Ministério Público (tanto da União como dos Estados e do Distrito Federal e Territórios); a União, os Estados, o Distrito Federal e os Municípios; suas respectivas autarquias (aqui incluídas as agências), fundações (tanto públicas como privadas), empresas públicas, sociedades de economia mista, além de órgãos (portanto, sem personalidade jurídica) destinados à defesa dos direitos tutelados pela lei; e as associações.

Tendo em vista que nosso ordenamento jurídico confere, como vimos acima, legitimidade às associações, tanto a doutrina como a jurisprudência do País são pacíficas em conceder igual legitimidade aos partidos políticos e aos sindicatos, pessoas jurídicas de direito privado de todo semelhantes às associações, inclusive no que se refere à personalidade jurídica de direito privado e à ausência de fins econômicos.

Como já adiantamos acima, particularmente no que se refere às fundações, expressamente mencionadas no artigo 5º, inciso IV, da Lei 7.347/1985, consideramos que são legitimadas para a propositura da ação civil pública não só as fundações públicas, entidades pertencentes à Administração Pública indireta, e que alguns doutrinadores também denominam de *autarquias fundacionais*, como também as fundações particulares, entidades com personalidade jurídica de direito privado, fato que as aproxima, sem qualquer dúvida, das associações, igualmente legitimadas para a ação ora em estudo.

De maneira semelhante ao que se dá com as demais espécies de ações constitucionais coletivas (mandado de segurança coletivo, mandado de injunção coletivo e ação popular), na ação civil pública *a legitimação será sempre extraordinária*, atuando os legitimados em nome próprio, mas na defesa de interesses de terceiros (no caso, os chamados interesses

8 • REMÉDIOS CONSTITUCIONAIS PARA TUTELA DE DIREITOS COLETIVOS | **325**

transindividuais ou metaindividuais, também conhecidos como direitos coletivos em sentido lato)[62].

É imperioso esclarecer que alguns dos legitimados para a propositura da ação civil pública têm *legitimidade ou legitimação universal*. Os legitimados universais, nós já o vimos em outras oportunidades, têm *interesse de agir presumido*, uma vez que possuem, dentre suas atribuições, o dever de defesa dos bens tutelados por meio da ação civil pública. Nesta hipótese encontra-se o Ministério Público (tanto da União como dos Estados) e os partidos políticos.

Com efeito, dentre as funções institucionais do Ministério Público, conforme relação constante do artigo 129 da Carta Magna encontra-se expressamente fixada a de "promover o inquérito civil e a ação civil pública, para a proteção do patrimônio público e social, do meio ambiente e de outros interesses difusos e coletivos". Ademais, após esclarecer que o *Parquet* é instituição permanente, essencial à função jurisdicional do Estado, o artigo 127 de nossa vigente Lei Maior nos esclarece que incumbe àquele órgão a defesa da ordem jurídica, do regime democrático e dos *interesses sociais e individuais indisponíveis*.

Inequívoco, portanto, o caráter de legitimado universal do Ministério Público, que pode propor a ação constitucional ora em estudo para a proteção do patrimônio público e social, do meio ambiente e de quaisquer outros interesses difusos e coletivos, mesmo que não expressamente fixados no rol do artigo 1°, da Lei da Ação Civil Pública. *A única ressalva, a nosso entender, dá-se em relação aos interesses individuais homogêneos.*

Com efeito, os interesses ou direitos individuais homogêneos são também direitos individuais, e se distinguem destes por atingirem um número grande de pessoas. Assim, para poderem buscar a proteção específica desta modalidade de interesse metaindividual, por meio da propositura de ação civil pública, consideramos que o Ministério Público *necessitará demonstrar, apenas neste caso, a existência de interesse de agir, ou seja, que a alegada violação do direito atinge um número expressivo de pessoas, a justificar sua atuação.*

Ainda sobre o Ministério Público, é importante mencionar que a Lei da Ação Civil Pública admite expressamente, em seu artigo 5°, § 5°, a existência de litisconsórcio facultativo entre os Ministérios Públicos da União, do Distrito Federal e dos Estados, na defesa dos interesses e direitos de que cuida referida lei. Já o § 1° do mesmo artigo 5°, da Lei 7.3471985, dispõe que o Ministério Público deverá atuar *obrigatoriamente*, como fiscal da ordem jurídica, caso não atue no processo como parte.

Ainda em relação à atuação do Ministério Público, também não podemos deixar de comentar sobre o que dispõe o § 3° daquele mesmo artigo 5°, da Lei da Ação Civil Pública. Nos termos deste dispositivo legal, cuja redação atual foi alterada pela Lei 8.078/1990, "em

---

62. Apenas a título de informação, vale mencionar que há autores que defendem a existência não de 2 (duas), mas sim de 3 (três) espécies de legitimação. Com efeito, além das amplamente conhecidas *legitimação ordinária* e *legitimação extraordinária*, defendem também a existência da denominada *legitimação ordinária autônoma*, hipótese em que o legitimado defende em juízo interesse que é, ao mesmo tempo, próprio e alheio. Para estes autores, a legitimidade ativa para a ação civil pública que busque a tutela de interesses difusos e coletivos seria desta última espécie; somente para a tutela dos chamados interesses individuais homogêneos, é que a legitimação seria sempre do tipo extraordinária.

caso de desistência infundada ou abandono da ação por associação legitimada, o Ministério Público ou outro legitimado assumirá a titularidade ativa".

No caso específico do Ministério Público, contudo, consideramos que não se pode conceder àquele artigo 5º, § 3º, da Lei 7.347/1985, uma interpretação literal. Isso porque, como é de conhecimento geral, um dos princípios que regem a atuação daquele órgão é justamente o da independência funcional. Assim, entendemos que os membros do *Parquet* têm liberdade para decidir se devem ou não atuar na ação civil pública, desde que fundamentem adequadamente sua decisão. Por outro lado, *caso proponham a ação, não poderão dela desistir.*

Em relação aos partidos políticos, estes também têm legitimidade ativa *ad causam* para atuar não só na defesa de seus membros ou associados, como também de quaisquer direitos coletivos da sociedade. Para tanto, basta que apliquemos, por analogia, o artigo 21, da Lei 12.016/2009, que permite aos partidos políticos a impetração de mandado de segurança para a defesa dos interesses legítimos relativos à totalidade ou parte de seus integrantes, ou para defesa de sua finalidade partidária, na qual se insere a defesa dos direitos e garantias fundamentais[63].

Por outro lado, ao contrário do que se dá com o mandado de segurança coletivo, cuja Lei 12.016/2009 exige, em seu artigo 21, que aquele remédio constitucional seja impetrado apenas por partido político com representação no Congresso Nacional, consideramos que igual exigência não se faz presente em relação à ação civil pública, uma vez que tanto a Constituição Federal, como a atual lei federal que a regulamenta, não fazem qualquer exigência neste sentido.

Já os demais entes relacionados no artigo 5º, da Lei 7.347/1985, entendemos que estes têm apenas *legitimidade ou legitimação especial*, necessitando demonstrar a denominada *representatividade adequada*. Precisam, em outras palavras, demonstrar que o tema por eles deduzido em juízo guarda direta relação com os seus objetivos institucionais, expressamente fixados em seus atos constitutivos (pertinência temática).

Com efeito, a título de exemplo, a União somente poderá propor ação civil pública para defender interesses que estejam em sua esfera de competência, não podendo, por exemplo, defender interesses de Estado ou Município, hipótese em que, a toda evidência, faltar-lhe-ia interesse de agir, por ausência da indispensável representatividade adequada. Em termos semelhantes, uma determinada agência reguladora somente poderia propor esta ação constitucional para a defesa dos interesses e dos direitos expressamente fixados pela lei que a instituiu.

É importante esclarecer, contudo, que há doutrinadores que pensam de forma diversa, preferindo entender que também as pessoas jurídicas de direito público interno (União,

---

63. Nesse sentido, por exemplo, são as ponderações de Paulo Hamilton Siqueira Júnior: Os partidos políticos, devido a sua finalidade constitucional, possuem legitimidade universal, não havendo necessidade de demonstração da pertinência temática. São eles associações civis que têm por objetivo assegurar, no interesse do regime democrático, a autenticidade do sistema representativo e defender os direitos fundamentais definidos na Constituição Federal (art. 17 da CF c/c a Lei 9.096/95)". *Direito processual constitucional: de acordo com a reforma do judiciário.* Saraiva, 2006, p. 404.

8 • REMÉDIOS CONSTITUCIONAIS PARA TUTELA DE DIREITOS COLETIVOS — 327

Estados, Distrito Federal e Municípios) têm legitimidade universal para a propositura da ação civil pública. É o caso, por exemplo, de Paulo Hamilton Siqueira Jr., que fundamenta que tais entidades têm tal modalidade de legitimidade em razão de suas funções institucionais, que as dispensa de demonstrarem interesse específico[64].

No caso das associações, a Lei 7.347/1985 exige que elas atendam, concomitantemente, a 2 (dois) requisitos, para que possam ingressar com ação civil pública. São eles: (a) que estejam constituídas há pelo menos 1 (um) ano nos termos da lei civil; e (b) que incluam, entre suas finalidades institucionais, a proteção ao meio ambiente, ao consumidor, à ordem econômica, à livre concorrência ou ao patrimônio artístico, estético, histórico, turístico e paisagístico.

Portanto, para que a associação possa ingressar com ação civil pública para a tutela de um determinado interesse metaindividual, é imperioso que referida atividade *conste expressamente, em seus atos constitutivos, como uma de suas finalidades institucionais.* Não podemos deixar de mencionar, contudo, que a jurisprudência pátria tem dispensado a observância desse requisito fixado pela lei, caso a associação tenha reconhecida atuação na área em que pretende defender, mesmo que referida atividade não esteja expressamente prevista, em seus atos constitutivos, com uma das suas finalidades institucionais.

Sobre o requisito da pré-constituição da associação, é importante ressaltar que a própria legislação permite que o juiz do feito o dispense, quando haja manifesto interesse social evidenciado pela dimensão ou característica do dano, ou pela relevância do bem jurídico a ser protegido. É o que dispõe expressamente, por exemplo, o § 4º do artigo 5º, da Lei da Ação Civil Pública, incluído pela Lei 8.078/1990.

Vale mencionar, ademais, que essa exigência da pré-constituição somente se destina às associações, não se aplicando aos demais legitimados da ação civil pública, nem mesmo aos outros entes com personalidade jurídica de direito privado, como partidos políticos, sindicatos e fundações privadas, por exemplo.

Muito embora não explicitado na lei, para que possam ser autoras de ação civil pública, devemos estar diante de uma autêntica associação, ou seja, de uma pessoa jurídica de direito privado, *sem fins lucrativos.* Caso tenham finalidade econômica, como é o caso de sociedades simples (antigamente denominadas sociedades civis), das diversas sociedades empresárias, bem como das sociedades cooperativas, evidentemente não terão legitimidade para propor a ação ora em comento[65].

É importante frisar que, por força do que determina o artigo 2º-A, da Lei 9.494/1997, incluído ao texto desta lei pela Medida Provisória 2.180-35/2001, a sentença civil prolatada em sede de ação civil pública, na defesa dos interesses e direitos dos seus associados, *abrangerá apenas os substituídos que tenham, na data da propositura da ação, domicílio no âmbito da competência territorial do órgão prolator.*

---

64. *Op. cit.*, p. 403-404.
65. Nesses termos, por exemplo, é a lição de Hugo Nigri Mazzilli, que nega expressamente legitimidade ativa *ad causam* às sociedades cooperativas, tendo em vista que a personalidade associativa delas volta-se para a atividade econômica, razão pela qual não podem ser consideradas associações. *Op. cit.*, p. 290.

Ademais, por força do parágrafo único, daquele mesmo artigo 2º-A, da Lei 9.494/1997, em se tratando especificamente de ações civis públicas propostas contra a União, os Estados, o Distrito Federal, os Municípios e suas autarquias e fundações, a petição inicial deverá obrigatoriamente estar *instruída com a ata da assembleia da entidade associativa que a autorizou, acompanhada da relação nominal dos seus associados e indicação dos respectivos endereços.*

Particularmente no que se refere aos sindicatos, consideramos que estes podem atuar na defesa dos interesses coletivos em sentido lato não só dos sindicalizados, mas de toda a categoria que representam. Aliás, tanto isso é certo, que o próprio Tribunal Superior do Trabalho revogou, em 2003, a Súmula 310, editada por aquela Colenda Corte, que exigia que o sindicato individualizasse, na petição inicial de qualquer ação em que atuasse como substituto processual, a relação dos substituídos.

A legitimação ativa da ação civil pública é *concorrente* e *disjuntiva*. Quer isso dizer, em outras palavras, que quaisquer dos legitimados ativos da ação podem propor, sozinhos, referida ação constitucional, sem necessidade de atuar em litisconsórcio com outros legitimados. Ademais, depois que algum deles propõe a ação, os outros ficam impedidos de fazer o mesmo, uma vez que, com o exercício do direito de ação pelo primeiro, restou caracterizada a substituição processual, não mais havendo necessidade/utilidade de propositura de nova ação, por outro substituto processual.

É importante ressaltar, contudo, que a Lei da Ação Civil Pública (artigo 5º, § 2º) permite tanto ao poder público (União, Estados, Distrito Federal, Municípios e suas respectivas autarquias e fundações públicas), como também a outras associações legitimadas, habilitar-se como litisconsortes de qualquer das partes. Referidas entidades, portanto, a despeito de não poderem propor nova ação sobre o mesmo objeto, poderão pedir para atuar inclusive ao lado do autor da ação civil pública, desde que reste demonstrado, evidentemente, o interesse processual.

Ainda sobre o tema da legitimação ativa desta ação constitucional, vale mencionar que *o particular não tem legitimidade para a propositura da ação civil pública*. Dessa forma, ele não poderá, ao menos a princípio, atuar como litisconsorte ativo desta ação constitucional. Contudo, por exceção, quando se tratar de hipótese em que o particular teria legitimidade para propor ação individual com o mesmo objeto, aí sim ele poderá atuar como litisconsorte em ação civil pública. É o que se dá, por exemplo, quando a ação tiver por objeto interesses coletivos ou interesses individuais homogêneos.

Por fim, no tocante à legitimação passiva *ad causam* da ação civil pública, vale mencionar que pode ser sujeito passivo desta ação constitucional *qualquer pessoa natural ou jurídica* a quem se atribua a responsabilidade pelo dano ou risco de dano ao patrimônio público ou social, ou aos bens e interesses metaindividuais que podem ser tutelados por meio desta ação constitucional.

Tal responsabilidade, é importante que se diga, pode ser imputada a alguém inclusive quando houver omissão no dever legal de atuação na defesa do bem tutelado. Com efeito, tem se revelado muito comum, por exemplo, a propositura de ações civis públicas, pelo Ministério Público, em que são incluídas no polo passivo do feito, além de prestadores de

8 • REMÉDIOS CONSTITUCIONAIS PARA TUTELA DE DIREITOS COLETIVOS | **329**

serviços públicos, também as entidades governamentais responsáveis pela fiscalização do serviço, quando referidos entes públicos deixam de fiscalizá-los adequadamente, permitindo, por consequência, que o usuário sofra prejuízos indevidos.

LEGITIMAÇÃO ATIVA E PASSIVA EM AÇÃO CIVIL PÚBLICA

– Legitimação ativa: Ministério Público; União, Estados, Distrito Federal e Municípios; respectivas autarquias (inclusive agências), fundações (públicas e privadas), empresas públicas, sociedades de economia mista, além de órgãos (portanto, sem personalidade jurídica) destinados à defesa dos direitos tutelados pela lei; e associações.

– Tendo em vista que o ordenamento jurídico pátrio confere legitimidade às associações, a doutrina e a jurisprudência são pacíficas em conferir igual legitimidade aos partidos políticos e aos sindicatos, pessoas jurídicas de direito privado em todo semelhantes às associações.

– O particular não tem legitimidade para a propositura da ação civil pública, também não podendo atuar, como regra geral, como litisconsorte ativo desta ação constitucional, a não ser que se trate de caso em que ele tivesse legitimidade para propor ação individual com o mesmo objeto.

– Legitimação passiva: qualquer pessoa natural ou jurídica a quem se atribua a responsabilidade, mesmo que por omissão legal, pelo dano ou risco de dano aos bens e interesses *metaindividuais* que podem ser tutelados por meio desta ação constitucional.

8.35 COMPETÊNCIA EM SEDE DE AÇÃO CIVIL PÚBLICA

Sobre a competência em sede de ação civil pública, há dois artigos que tratam do tema, um na Lei 8.078/1990, outro na Lei 7.347/1985. Nos termos do artigo 2º, deste último diploma legal, as ações civis públicas serão propostas no foro do local onde ocorrer o dano, cujo juízo terá competência funcional para processar e julgar a causa. Referido dispositivo legal nos esclarece, portanto, que a competência é a do *local do dano*, e que se trata de *competência funcional (absoluta)*, o que inviabiliza, portanto, a prorrogação de competência e a eleição de foro para a propositura desta ação constitucional.

Por sua vez, o parágrafo único daquele mesmo artigo 2º, da Lei da Ação Civil Pública, acrescentado pela Medida Provisória 2.180-35/2001, determina expressamente que "a propositura da ação prevenirá a jurisdição do juízo para todas as ações posteriormente intentadas que possuam a mesma causa de pedir ou o mesmo objeto". Portanto, caso sejam propostas novas ações, com o mesmo fundamento ou o mesmo pedido da primeira ação, aquelas deverão ser distribuídas, por dependência, ao juiz na qual tramita a primeira ação, *tudo para se evitar o indesejável risco de decisões contraditórias sobre um mesmo assunto*.

Naturalmente, se a primeira ação tiver sido julgada extinta, sem resolução de mérito, não haverá necessidade de distribuição por dependência, por completa impossibilidade de ocorrência de decisões contraditórias. Também não haverá qualquer razão para a aplicação do dispositivo legal ora em análise caso a ação civil pública já tenha sido definitivamente julgada em primeira instância, mesmo que ainda não tenha transitado em julgado, em razão de recursos interpostos por alguma das partes, e ainda pendentes de julgamento em instâncias superiores.

Tenho para mim, ademais, que a prevenção determinada pelo artigo 2º, parágrafo único, da Lei 7.347/1985, não se refere apenas à propositura de novas ações civis públicas. Referido dispositivo legal deve aplicar-se a qualquer modalidade de ação coletiva que tenha a mesma causa de pedir ou o mesmo pedido da ação civil pública proposta em primeiro lugar, *valendo, portanto, para mandados de segurança coletivo e ações populares com os mesmos fundamentos ou pedido da primeira ação.*

Já o artigo 93, do Código de Defesa do Consumidor, após ressalvar a competência da Justiça Federal, dispõe ser competente para processar e julgar a ação civil pública a Justiça estadual do lugar onde ocorreu ou possa ocorrer o dano, quando de âmbito local; ou na capital do Estado ou do Distrito Federal, para os danos de âmbito nacional ou regional, aplicando-se as regras do Código de Processo Civil aos casos de competência concorrente.

Portanto, figurando como interessadas no feito a União, suas autarquias (também fundações públicas) ou empresas públicas, conforme norma fixada pelo artigo 109, inciso I, da Constituição Federal de 1988, a competência para o processo e o julgamento da ação civil pública será da Justiça Federal. Não figurando como interessados quaisquer daqueles entes, a competência será da Justiça do Estado em que ocorreu o dano.

Se o dano atingir apenas uma determinada comarca, e não se tratar de hipótese de competência da Justiça Federal, o juízo competente será o juiz de direito da respectiva comarca. Caso o dano atinja mais de uma comarca, a ação civil pública poderá ser proposta em qualquer uma delas[66], obedecido o critério da prevenção, para as ações posteriores (com o mesmo fundamento e/ou o mesmo pedido) propostas nas demais comarcas, tudo conforme determina expressamente o supramencionado artigo 2º, parágrafo único, da Lei 7.347/1985.

Caso o dano seja regional, atingindo uma parcela expressiva de um único Estado da Federação ou do Distrito Federal, e não sendo caso de competência da Justiça Federal, conforme norma fixada pelo artigo 109, inciso I, da Carta Magna, a ação deverá ser proposta na capital do respectivo Estado ou do Distrito Federal, nos termos do artigo 93, inciso II, do Código de Defesa do Consumidor. Caso o dano regional atinja mais de um Estado, a ação deverá ser proposta na capital de qualquer deles, ou do Distrito Federal, com prevenção para futuras ações com o mesmo pedido ou causa de pedir.

Por fim, em se tratando de dano ou risco de dano de âmbito nacional, e não se tratando de processo da competência da Justiça Federal, a competência para o processamento e julgamento da ação civil pública será da Justiça Comum, e o foro competente será o do Distrito Federal ou da capital de qualquer Estado, tudo conforme regra fixada pelo artigo 93, inciso II, da Lei 8.078/1990.

---

66. É o que defende, por exemplo, Ada Pellegrini Grinover: "o dispositivo tem que ser entendido no sentido de que, sendo de âmbito regional o dano, competente será o foro da Capital do Estado ou do Distrito Federal, mas estendendo-se por duas comarcas, tem-se entendido que a competência concorrente é de qualquer uma delas". *Código brasileiro de defesa do consumidor.* 8. ed. Forense Universitária, 2004, p. 808 (notas ao artigo 93).

8.36 A POSSIBILIDADE DE CONCESSÃO DE LIMINAR EM AÇÃO CIVIL PÚBLICA

Conforme dispõe expressamente o artigo 4º, da Lei 7.347/1985, será possível a formulação de pedido de tutela de natureza cautelar em sede de ação civil pública, inclusive para evitar danos ao meio ambiente, ao consumidor, à ordem urbanística ou aos bens e direitos de valor artístico, estético, histórico, turístico e paisagístico. O pedido de natureza cautelar, como se sabe, tem por finalidade evitar o perecimento do bem ou direito pretendido na ação principal, em razão do decurso do tempo. Em outras palavras, busca garantir o resultado útil do processo principal, ou a viabilidade do direito pretendido pelo autor.

Portanto, em qualquer hipótese em que o tempo necessário à completa prestação jurisdicional, na ação civil pública, acabe resultando em deterioração ou perecimento do bem jurídico pretendido, tornando imprestável a ação principal, o autor da ação constitucional poderá se valer de tutela cautelar, inclusive para evitar, de plano, danos ao patrimônio público e social, bem como aos demais interesses difusos e coletivos tutelados pela lei. Para tanto, basta que estejam presentes os conhecidos requisitos do *fumus boni iuris* e do *periculum in mora*.

A Lei da Ação Civil Pública também deixa clara a possibilidade de concessão de liminar em ação civil pública. Com efeito, nos termos do artigo 12, daquele diploma legal, "poderá o juiz conceder mandado liminar, com ou sem justificação prévia, em decisão sujeita a agravo". É pacífico, tanto na doutrina como na jurisprudência pátrias, que a norma em questão se refere *inclusive à possibilidade de concessão de antecipação de tutela*, em sede de ação civil pública[67].

Para a concessão da antecipação da tutela, devem ser observados os requisitos do artigo 300, do Código de Processo Civil, bem como as normas específicas do artigo 497, para o caso de ação que tenha por objeto o cumprimento de obrigação de fazer ou de não fazer, ou do artigo 498, quando o pedido se referir a entrega de coisa. A doutrina e a jurisprudência admitem a antecipação de tutela mesmo em face da Fazenda Pública. Sobre o tema, sugerimos a leitura da Reclamação 902/SE, Supremo Tribunal Federal, Pleno, relator ministro Maurício Correa, j. 25.4.2002, *DJU* 2.8.2002.

Da leitura do supramencionado artigo 12, da Lei 7.347/1985, percebe-se que a liminar poderá ser concedida pelo juiz do feito com ou sem justificação prévia. Todavia, em se tratando especificamente de liminar contra o Estado, seja de natureza cautelar, seja de natureza antecipatória, somente poderá ser concedida, como regra geral, após a audiência do representante judicial da pessoa jurídica de direito público, que deverá se pronunciar no prazo de 72 (setenta e duas) horas. É o que determina o artigo 2º, da Lei 8.437, de 30 de junho de 1992, que dispõe sobre a concessão de medidas cautelares contra atos do poder público.

Naturalmente, valendo-se do chamado poder geral de cautela, o juiz do feito poderá dispensar a exigência de prévia oitiva do representante judicial da pessoa jurídica de direito público (os denominados advogados públicos, tais como advogados da União, procuradores

---

67. Esse fato, aliás, torna-se inequívoco diante da redação do artigo 84, § 3º, do Código de Defesa do Consumidor, o qual dispõe expressamente que, "sendo relevante o fundamento da demanda e havendo justificado receio de ineficácia do provimento final, é lícito ao juiz conceder a tutela liminarmente ou após justificação prévia, citado o réu".

332 DIREITO PROCESSUAL CONSTITUCIONAL • Paulo Roberto de Figueiredo Dantas

dos Estados, do Distrito Federal e dos Municípios), quando houver plena demonstração de que tal providência possa inviabilizar a liminar ou resultar em perecimento do direito pretendido.

Conforme determina expressamente o artigo 1º, § 4º, da Lei 8.437/1992, (incluído pela Medida Provisória 2.180-35, de 2001), nos casos em que for cabível a concessão de medida liminar contra o poder público, o respectivo representante judicial da pessoa jurídica de direito público deverá ser imediatamente intimado, sem prejuízo da comunicação ao dirigente do órgão ou entidade.

O juiz também poderá fixar multa para compelir o réu a cumprir a decisão liminar. O valor será fixado livremente pelo magistrado, levando em conta os princípios da razoabilidade e da proporcionalidade. Conforme nos esclarece o § 2º do artigo 12, da Lei da Ação Civil Pública, aquela multa, fixada liminarmente, somente será exigível do réu após o trânsito em julgado da decisão favorável ao autor, mas será devida desde o dia em que se houver configurado o descumprimento. Naturalmente, se o resultado do processo for desfavorável ao autor da ação, a multa liminar não será exigível.

No caso específico de obrigação de fazer ou de não fazer, além de determinar o cumprimento da prestação da atividade devida ou a cessação da atividade nociva, sob pena de execução específica, o juiz do feito poderá, alternativamente, impor multa diária, se esta for suficiente ou compatível. E esta multa, conforme explicitado no artigo 11, da lei de regência, não depende de expresso requerimento do autor.

POSSIBILIDADE DE CONCESSÃO DE LIMINAR EM AÇÃO CIVIL PÚBLICA

– É possível a concessão de medida de natureza cautelar em sede de ação civil pública, inclusive para evitar danos ao meio ambiente, ao consumidor, à ordem urbanística ou aos bens e direitos de valor artístico, estético, histórico, turístico e paisagístico (Lei 7.347/1985, artigo 4º).

– Também é possível a concessão de liminar, com ou sem justificação prévia, em decisão sujeita a agravo (art. 12, Lei 7.347/1985). É pacífico que a norma em questão diz respeito à concessão tanto de medida cautelar como de antecipação de tutela, em sede de ação civil pública.

– Em se tratando especificamente de liminar contra o poder público, ela só poderá ser concedida, como regra geral, após a audiência do representante judicial da pessoa jurídica de direito público, que deverá se pronunciar no prazo de 72 horas (Lei 8.437/1992, artigo 2º).

8.37 DA SUSPENSÃO DA LIMINAR E DA SUSPENSÃO DA SENTENÇA EM AÇÃO CIVIL PÚBLICA

De maneira semelhante ao que se dá em relação ao mandado de segurança coletivo e à ação popular, as pessoas jurídicas de direito público – União, Estados, Distrito Federal, Municípios, suas respectivas autarquias (inclusive agências reguladoras e executivas) e fundações públicas – podem valer-se de um instrumento processual para combater decisão judicial concessiva de liminar, *que os particulares não possuem.*

Com efeito, para evitar grave lesão à ordem, à saúde, à segurança e à economia pública, poderá o presidente do Tribunal a que competir o conhecimento do respectivo

8 • REMÉDIOS CONSTITUCIONAIS PARA TUTELA DE DIREITOS COLETIVOS **333**

recurso suspender a execução da liminar concedida contra o poder público, em decisão fundamentada, da qual caberá agravo interno para uma das turmas julgadoras (artigo 12, § 1º, da Lei 7.347/1985)[68].

Em que pese a norma em questão dispor que o prazo para o recurso é de 5 (cinco) dias, deve-se aplicar ao caso a regra do artigo 1.070, do Código de Processo Civil[69], razão pela qual *o prazo para interposição desse agravo é de 15 (quinze) dias*, sendo que, em se tratando de recurso manejado por pessoa jurídica de direito público ou pelo Ministério Público, o prazo deverá ser contado em dobro, conforme artigo 183, do Código de Processo Civil.

Aliás, em termos semelhantes ao fixado pela Lei da Ação Civil Pública, o artigo 4º, da Lei 8.437/1992 também trata da suspensão da liminar, só que estendendo a sua utilização também ao Ministério Público.[70] Ademais, o § 1º daquele artigo 4º também prevê a possibilidade de suspensão da própria sentença proferida em sede de ação civil pública, inviabilizando, assim, sua execução imediata, ao menos até que o feito transite em julgado[71].

Portanto, da interpretação conjunta dos dispositivos legais supramencionados, verifica-se que as pessoas jurídicas de direito público e o Ministério Público (tanto da União quanto dos Estados e do Distrito Federal e Territórios)[72], podem pleitear ao presidente do tribunal não só a suspensão da liminar, como da própria sentença que impôs algum gravame à entidade pública, em caso de interesse público manifesto ou de flagrante ilegalidade, e desde que demonstrem que a utilizam para *evitar grave lesão à ordem, à saúde, à segurança e à economia pública*.

Nos termos do artigo 4º, § 2º, da Lei 8.437/1992, o presidente do tribunal poderá ouvir o autor e o Ministério Público, em 72 (setenta e duas) horas. Referida norma, a toda evidência, aplica-se apenas aos casos em que o *parquet* não tiver sido o autor do pedido de suspensão da liminar ou da sentença, para que possa atuar como *custos legis*.

O § 3º daquele mesmo artigo, por sua vez, dispõe que, do despacho que conceder ou negar a suspensão, caberá agravo interno (agora no prazo de 15 dias), que será levado a julgamento na sessão seguinte a sua interposição. Se do julgamento do agravo de que trata

---

68. Lei 7.347/1985, artigo 12, § 1º: "A requerimento de pessoa jurídica de direito público interessada, e para evitar grave lesão à ordem, à saúde, à segurança e à economia pública, poderá o Presidente do Tribunal a que competir o conhecimento do respectivo recurso suspender a execução da liminar, em decisão fundamentada, da qual caberá agravo para uma das turmas julgadoras, no prazo de 5 (cinco) dias a partir da publicação do ato".

69. Código de Processo Civil, artigo 1.070: "É de 15 (quinze) dias o prazo para a interposição de qualquer agravo, previsto em lei ou em regimento interno de tribunal, contra decisão de relator ou outra decisão unipessoal proferida em tribunal".

70. Lei 8.437/1992, artigo 4º: "Compete ao presidente do tribunal, ao qual couber o conhecimento do respectivo recurso, suspender, em despacho fundamentado, a execução da liminar nas ações movidas contra o Poder Público ou seus agentes, a requerimento do Ministério Público ou da pessoa jurídica de direito público interessada, em caso de manifesto interesse público ou de flagrante ilegitimidade, e para evitar grave lesão à ordem, à saúde, à segurança e à economia públicas".

71. Lei 8.437/1992, artigo 4º, § 1º: "Aplica-se o disposto neste artigo à sentença proferida em processo de ação cautelar inominada, no processo de ação popular e na ação civil pública, enquanto não transitada em julgado".

72. Vale mencionar, uma vez mais, que o Superior Tribunal de Justiça já decidiu que a suspensão de liminar e da sentença também pode ser utilizada por pessoa jurídica de direito privado, quando delegatária de serviço público, e desde que ela esteja atuando na defesa de interesse público primário, ou seja, no interesse da coletividade. Sobre o tema, vide Agravo Interno na Suspensão de Liminar e de Sentença 3.169/RS, Corte Especial, relatora ministra Maria Thereza de Assis Moura, julgado em 15.03.2023.

o § 3º resultar a manutenção ou o restabelecimento da decisão que se pretende suspender, caberá novo pedido de suspensão ao presidente do tribunal competente para conhecer de eventual recurso especial ou extraordinário (§ 4º). Também será cabível este pedido de suspensão quando negado provimento a agravo de instrumento interposto contra a liminar.

Vale esclarecer, por outro lado, que a suspensão da liminar em sede de ação civil pública, um instrumento concedido exclusivamente às pessoas jurídicas de direito público interno, bem como ao Ministério Público (e às concessionárias de serviços públicos, na defesa do interesse público primário, segundo o Superior Tribunal de Justiça), com pressupostos de admissão próprios, pode ser utilizado, e julgado pelo tribunal, mesmo que haja a interposição de agravo de instrumento, contra a mesma liminar[73].

As liminares cujo objeto seja idêntico, poderão ser suspensas em uma única decisão, podendo o presidente do tribunal estender os efeitos da suspensão a liminares supervenientes, mediante simples aditamento do pedido original (§ 8º). Vale mencionar, por fim, que a suspensão da liminar em ação civil pública vigorará até o trânsito em julgado da decisão de mérito na ação principal (§ 9º).

8.38 INQUÉRITO CIVIL

Nos termos do artigo 129, inciso III, da Constituição de 1988, uma das funções institucionais do Ministério Público é a de "promover o inquérito civil e a ação civil pública, para a proteção do patrimônio público e social, do meio ambiente e de outros interesses difusos e coletivos". Como se pode notar, além de fazer menção expressa à ação civil pública, para a proteção dos bens e interesses ali mencionados, referido dispositivo constitucional também prevê a possibilidade de o Ministério Público instaurar inquérito civil, com a mesma finalidade.

Buscando dar efetividade àquela norma constitucional, o artigo 8º, § 1º, da Lei 7.347/1985 (Lei da Ação Civil Pública), dispõe expressamente que o Ministério Público poderá instaurar, sob sua presidência, inquérito civil. Trata-se este último de um procedimento administrativo destinado a colher provas sobre fatos que, ao menos em tese, autorizariam a propositura de futura ação civil pública, para a defesa de interesses ou direitos transindividuais, cuja tutela cabe ao Ministério Público. Na lição de Paulo Roberto de Gouvêa Medina[74], o inquérito civil é

"um processo administrativo que se desenvolve sob a presidência do representante do Ministério Público, dele podendo resultar, conforme o caso, a celebração de compromisso de ajustamento de conduta às exigências legais (Lei 7.347, artigo 5º, § 6º), a propositura da ação civil pública ou, não havendo fundamento para tal, a promoção dos autos respectivos ao Conselho Superior do Ministério Público com proposta motivada de arquivamento (Lei 7.347, artigo 9º e §§)".

---

73. "Lei 8.437/1992, artigo 4º, § 6º "A interposição do agravo de instrumento contra liminar concedida nas ações movidas contra o Poder Público e seus agentes não prejudica nem condiciona o julgamento do pedido de suspensão a que se refere este artigo" (Incluído pela Medida Provisória 2.180-35, de 2010).

74. *Direito processual constitucional*. 3. ed. Forense, 2006, p. 148.

8 • REMÉDIOS CONSTITUCIONAIS PARA TUTELA DE DIREITOS COLETIVOS | 335

O inquérito civil, como se pode perceber, é *ato privativo do Ministério Público*, não podendo ser manejado por quaisquer dos outros legitimados da ação civil pública, nem mesmo pelos demais entes de direito público. Tem por objetivo fornecer elementos de prova ao órgão ministerial, para que este possa propor ação civil pública, para a proteção dos bens e interesses por ele tutelados[75].

É imperioso ressaltar, por outro lado, que o inquérito civil não é indispensável para propositura da futura ação civil pública, da mesma forma que o inquérito penal não é essencial à propositura da ação penal. Com efeito, caso o membro do Ministério Público já tenha a seu alcance elementos suficientes sobre autoria e materialidade de danos (ou de risco de danos) a bens ou direitos por ele tutelados, poderá propor a ação imediatamente. Poderá, ademais, requisitar certidões, informações, exames ou perícias de qualquer organismo público ou particular, e propor imediatamente a ação (artigo 8º, § 1º, parte final, da Lei da Ação Civil Pública).

Caso, entretanto, tenha instaurado o inquérito civil, o *Parquet* não poderá arquivá-lo livremente, sem antes declinar adequadamente as razões do arquivamento, e submetê-las ao Conselho Superior do Ministério Público, conforme prevê expressamente os parágrafos do artigo 9º, da Lei 7.347/1985. Portanto, a instauração do inquérito civil não é obrigatória; contudo, *após sua instauração, passa a vigorar em relação a ele o princípio da indisponibilidade.*

O inquérito civil poderá ser instaurado de ofício, através de portaria do Ministério Público, ou graças à representação de qualquer interessado. É o que se pode depreender da simples leitura do artigo 6º, da Lei da Ação Civil Pública, o qual dispõe que qualquer pessoa poderá provocar a iniciativa do Ministério Público, ministrando-lhe informações sobre fatos que constituam objeto da ação civil e indicando-lhe os elementos de convicção.

Referida representação deverá conter, dentre outros requisitos: nome e qualificação completa do representante; se possível, o nome do autor ou autores dos fatos danosos (ou potencialmente danosos) a um dos interesses ou direitos protegidos pelo Ministério Público; a descrição dos fatos que deverão ser objeto de investigação; e a indicação dos meios de prova necessários.

Formalizada a representação e distribuída a um membro do Ministério Público, este último poderá, caso necessário, determinar a notificação do representante para corrigir ou complementar as informações prestadas na representação. Superada esta fase, o membro do *Parquet* instaurará o inquérito civil, ou indeferirá a representação, caso considere, motivadamente, que os fatos ali noticiados não justificam a sua atuação.

No caso de indeferimento da representação, o membro do Ministério Público deverá notificar o autor da representação, para que ele possa recorrer, caso queira, ao Conselho Superior do Ministério Público. Da mesma forma, na hipótese de o Ministério Público acolher a representação, instaurando o inquérito civil, também poderá o denunciado recorrer ao Conselho Superior do Ministério Público.

---

75. As provas produzidas no inquérito civil terão eficácia em juízo.

Nos termos do artigo 8º, § 1º, da Lei da Ação Civil Pública, em sua parte final, o membro do Ministério Público poderá requisitar, de qualquer organismo público ou particular, certidões, informações, exames ou perícias, no prazo que assinalar, o qual não poderá ser inferior a 10 (dez) dias úteis. Referida requisição, portanto, poderá ser dirigida a qualquer pessoa natural ou jurídica, inclusive agentes públicos.

O não atendimento à requisição do Ministério Público poderá configurar o crime previsto no artigo 10, da Lei 7.347/1985 (a Lei da Ação Civil Pública)[76], *caso tal omissão inviabilize a propositura da ação*. Nas demais hipóteses, o não atendimento da requisição ministerial resultará na configuração do crime de desobediência.

A instauração do inquérito civil obsta a decadência do direito de o consumidor reclamar contra vícios aparentes ligados ao fornecimento de produtos e serviços, conforme preconiza o artigo 26, § 2º, inciso III, do Código de Defesa do Consumidor[77]. A suspensão da fluência daquele prazo decadencial ocorrerá até o encerramento do inquérito.

No âmbito do inquérito civil, o membro do Ministério Público terá amplo poder instrutório, podendo produzir quaisquer provas em direito admitidas, tais como oitiva de testemunhas, realização de perícias e de inspeções. Ademais, como já vimos anteriormente, poderá até mesmo requisitar de qualquer organismo, público ou particular, certidões, informações, exames ou perícias (artigo 8º, § 1º, da Lei da Ação Civil Pública).

Se o órgão do Ministério Público, esgotadas todas as diligências, se convencer da inexistência de fundamento para a propositura da ação civil, promoverá o arquivamento dos autos do inquérito civil ou das peças informativas, fazendo-o fundamentadamente. Deverá, contudo, submeter os autos do inquérito civil ao Conselho Superior do Ministério Público, no prazo de 3 (três) dias, para que este homologue ou rejeite o arquivamento, sob pena de incorrer em falta grave.

Conforme dispõe o artigo 9º, § 2º, da Lei 7.347/1985, até que, em sessão do Conselho Superior do Ministério Público, seja homologada ou rejeitada a promoção de arquivamento, poderão as associações legitimadas apresentar razões escritas ou documentos, que serão juntados aos autos do inquérito ou anexados às peças de informação.

Caso o Conselho Superior deixe de homologar a promoção de arquivamento, designará, desde logo, outro órgão do Ministério Público para o ajuizamento da ação. Neste caso, o membro do Ministério Público indicado *não poderá invocar o princípio da independência funcional para deixar de propor a ação civil pública*. Estará vinculado à decisão do Conselho Superior do Ministério Público, devendo, portanto, ajuizar a ação.

---

76. Lei 7.347/1985, artigo 10: "Constitui crime, punido com pena de reclusão de 1 (um) a 3 (três) anos, mais multa de 10 (dez) a 1.000 (mil) Obrigações Reajustáveis do Tesouro Nacional – ORTN, a recusa, o retardamento ou a omissão de dados técnicos indispensáveis à propositura da ação civil, quando requisitados pelo Ministério Público".

77. Código de Defesa do Consumidor, artigo 26, § 2º, III: "Obstam a decadência: a instauração de inquérito civil, até seu encerramento".

8 • REMÉDIOS CONSTITUCIONAIS PARA TUTELA DE DIREITOS COLETIVOS

INQUÉRITO CIVIL

> – O inquérito civil é um procedimento administrativo destinado a colher provas sobre fatos que possam autorizar a propositura de futura ação civil pública.
>
> – O inquérito civil é ato privativo do Ministério Público, não podendo ser manejado por quaisquer dos outros legitimados da ação civil pública, nem mesmo pelos demais entes de direito público.
>
> – O inquérito civil não é indispensável para propositura da futura ação civil pública, da mesma forma que o inquérito penal não é essencial à propositura da ação penal.
>
> – O inquérito civil poderá ser instaurado de ofício, através de portaria do Ministério Público, ou graças à representação de qualquer interessado.
>
> – Caso seja instaurado o inquérito civil, o *Parquet* não poderá arquivá-lo livremente, sem antes submeter as razões do arquivamento ao Conselho Superior do Ministério Público.

8.39 TERMO DE AJUSTAMENTO DE CONDUTA

A Lei da Ação Civil Pública, em seu artigo 5º, § 6º, prevê expressamente a possibilidade de elaboração de termo de ajustamento de conduta, na fase investigatória (administrativa), *com força de título executivo extrajudicial*, para se evitar a propositura de ação civil pública. Com efeito, nos termos do dispositivo legal em comento, "os órgãos públicos legitimados poderão tomar dos interessados compromisso de ajustamento de sua conduta às exigências legais, mediante cominações, que terá eficácia de título executivo extrajudicial.

Da simples leitura daquele § 6º do artigo 5º, da Lei 7.347/1985, percebe-se facilmente que o termo de ajustamento de conduta só pode ser tomado por "órgãos públicos". Quer isso dizer, em outras palavras, que somente podem propor o compromisso de ajustamento de conduta os entes públicos com legitimidade para a propositura da ação civil pública, ou seja, o Ministério Público, a União, os Estados, os Municípios, o Distrito Federal, e suas respectivas autarquias e fundações públicas.

Não podem propor a celebração de termo de ajustamento de conduta, por outro lado, os demais legitimados ativos da ação, dotados de personalidade jurídica de direito privado, tais como empresas públicas, sociedades de economia mista, associações, fundações privadas, partidos políticos e sindicatos e entidades de classe.

Da leitura daquele dispositivo da Lei da Ação Civil Pública, também podemos verificar que o termo de ajustamento de conduta tem por objeto específico o ajustamento das condutas do potencial causador de danos aos interesses ou direitos transindividuais *às exigências legais*[78]. Vê-se, portanto, que referido ajustamento só poderá ter por objeto o exato cumprimento das normas legais, não sendo possível aos entes públicos transigir de maneira a deixar de observar o estrito cumprimento do ordenamento jurídico vigente.

---

78. Vale ressaltar que, no caso de improbidade administrativa, a Lei 8.429, de 2 de junho de 1992, proíbe expressamente qualquer tipo de transação, conforme expressamente disposto em seu artigo 17, § 1º.

Não podem os diversos órgãos e entidades públicas, em outras palavras, dispor livremente de direitos que não são seus, mas de toda a sociedade. Os termos de ajustamento de conduta só podem tratar, portanto, *do modo como serão cumpridas as exigências legais*, tais como, por exemplo, o prazo e condições para sua realização. Isso tudo porque, nunca é demais lembrar-mos, os diversos legitimados desta ação têm apenas a denominada legitimação extraordinária, atuando em nome próprio, na qualidade de substitutos processuais, na defesa de terceiros.

Caso o termo de ajustamento de conduta seja tomado por membro do Ministério Público, na fase de inquérito civil, os autos deste devem ser submetidos ao Conselho Superior do Ministério Público (CSMP), para homologação e arquivamento do inquérito. Se o Conselho não homologar o ajustamento de conduta, devendo fundamentar adequadamente suas razões, devolverá os autos ao membro do Ministério Público, para prosseguimento do inquérito civil e até mesmo eventual propositura de ação civil pública.

É imperioso ressaltar, ademais, que alguns Ministérios Públicos Estaduais (caso do Ministério Público de São Paulo, por exemplo) admitem a elaboração de compromisso preliminar, notadamente quando o promotor de justiça antevê a possibilidade de realização de providências iniciais, para que, somente depois, seja finalmente celebrado o termo de ajustamento de conduta definitivo.

Nessa hipótese, mesmo com a homologação do Conselho Superior do Ministério Público, os autos do inquérito civil não são arquivados, sendo eles novamente remetidos ao membro do Ministério Público responsável pelo caso, para que este possa fiscalizar o fiel cumprimento do ajustamento preliminar, para depois celebrar o termo de ajustamento de conduta definitivo.

Além da fase administrativa (prejudicial), o termo de ajustamento de conduta também pode ser celebrado já na fase jurisdicional propriamente dita, após a efetiva propositura de ação civil pública. Neste caso, contudo, o termo ajustado entre o ente público e o sujeito passivo *deverá ser homologado pelo juiz do feito, por meio de sentença homologatória, tendo, portanto, natureza de título executivo judicial, e não extrajudicial.*

É importante esclarecermos, ainda, que, após a propositura da ação civil pública, eventual termo de ajustamento de conduta, mesmo que elaborado com a ativa participação do Ministério Público, não necessita mais ser submetido ao Conselho Superior do Ministério Público, uma vez que já se encontra sob o exame e crivo do Poder Judiciário[79].

TERMO DE AJUSTAMENTO DE CONDUTA

– A Lei da Ação Civil Pública prevê a possibilidade de elaboração de termo de ajustamento de conduta na fase investigatória (administrativa), **com força de título executivo extrajudicial**, para se evitar a propositura de ação civil pública (artigo 5º, § 6º).

– Somente podem tomar o compromisso de ajustamento os entes públicos com legitimidade para a propositura da ação civil pública, ou seja, o Ministério Público, a União, os Estados, os Municípios, o Distrito Federal, e suas respectivas autarquias e fundações públicas.

---

79. Nesse sentido, aliás, é a Súmula 25, do Conselho Superior do Ministério Público de São Paulo, a qual confirma que sua atuação daquele Conselho só pode se dar anteriormente ao ajuizamento da ação civil pública.

> – O termo de ajustamento de conduta só poderá ter por objeto o exato cumprimento das normas legais, não sendo possível aos entes públicos transigir de maneira a deixar de observar o estrito cumprimento do ordenamento jurídico vigente.
>
> – Além da fase administrativa (prejudicial), o termo de ajustamento de conduta também pode ser celebrado já na fase jurisdicional propriamente dita, após a efetiva propositura de ação civil pública.
>
> – Na fase judicial, o termo ajustado entre o ente público e o sujeito passivo deverá ser homologado pelo juiz do feito, por meio de sentença homologatória, tendo, portanto, **natureza de título executivo judicial**, e não extrajudicial.

8.40 FUNDO DE REPARAÇÃO DE DANOS

O artigo 13, da Lei da Ação Civil Pública trata do denominado "Fundo de Reparação de Danos". Nos termos daquele dispositivo legal, "havendo condenação em dinheiro, a indenização pelo dano causado reverterá a um fundo gerido por um Conselho Federal ou por Conselhos Estaduais (ou Distrital) de que participarão necessariamente o Ministério Público e representantes da comunidade, sendo seus recursos destinados à reconstituição dos bens lesados".

Da simples leitura daquele artigo, pode-se perceber facilmente que a lei permite a criação de um "Fundo Federal", gerido por um Conselho Federal, bem como de "Fundos Estaduais", estes administrados por Conselhos Estaduais. Percebe-se, ademais, que referidos Fundos terão, necessariamente, a participação do Ministério Público da União ou do Estado, conforme o caso, bem como de representantes da sociedade.

O Fundo de Reparação de Danos, conforme previsto na Lei 9.008, de 21 de março de 1995, atualmente tem objetivo amplo, podendo ser utilizado não só para a reconstituição de bens lesados, como também para campanhas educativas, para pesquisas científicas e até mesmo para a modernização de órgãos públicos que atuem na defesa dos interesses difusos. Os recursos nele existentes, portanto, podem ser utilizados em qualquer finalidade compatível com os interesses por ele tutelados.

Vale esclarecer, por outro lado, que o Fundo de Reparação de Danos não é formado apenas por condenações em sede de ação civil pública. Referido fundo é composto, ainda, das multas fixadas pelos magistrados (tanto as liminares como as fixadas nas sentenças, destinadas a compelir o adimplemento da obrigação), das multas administrativas (aplicadas pela Administração Pública, no exercício do poder de polícia), e até mesmo de doações de pessoas naturais e jurídicas.

A princípio, só há que se falar em Fundo de Reparação de Danos para as ações civis públicas que tenham por objeto a reparação de danos ocorridos *em interesses difusos e coletivos*. Em se tratando de interesses individuais homogêneos, a condenação pecuniária deve ser dirigida diretamente aos próprios lesados, só indo para o Fundo o eventual saldo remanescente, ou na hipótese de não se habilitarem, na fase de execução, quaisquer pessoas que tenham sofrido lesão.

Em se tratando de ação civil pública destinada especificamente à reparação de danos ao patrimônio público, o produto da condenação também não será destinado ao Fundo de

340 DIREITO PROCESSUAL CONSTITUCIONAL • Paulo Roberto de Figueiredo Dantas

Reparação de Danos, mas sim à Fazenda Pública, ou seja, à pessoa jurídica de direito público que sofreu a lesão: União, Estado, Distrito Federal, Município e respectivas entidades da Administração Pública indireta.

8.41 AÇÃO CIVIL PÚBLICA E COISA JULGADA SEGUNDO A NATUREZA DO INTERESSE TUTELADO

Conforme dispõe expressamente o artigo 506, do Código de Processo Civil, a sentença faz coisa julgada às partes entre as quais é dada, não prejudicando terceiros. Para as ações individuais, portanto, a regra diz que a sentença somente fará coisa julgada entre as partes litigantes. Contudo, em se tratando de ações coletivas, os limites subjetivos da coisa julgada regem-se por regras diversas, uma vez que as ações destinadas à tutela dos chamados interesses transindividuais necessariamente beneficiam terceiros, que não participaram da relação jurídica processual.

No caso específico da ação civil pública, o artigo 16, da Lei 7.347/1985, conforme redação original, que voltou a viger em decorrência de decisão do Supremo Tribunal Federal[80], dispõe expressamente que a sentença desta ação constitucional fará coisa julgada *erga omnes*, exceto se a ação for julgada improcedente por deficiência de provas, hipótese em que qualquer legitimado poderá intentar outra ação com idêntico fundamento, valendo-se de nova prova.

Em termos semelhantes, o artigo 103, do Código de Defesa do Consumidor, também trata da eficácia das sentenças nas ações coletivas, que tiverem por objeto a defesa de interesses difusos, coletivos ou individuais homogêneos. Com efeito, nos termos do inciso I daquele artigo, em se tratando de interesses difusos, a sentença terá eficácia *erga omnes*, exceto se o pedido for julgado improcedente por insuficiência de provas, hipótese em que qualquer legitimado poderá intentar outra ação, com idêntico fundamento, valendo-se de nova prova.

Caso se trate de interesses ou direitos coletivos, o inciso II do artigo 103, da Lei 8.078/1990, dispõe que a sentença terá eficácia *ultra partes*, porém limitadamente ao grupo, categoria ou classe, salvo improcedência por insuficiência de provas. Por fim, caso se trate de interesses ou direitos individuais homogêneos, a sentença terá eficácia *erga omnes*, apenas no caso de procedência do pedido, para beneficiar todas as vítimas e seus sucessores (artigo 103, inciso III, do Código de Defesa do Consumidor).

Como se vê, em sede de ação civil pública, a imutabilidade do título executivo judicial (da decisão transitada em julgado) depende não só da espécie de interesse ou direito transindividual que se pretende tutelar, como também do resultado específico da demanda (*secundum eventum litis*), podendo até mesmo não fazer coisa julgada material em algumas hipóteses de improcedência, como veremos melhor em seguida.

---

80. Com efeito, ao julgar o Recurso Extraordinário 1.101.937, a Corte Suprema julgou *inconstitucional* o artigo 16, da Lei 7.347/1985, na redação que lhe conferiu a Lei 9.494/1997, *e que limitava a eficácia da coisa julgada aos limites da competência territorial do órgão prolator da sentença*. Ao julgar a questão (tema 1.075, da sistemática da repercussão geral), o Pretório Excelso decidiu-se pela *repristinação da redação original do artigo*, afastando aquela limitação.

8 • REMÉDIOS CONSTITUCIONAIS PARA TUTELA DE DIREITOS COLETIVOS 341

Com efeito, na hipótese de *interesses ou direitos difusos*, o ordenamento jurídico vigente diz que a sentença (tanto de procedência como de improcedência) fará coisa julgada *erga omnes*, ou seja, em face de todos aqueles que supostamente sofreram lesão, não podendo ser proposta qualquer outra ação de natureza coletiva (nem mesmo ação popular) fundamentada nos mesmos fatos, e com o mesmo pedido, uma vez que referida decisão transitada em julgada terá força de coisa julgada material em face de todos os lesados.

Ainda no caso específico de interesses ou direitos difusos, o título executivo judicial produzido em sede de ação civil pública deixará, contudo, de fazer coisa julgada material na hipótese de a improcedência ter decorrido da ausência de provas, hipótese em que qualquer dos legitimados poderá propor nova demanda, com os mesmos fundamentos e mesmo pedido, caso surjam novas provas. Por outro lado, caso a improcedência da ação civil pública, para a tutela desses direitos, se dê por qualquer outro motivo, fará coisa julgada material, o que inviabiliza a propositura de qualquer outra ação coletiva, com o mesmo pedido e causa de pedir.

É imperioso esclarecer, entretanto, que a coisa julgada produzida em sede de ação civil pública que tinha por objeto a tutela de interesses ou direitos difusos, não prejudicará interesses ou direitos individuais dos integrantes da coletividade, que podem propor suas ações individualmente, para a defesa de seus direitos desta natureza (individuais). Isso é o que determina expressamente o § 1º do artigo 103, do Código de Defesa do Consumidor.

No caso de *interesses ou direitos coletivos em sentido estrito*, a lei dispõe que a sentença fará coisa julgada *ultra partes*, querendo isso dizer que o título executivo judicial produzirá efeitos para todo o grupo, categoria ou classe de pessoas lesadas. Não poderá, portanto, ser proposta qualquer outra ação de natureza coletiva fundamentada nos mesmos fatos, e com o mesmo pedido, em prol daquele grupo, categoria ou coletividade de pessoas, uma vez que referida decisão transitada em julgada terá produzido coisa julgada material.

A decisão transitada em julgado relativa a interesses ou direitos coletivos em sentido estrito, entretanto, deixará de produzir coisa julgada material, na hipótese de a improcedência ter decorrido da ausência de provas, hipótese em que poderá ser proposta nova demanda, com os mesmos fundamentos e mesmo pedido, caso surjam novas provas. Por outro lado, caso a improcedência da ação, neste tipo de tutela, se dê por qualquer outro motivo, fará coisa julgada material, o que inviabiliza a propositura de qualquer outra ação coletiva, com o mesmo pedido e causa de pedir.

Da mesma forma que se dá em relação às ações que tenham por objeto a tutela de interesses ou direitos difusos, a coisa julgada produzida nas ações civis públicas destinadas à proteção de interesses coletivos em sentido estrito não prejudicará direitos individuais dos integrantes do grupo, categoria ou classe de pessoas, que podem propor suas ações individuais, para a defesa de direitos desta natureza. É o que dispõe o supramencionado § 1º do artigo 103, do Código de Defesa do Consumidor.

Por fim, no caso de *interesses ou direitos individuais homogêneos*, a decisão transitada em julgado, em sede de ação civil pública, fará coisa julgada *erga omnes*, ou seja, para todos os lesados, *mas apenas no caso de procedência da demanda*. Ao contrário do que ocorre nas ações que tenham por objeto a tutela de interesses ou direitos difusos ou coletivos, nas ações destinadas à proteção de direitos individuais homogêneos, a improcedência da demanda, *por qualquer fundamento*, não fará coisa julgada em face daqueles que *não tiverem intervindo no processo*, como litisconsortes (artigo 103, § 2º, da Lei 8.078/1990)[81].

Portanto, nos termos da legislação de regência, os indivíduos que não tiverem participado como litisconsortes, em ação civil pública destinada à tutela de interesses ou direitos individuais homogêneos, julgada improcedente, poderão perfeitamente propor ação individual com mesmo pedido. Como nos ensina Elpídio Donizetti[82], tal regra decorre do fato de que,

> *"ao contrário dos direitos difusos e dos coletivos em sentido estrito, o objeto da ação coletiva na hipótese em comento são direitos essencialmente individuais, porém coletivamente considerados, o que permite que os indivíduos sejam afetados pela coisa julgada (inter partes) formada na ação coletiva se nela intervieram como assistentes litisconsorciais".*

Para encerrar esta seção, vale mencionar que o particular lesado, que propôs ação individual, deverá requerer a suspensão de seu processo, no prazo de 30 (trinta) dias, a contar da ciência nos autos do ajuizamento de ações civis públicas destinadas à tutela de interesses ou direitos coletivos em sentido estrito e individuais homogêneos, para que possa se beneficiar das decisões proferidas nestas ações. É o que dispõe expressamente o artigo 104, parte final, do Código de Defesa do Consumidor.

Naturalmente, caso tenha ciência, nos autos, da propositura da ação civil pública para a tutela de interesses coletivos ou individuais homogêneos, e não promova a suspensão de sua própria ação, o autor individual ficará excluído da eficácia da coisa julgada material produzida naquelas ações coletivas, seja ela favorável ou desfavorável. Neste caso, portanto, a decisão proferida em sua própria ação individual poderá ter resultado diverso daquela produzida na ação coletiva.

AÇÃO CIVIL PÚBLICA E A COISA JULGADA SEGUNDO A NATUREZA DO INTERESSE TUTELADO

Interesses ou direitos difusos	**– Procedência:** eficácia *erga omnes*
	– Improcedência por falta de provas: sem eficácia
	– Improcedência por outro motivo: eficácia *erga omnes*
Interesses ou direitos coletivos em sentido estrito	**– Procedência:** eficácia *ultra partes*
	– Improcedência por falta de provas: sem eficácia
	– Improcedência por outro motivo: eficácia *ultra partes*

---

81. Código de Defesa do Consumidor, artigo 103, § 2º: "Na hipótese prevista no inciso III, em caso de improcedência do pedido, os interessados que não tiverem intervindo no processo como litisconsortes poderão propor ação de indenização a título individual".

82. *Ações constitucionais.* 2. ed. Atlas, 2010, p. 224.

8 • REMÉDIOS CONSTITUCIONAIS PARA TUTELA DE DIREITOS COLETIVOS | **343**

Interesses ou direitos individuais homogêneos	– **Procedência**: eficácia *erga omnes*
	– **Improcedência para quem não interviu**: sem eficácia
	– **Improcedência para quem interviu**: eficácia *erga omnes*

8.42 DEMAIS REGRAS PROCEDIMENTAIS DA AÇÃO CIVIL PÚBLICA

Nos termos do artigo 6º, da Lei 7.347/1985, qualquer pessoa poderá (e o servidor público deverá) provocar a iniciativa do Ministério Público, ministrando-lhe informações sobre fatos que constituam objeto da ação civil e indicando-lhe os elementos de convicção. O artigo 7º, por sua vez, dispõe que os juízes e os tribunais têm o dever de remeter peças ao Ministério Público, para as providências cabíveis quando, no exercício de suas funções, tiverem conhecimento de fatos que possam ensejar a propositura da ação civil pública.

Muito embora não explicitado na Lei 7.347/1985, a petição inicial deverá conter todos os requisitos previstos nos artigos 319 e 320, do Código de Processo Civil. Esta realidade, aliás, encontra perfeito amparo no artigo 19, daquela lei, que prevê a aplicação do Código de Processo Civil pátrio à esta ação constitucional, naquilo que não contrariar as disposições da Lei da Ação Civil Pública, notadamente diante da omissão quanto ao tema, neste último diploma legal.

No tocante às ações civis públicas propostas por associações contra a União, os Estados, o Distrito Federal, os Municípios e suas respectivas autarquias e fundações, o artigo 2º-A, parágrafo único, da Lei 9.494/1997, determina que a petição inicial deverá obrigatoriamente estar instruída com a ata da assembleia da entidade associativa que a autorizou, acompanhada da relação nominal dos seus associados e indicação dos respectivos endereços.

Ainda sobre os requisitos da petição inicial, e particularmente no que se refere à prova documental que deve acompanhá-la, o artigo 8º, da Lei 7.347/1985, permite que o interessado requeira às autoridades competentes as certidões e informações que julgar necessárias, para instrução de sua peça inaugural, as quais deverão ser fornecidas no prazo de 15 (quinze) dias.

O § 2º daquele artigo 8º, ao seu turno, esclarece que somente poderá ser negada certidão ou informação, pela autoridade, nos casos em que a lei impuser sigilo, hipótese em que a ação poderá ser proposta desacompanhada daqueles documentos, cabendo ao juiz requisitá-los. Essa regra, como o estimado leitor já deve ter percebido, assemelha-se muito com outras, do mesmo tipo, constantes das leis que regulam outros remédios constitucionais, como é o caso do mandado de segurança e da ação popular.

Por falta de expressa vedação legal, a doutrina e a jurisprudência são unânimes em admitir a possibilidade de o autor desistir do prosseguimento da ação civil pública. A Lei 7.347/1985, aliás, contém uma norma que permite tal conclusão, ao dispor expressamente que, "em caso de desistência infundada ou abandono da ação por associação legitimada, o Ministério Público ou outro legitimado assumirá a titularidade ativa" (artigo 5º, § 2º).

Portanto, *a própria Lei da Ação Civil Pública prevê a possibilidade de desistência no prosseguimento da ação civil pública*. Referida norma legal, contudo, faz menção a tal possibilidade apenas em relação às associações, o que nos faz concluir que, em relação aos entes públicos que figurarem no polo ativo deste tipo de demanda, *estes não podem, ao menos a princípio, desistir da ação, notadamente em razão de estarem atuando justamente em cumprimento às suas funções institucionais.*

No caso de desistência ou abandono da ação por associação (e por organizações sindicais e entidades de classe, uma vez que estas, já vimos, são semelhantes àquelas), a Lei da Ação Civil Pública determina que o Ministério Público ou outro legitimado assuma a ação. Particularmente no que se refere ao Ministério Público, cuja atuação é orientada, a princípio, pela obrigatoriedade e pela indisponibilidade, este deve assumir o polo ativo da demanda, caso a desistência seja *infundada*. Para os demais legitimados, não há tal obrigatoriedade, mesmo que a desistência seja infundada.

Segundo o entendimento de Hugo Nigro Mazzilli, o membro do Ministério Público deverá antecipar ao Conselho Superior do Ministério Público os motivos pelos quais considera inviável o prosseguimento da ação, lançando nos autos sua fundamentação. Ao Conselho, por sua vez, caberá concordar com as ponderações do membro do *Parquet*, para arquivamento definitivo do processo, ou não concordar, oportunidade em que designará outro membro do Ministério Público para dar continuidade ao feito[83].

Para outra parcela da doutrina, o membro do Ministério Público não necessita consultar o Conselho Superior do Ministério Público, para deixar de prosseguir como autor da ação civil pública cuja associação abandonou ou expressamente manifestou sua desistência quanto ao prosseguimento do feito. Isto porque, nesta hipótese, a ação já foi proposta, o que inviabilizaria a atuação daquele Conselho.

Nesse caso, portanto, o controle dos fundamentos invocados pelo membro do Ministério Público, para não assumir o patrocínio da demanda, deve ser realizado apenas pelo juiz competente pelo processo e pelo julgamento da demanda. Para tal conclusão, basta que se aplique ao caso, por analogia, a norma do artigo 9º da Lei da Ação Civil Pública[84]. Apenas se o magistrado não concordar com os fundamentos do Ministério Público, é que deverá remeter o feito ao Conselho Superior do Ministério Público, que concordará com os fundamentos do *Parquet*, ou indicará outro membro para prosseguir no feito.

Conforme norma expressa, constante do artigo 11, da Lei 7.347/1985, na ação que tenha por objeto o cumprimento de obrigação de fazer ou de não fazer, o juiz determinará o cumprimento da prestação da atividade devida ou a cessação da atividade nociva, sob pena de execução específica, ou de cominação de multa diária, se esta for suficiente ou compatível, independentemente de requerimento do autor.

---

83. Na verdade, quem indica o membro do Ministério Público para atuar no processo é o chefe do respectivo Ministério Público. Contudo, o ato é formalizado pelo Conselho Superior do Ministério Público.
84. Lei 7.347/1985, artigo 9º: "Se o órgão do Ministério Público, esgotadas todas as diligências, se convencer da inexistência de fundamento para a propositura da ação civil, promoverá o arquivamento dos autos do inquérito civil ou das peças informativas, fazendo-o fundamentadamente".

8 • REMÉDIOS CONSTITUCIONAIS PARA TUTELA DE DIREITOS COLETIVOS

Nos termos do artigo 2º-B, da Lei 9.494, de 10 de setembro de 1997, a sentença que tenha por objeto a liberação de recurso, inclusão em folha de pagamento, reclassificação, equiparação, concessão de aumento ou extensão de vantagens a servidores da União, dos Estados, do Distrito Federal e dos Municípios, inclusive de suas respectivas autarquias e fundações, somente poderá ser executada após seu trânsito em julgado.

É importante esclarecer que a Lei 7.347/1985 não traz regramento específico sobre os recursos cabíveis em sede de ação civil pública. A única norma expressa encontra-se no artigo 14 daquela lei, a qual dispõe que "o juiz poderá conferir efeito suspensivo aos recursos, para evitar dano irreparável à parte". Como consequência disso, não resta dúvida de que são aplicáveis ao processo desta ação constitucional os mesmos recursos previstos no Código de Processo Civil, consequência lógica, inclusive do que determina o já mencionado artigo 19, da mesma lei.

Portanto, contra a sentença que julga a ação civil pública o recurso cabível é a apelação. Serão cabíveis também embargos de declaração, quando houver omissão, contradição, obscuridade ou erro material[85] na sentença. Contra as decisões interlocutórias, caberá o recurso de agravo (tanto agravo de instrumento como agravo interno, este no caso de decisão do relator, proferida em tribunal).

Da simples leitura do supramencionado artigo 14, da Lei 7.347/1985 podemos perceber facilmente que, como regra geral, os recursos proferidos em sede de ação civil pública (mesmo o de apelação) *são recebidos somente no efeito devolutivo*, o que permite, por consequência, a execução provisória do julgado. Apenas "para evitar dano irreparável à parte" é que o juiz *poderá* conferir efeito suspensivo ao recurso[86].

O prazo para a execução dos interesses e direitos difusos e coletivos é de 60 (sessenta) dias. Após este prazo, qualquer legitimado poderá promovê-la (artigo 15, da Lei da Ação Civil Pública). Ao contrário dos demais legitimados, que têm a faculdade de promover ou não a execução da sentença, o Ministério Público tem o dever de fazê-lo. Da mesma forma, não poderá o *Parquet* desistir ou renunciar à execução que promoveu[87].

A execução dos interesses e direitos individuais homogêneos, por sua vez, deve ser feita individualmente, por cada um dos lesados. *O prazo para a execução dos direitos desta natureza é de 1 (um) ano*, a contar do trânsito em julgado do feito, ou do edital de convocação dos beneficiários, conforme determina o artigo 100, do Código de Defesa do Consumidor. Caso, contudo, não haja execução individual, qualquer dos legitimados ativos providenciará a execução coletiva do julgado.

Nesse caso (ausência de promoção de execução pelos lesados), o valor obtido será obrigatoriamente revertido para o Fundo de Reparação de Danos, que não poderá, contudo,

---

85. Código de Processo Civil, artigo 1.022: "Cabem embargos de declaração contra qualquer decisão judicial para: I – esclarecer obscuridade ou eliminar contradição; II – suprir omissão de ponto ou questão sobre o qual devia se pronunciar o juiz de ofício ou a requerimento; III – corrigir erro material".

86. Exortamos o prezado leitor a não esquecer que, em se tratando de pessoa jurídica de direito público, inclusive o órgão do Ministério Público, estes poderão se valer também de suspensão de liminar e suspensão de sentença.

87. Lei 7.347/1985, artigo 15: "Decorridos sessenta dias do trânsito em julgado da sentença condenatória, sem que a associação autora lhe promova a execução, deverá fazê-lo o Ministério Público, facultada igual iniciativa aos demais legitimados".

dispor dos recursos advindos daquela execução coletiva, enquanto não prescrever o direito de eventuais beneficiários individuais (lesados) de pleitear sua quota-parte. Enquanto não ocorrer a prescrição do direito material, qualquer interessado poderá reclamar a sua quota--parte, mesmo que a execução tenha sido promovida pelos legitimados da ação civil pública.

Nos termos do artigo 18, da Lei da Ação Civil Pública, em sede de ação civil pública, não haverá adiantamento de custas, emolumentos, honorários periciais e quaisquer outras despesas, nem condenação da associação autora, salvo comprovada má-fé, em honorários de advogado, custas e despesas processuais. Já o artigo 17, do mesmo diploma legal, esclarece que, em caso de litigância de má-fé, a associação autora e os diretores responsáveis pela propositura da ação serão solidariamente condenados em honorários advocatícios e ao décuplo das custas, sem prejuízo da responsabilidade por perdas e danos.

8.43 SÚMULA DO SUPREMO TRIBUNAL FEDERAL SOBRE A AÇÃO CIVIL PÚBLICA

> 643 (STF): "O Ministério Público tem legitimidade para promover ação civil pública cujo fundamento seja a ilegalidade de reajuste de mensalidades escolares".

REFERÊNCIAS BIBLIOGRÁFICAS

ABELHA, Marcelo. *Ação civil pública e meio ambiente*. Rio de Janeiro: Forense Universitária, 2003.

AGRA, Walber de Moura. *Curso de direito constitucional*. 6. ed. revista e atualizada. Rio de Janeiro: Forense, 2010.

ALEXY, Robert. *Epílogo a la teoria de los derechos fundamentales*. Madrid: [s.n.], 2004.

_____. *Teoría de los derechos fundamentales*. Madrid: Centro de Estudios Constitucionales, 1993.

ALMEIDA, Fernanda Dias Menezes de. *Competências na Constituição de 1988*. São Paulo: Atlas, 1991.

ALMEIDA, Gregório Assagra de. *Direito processual coletivo brasileiro*: um novo ramo do direito processual. Saraiva, 2003.

ALVIM, José Eduardo. *Habeas data*. Rio de Janeiro: Forense, 2001.

ANASTÁCIO, Rachel Bueno. *Mandado de injunção*: em busca da efetividade da Constituição. Rio de Janeiro: Lumen Juris, 2003.

ANDRADE, Christiano José de. *O problema dos métodos na interpretação jurídica*. São Paulo: Revista dos Tribunais, 1992.

ANDRADE FILHO, Edmar Oliveira. *Controle de constitucionalidade de leis e atos normativos*. São Paulo: Dialética, 1992.

ARAUJO, Luiz Alberto David de; NUNES JÚNIOR, Vidal Serrano. *Curso de direito constitucional*. 21. ed. rev. e atual. até a EC n. 95 de 15 de dezembro de 2016. São Paulo: Verbatim, 2017.

ÁVILA, Humberto Bergmann. *Teoria dos princípios*. São Paulo: Malheiros, 2003.

_____. A distinção entre princípios e regras e a redefinição do dever de proporcionalidade. *Revista de Direito Administrativo*, Rio de Janeiro, jan./mar. 1999.

BARROS, Suzana de Toledo. *O princípio da proporcionalidade e o controle de constitucionalidade das leis restritivas de direitos fundamentais*. Brasília: Brasília Jurídica, 1996.

BARROSO, Luís Roberto. *Interpretação e aplicação da Constituição*. 6. ed. rev., atual. e ampl. 3. tir. São Paulo: Saraiva, 2006.

_____. *O controle de constitucionalidade no direito brasileiro*. 5. ed. São Paulo: Saraiva, 2011.

BASTOS, Celso. *Curso de direito constitucional*. 22. ed. São Paulo: Saraiva, 2001.

_____. *Hermenêutica e interpretação constitucional*. São Paulo: Celso Bastos, 1997.

_____; MARTINS, Ives Gandra da Silva. *Comentários à Constituição do Brasil*. 2. ed. São Paulo: Saraiva, 2000.

BERMUDES, Sérgio. O mandado de injunção. *RT* 642/24.

BONAVIDES, Paulo. *Curso de direito constitucional*. 18. ed. São Paulo: Malheiros, 2006.

_____. *Teoria do estado*. 5. ed. São Paulo: Malheiros, 2004.

BONIFÁCIO, Artur Cortez. *Direito de petição*: garantia constitucional. São Paulo: Método, 2004.

BUENO, Cássio Scarpinella. *Mandado de segurança*: comentários às Leis n. 1.533/51, 4.348/64 e 5.021/66. 2. ed. rev. e atual. São Paulo: Saraiva, 2006.

BULOS, Uadi Lammêgo. *Constituição Federal anotada*. 9. ed. São Paulo: Saraiva, 2009.

_____. *Curso de direito constitucional*. 10. ed. São Paulo: Saraiva, 2017.

CANOTILHO, J. J. Gomes. *Constituição dirigente e vinculação do legislador*. Coimbra: Coimbra Editora, 1994.

_____. *Direito constitucional e teoria da Constituição*. 7. ed. Coimbra: Almedina, 2003.

CARVALHO, Kildare Gonçalves. *Direito constitucional. Teoria do Estado e da Constituição*: direito constitucional positivo. 13. ed. Belo Horizonte: Del Rey, 2007.

CHIMENTI, Ricardo Cunha; CAPEZ, Fernando; ROSA, Márcio F. Elias; SANTOS, Marisa F. *Curso de direito constitucional*. 7. ed. São Paulo: Saraiva, 2010.

CHIOVENDA, Giuseppe. *Instituições de direito processual civil*. Campinas: Bookseller, 1998.

CINTRA, Antonio Carlos de Araújo; GRINOVER, Ada Pellegrini; DINAMARCO, Cândido Rangel. *Teoria geral do processo*. 18. ed. São Paulo: Malheiros, 2002.

CLÉVE, Clèmerson Merlin. *A fiscalização abstrata da constitucionalidade no direito brasileiro*. 2. ed. São Paulo: Revista dos Tribunais, 2000.

COSTA, Susana Henriques da. *Comentários à lei de ação civil pública e lei de ação popular*. São Paulo: Quartier Latin, 2006.

CRETELLA JR., José. *Os writs na Constituição de 1988*. 2. ed. Rio de Janeiro: Forense Universitária, 1996.

CUNHA JÚNIOR, Dirlei da. *Controle de constitucionalidade. Teoria e prática*. Salvador: Juspodivm, 2006.

DANTAS, Ivo. *Direito adquirido, emendas constitucionais e controle de constitucionalidade*. Rio de Janeiro: Lumen Juris, 1997.

_____. *Direito constitucional comparado*: introdução – teoria e metodologia. 2. ed. Rio de Janeiro: Renovar, 2006. v. I.

DANTAS, Paulo Roberto de Figueiredo. *A proteção contra as cláusulas abusivas no Código Civil*. São Paulo: Atlas, 2007.

_____. *Curso de direito constitucional*. 8. ed. Indaiatuba: Foco, 2025.

_____. *Manual de direito constitucional: especial para concursos. Teoria geral*. Curitiba: Juruá, 2018, v. 1.

_____. *Manual de direito constitucional: especial para concursos. Controle de constitucionalidade*. Curitiba: Juruá, 2018, v. 2.

_____. *Manual de direito constitucional: especial para concursos. Direitos e garantias fundamentais*. Curitiba: Juruá, 2018, v. 3.

_____. *Manual de direito constitucional: especial para concursos. Organização do Estado e dos poderes*. Curitiba: Juruá, 2018, v. 4.

_____. *Manual de direito constitucional: especial para concursos*. Tributação, orçamento, ordem econômica, financeira e social. Curitiba: Juruá, 2018, v. 5.

DENSA, Roberta. *Direito do consumidor*. 9. ed. São Paulo: Atlas, 2014.

DIDIER JR., Fredie. *Curso de processo civil*: introdução ao direito processual civil, parte geral e processo de conhecimento. 18. ed. Salvador: Jus Podivm, 2016.

REFERÊNCIAS BIBLIOGRÁFICAS **349**

DIMOULIS, Dimitri; LUNARDI, Soraya. *Curso de processo constitucional*. 5. ed. rev., atual. e ampl. São Paulo: Revista dos Tribunais, 2017.

DI PIETRO, Maria Sylvia Zanella. *Direito administrativo*. 30. ed. rev., atual. e ampl. Rio de Janeiro: Forense, 2017.

_____. Advocacia pública. *Revista Jurídica da Procuradoria Geral do Município de São Paulo*, São Paulo, 1995.

DINAMARCO, Cândido Rangel. *Instituições de direito processual civil: volume I*. 9. ed. rev. e atual. segundo o novo Código de Processo Civil. São Paulo: Malheiros, 2017.

DINIZ, Maria Helena. *Norma constitucional e seus efeitos*. 7. ed. São Paulo: Saraiva, 2006.

DONIZETTI, Elpídio. *Ações constitucionais*. 2. ed. rev., ampl. e atual. até a Lei n. 12.120, de 15 de dezembro de 2009, bem como pela jurisprudência dos Tribunais Superiores. São Paulo: Atlas, 2010.

FERNANDES, Bernardo Gonçalves. *Curso de direito constitucional*. 2. ed. Revista, ampliada e atualizada até a EC n. 66/2010 e em consonância com a jurisprudência do STF. Rio de Janeiro: Lumen Juris, 2010.

FERRAZ, Sérgio. *Mandado de segurança*. 2. ed. São Paulo: Malheiros, 1994.

FERREIRA FILHO, Manoel Gonçalves. *Curso de direito constitucional*. 40. ed. São Paulo: Saraiva, 2015.

_____. *Direitos humanos fundamentais*. 14. ed. São Paulo: Saraiva, 2012.

FIGUEIREDO, Lúcia Valle. *A autoridade coatora e o sujeito passivo do mandado de segurança*. São Paulo: Revista dos Tribunais, 1991.

FIORILLO, Celso Antonio Pacheco. *Curso de direito ambiental brasileiro*. 17. ed. São Paulo: Saraiva, 2017.

FONSECA, João Francisco N. da. *O processo do mandado de injunção*. São Paulo: Saraiva, 2016.

GIDI, Antônio. *Coisa julgada e litispendência em ações coletivas*. São Paulo: Saraiva, 1995.

GOMES, Luiz Flávio. Anotações sobre o mandado de injunção. *RT* 647/43.

GONÇALVES, Marcus Vinicius Rios. *Novo curso de direito processual civil*. 14. ed. São Paulo: Saraiva, 2017, v. 1.

_____. *Novo curso de direito processual civil*. 13. ed. São Paulo: Saraiva, 2017, v. 2.

GRINOVER, Ada Pellegrini. *Código brasileiro de defesa do consumidor*. 8. ed. Rio de Janeiro: Forense Universitária, 2004.

HOLTHE, Leo van. *Direito constitucional*. 6. ed. Salvador: Juspodivm, 2010.

HORTA, Raul Machado. *Estudos de direito constitucional*. Belo Horizonte: Del Rey, 1995.

JANCZESKI, Célio Armando. *O controle de constitucionalidade das leis municipais*. Florianópolis: Conceito, 2009.

KELSEN, Hans. *Teoria pura do direito*. Tradução de João Baptista Machado. 7. ed. São Paulo: Martins Fontes, 2006.

LASSALLE, Ferdinand. *A essência da Constituição*. Rio de Janeiro: Lumen Juris, 2009.

LAZARI, Rafael de. *Manual de direito constitucional*. Belo Horizonte: D'Plácido, 2017,

LENZA, Pedro. *Direito constitucional esquematizado*. 21. ed. São Paulo: Saraiva, 2017.

_____. *Teoria geral da ação civil pública*. São Paulo: Revista dos Tribunais, 2003.

LIMA, Francisco Gérson Marques de. *Fundamentos constitucionais do processo*: sob a perspectiva da eficácia dos direitos e garantias fundamentais. São Paulo: Malheiros, 2002.

LOPES, Maurício Antonio Ribeiro. *Poder constituinte reformador*. São Paulo: Revista dos Tribunais, 1994.

MACEDO, Rommel. *Advocacia-Geral da União na Constituição de 1988*. São Paulo: LTr, 2008.

MACHADO, Carlos Augusto Alcântara. *Mandado de injunção*. São Paulo: Atlas, 2000.

MACHADO, Hugo de Brito. *Introdução ao estudo do direito*. São Paulo: Atlas, 2004.

MANCUSO, Rodolfo de Camargo. *Recurso extraordinário e recurso especial*. 6. ed. São Paulo: Revista dos Tribunais, 2000.

MANDELLI JÚNIOR, Roberto Mendes. *Arguição de descumprimento de preceito fundamental*. São Paulo: Revista dos Tribunais, 2003.

MARMELSTEIN, George. *Curso de direitos fundamentais*. 6. ed. rev., atual. e ampl. São Paulo: Atlas, 2016.

MARQUES, José Frederico. As ações populares no direito brasileiro. *RT* 266/11.

MARTINS, Ives Gandra da Silva. *Comentários à Constituição do Brasil*. São Paulo: Saraiva, 1989.

_____. *Direito constitucional interpretado*. São Paulo: Revista dos Tribunais, 1992.

_____; MENDES, Gilmar Ferreira. *Controle concentrado de constitucionalidade. Comentários à Lei n. 9.868, de 10-11-1999*. 2. ed. São Paulo: Saraiva, 2005.

MAXIMILIANO, Carlos. *Hermenêutica e aplicação do direito*. São Paulo: Forense, 1996.

MAZZILLI, Hugo Nigro. *A defesa dos interesses difusos em juízo*. 30. ed. São Paulo: Saraiva, 2017.

MEDINA, Paulo Roberto de Gouvêa. *Direito processual constitucional*. 5. ed. rev., atual. e ampl. Rio de Janeiro: Forense, 2012.

MEIRELLES, Hely Lopes. *Mandado de segurança, ação popular, ação civil pública, mandado de injunção, habeas data, ação direta de inconstitucionalidade, ação declaratória de constitucionalidade, arguição de descumprimento de preceito fundamental, o controle incidental de normas no direito brasileiro, a representação interventiva e a reclamação constitucional no STF*. Atualizadores: Arnoldo Wald e Gilmar Ferreira Mendes. 29. ed. São Paulo: Malheiros, 2006.

MELLO, Celso Antônio Bandeira de. *Conteúdo jurídico do princípio da igualdade*. 3. ed. 17. tiragem. São Paulo: Malheiros, 2009.

_____. Princípio da isonomia: desequiparações proibidas e permitidas. *Revista Trimestral de Direito Público*, n. 1.

MIRABETE, Julio Fabbrini. *Código de Processo Penal anotado*. 11. ed. São Paulo: Atlas, 2003.

MIRANDA, Jorge. *Manual de direito constitucional*. Coimbra: Editora Coimbra, 1983. t. 2.

MONTENEGRO FILHO, Misael. *Curso de direito processual civil*: de acordo com o novo CPC. 12. ed. reform. e atual. São Paulo: Atlas, 2016.

MOREIRA, José Carlos Barbosa. O habeas data brasileiro e a sua lei regulamentadora. *Repertório IOB de Jurisprudência* n. 19/91.

MOREIRA NETO, Digo de Figueiredo. As funções essenciais à justiça e as procuraturas constitucionais. *Revista de Direito da Procuradoria Geral do Estado do Rio de Janeiro*, Rio de Janeiro, n. 45, 1992.

NERY JÚNIOR, Nelson. *Princípios do processo na Constituição Federal*. 10. ed. revista, atualizada e ampliada com as novas súmulas do STF (simples e vinculantes) e com análise sobre a relativização da coisa julgada. São Paulo: Revista dos Tribunais, 2010.

NISHIYAMA, Adolfo Mamoru. *Remédios constitucionais*. Barueri: Manole, 2004.

_____. *Manual de teoria geral do direito constitucional*. São Paulo: Atlas, 2012.

_____. *Prática de direito processual constitucional. Para graduação e exame da OAB.* São Paulo: Atlas, 2012.

NISHIYAMA, Adolfo Mamoru. LAZARI, Rafael de. *Manual de processo constitucional.* Belo Horizonte: D'Plácido, 2018.

NOHARA, Irene Patrícia. *Direito administrativo.* 7. ed. rev., atual. e ampl. São Paulo: Atlas, 2017.

_____; MARRARA, Thiago. *Processo administrativo:* Lei n. 9.784/99 comentada. São Paulo: Atlas, 2009.

NOVELINO, Marcelo. *Curso de direito constitucional.* 12. ed. rev., ampl. e atual. Salvador: Jus Podivm, 2017.

_____. *Direito constitucional.* 4. ed. rev., atual. e ampl. Rio de Janeiro: Forense. São Paulo: Método, 2010.

_____. *Manual de direito constitucional.* 8. ed. rev. e atual. Rio de Janeiro: Forense, 2013.

PACHECO, José da Silva. *O mandado de segurança e outras ações constitucionais típicas.* 2. ed. São Paulo: Revista dos Tribunais, 1995.

PASSOS, Calmon de. *Mandado de segurança coletivo, mandado de injunção e habeas data.* Rio de Janeiro: Forense, 1991.

PEREIRA, Caio Mário da Silva. *Instituições de direito civil. Volume I. Introdução ao direito civil. Teoria geral de direito civil.* 20. ed. Rio de Janeiro: Forense, 2004.

POLETTI, Ronaldo. *Controle de constitucionalidade das leis.* 2. ed. Rio de Janeiro: Forense, 1997.

QUEIROZ, Cristina. *Direito constitucional:* as instituições do estado democrático e constitucional. São Paulo: Revista dos Tribunais; Coimbra: Editora Coimbra, 2009.

RODRIGUES, Sílvio. *Direito civil:* parte geral. São Paulo: Saraiva, 1998. v. 1.

SANTOS, Moacyr Amaral. Mandado de injunção. *RDP* 17/11.

SIDOU, J. M. Othon. *Habeas data, mandado de injunção, habeas corpus, mandado de segurança e ação popular.* Rio de Janeiro: Forense, 1989.

SILVA, José Afonso da. *Aplicabilidade das normas constitucionais.* 7. ed. São Paulo: Malheiros, 2007.

_____. *Curso de direito constitucional positivo.* 40. ed. São Paulo: Malheiros, 2017.

_____. *Direito ambiental constitucional.* São Paulo: Malheiros, 1994.

SILVA NETO, Manoel Jorge e. *Direito constitucional.* Rio de Janeiro: Lumen Juris, 2006.

SIQUEIRA JR., Paulo Hamilton. *Direito processual constitucional.* 7. ed. São Paulo: Saraiva, 2017.

SLAIB FILHO, Nagib. *Ação declaratória de constitucionalidade.* Rio de Janeiro: Forense, 1994.

_____. *Direito constitucional.* 2. ed. Rio de Janeiro: Forense, 2006.

TAVARES, André Ramos. *Reforma do judiciário, analisada e comentada.* São Paulo: Método, 2005.

_____. *Curso de direito constitucional.* 15. ed. rev. e atual. São Paulo: Saraiva, 2017.

TEMER, Michel. *Elementos de direito constitucional.* 24. ed. 4. tir. São Paulo: Malheiros, 2017.

THEODORO JÚNIOR, Humberto. *Curso de direito processual civil – Teoria geral do direito processual civil, processo de conhecimento e procedimento comum.* 58. ed. rev., atual. e ampl. Rio de Janeiro: Forense, 2017. v. 1.

VARGAS, Denise. *Manual de direito constitucional.* São Paulo: Revista dos Tribunais, 2010.

VELOSO, Zeno. *Controle jurisdicional de constitucionalidade.* 2. ed. Belo Horizonte: Del Rey, 2000.

Anotações

ANOTAÇÕES